2018

海州年鉴

HAIZHOU YEARBOOK

郁洲公园

连云港市海州区地方志编纂委员会　编

方志出版社

图书在版编目（CIP）数据

海州年鉴. 2018 / 连云港市海州区地方志编纂委员会编. --北京：方志出版社，2018.11
ISBN 978-7-5144-3405-7

Ⅰ. ①海… Ⅱ. ①连… Ⅲ. ①区（城市）—连云港—2018—年鉴 Ⅳ. ①Z525.34

中国版本图书馆CIP数据核字（2018）第261215号

海州年鉴（2018）

编　　者：连云港市海州区地方志编纂委员会
责任编辑：丛　珺

出 版 人：冀祥德
出 版 者：方志出版社
地址　北京市朝阳区潘家园东里9号（国家方志馆4层）
邮编　100021
网址　http://www.fzph.org
发　　行：方志出版社图书经销中心
电话（010）67110500
经　　销：各地新华书店
照　　排：南京德玺文化发展有限公司
印　　刷：南京凯德印刷有限公司

开　　本：889×1194　　1/16
印　　张：23.75
字　　数：863千字
版　　次：2018年11月第1版　　2018年11月第1次印刷
印　　数：001~700册

ISBN 978-7-5144-3405-7　　**定价**：220.00元

海州区地方志编纂委员会

主　任　单晓敏

副主任　顾建华　温以斌

委　员　张延广　范永涛　田亚辉　汤振宇　李宝凯　郑纪东
李　军　王统松　单新文　王从峰　陈贤斌　刘亚军
乔　敏　张正文　卞　剑　石德学　林秀兰　刘军林
祁　德　刘锦州　李松红　董淑斌　何洪壮　陈可鹏
骆丙春　孔凡龙　王昌杰　姜海燕　茆龙海　程宏宇
周云祥　赵　明　徐维铮　王志钰　徐　蓓　黄　勇
许　建　夏　雯　李晓光　王　帅　杜新春　陈　健

编委会办公室

主　任　田亚辉

副主任　陈守刚

顾　问　韩世泳

主　编　孙大伟

副主编　王恒亮（常务）　孙寿鹏　马善臣　李云高

英文目录　闫秀竹

索引制作　马善臣

编　务　董修霞　古怀丽

地　址：连云港市海州区凤凰大道29号

电　话：0518—85478721　85605371

邮　编：222003

E-mail：hzfzb@sohu.com

2017年11月7日，海州区组织收看中央宣讲团十九大精神报告会

2017年11月26日，海州区召开传达中共十九大精神大会

2017年11月25日，海州区宣传系统举办中党的十九大精神暨宣传委员（骨干）培训班

2017年10月31日，海州区举行“践行十九大精神”文艺展演活动

2017年孔望山新城东北片区完成道路广场绿化

2017年，海州体育馆建成并试开放

海州古城朐阳门夜景

海州公园南门仿古改造工程竣工

2017年，市内饮用水源地蔷薇湖配套工程全部完成

云台山西南麓新海主城区一角

海州主城区南侧香溢片区

苏宁广场片区

盐河路夜景

星海湖

民主路夜景

2017年2月12日上午，江苏省举行重大项目集中开工现场推进会，海州区开发区医疗产业园同步举行重大项目集中开工活动，市区领导参加活动

康缘物流中心项目开工

2017年3月，海州区举行德邦地块项目开发签约仪式

2017年，3月28日，海州区召开一季度重点项目现场观摩会，海高名府举行开工仪式

2017年，海州开发区新浦工业园总投资1.6亿元的天邦流体机械项目签约

2017年，海州工业园完成规模以上工业总产值203.63亿元，同比增长17.81%，规模以上固定资产投资60.08亿元，同比增长15.09%

2017年，新浦工业园完成规模以上固定资产投资43.2亿元，规模以上工业投资42亿元，规模以上工业产值43.01亿元

宁海电子信息产业园自2013年6月启动园区建设，至2017年底，已建成29.5万平方米标准厂房和5万平方米公共配套设施

2017年，洪门工业园有工业企业52家，其中规模以上工业企业6家，规模以上工业总产值完成7.53亿元

海州工业园的鹰游纺机集团

海州开发区内的正大天晴药业集团股份有限公司

天明机械

远洋流体

爱仕沃玛纺织

如年机械

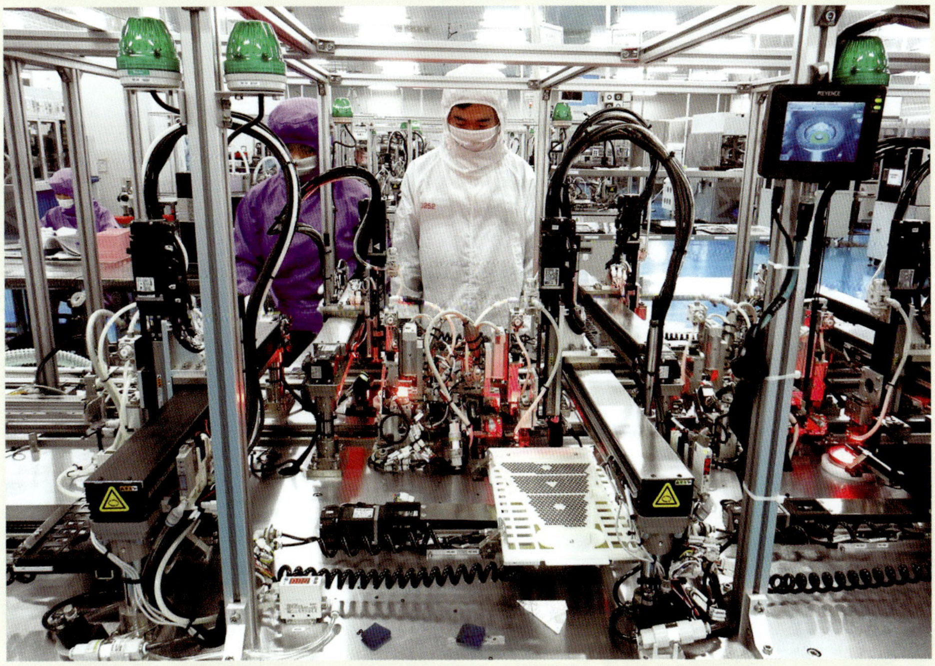

康达智

森呼吸糖果生产线

腾越电子公司

2017年3月7日，海州区召开农村工作会议，深入贯彻中央、省、市关于“三农”工作的决策部署，全面落实“三农”工作的各项任务要求

基层村社区干部培训

2017年7月16日上午，海州区邀请“三农”问题专家、江苏省政府研究室顾问卢水生教授到海州举办农业现代化与都市农业建设讲座

浦南家庭农场内的葡萄采摘园

特色村镇新坝田园小镇

特色村镇浦南江浦村村貌

2017年，海州区小麦种植面积21200公顷，总产达142229吨

浦南镇大棚种植反季节蔬菜

板浦镇农村特色产业—豆丹繁育和养殖

2017年，海州区水稻丰收，总产达176664吨

2017年，浦南镇充分利用资源优势，大力发展水产养殖

2017年，板浦镇农村秸秆还田核查

苏宁广场商圈

步行街

利群连锁大卖场

白虎山小商品博览会

民主路古玩城

万发物流园

双11天马云仓发货现场

易耕生鲜配送

2017年9月15日，月牙岛湿地顺利通过省级生态区考核验收（左四 省环保厅生态处处长张雷，右三区委副书记、区长单晓敏）

生态湿地月牙岛美景

樱花园

双龙井游园

孔望山北麓朐园

2017年春海州区植树活动

2017年春桃花节开幕

海州区桃花涧观赏桃花的游客

月牙岛湿地公园

2017年第二届连云港市荷花节在云台农场云水湾湿地公园举行

赏荷画荷

2017年度，江苏省第六届农民体育节在云台农场举行

六一儿童节前夕，市长市委书记项雪龙看望小学生并赠送体育用品

建宁小学“核心价值观入课堂”主题赛课

解放路小学开学第一天升旗仪式

研训赛一体提升教师素质

与外国留学生新春联谊

2017年举办海州区平安法治校园观摩活动

2017年大美海州元宵晚会

2017年3月30日上午，“大美海州诗画

2017年石棚书院复建工程竣工

2017年，“健康海州 健身有我”全民健

区首届诗书画艺术节在桃花涧景区开幕

2017年5月4日上午，海州文史馆、景泰轩在双龙井文化园内举行揭牌仪式

目展演

2017年3月7日，海州区举行庆“三·八”趣味健身运动会

2017年8月，区委书记万闻华慰问高温作业环卫工人

2017年2月，区长单晓敏慰问困难群众

海州区中小学为创建文明城市绘千米长卷

助力创业创新2017年电商培训班

传承家风家训，培养优秀青少年讲座

提倡孝亲敬老

2017年，民主路 好人馆建成并对外开放

编辑说明

一、《海州年鉴》是由连云港市海州区人民政府主办、海州区地方志编纂委员会负责编纂的年度资料性文献，创刊于2000年，每年公开出版1卷，本卷为第19卷。

二、《海州年鉴（2018）》以马克思列宁主义、毛泽东思想、邓小平理论、“三个代表”重要思想、科学发展观和习近平新时代中国特色社会主义思想为指导，全面、系统、翔实地记载2017年海州区自然、政治、经济、文化、社会和生态建设年度情况，旨在为领导决策所用、为一线工作所用，为社会各界了解和研究海州提供基本信息。

三、本卷采用分类编排法，设类目、分目、条目3个层次（少数类目下设副类目），条目为记述的基本层次。条目标题加【 】标示。全书共设特载、大事记、海州概览、组织机构及领导人名录、中共连云港市海州区委等33个类目，7个副类目，323个分目，1518个条目，随文表格83张，彩页、随文图照及地图178幅。

四、本卷力求突出时代特色、地方特色和年度特色。卷首特载主要记述全区深入学习宣传中共十九大精神、创建全国文明城市等大事。海州概览，着重介绍本地区自然概况、区划调整情况及悠久的历史文化。在记述的主体部分，通过反映新事物的特色条目、专题性条目，增强年鉴的创新特色。设《媒体看海州》，摘录媒体报道的本地区政治、经济及社会民生等重大新闻和热门话题，客观地再现2017年海州的真实风貌。卷末设附录，便于读者查阅当年区委、区政府重要会议报告、重要文件目录和统计资料。

五、本卷稿件资料由区各有关部门和单位撰写，并经各单位负责人审定。为全面反映相关领域的发展情况和全貌，海州区年鉴编辑部采编和补充了部分内容。

六、本卷所载的综合性统计资料，由区统计局提供，有些因统计口径不同而出现的差异，原则上以《海州统计年鉴（2018）》为准。统计资料使用现行法定计量单位。所录区委、区政府的工作报告及其他文件，忠于原作，保留原貌。

七、本卷记述时间原则上为2017年1月1日至2017年12月31日。为突出年鉴的时效性，彩页中的部分图片、区十八届人大二次会议的重要文件突破下限。

八、本卷的检索方法有目录和索引两种。目录在卷首，编排至条目；英文目录编排至分目。索引在卷末，为综合性主题索引。

目 录

特 载

2017年大事记

海州概览

连云港市海州区组织机构及领导人名录

中共连云港市海州区委

连云港市海州区人民代表大会

连云港市海州区人民政府

政协连云港市海州区委员会

纪检监察

民主党派·工商联

群众团体

法　治

军　事

外向型经济

农 业

新农村建设

工业经济

商贸服务业

旅游业

金融业

经济事务管理

城乡建设与管理

交通运输

生态建设与保护

教　育

科学技术

文化　体育

卫　生

社会事务管理

镇　街道　农林场

人物　先进集体

媒体看海州

附 录

索 引

Main contents

Special Part

Chronicle in 2017

Haizhou General Information

Haizhou Directory of Organizations and Leaders

Haizhou District Committee of the Communist Party of China

Haizhou District People' s Congress

People' s Government of Haizhou District

Haizhou District Committee of the CPPCC

Discipline Inspection and Supervision

Democratic Parties and Association of Industry and Commerce

Mass Organizations

Rule by Law

Armed Force

Open Economy

Agriculture

New rural construction

Industry Economy

Business Services

Tourism

Finance

Economic affairs management

Urban and rural construction &management

Transportation

Ecological construction and protection

Education

Science and Technology

Culture and Sports

Hygienic

Social affairs management

Town Street Farm

Personage Advanced Group

The Media Watching Haizhou

Appendix

Index

海州区广泛深入学习宣传和贯彻落实中共十九大精神

【全区上下全面学习宣讲中共十九大精神】 10月26日，海州区召开传达中共十九大精神大会。连云港市委副书记、海州区委书记万闻华在会上要求全区上下，迅速掀起学习十九大报告、贯彻落实十九大精神的热潮，并就全区各个层面的学习、宣传和贯彻落实中共十九大精神作出全面部署。区四套班子全体负责同志，区法院院长、检察院检察长，部分离退休老干部，区纪委常委，各镇街、开发区党政主要负责人，区各部委办局、群团组织、各有关单位党政主要负责人，驻区单位主要负责人，区各民主党派主要负责人，区人大常委会、区政协各工作机构和专委会主要负责人，以及区级机关党员代表参加了会议。

11月7日，海州区组织收听收看中共十九大精神中央宣讲团在江苏省举行的宣讲报告会。区长单晓敏等区四套班子全体负责人，区法院院长、检察院检察长，部分离退休老干部，各镇街、开发区党政主要负责人，区各部委办局社、群团组织、各有关单位主要负责人，岗埠农场、人武部、海州公安分局、海州国土分局、海州物价分局、海州规划分局、国税三分局、地税六分局、新浦消防大队主要负责人；区部分中小学校校长等参加。

举办中共十九大精神宣讲报告会 按照全市统一部署安排，海州区于11月22日下午，举办中共十九大精神宣讲报告会，邀请市宣讲团成员，连云港广电传媒集团党委书记、董事长，市广电台台长高兰军宣讲。报告会由区委常委、宣传部部长顾建华主持，区四套班子全体人员，各镇街、开发区领导班子成员，区各部委办局社、各群团组织，各有关单位党政主要负责人及部分班子成员，共计400余人参加会议。

组建区委宣讲团开展宣讲 为深入学习宣传贯彻中共十九大精神，引导广大党员干部群众把思想统一到中共十九大精神上来，区委组建学习贯彻中共十九大精神宣讲团，赴全区各地各系统开展集中宣讲。宣讲活动深入到全区各镇、街道、开发区，各部门（单位），学校、企业、村（社区）等，覆盖全区各级党员干部和相关重点人群。区委常委到各自联系点和“两学一做”学习教育联系点开展宣讲，区政府副区长到各分管条线开展宣讲。

广泛开展基层理论宣讲 各镇、街道、开发区党（工）委参照区委宣讲团做法，各党（工）委书记带头在各自单位宣讲的基础上，选调政治素质强、政策理论水平高的领导干部和理论骨干组成宣讲团赴基层宣讲。从上至下逐级宣讲，在最大范围内让全区干部群众了解领会十九大精神。通过完善区、镇、村三级理论宣讲网络，不断壮大理论宣讲队伍和培养基层宣讲人才，为基层理论宣讲活动不断提供人才保障和队伍支持。着力增强宣讲的针对性、生动性、思想性，联系广大干部群众思想和工作实际，把中共十九大精神讲清楚、讲明白，让老百姓听得懂、能领会、可落实。

组织“百姓名嘴”宣讲团，深入城乡基层宣讲中共十九大精神。开展年度党员冬训工作，把中共十九大精神的宣讲作为年度党员冬训的重中之重，宣讲团成员充分发挥自身特长，让宣讲更接地气、更聚人气，进一步推动十九大精神深入基层、深入群众、深入人心。

10月18日，花果山街道在二楼大会议室组织机关全体人员共同听取、学习十九大报告　　摄于10月18日拍摄者　赵　俊

【各级领导班子专题学习中共十九大精神】 10月24日，区人大常委会召开党组（扩大）会议，集中学习讨论习近平总书记在中国共产党第十九次全国代表大会上所作的报告。机关全体工作人员参加。

11月8日，市委副书记、海州区委书记万闻华主持召开区委中心组学习会，专题学习领会中共十九大精神，安排部署深入贯彻落实的具体举措。区委常委、区人大常委会主任、区政协主席分别作学习交流发言，区四套班子领导、区人民法院院长、人民检察院检察长及相关部门主要负责人参加会议。

2018年2月5日，海州区举办全区领导干部学习贯彻中共十九大精神专题党课，市委副书记、海州区委书记万闻华作十九大专题辅导报告。区四套班子领导，区法院院长、检察院检察长，全区各镇街、开发区和各部门主要负责人，村、社区党组织书记作为首期学员参加学习。

【举办中共十九大精神培训轮训班】 11月23–24日，区委宣传部举办中共十九大精神暨宣传委员（骨干）培训班。区各镇、街道、开发区宣传委员、宣传干事，区各部门和单位分管宣传工作的负责人近100人参加培训。围绕中共十九大精神、新形势下基层宣传干部的责任与担当等内容，进行为期两天的学习宣讲。

12月5日起，区委分批举办领导干部学习贯彻中共十九大精神轮训班，区四套班子成员及其他处级领导干部，全区科级单位党政主要负责人，村、社区党组织书记300余人参加第一期轮训班。

【多种形式宣传报道中共十九大精神】 开展宣讲专题报道。海州区各级宣传部门结合区百人讲师团、市民道德大讲堂、党员冬训和十九大精神“六进”等活动，对海州区宣讲十九大先进典型等进行集中宣传报道，对基层涌现的宣讲十九大精神文化活动、精彩快板、小板凳宣讲工作法、宣传大篷车等进行重点报道，集中宣传各单位在学习十九大精神中结合各自部门工作对照新目标、新任务要求，推动十九大精神落地生根，确保全年目标任务完成的相关举措。

10月28，海州区委宣传部、海州区文联主办，孔望山景区、石棚书院和海州诗协承办了“喜庆十九大九九唱大风”重阳醉海州情——2017龙洞重阳诗会。

10月31日，“不忘育人初心，牢记时代使命”——海州区教育系统在区教师发展中心隆重举行“践行十九大精神”文艺展演暨首届青少年科技创新区长奖颁奖大会。

11月25日，“礼赞十九大，畅享新时代”2017海州区文化艺术节暨“书香海州”阅读季活动在苏宁广场成功举办。该活动是由海州区文体局、淮海工学院土木与港海工程学院、连云港新华书店有限责任公司主办，淮海工学院校园广播站淮海之声无线广播电台、海州区图书馆、连云港苏宁广场联合承办。

12月28日，“礼赞十九大畅享新时代”海州区文化艺术节之海图诗歌朗诵会在海州区图书馆成功举办。该活动由海州区文化体育局主办，海州区图书馆和海州区各镇街承办。

（供稿：区委宣传部）

海州区教育系统举行喜迎十九大活动

海州区创建全国文明城市取得阶段性成果

【概况】 2017年，连云港市创建全国文明城市（以下简称创文）工作全面启动后，海州区创建工作在区委、区政府的正确领导下，在市创文办及相关部门的精心指导和支持下，坚持创建为民、创建惠民的指导思想，充分整合社会各界力量，强势推进创建工作开展，在多次迎检过程中，充分发挥了创建主战场和主力军作用，为全市创建做出了应有的贡献，并取得了阶段性成果。2017年，连云港市成功创成全国文明城市提名城市。

【创文氛围营造】 大力宣传核心价值观内容。印制发放《致全体市民一封信》5万张，制作公益广告宣传画2万份，文明餐桌台卡3万个，社会主义核心价值观提示牌2万张；全区各电子屏累计滚动播放10万多次，重点路段、建筑围挡“图说我们的价值观”宣传面积超8万平方米，在宁海高速出入口、月牙岛景区入口、海州开发区郁洲南路入口等人流密集区域，设置大型社会主义核心价值观雕塑十余处。在《连云港日报》、连云港电视台等市级媒体开设《文明创建海州行》《文明城市大家谈》等专题栏目，在《新华日报》等省级以上媒体发布精神文明报道700余篇，海州好城管见义勇为先进事迹被中央电视台报道，洪门街道学雷锋志愿者服务队被《扬子晚报》整版报道。

【主题活动开展】 开展丰富多彩的创建活动，组织“文明海州随手拍”“幸福海州 快乐创文”百名摄影家拍摄百名创文志愿者笑脸活动；创新开展“绘美丽海州、建文明家园”中小学师生千米长卷写生活动，引导全社会积极支持参与创建工作。积极实施好家风营造项目，开展寻找“文明家庭”“好家庭”等活动，挖掘先进家庭典型，引领全社会注重家庭、注重家教、注重家风。广泛开展增进邻里互信活动，全区大力开展“文明楼道”“守望相助”“好邻居”等评比活动，助推和谐邻里建设。

【基础配套完善】 落实创卫长效机制，完善乡镇环卫设施配套。先后打通龙西路、跨龙尾河桥等断头路9条，完成东盐河路等“黑色化”改造道路8条，农村道路改造34条。改造老旧小区15个、背街小巷30条，实现141个无物管小区“托底”管理。完成朐园、区全民健身中心等绿化改造提升工程23个。新改建城乡垃圾中转站6座，打造无障碍设施公厕264座。

创文业务培训会

【公共秩序管理】 持续开展市容管理综合整治、店招店牌专项整治、露天烧烤和大排档专项整治等一系列行动，累计清理流动摊点2.2万余处，清理整治店外经营行为7400余起，规范人行道非机动车静态停放2万余辆次，拆除乱搭建（构）筑物540处，整治店招近5000块，清除各类小广告7万余处，城区新增16处便民疏导点。

【人文素质提升】 大力实施“好人文化工程”建设。初步建成区、镇街、村居三级联动模式，建成海州好人馆，打造民主路老街、步行街好人文化特色街，各镇街均建设好人广场，村居普遍设立好人榜。密织志愿服务网络，组建350余支志愿服务队伍，各类志愿者14.7万余人。大力推广“文明驿站”“志愿服务夜市”等志愿服务载体，鼓励以社区为单位常态化开展各类志愿服务活动，海宁社区获评全省优秀志愿服务社区。大力开展全国文明校园创建工作，解放路小学获评首批全国文明校园。

【台账资料申报】 采取请进来，走出去的方式，先后召开网上申报工作培训会、创建全国文明城市业务培训会，邀请专家专题辅导，各镇街、开发区、社区和中小学、幼儿园700余人参加业务培训。通过培训参观，使大家在资料整理中做到重点明确、有的放矢、测评精准，推动资料申报工作有序开展。组织人员赴徐州市泉山区学习考察，围绕网上申报、实地考察、问卷调查等三个环节进行专项学习，提高申报材料质量。

（撰稿：刘 璐 审稿：贺颖颖）

2018年海州区十大重点民生工程45件实事

（2018年1月5日海州区十八届人大二次会议通过）

一、教育强基工程

1.加强教育设施建设

新改扩建向阳小学、培智学校、新坝中心小学等13所学校，义务教育学校标准化率达95%，全面消除“超大班额”。接管6所小区配套幼儿园，创建省优质幼儿园6所，省优质幼儿园比例达80%。推广“云海在线”智慧教育平台，教育信息化达标率达95%。实现省级社区教育中心全覆盖。（牵头单位：区教育局）

2.推进教育均衡发展

实施教育优质均衡三年行动计划，启动薄弱学校挂牌托管，大力推进“一校一品”。深化市区融合、城乡互动、内培外引，义务教育学校结对共建比例达100%，加快引进知名民办学校。（牵头单位：区教育局）

3.加强师资队伍建设

年内新增特级教师2人、正高级教师1人、幼儿教师50名、乡村骨干教师100名。推行“区管校聘”教师管理制度，与江苏师范大学合作开展卓越教师培养计划，完成教师培训8000人次，教师城乡交流比例达20%以上。（牵头单位：区教育局）

4.推进教育惠民行动

进城务工随迁子女100%进入公办义务教育学校就读。民办园生均经费增加100元。发放家庭经济困难学生助学金850万元以上，办理贫困大学生生源地助学贷款700万元以上。减轻中小学生课外负担，试行弹性离校。（牵头单位：区教育局）

二、医疗惠民工程

5.提升公共卫生服务能力

全面推进分级诊疗制度，深入推进紧密型医联体建设，家庭医生签约服务覆盖率达40%，重点人群签约服务覆盖率达70%，签约居民满意度达80%以上。乡镇卫生院健康小屋覆盖率达50%。（牵头单位：区卫计局）

6.加强医疗卫生设施建设

改扩建海州社区卫生服务中心，建成新海社区卫生服务中心，新建区卫计人才实训基地。创建一批全国优质服务示范社区卫生服务中心、省级示范乡镇卫生院、省级示范村卫生室，实现基层医疗卫生机构中医综合服务区全覆盖。（牵头单位：区卫计局）

7.推进卫生服务均等化

基本公共卫生服务经费年人均标准提高至70元；创建国家级慢性病综合防控示范区，开展健康单位建设。新培训健康生活方式指导员200人以上。（牵头单位：区卫计局）

8.落实优生优育政策

实施“健康宝贝”工程，免费孕前优生健康检查覆盖率达90%，免费婚检率达85%；免费为4000名农村适龄妇女开展“两癌”筛查；免费为1000名适龄儿童开展预防龋齿治疗。落实“全面两孩”政策，人口自然增长率控制在7‰以内，计生特殊困难家庭帮扶政策落实率100%。（牵头单位：区卫计局）

三、文体利民工程

9.丰富群众文化生活

举办群众性文化活动100场次以上，组织大中型文艺活动20场以上，开展文化公益培训30场以上，组织农村公益电影放映1000场以上。（牵头单位：区文体局）

10.完善文保和非遗传承

市以上文物保护单位开放率达65%，建立非物质文化遗产保护传承基地6家，开展优秀传统文化传承普及活动30场。（牵头单位：区文体局）

11.打造“书香海州”品牌

建成区图书馆分馆10个，新增馆外流动图书室6个、数字农家书屋20个，发展阅读组织5个。完善“图书漂流”机制，举办“4·23”读书节、

开展优秀文化传承普及活动

全民读书月等全民阅读活动20场次。（牵头单位：区文体局）

12.实施全民健身行动

打造天马运动品牌，举办全民健身日、广场舞大赛等大型群众体育活动20场次以上。培训社会体育指导员200人以上，培养业余健身团队骨干100人以上，常年参加体育锻炼人口比例达35%。（牵头单位：区文体局）

四、社会保障工程

13.完善创业就业服务

实现城镇新增就业1.16万人，转移农村劳动力600人，城镇登记失业率控制在3%以内；支持自主创业1200人，扶持农村劳动力创业400人，鼓励大学生创业150人，创业带动就业6000人；新增私营企业3200家以上，个体工商户4200户以上；培育规范化农民专业合作社4家。（牵头单位：区人社局、市场监督管理局、农水局）

14.加强职业技能培训

实现城乡劳动者职业技能培训3000人次，企业职工岗位技能培训2000人次，培育新型职业农民1000人，新增高技能人才600人。（牵头单位：区人社局）

15.提高民生保障水平

完善城乡低保、农村五保、城乡医疗救助、临时救助等保障机制；城乡低保月标准分别增至560元和500元；发放廉租房租赁补贴300户，其中新增50户，廉租房实物配租100套。（牵头单位：区民政局、住建局）

16.完善养老服务体系

建成海州智慧养老服务平台，引入社会力量参与运营社区居家养老服务。建设区级居家养老中央厨房配送中心，建成嵌入式养老机构，建成区域性老年日间照料中心4个，建成标准化乐龄生活馆6个。（牵头单位：区民政局）

17.巩固脱贫攻坚成效

完善“阳光扶贫”系统，加强低收入人口动态跟踪调整，确保应扶尽扶、应脱尽脱。继续培育扶持经济薄弱村富民产业发展，增加公益性岗位设置，探索资产收益配股帮扶机制，带动经济薄弱村和低收入户增收脱贫。（牵头单位：区扶贫办）

五、城乡安居工程

18.强力推进旧城改造

实施葵花街、市交通局周边地块旧城改造项目48个，完成征收面积150万平方米，重点推进新磷矿化宿舍区、白虎山批发市场等棚户区改造项目。（牵头单位：区房屋征收局）

19.开展城乡危旧房改造

重点完成四类人员（建档立卡户、低保户、五保户、残疾贫困户）危房改造，实施城镇危旧房改造2万平方米，基本完成农村危房改造任务。（牵头单位：区住建局）

20.改善老旧小区居住环境

实施15个老旧小区改造、2个小区改造示范工程；推进物业管理工作重心下移，全面做好141个老旧小区长效管理工作；重点推进70个物管企业社会化、市场化、规范化运作。（牵头单位：区住建局）

21.实施城市管理“全域提升”

巩固提升创卫成果，落实市容秩序网格化“四定”责任制，加大市容秩序错时管理力度；加大市容违规立案查处力度，开展市容环卫责任区示范评比；开展市容市貌十大专项整治行动。建立健全控制和查处违法建设长效管理体系，拆除一批“两城”范围内违法建设。（牵头单位：区城管局）

22.实施省级卫生乡镇创建

围绕氛围营造、环境卫生、病媒生物防制等十方面创建内容，持续加大涉农镇街创卫力度，实现省级卫生乡镇创建全覆盖。（牵头单位：区创卫办）

六、交通畅达工程

23.保障重点工程建设

全力保障连盐铁路、204国道建成通车，做好连徐高铁、连淮扬镇铁路征收扫尾和工程建设保障，配合做好长深高速扩建工程。（牵头单位：区铁路办、住建局）

24.开展老旧道路整治

对唐李巷、江化街等50条破损道路及背街小巷开展新一轮整治，提升老旧片区形象。（牵头单位：区住建局）

25.实施农村公路提升工程

新建改造新坝中路、板浦东周路、锦屏镇前路等农路32条125公里，新建改造孙庄桥、廊墩北桥等桥梁10座。通过断面拓宽、弯道改善、

对青龙涧沟实施提升改造工程

增设错车道等方式，提升农村道路通行能力。（牵头单位：区住建局）

26.加快城区路网建设

建设生态古城环形路网，实施孔望山路、环山路等12条城区道路建设，打通陇海西路（新孔路—解放路）、红砂路（通灌路—郁洲路）等5条断头路，建成大庆路跨西盐河桥，配合做好人民路快速化改造工作。（牵头单位：区住建局）

七、市政配套工程

27.开展区域供水项目

推进完成板浦镇、岗埠农场区域供水项目，彻底解决近15万人饮水安全问题。（牵头单位：区住建局）

28.实施绿化提升工程

实施瀛洲公园、海州公园扩建改造等一批城市绿化工程。新增绿化造林面积1.2万亩，林木覆盖率达28%以上。以“两城”为重点，全面创建锦屏山国家森林小镇，实施锦屏山生态复绿工程；以月牙岛、蔷薇河为主体，建设特色林业观光带二期工程。（牵头单位：区住建局、林业局）

29.加强环卫基础设施建设

完成“两城”环卫基础设施专业规划，新建2座二类以上公厕；新改建4座城乡垃圾中转站；加大涉农镇街环卫基础设施建设力度。（牵头单位：区城管局）

30.建立垃圾分类收集体系

加大垃圾分类宣传力度，构建“大分流、细分类”体系，提高餐厨废弃物、建筑垃圾资源化利用水平。新增一批垃圾分类设施，全面开展机关事业单位垃圾分类工作。（牵头单位：区城管局）

八、环境保护工程

31.开展城乡水环境整治

改造玉带河、西盐河沿线40条背街小巷污水管网，接入市政管网。对西门涧沟、甲子河、易居公馆北侧涧沟、地质六队东侧涧沟沿线开展景观提升改造工程。实施大浦河、烧香河沿线21个污水排口截流整治，完成河道两岸道路及绿化景观提升。（牵头单位：区住建局、水利局、环保局）

32.开展农村河库治理

推进“河长制”河道长效管护，强化河库日常监管巡查机制，继续实施农村河道疏浚整治，疏浚县乡河道14条，河塘82个。（牵头单位：区水利局）

33.开展畜禽养殖整治

对限养区和适养区内超过规定排放标准或排放总量控制指标的畜禽养殖场，治理率达85%，粪便综合利用率达98%。（牵头单位：区农水局）

34.加快城乡污水管网建设

实现镇区、工业园区污水管网建设全覆盖，建设园区污水管网10公里；新建镇区污水配套管网20公里，实现镇区污水处理厂达标运行。（牵头单位：区住建局、环保局）

35.加大空气质量管控

实施燃煤、工业、扬尘等污染管控，完成“无煤区”建设，全力清理散煤售卖，完成10蒸吨/小时以下燃煤锅炉整治；确保秸秆禁烧“零火点”；推进重点行业挥发性有机物治理，持续改善空气质量。（牵头单位：区环保局）

36.加大土壤环境治理

全力推动德邦兴华、泰乐化工等已关停企业拆除搬迁，做好搬迁后土壤污染调查及修复工作。（牵头单位：区环保局、中小企业局、安监局）

九、社会治理工程

37.建成运行网格化综合管理平台

以网格化、智慧化管理为基础，建成运行城市网格化综合管理平台，整合政府服务热线、数字化城管、综合治理、民生服务、应急处置、社会治安等平台，构建智慧城市管理新模式。（牵头单位：区网格化筹备办公室）

38.实施“天网4期”工程

按照高空球机巡视补盲、中空全景控面、低空球机控点、枪机控线、微卡抓拍的布控模式，新建一批高清监

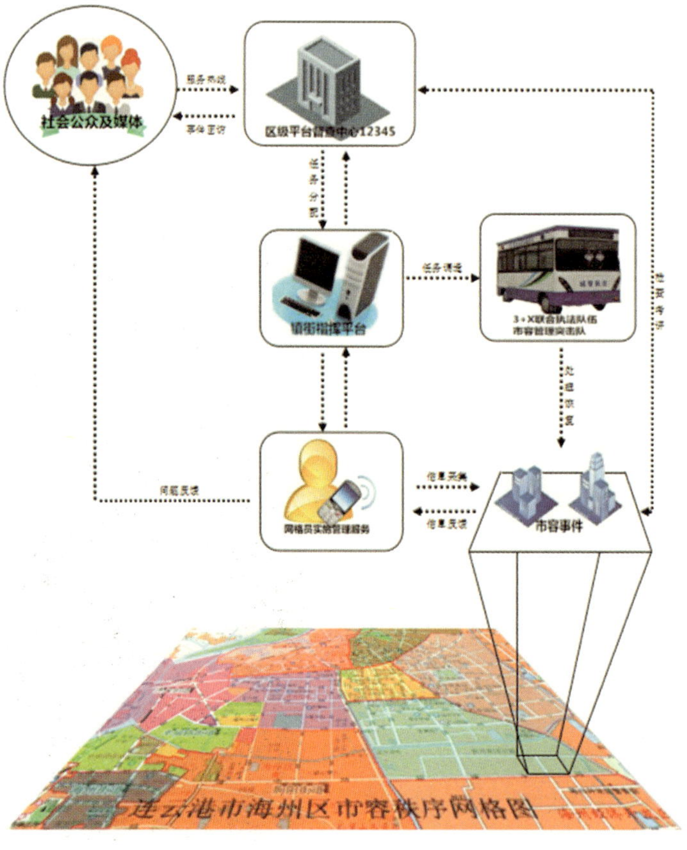

市容秩序网格化管理示意图

控，提升群众安全感。（牵头单位：海州公安分局）

39.营造放心消费环境

培育1个省级放心消费示范区域、2家省级先进示范单位；加强食品药品安全监管体系建设，在各镇街分别打造1个食品安全示范社区（村）。改造达标30家小作坊。完成食品抽检3200批次以上，药品抽检200批次以上。（牵头单位：区市场监督管理局）

40.完善公共法律服务体系

深化“七五”普法工作，提高区级公共法律服务中心运行水平，完善镇街公共法律服务中心，普及村（居）标准化“法律诊所”，村（居）法律顾问实现服务常态化，构建普惠的城乡公共法律服务体系。（牵头单位：区司法局）

41.深化“一委三会”工作法

提升治理实效，促进基层治理水平提升，争创全国农村社区治理实验区。（牵头单位：区民政局）

十、为民便民工程

42.实施社区建设提升工程

推动社区“两房”从“有”向“好”转变，建成城乡社区标准化服务中心25个，实施“135”社区人才培养计划，推行“全科社工”工作模式，强化社区服务品牌效应。（牵头单位：区民政局）

43.完善惠民文体设施

建成海州体育馆二期工程，选址新建1处全人群体育公园，建成一批村级灯光篮球场，安装、更换健身路径20套。建成社区综合性文化服务中心54个，打造示范性社区综合文体服务中心15个，建设社区文化小广场40个。（牵头单位：区文体局）

44.加强“菜篮子”建设

切实加强农贸市场长效管理，创建公益性菜市场5个，新增便民超市3个。（牵头单位：区商务局）

45.提升政务便民服务

整合优化政务服务“一张网”，全面推行重点项目代办制，扎实推进不见面审批（服务），最大限度便企惠民。完善政府公共服务平台，推进行政审批服务职能向基层便民服务中心集中，扩大政务服务覆盖面。（牵头单位：区政务办）

海州区民生热线开通

1月

3日 连云港市市长项雪龙到海州区现场检查连徐客专征地拆迁工作，市委常委、海州区委书记王立斌，区长单晓敏等区领导参加。

4日 中共海州区委十届二次全会在区行政中心召开。市委常委、区委书记王立斌代表区委常委会作《强产业惠民生加快建设生态宜居的中心城区》报告。

9–12日 政协海州区委九届一次会议在区行政中心召开。会议选举汤成元为政协海州区第九届委员会主席，于振强、王兰芳、刘建春、苗永梅为政协海州区第九届委员会副主席，汤振宇为政协海州区第九届委员会秘书长，卜贤超等27人为政协海州区第九届委员会常务委员会委员。

10–13日 海州区第十八届人民代表大会第一次会议在区行政中心召开。会议选举王建明为海州区第十八届人民代表大会常务委员会主任，刘海林、刘振华、殷少卿、张建为副主任，于洋等30人为海州区第十八届人民代表大会常务委员会委员。会议选举单晓敏（女）为海州区人民政府区长，卢平、史伟、于卉（女）、温以斌、蒋庆山、李锋为副区长。会议选举傅成保为海州区人民法院院长，选举唐张为海州区人民检察院检察长。会议选举丁俊标等44人为出席连云港市第十四届人民代表大会代表。

10日 国家工商总局副局长甘霖一行调研天马网络科技公司。

11日 连云港市委书记、市人大常委会主任杨省世调研新华小学项目建设情况。

16日 海州区工商业联合会（商会）第六次会员代表大会召开。

18日 西安交通大学连云港科技园项目签约仪式举行。

21日 首届大华文化迎新春艺术节活动举行。

25日 市长项雪龙慰问环卫工人和城管队员，市委常委、海州区委书记王立斌，区长单晓敏参加。

26日 市委书记、市人大常委会主任杨省世检查安全生产及森林防火工作情况，市委常委、海州区委书记王立斌，区长单晓敏等区领导参加。

28日 2017“金鸡报晓福满海州”千人民俗踩街活动在朐阳门广场举行。

2月

4日 海州区目标绩效管理总结部署会议、海州区“双进双促”活动动员大会先后召开。

11日 海州区公安工作会议召开。

15日 市十四届人大一次会议在海州召开。

16日 市委书记、市人大常委会主任杨省世到海州区代表团参加审议市政府工作报告、市人大常委会工作报告以及法检两院报告，市委常委、海州区委书记王立斌，区长单晓敏，区人大常委会主任王建明等区领导参加。

2月4日，海州区“双进双促”活动动员大会

18日 市委常委、海州区委书记王立斌主持召开海州区委常委会扩大会议，传达省市两会精神，部署当前工作。

20日 市委书记、市人大常委会主任杨省世调研海州区城乡统筹及中小企业发展情况，市委常委、海州区委书记王立斌，区长单晓敏等区领导参加。

16日 全区目标绩效管理暨作风建设大会举行。

24日 市委常委、海州区委书记王立斌主持召开海州区委常委会扩大会议，传达省“263”专项行动办公室暗访东海县反馈问题整改落实部署会等会议精神，推进海州区“双进双促”活动。

25日 第二届“花漾海州·四季赏花”系列活动暨梅花节启动仪式在苍梧绿园举行。

27日 市长项雪龙调研孔望山小学、凌州路小学建设情况及临洪口湿地开发建设情况，市委常委、海州区委书记王立斌等区领导参加。

28日 区长单晓敏赴部分企业开展“双进双促”走访活动。

3月

1日 海州区宣传思想文化工作会议召开。

2日 市长项雪龙调研日出东方太阳能股份有限公司，市委常委、海州区委书记王立斌，区长单晓敏等区领导参加。

3日 市长项雪龙调研海州区家政服务居家养老等便民服务工作，市委常委、海州区委书记王立斌，区长单晓敏参加。

4日 区长单晓敏主持召开全区市容长效管理“家家到”现场推进会。

6日 “海州零距离民生热线”开通仪式举行。

同日 海州区“百家讲坛”举行，邀请江苏师范大学党委书记徐放鸣作《弘扬中华优秀传统文化、提升领导干部人格修养》专题讲座。

7日 海州区农村工作会议召开。

8日 海州区绿化工作会议召开。

9日 市委常委、海州区委书记王立斌会见康达智会长岩滨重夫一行，洽谈项目扩建事宜。区领导徐雪峰参加。

15日 市委常委、海州区委书记王立斌现场推进全民健身中心、秦东门广场以及花鸟虫鱼宠物市场建设。

16日 市委常委、海州区委书记王立斌会见新海发电有限公司总经理陈德林一行，区长单晓敏等区领导参加。

17日 市委常委、海州区委书记王立斌接待东海县党政代表团考察海州区创卫工作。

20日 市委书记、市人大常委会主任杨省世到海州区调研创新型企业发展情况，市委常委、海州区委书记王立斌等区领导参加。

23日 区长单晓敏带队考察浙江传化集团，洽谈公路物流港项目合作事宜。

24日 全国人大常委会委员、全国人大外事委副主任委员、蓝迪国际智库专家委员会主席赵白鸽一行调研海州区旅游产业发展情况，区人大常委会主任王建明陪同。

25日 市委副书记、组织部长万闻华调研海州区“三农”及党建工作，市委常委、海州区委书记王立斌等区领导参加。

28–29日 海州区一季度项目现场观摩会召开。

29日 海州区创建全国文明城市动员大会召开。

30日 全区政法工作会议召开。

31日 浦南镇入选国家第四批美丽宜居小镇，全省仅5个镇入选，浦南镇是市内唯一入选者。

4月

1日 市委常委、海州区委书记王立斌主持召开全区农村公路与改水工作进展情况汇报会。区领导江锦峰、温以斌参加。

3日 市委常委、海州区委书记王立斌赴板浦镇尤庄村开展“双进双促”大走访活动，区领导温以斌参加。

7日 区政协主席汤成元考察连云区全域旅游开发情况，区领导王兰芳、刘建春、苗永梅参加。

21日 灌云县党政代表团到区参观考察“四城同创”、乡村旅游等工作，市委常委、海州区委书记王立斌，区政协主席汤成元，区领导卢平、于卉、温以斌参加。

28日 市委书记、市人大常委会主任杨省世在海州区调研高铁建设情况并看望一线建设者，区长单晓敏等区领导参加。

5月

2日 市委副书记、组织部长万

3月28–29日，海州区一季度项目现场观摩会

闻华现场查看海州区创建全国文明城市工作推进情况，市委常委、海州区委书记王立斌等区领导参加。

3日 2017年海州白虎山庙会暨第二届丝绸之路国际小商品博览会开幕式举行。

同日 海州文史馆、陶艺馆、景泰书局揭牌。

5日 市委常委、海州区委书记王立斌主持召开海州区“三重”项目推进会，区长单晓敏，区人大常委会主任王建明，区政协主席汤成元，区领导江锦峰、房忠涛、徐雪峰、林田海参加。

9日 省信访局信访督查专员申湘琴带队督查海州区信访稳定工作，市委常委、海州区委书记王立斌等区领导参加。

10日 江苏省委省政府在宿迁召开苏北发展座谈会，市委常委、海州区委书记王立斌、区长单晓敏参加。

16日 区长单晓敏带队赴灌南县学习考察旧城改造工作，区领导蒋庆山参加。

18日 市委常委、海州区委书记王立斌会见参加“高层次人才海州行”活动的中国工程院院士范滇元、美国纽约州立大学教授郝光生等教授专家，洽谈合作事宜。区人大常委会主任王建明，区政协主席汤成元，区领导林田海、刘莹参加。

19日 “高层次人才海州行”暨“连云港（海州）虚拟产业研究院”启动仪式举行，区四套班子全体负责同志参加。

同日 2017“中国旅游日”连云港主会场活动暨古玩街开街仪式在民主路举行，区委书记王立斌，区政协主席汤成元，区领导房忠涛、顾建华、陈周德参加。

同日 区领导张志峰陪同山东省临沂市畜牧局及郯城县领导调研浦南镇中广核光伏发电项目。

22日 江苏发展大会返乡嘉宾、全国政协常委、教科文卫体委副主任、致公党中央副主席程津培院士一行考察板浦镇。市委常委、海州区委书记王立斌陪同嘉宾参观考察海州区。

23日 海州区召开农村公路建设工作会议。

24日 全区干部大会召开。市委书记杨省世在会上宣布，市委副书记万闻华（正市级）兼任中共海州区委书记，不再担任市委组织部部长，王立斌同志不再担任中共海州区委书记。

25日 市委副书记、海州区委书记万闻华主持召开区委常委会（扩大）会议。

26日 全市商务系统创建全国文明城市示范点建设现场推进会到海州区观摩。

31日 市长项雪龙到海州区开展“六一”儿童节走访慰问活动。

6月

1日 市委副书记、海州区委书记万闻华，市委政法委书记王立斌出席海州区平安法治校园观摩暨爱心书包捐赠仪式，区长单晓敏等领导参加。

同日 市长项雪龙到海州区开展“六一”儿童节走访慰问活动，市委副书记、海州区委书记万闻华、区长单晓敏参加。

同日 市委副书记、海州区委书记万闻华调研海州区工业条线相关工作。

2日 市委副书记、海州区委书记万闻华调研海州区商贸物流产业情况。

5日 市委副书记、海州区委书记万闻华调研海州区城市建设情况。

6日 市委副书记、海州区委书记万闻华现场检查海州高级中学2017年高考考点准备情况。

7日 市委副书记、海州区委书记万闻华主持召开海州区信访稳定工作会议。

11日 市委副书记、海州区委书记万闻华调研天明机械、鹰游纺机等企业。

13日 市委书记杨省世调研海州区创文工作，市委副书记、海州区委书记万闻华，区长单晓敏等区领导参加。

14日 市委副书记、海州区委书记万闻华主持召开海州区委中心组“旗帜鲜明讲政治”专题学习（扩大）会，区四套班子全体负责同志参加。

16日 市信访局局长董忠一行到海州区调研信访稳定工作情况，区长单晓敏等陪同。

21日 区长单晓敏接待江苏银行连云港分行行长周同恩一行，洽谈加强合作事宜。

22日 市委副书记、海州区委书记万闻华主持召开海州区离退休老干部座谈会，区长单晓敏、区领导林田海参加。

23日 市委副书记、海州区委书记万闻华调研海州古城复兴重点项目建设情况等工作。

25日 市委副书记、海州区委书记万闻华参加市委常委、组织部部长胡建军调研海州区经济社会发展

6月1日，海州区平安法治校园观摩暨爱心书包捐赠仪式

以及基层党建、人才等工作相关活动，并与基层党组织负责人座谈，区长单晓敏等区领导参加。

27日 区人大常委会主任王建明陪同市人大常委会副主任、党组副书记杨莉到江苏天福莱集团走访慰问党员企业家。

28日 省委宣传部副部长徐宁一行到海州区调研杰瑞科技创意产业园，市领导滕雯陪同，区长单晓敏等区领导参加。

29日 海州区举办“迎七一”党规党纪知识竞赛活动。

7月

4日 市人大常委会副主任于丽华一行到海州社区卫生服务中心调研医改实施情况，区人大常委会主任王建明陪同。

5日 市委副书记、海州区委书记万闻华参加新浦区人武部宣布命令大会，区领导林田海参加。

9日 位于民主路的海州好人馆开馆。该馆以图片、文字为载体，收录海州区历年来涌现的各类好人好事，宣传“好人精神”，推动在全社会形成“人人争做好人，好人人人崇敬”的浓厚氛围。

11日 市委书记杨省世调研海州区富民增收工作有关情况，市委副书记、海州区委书记万闻华，区长单晓敏参加。

12日 市长项雪龙检查市区防汛工作，市委副书记、海州区委书记万闻华，区长单晓敏，区领导温以斌参加。

13日 省纪委副书记、监察厅厅长、预防腐败局局长王立平一行到海州区专题调研“打铁还需自身硬”专项行动开展情况。

16日 市委副书记、海州区委书记万闻华参加江苏师范大学与海州区开展的校地合作活动，区长单晓敏，区领导于卉、刘莹参加。

20日 海州区第七届“美步温暖童心、牵手留守儿童”夏令营举行开营仪式。

25日 市委副书记、海州区委书记万闻华参加省委领导考察海州公安分局新东派出所、新南街道海宁社区等相关活动。

26日 区长单晓敏带队到连云港警备区、新浦区人武部、海州区人武部开展“八一”建军节前走访慰问活动，区人大常委会主任王建明、区政协主席汤成元、区领导江锦峰、于卉参加。

27日 市委副书记、海州区委书记万闻华看望慰问绿化养护、巡特警及城管环卫等奋战高温一线职工，区领导史伟、蒋庆山参加。

8月

1日 省委副书记、省长吴政隆考察正大天晴药业集团股份有限公司，市委副书记、海州区委书记万闻华陪同。

3日 中国共产党海州区第十届委员会第四次全体会议召开。市委副书记、海州区委书记万闻华代表区委常委会作《高扬发展大旗，矢志跨越赶超，为建设强富美高新海州而努力奋斗》工作报告。

6日 全区中小学校长2017年暑期高级研修班开班仪式在江苏师范大学进行。

7日 市委副书记、海州区委书记万闻华在板浦镇走访“阳光扶贫”帮扶对象、开展“双进双促”大走访、召开镇街“双进双促”强区富民大走访活动座谈会。

8日 市委副书记、海州区委书记万闻华陪同市委政法委书记王立斌调研海州区新204国道沿线农业项目建设情况，区领导温以斌参加。

9日 市人大常委会副主任、党组副书记杨莉带队到海州区开展“助推平安连云港建设专项行动”集中视察活动，区长单晓敏、区人大常委会主任王建明等参加。

11日 市委副书记、海州区委书记万闻华参加“海州民情速递”大数据平台开通仪式，区政协主席汤成元等区领导参加。

17日 市委副书记、海州区委书记万闻华赴浙江平湖参观考察新秀集团有限公司及其设计院、浙江银座箱包电商部、平湖相伴宝产业链信息科技有限公司等，并与新秀集团有限公司董事长座谈，区领导徐雪峰、温以斌、李锋参加。

19日 市委副书记、海州区委书记万闻华赴句容经济开发区考察南北挂钩共建项目，区领导徐雪峰、温以斌、李锋参加。

21日 市委书记杨省世调研海州区民主路老街文明街区创建情况、西城和江山菜市场文明市场创建情况，市委副书记、海州区委书记万闻华等区领导参加。

24日 市委副书记、海州区委书记万闻华召开海州区楼宇经济座

8月7日，区委书记万闻华在板浦镇走访慰问老党员

谈会。

29日 市委书记杨省世调研海州公安分局实战指挥室，市委副书记、海州区委书记万闻华参加。

同日 江苏"时代楷模"钟佰均同志先进事迹报告会在海州区召开。

30日 市委书记杨省世调研海州开发区园区建设情况，市委副书记、海州区委书记万闻华，区长单晓敏等区领导参加。

31日 年初至本日，浦南镇流转土地100余公顷，转移劳动力3000余人，他们大都被安排到企业和农业园区上班，变为工人，成为"双薪族"。

同日 于新疆乌鲁木齐举行的8月"中国好人榜"发布仪式发布：8月"中国好人榜"全国上榜共100人，其中江苏6人，锦屏镇桃花涧老年公寓负责人王芳入选孝老爱亲"中国好人榜"。

9月

1日 海州区召开干部大会，推荐双推差选青年干部、推荐区内后备干部。

2日 市领导徐家保督查白虎山批发市场、海州家具城、德邦化工安全生产工作，区长单晓敏等区领导参加。

5日 市委副书记、海州区委书记万闻华走访海州区部分文化部门，并召开海州区宣传思想文化座谈会，区领导顾建华、于卉参加。

6日 团中央组织部副部长吕伟、团省委组织部部长陈鹏等领导一行到海州区调研青年创业孵化基地。

7日 市委副书记、海州区委书记万闻华参加"9·5"公募日"慈善一日捐"联合倡议暨连云港市慈善总会、海州区慈善总会网络公益募捐平台启动仪式。

8日 市长项雪龙到海州区开展教师节走访慰问活动并召开教师座谈会，区长单晓敏、区领导于卉参加。

8—11日 市委副书记、海州区委书记万闻华赴红旗渠干部学院参加海州区"弘扬红旗渠精神，践行'旗帜鲜明讲政治'"专题培训班，区领导王建明、汤成元、江锦峰、房忠涛、卢平、郑斌、顾建华、徐雪峰、林田海、温以斌、蒋庆山、李锋、郭玉家、邱斌、俞向军参加。

19日 市委副书记、海州区委书记万闻华走访调研海州区法院、检察院相关工作。

21日 市委副书记、海州区委书记万闻华主持召开海州区经济形势分析会、"百日攻坚"三大行动重点项目推进会和区委常委会，研究相关工作，区委常委及人大、政协主要领导参加。

22日 市委副书记、海州区委书记万闻华参加第十九届江苏农洽会开幕式，陪同省领导考察调研赣榆区和东海县农业项目等活动。

同日 区长单晓敏带队拜访青岛远洋运输有限公司，参加海州工业园青远智能装备产业基地项目战略合作框架协议签约仪式，区领导徐雪峰参加。

23日 市委书记、市人大常委会主任杨省世到海州区九龙社区开展大走访活动，市委副书记、海州区委书记万闻华陪同。

26日 副省长蓝绍敏在海州区视察沭新渠水源地整治工作。

28日 市委副书记、海州区委书记万闻华调研海州区城市社区党建工作，区领导林田海参加。

29日 市委副书记、海州区委书记万闻华参加海州区企业家论坛暨中秋联谊会，区长单晓敏，区领导王建明、汤成元、卢平、徐雪峰、刘莹参加。

30日 市委副书记、海州区委书记万闻华参加市烈士纪念日活动，向革命烈士献花并参观"锦绣连云港 喜迎十九大"主题展览。

9月21日，海州区百日攻坚现场观摩会

10月

4日 市委副书记、海州区委书记万闻华到德邦化工、苏欣快客站、苏果超市、新南派出所等地检查国庆安全生产、交通运输、市场保供和十九大维稳等工作，并看望慰问一线执勤人员，区领导史伟、李锋参加。

8日 海南省农业厅党组书记、厅长许云一行到海州区考察。

10日 市长项雪龙调研海州区"四个一批"项目建设情况，市委副书记、海州区委书记万闻华，区长单晓敏等区领导参加调研。

11日 赣榆区党政代表团到海州区考察，市委副书记、海州区委书记万闻华，区长单晓敏，区人大常委会主任王建明，区政协主席汤成元等领导参加。

12日 德邦化工正式关停，这个历史悠久的老牌化工企业已成为海州历史。

14日 市委副书记、海州区委书记万闻华调研锦屏山和海州古城项目，区领导温以斌参加。

16日 市领导杨莉带队到海州区开展大气污染防治执法检查，区长单晓敏、区人大常委会主任王建明等区领导参加。

同日 省慈善总会会长蒋宏坤一行考察星化社区并慰问病灾户。

17日 市委副书记、海州区委书记万闻华主持召开海州区十九大信访安保维稳工作会议。

18日 市委副书记、海州区委书记万闻华在海州区收听收看十九大开幕会实况转播，区四套班子领导参加。

同日 环保部华东督查中心到海州区督查中央环保督察交办问题整改落实情况。

19日 市委副书记、海州区委书记万闻华陪同中建八局有关领导考察海州区，调研重点项目并召开座谈会，区领导徐雪峰参加。

20日 市长项雪龙视察大浦河、大浦副河整治工程及临洪河口湿地建设情况，区长单晓敏参加。

同日 年内，全区组织28家企业申报高新企业，其中16家是新申报企业。全区年内完成专利申请1542件，专利授权856件。海州区获批国家知识产权强县工程示范区。

21日 市委副书记、海州区委书记万闻华会同市委政法委书记王立斌检查指导海州区十九大期间安保维稳工作，区领导郑斌参加。

25日 副省长王江一行调研海宁全人群体育公园及玉带社区文化中心，市委副书记、海州区委书记万闻华等区领导陪同。

26日 海州区召开传达党的十九大精神大会。

28日 区长单晓敏、区领导于卉出席月牙岛“喜庆十九大·万人健步走”活动启动仪式。

30日 市委副书记、海州区委书记万闻华会见江苏财会职业学院院长等，洽谈人才培养等有关事宜，区领导于卉参加。

11月21日，共青团海州区第十四次代表大会召开

31日 市长项雪龙调研海州区板浦镇经济社会发展情况，市委副书记、海州区委书记万闻华，区长单晓敏，区领导温以斌参加。

11月

2日 市委副书记、海州区委书记万闻华督查海州区秋收秋种情况，区领导郑斌、温以斌参加。

3日 市委副书记、海州区委书记万闻华调研通灌路商圈基层党建工作，推进苏宁二期工程；在贾圩社区召开座谈会，调研推动基层党组织学习贯彻落实中共十九大精神，区领导林田海参加。

同日 定位为“高效生态园，宜养宜居宜业小镇”的《新坝镇总体规划（2016~2030）》顺利通过市规委会第24次主任会议审议。

6日 市委书记杨省世调研新204国道，市委副书记、海州区委书记万闻华，区领导蒋庆山参加。

7日 海州区委组织收听收看中央宣讲团中共十九大精神报告会。

8日 市委副书记、海州区委书记万闻华主持召开海州区委中心组学习扩大会，交流学习中共十九大报告精神感想，区四套班子成员参加。

16日 副省长马秋林考察正大天晴药业公司，市委副书记、海州区委书记万闻华，区领导徐雪峰、郭玉家参加。

18日 市委副书记、海州区委书记万闻华主持召开海州区“百日攻坚”三大行动现场观摩总结会。

20日 市委副书记、海州区委书记万闻华主持召开海州区违法用地会办会，区领导卢平参加。

21日 共青团海州区第十四次代表大会召开，市委副书记、海州区委书记万闻华，区人大常委会主任王建明，区政协主席汤成元等区领导参加。

22日 市委宣讲团在海州区举办中共十九大精神宣讲报告会。

25日 年初至本日，海州区以进企业促发展，进村（居）户促致富“双进双促”大走访活动为主线，共有31名区四套班子成员、57家区各部门和单位挂钩联系12.8万户居民、9318家企业，并选派79名后备干部到村担任“第一书记”，推进城乡联建帮扶。

27日 市委书记杨省世调研海州区经济社会发展情况，并围绕冲刺全年目标任务、谋划明年工作思路开展座谈，市委副书记、海州区委书记万闻华，区长单晓敏等区领导参加。

30日 坐落于孔望山新城片区、占地约170亩的海州区体育馆

11月30日，新建成的海州区体育场试开放

（一期）向市民试开放。一期工程占地约68亩，开放后，可满足周边居民休闲娱乐、体育健身、竞技比赛的需求。

12月

5日 海州区举行领导干部学习贯彻中共十九大精神轮训班开班式，市委副书记、海州区委书记万闻华参加并开展中共十九大精神宣讲。

同日 市委副书记、海州区委书记万闻华主持召开海州区“三区两城”工作部署会，区委常委，区人大、区政协有关领导参加。

6日 市委副书记、海州区委书记万闻华主持召开海州区新磷矿化“退二进三”工作推进会，区领导江锦峰、李锋参加。

9日 区长单晓敏，区领导蒋庆山、李锋出席海州区德邦地块奥特莱斯项目开发签约仪式。

11日 市委副书记、海州区委书记万闻华主持召开海州区安全生产工作会议，区长单晓敏等区领导参加。

同日 海州区举办“走进新时代、激情颂海州”诗歌朗诵会，区领导顾建华等参加。

13日 市委常委、政法委书记王立斌带队督查锦屏山森林防火工作，区长单晓敏、区领导邱斌参加。

同日 市委常委、组织部部长胡建军带队开展蔷薇河河长巡河活动，现场推进东海尾水通道修缮工程，区长单晓敏、区领导江锦峰参加。

20日 市委副书记、海州区委书记万闻华会见黑龙江华升石墨科技公司及西交大苏州研究院等有关人员，洽谈项目投资、合作等事宜，区领导徐雪峰参加。

同日 全市农业结构调整现场推进会到海州区观摩。

同日 截至本日，海州区2018年度城乡居民基本医疗保险参保人数突破36万人，全面完成年度目标任务。

21日 市委副书记、海州区委书记万闻华主持召开2018年度农业功能区项目情况汇报会，区领导卢平、温以斌、邱斌参加。

22日 市委副书记、海州区委书记万闻华主持召开海州区2017年度书记抓基层党建工作述职评议会，区委常委参加。

25日 海州水厂深度处理工程项目首轮调试工作结束。该项目投入使用后，市区饮用水水质将进一步得到改善，居民将喝上更加洁净的自来水。

26日 海州区举办收听收看全省领导干部警示教育大会，市委副书记、海州区委书记万闻华等区四套班子领导参加。

29日 中国共产党海州区第十届委员会第五次全体会议召开，市委副书记、海州区委书记万闻华在会上代表区委常委会作《深入贯彻十九大精神，矢志增创发展新优势，奋力谱写新时代海州转型跨越新篇章》工作报告。

同日 海州城隍庙复建项目主体工程竣工。

同日 海州区“百日攻坚”重点项目，位于宁海街道和海州工业园之间一条长约5千米、投资2000万元的污水管网工程竣工。

30日 浦南镇康宁社区党支部副书记、大学生村干部李增亮获评“江苏好青年”，这是全省唯一获此殊荣的大学生村干部。

（供稿：区委办公室、区政府办公室）

责任编辑：孙大伟

地理环境

【位置、面积】 海州区是连云港市中心城区，位于连云港市区西南部，北纬34°25′45″–34°42′3.07″，东经118°57′34.13″–119°24′39.28″。东北部、东部与连云区、东辛农场毗邻，南部与灌云县交界，西部与东海县相连，北部以新沭河为界与赣榆区相望。区境东西最宽处27.71千米，南北最长处27.2千米，行政区域面积697.09平方千米。

【地貌】 境内山丘、平原、河湖俱备。东北部为南云台山区，中部横亘着锦屏山，山地总面积116.79平方千米，占区境面积的16.75%，南、西、北三面皆为平原地带，西部和北部地势低平。境内有纵向、横向及过境河流多条，山区分布着大小水库、塘坝多座。

境内地貌特征明显。云台山、锦屏山地区，5米等高线以下均为缓坡，每条山涧出口处均有山麓台地。其中阳坡较缓，5~35米等高线之间为15~30度的斜坡，35米等高线以上为大于30度的陡坡；阴坡陡峭，均为15~45度的陡坡，少有缓坡。海拔10米以上地带，为构造剥蚀地形，岩石比较坚硬，抗风化能力强，形成陡峭的山峰；山坡北陡南缓，沿裂隙风化和受雨水切割，形成多处涧沟和山谷。侵蚀堆积地形，主要位于山麓堆积及山前冲积扇地区，分布于四周山麓，由古老变质岩分化后形成的碎石及中粗砂堆积而成，经山洪冲刷后形成山麓台地，不少建筑物和环山公路都修筑在这一地区。而区境南、西、北部的平原地区及地表标高3~4米的山前平原大部为洪积沉积地形，多为洪积和海相沉积区。

【地层 地质】 海州区位于扬子地台北部边缘，秦岭—大别中央造山带的东延部分之南部地区，郯庐断裂带的东侧，与华北地台相邻。基岩由下元古界的东海群和中上元古界的海州群的中、深变质岩系组成。震旦纪以来，海州地区进入相对稳定的台地发展阶段，表现为长期隆起，遭受剥蚀，故缺少震旦纪至第三纪的沉积。年代较新的第四纪松散堆积物分布广泛，厚度不一。

海州地区地质构造形迹主要发生于印支期中央造山带的形成及中生代燕山运动晚期断块山的形成，新生代构造活动不明显，总体看地质构造基本稳定。海（州）—泗（阳）断裂带从境内西部通过，自临洪口入平庄经西印庄、沭阳韩山到泗阳，亦称海韩、海沭断裂带，蔷薇河的走向大体与这条断裂一致。海泗断裂长100多千米，断裂走向10°~15°。倾向南东，倾角70°~80°，属深大断裂，为新华夏系断裂。邵桑断裂从境内新坝和锦屏山之间穿过，走向北东，倾向南东。另外，境内还发育有一组近东西向的断裂构造，规模较小。境域位于华北地震区的南缘，西近郯庐断裂带，是构造地震多发地带，其特点是震级小，发震率较低，震中较分散。元代至正十四年（1354年）至1990年，有记录的地震234次，大部分为有感地震，震中不在境内。

【土壤】 境内土壤分为棕壤类、潮土类、砂礓黑土类和盐土类四类，有40多个土种。

棕壤类土壤主要分布在云台山、锦屏山及其周围的山前洪积平原地带，包括花果山街道、云台街道、南城街道、南云台林场、朐阳街道、锦屏镇等地。其成土母质为片麻岩、混合花岗岩的残坡积物，土层深厚，质地偏砂，PH酸碱度7.6左右，适宜林、果、花卉和蔬菜等农作物的生长。

潮土类土壤主要分布在南云台山、锦屏山近山的黄泛海平原和地势较高、排水良好的地带，位于花果山街道、云台街道的近山部分地区，锦屏镇刘顶、桃花、陶湾、朐山等村及新坝镇南部地区。其成土母质为片麻岩、沙页岩风化物，在河流搬运、沉积及地下水活动影响下，经耕作熟化而成。此类土壤质地黏重，通透性差，保持性良好。上述地区还有砂礓黑土的零星分布，其成土母质源于黄土性古河流冲积、湖相静水沉积和海相沉积物。此类土壤质地黏重，通透性不良，有机质和含氮量高，保肥性能好，土地等级多属3级。

盐土类土壤主要分布在南云台山、锦屏山山前平原、新浦地区、新坝东北部及浦南镇南部地区等地。其成土母质是黄河及其支流携带的泥沙在浅海地区不断沉积，露出海面后，经自然淋洗，逐步发育而成，以轻盐土为主。此类土壤质地黏重，通透性差，适耕性差，保肥保水性能较强，有机质和氮、磷含量不足，富钾偏碱。

【山体、山头】 境内云台山山脉属泰山山脉分脉沂蒙山的余脉，锦屏山为云台山山脉最西端的一支山系。

南云台山山系共有16座独立山体、111座大小山头。其中南云台山、鸡鸣山、凤凰山、茅山、蒲山、葫芦山、东窑山、鲤鱼山、大岛山、小岛山等10座独立山体、94座山头在海州区境内，最高峰为花果山玉女峰，海拔624.4米。南云台山为该山系最大的独立山体，山体面积9520公顷。

锦屏山山系由锦屏山、刘志洲山、青龙山、孔望山、凤凰山、磨盘山、石棚山、蜘蛛山、白虎山等9座独立山体、36座山头组成，总面积2159公顷。锦屏山为该山系最大的独立山体，由20座山头组成，面积1578公顷，占锦屏山系总面积的73%，山顶海拔427.7米，主峰为马耳峰，海拔416.9米。

【涧、沟、潭】 境内南云台山地区有九龙涧、飞泉涧、桃花涧、尿尿涧、恶涧、龙池涧、渔湾龙潭涧、朱麻龙潭涧、丹霞涧，八寸沟、梧桐沟、船石沟、孔雀沟、老窑沟、铁山沟、棺材沟、香椿沟，东磊碧龙潭、郁林观乌龙潭、当路小龙潭、渔湾老龙潭、渔湾二龙潭、渔湾三龙潭、关中龙潭等主要涧、沟、潭。

锦屏山周围有头道涧、二道涧、蚂蟥涧、桃花涧、千条涧、老龙涧、托山涧、九龙涧、吴窑涧、龙窝涧、簸箕涧、黑涧、白鸽涧、青龙涧等14条较大的山涧。

【河流、水库】 海州区南云台山以西部分，居淮、沭、泗水系下游，地势低平，夏秋雨季，经常客水压境，向有洪水走廊之称。流经海州区境内的主要河流共有13条，其中新沭河、通榆河为流域性河道，蔷薇河、沭新河、古泊善后河、盐河为区域性骨干河道。区境西部有蔷薇河呈西南、东北走向贯穿区境，自北向南与自西而来的新沭河、乌龙河、鲁兰河、淮沭新河、马河交会；中部有纵向自南而来的盐河过境，与境内东西向的玉带河、大浦河、卓王河、黄圩河、新北河、善后河、烧香河、妇联河等沟通，形成水运网和西灌东排的排灌体系。

南云台山周围山麓有大圣湖、唐王坝水库、当路水库、东磊水库、虎窝水库、渔湾水库和西隅水库。锦屏山周围分布着二涧、园林、双龙、凤凰山、王庄、张庄等6座小Ⅱ型水库和白鸽涧、网疃、三八、项顶、吴窑、塔山和陈庄等7座塘坝。

气　候

海州系连云港市主城区，地处暖温带与亚热带过渡地带，四季分明，寒暑宜人，光照充足，雨量适中。常年平均气温14.5℃，历年平均降水883.9毫米，常年无霜期215天，主导风向为东南风。由于受海洋调节，气候类型为湿润性季风气候。日照和风能资源为江苏省最多，也是最佳地区之一。2017年，海州区年平均气温15.2℃，比常年偏高0.7度；年降水量923.6毫米，与常年持平；日照时数2418.6小时，与常年持平。

冬季（2016年12月—2017年2月）平均气温3.5℃，较常年偏高1.3℃；春季（3—5月）平均气温14.9℃，较常年偏高0.9℃；夏季（6—8月）平均气温26.6℃，较常年偏高0.9℃；秋季（9—11月）平均气温15.9℃，较常年偏低0.3℃。2017年极端最低气温-7.7℃，出现在12月17日；年度极端最高气温37.2℃，出现在7月23日，全年日最高气温≥35℃的高温日数为13天，年高温日数与常年相比明显偏多。终霜4月1日，初霜出现在10月31日，与历史同期持平，无霜期212天，比常年短3天。与常年相比，2017年降水量正常，但时间上分配不均，冬季降水量异常偏多，春季偏少，夏季正常，秋季偏多。

全年灾害性天气主要有：暴雨6次，强对流天气2次，高温日13天，大雾36天，连阴雨1次，降雪1次，寒潮3次。与常年相比，2017年水稻全生育期（5月上旬至10月上旬）总积温3976.3℃，较常年偏多131.6℃；降水量736.2毫米，较常年偏多37.9毫米；日照1137.4小时，较常年偏多64.3小时。小麦全生育期（2016年10月1日—2017年6月10日）总积温2729.1℃，比常年偏多329.8℃；总降水量473.2毫米，比常年偏多165.7毫米；总日照时数1507.2小时，比常年偏少93.8小时。

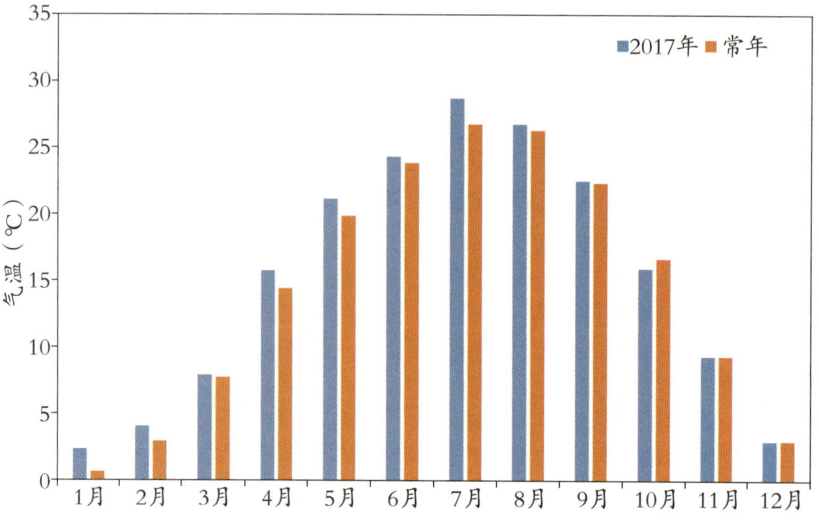

连云港市区2017年气温变化情况表

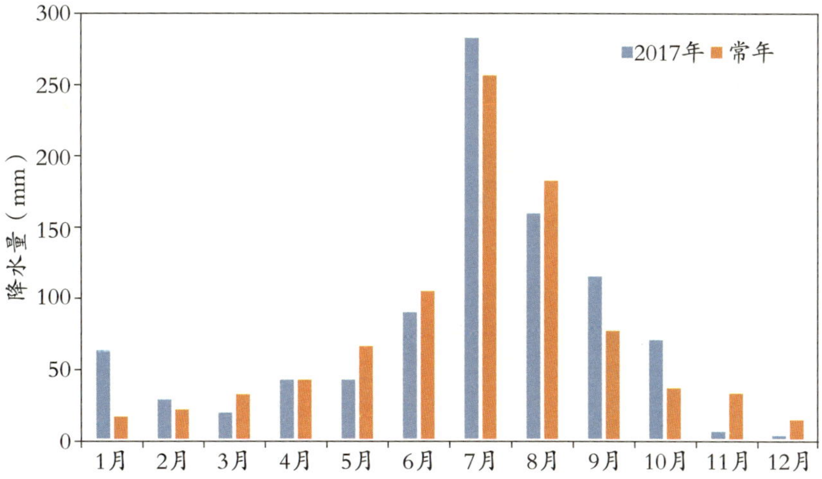

连云港市区2017年降水情况表

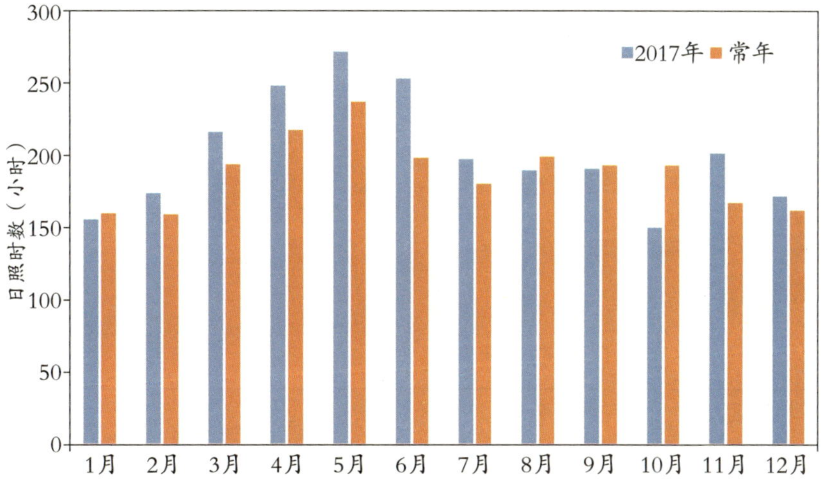

连云港市区2017年日照情况表

（市气象局供稿）

资　源

【植物资源】 主要农作物有小麦、水稻、玉米、山芋、花生、棉花、藕等。

林木主要有黑松、赤松、杉木、侧柏、圆柏、刺柏、银杏、樱桃、杏树、板栗、榆树、朴树、槐树、黄檀、楝树、紫薇、楸树、梧桐、女贞、柳树等。

干鲜果品主要有银杏、板栗、核桃、柿、杏、桃、梨、苹果、葡萄、枣等。

竹类有金镶玉竹、毛竹、丛竹、淡竹等。

茶类主要有云雾茶、糯米花茶、石花茶、银杏茶等。

药用植物800多种。主要有葛根、紫草、何首乌、茯苓、灵芝、太子参、卷丹百合、骨碎补、海州常山、石韦、海州香薷、海州漏芦、金银花、桔梗等。

花卉主要有玉兰花、映山红、紫薇花、油茶花、应春花、流苏、凌霄花等，锦屏山北麓盛产杜鹃花、山茶花、栀子花、月季花、菊花等名贵的养殖花卉。

【动物资源】 野生动物主要有兔、狐、鼬、刺猬、猫、鼠等。

人工饲养动物主要有牛、马、驴、羊、兔子、奶牛、猪、狗、猫等。

野生鸟类主要有麻雀、喜鹊、白鹭、乌鸦、黄雀、苍鹭、苍鹰、黄斑苇、灰雁、岩鸽、山斑鸠、杜鹃、燕子、猫头鹰、雕鸮、雉等数十种。

人工饲养的禽类主要有鸡、鸭、鹅、鸽等。

爬行类动物主要有蜥蜴、蜈蚣、蛇、龟、鳖等。

昆虫类有蜻蜓、螳螂、蝴蝶、蝉、瓢虫、蜣螂等1000余种。

【矿物资源】 锦屏山下埋藏着丰富的磷矿，经过七八十年的开采，2010年以后的保有总储量仍在1000万吨以上。尾矿坝存放磷尾矿砂约2500万立方米。南云台山和锦屏山有丰富的建筑石料等石材资源。境内还有磷蓝晶石、黏土、矿泉水等资源。

建置沿革

【中华人民共和国成立前海州】 古海州地区，夏、商、周时期，为人方国（东夷、郁夷国）一部分。春秋时乃鲁之郯子国。战国时易为楚地。秦在今海州地区置朐县，海州地域开始有明确的行政建置。北朝东魏武定七年（549年），始称海州，统领6郡19县。海州之称，缘于城市建在东、北紧临大海，南依朐山的一块山麓台地上。隋、唐以降，海州的名称、隶属和管辖范围虽不断变化，但作为苏北、鲁南地区政治、经济、文化中心和军事重镇的地位没变。清雍正二年（1724年）海州升直隶州，辖赣榆、沭阳县。民国元年（1912年），设立东海县，县治在海州。民国22年（1933年），江苏省设9个行政督察区，东海县为第八区，行政督察专员公署驻海州，辖东海、赣榆、沭阳、灌云4个县，史称海属地区。

【新浦开埠】 新浦地区原在海中，清乾隆年间，海退成陆进程加快，孔望山东北的大片地区逐渐成陆。嘉庆三年（1798年），疏浚运盐河入海通道，位于孔望山东北处的“新浦口”问世。嘉庆九年（1804年），海州开挖甲子河，从城东门起至新浦口。新浦口逐渐成为海州地区河海转运港口。咸丰年间（1851–1861年），新浦

"为运盐之所，蔷薇河出海之尾闾，上溯至沭阳，两岸农田收获与直鲁海商交易于此"，商贸业渐兴，经营土产的各类商行、货栈和粮油加工作坊相继开业。光绪十八年（1892年），新浦商埠初具规模。光绪二十七年（1901年），新浦天后宫建成后，商业日兴。光绪三十一年（1905年），新浦的出海口大浦以"胶海关海州分关"名义自行开放，清政府决定陇海铁路从徐州东延，经新浦直达大浦。新浦以其优越的区位和初步形成的贸易市场，成为大浦港的重要依托和货物集散地，引得各路客商接踵而至。20世纪20年代至30年代，大街（民主路）两侧商铺全部翻建一新，金融、保险、邮电等服务业日趋兴旺，以至多家美、英资本经营的金融、石油企业也纷纷来新浦设立机构，开展业务。到1936年前后，新浦已有包括至今仍在营业的生庆公、三和兴等著名商号在内的各类商店、货栈400多家，工厂、作坊数十家。前河（沟通西盐河与龙尾河的一条内河）内，帆樯如林，商船云集。经济的快速发展，带动城镇的建设和各项社会事业的发展，两侧是布满中西合璧风格店铺的大街，尽显新兴商埠的繁华，赢得了"苏北小上海"的美誉。

1948年11月7日，海州地区解放，成立新海连特区，下设新海市、连云市和云台办事处。新海市在新浦地区设民主、新华、通灌、新龙4个区。1949年11月新海连市成立，市政府驻新浦。新浦成为全市政治、经济、文化中心。1955年9月，在新浦地区建立新浦区。

【海州区】 1948年11月7日，海州地区解放，成立新海连特区，下设新海市、连云市和云台办事处。新海市在海州地区设锦屏区。1949年11月，新海连市成立，新浦、海州地区隶之。1952年7月，锦屏区更名海州区。1961年9月，新海连市更名连云港市，辖区未变。1983年6月，新浦、海州两区合并成立新海区。1986年6月，新海区分设为新浦区、海州区。2014年7月，撤销新浦区、海州区，组建新的海州区。

行政区划

【辖区】 2017年年底，海州区辖江苏省云台、岗埠2个农场，浦南、新坝、锦屏、板浦4个镇，花果山、云台、南城、新东、新浦、浦西、路南、新南、新海、海州、幸福路、朐阳、洪门、宁海、郁洲15个街道，海州经济开发区、锦屏林场、南云台林场。海州区所辖的镇、街道和经济开发区，共下辖95个行政村、116个社区。辖区内花果山景区由市直管，云台街道、南云台林场由花果山景区管理；花果山街道、南城街道、郁洲街道由高新区管委会管理；云台农场亦由高新区管理。

【村、社区调整】 2017年，郁洲街道将此前的3个社区居委会划成7个；花果山街道的大浦、昌浦、宋艞3个社区隶属连云区，由花果山街道代管。至年底，海州区共有16个行政村、16社区由花果山景区和高新区管委会管理。

表1

2017年海州区行政区划表

单　位	政府所在地	村民委员会个数（个）	居民委员会个数（个）	村（居）委会名称
朐阳街道	新海路163号	4	5	西门、园林、网疃、孔望山；西门、锦化、孔望山、朐海、香江
浦西街道	民主西路66号	—	12	同和、沈圩、蔷薇、后河、西桥、通池、新站、电台、新中、新洪、新西、财苑
新东街道	龙河南路1号	—	13	艺北、巨龙、龙尾、东风、利民、苍梧、外仓、新城、广场、振东、东苑、刘艞、文昌
新南街道	健康北路6号	—	13	延南、海南、紫云、建南、海宁、云海、新龙、健康、玉带、兴业、玉龙、九龙、东望
路南街道	整洁路14-7号	—	9	路南、朝阳、扁担河、葵花、向阳、贾圩、公园、盐河、延东
新海街道	秀苑路11号	—	10	幸福、西苑、镇海、新孔、新潮、河西、常乐、富强、星化、海连
新浦街道	茅口路2号	—	15	莱市、陇东、建国、民主、路北、同兴、市化、市民、机关、万润、站北、新桥、龙苑、市东、浦河
海州街道	孔巷42号	—	5	鼓楼、新建、双龙、砚池、南门
幸福路街道	海州北大街56号	—	5	文化、幸南、幸中、西大岭、江化
洪门街道	朝阳西路95号	2	3	洪门、新庄；洪新、红旗、洪门

续表1

单　位	政府所在地	村民委员会个数(个)	居民委员会个数(个)	村(居)委会名称
宁海街道	宁海商业街37号	9	1	魏湾、清河、武圩、太平、黄圩、杨场、新圩、新北、海河;平安
南城街道	新大街154号	—	4	凤凰、宁海、青春、九岭
花果山街道	花果山北路26号	7	4	小村、新村、前云、飞泉、当路、新滩、前进村;大村、大浦、昌浦、宋龖
郁洲街道	科苑路	—	7	东苑高新、河滨、淮海、东河、学院、凤梧、西凤
云台街道	南云台山南	9	1	西山、丹霞、前关、后关、山东、东磊、渔湾、朱麻、凤凰;凌州
锦屏镇	锦屏镇镇前路14号	9	3	刘顶、新海、李圩、桃花、酒店、岗嘴、狮树、陶湾、朐山;东山、中山、西山
浦南镇	康宁社区	18	1	下滩、半滩、浦北、唐顶、汪新、草舍、新湾、新建、江浦、龙浦、官阳、许安、浦南、潘圩、富安、尹巷、太平、新圩;康宁
新坝镇	新坝街44号	16	—	大屯、大穆、魏口、樊庄、普安、新西、新坝、四里、陈户、武圩、墙框、沙杭、王付、小荡、朱圩、大井
板浦镇	板浦镇新区大道1号	16	5	尤庄、菜园、石河、东北、城北、罗圩、官庙、永平、小浦、浦东、大团、东辛、沙沪、泗河、周圩、洪花堰;德芳、南门、新民、北门、中正
云台农场	普山路1号	—	—	—
岗埠农场	腾飞路	—	—	包庄、高桥、王沟、岗埠、王魏、临河
新浦工业园	新浦经济开发区长江路	2	—	新陇、下禾
海州工业园	海州经济开发区郁洲路17号	3	—	许庄、范庄、卞浦

人口、民族

【人口总数】 至2017年年末，全区户籍人口为249802户、808389人，其中男408203人、女400186，性别比102%。辖区内郁洲街道、云台农场、南云台林场3个单位的户籍和人口总数未列入。

【人口分布】 至2017年年末：

朐阳街道：12761户，40196人。
浦西街道14385户，39740人。
新东街道:40001户，122926人。
新南街道：20156户，60543人。
路南街道：14230户，43124人。
新海街道：15206户，41120人。
南城街道：5084户，16496人。
花果山街道：8749户，27593人。
郁洲街道：9420户，21320人。
新浦街道：18252户，51617人。
海州街道：6690户，19459人。
幸福路街道：4352户，12866人。
洪门街道：5526户，15427人。
宁海街道：6143户，27495人。
云台街道：7903户，32162人。
锦屏镇：10471户，36098人。
浦南镇：16480户，66396人。
新坝镇：7734户，32536人。
板浦镇：17578户，66612人。
岗埠农场：6366户，27444人。
云台农场：1784户，5816人。
南云台林场：531户，1403人。

【民族构成】 据2010年第六次全国人口普查，海州区居民中，有汉族、回族、满族、土家族、蒙古族、苗族、壮族等35个民族，其中汉族人口占99.76%。

区位交通

海州区作为连云港市的中心城区，东距港口30千米，西距连云港民航机场15千米，境内铁路、高速公路和河道纵横交叉，是沟通东西、连接南北的枢纽。陇海铁路在境内横贯东西，客货运列车可直通北京、上海、南京、武汉、宝鸡、乌鲁木齐等大中城市，新亚欧大陆桥60%以上的集装箱运输经过境内。2013年后，经过境内的连云港—盐城铁路、青岛—连云港—上海的沿海铁路、连云港—镇江铁路和连云港—徐州铁路先导段先后开工建设。境内对外公路全面实现高速化，连（连云港）—霍（新疆霍尔果斯）、沈（沈阳）—海（海口）两条国家级高速干道在境内交会，连接东西的327省道和纵贯南北的204国道穿境而过。境内以蔷薇河和盐河等多条过境河流为主要航道的内河运输与京杭大运河、长江相通。区境内建成航空、铁路、公路、内河四通八达的现代交通网络。

历史文化遗存

被誉为“东方天书”的将军崖岩画，生动地再现5000年前海州少昊部落先民们在锦屏山周围生产、生活和社祭的场景，是闪烁着华夏文明的国宝。春秋时，孔子两次率弟子到境内讲学论道并登山观海。秦始皇立石为秦东门事载《史记》。孔望山摩崖造像形象地记载海州地区早在汉代就是道教发源地之一和佛教最早传入之地的史实。南北朝至唐，佛教和道教争相把海州作为弘法基地，兴建了龙洞庵、郁林观、玉皇宫、园林寺等众多寺庙。早在宋朝，海州就建有学宫，明朝建有书院，教育事业已具备相当规模。明《隆庆海州志》和清《嘉庆海州直隶州志》为海州留下弥足珍贵的历史资料。“海州五大宫调”以及缘于寺庙祭祀活动至今长盛不衰的白虎山庙会被列为国家级非物质文化遗产。历经劫难保存下来的建于南北朝时期的凤凰城、钟鼓楼等古建筑，建于北宋年间的阿育王塔为代表的古寺庙，遍布山间的石雕、石刻以及包括汉代女尸在内的大量出土文物，无不昭示着海州的古代文明。

古海州地方志书

方言风俗

【海州方言】 古海州是中华文明较早发祥地之一，由于地处南北过渡地带，在长期的历史发展和社会交融中，逐步形成了具有海州地方特色的语言——海州话。讲海州话的范围，北至新沭河以南，东至海边，南到灌南县北部，西到东海县东部地区，西南沿蔷薇河至沭阳县及以南部分地区。海州方言属于中国北方方言区中的江淮方言区。在江淮方言区中，又属江淮西北区。由于受江苏北方话区与江淮东南区的交叉影响，形成了自己独特的语音。在海州方言语音中，又以锦屏山为界，形成两个语音小区。即锦屏山以北，以古城海州为中心的海州语音小区（“海州方言”主要指海州语音小区）和锦屏山以南、以新坝镇为中心的具有明显灌云县板浦语音特点的新坝语音小区（属灌云方言区）。

随着社会发展进步，人类交往频繁，以及普通话推广力度加大，海州语言也发生了质的变化。海州语言更加丰富多彩，许多谚语、歇后语日臻精炼时尚，昔日的童谣逐渐被新童谣所取代。改革开放后，随着城市的发展，大量外地人到海州定居，以及普通话的普及，年轻一代使用海州方言的人越来越少，海州话向普通话靠拢的趋势越来越明显。

【风俗】 海州历史悠久，有着长期的历史和文化积淀；地处江淮、齐鲁之间和南北气候的过渡带，吴越文化和齐鲁文化在此交汇；同时，又是佛教初传和佛、道两教长期弘法的地方。儒家传统文化、宗教文化、南北文化在海州地区交融渗透，形成了文化和风俗的多元性，主要是表现在宗法姻亲、节庆、礼仪、生活、信仰、经济活动等方面的习俗。其风土民情和地方习俗，既具中华传统，又具丰富多彩的地方特色。随着社会的进步和文明程度的提高，海州地区的民风民俗已发生了较大的变化，一些传统的不健康的民俗逐步为社会所摒弃，一些新的礼仪和生活习俗逐步在民间流行。

宗　教

海州区宗教传布历史悠久。早在秦、汉年间，位于东海之滨的古海州即是国内道教发源地之一，佛教也在境内传布，并在孔望山摩崖造像留下了传布的遗迹。清末同治年间，一批落户海州，把伊斯兰教的宗教信仰和风俗习惯带到了海州。20世纪初，美国传教士在海州传播天主教和基督教。此后，境内同时有佛教、道教、伊斯兰教、天主教和基督教活动。

2017年年底，作为连云港市中心城区的海州区，有正式登记的宗教活动场所39个，宗教教职人员57人；有信教群众7万余人，约占全区总人口的8.7%；有区级宗教团体1个，即海州区佛教协会。五个宗教的概况分别是：全区有佛教寺庵7处，佛教教职人员（僧、尼）20人，信教群众4.4万余人。道教活动场所1

处，道士2人，信教群众4000余人。伊斯兰教清真寺1座，阿訇1名，信教群众300余人。天主教活动场所1处，神父1名，信教群众2000余人。基督教活动场所29处，牧师6人、长老4人、传道23人、信教群众2万余人。全区有省民族工作示范社区4个，市级少数民族定点医院1所，清真拉面馆73家。

风景名胜

境内东北部，南云台山山灵水秀，风景如画，是中国古典名著《西游记》的创作原型和西游记文化的发源地。东磊景区是古典名著《镜花缘》的创作取材处。国家AAAAA级花果山、渔湾旅游景区名闻遐迩，生态环境优美，人文景观众多，是国内著名的山海风光旅游胜地。境内南部锦屏山，陡峭险峻，雄伟壮观，景区内分布着多处古人类活动的遗址和再现沿海地区先民们生产、祭祀等生活场景的将军崖岩画。孔望山景区有国内最早的表现佛教和道教内容的汉代摩崖石刻和国内最早的庙宇东海庙遗迹。孔望山景区、石棚山景区、白虎山公园内，保存着汉代至民国年间各个朝代的大量摩崖石刻、题刻和石雕。具有1500年历史的海州古城，是连云港古代的政治、经济中心，其中保存下来的文庙、钟鼓楼等古代建筑以及传承佛、道教文化的“九庵十八庙”遗存等，彰显海州区古代文明的悠久。千百年来，海州以其丰富的文化遗存和异彩纷呈的山海风光，吸引不少达官显贵，文人墨客驻足览胜，石曼卿、苏东坡、李清照、辛弃疾、韩世忠、魏胜、陶昺、廖世昭、王同、李汝珍、卫哲治、唐仲冕、林则徐等或为官，或寓居，或游历，留下治理地方和抗击侵略的业绩以及歌咏海州、怀念友人的大量诗篇与题勒。

这些雄奇的山海风光和古老的人文景观融为一体，形成了海州区丰富的旅游资源。2014年以后，新的海州区以产业融合发展为支撑，以推进旅游目的地建设为突破口，着力加快旅游业全要素升级增效，亮点纷呈，

孔望山摩崖造像（局部）

成效显著。先后建成月牙岛景区、民主路文化旅游区、凤凰古城游览区、星海湖游览区、青龙山革命烈士陵园和多个赏花及农产品采摘为主要内容的乡村旅游项目。2017年，境内有国家级文物保护单位2处，省级文物保护单位20余处，国家A级景区6家，省星级乡村旅游区6家，省工业示范旅游点1家，特色街区和农家乐旅游景点多处。

地方特产

【云雾茶】 云雾茶与南京雨花茶、苏州碧螺春并列为江苏省三大名茶。该茶栽培历史悠久，宋代即为贡品。民国十年（1921年）即以“味甘、色绿、香久、耐泡”等特色获南洋劝业会奖，1995年获第三届全国农业博览会金奖，2000年获中国南京国际博览会金奖，2001年被评为江苏省十大名茶，2006年经农业部审定为无公害产品，2008年获农业部茶叶金奖，评选为中国著名品牌。

【古安梨】 古安梨是海州著名特产，久负盛名。其果实黄绿、皮薄肉细，脆嫩多汁，味甘无渣，口感极好，单果平均重150~200克。古安梨系清末由沈云沛引进的优良品种，定植于蔷薇河西侧一片沙质土壤即洪门果园中，迄今已百多年历史。新中国成立后，洪门果园曾于1953年9月寄2箱古安梨到北京呈，毛泽东主席品尝。

【“汪恕有”滴醋】 板浦“汪恕有”滴醋创牌于清康熙十四年（1675年），有340多年历史。该滴醋以“酸、醇、香、鲜、爽”的独特风味享誉两淮，长盛不衰。清袁枚在其所著《随园食单》一书中曾评“以板浦滴醋为第一”，对该滴醋大为推崇。该醋先后获评国家农业部第一批命名的“中华老字号”，国家农业部“部优产品”“国家地理标志保护产品”和“长江三角洲地区名优产品”，江苏省“质量信用产品”，入选江苏省“非遗”项目。

【葛粉】 云台山山民用地产葛根和传统工艺制作的葛粉历史悠久，李汝珍在《镜花缘》中记述：“葛藤粉惟有海州云台山所产者最佳”。葛藤粉性味甘平，营养丰富，具有生津止渴，清热除烦，降压祛痛，补痨伤，治咳喘咯血及醒酒的功效，是名贵的滋补佳品。

【过寒菜】 过寒菜初生长于海州古城墙内小气候环境，经过长期培育形成，后种植到海州城外。过寒菜从外形看可分为花叶和板叶两个品种。花叶为羽状裂叶，板叶卵圆形，花叶

为正宗，板叶口味略次于花叶。过寒菜一般在秋风前后播种，立冬前后就可摘叶食用，经过一场雪后，其口感略带芥菜般淡淡的辣味，风味独特。在没有反季节蔬菜的年代，过寒菜是海州人冬季特别钟爱的新鲜蔬菜。

【樱桃】 云台樱桃历史悠久，汉代即有种植，明代《云台山志》载："云台樱桃，处处皆佳，东磊尤甚"。云台樱桃以中国樱桃为主，有长把、短把、毛眼、白玉4个品种，维生素含量高，品质佳，口味好于20世纪80年代引进的西洋樱桃。经江苏省农产品安全中心鉴定为无公害产品。

【云台大杏】 云台大杏果实扁圆，一般单重70克左右，最大的达150克，果色金黄隐隐透出嫩红，皮薄，果肉浅黄，汁多味美，离核、核小，被江苏省农业部门评为优良地方品种。

（撰稿：孙大伟）

2017年海州区国民经济和社会发展统计公报

2017年，海州区以习近平新时代中国特色社会主义思想为指导，坚持稳中求进工作总基调，牢固树立新发展理念，坚持以"六个高质量发展""高质发展后发先至"为引领，统筹经济高质量发展，国民经济运行稳中向好。

【综合】 **国民经济总体平稳** 2017年，全区上下积极应对经济下行压力，国民经济运行稳中有进。初步核算并经市统计局审核反馈，全区实现地区生产总值（GDP）348.21亿元，按可比价格计算，比上年增长7.5%。分产业看，第一产业增加值17.82亿元，增长1.3%；第二产业增加值98.07亿元，增长6.5%；第三产业增加值232.32亿元，增长8.6%。结构调整不断深化。三次产业比由上年的5.6:28.1:66.3调整为5.1:28.2:66.7，第三产业比重比上年提高0.4个百分点。

【农林牧渔业】 全区实现农业总产值（现价）36.75亿元、农业增加值（现价）19.65亿元，分别增长1.8%、2.5%。其中：种植业产值23.89亿元，占农业总产值的65.01%，增加值14亿元，占农业增加值的71.25%；林业产值0.98亿元，占农业总产值的2.67%，增加值0.48亿元，占农业增加值的2.44%；畜牧业产值5.41亿元，占农业总产值的14.72%，增加值1.81亿元，占农业增加值的9.21%；渔业产值3.18亿元，占农业总产值的8.65%，增加值1.52亿元占农业增加值的7.74%；农林牧渔服务业总产值3.29亿元，占农业总产值的8.95%，增加值1.83亿元，占农业增加值的9.31%。可比价农业总产值36.44亿元，农业增加值19.45亿元，分别增长0.9%，1.5%。

粮食生产能力和生产水平继续提高 全区粮食播种面积62.73万亩，单产493.6公斤/亩，总产达30.96万吨，播种面积增加0.3%；单产和总产分别比上年增长1.2%和1.5%。其中夏粮播种面积31.03万亩，下降0.3%，单产397公斤/亩，总产12.32万吨，单产和总产分别比上年增长1%和0.7%；秋粮播种面积31.69万亩，播种面积同比增加0.3%；单产588公斤/亩，总产18.64万吨，单产和总产分别比上年增长1.2%和1.5%。粮食获得丰收的因素主要有二点。一是该区大力推广优良品种的种植，良种化率达98%以上；二是科学追施肥料。农民大部分采取了配方施肥或追施专用复合肥。

造林面积继续稳步增长 区委区政府高度重视生态环境建设，积极开展义务植树、道路绿化美化工程，营造了优美的生态环境。全区人工造林绿化面积493公顷，增长29.39%。

生猪出栏量大幅下降 为改善环境和保护生态，促进绿色发展，推进生态文明建设。全区主动调整畜牧业养殖结构，减少了环境污染较大的生猪和家禽养殖，生猪出栏量负增长。全年生猪出栏17.1万头，比上年同期减少2万头，下降27.41%，产值下降6074万元。家禽全年出栏量164万羽，比上年同期减少76万只，产值下降1723万元。

水产品品质进一步提高 近几年我区一直实施水产品名牌战略，调整水产品结构，提高优质水产品养殖数量，实行可持续发展战略，切实推进现代渔业开发和水产技术服务，渔业生产在调整中得以优化。全区淡水水产养殖总面积近3万亩，水产品总产量达1.42万吨，渔业经济总产值2.51亿元。已建成浦南现代渔业基地、板浦特色渔业基地、岗埠水产养殖基地，发展了7个渔业专业村，引进了8家千亩连片规模养殖户，成立水产专业合作社30余家。

农民收入稳步增长 以扶贫攻坚工作作为抓手促进农民增收，各级政府精准扶贫帮扶措施以就业帮扶为主导，以扶持发展种植业、养殖畜禽等产业扶持为辅助，以低保等政策兜底为补充，落实各项惠民措施，发展工业促进就业，开展劳务技能培训提高就业竞争能力，农民增收信心高、干劲足，农民增收成效较好。2017年我区农村居民人均可支配收入为16442.70元，增长9.4%。

营造优美生态环境

【工业】 **工业生产平稳运行** 全区104家规模以上工业企业共实现产值354.13亿元，增长1.04%。完成工业增加值131.20亿元，增长8.3%，增幅列全市第7位。产值突破亿元的工业企业共44家，实现产值331.81亿元，占全区产值的93.7%。

全区104家规模以上工业企业综合能源消费量200.92万吨标煤，受263减煤影响，综合能源消费量下降8.14%，其中正增长的企业55家，负增长的企业49家。

【固定资产投资和建筑业】 **固定资产投资保持了良好的发展势头** 规模以上固定资产投资突破410亿元，达到412.04亿元，增长24.9%，高于全市15.7个百分点，居全市第3位；工业投资156.65亿元，增长15.2%，高于全市4.6个百分点，居全市第6位；工业技改投资102.17亿元，增长55.5%，高于全市9.6个百分点，居全市第4位。

房地产业持续高速发展 房屋施工面积450.59万平方米，增长16.7%。其中，住宅施工面积367.98万平方米，增长14.9%。房屋竣工面积56.27万平方米，增长142.8%。其中住宅竣工面积45.94万平方米，增长104.1%。房屋新开工面积117.53万平方米，增长15.9%。其中，住宅新开工面积98.56万平方米，增长14%。

建筑业生产平稳发展 2017年在库建筑业共91家，实现建筑业总产值141.55亿，下降8.44%，其中三季度利税5.30亿，去年同期8.41亿，下降36.9%。2017年海州区建筑业增加值52.25亿，增长10.8%，略低于全市平均值。

【国内贸易、对外经济】 **市场消费稳定增长** 全区实现社会消费品零售总额281.41亿元，增长11.4%。从限额以上消费品零售总额分行业来看，批发零售贸易业实现零售额为179.58亿元，比上年增长20.0%，占全社会零售总额的比重为63.8%。全市限额以上社会消费品零售额379.01亿元，我区限额以上零售额为179.58亿元，占全市42.1%。批发业零售额继续扩大，实现两位数增长，其中限上批发业零售额8.83亿元，增长30.1%。住宿餐饮业市场放缓，其中限上住宿业实现零售额增长6.6%，餐饮业实现零售额增长16.6%。

对外经济呈现回落 全区实现进出口总值9.34亿美元，下降4.4%。其中：出口总值7.92亿美元，下降5.5%；进口总值1.42亿元，增长2.1%。实际利用外资达到8500万美元，实现合同外资15640万美元。

【科技、教育、文化、卫生、体育】 **科技创新取得新进展** 新增国家高新技术企业6家、省级以上研发机构6家;新增市级科技型中小企业12家;新增市级众创空间2家。国家知识产权试点城市顺利通过验收，海州区万人发明专利拥有量达到7.99件。新增国家高知识产权创造提质增量。1-11月，完成专利申请2127件、专利授权1278件，分别增长11.8%、32.6%。知识产权保护成效明显。陇海步行街获批省“正版正货”示范街区，街区内13家企业获批“正版正货”承诺企业。

教育事业稳步发展 小学毕业生升学率100%，初中在校生巩固率100%，初中毕业生升学率达99.8%，高中阶段教育毛入学率达99.8%。教育投入持续加大。2017年投入3.4亿元，新建、加固校舍16万平方米，建成新华小学等6所学校，改扩建板浦中心园等5所学校，启动向阳小学等3所学校异地新建。合力铂金等5所小区配套幼儿园收回教育部门管理，打造“六一、蓓蕾、海州幼教、新浦实验”四大幼教集团。教育公平持续彰显。规范招生制度，坚持免试免费、划片就近入学，“零择校”得到严格落实，排除万难，安置1800名进城务工人员子女入学，全部进入公办学校就读。设立励志奖学金和关爱留守儿童专项基金，在农村学校全面建设“留守儿童之家”。对8166名困难学生发放助学金464万元，为966名贫困大学生办理助学贷款773万元。教育统筹持续深化。采取市区融合、圈层融合、城乡互动方式推进市区结对共建、校际双向交流。6所学校与市直结成市区共建，23所农村学校与城区结成区内共建，教师流动突破20%。

文化体育事业有序发展 改造双龙井文化园为集“游园、茶园、戏园”为一体的综合性文化景观园，建成开放海州文史馆。完成30家社区综合文化服务中心达标验收工作。新建室外健身路径25处。举办了“伟大时代 风采海州”喜迎十九大系列文化体育活动50余场次，举办海州区老年人体育节等群众健身活动30余场，为百姓提供丰富多彩的文化艺术盛宴。成立海州区全民阅读促进会，制定2017全民阅读行动计划，组

社区健身场所

织国学讲座、喜迎十九大等全民阅读活动48场次，打造“香海阅读”、“书香海州”读书会、海图“国学大讲堂”等阅读品牌；发展阅读组织书虫读书会、香海阅读俱乐部等5个；打造景泰书局、爱琴海书吧等11个全民阅读新空间；新建区图书馆分馆6家、馆外流动服务点9家、图书漂流驿站12个；融合发展农家书屋和文化大户13家，补充更新40家农家书屋出版物，建设“一卡通”书屋20个；开展农家书屋管理员培训10次。

深化医药卫生体制改革 全面推进基层首诊制度，糖尿病、H型高血压两个病种基层首诊工作全覆盖工作已全面落实。切实提高家庭医生服务签约率，家庭医生签约率达30.01%，重点人群签约服务覆盖率达60.13%。通过省级示范村卫生室4家（中正官庙、新坝墙匡、宁海清河、孔望山范庄）验收工作。基本公共卫生服务经费年人均标准提高到60元。完善养老服务体系，加快医疗卫生与养老服务融合，将眼科医院新院区、养老护理院打造成为苏北一流的医养一体化项目。健康连云港建设有序推进。2017年居民健康素养水平22.3%，全区23家医院创成市级健康促进医院。区属社区卫生服务中心和镇卫生院健康小屋（含自助监测点）覆盖率达100%；市民健康学校乡镇（街道）、社区覆盖率达100%，其中6家通过市级验收；新建1个健康主题公园海州公园。辖区每千人口医疗卫生机构床位数9.5张，每千人口执业（助理）医师数3.8人。

【城建、交通、环保、旅游】 **城乡规划建设进一步发展** 全年共完成沥青路面维修8270平方米、水泥路面坑塘维修1950平方米，清掏大小井13364座次，疏通排水管道356.76公里，更换大小井1021座，维修人行道板9652平方米，新铺及维修平立石5591米。完成迎宾大道西延配套管网建设，锦泰路、锦荣路雨污管道铺设等污水管网工程共20公里。完成苍梧巷等共30条背街小巷和大庆西路四栋楼等共15个老旧小区以及原市纺织厂宿舍区地块等共3万平方米的城镇危旧房的改造。完成浦滩线等11个项目。提档升级农村道路23条，共计67公里，农桥5座。投资1.17亿元，新建改造绿地76.2公顷。

环境质量总体改善 深入开展生态创建，省级生态文明示范区创建通过了考核验收，新坝镇、锦屏镇被命名为首批江苏省生态文明建设示范镇，海庆中学被授予国际绿旗学校荣誉称号。加强统筹规划，全面落实“263”专项行动。先后实施燃煤锅炉专项整治、破损山体执法检查、黑臭水体整治，禁养区畜禽养殖专项整治、挥发性有机物污染整治等。关停城区化工企业9家；依法取缔“十小”企业31家；拆除燃煤锅炉92台，耗煤同比下降近30%；完成龙尾河南段环境综合整治，全面实施西门涧沟、甲子河等4条涧沟支流整治；取缔畜禽禁养区规模养殖户136家；实施刘志洲山废弃宕口整治工程；完成沭新渠饮用水源二级保护区村庄生活污染治理。开展污染防治，着力提升环境质量。完成2017年水污染防治工作任务，海州辖区8个考核断面均处于达标状态，建设涉农镇街及工业园区污水管网约20公里。

旅游业形势良好 全区接待游客量964.3万人次，旅游综合收入135.8亿元，增长11.3%和13.6%。全力发展民宿旅游经济，精选板浦天景生态园、锦屏秀丽景园、锦屏云岩阁、浦南江浦村、月牙岛、孔望山悦心生态园、古城驿站等7个有一定产业和文化基础的地点，有重点地进行民宿发展培育。大力开展品牌创建，提升发展质态。顺利通过省旅游局对桃花涧、孔望山及民主路的A级景区复核工作，通过浦南现代农业产业园及江浦现代农业园的星级乡村旅游区复核，林海湾申报省三星级乡村旅游区。强化旅游宣传促销，树立品牌形象。成功举办了梅花节、桃花节、“文明在我心”旅游嘉年华、“公益骑行、文明旅游”、首届孔子文化节等20余个子活动。大力推进公共服务优化工程，不断提高旅游服务水平和服务质量。

【财政】 **财政综合实力进一步提升** 全区全年累计完成一般公共预算收入31.41亿元，同比增收3.06亿元，增长10.8%，税收占比93.3%扎实推进惠民政策落实，不折不扣保障民生投入。公共服务、教育、社会保障、医疗卫生等“民生八项支出”完成28.7亿元，与去年同口径相比增长23.8%，占总支出86.2%。

【人口、居民生活、社会保障】 **人口规模继续扩大** 年末全区户籍总人口77.99万人（包括景区和高新区），

城区环境质量提升

比上年增长1.76‰。其中女性38.61万人，占总人口比重为49.51%，城镇户籍人口66.22万人，户籍城镇化率86.40%。全年户籍出生人口8930人，死亡人口1891人。出生率为11.65‰，死亡率为2.47‰，自然增长率为9.18‰。其中0-17岁人口15.81万人，18-34岁人口19.21万人，35-59岁人口28.32万人，60岁及以上人口13.29万人。年末常住人口84.58万人（包括景区和高新区）。

城乡居民收入稳定增长 全区城乡居民人均可支配收入30447元，增长9.3%。其中，城镇居民人均可支配收入33629.2元，增长8.7%；农村居民人均可支配收入16442.7元，增长9.4%。

就业形势保持总体稳定 全区实现城镇新增就业1.46万人，新增转移农村劳动力750人，城镇登记失业率控制在3%以内；支持成功自主创业2200人，扶持农村劳动力创业550人，引领大学生创业230人，创业带动就业7000人；实现城乡劳动者职业技能培训2050人次，城乡新成长劳动力技能培训1090人次，企业职工岗位技能提升培训2150人次，培育新型职业农民1080人，新增高技能人才690人，职业技能鉴定取证1300人。

社会保障体系进一步健全 城乡居民养老保险提标扩面征缴工作，续缴保费人数3.1万人，征收保费4000万元，人均缴费1290元。城乡居民基本养老保险参保率达99%，城镇居民医疗保险参保率达99%。规模以上企业劳动合同签订率达100%，已建工会企业集体合同签订率达100%。

区民政局工作人员对冬春救助资金发放情况进行检查

注：1.本公报数字主要是年快报数或初步统计数，最终数据以统计年鉴为准。

2.公报中生产总值（GDP）、各产业增加值绝对数为现价，增长速度按可比价格计算。

3.固定资产投资包括计划总投资500万元及以上固定资产投资项目的投资、房地产开发项目的投资。

4.规模以上工业企业指年主营业务收入2000万元及以上的企业。

5.限额以上批发、零售、住宿、餐饮企业指：年主营业务收入2000万元及以上的批发业、年主营业务收入500万元及以上的零售业和年主营业务收入200万元及以上的住宿、餐饮业。

连云港市海州区组织机构及领导人名录

（2017.01～2017.12）

中共海州区委员会

【常务委员会】

书　记　王立斌（2017.05离任）
　　　　万闻华（女，2017.05任职）
副书记　单晓敏（女）　江锦峰
常　委　张志峰（扶贫，2017.09离任）
　　　　徐风良
　　　　房忠涛（女，2017.10离任）
　　　　卢　平　郑　斌　顾建华
　　　　徐雪峰　林田海
　　　　温以斌（2017.10任职）

【工作机构】

办公室

主　任　张延广（2017.10离任）
　　　　石德学（2017.10任职）
副主任　郭宝光（2017.01离任）
　　　　葛艳艳（女）　林春娟（女）
　　　　刘琳琳（女）

台　办

主　任　赵　红

组织部

部　长　林田海
副部长　郑纪东（常务）
　　　　宋具才（2017.01离任）
　　　　周　健（2017.10离任）
　　　　吴　昊（2017.03离任）
　　　　王海鸥（女，2017.03任职）
　　　　孙桂香（女，2017.08任职）
　　　　黄　勇（2017.10任职）
部务委员　孙桂香（女，2017.08离任）

党的建设工作办公室

主　任　吴　昊（2017.03离任）
　　　　王海鸥（女，2017.03任职）

两新工委

书　记　周　健（2017.10离任）
　　　　黄　勇（2017.10任职）
纪工委书记　相　涛

组织员办公室

主　任
副主任　李　绘

人才工作办公室

主　任　宋具才（2017.01离任）
副主任　杜建周（挂职）

宣传部

部　长　顾建华
副部长　李　军（常务，2017.01任职，2017.10离任）
　　　　徐正华
　　　　李敬伟（2017.01离任）
　　　　王志强
　　　　张延广（常务，2017.10任职）

文明办

主　任　贺颖颖（女）

统战部

部　长　徐风良
副部长　魏苏平（常务，副处级）
　　　　周自彬（2017.01离任）
　　　　张玉梅（女）
　　　　吴海虹（女）　祝海东
　　　　刘永柱
　　　　刘　兵（2017.01任职）

政法委

书　记　郑　斌
副书记　王统松（2017.04离任）
　　　　赵天明
　　　　蒋海翔（2017.01离任）
　　　　张少春　武传扬
　　　　赵斯忠（2017.01离任）
　　　　贾华章（2017.08任职）

综治办

主　任　张少春
副主任　张　静（女）

依法治区领导小组办公室

主　任　王统松（2017.04离任）
副主任

老干局

局　长　孙桂香
副局长　史艳妮

机要保密局

局　长　伍安富
副局长　吕宗盈（2017.01任职）
　　　　张建鑫（2017.04任职，2017.10离任）
　　　　李鹏飞（2017.10任职）

国家保密工作局

局　长　林春娟

编　办

主　任　于明侠（女，2017.10离任）
　　　　陆　兵（2017.10任职）
副主任　陆卫国
　　　　徐　旭（2017.03离任）
　　　　李智勇

信访局

局　长　李宗锋
副局长　吴其量　单培祝
　　　　刘　健（2017.01离任）
　　　　陈　云（女，2017.10离任）
　　　　金　萍（女，2017.01任职）

党　校

副校长　王志强　沈剑峰

档案局

局　长　王　涛（女）
局长助理　张译文（女）

党员教育中心

主　任　徐　鑫

【党　组】

中共海州区人大常委会党组

书　记　王建明
副书记　刘海林

中共海州区人民政府党组

书　记　单晓敏（女）
副书记　卢　平

中共海州区人民政协党组

书　记　汤成元
副书记　于振强

中共海州区人民法院党组

书　记　傅成保
副书记　高　照（2017.05任职）

中共海州区人民检察院党组

书　记　唐　张
副书记　霍介涛

中共海州区科学技术局党组

书　记　韦清余
副书记　谢　艳（女）
　　　　吴艳玲（女，2017.10任职）

中共海州区民政局党组

书　记　刘树青
副书记　刘步华（2017.01离任）
　　　　陈贤斌
　　　　魏　东（2017.10任职）

中共海州区司法局党组

书　记
副书记　刘亚军　杨　宏

中共海州区财政局党组

书　记　梁正江（2017.10离任）
　　　　宁寿同（2017.10任职）
副书记　乔　敏（女）　尚玉霞（女）

中共海州区人力资源和社会保障局党组

书　记　张正文
副书记　金晓玲（女）

中共海州区环境保护局党组

书　记　徐孝芹
副书记　卞　剑

中共海州区商务局党组

书　记　宋超增（2017.01离任）
　　　　祁　德（2017.01任职）
副书记　金凤勇

中共海州区文化体育局党组

书　记　刘文学（2017.01离任）
副书记　刘锦州

中共海州区旅游局党组

书　记　骆丙春
副书记　李　宁（2017.10任职）

中共海州区审计局党组

书　记　胡庆林
副书记　董淑斌　赵剑平

中共海州区安监局党组

书　记　顾德习（2017.10离任）
　　　　徐进冬（2017.10任职）
副书记　陈可鹏

中共海州区统计局党组

书　记　孙君玲（女）
副书记　何洪壮

中共海州区电子信息产业园党组

书　记　张兴旺
副书记　黄　勇（2017.10离任）
　　　　李克成（2017.10任职）

中共海州区信访局党组

书　记
副书记　李宗锋

中共海州区总工会党组

书　记　王富芹（女）

中共海州区妇联党组

书　记

中共海州区科学技术协会党组

副书记　李应平

中共海州区残联党组

书　记
副书记　孙　雯（女）

中共海州区红十字会党组

书　记　陈长坝

中共海州区工商联党组

书　记　吴海虹

【镇党委】

中共海州区浦南镇委员会

书　记　薛喜东
副书记　杜新春（2017.01离任）
　　　　许良军
　　　　孔凡龙（2017.01任职）
　　　　孙　倩（女，挂职，2017.10任职）
委　员　卞德喜（2017.01离任）
　　　　吕恒友　周言友
　　　　刘光超（挂职，2017.10离任）
　　　　李廷顺（挂职，2017.01离任）
　　　　纪　况（2017.10离任）
　　　　张道勇　侯勇刚
　　　　杨启东（2017.01任职）
　　　　蒋田田（2017.10任职）
　　　　张锦伟（2017.01任职）
　　　　张　领（女，挂职，2017.05任职）

史爱勇（挂职，2017.06任职，2017.10离任）
夏兴辉（挂职，2017.10任职）

中共海州区新坝镇委员会

书　记　闫　浩
副书记　滕军长
陈玉成（扶贫2年，2017.08离任）
李云龙（扶贫2年）
高利军（扶贫，2017.08任职）
孙　静（女，挂职，2017.10任职）
王珩伟（挂职，2017.10任职）
委　员　葛君伟　吴新荣　成　卫
郭　晔（女）　曹　峰
吉文和　徐增江　刘　恋
徐增江
贾旭光（2017.10任职）
卜希明（挂职，2017.06任职，2017.10离任）
孙德州（挂职，2017.10任职）

中共海州区锦屏镇委员会

书　记　侍启辉（2017.01离任）
宁寿同（2017.01任职，2017.10离任）
姜海燕（女，2017.10任职）
副书记　姜海燕（女，2017.10离任）
宋　明（2017.05任职）
杜　威（2017.10任职）
李　阳（挂职，2017.10任职）
委　员　吴新荣　王庆文
黄德兵（2017.01离任）
邹　涛（2017.01离任）
刘永健（2017.10离任）
杨绍文　唐玉灿
夏佳讯
赵化兵（2017.01任职）
姜　维（2017.10任职）
时良好（挂职，2017.05任职）
吴连胜（挂职，2017.06任职，2017.10离任）
李　明（挂职，2017.10任职）

中共海州区板浦镇委员会

书　记　陈守权（2017.03离任）
高长春（2017.03任职）
副书记　茆龙海
李　星（2017.10离任）
李洪兵　祝秀华（扶贫2年）
方宏兵（扶贫2年）
纪　艳（女，挂职，2017.10任职）
委　员　李洪兵　张　环　杨金龙
张华敏　杨　筠　王　虎
姜利清（挂职，2017.06任职，2017.10离任）
王绪刚（挂职，2017.10任职）

【区委派出机构】

中共海州区委海州经济开发区工作委员会

书　记　徐雪峰
副书记　宁寿同（2017.01离任）
祁　德（2017.01离任）
张兴旺
苗新安（2017.01离任）
商佃仁（2017.01离任）
杜新春（2017.01任职）
张　涛
陈守余（2017.01任职）
杜建周（挂职）
王志钰（挂职，2017.10任职）
委　员　李明军　李　强
刘　兵（2017.01离任）
李　昂（2017.01离任）
侍　晓　徐敏昌　陶士勇
司举香　范一栋　刘　伟
祝发善　陶士催　陈　曦
李　涛　张　瑞（女）
杨议淋（2017.01离任）
汤　敏
李　浩（2017.01任职）
陈　健（2017.01任职）

中共海州区委滨河新区工作委员会

书　记　李松红（女，2017.05任职）
第一副书记　张景友（2017.05离任）
副书记　潘运学（2017.05离任）
委　员　程宏宇
王　超（2017.10离任）
王春华　陈　军　李　华
朱兰涛（2017.10任职）

中共海州区委智慧物流产业园工作委员会

书　记　薛喜东（2017.03任职）
副书记　杜新春（2017.01离任）
史　杰
孔凡龙（2017.03任职）
委　员　李廷顺（2017.01离任）
许良军（2017.03离任）
刘光超（2017.10离任）
高传彬

新浦现代农业产业园区工作委员会

书　记　薛喜东（2017.03任职）
副书记　孔凡龙（2017.03任职）
许良军（2017.03任职）

中共连云港市陇海步行街委员会

书　记　陆　兵（2017.03离任）
胡海宁（女，2017.03任职）
副书记　姚　柱

中共海州区委区级机关工作委员会

书　记　钱忠金
副书记　掌效兰（女）
委　员　马洪亮（2017.01离任）

中共海州区委新浦街道工作委员会

书　记　潘运学（2017.05离任）
李松红（女，2017.05任职）
副书记　陈守余（2017.01离任）
王　超（2017.10离任）
程宏宇（2017.01任职，2017.10离任）
汪　伟（2017.10任职）
朱兰涛（2017.10任职）
张　涛（挂职，2017.06任职，2017.10离任）
王统魁（挂职，2017.06任职，2017.10离任）
委　员　吴艳玲（女，2017.10离任）
韦廷廷　田　勇
朱兰涛
卢新胜（2017.10离任）　陈　军
李　华　李卫民　陈万才
徐德俊（女，聘）
曹延萍（女，聘）
楚绪磊（2017.10任职）
许　方（2017.01任职）
王　锐（2017.01任职）
邸兆宇（挂职，2017.05任职）
汪　军（挂职，2017.05任职）
孙　勇（挂职，2017.10任职）
郭　鹏（挂职，2017.10任职）
伏莹莹（女，2017.10任职）

中共海州区委浦西街道工作委员会

书　记　周云祥
副书记　赵　胜（2017.08离任）
　　　　张　旭
　　　　程　勇（2017.10任职）
委　员　张传红（2017.10离任）
　　　　郭　睿
　　　　程爱华　张正苗
　　　　刘立田（2017.10离任）
　　　　丁伏青　刘　兵
　　　　尚　明（女）　王　媛（女，聘）
　　　　郁　红（女，聘）
　　　　颜新星（2017.10任职）
　　　　熊正波（挂职，2017.05任职）
　　　　王　涛（挂职，2017.05任职）
　　　　刘苏成（挂职，2017.06任职，2017.10离任）
　　　　王同喜（挂职，2017.10任职）
　　　　徐　旭（2017.10任职）
　　　　卞绍东（2017.10任职）

中共海州区委路南街道工作委员会

书　记　董志红（女）
副书记　王志钰（2017.01离任）
　　　　陶　冶
　　　　赵　明（2017.01任职，2017.10离任）
　　　　李　星（2017.10任职）
委　员　魏　东　沈　艳（女）
　　　　张　琪　严　明　刘世春
　　　　曹秀娟（女，聘）
　　　　樊　婷（女，2017.10任职）
　　　　胡维超（挂职，2017.05任职）
　　　　解兆辉（挂职，2017.05任职）
　　　　刘相兵（挂职，2017.06任职，2017.10离任）
　　　　朱长勇（挂职，2017.10任职）
　　　　李兴鲁（2017.10任职）
　　　　陈　军（2017.10任职）

中共海州区委新南街道工作委员会

书　记　刘　虹（女）
副书记　刘龙培（2017.01离任）
　　　　徐维铮
　　　　宋　明（2017.05离任）
　　　　李政儒（2017.05任职）
委　员　李燕芳（女）
　　　　杜　秋（2017.01离任）
　　　　谷　慧（女）
　　　　曹　江　李志聪
　　　　汤　娟（女，聘）
　　　　戈　罕（女，聘）
　　　　邹　涛（2017.01任职）
　　　　曹继胜（2017.01任职）
　　　　朱　华（女，2017.05任职）
　　　　朱　健（2017.05任职）
　　　　吴明通（挂职，2017.05任职）
　　　　葛　勇（挂职，2017.05任职）
　　　　霍中刚（挂职，2017.06任职，2017.10离任）
　　　　张　斌（挂职，2017.10任职）

中共海州区委新东街道工作委员会

书　记　李　军（2017.01离任）
　　　　侍启辉（2017.01任职）
副书记　纪　巍（2017.01离任）
　　　　王志钰（2017.01任职，2017.10离任）
　　　　李建斌
　　　　张延静（女，2017.10任职）
　　　　胡士茂（挂职，2017.10任职）
委　员　徐进东（2017.10离任）
　　　　伏莹莹（女，2017.01离任）
　　　　宋　科
　　　　蒋崇辉（2017.01离任）
　　　　战秋菊（女）　林　平（女，聘）
　　　　秦　玲（女，2017.01任职）
　　　　程　娅（女，2017.01任职）
　　　　葛艳梅（女，挂职，2017.05任职）
　　　　刘　刚（挂职，2017.05任职）
　　　　闫　涛（挂职，2017.06任职，2017.10离任）
　　　　庄绪臣（挂职，2017.10任职）
　　　　张传红（2017.10任职）

中共海州区委新海街道工作委员会

书　记　李大蔚
副书记　徐　蓓（女）　汤　浩
委　员　刘道劲（2017.10离任）
　　　　范　明（2017.01离任）
　　　　董浩宇（女，2017.10离任）
　　　　夏　倩（女）　胡　焱（女）
　　　　罗雪军（2017.01任职）
　　　　孙秀敏（女，聘）
　　　　张　颖（女，聘）
　　　　丁　慧（女，2017.10任职）
　　　　陈新权（挂职，2017.05任职）
　　　　吴国祥（挂职，2017.05任职）
　　　　刘　博（挂职，2017.06任职）
　　　　王　郑（2017.10任职）

中共海州区委宁海街道工作委员会

书　记　张兴旺
副书记　黄　勇（2017.10离任）
　　　　夏　雷（2017.01离任）
　　　　李　昂（2017.01任职）
　　　　李克成（2017.10任职）
委　员　霍永强（2017.01离任）
　　　　夏　雷　刘　刚　朱从洋
　　　　杨嗣龙（挂职）
　　　　李忠堂　吴春才
　　　　苗松霁（挂职，2017.05任职）
　　　　刘树鸿（挂职，2017.06任职，2017.10离任）
　　　　吴连胜（挂职，2017.10任职）
　　　　朱　丽（女，2017.10任职）
　　　　祝发善（2017.10任职）

中共海州区委朐阳街道工作委员会

书　记　殷成祥
副书记　许　健
　　　　谢　杰（2017.01任职）
　　　　徐其兵（2017.01离任）
委　员　李　宁（2017.10离任）
　　　　徐其兵　朱大勇
　　　　秦　玲（女，2017.01离任）
　　　　徐兴军　李小芹（女）
　　　　孙和勇
　　　　徐　宁（2017.10离任）
　　　　徐兴军（2017.10任职）
　　　　金铜双（挂职，2017.05任职）
　　　　任振山（挂职，2017.05任职）
　　　　王绪连（挂职，2017.06任职，2017.10离任）
　　　　李　文（挂职，2017.10任职）
　　　　杨　静（女，2017.10任职）

中共海州区委洪门街道工作委员会

书　记　吴卫东（2017.10离任）
　　　　王志钰（2017.10任职）
副书记　夏　雯
　　　　吴　迪（2017.08离任）
委　员　赵　明（2017.01离任）
　　　　李雨轩（女，2017.10离任）
　　　　武　强　刘　雷
　　　　潘家锦（2017.01离任）
　　　　汪立岳

刘　兵（2017.10任职）
霍永强（2017.01任职）
马玉昌（2017.01任职）
许洪兵（挂职，2017.05任职）
廖忠亮（挂职，2017.05任职）
李晓堂（挂职，2017.06任职，2017.10离任）
徐　祥（2017.10任职）

中共海州区委海州街道工作委员会

书　记　吕芳芳（女）
副书记　李晓光　金同志
委　员　于　洋　金同志
穆　舟　耿　斌　董　平
史振华（挂职，2017.05任职）
于祝君（挂职，2017.05任职）
刘海军（挂职，2017.06任职，2017.10离任）
刘树鸿（挂职，2017.10任职）
徐　诚（挂职，2017.10任职）

中共海州区委幸福路街道工作委员会

书　记　高长春（2017.03离任）
吴　昊（2017.03任职）
副书记　王　帅
王晓军（2017.01离任）
委　员　卞绍向（2017.10离任）
张　华
杨　娟（2017.01离任）
陈志敏　王冬梅（女）
陈志敏（2017.10任职）
刘蓓蕾（女，2017.01任职）
丁　翊（2017.01任职）
周　静（女，挂职，2017.02任职）
徐有昌（挂职，2017.05任职）
祁华北（挂职，2017.06任职，2017.10离任）
张　波（挂职，2017.10任职）

【部门党委】

中共海州区经济信息化与发展改革局委员会

书　记　李正海（2017.10离任）
顾德习（2017.10任职）
副书记　单新文
委　员　陈　明　穆　慧（女）
贾伊凡（女）
李明军　贾慧娟（女）

中共海州区教育局委员会

书　记　王海鸥（女，2017.03离任）
陈守权（2017.03任职）
副书记　王从峰　徐向其
委　员　高明柱
卞　红（女，2017.08离任）
李大波　韩树宾
张庭善（2017.01任职）
曹兴娣（女）　刘立春
张建忠
杨长才（2017.03任职）
赵　芹（女，2017.03任职）

中共海州区住房和城乡建设局委员会

书　记　徐洪宏（2017.01离任）
副书记　石德学（2017.01离任）
汪　伟（2017.01任职，2017.10离任）
程宏宇（2017.10任职）
委　员　陈洪海
尤新荣（女，2017.01离任）
邵新光
徐　浩（2017.01离任）
徐兴祥
刘晶卉（女，2017.01离任）
陈学宝　胡海宁（女）
杨莅遐（女，2017.01离任）
夏兴龙　胡士茂　朱松林
卞绍东　王　维
卞宝玲（女）　黄冬冬
常春玉
王晓军（2017.01任职，2017.08离任）
赵　明（2017.10任职）

中共海州区城市管理局委员会

书　记　谢　辉
副书记　林秀兰（女，副处级）
范庆立　徐德刚　卢长义
委　员　陈　健（2017.01离任）
夏兴寨
陈立余（2017.01离任）
刘　健（2017.01任职）
茆廷成（2017.01任职，2017.08离任）

中共海州区农林水利局委员会

书　记　刘军林
副书记　周华明　李永桓
委　员　严跃南　杨　桦　刘士成
于小凤（女）　张建光
王开兵　郑　洪
王学堂（2017.01离任）
张　浩　刘士成　马　亮
朱　冲　沈南通
李恕全（女）　徐东方
徐　卿
王　静（女，2017.08离任）
徐其兵（2017.01任职）
任　健（2017.01任职）

中共海州区卫生和计划生育局委员会

书　记　许　巍（2017.05任职）
副书记　李松红（女，2017.05离任）
黄　庆（2017.01任职）
委　员　刘　媛
任　健（2017.01离任）
汪　伟（2017.01离任）
陈　明
唐庆海（2017.01任职，2017.08离任）
朱　卫（2017.01任职）
宋　燕（女，2017.01任职）
薄祥军（2017.01任职）
赵　生（2017.01任职）

中共海州区市场监督管理局委员会

书　记　唐立新
副书记　李鸿儒　刘晓永
委　员　江尧中　杨　斌　俞　言
汤茂峰（2017.01离任）
谢　杰（2017.01离任）
成　龙
封红军（2017.01离任）
谢昌领　徐寿植
李燕芳（2017.01任职，2017.08离任）

中共海州区供销合作总社委员会

书　记　陈　东
副书记　樊继锦　王　伟
委　员　郭加荣　李培鲁　徐向迎
谢　豪

海州区人大常委会

【主任、副主任】

主　任　王建明
副主任　刘海林
　　　　陈应聪（不驻会，2017.01离任）
　　　　刘振华
　　　　杨中云（2017.01离任）
　　　　张华陆（2017.01离任）
　　　　殷少卿
　　　　张　建（2017.01任职）

【工作机构】

办公室

主　任　范永涛
副主任　唐磊磊（女）
　　　　孟小兵（2017.01任职）

财政经济委员会

主　任　陈胜林
副主任　金　文（女）

人事代表联络委员会

主　任　顾永胜
副主任　曹　霞

教科文卫委员会

主　任　陈华成
副主任　顾永传

内务司法委员会

主　任　张家琪　韩亚华
副主任　陈　沫

环境资源城乡建设委

主　任　张炽昌（2017.01离任）
　　　　丁　梅（2017.01任职）
副主任　杨　靖

民宗侨台外委员会

主　任　袁立成

农业农村工作委员会

主　任　高学成（2017.01离任）
　　　　史建梅（2017.01任职）
副主任　刘乃涛（2017.01离任）
　　　　商佃仁（2017.01任职）

研究室

主　任　陈毅敏
副主任　杨莅遐（2017.01任职）

【镇人大主席团】

浦南镇人大主席团

主　席　李晓阳

新坝镇人大主席团

主　席　李克成（2017.10离任）
　　　　李　敏（2017.10任职）
副主席　马成军

锦屏镇人大主席团

主　席　杜　威（2017.10离任）
　　　　纪　况（2017.10任职）
副主席　王长喜

板浦镇人大主席团

主　席　程　勇（2017.10离任）
　　　　陈　云（2017.10任职）

【区人大常委会派出机构】

新浦街道人大工作委员会

主　任　吴艳玲（女，2017.10离任）
　　　　伏莹莹（女，2017.10任职）

浦西街道人大工作委员会

主　任　张传红（2017.10离任）
　　　　徐　旭（2017.10任职）

路南街道人大工作委员会

主　任　魏　东（2017.10离任）
　　　　李兴鲁（2017.10任职）

新南街道人大工作委员会

主　任　刘龙培（2017.01离任）

新东街道人大工作委员会

主　任　徐进冬（2017.10离任）
　　　　张传红（2017.10任职）

新海街道人大工作委员会

主　任　刘道劲（2017.10离任）
　　　　王　郑（2017.10任职）

宁海街道人大工工作委员会

主　任　霍永强（2017.01离任）
　　　　夏　雷（2017.01任职）

朐阳街道人大工作委员会

主　任　李　宁（2017.10离任）
　　　　杨　静（2017.10任职）

洪门街道人大工作委员会

主　任　赵　明（2017.01离任）

海州街道人大工作委员会

主　任　于　洋

幸福路街道人大工作委员会

主　任　王晓军（2017.01离任）
　　　　刘蓓蕾（2017.01任职）

海州经济开发区人大工作委员会

主　任　李　强

海州区人民政府

【区长、副区长】

区　长　单晓敏（女）
副区长　卢　平（常务）
　　　　史　伟　于　卉（女）
　　　　温以斌（2017.10离任）
　　　　蒋庆山　刘　莹（挂职2年）
　　　　李　锋　郭玉家（挂职）
　　　　邱　斌（挂积2年，2017.07任职）

【工作机构】

办公室

主　任　田亚辉
副主任　韩善学（2017.01离任）
　　　　吴　迪
　　　　纪　巍（2017.01任职）
　　　　徐　浩（2017.01任职）
　　　　王俊红（2017.01任职）
　　　　梁文博（2017.01任职）
　　　　徐　旭（2017.03任职，2017.10离任）
　　　　杜天福（2017.10任职）

外事与侨务办公室

主　任　朱鹏苏（女）

法制办公室

主　任　张　洪

人民防空办公室

主　任　朱建武
副主任　冯士江　张　旭

政务服务管理办公室

主　任　桑爱越（女）
副主任　刘蓓蕾（女，2017.01离任）
　　　　王俊红（2017.01离任）

经济信息化与发展改革局

局　长　单新文
副局长　李正海（2017.10离任）
　　　　陈　明
　　　　穆　慧（女）　贾慧娟（女）
　　　　温海骏（挂职，2017.10离任）

中小企业局

局　长　李明军
副局长　贾慧娟（女）
　　　　赵都敏（挂职，2017.10离任）
　　　　谷志新（挂职，2017.10任职）

教育局

局　长　王从峰
副局长　高明柱（聘）　李大波
　　　　徐　艳（女）　曹兴娣

科技局

局　长　谢　艳（女）
副局长　黄宝军　仲启昌
　　　　康晓非（挂职，2017.10离任）
　　　　吴艳玲（2017.10任职）
　　　　许艺瀚（挂职，2017.10任职）

知识产权局

局　长　黄宝军

监察委员会（原监察局）

局　长　李宝凯（2017.10离任）
副局长　王经博（2017.10离任）
　　　　王汝乔（2017.10离任）
主　任　温以斌（2017.10任职）
副主任　李宝凯（2017.10任职）
　　　　徐士强（2017.10任职）
委　员　姜　峰（2017.10任职）
　　　　于明侠（女，2017.10任职）

巡察办

主　任　周　健（2017.10任职）
副主任　王　军（2017.08任职）
　　　　武孟伟（2017.01任职）

巡察组

组　长　王继玲（女，2017.08任职）
　　　　卞德喜（2017.08任职）
　　　　李　军（2017.08任职，2017.10离任）
　　　　王晓军（2017.08任职）
　　　　刘道劲（2017.10任职）
副组长　李燕芳（女，2017.08任职）
　　　　王　静（女，2017.08任职）
　　　　徐民东（2017.08任职）
　　　　钱　敏（女，2017.08任职）
　　　　杜　秋（2017.01任职）
　　　　陈立余（2017.01任职）
　　　　孙树成（2017.01任职）

民政局

局　长　陈贤斌
副局长　刘树青
　　　　孔凡龙（2017.01离任）
　　　　汤茂峰（2017.01任职）
　　　　魏　东（2017.10任职）

司法局

局　长　刘亚军
副局长　杨　宏　刘　展　张晓兵

财政局

局　长　乔　敏（女）
副局长　朱建军（女）　许峻瑜（女）
　　　　王升同
　　　　程宏宇（2017.01离任）
　　　　周　敏

国有资产监督管理委员会办公室

主　任　梁正江
副主任　陈　强

人力资源和社会保障局

局　长　张正文
副局长　闫美玲（女，2017.10离任）
　　　　齐晓云（女）
　　　　常　悦（女，2017.10任职）

环境保护局

局　长　卞　剑
副局长　周海宁　江世亚　秦绪伟

住房和城乡建设局

局　长　石德学（2017.10离任）
副局长　徐洪宏（2017.01离任）
　　　　陈洪海
　　　　尤新荣（女，2017.01离任）
　　　　邵新光
　　　　徐　浩（2017.01离任）
　　　　马玉青（女）
　　　　胡海宁（女，2017.03离任）
　　　　汪　伟（2017.01任职，2017.10离任）
　　　　陆　兵（2017.03任职，2017.10离任）
　　　　程宏宇（2017.10任职）
　　　　赵　明（2017.10任职）

地震局

局　长　陈洪海

房屋征收局

局　长　胡海宁（女，2017.03离任）
　　　　陆　兵（2017.03任职，2017.10离任）
　　　　赵　明（2017.10任职）
副局长　夏兴龙

城市管理局

局　长　林秀兰（女，副处级）
副局长　范庆立　徐德刚（挂职）
　　　　刘　奔（挂职）
　　　　庄会君（挂职）
　　　　伏广志（挂职）
　　　　周锡明（挂职）
　　　　陈　健（2017.01离任）
　　　　卢长义
　　　　刘　健（2017.01任职）

农林水利局

局　长　刘军林
副局长　周华明　严跃南　许　鹏
　　　　张建光　王开兵　郑　洪
　　　　王学堂（2017.01离任）
　　　　张　浩　李永桓　朱　冲

沈南通　李恕全（女）
张新忠（挂职）
徐其兵（2017.01任职）

农业机械管理局

局　长　张建光

农业资源开发局

局　长　郑　洪

水利局

局　长　刘士成

林业局

局　长　朱　冲

商务局

局　长　张　建（2017.01离任）
祁　德（2017.01任职）
副局长　宋超增（2017.01离任）
高　亮　李　彬（女）
王　强（2017.01离任）
张道杨（2017.08离任）
封红军（2017.01任职）
刘光超（2017.10任职）

粮食局

局　长　金凤勇
副局长　江乃建　王　强

文化体育旅游局

局　长　刘锦州
副局长　刘文学（2017.01离任）
杨　琴（女）
颜　玮（女，2017.01离任）
张　敏（女）
王　超（2017.10任职）

文物局

局　长　杨　琴（女）

旅游局

局　长　骆丙春
副局长　武　强
杨　静（女，2017.10离任）
李　宁（2017.10任职）

卫生和计划生育局

局　长　李松红（女，2017.05离任）
许　巍（2017.05任职）
副局长　石林强（2017.01离任）
刘　媛（女）　薄祥军

市场监督管理局

局　　长　唐立新
副局长　李鸿儒　刘晓永　江尧中
杨　斌　俞　言
汤茂峰（2017.01离任）
谢　杰（2017.01离任）
成　龙　谢昌领

食品药品监督管理局

局　长　唐立新

审计局

局　长　董淑斌
副局长　赵剑平　薛广善　颜井席
何　冰　马苗苗

安全生产监督管理局

局　长　陈可鹏
副局长　顾德习（2017.10离任）
郭家农（2017.01离任）
钱明斌
蒋崇辉（2017.01任职）
局长助理　田作运

统计局

局　长　何洪壮
副局长　孙君玲（女）　沈学萍
陈秀媛（女）　王东升
李　波（2017.10离任）

民族宗教局

局　长　张玉梅（女）

互联网信息办公室

主　任　常　青（女）
副主任　于　芳（女）

【企事业】

连云港陇海步行街管理委员会办公室

主　任　陆　兵（2017.03离任）
胡海宁（2017.03任职）
副主任　姚　柱

区人民政府教育督导室

主　任

副主任　刘立春　孙永斌　张庭善

机关事务管理中心

主　任　韩善学（2017.01离任）
纪　巍（2017.01任职）
副主任　林　华　潘家杰
刘立田（2017.10任职）

接待工作办公室

主　任　葛艳艳（女）
副主任　王　辉

文化行政综合执法大队

大队长　沈剑峰

金融办公室

主　任　胡　晨
副主任　顾　怡（女）　李　静（女）
刘　刚（2017.08离任）

供销合作总社

主　任　樊继锦
副主任　王　伟　郭加荣
李培鲁（聘）　颜　珉（女）

锦屏山旅游开发建设管理委员会

副主任　周锦松

安全生产监察大队

大队长　李树来（2017.01任职）

旅游质量监督所

所　长　窦晓燕

房屋征收服务中心

副主任　胡士茂　朱松林　卞绍东
王　维　卞宝玲（女）
黄冬冬　常春玉
赵　明（2017.10任职）
主任助理　陈福廷

海州经济开发区综合服务中心主任

主　任　刘　伟（2017.01离任）
陶士勇（2017.01任职）

海州经济开发区企业投资发展中心主任

主　任　陈　曦

江苏瀛洲发展集团有限公司

董事长　许　巍（2017.04离任）
　　潘运学（2017.04任职）
副董事长　孟小兵（挂职）
总经理　叶　川（女，聘）
　　监事会主席　杨秀红（女）
副总经理　马建永（聘）
　　安长英（挂职）

江苏海州发展集团有限公司

董事长　乔敬萌
副董事长　商佃仁（挂职，2017.03任职）
总经理　徐勤夫
副总经理　龚玉荣

【镇人民政府】

浦南镇人民政府

镇　长　杜新春（2017.01离任）
　　孔凡龙（2017.06任职）
副镇长　史　杰　吴宁梅（女）
　　张　磊
　　孔凡龙（主持行政工作，2017.01任职，2017.04离任）
　　吕恒友　李　慧

新坝镇人民政府

镇　长　王昌杰
副镇长　鲁成卫
　　李鹏飞（2017.10离任）
　　张建鑫（2017.10任职）
　　左科付　陈　健

锦屏镇人民政府

镇　长　姜海燕（女，2017.10离任）
　　杜　威（2017.10任职）
副镇长　李政儒（2017.05离任）
　　吴新荣　陈叶磊
　　杜天福（2017.01任职，2017.10离任）

板浦镇人民政府

镇　长　茆龙海
副镇长　李　星（2017.10离任）
　　陈守刚　潘　伟　王志轩
　　岳　虎（2017.10任职）

【区政府派出机构】

海州经济开发区管理委员会

副主任　宁寿同（2017.01离任）
　　商佃仁（2017.01离任）
　　刘　兵（2017.01离任）
　　李　昂（2017.01离任）
　　侍　晓　徐敏昌
　　祁　德（2017.01离任）
　　杜新春（2017.01任职）
　　石林强（2017.01任职）
　　陈守余（2017.01任职）

滨河新区管理委员会

主　任　潘运学（2017.05离任）
　　李松红（女，2017.05任职）
副主任　程宏宇（2017.10离任）
　　王　超（2017.10离任）
　　陈　军（2017.10离任）
　　朱兰涛（2017.10任职）

智慧物流产业园管理委员会

主　任　杜新春（2017.01离任）
　　孔凡龙（2017.03任职）
副主任　李廷顺（2017.01离任）
　　许良军（2017.03离任）
　　史　杰
　　刘光超（2017.10离任）
　　高传彬
　　张　磊（2017.03任职）

新浦现代农业产业园区管理委员会

主　任　孔凡龙（2017.03任职）
副主任　许良军（2017.03任职）
　　李　慧（女，2017.03任职）
　　李罗华（2017.03任职）

电子信息产业园管理委员会

主　任　黄　勇（2017.10离任）
　　李克成（2017.10任职）
副主任　夏　雷（2017.01离任）
　　李　静

民主路管理委员会

副主任　陈　健（2017.01离任）
　　董　安　韦廷廷（挂职）
　　杨嗣龙（挂职）

新浦街道办事处

主　任　陈守余（2017.01离任）
　　汪　伟（2017.10任职）
副主任　朱兰涛（2017.10离任）
　　程宏宇（2017.01任职，主持行政工作，2017.10离任）
　　陈　军（挂职，2017.10任职）

浦西街道办事处

主　任　赵　胜（2017.08离任）
　　程　勇（201.10任职）
副主任　张传红　尚　明（女）
　　王冬梅（挂职，女，2017.03任职）
　　卞绍东（挂职，2017.10任职）
　　刘　兵（2017.10任职）

路南街道办事处

主　任　王志钰（2017.01离任）
　　赵　明（2017.01任职，2017.10离任）
　　李　星（2017.10任职）
副主任　沈　艳（女）
　　陈　军（2017.10任职）

新南街道办事处

主　任　徐维铮
副主任　李燕芳（女，2017.01离任）
　　谷　慧（女）
　　邹　涛（2017.01任职）
　　战秋菊（挂职，女，2017.03任职）

新东街道办事处

主　任　纪　巍（2017.01离任）
　　王志钰（2017.01任职，2017.10离任）
　　张延静（女，2017.10任职）
副主任　蒋崇辉（2017.01离任）
　　战秋菊（女）
　　程　娅（女，2017.01任职）
　　夏　倩（挂职，女，2017.03）

新海街道办事处

主　任　徐　蓓（女）
副主任　范　明（2017.01离任）
　　夏　倩（女）
　　姚　雷（2017.01任职）
　　谷　慧（挂职，女2017.03任职）

宁海街道办事处

主　任　黄　勇（2017.10离任）
　　　　李克成（2017.10任职）
副主任　崔　颢（挂职）
　　　　朱　丽（女，2017.10任职）
　　　　祝发善（2017.10任职）

朐阳街道办事处

主　任　许　建
副主任　朱大勇
　　　　李小芹（女，2017.01任职）

洪门街道办事处

主　任　夏　雯（女）
副主任　李雨轩（女）
　　　　马玉昌（2017.01任职）

海州街道办事处

主　任　李晓光
副主任　于　洋　李　萍（女）
　　　　尚　明（挂职，2017.03任职）
　　　　徐　祥（2017.10任职）

幸福路街道办事处

主　任　高长春
副主任　卞绍向
　　　　张　华（2017.01离任）
　　　　王冬梅（女）
　　　　李　萍（挂职，女，2017.03任职）

政协连云港市海州区委员会

【主席、副主席】

主　席　汤成元
副主席　于振强
　　　　曹伟平（不驻会，2017.01离任）
　　　　颜景华（女，2017.02离任）
　　　　高　敏（女，2017.01离任）
　　　　王宏新（女，2017.01离任）
　　　　张景友（2017.07离任）
　　　　王兰芳（女）
　　　　刘建春（不驻会）
　　　　苗永梅（女，不驻会）
秘书长　汤振宇

【工作机构】

办公室

主　任　汤振宇
副主任　李兴鲁（2017.10离任）

经济科技委员会

主　任　吴广军
副主任　李沛纯

提案委员会

主　任　陈春梅
副主任　史建梅（女，2017.01离任）
　　　　李正海（2017.10任职）

学习文史委员会

主　任　杨守清
副主任　徐庆玉

联络委员会

主　任　夏新军
副主任　尤新荣（2017.01任职）

社会事业委员会

主　任　庞学红（女）
副主任　时宽军

法制与民族宗教委员会

主　任

【政协海州区委员会派出机构】

浦南镇工作委员会

主　任　朱泽东

新东街道工作委员会

主　任　李建斌

中共海州区纪律检查委员会

【常务委员会】

书　记　房忠涛
副书记　李宝凯　徐士强
常　委　祝海东　姜　峰　王经博
　　　　刘永东（2017.08离任）
　　　　于明侠（2017.10任职）
　　　　李　军（2017.10任职）

【工作机构】

办公室

主　任　陈红蕾（女，2017.08离任）

纪检监察干部管理监督室

主　任　无

信访室

主　任　王善仿

案件监督管理室

主　任　吴雅雯（女，2017.01任职）

案件审理室

主　任　徐欢欢（女）

纪检监察一室

主　任　李　军（2017.01离任）
　　　　张　亚（2017.12任职）

纪检监察二室

主　任　赵卫国

纪检监察三室

主　任　武孟伟（2017.01离任）
　　　　杨议淋（2017.01任职）

党风政风监督室（区政府纠正行业不正之风办公室）

主　任　刘　进（女）

【镇纪委】

浦南镇纪委

书　记　卞德喜（2017.01离任）
　　　　杨启东（2017.01任职）

新坝镇纪委

书　记　葛君伟

锦屏镇纪委

书　记　邹　涛（2017.01离任）
　　　　赵化兵（2017.01任职）

板浦镇纪委

书　记　张　环

【派出机构】

第一纪检组（原第一直属纪工委）

书　记　丁　梅（2017.01离任）
　　　　卞德喜（2017.01任职，2017.08离任）
组　长　陈红蕾（2017.08任职）

第二纪检组（原第二直属纪工委）

书　记　黄　庆（2017.01离任）
　　　　李　军（2017.01任职，2017.08离任）
组　长　卞　红（2017.08任职）

第三纪检组（原第三直属纪工委）

书　记　王继玲（2017.08离任）
组　长　茆廷成（2017.08任职）

第四纪检组

组　长　伏莹莹（女，2017.08任职，2017.10离任）

第五纪检组

组　长　唐庆海（2017.08任职）

第六纪检组

组　长　付丙刚（2017.08任职）

第七纪检组

组　长　王　颖（2017.08任职）

纪检监察机关工作室

主　任　姜　峰

纪检监察农村工作室

主　任　祝海东
副主任　卞德喜（2017.01离任）

区级机关纪工委

书　记　掌效兰（女）

海州经济开发区纪工委

书　记　张　涛（2017.01离任）
　　　　李　浩（2017.01任职）

新浦街道纪工委

书　记　李卫民

浦西街道纪工委

书　记　郭　睿

路南街道纪工委

书　记　张　琪

新南街道纪工委

书　记　杜　秋（2017.01离任）
　　　　曹继胜（2017.01任职）

新东街道纪工委

书　记　伏莹莹（女，2017.01离任）
　　　　秦　玲（2017.01上任）

新海街道纪工委

书　记　汤　浩

宁海街道纪工委

书　记　刘　刚

朐阳街道纪工委

书　记　秦　玲（2017.01离任）
　　　　张　波（2017.01任职）

洪门街道纪工委

书　记　潘家锦（2017.01离任）
　　　　汪立岳（2017.01任职）

海州街道纪工委

书　记　穆　舟

幸福路街道纪工委

书　记　杨　娟（女，2017.01离任）
　　　　丁　翊（2017.01任职）

【派驻纪检组】

区信访局

组　长　王　军（2017.08离任）

区人力资源和社会保障局纪检组

组　长　钱　敏（女，2017.08任职）

区民政局纪检组

组　长　徐民东（2017.08任职）

区财政局纪检组

组　长　尚玉霞（女，2017.01离任）
　　　　伏莹莹（女，2017.01任职，2017.08离任）

区农林水利局纪检组

组　长　王　静（女，2017.08离任）

区环境保护局纪检组

组　长　钱厚才

区住房和城乡建设局纪检组

组　长　杨莅遐（女，2017.01离任）
　　　　王晓军（2017.01任职，2017.08离任）

区城市管理局纪检组

组　长　陈立余（2017.01离任）
　　　　茆廷成（2017.01任职，2017.08离任）

区卫生和计划生育局纪检组

组　长　汪　伟（2017.01离任）
　　　　唐庆海（2017.01任职，2017.08离任）

区市场监督管理局纪检组

组　长　李燕芳（2017.01任职，2017.08离任）

区电子信息产业园纪检组

组　长　刘　刚

区人民法院纪检组

组　长　付丙刚（2017.08离任）

区人民检察院纪检组

组　长　李　浩（2017.01离任）
　　　　王　颖（2017.01任职，2017.08离任）

【部门纪委】

区教育局纪委

书　记　卞　红（女，2017.08离任）

区城市管理局纪委

书　记　潘家锦

区市场监督管理局纪委

书　记　封红军（2017.01离任）

法院、检察院

【区人民法院】
院　长　傅成保
副院长　高　照　卜玉霞（女）
　　　　刘　强　季　锐（女）
　　　　黄以双（2017.04离任）
　　　　姜长安
　　　　王统松（2017.04任职）
　　　　高　照（2017.05任职）
政治处主任　金立鑫

【区人民检察院】
检察长　唐　张
副检察长　霍介涛　邓　毅
　　　　　孙锡鸿　严　中
　　　　　杨晓明　唐　敏（女）
政治处主任　徐翠英（女）

人民武装部

浦南镇人民武装部
部　长　周言友

新坝镇人民武装部
部　长　曹　峰

板浦镇人民武装部
部　长

锦屏镇人民武装部
部　长　杨绍文

新浦街道人民武装部
部　长　韦廷廷

浦西街道人民武装部
部　长　王　超

路南街道人民武装部
副部长　严　明

新南街道人民武装部
副部长　曹　江（2017.05离任）
　　　　朱　健（2017.05任职）

新东街道人民武装部
副部长　杨金龙

新海街道人民武装部
部　长　范　明（2017.01离任）
　　　　罗雪军（2017.01任职）

宁海街道人民武装部
部　长

朐阳街道人民武装部
部　长　徐其兵（2017.01离任）
　　　　马洪亮（2017.01任职）

洪门街道人民武装部
部　长

海州街道人民武装部
部　长　耿　斌（2017.10任职）

幸福路街道人民武装部
部　长　卞绍向

群众团体

【海州区总工会】
主　席　殷少卿
副主席　李　晖
　　　　罗雪军（2017.01离任）
　　　　范　明（2017.01任职）

【共青团海州区委员会】
书　记　张延静（女，2017.10离任）
　　　　闫美玲（女，2017.10任职）
副书记　李　敏（女，2017.10离任）
　　　　马　超
　　　　刘宇洋（2017.10任职）

【海州区妇联】
主　席　陈金芳（女）
副主席　张　华（女）

【海州区科协】
主　席　李应平
副主席　李廷顺（2017.01离任）

【海州区文联】
主　席　李敬伟（2017.01离任）
　　　　颜　玮（2017.01任职）

【海州区社科联】
主　席　徐正华

【海州区残联】
理事长　王　彬
副理事长　孙　雯　韦妍君

【海州区工商联】
主　席　苗永梅（女）
副主席　吴海虹（女）　朱文淑

【海州区红十字会】
会　长
常务副会长　刘建春
副会长　陈长坝　阮莹莹（女）

（供稿单位：区委组织部）

责任编辑：孙大伟

中共连云港市海州区委

综　述

2017年，中共海州区委以十九大精神指引海州发展方向。坚持把迎接和学习贯彻十九大精神作为全年的工作主线，切实在学懂、弄通、做实上下功夫。通过中心组学习、专题轮训、理论宣讲等方式读原著、学原文、悟原理，引导推动全区各级党组织和广大党员干部全面系统学、融会贯通学、及时跟进学，深刻把握十九大精神的科学体系、精神实质、实践要求。系统化制定32项具体学习贯彻方案，从全局高度、长远角度，创造性地把十九大精神同海州实际相结合，同各项战略部署相贯通，切实增强学习贯彻的理论深度、实践力度和情感温度。通过学习贯彻十九大精神，不断汲取真理的力量、信仰的力量、奋进的力量，全区上下“四个意识”更加牢固、“四个自信”更加坚定、“四个看齐”更加自觉。

全面从严治党，以党建为引领全力保障海州发展质效。坚持抓班子带队伍，不断提振各级干部干事创业精气神，切实为改革发展提供坚强保障。深入开展“双进双促”强区富民活动，组织红旗渠精神专题培训班，开通“海州零距离民生热线”“民情速递”大数据平台，干部为民情怀进一步增强。树立鲜明用人导向，实施优秀年轻干部“双推差选”，坚持以事择人、按岗选人，一批实干担当的干部得到提拔重用；开展高层次人才海州行，组建虚拟产业研究院，增创人才集聚新优势。突出基层基础建设，制定基层党建标准化建设项目清单，开展街道“大工委制”试点，推进社会组织服务中心建设。坚持党管意识形态，在《人民日报》、中央电视台等主流媒体积极发声，努力讲好海州故事。积极培育和践行社会主义核心价值观，深入开展全国文明城市创建，王芳、马善民获评“中国好人”。持续正风肃纪，严格落实中央八项规定实施细则精神，强化“两个责任”，扎实推进监察体制改革，深化巡察工作，严肃查处一批违纪案件。在全面从严的大环境下，全区各级干部作风更严更实，以优良党风带动政风民风持续向好。

2017年，区委常委会发挥总揽全局、协调各方的领导核心作用，扎实做好改革发展稳定各方面工作。统战、群团、档案、老干部、关心下一代等工作都取得新的成绩。区委常委会高度重视自身建设。坚定理想信念，严守党的政治纪律和政治规矩，坚决维护党中央权威，自觉做政治上的“明白人”。认真落实党委（党组）议事制度，努力提高抓大事、谋全局的能力和水平。认真履行“一岗双责”，严格执行廉洁自律各项规定，努力保持为民务实清廉的政治本色。

相关词语解释：

1.四个意识：政治意识、大局意识、核心意识、看齐意识。

2.四个自信：道路自信、理论自信、制度自信、文化自信。

3.四个看齐：在立场态度上向中央看齐，在责任担当上向中央看齐，在方法措施上向中央看齐，在示范带动上向中央看齐。

4.双进双促：走进基层、走进群众，促科学发展、促社会和谐。

5.两个责任：党委主体责任；纪委监督责任。

重要会议

【中共海州区十届四次全会】 8月3日上午，海州区召开区委十届四次全会，市委副书记、海州区委书记万闻华，区委副书记、区长单晓敏等四套班子领导参加。

全会深入贯彻习近平总书记系列重要讲话精神，认真贯彻落实省市党代会、全会和苏北发展座谈会部署，总结上半年工作，部署下半年任务，动员全区上下进一步统一思想，凝聚发展共识，坚定发展信心，高扬发展大旗，矢志跨越赶超，为建设强富美高新海州而努力奋斗。

全会听取万闻华代表区委常委会作的题为《高扬发展大旗　矢志跨越赶超　为建设强富美高新海州而努力奋斗》工作报告和单晓敏对《海州区“百日攻坚”三大行动计划方案》所作的说明。随后进行分组讨论，并审议通过全会《决议（草案）》。

8月3日，中共海州区十届四次全会召开

各镇（街）、开发区、区各部委办局社、群团组织、各有关单位党政主要负责人；驻区单位主要负责人；全区各村、社区党总支（支部）书记；部分党代表及离退休老干部参加会议。

【中共海州区十届五次全会】 12月29日，海州区召开区委十届五次全会，市委副书记、海州区委书记万闻华，区委副书记、区长单晓敏等四套班子领导参加。

全会高举习近平新时代中国特色社会主义思想伟大旗帜，认真贯彻中共十九大、中央经济工作会议、省委十三届三次全会和市委十二届五次全会精神，深入落实习近平总书记视察江苏重要讲话精神，总结2017年经济社会发展和党的建设工作，研究部署2018年工作。

全会听取万闻华代表区委常委会作的题为《深入贯彻十九大精神 矢志增创发展新优势 奋力谱写新时代海州转型跨越新篇章》的工作报告。一致认为，全会报告站位高、思路明、措施实，总结工作实事求是，分析问题准确深刻，部署任务要求明确，充分贯彻中央和省市委要求，符合海州实际，对加快海州当前和今后一段时期的发展具有重要指导意义。

在下午召开的第二次全体会议上，区委常委、海州开发区党工委书记徐雪峰、副区长蒋庆山、浦南镇党委书记薛喜东、新东街道党工委书记侍启辉、教育局局长王从峰、旅游局局长骆丙春分别作交流发言。会议审议通过区委十届五次全会《决议（草案）》。

区委副书记、区长单晓敏总结全会情况，并就贯彻落实全会精神及做好当前工作进行部署安排。

各镇（街）、开发区、区各部委办局社、群团组织、各有关单位党政主要负责人；驻区单位主要负责人；全区各村、社区党总支（支部）书记；部分党代表及离退休老干部参加会议。

（区委办公室：姜 维）

重要决策

【社区办公用房达“双四百”标准】 2月3日下午，市委常委、海州区委书记王立斌在区行政中心辅楼206会议室主持召开基层社区建设工作会议。会议听取各镇（街）、开发区关于基层社区用房情况的汇报，研究明确2017年基层社区建设的重点方向、基本要求和保障措施。

会议指出，基层社区是服务群众的最前沿阵地，社区用房是做好社区服务的关键。经过近年来的努力，海州社区服务水平有了明显的提高，大部分社区用房达到“双二百”（社区办公用房200平方米、社区活动用房200平方米）标准。但是，与经济社会发展和城市建设水平相比，全区社区阵地建设总体水平还不高，个别社区没有解决办公用房，部分社区用房尚未达到“双二百”标准，达到“双四百”（社区办公用房400平方米、社区活动用房400平方米）标准的社区仍占少数。年内，各镇（街）、开发区要进一步拓宽渠道，集思广益，确保全年城区所有社区办公用房达到“双二百”标准，有条件的要力争达到“双四百”标准。

会议强调，要把2017年作为“社区阵地建设年”，坚持社区建设的形式与内容相统一，针对不同社区情况分类施策，继续把阵地建设作为社区建设的重中之重，主要通过三个方面的措施解决好社区办公用房：（一）新建社区用房。各镇（街）、开发区特别是涉农街道要充分利用绿地、空地、废弃沟塘等闲置建设用地，新建社区用房。新建的社区用房面积要一次性达到400平方米以上，充分满足社区服务群众的需要。（二）购置社区用房。不具备新建用房条件的社区，可以通过购买门面房或者住宅的途径加以解决。社区用房位置偏、不便于居民上门服务的，要将社区用房作为资产出售，重新到街面上购置一层社区用房。新购置的办公用房面积要符合“双二百”标准，位置要选择在交通便利、视野开阔、具备一定升值潜力的地段。（三）依托平台解决社区办公用房。社区自身财力不足以购置办公用房的，可以社区为单位，西盐河以东由瀛洲集团、西盐河由海发集团出资购买社区用房。社区享有使用权，并按年度适当缴纳租金，社区用房所有权归平台。社区为民专项资金可以由镇街统筹使用，主要用于社区硬件设施建设。

会议明确，各镇街、开发区要认真梳理社区用房情况，对难以达到“双二百”标准的社区，按照“一居一策”的要求，于3月初前摸清底数，制定具体的解决方案。

【自然村整合优化】 4月1日下午，市委常委、海州区委书记王立斌在区行政中心508会议室主持召开镇（街）基础设施建设推进会。会议听取浦南镇、新坝镇、锦屏镇、板浦镇、宁海街道、水利局、住建局等单位关于2017

年镇(街)基础设施建设的内容、安排和进展情况,并对做好镇(街)基础设施建设工作提出具体要求。

会议明确:各镇(街)的自然村要进一步整合优化。借助小城镇建设的机遇,逐步整合减少自然村,引导村民向中心镇区集中。镇(街)改水工程与路网建设要同步规划,摸清道路底数和农村供水的现状方式。各镇(街)要结合自身实际,高标准打通农村干道与新204国道、盐河南路、郁州路等城市主干道的连接,进一步完善区、镇、村三级路网体系,实现镇(街)与主城区的快速贯通。镇(街)道路建设要认真梳理需要改扩建的道路,道路建设的资金除省补资金外,剩余的由区、镇两级财政贴补。板浦改水工程可以探索由海发集团出资组建自来水公司建设,板浦镇负责具体运营,每年收益分成归海发集团;由市自来水公司供水的镇街要重建一套供水系统,降低群众饮用水成本,可以将市自来水公司的供水作为备用水源。各镇街之间也可以联合成立区域性的自来水公司,采取政府和社会资本合作(PPP)模式,做好改水工程。

会议要求:要高度重视。各单位要进一步提高认识,增强工作紧迫感,充分认识到基础设施建设的重要意义。由于历史原因,全区涉农镇(街)基础设施建设较为薄弱,建设投入相对不足,尤其是镇村道路和饮用水建设落后,影响镇(街)经济发展和富民增收。要适当超前规划。坚持适当超前的原则。把饮水管网、镇村路网作为小城镇建设的突破口,科学规划,统筹考虑,协调推进。镇(街)连接城区的主干道要高标准建设。镇(街)到各行政村道路要加大投入,争取一次性改造完成。行政村到自然村的道路要做好维护。要加强工作的组织领导。完善的基础设施是开展招商引资的前提,各镇(街)党政一把手要有强烈的责任意识,研究推进基础设施建设。相关部门要制定明确的目标和计划,迅速组织施工,力争在上半年启动建设,两年内完成所有镇街的基础设施的建设改造。

【2018年完成全区农村道路改建工程】 5月23日上午,市委常委、海州区委书记王立斌在行政中心508会议室主持召开全区农村道路规划方案汇报会。会议听取区住建局关于全区农村道路规划情况的汇报,并对推进项目建设作了具体要求。

会议明确:农村道路规划方案总体完整,实施计划切实可行。全区农村道路的新改建工作要在2018年年底前全部完成。各镇(街)及区住建局要加快道路建设步伐,建设标准和规模要坚持适度超前的原则,力求一步到位。道路建设采取政府购买服务的方式,允许合理负债,由区级两个融资平台负责筹集资金,各镇(街)可适当分担一部分,按照“433”的模式分3年付款。新改建道路要环环相连,确保与城市主干道连接,避免出现断头路,形成城乡综合路网。全区道路建设工程可以采用项目代建制的模式,建议由区住建局委托下属专业化的项目建设管理单位实施,实施过程要严格控制成本。道路建成后,要注意道路两侧环境卫生,确保建成一条,整洁一条。

【开发区开启“二次创业”新征程】 10月,海州区委、区政府做出了将洪门街道整建置纳入海州区经济开发区统一管理,形成海州工业园、新浦工业园、宁海街道、洪门街道“一区四板块”发展格局的重大决策,并出台《关于海州经济开发区板块整合实施意见》,全面开启开发区“二次创业”的新征程。 (区委办公室供稿)

巡察工作

【组织概况】 7月25日,区委巡察领导小组增设办公室及4个巡察组,编制21人,均为正科级单位。巡察办公室设主任1名(正科),副主任2名(副科),工作人员2名;巡察组各设组长1名(正科),副组长2名(副科),工作人员1名。

【建章立制】 规范开展巡察工作。编印《海州区委巡察工作手册》,规范“巡察流程”“巡察文书格式”“巡察工作制度”等。修订十届区委巡察五年规划,根据规划完成巡察工作。

【开展四轮巡察】 2月21日至3月28日对新坝镇党委、新浦街道党工委开展第三轮常规巡察;4月7日至4月26日对瀛洲集团党组、海发集团党组开展巡察“回头看”;5月15日至6月30日对区教育局党委开展第四轮常规巡察;10月18日至11月30日对幸福路街道党工委、财政局党组开展第五轮常规巡察,共排查党委主体责任、工程项目、财务监管、选人用人、工作作风等方面问题57个,移交套取民生专项资金、粮食直补款、四风等方面案件线索37件,其中已立案审查11件。 (撰稿:武孟伟)

组织工作

【概况】 全区组织系统紧紧围绕区委的总体部署,认真落实全面从严治党,广大党员干部担当作为,开拓创新,干部、人才、基层党建等各项工作都取得较好成绩。先后获得全市组织工作目标考核一等奖、组工宣传(新兴媒体)“五连冠”。

截至2017年年底,全区共有科级干部662人,其中在职553人,退出领导岗位109人。在职科级干部平均年龄44岁,其中女干部152人,占27.5%;党外干部16人,占2.9%;大学及以上学历504人,占91.1%。

全区共有党委111个,党总支126个,党支部1088个,党员29232名。区委直属党(工)委33个,其中,镇党委4个,街道党工委11个,开发区党工委1个,非公企业党委6个。

全年发展党员230人,重点领域发展党员数量明显增加,全年非公企业发展党员55人,占全年新发展人数的24%;农村发展党员89人,占全年新发展人数的39%;高知识群体发展党员48人,占全年发展党员人数的21%;社会组织中发展党员5人,占全年发展党员人数的2%。新发展党员中,女党员95人,占41%;新发展党员中大专以上学历161人,占70%。

2017年海州区组织工作会议

【"两学一做"学习教育常态化】 坚持全覆盖、常态化、求实效，助推"两学一做"（学党章党规、学系列讲话，做合格党员）学习教育常态长效。通过组建优秀讲师团送学，开通"微信公众号"活学，编印"红色家园报"助学，引导党员旗帜鲜明讲政治。举办"百家讲坛"、示范培训班10期，采取微视频、微党课、支部书记论坛等方式，探索党员学习新载体，助推基层组织生活常态化。以创建国家文明城市、"进企业（项目）促发展、进村（居）户促致富"强区富民大走访活动为契机，开展党员志愿服务大型集中活动27次，推动党员干部下基层、抓落实、解难题。通过制定《基层党支部标准化建设项目清单》，针对党员活动阵地功能缺失、基层组织生活不经常等问题，明确21类57项标准化建设项目，配套出台党（工）委书记、组织委员、支部书记抓基层党建工作考核办法，推动基层党组织全面进步全面过硬。

【百人讲师团】 聘请区委组织部部务会成员、镇（街）负责党建工作的分管领导、优秀共产党员、老党员老干部、基层先进典型以及各行各业的专业技术骨干等150余人，组成"百人讲师团"，并从中优选出20名精品讲师。授课采取身边人说身边事、先进典型事迹报告，致富能手、村书记现身说法等形式，每月20日定期送学到179个村（社），并建立网上课程管理系统，加强督查考核，有效解决村（社）基层组织生活不经常、参与党员少、学习效果不入心不入脑等"老大难"问题。

【"双进双促"大走访】 2月开始，深入开展"进企业（项目）促发展、进村（居）户促致富"强区富民大走访活动，开通"海州零距离民生热线""海州民情速递"大数据平台，建立三级会商会办机制，实施惠民政策"进万家"工程，推行帮圆心愿、帮谋思路、帮上项目、帮补短板、帮建基金"五帮工作法"，印发《惠民政策30条》、"大走访联系卡"10万余份，全区3870名党员干部下基层，走访企业及个体工商户9000余家、居民13万户，查找各类诉求建议1万余条，办结7260余件，一大批涉及民生、关乎企业发展的急难事项得到解决。

【领导班子和干部队伍建设】 严格遵守干部选拔任用有关规定，根据区科级领导班子和干部队伍建设情况，结合年轻干部、女干部、党外干部的结构性要求，综合考虑班子成员的年龄、性别、专业特长和履职经历等因素选干部配班子；实施干部提拔审查"四凡四必"制度，对干部职数"凡提必审"、干部档案"凡提必核"、纪检监察机关意见"凡提必听"、线索具体的信访举报"凡提必查"，年内选拔任用的干部均严格执行职数审核制度，提拔重用的区管干部和部管干部考察时均征求纪委、计生和公安部门的意见。

【青年干部选拔培养】 从为海州长远可持续发展选人才、配干部、建梯队出发，大胆培养和启用成熟度、公认度较高的年轻干部，大力实施年轻干部"111"选培计划。建立潜力干部储备库和90后后备干部储备库，新选拔4名人品好、表现佳、后劲足的90后优秀年轻副科干部。开展"双推差选"青年干部工作，在单位党组织和全区干部大会双重推荐的基础上，多环节精心遴选、多方位深入考察、多要素综合评价、常委会差额票决产生35岁以下正科职和30岁以下副科职领导干部各10名，并全员安排在镇（街）任职。

【科级班子谈心谈话】 建立"干部工作责任区"制度，把开展经常性谈心谈话作为干部日常考核的重要手段，以全面知人促有效善任。组织部部务会成员带队，分组赴71家镇（街）园区、区级机关部门与500余名干部面对面、零距离沟通，在听言观行中动态掌握了解班子运行状况和干部现实表现，听取梳理意见诉求80余条，及时发现一批苗头性问题，掌握班子建设上的"短板"，强化对干部队伍的精准研判，为区委选人用人科学决策提供充分参考和可靠依据，也让广大干部切身感受到组织就在身边、考核就在平时。

【综合干部管理】 根据省《关于全省县以下机关建立公务员职务与职级并行制度的意见》要求，制定《海州区公务员职务与职级并行制度实施方案》，年内，区委组织部单独开展职务与职级并行工作，经过单位初核、组织复核、测评考核、组织研究、单位公示等环节，完成一批13个单位22名符合条件干部的职级晋升审批。完成区党群部门2017年招录公务员的报名审核、资格复审、政审考察工作，最终招录9名公务员。按照省市委组织部要求开展并做好2017年海州区公务员信息采集和公务员统计工作，严格按照上级要求完成公务员基本信息采集更新和汇总上报。按照市委组织部有关要求，完成9家党群口事业单位的参公申报工作，并做好已获批的原参公事业单位人员的登记工作。

【干部一线培养情况】 实施“基层干部关爱计划”，鼓励干部扎根一线、干事创业，上挂下派100名左右年轻干部，对特别优秀的在任职年限等方面进行一定突破。6名表现优异、干群口碑好的“老黄牛”式（镇）街、开发区事业干部通过调任进入党政领导干部队伍，引起强烈反响，得到社会各界高度评价。建立年轻干部成长档案，健全跟踪调研、定人帮带和定期分析、定期谈话等制度，让起步早、平台好的干部经受考、小步跑。

【干部监督管理】 前移干部监管工作关口，畅通沟通渠道。坚持“定期”与“随访”相结合，结合日常考核管理，借鉴换届考察经验，由部务会成员带队，年内对71家镇（街）园区、区级机关部门570余名干部开展全覆盖谈心谈话，以民意口碑为重要依据，动态了解班子运行状况和干部现实表现，及时掌握一批班子“短板”和干部苗头性问题。集中管理全区科级干部出国（境）证件229本，其中《中华人民共和国因私出国护照》117本，《中华人民共和国往来港澳通行证》111本，《中华人民共和国往来台湾通行证》71本，对科级领导干部出国（境）情况进行登记备案。建立涉及违纪违法、信访举报等问题的干部监督特别档案。强化股级干部选任指导和监督，新出台《海州区规范党（工）委、党组干部选拔任用工作实施办法》，严格按照股级干部选拔任用流程图规定，在各单位调整干部前，通过审核职数配备情况、审核干部任职条件、审核干部廉洁情况，把关和规范股级干部选任。

【干部教育培训】 年内，以需求为导向，分层次、多渠道，推动干部教育培训工作取得新成效。举办专题讲座促进示范引领。邀请民政部专家赵海然博士、江苏师范大学党委书记徐放鸣教授等国家相关部门及省内外专家学者，共举办各类专题讲座10场，培训干部3000余人次；开展专题培训强化素质能力。先后举办“弘扬红旗渠精神，践行‘旗帜鲜明讲政治’”专题培训班、村（社）干部履职能力提升培训班、区领导干部学习贯彻党的十九大精神专题轮训班，还先后举办区财政等专题培训，培训干部1300余人次；高效完成干部调训提质增效。先后组织100余名处级、科级干部参加中组部和省市委党校专题培训，同时认真做好全区处级干部在线教育工作。

【党建责任体系完善】 牢固树立大抓基层、重抓基础的工作导向，强化书记抓基层党建“第一责任人”职责，进一步细化分类制定基层党建工作责任清单，明确镇街党（工）委书记等6类主体抓基层党建工作责任，制定下发《镇街党（工）委书记、组织委员抓组织基础工作考核办法》，量化24项个性指标，督促书记种好“责任田”。

【两级书记项目落实】 实施基层党建工作项目化管理，基层党组织书记每人领办、督办3~5件“书记项目”，找准基层党建与服务民生、服务大局的最佳结合点，形成两级党组织书记项目库，收纳项目1100余条，明确项目内容、推进举措和完成时限，每季度召开一次项目推进会，全过程跟踪问效，推动基层党建工作不空不虚、抓细抓实。

【后进村“戴帽摘帽计划”实施】 按照20%比例倒排确定16个软弱后进村党组织，结合“双进双促”强区富民活动，“区镇联动”选派79名优秀党员后备干部到村任“第一书记”，对18个省、市、区级经济薄弱村和16个软弱后进村党组织重点帮扶，摸实情、找软肋、解难题，帮助解决村民生产生活实际困难。根据“第一书记”年度工作项目清单进行项目化考核，激励真抓实干，完成经济薄弱村脱贫攻坚、软弱后进村党组织精准转化工作任务。

【“一委三会”工作法推行】 联合区纪委、民政、审计、财政等部门明确议事会、监事会产生办法，明晰议事会“权力清单”，制订运行图、监事规则等配套制度，完善跟踪督导、考核奖惩等机制，不断推进“一委三会”工作法实施规范、长效。打造一批“一委三会”工作示范点，发挥典型的示范引领作用，“党组织领导、议事会协商、村（居）委会实施、监事会监督”的基层治理新格局初步形成，实现基层民主自治新常态。

【区域化党建新格局构建】 整合辖区优质资源，推行社区“大党委制”，采取聘任兼职委员、名誉书记、“社企联建”“政社互动”等方式，提升党组织服务水平。引导社会组织更多地参与社区公共服务，针对居民多样化需

书记抓基层党建工作述职评议会

求提供更专业化服务。打造"活力网格党建",建立民生服务组、网格志愿者、民情信息员、矛盾调解员等队伍,把服务延伸至片区、楼院、户室中,形成"人到格中去、事在网中办"的机制,推动社区管理服务精细化。加强"特色党小组"建设,按照地缘、趣缘、业缘,组建12大类300余个特色党小组,充分发挥党小组在党员管理、联系群众、服务中心方面"神经末梢"作用,激发基层组织活力。

【城市基层党建品牌打造】 在全区实施城市基层党建内涵提升计划,提档升级10个街道、24个社区层面党建品牌,进一步深化"智慧新东""善行天下""公益孵化器""党旗下的蒲公英"等党建特色品牌内涵,充分发挥示范点的引领、辐射作用,推动基层党组织服务水平持续提升。

【"两新"组织党建指导员选派】 选派164名党员后备干部到"两新"组织担任党建工作指导员,对"两新"组织党组织尤其是基础薄弱的党组织强化跟踪指导,摸清党组织和党员现状,采取单独组建、联合组建等方式提高党组织组建率。对党建工作指导员项目化管理,制定年度工作项目清单164个,涉及项目300余项,结合"两新"组织实际探索解决问题400余个。

【党建阵地提档升级】 始终突出"基础意识、问题导向",更加深入巩固抓基层基础意识,党建基础更加坚实,保障作用更加突显。提档升级全区44个村社党建阵地,87%社区用房达标,855名村社干部建档管理。

【大学生村干部】 严格执行驻村制度,保证在村在岗,统一印发《大学生村官工作日志》,并将其作为各类评先评优、考核考察的重要核查内容。落实日常、年度、聘期考核制度,"一人一表、一人一策"做好动态村官服务管理工作,获评省优秀大学生村官1人、市十佳大学生村官1人。组织开展创业项目集中观摩、青年电商精英提升培训等活动,拓宽大学生村官视野,增强创新创业本领。建立健全大学生村官有序流动机制,自主择业1人,定向招录区内公务员3人、事业单位15人,通过社会招考考取公务员2人,通过选拔考取选调生4人。

【人才队伍建设】 启动"高层次人才海州行""大院大所"国际产学研对接论坛等活动。邀请中国工程院院士范滇元,欧盟食品工业协会主席罗沙教授领队的意大利、波兰等国"大院大所"教授团,清华大学、中科院能动中心等20家高校、科研院所的代表,100余名知名专家、在读博士到海州区开展产学研对接活动。通过线上对接、线下洽谈,技术淘宝、人才超市的形式,率先在全市建成连云港(海州)虚拟产业研究院,提高人才及项目对接效率。开展海州区首届乡土人才"十佳创业明星"评选活动,授予10人"十佳创业明星"荣誉称号。9人获市"三带"典型表彰,30人入选省"三带"行动计划培养对象。出台《新型农业经营主体奖励扶持办法》《海州区鼓励全民创业政策三十条》等激励政策文件,支持各类人才创新创业,激发人才活力。

(撰稿:李 绘 相 涛 崔锦明 徐 鑫 徐 宁 刘宇洋 朱 丽 王 茹
审稿:郑纪东)

宣传工作

【概况】 在区委区政府的正确领导下,海州区宣传思想文化工作以喜迎十九大、宣传十九大、贯彻十九大为重点,以创建全国文明城市为抓手,结合"百日攻坚"三大行动,把牢方向,服务大局,创新求进,宣传思想文化工作取得新进展新成效。

【理论武装】 充分发挥区委理论学习中心组"排头兵"作用,把习近平总书记系列重要讲话精神和十九大精神纳入党委(党组)中心组专题学习计划。在全区党(工)委、党组中心组中推行"四定学习法",定严规矩、定准选题、定优方式、定实效果,深入开展理论学习。灵活运用"中心组论坛""先锋讲坛"、道德讲堂等载体,组织百名机关"讲师团"深入基层一线开设专题党课,精心组织"理论沙龙 精彩讲述"活动,举办"国学大讲堂""文化读书会""大华讲堂""石棚书院公益大讲堂"等特色讲堂活动50余场,成功举办2017党的十九大精神暨宣传委员(骨干)培训班,以多种形式推动理论教育入耳入脑入心。

【舆论宣传】 加强新闻策划,突出主题、注重创新,"海州声音"屡上央视,两上《人民日报》。老党员手绣党旗献礼十九大、海州智能制造成果填补国内行业空白等新闻荣登《人民日报》;城管救人、清明踏青、68岁大妈变身"雷锋队长"、众人30秒抬车救人等新闻等被央视播出。年内,全区共在《中国青年报》《新华每日电讯》

2017年全区宣传思想文化工作会议

《中国县域经济报》《新华日报》等省级以上主流报刊发稿百余篇，在各级媒体刊播新闻稿件4000余篇。在网络媒体平台精心打造《海州双进双促进行时》《文明创建海州行》《海州百日攻坚进行时》《聚焦十九大》等专栏，制作《百日攻坚破难题上下同心促发展》等专题片3部、《海州新闻》12辑；参加“锦绣连云港　喜迎十九大”大众视觉大赛，海州区报送的微视频作品荣获三等奖。不断完善舆情研判处置联动机制，加大舆情管控力度，全区网络空间更加清朗。

【文明城市创建】　深入推进全国文明城市创建工作，成功申报第一人民医院、市地税局等3家全国文明单位，解放路小学获评全国文明校园。大力实施“好人工程”建设，建成海州好人馆，指导镇（街）建设好人广场、村居设立好人榜，在民主路老街、步行街打造好人文化特色街。广泛开展先进模范选树宣传活动，王芳、马善民获评“中国好人”，管学刚获评省助人为乐道德模范，孙迁英入选“最美港城人”之“最美志愿者”。密织志愿服务网络，利用“志愿江苏”平台广泛开展志愿服务活动，打造提升“文明驿站”“37°　爱心小屋”等基层志愿服务品牌。

【文化建设】　完善二营巷、双龙井游园营商配套，海州古驿站打造古城民宿客栈示范基地；推进孔巷文化商业街区项目建设，朐山书院一期工程基本完工；花鸟鱼虫市场完成主体工程，10月1日试运营；秦东门广场（朐园）项目建成投用。《海州名人》文化图书出版发行；成功举办首届“莫干山”杯“唱响美丽海州　共建文明古城”社区歌手大赛；组织参加市“喜迎十九大 幸福舞起来”广场舞大赛获得冠军，并荣获省赛第一名（优秀表演奖）；紧扣十九大主题，举办“喜迎十九大”海州区音乐家协会专场音乐会、“喜迎十九大　书画润古城”书画展、“喜庆十九大　九九唱大风”重阳诗会等活动；紧扣“创文”主题，开展“文明海州随手拍”“小手牵大手，千米绘长卷”“我为文明城市做加法”“社会主义核心价值观百场演出进社区”“文明海州　幸福笑脸”摄影作品展等主题活动；文化文艺事业不断繁荣发展。

（撰稿：曹水清　审稿：张延广）

统战工作

【概况】　区委统一战线工作部（以下简称区委统战部）全面开展中共十九大报告学习活动，坚持用十九大精神统一广大统战成员思想，认真贯彻落实新时期党的统战工作方针政策，广泛凝聚人心、汇集力量，不断分析新形势，研究新问题，寻求新突破。民主党派及无党派人士积极参政议政，圆满完成市、区人大、政协换届中党外代表人士推荐工作以及对非公经济人士评价工作。新的社会阶层人士以及基层统战等重点工作取得新的突破。“双进双促”及大走访行动按时开展并取得良好成效。党外干部配备更加优化。“两学一做”学习教育深入开展，统战部门自身建设不断增强。

秦东门广场在孔望山麓建成

【“双进双促”活动】　区委统战部主动对接走访挂钩企业和重点项目。对口帮扶的王付村，是省级经济薄弱村。统战部多次和村干部、村民代表交流、沟通，广泛听取意见，并在深入调研的基础上，提出加快道路等基础设施建设、积极向上争取支持、加大土地流转开发观光休闲农业等建议。还主动加强和市城投集团的联系，加大对村里的扶持力度。4月，市里启动“百名能人返乡创业”活动，引导、鼓励在外能人返乡创业，支持家乡建设。区委统战部及时召开会议，制定工作方案，并迅速行动起来，组织基层统战人员全面开展调查摸底。还利用微信等网络工具，广泛开展沟通、宣传，收集海州在外人员情况，动员他们回乡创业，促进家乡发展。通过摸排，累计整理录入人员信息达100余条。

【民主党派】　区委统战部牢牢把握大团结大联合的主题，积极引导和团结各民主党派在经济建设和社会发展各方面充分发挥参政议政作用，并引导他们深入基层，广泛联系社区，开展志愿服务、扶贫助困等公益活动。至12月底，各民主党派在海州区设有支部60个，拥有成员3000余人。

【党外人士推荐】　年内，区委统战部积极与区委组织部、区人大、区政协等有关部门沟通协调，广泛接触各党派市委会负责人及党外代表人士，完成党外市、区人大代表、政协委员200余人推荐考察工作，完成人大代表、政协委员中非公有制经济代表人士141人以及市、区工商联123人非公经济人士的综合评价（15个部门联合评价），年底，海州区市、区两级代表委员中共有党外代表人士217人。

【涉侨工作】　积极发挥侨联和侨商会

作用，利用各种渠道，加强对海州的宣传推介，不断扩大海州区对外知名度和影响力，让广大侨胞、侨商增进了解，为推动家乡建设助推加力。上半年，先后邀请30余名侨商、侨眷，城市建设、民生事业、重点企业。

【新的社会阶层人士统战工作】 区委统战部在扎实做好前期调研的基础上，根据海州区实情，协调宣传、人社、司法、工商等部门，形成多部门联合工作机制，共同加强对新阶层人士的联系工作。各职能部门立足自身职责积极为新阶层人士开展有针对性地服务，在创业、就业等方面为他们创造良好环境和政策支持。区人大、政协以及司法部门还充分发挥系统内新阶层人士自身优势，在开展法律援助、发展建言献策等方面积极作为，为促进经济发展、维护社会团结稳定做出积极贡献。

【统战工作新发展】 在海州开发区成立园区统战工作室，为园区企业统战工作提供指导和服务。实际工作中，注重发挥基层党组织战斗堡垒作用，坚持以党建文化带动企业文化建设，通过组织形式多样、生动活泼的主题活动，积极教育、引导广大职工树立敬业、奉献、团结、拼搏、创新意识，为构建和谐的劳动关系、推动科技进步、提升企业竞争力、加快企业发展凝聚起强大的内生动力。

【侨台工作】 完善社区侨台人员信息登记，完成出国和归国留学人员、海外侨胞、港澳台同胞等情况调查，加强沟通联络，进一步搭建好党和政府同侨界的桥梁。组织归侨侨眷和留学生搞好侨联日常活动和迎春座谈会。进一步叫响"服务在社区、影响在海外"的口号，着力解决困难，热心为侨服务。特别是关心侨界困难人士和家庭的工作和生活，实实在在为他们办实事、办好事。

【自身建设】 积极做好贯彻落实中央、省市委统一战线系列重大决策部署督查工作。围绕中央督查的六十条内容，及时召开相关部门参加的会议，将督查内容逐一对照梳理，任务层层分解，明确完成时限，高质量完成督查内容。扎实开展"两学一做"学习教育，严密组织部机关党员进行相关专题大讨论，着重开展聚焦每月20日主题活动，积极支持创文活动，慰问困难群众、开展扶贫助困等活动。加强统战系统成员单位工作协调和资源整合，强化大统战格局。切实加强机关作风建设，健全机关干部学习、教育、管理和激励长效机制。加强部门廉政建设。以"创建学习型党组织"为载体，建立健全党支部班子的各项规章制度。

（撰稿：高　媛　审稿：刘　兵）

涉台事务

【概况】 海州区台湾事务办公室（以下简称区台办）深入贯彻落实中央对台工作方针政策和习近平总书记十九大报告精神，坚持服务于中央对台工作大局、服务于海州经济社会发展，立足区情实际，充分发挥优势，认真履行职责，积极主动作为，不断推动海州对台各项工作。

【海台经贸合作】 区台办突出重点，积极搭建海台两地经贸合作平台。先后邀请台湾两岸连锁经营协会理事长王国安和台湾汇鑫集团董事长程学勇等多批台商到海州区考察。2月，区台办组织商务局、新坝镇、浦南镇等有关单位赴上海参加两岸企业家特色小镇打造与投资说明会，双方就特色小镇和现代农业建设发展进行有效对接和深入洽谈。7月，组织区内22家镇（街）和企业代表参加"昆山电子电机暨设备博览会"，帮助镇（街）、开发区等载体单位和区内企业寻找项目信息和合适产品。协助做好到海台商意向性考察、政策咨询、项目选址等服务性工作。上半年，台资企业安琪拉国际宝贝月子会所正式对外营业。9月，台湾农场经营协会企业家代表团走进板浦镇、新坝镇和浦南镇考察海州区现代农业，寻找互利共赢合作机会。10月，台湾云林县中小企业跨业协会代表团参访和考察海州开发区台资企业爱仕沃玛和医疗产业园，为双方下一步合作奠定基础。

【两地交流交往推进】 年内，区台办进一步密切与台湾社会团体、行业协会和基层人士的常态化互动交流，重点加强与台湾文化、教育、农业等行业领域和乡里长等社会各界人士的交流交往。年内，共接待到海州区考察和参访台胞9批次近150人。"请进来"：9月，台湾新北市中和区里长联谊会代表团到海州区参访，在浦南镇江浦村会议室举行"连云港·新北社区（里）建设交流座谈会"，江浦、玉带、玉龙、南门、康宁5个社区分别与台湾中和区的5个里签署社区（里）交流合作备忘录。同月，台湾两岸中华文化教育暨体育交流发展促进会李玉龙先生一行到区考察文创项目选址。"走出去"：1月，组织区台属联谊会和村（社区）代表赴台湾开展社区建设、教育、农业等领域的参访交流和学习考察。7月，海州中学合唱团一行41人赴台北参加由台湾中华两岸文化教育暨体育交流发展促进会和台北市清清合唱团联合主办的"新莺出谷——两岸合唱音乐"活动，两岸师生以乐交流、以歌会友，促进文化交流，增进彼此情谊。

【涉台宣传工作】 2017年是两岸打破隔绝状态、开启民间交流30周年的重要节点。围绕"生根之路——两岸交流合作微视频大赛"微视频制作和"两岸一家亲"主题征文采写这一年度对台宣传工作的重要任务，区台办紧扣海台两地各领域交流合作显著成效，记忆台商台胞奋力打拼心路历程，精心选择，统筹安排，分别制作在海台商刘宗岳和台湾青年滕川2部创业视频，以及《寻梦港城》《飞过台湾海峡的红蝴蝶》等6篇主题征文，讴歌典型事迹，颂扬发展成就，积极营造两岸同胞同根同源同心、和睦和谐和平的良好氛围。其中，以台湾青年滕川为创业典型的《筑梦港城》和《梦想·家》分别荣获省优秀征文一等奖和省"十佳"微视频。

【基层基础工作】 区台办以服务好“三台人员”（台胞、台属、台商）为己任，扎实做好各项涉台基础性工作。完善“三台人员”信息资料库。区台办对全区台属和台属企业进行全面摸底、排查、统计和汇总，完善台属和台属企业信息资料库。切实做好涉台来信来访。妥善处理涉台来信来访中反映的问题，真心实意帮助台商台胞台属解决经济纠纷、寻亲探亲等实际问题，切实为他们排忧解难。年内，区台办为91岁高龄的台胞王敬先老人解决医疗保险后续参保问题和家庭琐事矛盾纠纷，使老人能够真正消除后顾之忧，安享晚年。提升服务台企台属水平。深入开展“台商服务月”活动，做好《台湾同胞投资保护条例》的宣传和实施工作，着手帮助企业解决实际问题，为台商投资创造良好的生产生活环境。加强与市、区两级台属联谊会的联系沟通，发挥台谊会“联络、联谊、联心”的桥梁纽带作用，动员更多台胞台属参与家乡建设发展。

（撰稿：赵 红 审稿：赵 红）

区级机关工委

【概况】 区机关党建工作以邓小平理论、“三个代表”重要思想和科学发展观为指导，深入学习贯彻中共十八大及十八届四中、五中、六中全会和十九大精神，认真开展“两学一做”学习教育，扎实开展“双进双促”（走进基层、走进群众，促科学发展、促社会和谐）活动，以建设学习型、服务型、创新型党组织为工作目标，以党的执政能力建设和先进性建设为重点，全面推进党的思想建设、组织建设、作风建设，为建设强富美高新海州提供坚强有力的组织保证。区机关工委全年有102篇材料被连云港市机关家园网采用，在全市各县区中排名第一；有342篇材料被江苏机关党建网采用，在全省县区排名第一，被授予全省“二〇一七年度机关党建信息宣传工作先进单位”。

【直属基层党组织集中换届工作】 1月，对工委直属的43个基层党组织进行集中换届，按照班子要精干的原则，科学选拔配齐配强基层党组织班子，增强基层党组织战斗力。经过换届，共选出基层党组织班子成员219人，其中基层党组织书记43人，全部具有本科以上学历，并具有至少1年的基层党建工作经历，其中半数以上的基层党组织书记具有3年以上党务工作经验。

【“千名机关志愿者爱心帮扶行动”】 继续在全区机关开展千名机关志愿者爱心帮扶行动，全区机关共有登记机关党员志愿者1788名，结对帮扶366户贫困家庭，每月资金资助每户家庭400元，以专项帮助其解决子女上学困难，全年给付帮扶资金超过100万元。

2018年2月1日，海州区组织召开老干部迎新春团拜会，区四套班子主要领导和离退休老干部代表参加

【“双进双促”强区富民活动】 区机关工委在职3名党员全部参加活动，共联系新坝镇普安村贫困户3户，浦南镇新湾村贫困户4户，联系洪门工业园华阳塑料包装有限公司，并向结对的新坝镇普安村派驻第一书记1名，向华阳塑料包装有限公司派驻党建指导员1名。按照“双进双促”工作的要求开展“大走访”，共发放走访慰问金（物品）7000余元；为新坝镇普安村2户贫困家庭子女解决助学资金400元/月，帮助解决实际困难。截至年底，区机关工委结对帮扶的贫困户已全部脱贫。

【机关党建信息工作持续领先】 改版启用新的海州机关家园网站，加强信息上报工作，进一步提高工委信息上报工作质量。年内，区机关工委的信息被市级机关工委网站刊登102条，省级机关工委网站刊登342条，在全省、全市县区排名均为第一。

【“为官不为”问题专项治理工作】 此项工作由区机关工委牵头，区纪委（监察局）、区政府办、区编办、区经发局、区信访局、区政务办、区法制办、区财政局、海州物价分局等多家职能单位配合，对机关作风工作中表现出的“庸懒散、不作为、乱作为，纪律涣散、工作不在状态，在服务群众和执法监管中不负责任、不敢担当，推诿扯皮、办事拖拉，对待群众态度粗暴、吃拿卡要等问题”进行全面专项治理。

（撰稿：封 芸 审稿：掌效兰）

离退休干部管理

【概况】 至年底，全区共有离休干部91名，区级退休干部40名，代管异地安置离休干部13名。海州区进一步加强和改进离退休干部工作，牢牢把握为党和人民的事业增添正能量的价值取向，加强思想政治引领和党建工作，完善和创新离退休干部服务管理，积极稳妥推进离退休干部工作转型发展，激励老干部为全面建成小康社会，实现“两个一百年”奋斗目标和中华民族伟大复兴的中国梦贡献智慧和力量。

【学习贯彻十九大精神】 开展“畅谈十八大以来变化、展望十九大胜利召开”主题教育活动，重点开展好“畅谈新变化”“点赞新海州”“助推新发展”系列活动。组织参观考察海州医养一体护理院和连云港集瑞农业园。召开全区老干部座谈会，通报2017年全区经济社会发展情况。十九大召开后，采取座谈讨论、个人自学、送学上门等多种形式，多渠道向广大离退休干部传达党的十九大会议精神，引导离退休干部传播正能量，形成学习十九大精神的浓厚氛围。

【离退休干部党建工作】 成立中共海州区委离退休干部工作委员会，强化对离退休干部党建工作的指导。创新模式，扩大苍梧社区试点成效，由点及面在全区10个街道部署建立非建制性党组织试点，努力实现非建制性党组织建设、党员教育管理、增添正能量活动、互助关爱传递温暖、融入社区服务群众、管党机制六个“全覆盖”，积极引导非建制党组织开展庆“七一”系列活动，进一步扩大非建制党组织活动成效。

【为党和人民事业增添正能量活动】 搭建弘扬主旋律平台，发挥好老干部的政治优势。“七一”前夕，组织老干部入校进村到社区，讲革命传统，讲改革成果，宣传践行社会主义核心价值观，传递时代正能量。搭建参与社区管理平台，发挥好老干部的威望、经验优势。组织老干部在社区开展卫生保洁、法制文化宣传、邻里纠纷调解、和谐社区创建、“未成年人零犯罪社区”创建等工作。搭建关心青少年健康成长平台，积极配合区关工委、区教育局开展的“推进‘校站结合’，提高青少年校外教育水平”活动，动员组织离退休干部与校外辅导站结对，担任校外教育辅导员，开展“立德树人，遵纪守法，践行中国梦”教育实践活动。以节假日为重点时段，积极开展主题教育、才艺拓展、心理辅导等，为青少年健康成长筑起一道“防火墙”。

【离退休干部服务管理】 认真落实老干部政治待遇，组织老干部参加政治理论学习，按规定看文件、听报告，参加重要会议、重要活动，及时听到党的声音，了解党的方针政策和国际国内形势。深入开展“面对面、心连心”大走访活动，坚持做到“四个必访”，春节、暑期、中秋区四套班子领导带队走访慰问老干部500余人次。认真落实老干部生活待遇。老干部离休费当月足额发放，医疗费按规定实报实销，确保离休干部“两费”零拖欠。倾力为老干部办实事做好事解难事，为老干部解决日常家居生活难题120件次，为离休干部办理家庭病床11张。组织老干部开展有助身心健康的各类文娱活动。全年，共组织老干部钓鱼2次、门球活动20余次、棋牌比赛3次、书画笔会1次、书画摄影展1次。

（撰稿：樊庆珍　审稿：孙桂香）

信访工作

【概况】 全区信访工作在区委、区政府的领导下，在各级各部门的全力支持下，紧紧围绕“强富高美”新江苏建设要求，以护航国家重大活动期间信访稳定为契机以时不我待的精神和开拓进取的魄力，开展一系列工作。

【领导接访】 率先垂范，领导先行，区四套班子接待来访群众260人次，研究会办包案38次，其中区委书记万闻华接访3次，会办3次；区长单晓敏接访17次，会办20次；区政法委书记郑斌接访30次，会办14次；各镇（街）党政领导坐班接访1022次。

【积案化解】 依法依规，综合施策，鲍某、孙某、杨某、曹某、刘某、韩某等20余件信访案得到彻底化解。“百日攻坚”结案率也远超省、市既定的80%目标。

【业务水平整体提升】 走出去，请进来，成功举办“我是最美信访人”主题演讲活动、开展信访业务“大练兵、大比武”专题活动，并先后举办保障卡、分类处理、阳光信访新系统等业务类培训各1次。

（撰稿：李守凯　审稿：金　萍）

机要保密工作

【概况】 海州区委机要保密局在区委区政府的正确领导下，紧紧围绕全区工作大局和区委中心工作，认真学习领会十九大精神和中央、省市有关文件要求，加强密码保密管理，提升业务技能水平，较好的完成上级主管部门交办的各项目标任务。下半年，区机要保密局积极响应市级部门号召，组织全员参加执法证考试，2人成绩达90分，3人满分，持证量走在全市前列。

【机要保密保障工作】 按照统一安排部署，于年底完成机房改造和涉密视频会议室建设，全面启用电子政务内网系统，变传统的机要传输模式为电子传递，实现上级文件会议精神高效迅速传达的新要求。仔细检查机要通信、密码设备的运行情况，确保各类通知文件及时上传下达；出台节假日及十九大期间值班制度，做到24小时随时待命；承担全区涉密文件拟办、印制、发放、回收工作，所有流程参与保密管理，杜绝泄密隐患。

【加大服务力度】 做好总机云等信息化平台的运维工作，为全区党政干部提供手机终端便捷服务；推进智慧政务广泛使用，有效促进政务活动的扎实开展，全年全区大型会议基本实现前期准备工作电子化，办文办报、请假报备等功能持续完善。

【保密培训】 3月26日，在参加全市涉密人员管理师资培训的基础上，编写适合区情实际的课件教材，对全区136名领导干部和具体工作人员进行保密培训，所有涉密人员均通过考试且成绩在95分以上。

【保密自查自评】 定期开展保密检查工作，5—6月，对2016年“全覆盖”检查中问题突出的16家单位进行“回头看”，认真对照标准查摆问题，下发整改通知书，促进自查自评工作深入开展。

【保密教育形式创新】 利用一切媒介向广大干群宣传保密知识法律法规，变集中授课为有针对性的“送上门”具体解决实际问题，牢固树立国家秘密神圣不可侵犯的信念，增强保守国家秘密的使命感。

（撰稿：吕宗盈）

党校工作

【概况】 中共海州区委党校认真学习贯彻党的十九大和习近平总书记系列讲话精神，紧紧围绕“现代城市经济的引领区、城市建设管理的示范区、创新驱动发展的先行区、幸福生态宜居的首善区”建设的区委、区政府的工作思路和总体部署，真抓实干，充分发挥职能作用，开展一系列形式多样、生动活泼、寓教于乐的党员主题教育活动。年内，通过基层党校共举办各级各类培训活动10余期，1000余人次的党员干部群众得到培训教育。

【理论学习】 充分发挥党校的理论教育和党性教育作用及在培训干部、思想引领、理论建设、决策咨询等方面的主渠道作用，突出加强十九大精神和党章党规的学习教育，提高党章党规的课程比例，安排学习专题。举办十九大精神宣讲班。积极开展理论、理想、理性“三理”专题学习活动。

【教学方法改进】 在党员教育过程中，积极与市委党校和区各有关部门联络，探索党校联办、资源共享模式，聘请市委党校及高校教授、讲师到区授课。开展一系列形式多样、生动活泼、寓教于乐的党员主题教育活动。紧紧围绕中共十九大精神，以党的方针政策为必修内容，积极开展基层理论宣讲和形势政策教育，并充分发挥区内爱国主义教育基地等设施的教育功能和优秀的共产党员、道德模范等先进人物的感染力、影响力、带动力，努力突破传统的学习教育模式。坚持以教学为中心，办好培训班次。通过多层次、多班次培训，较好发挥党校教育培训主阵地主渠道作用。

【规章制度健全】 不断完善党校规章制度和党员干部教育的有关规定，结合海州区具体实际，做好办班软件资料的收集、整理、归档、管理工作，使党校的各项工作有章可循。并建立健全学员守则，档案管理，考勤考核制度，以及校产管理制度，确保党校各项工作做到位。

（撰稿：张立群　审稿：王志强）

党史研究

【概况】 海州区党史工作认真贯彻落实党的十九大精神以及中央、省、市党史工作会议要求，坚持“一突出两跟进”（突出开创和发展中国特色社会主义时间段历史研究；跟进党中央的步伐、跟进历史前进的步伐），牢牢把握党史工作的正确方向，统筹推进党史工作全面发展，党史研究工作开创了新局面。

【地方党史编纂】 区党史办克服人员少，经费紧张等困难，始终把编纂党史工作作为重中之重，狠抓工作落实。首先与区党委部门主动对接，征集相关资料10万多字，为编纂执政录及地方党史做了大量的前期准备工作；其次通过部领导协调，抽调两名人员参与执政录编写工作，并落实办公场所、设备和专项资金。同时积极组织参加省、市史志办组织的三卷本业务培训和红色旅游教育基地学习教育活动，提高对党史工作重要性的认识，增强做好党史工作的责任感和荣誉感。通过努力，《海州区委2016年度执政实录》共55万字编纂出版，共分为市委关注、区委决策、重大活动、重要文献等10个部分。

【宣传教育】 年内，开展十九大精神及党史国史进校园活动，邀请市委党校教授和区百人讲师团成员讲授十九大报告精神，并邀请市党史办、社科联、教育局、关工委等领导出席，共举办进校园活动20余场，受教育1000多人次；在微信公众号“今日海州”开辟党史专题板块，利用新媒体开辟党史知识板块，供全区党员干部学习；围绕建党96周年和“两学一做”学习教育为契机，认真学习党章党规，学习习近平总书记关于党史工作的系列讲话，明确思想认识；认真学习宣传中共十九大和习近平新时代中国特色社会主义思想，用党的最新理论武装头脑，开展百人讲师团送学到基层，以及书画展览活动；做好宣传报道工作，围绕党史国史进校园等主题先后在市报、晚报、电视台等发稿件10余篇，扩大了影响；与市史志办主动沟通，在区图书馆增挂海州区地情馆牌子，争取各类书籍500多册；注重抓好党史刊物征订发行工作，通过相关工作，将党史刊物《世纪风采》纳入全区党报党刊发行范围，从制度上确保征订发行工作规范化，全年征订280多份。

（撰稿：王一平　审稿：徐正华）

信息服务

【概况】 海州区党委信息工作紧紧围绕中央、省、市和区委工作大局，踩准时代需要、紧扣领导思维，主动谋划思路，稳步提质增效，信息参谋助手作用得以充分发挥。

海州区党委信息工作以互联网信息报送为基础，报送1005篇网络舆情，被采用305篇；以社情民意类信息为重点，报送67篇信息，被采用22篇；以工作动态类信息为抓手，报送41篇，被采用12篇；决策参考类报送34篇，被采用16篇；以服务区委中心大局为关键，报送1015条周边动

朐阳好人公园善行义举榜

态、14篇调研报告，为区委决策部署提供有力支撑。

【系统网络构建】 通过组建党委信息工作群，制作党委信息花名册、联络卡等，做到定人定责，实现一竿子到底。可以通过邮箱、微信、QQ等多渠道联系，实现及时沟通，确保不放过一个信息点。年内，全区出现的几次火情，都是镇（街）部门第一时间报送，程序更精简、工作更高效。

【信息机制使用】 即用好定期通报和奖励激励两项机制。采取月度分析、季度通报、年底考核的形式，适度传导压力。加大奖励激励，对年度信息先进单位和个人进行表彰，带动其他单位报送信息的积极性。通过通报、激励，大家的工作责任感、主动性大大提高，改变信息可有可无、推一步动一步的被动局面，形成比学赶超的良好氛围。

【三个基础夯实】 即夯实镇（街）、部门、村（社）三个基础。区级信息重点在基层，用好镇（街）主基础，及时召开信息交流会，加大培训力度，让镇（街）成为信息报送的骨干；推动部门练本领，帮助业务部门，加强约稿反馈，让部门的好做法、新举措凝练为好经验，形成动态信息推广。在工作中进一步延伸信息触角，在全区选择有代表的村（社），将基层呼声、社情民意反映上来。 （撰稿：王　祥）

精神文明建设

【概况】 海州区文明办坚持以社会主义核心价值体系建设为根本，认真贯彻落实省市文明办的工作部署，紧紧围绕争创全国文明城市的目标，广泛开展群众性精神文明创建活动，切实加强公民道德建设和未成年人思想道德建设，努力提高城乡文明程度。成功申报第一人民医院、市地税局等三家全国文明单位，解放路小学获评全国文明校园。实施“好人文化”建设工程，初步建成区、镇（街）、村（居）三级联动模式，建成海州好人馆，打造民主路老街、步行街好人文化特色街，镇（街）建设好人广场近20个，村（居）普遍设立好人榜。

【先进模范选树宣传活动】 王芳、马善民获评“中国好人”，管学刚获评省助人为乐道德模范，牟维信获评省级学雷锋志愿服务先进典型，孙迁英入选“最美港城人”之“最美志愿者”。扎实开展礼遇道德模范工作，春节期间邀请区四套班子主要领导进行走访慰问，发放慰问金2万余元。

【志愿服务活动】 利用“志愿江苏”平台广泛开展志愿服务活动，大力推广“文明驿站”“志愿服务夜市”等志愿服务载体，鼓励以社区为单位常态化开展各类志愿服务活动，海宁社区获评全省优秀志愿服务社区。

【未成年人思想道德建设】 完善未成年人成长指导中心、非物质文化遗产校外实践基地、校外拓展基地三大载体建设。做好未成年人社会主义核心价值观培育工作，解放路小学荣获全省社会主义核心价值观情景剧大赛小学组二等奖。关爱帮扶困难未成年人群体，向海宁小学进城务工子女捐赠6000余元学习用品。

（撰稿：张秋丽　审稿：贺颖颖）

党团员志愿服务活动

连云港市海州区人民代表大会

综　述

区人大常委会在区委领导下，深入学习贯彻中共十九大精神、习近平总书记系列重要讲话精神，紧紧围绕全区工作大局，依法履职，主动作为，较好完成区十八届人大一次会议确定的各项任务，为促进全区经济社会发展和民主法治建设作出了积极贡献。常委会认真落实区委重要决定，把党的主张通过法定程序转变成国家意志。全年共作出决议、决定13项。对2016年区级决算和2017年预算调整作出决议，促进财政在经济新常态下发挥积极作用；听取审议2016年度区本级财政预算执行和其他财政收支情况的审计报告，对14家单位审计查出问题整改情况开展满意度测评，测评结果向社会公示；对2017年海州区棚户区改造新增项目纳入全区国民经济和社会发展计划作出决议，助推民生工程实施；依法任免国家机关工作人员86人次，补选市人大代表1名、区人大代表20名。组织人大代表积极参与扶贫攻坚事业，在全区600多名三级人大代表中组织开展“强区富民我行动”主题实践活动，以“助推精准扶贫”为重点，代表自愿认领帮扶项目，代表小组主动结对帮扶经济薄弱村、低收入家庭。区人大代表认领帮扶项目25个，投入帮扶资金212.78万元，实物帮扶4.32万元。发挥人大监督平台作用，实现实时在线全过程监督预算支出。听取和审议全区招商工作、《中小企业促进法》贯彻实施、现代服务业发展、全域旅游发展情况报告，视察调研全区楼宇经济和总部经济发展、区属国有企业发展、企业安全生产落实情况等，推动经济结构调整和发展动能转换。审议区“十三五”规划中期评估报告，推进经济社会主要规划目标顺利实施。听取和审议旧城改造、精准扶贫和精准脱贫、基层卫生服务中心建设、全区省级优质幼儿园建设情况报告，视察调研特色小镇建设、全民创业政策落实、农村改水工程、农村道路提档升级、社区侨务阵地建设情况等，促进各项民生工作有效落实。聚焦生态文明建设，听取和审议2017年度环境状况和环境保护目标完成情况、森林城市创建情况报告，专题调研青山入城、清水绕城等生态修复情况，视察调研省级卫生镇创建情况等，推动建设生态宜居家园。听取和审议区政府关于城市网格化管理平台建设情况报告，法院关于信息化建设情况报告。充分发挥好区法院、区检察院人大代表联络室作用。

重要会议

【海州区第十八届人民代表大会第一次会议】 海州区第十八届人民代表大会第一次会议于2017年1月11—13日在海州区行政中心召开。会议听取和审议海州区人民政府工作报告；审查和批准海州区2016年国民经济和社会发展计划执行情况及2017年国民经济和社会发展计划（草案）的报告，批准海州区2017年

海州区第十八届人民代表大会第一次会议

人大代表投票选举新一届政府组成人员

国民经济和社会发展计划；审查和批准海州区2016年财政预算执行情况和2017年财政预算（草案）的报告，批准海州区2017年区级预算；听取和审议海州区人民代表大会常务委员会工作报告；听取和审议海州区人民法院工作报告；听取和审议海州区人民检察院工作报告；选举海州区第十八届人大常委会主任、副主任、委员，海州区人民政府区长、副区长，区人民法院院长，区人民检察院检察长和连云港市第十四届人民代表大会代表；通过海州区第十八届人民代表大会各专门委员会主任委员、副主任委员、委员名单。

【海州区十八届人大常委会第一次会议】 海州区十八届人大常委会第一次会议于3月4日在区行政中心辅楼306会议室召开，会议研究决定有关人员的职务任免。

【海州区十八届人大常委会第二次会议】 海州区十八届人大常委会第二次会议于3月29日在区行政中心辅楼306会议室召开。会议听取和审议了区政府关于全区社区矫正工作情况的报告，并组织到会的31位常委会组成人员进行了满意度测评，满意票29票，基本满意票2票，满意票数占参评人数的94%，测评结果为满意。听取和审议了区政府关于《食品安全法》贯彻实施情况的报告，并组织到会的31位常委会组成人员进行了满意度测评，满意票24票，基本满意票5票，不满意票2票，满意票数占参评人数的77%，测评结果为满意。听取和审议了区政府关于《江苏省农业综合开发管理条例》贯彻实施情况的报告，并组织到会的31位常委会组成人员进行了满意度测评，满意票27票，基本满意票4票，满意票数占参评人数的87%，测评结果为满意。审议通过了关于批准将2017年海州区棚户区改造新增项目纳入全区国民经济和社会发展计划的决议。审议通过了关于设立海州区第十八届人大常委会代表资格审查委员会的决定。会议还通过了人事任免事项。

【海州区十八届人大常委会第三次会议】 海州区十八届人大常委会第三次会议于5月26日在区行政中心辅楼306会议室召开。会议听取和审议了区司法局局长刘亚军、区财政局局长乔敏、区人力资源和社会保障局局长张正文、区统计局局长何洪壮履职情况的报告，并组织到会的32位常委会组成人员进行了民主测评。刘亚军测评满意票32票，满意票数占参评人数的100%，测评结果为满意；乔敏测评满意票32票，满意票数占参评人数的100%，测评结果为满意；张正文测评满意票30票，基本满意票2票，满意票数占参评人数的93.8%，测评结果为满意；何洪壮测评满意票31票，基本满意票1票，满意票数占参评人数96.9%，测评结果为满意。听取和审议了区政府关于宗教活动场所建设与管理工作情况的报告，并组织到会的32位常委会组成人员进行了满意度测评，满意票30票，基本满意票1票，不满意票1票，满意票数占参评人数的93.8%，测评结果为满意。会议研究决定有关同志的职务任免。

【海州区十八届人大常委会第四次会议】 海州区十八届人大常委会第四次会议于7月28日在区行政中心辅楼306会议室召开。会议听取和审议了区政府关于2017年上半年全区国民经济和社会发展计划执行情况的报告，并组织到会的31位常委会组成人员进行了满意度测评，满意票29票，基本满意票2票，满意票数占参评人数的93.5%，测评结果为满意。听取和审议了区政府关于2016年区级财政决算草案和2017年上半年预算执行情况的报告，并组织到会的31位常委会组成人员进行了满意度测评，满意票30票，基本满意票1票，满意票数占参评人数的96.8%，测评结果为满意。审议通过了关于批准2016年区级财政决算的决议。听取和审议了区政府关于2016年度区本级预算执行和其他财政收支情况的审计工作报告，并组织到会的31位常委会组成人员进行了满意度测评，满意票30票，基本满意票1票，满意票数占参评人数的96.8%，测评结果为满意。听取和审议了区政府关于教育现代化建设情况的报告，并组织到会的31位常委会组成人员进行了满意度测评，满意票30票，基本满意票1票，满意票数占参评人数的96.8%，测评结果为满意。审议通过了关于批准将2017年海州区棚户区改造新增项目纳入全区国民经济和社会发展计划的决议。审议通过了关于接受黄德永辞去海州区第十八届人民代表大会代表职务请求的决定。会议还通过了人事任免事项。

【海州区十八届人大常委会第五次会议】 海州区十八届人大常委会第五

次会议于9月27日在区行政中心辅楼306会议室召开。会议听取和审议了区民政局局长陈贤斌、区文化体育局局长刘锦州、区市场监督管理局局长唐立新，区旅游局局长骆丙春履职情况的报告，并组织到会的31位常委会组成人员进行了民主测评。陈贤斌测评满意票31票，满意票数占参评人数的100%，测评结果为满意；刘锦州测评满意票28票，基本满意票3票，满意票数占参评人数的90.3%，测评结果为满意；唐立新测评满意票28票，基本满意票3票，满意票数占参评人数的90.3%，测评结果为满意；骆丙春测评满意票28票，基本满意票3票，满意票数占参评人数的90.3%，测评结果为满意。听取和审议了区政府关于全区城乡道路建设情况的报告，并组织到会的31位常委会组成人员进行了满意度测评，满意票24票，基本满意票7票，满意票数占参评人数的77.4%，测评结果为满意。审议通过了《海州区人大常委会关于提升检察建议质效的若干规定》。

【海州区十八届人大常委会第六次会议】 海州区十八届人大常委会第六次会议于11月27日在区行政中心辅楼306会议室召开。会议审议通过了关于接受刘道劲等同志辞去海州区人大常委会委员职务请求的决定。审议通过了关于接受王晓军等同志辞去海州区第十八届人民代表大会代表职务请求的决定。审议通过了关于补选海州区第十八届人民代表大会代表的决定。听取了14家区政府相关部门、镇、街道关于2016年度审计查出问题整改情况的报告。并组织到会的27位常委会组成人员进行了满意度测评。区财政局满意票22票，基本满意票4票，弃权1票，满意票数占参评人数的81%，测评结果为满意；锦屏镇人民政府满意票20票，基本满意票5票，弃权2票，满意票数占参评人数的74%，测评结果为满意；朐阳街道办事处满意票24票，基本满意票3票，满意票数占参评人数的89%，测评结果为满意；区信访局满意票22票，基本满意票4票，弃权1票，满意票数占参评人数的81%，测评结果为满意；区经济信息化与发展改革局满意票22票，基本满意票3票，不满意票1票，弃权1票，满意票数占参评人数的81%，测评结果为满意；区司法局满意票21票，基本满意票5票，弃权1票，满意票数占参评人数的78%，测评结果为满意；区环境保护局满意票22票，基本满意票3票，不满意票2票，满意票数占参评人数的81%，测评结果为满意；区文化体育局满意票21票，基本满意票5票，不满意票1票，满意票数占参评人数的78%，测评结果为满意；区卫生和计划局满意票22票，基本满意票4票，弃权1票，满意票数占参评人数的81%，测评结果为满意；区金融办满意票22票，基本满意票4票，弃权1票，满意票数占参评人数的81%，测评结果为满意；区中小企业局满意票21票，基本满意票5票，弃权1票，满意票数占参评人数的78%，测评结果为满意；区粮食局满意票24票，基本满意票3票，满意票数占参评人数的89%，测评结果为满意；江苏瀛洲发展集团有限公司满意票18票，基本满意票7票，弃权2票，满意票数占参评人数的67%，测评结果为满意；连云港润新投资有限公司满意票19票，基本满意票6票，弃权2票，满意票数占参评人数的70%，测评结果为满意。听取和审议了区政府关于全区城乡环境长效管理实施情况的报告，并组织到会的27位常委会组成人员进行了满意度测评，满意票23票，基本满意票4票，满意票数占参评人数的85%，测评结果为满意。听取和审议了区政府关于区十八届人大一次会议以来代表建议办理情况的报告，并组织到会的27位常委会组成人员进行了满意度测评，满意票22票，基本满意票5票，满意票数占参评人数的81%，测评结果为满意。听取了区文化体育局《关于加强社区文化阵地建设的建议》办理情况的报告、区中小企业局《关于加快德邦化工搬迁的建议》办理情况的报告，并组织到会的27位常委会组成人员进行了测评。《关于加强社区文化阵地建设的建议》测评结果为：满意票23票，基本满意票4票，满意票数占参评人数的85%；《关于加快德邦化工搬迁的建议》测评结果为：满意票25票，基本满意票1票，不满意票1票。会议还审议有关人事任免事项。

【海州区十八届人大常委会第七次会议】 海州区十八届人大常委会第七次会议于12月17日在区行政中心辅楼306会议室召开。会议审议通过了关于批准调整2017年财政预算的决议。审议通过了关于接受徐士强辞去海州区第十八届人民代表大会代表职务请求的决定。听取和审议了区人大常委会主任会议提请的《关于提请补选许兴盛同志为连云港市第十四届人民代表大会代表的议案》，经表决，赞成27票。会后，《关于补选许兴盛同志为市第十四届人民代表大会代表的报告》报市第十四届人民代表大会常务委员会代表资格审查委员会审查。审议通过了海州区人民代表大会常务委员会代表资格审查委员会关于代表变动情况的报告。审议通过了关于召开海州区第十八届人民代表大会第二次会议的决定。会议审议通过了海州区第十八届人民代表大会第二次会议议程。审议通过了海州区第十八届人民代表大会第二次会议主席团和秘书长建议名单。审议通过了《海州区第十八届人民代表大会第二次会议特邀人员名单。审议通过了关于海州区第十八届人民代表大会第二次会议列席人员范围的决定》。讨论《区人大常委会工作报告（征求意见稿）》，并对报告起草情况进行说明。会议研究有关人员的职务任免事项。

主要工作

【调查研究】 常委会针对全区发展重点领域和环节，组织开展调查研究。察实情、谋实招，先后撰写《关于滨河新城开发建设情况的调研报告》《关于财源培植情况的调研报告》《关于特色小镇建设的调研报告》《关于社区综合服务中心建设情况的调研报告》等20余篇调研材料，为全区经济社会发展出谋划策。

区人大代表视察重点工程

【工作监督】 常委会密切关注全区经济运行情况，紧紧围绕区委关于经济工作的重大决策部署开展监督。听取审议上半年国民经济和社会发展计划执行情况报告、财政预算执行情况报告，审查批准2016年区级财政决算。督促政府落实新发展理念，深化结构调整，着力财源培植，增强创新驱动效果。全面实施财税体制改革，严格预算管理，提高财政资金使用效益。听取审议2016年度区本级财政预算执行和其他财政收支情况的审计报告，对14家单位审计查出问题整改情况开展满意度测评，测评结果向社会公示。对财源培植、物流业发展、现代农业发展、农业专项资金使用、部分工业企业等开展视察调研，提出意见建议，助推产业转型升级和重点项目落实。

【法律监督】 组织代表走进“两院”开展监督工作。扎实推动法律法规实施。调研《畜禽规模养殖污染防治条例》贯彻实施情况、“七五”普法中期情况。继续开展人大常委会任命人员履职评议工作。认真做好人大信访工作。配合上级人大组织的执法检查和立法调研。创新监督方式。制定审议意见督办办法。选择重点议题开展专题询问，提高常委会会议审议质量。

【代表活动】 创新代表活动机制。继续深化常委会组成人员联系代表、代表联系群众“双联”制度。在全市率先建立代表微信群、人大云手机软件（APP），与“人大代表之家（站）”形成线上线下两个平台，方便工作交流、代表和选民联系。扩大代表对常委会工作的参与，邀请代表列席常委会会议，参加视察调研、执法检查等活动。组织开展“强区富民我行动”主题实践活动。以两个平台为依托，发挥“小组长”作用，激发代表小组活力。指导各代表小组围绕全区经济社会发展中的重大问题策划年度活动计划，丰富代表小组视察调研内容。组织人代会前集中视察，为代表审议各项报告，提出高质量的议案、建议做好准备。

完善代表履职服务。组织代表参加培训，加强代表理论与法律知识学习，提高代表履职能力。开展年中政府向代表通报工作等活动，拓宽代表知情知政渠道。完善代表履职管理机制，通过人大云手机软件（APP），实现代表履职管理信息化，增强代表履职主动性。根据代表自身优势，建立法律、财经、城建环资、PPP等12个专业代表小组，提升代表小组活动专业化水平。

【政情通报】 7月25日，海州区人大常委会召开届内首次区人大代表政情通报会。通报会上，区委常委、常务副区长卢平从经济形势、产业发展、重点项目、经济社会领域改革等方面向各位代表通报了全区2017年上半年经济社会发展情况。副区长蒋庆山向各位代表通报2017年上半年城乡规划和建设管理情况。通过听取政府两个专项报告，代表们对全区上半年经济社会发展、城乡规划和建设管理情况有了更加深刻全面的了解。

【民生改善关注】 关注教育现代化建设。常委会听取审议政府专项工作报告，要求政府深入推进教育现代化指标体系建设，坚持教育优先发展战略，从补齐短板入手，提高公办幼儿园及省优质幼儿园比例，加大优质教师引进，解决部分学科师资不配套等问题，构建全区比较完备的教育现代化体系。视察调研义务教育阶段“大班额”情况，对统筹规划，优化师资调配，实现教育优质均衡等方面提出建议，推动相关问题解决。

关注农村道路建设。常委会听

2017年1月13日，海州区十八届人大一次会议当选的市人大代表签订“两承诺书”

取审议城乡道路建设情况报告，指出受到一些重点基础设施项目的施工影响，部分农村道路破损严重，影响群众出行安全，要求政府编制和实施农村道路规划，有效整合涉农补助资金，加强农村道路建设投入，完善道路管养机制，改善群众出行条件。

关注社区综合服务中心建设。常委会组织专题视察调研，建议政府把社区综合服务中心建设纳入全市城市建设和旧城改造规划，争取法律与政策保障，上下联动，群策群力，解决社区综合服务中心用房建没问题。

【意见建议办理】 区十八届人大一次会议期间，代表共提出属于海州区行政管辖范围建议142件，全部办结并答复代表，解决或基本解决的占35.9%，正在解决或纳入计划逐步解决的占51.4%，因条件不具备暂时不能解决的占12.7%。对部分影响面大、代表关注度高的重点建议，采取常委会领导班子成员牵头督办、区政府领导班子成员领办的形式，推进相关问题解决。选择重点建议开展评议，评议结果对社会公示，增强办理工作的推动力和影响力。组织优秀代表建议评选，对“关于新磷矿化工公司改革的建议”“关于板浦实现区域供水的建议”“关于加强无物管小区长效管理的建议”等15件优秀代表建议进行表彰。

人事任免

【概况】 3月4日，海州区十八届人大常委会第一次会议决定任命郭玉家为海州区人民政府副区长（挂职，时间2年，自2017年1月起算）。决定任命田亚辉为区人民政府办公室主任，单新文为区经济信息化与发展改革局局长，王从峰为区教育局局长，谢艳为区科学技术局局长，李宝凯为区监察局局长，陈贤斌为区民政局局长，刘亚军为区司法局局长，乔敏为区财政局局长，张正文为区人力资源和社会保障局局长，卞剑为区环境保护局局长，石德学为区住房和城乡建设局局长，林秀兰为区城市管理局局长，刘军林为区农林水利局局长，祁德为区商务局局长，刘锦州为区文化体育局局长，李松红为区卫生和计划生育局局长，唐立新为区市场监督管理局局长，董淑斌为区审计局局长，何洪壮为区统计局局长，陈可鹏为区安全生产监督管理局局长，骆丙春为区旅游局局长，张玉梅为区民族宗教事务局局长。任命史建梅为海州区人大常委会农业农村工作委员会主任，丁梅为区人大常委会环境资源城乡建设委员会主任，孟小兵为区人大常委会办公室副主任（正科），商佃仁为区人大常委会农业农村工作委员会副主任（正科），杨莅遐为区人大常委会研究室副主任，夏雷为区人大常委会宁海街道工作委员会主任，霍永强为区人大常委会洪门街道工作委员会主任，刘蓓蕾为区人大常委会幸福路街道工作委员会主任。免去高学成区人大常委会农业经济委员会主任职务，张炽昌区人大常委会环境资源城乡建设委员会主任职务，刘乃涛区人大常委会农业经济委员会副主任职务，刘龙培区人大常委会新南街道工作委员会主任职务，霍永强区人大常委会宁海街道工作委员会主任职务，赵明区人大常委会洪门街道工作委员会主任职务，王晓军区人大常委会幸福路街道工作委员会主任职务。

3月29日，海州区十八届人大常委会第二次会议免去张伟区人大常委会云台街道工作委员会副主任职务。

5月26日，海州区十八届人大常委会第三次会议决定任命许巍为区卫生和计划生育局局长。决定免去李松红区卫生和计划生育局局长职务。任命王统松为区人民法院副院长（正科）、审判委员会委员、审判员。免去黄以双区人民法院副院长、审判委员会委员、审判员职务，刘洪加区人民法院审判员职务，李秀娟区人民法院审判员职务。

7月28日，海州区十八届人大常委会第四次会议决定任命邱斌为海州区人民政府副区长（挂职，时间2年，自2017年7月起算）。

11月27日，海州区十八届人大常委会第六次会议任命伏莹莹为区人大常委会新浦街道工作委员会主任，徐旭为区人大常委会浦西街道工作委员会主任，李兴鲁为区人大常委会路南街道工作委员会主任，张传红为区人大常委会新东街道工作委员会主任，王郑为区人大常委会新海街道工作委员会主任，杨静为区人大常委会朐阳街道工作委员会主任。免去吴艳玲区人大常委会新浦街道工作委员会主任职务，张传红区人大常委会浦西街道工作委员会主任职务，魏东区人大常委会路南街道工作委员会主任职务，徐进冬区人大常委会新东街道工作委员会主任职务，刘道劲区人大常委会新海街道工作委员会主任职务，李宁区人大常委会朐阳街道工作委员会主任职务。会议听取和审议了区长单晓敏提请的《关于提请免去石德学同志职务的议案》，决定免去石德学区住房和城乡建设局局长职务。任命张丹、王千、李玉杰、钱永、周文贤、宋世安、于华天为区人民法院审判员；免去刘佃红区人民法院审判委员会委员、刑事审判第二庭庭长、审判员职务，谢莉萍区人民法院审判委员会委员、审判员职务，窦立环区人民法院立案一庭副庭长、审判员职务，茆翔区人民法院刑事审判第一庭副庭长、审判员职务，张坤瑞区人民法院民事审判第二庭副庭长、审判员职务，梁秀萍区人民法院民事审判第五庭副庭长、审判员职务，蒋丽萍区人民法院环境保护审判庭副庭长、审判员职务，李素平区人民法院行政审判庭副庭长、审判员职务，张继龙区人民法院审判员职务，王德华区人民法院审判员职务，蔡毅区人民法院审判员职务，王毅区人民法院审判员职务，魏兵区人民法院审判员职务。免去汪亚兵、高霞、武洋、汪姝言、潘曙光、刘炳南、侯海源区人民检察院检察员职务。

12月17日，海州区十八届人大常委会第七次会议任命陶羡华为海州区人民检院检察委员会委员。

（撰稿：仲思颖　审稿：吴汇雯）

责任编辑：孙寿鹏

综　述

2017年是中共十九大胜利召开之年，也是新一届政府的开局之年。在区委的正确领导下，在区人大、区政协的监督支持下，区政府高扬发展大旗，矢志跨越赶超，坚定不移走“生态优先、绿色发展”之路，培强都市产业，做美城市形象，增进民生福祉，统筹做好改革发展稳定各项工作，较好完成了区十八届人大一次会议确定的各项奋斗目标，为全面建成小康社会打下坚实基础。

区政府积极应对经济发展新常态，全力以赴稳增长，经济运行稳中有进，全年完成地区生产总值337亿元，增长8%；一般公共预算收入31.4亿元，同口径增长10.8%，税收占比达90%以上，财税收入总量和质量均居全市前列；工应税销售收入、增值税同比增长均在20%以上，发展质态持续向好。区政府创新体制机制，破解发展瓶颈，构建海州经济开发区“一区五园”融合发展新格局；实现楼宇经济破题发展；组建工业投资集团，深化海发、瀛洲集团改革，形成保障全区发展的“三驾马车”，发展动能有效激发。区政府全面打响项目建设招引、城乡环境综合整治、安全稳定三大“百日攻坚战”，推进了一批项目，攻克了一批难题，办成了一批实事，特别是广受关注的德邦兴华全面关停，在全市率先启动城市网格化综合管理平台建设，5条群众反映强烈的农村公路改造一新等等，增强了群众获得感，提振了干部精气神。区政府积极向上争取，敢于争先进位，获批建设省级现代农业产业示范区、省级海绵城市示范区、新一批中央财政小型农田水利重点县，获评国家知识产权强县工程示范区、全国法治区创建活动先进单位、省级生态区等荣誉称号，成功创建国家卫生城市，海州形象得到进一步提升。

同时，全区经济社会发展仍存在一些问题和不足，主要表现在：三次产业发展不充分，产业转型升级任重道远；城乡之间、东西部城区之间发展不平衡，城乡建管服务水平还需提升，旧城改造力度还需加大；城乡一体化和公共服务标准化水平不高，民生项目建设、生态环境建设与群众需求还有差距；对照政府治理要求，政府职能转变、机关效能建设、依法行政能力需进一步加强等等。对此，区政府高度重视，在下一步的工作中切实加以解决。

重要会议

【区十八届政府第一次常务会议】 2017年2月24日上午，区长单晓敏在区行政中心A306会议室主持召开区十八届政府第一次常务会议。会议听取了区对镇、街和工业园财政管理体制方案汇报、《海州区“两减六治三提升”专项行动实施方案》编制情况汇报、2017年区级部门预算安排情况的汇报，审议了海州区2017年旧城（棚户区）改造项目计划，会议议定事项主要为：

关于镇、街和工业园财政管理体制方案。会议指出，财政管理体制是财政管理的核心，是政府财政结算最主要的依据。调整和完善镇、街和工业园财政管理体制，对于进一步充分发挥财政作用，调动基层工作积极性、增强基层财政保障能力具有重要意义。会议原则通过了《镇、街和工业园财政管理体制方案》，报经区委常委会研究实施。会议要求，各镇、街道和开发区要高度重视，学深吃透文件精神。一要积极向上对接争取资金，力争在政策支持、项目争取和资金投入上实现更大突破；二要认真组织财政征收，拓宽融资渠道，保运转、保基本，提高发展后劲；三要合理安排财政支出，按照轻重缓急原则，重点向重大基础设施、民生事项倾斜，提高资金使用效益。

关于《海州区“两减六治三提升”专项行动实施方案》编制情况。会议原则通过《海州区“两减六治三提升”专项行动实施方案》，报请区委常委会研究后正式实施。会议强调：一要认真贯彻落实中央和省、市委的部署要求，把生态文明建设摆上更加突出位置，集中开展“263”专项行动，切实增强生态环保的行动自觉；二要精准施策，严格对照方案要求，进一步细化任务和目标，认真梳理问题，明确时间节点，狠抓责任落实；三要形成合力，各镇街、职能部门要各司其职、密切配合，强化督查推进和跟踪问效，切实把工作抓细抓实。

关于海州区2017年旧城（棚户区）改造项目计划。会议指出，棚户区改造是区年度重点工作，也是重大民生工程。会议原则通过了海州区2017年旧城（棚户区）改造项目计划，报请区委常委会研究后正式实施。会议要求：一要抢抓新一轮棚户区改造的一系列优惠政策，积极向上争取，合理安排资金使用，切实提高财政资金的使用效益；二要继续实行指挥长负责制，由区四套班子领导牵头任指挥长，分片负责地块征收，结转地块由原指挥长负责，保持工作的连续性，新增地块根据征收任务和班子成员的日常工作量，适当分配征收任务；三要切实做好征收保障工作，切实做好征收决定下发前准备工作，统筹经费安排，严格审计监督，保障工作顺利开展。各镇街、部门要攻坚克难，加快征收进度，快速提升服务功能，改善城市环境形象。

关于2017年区级部门预算安排。会议指出，2017年区级部门预算安排按照市级预算方案要求，在以往实际预算支出的基础上，进行适当调整完善，基本符合区财政状况。待提交区委常委会议研究后确定。会议强调：一要认真执行预算法，严格规范支出，做到无预算不花钱；二要管好用好专项资金，既要积极向上争取，又要量力配套，规范使用、统筹安排，提高专项资金效益；三要根据国家养老保险制度改革要求，认真做好基本工资补欠工作，保障机关干群基本待遇。

出席人员：单晓敏、卢平、刘振华、史伟、于卉、温以斌、蒋庆山、刘莹、李锋、郭玉家、俞向军、刘建春、李宝凯、田亚辉。

【区政府第二次常务会议】 3月17日下午，区长单晓敏在区行政中心A306会议室主持召开区十八届政府第二次常务会议。会议分析研究全区1—2月经济运行、重点项目及“四个一批”项目推进情况，审议通过了《全区2017年安全生产工作要点》《2017年度镇街目标任务绩效考评办法》《2017年度区级机关绩效考评办法》，听取区政府法律顾问委员会组建工作情况汇报，会议议定事项主要为：

关于全区1—2月经济运行情况、重点项目及“四个一批”项目推进情况。会议指出，1—2月，全区经济运行呈现稳中向好、好中堪忧的态势。列入市考核的7项指标，4项达序时，4项提质增效指标3项达序时，但仍有部分指标全市排名靠后。从区内情况看，镇街指标完成不平衡；载体项目储备严重不足；招商氛围不浓；受前置条件影响，市区重点项目进展缓慢。就抓好当前的经济工作，会议强调：一要增强时间意识。坚持今日事今日毕，加快工作节奏，加强经济运行调度，建立完善经济指标研判、考核、通报机制，集中补齐弱项短板。二要增强项目意识。会议指出，项目是经济发展的“食粮”，要突出项目为纲，强化存量项目责任机制，加强项目投融资保障，加快推进市区重点项目竣工投产；新开工项目要纳入项目库，与存量项目一同推进。继续坚持“123”招商机制，由商务局牵头制定招商优惠政策和奖励办法，提高在谈和签约项目的质量和成熟度，增加项目储备。三要增强问题意识。由区经发局牵头排查梳理规划、国土、资金等项目建设方面的难题，3月21日前报分管区长研究会办，月底择机集中解决。四要增强服务意识。当好两个角色，一方面，充分发扬“钉钉子”精神，以更大的决心、更强的力度，锲而不舍地把项目抓实、抓出成效；另一方面，当好“店小二”，俯下身子，更好地服务企业。

关于全区2017年安全生产工作要点。会议原则通过了《2017年全区安全生产工作要点》，待修改完善后下发实施。会议指出，全区1-2月份安全生产形势不容乐观。各镇街、各部门要高度重视，细化落实安全生产责任清单，主动承接市级下放权限，厘清市区两级监管责任，突出事先排查、事中协查、事后巡查，狠抓成品油、化工厂、砖瓦厂等重点领域安全生产专项整治，夯实安全生产基层基础，坚决遏制或杜绝重特大事故发生。

关于《2017年度镇街目标任务绩效考评办法》《2017年度区级机关绩效考评办法》。会议原则通过了《2017年度镇街目标任务绩效考评办法》《2017年度区级机关绩效考评办法》，区经发局、编委办要根据会议要求进一步完善制定考评操作细则，增强操作性，报区委常委会研究后正式实施。会议指出，两个考评办法重点突出，兼顾差异化，是全年工作的“指挥棒”。各镇街和相关部门要认真研究，吃透吃准考核办法，牢固树立目标意识，将考核办法融入日常工作中，进一步发扬比学赶超精神，做到“有红旗必扛、有排头必站、有荣誉必争”。要树立规矩意识。严格按照考核办法规定执行，拉开差距、分出档次，不打和牌。

关于区政府法律顾问委员会组建工作情况。会议原则通过了《海州区人民政府法律顾问委员会工作规则》。会议要求，建立政府法律顾问制度是全面推进依法行政、加快建设法治政府的有效途径和有力保障。一要树立法治意识，坚持依法行政，按照法定权限和程序来行使职权，切实做到有权必有责、有责要担当、失责必追究；二要健全决策机制，所有行政决策必须符合法律法规，凡涉及政府重大决策、重要规章、文件、重要涉法事项等，一律交政府法律顾问进行合法性审查或法律论证；凡涉及政府重要经济项目和资产处置，政府合同、协议签订，政府各类诉讼、仲裁等，一律征求政府法律顾问意见；三要扩大覆盖面，配齐配强法律顾问，确保法律顾问工作全覆盖。

会议同时传达了市十四届政府第一次常务会议以及市“263”专项行动领导小组第一次全体扩大会议精神，并就城乡环境整治、“263”专项行动和“双进双促”、旧城改造等重点工作进行了深入部署。

出席人员：单晓敏、卢平、殷少卿、史伟、于卉、温以斌、蒋庆山、李锋、郭玉家、刘建春、李宝凯、田亚辉。

【区十八届政府第三次常务会议】 5月11日下午，区长单晓敏在区行政中心A306会议室主持召开区十八届政府第三次常务会议。会议审议通过了《海州区鼓励全民创业政策三十条》《海州区行政败诉案件过错责任追究办法（试行）》《海州区全面推行河长制实施方案》《海州区锦屏林场改革实施方案》，听取了对市交通局周边地块和临洪大道2个项目实施房屋征收的报告，会议议定事项主要为：

关于《海州区鼓励全民创业政策三十条》。会议原则通过了《区全民创业政策三十条》，待修改完善后下发实施。会议指出，制定《区全民创业政策三十条》，是贯彻落实省党代会“两聚一高”工作要求以及《市全民创业政策二十八条》的具体举措，有利于进一步强化把聚焦富民作为抓发展促改革的工作导向。会议强调：一要高度重视全民创业工作。全区各部门、各单位要坚持把富民作为一切工作的出发点和落脚点，宣传并落实好创业三十条政策，鼓励和引导群众以创业带动就业，全面激发各方面发展活力。二要壮大全民创业主体力量。各部门、各单位要始终把培育创业主体作为重中之重，以重点人群的突破带动面上创业主体的倍增。三要积极拓展全民创业路径。坚持不拘形式、不拘类型、不限规模，引导群众创业，最大限度地拓展创业领域、拓宽致富渠道。四要积极营造全民创业良好氛围。围绕创业者创业需求，依托现有各类园区、基地以及厂房等资源，完善返乡创业平台等公共服务配套，为创业项目发展营造良好氛围。

关于《海州区行政败诉案件过错责任追究办法（试行）》。会议原则通过了《海州区行政败诉案件过错责任追究办法》，由区法制办修改完善后下发实施。会议指出：一要提高思想认识。各单位、各部门要高度重视落实败诉案件过错责任追究对促进本单位依法行政的重要意义，强化责任意识，切实提高依法行政意识。二要加强法治政府建设。全面贯彻《法治政府建设实施纲要》，把政府各项工作全面纳入法治轨道，认真落实“三重一大”事项集体决策制度，注重发挥政府法律顾问委员会作用，加强决策合法性审查和社会稳定风险评估。要增强规范文明执法意识，推动“双随机、一公开”监管全覆盖，不断提高依法行政的能力。三要严格行政败诉过错责任追究程序。坚持实事求是、权责一致、错则相当、惩教结合的原则，由区法制办、监察局按照职责划分协同做好行政败诉案件结果确认、过错调查、责任认定和责任追究。各单位要高度重视行政复议和行政调解工作，认真履行法律职责，区法制办除了发挥好组织应诉的职责外，要加强败诉行政行为的事后监督，定期对全区行政败诉案件进行统计分析并通报，确保全区行政败诉案件逐年下降。

关于《海州区全面推行河长制实施方案》。会议原则通过了《海州区全面推行河长制实施方案》，报区委常委会审议后实施。会议指出，全面实施河道管理“河长制”，对加强资源保护、改善流域生态、推进生态文明建设具有重要意义。会议强调：一要突出责任落实。各镇街要按照区级实施方案要求，抓紧制定工作方案，成立相应工作机构，构建横向到边、纵向到底的“河长制”工作网络。要把全面推行河长制与“263专项行动”结合起来，把各级河长综合治理、管理保护的职责明确清楚，确保不留盲点、责任压实、工作做细。二要建立长效机制。要结合地方突出问题，坚决整治岸上重点污染排放，扎实做好河道截污、清淤和生态修复，不断改善提升水环境。要加快形成部门分工协作、社会力量参与的管护机制，确保河长制常态化、长效化。三要加大考核力度。要把日常考核和专项巡查有机结合，对发现的问题加强督办，及时有效处理，确保把“守水有责”的要求落到实处。

关于对市交通局周边地块和临洪大道2个项目实施房屋征收的报告。会议原则同意对市交通局周边地块和临洪大道2个项目实施房屋征收的报告。会议强调：一要加快征收工作进度。旧城改造是主城区工作的一项重点工作，2017年征收进度整体滞后，仅完成10%左右。各征收主体要高度重视，按照上午区委召开的旧城改造推进会精神要求，发挥创卫精神，紧抓当前，甩开膀子、大刀阔斧抓好落实，争取上半年达到序时进度。二要进一步明确责任。对已做出征收决定的31个项目，各项目征收实施主体要切实担负起主体责任，挂图作战，确保各征收项目有力有序有效推进。对未做出征收决定的32个地块，征收局要加快征收前期准备工作，抓紧启动实施。6月底，区政府将对区内已下达征收决定的31个项目地块进行专项绩效考核。

关于《海州区锦屏林场改革实施方案》。会议原则通过了《海州区锦屏林场改革实施方案》，报区委常委会审议后实施。会议指出，推进国有林场改革，是全面深化改革的重要内容，是落实国家和省市部署要求的具体行动，也是推动“三农”发展的重大举措。会议强调：一要提高认识，各有关部门要始终瞄准保护生态、保障民生“两大目标”，更新工作理念，建立有利于保护森林资源、改善生态和民生、增强林业发展活力的国有林场管理新的体制机制，努力走出一条可持续发展之路。二要抓好改革实施中的每一个环节、每一处细节，妥善化解各类矛盾和历史遗留问题，切实维护林区资源安全、社会稳定，确保改革工作稳妥有序推进。三要强化组织保障，狠抓责任落实，细化政策配套，加强督导检查，确保改革目标任务不折不扣完成。

出席人员：单晓敏、杨中云、史伟、于卉、温以斌、蒋庆山、刘莹、李锋、郭玉家、俞向军、王兰芳、李宝凯、田亚辉。

【区政府第四次常务会议】 8月1日上午，区长单晓敏在区行政中心A306会议室主持召开区十八届政府第四次常务会议。会议审议通过了《海州区加快建设创新驱动发展先行区实施意见》《海州区招商引资激励办法》《海州区菜市场长效管理办法》《海州区城区市容秩序网格化管理工作暂行办法》《海州区培育新型农业经营主体发展现代都市农业奖励扶持暂行办法》《海州区综合行政执法体制改革试点工作实施意见》，会议议定事项主要为：

关于《海州区加快建设创新驱动发展先行区实施意见》。会议原则通过《海州区加快建设创新驱动发展先行区实施意见》，待修改完善后下发实施。会议指出，该意见是贯彻落实省委“两聚一高”工作部署，建设创新驱动发展先行区的指导性文件，各镇街、部门要认真研究，吃透吃准实施意见，着力引进和培养创新人才，整合创新资源，壮大创新创业主体，加快建设创新驱动发展先行区。会议要求：一要提升政府服务企业能力。要对企业科技成果深入摸排，有的放矢，强化虚拟产业研究院、校地校企等合作机制，加快建设企业孵化器等创新载体，推动更多企业科技成果转化。二要注重发挥创新人才作用。要充分发挥存量众创空间的作用，加大人才招引力度，不断完善激励政策，优化人才发展服务环境，让人才引得进、留得住、干得好。三要做好年度目标量化考评。建设创新驱动发展先行区是一项长期系统性工程，要把目标任务化、任务节点化，将各项任务分解落实到各镇街（园区）、部门，纳入年度工作考评。

关于《海州区招商引资激励办法》。会议原则通过《海州区招商引资激励办法》，商务部门根据会议要求修改完善后，按程序报区委常委会研究。会议指出：一要宣传好政策。认真抓好对内对外宣传工作，动员社会各方面力量主动参与招商引资工作，营造招商引资的浓厚氛围。二要利用好政策。把好企业准入门槛，促进镇街资源共用，有效落实引荐奖励，提高招商引资的质量和水平。三要落实好政策。强化正面激励，严格问责措施，充分发挥好政策的撬动效应，为产业强区提供强劲支撑。

关于《海州区菜市场长效管理办法》。会议原则通过《海州区菜市场长效管理办法》，待修改完善后正式下发实施。会议指出，菜市场长效管理办法的出台有助于进一步规范菜市场管理，对持续巩固国家卫生城市成果具有十分重要的意义和作用。会议强调，菜市场管理要健全属地牵头、部门配合的协同工作机制，执法部门要摆正“运动员”身份，主动参与，提升工作合力。对街道返租的社会市场，区级层面要给予奖补，促进菜市场规范管理。

关于《海州区城区市容秩序网格化责任制暂行管理办法》。会议原则通过《海州区城区市容秩序网格化责任制暂行管理办法》，修改完善后下发实施。会议指出，市容秩序网格化精细化管理，是改善城市环境、提升城市形象的重要途径，各镇街、部门要高度重视，在市容管理上下功夫，切实把网格化管理做细做实。会议强调：市容秩序网格化管理，一要配备到位。各镇街要根据自然地理布局和商业繁华程度，科学建立管理网格，合理配备网格协管员，统一培训、持证上岗。二要履责到位。按照“四定”管理原则，将工作责任落实到每个网格协管员身上，做到责任落实无遗漏、无缝隙、无死角。三要考核到位。区城管局牵头做好区对街道考核，各街道要细化城管协管员考核管理办法，提升市容秩序网格管理成效。

关于《海州区培育新型农业经营主体发展现代都市农业奖励扶持暂行办法》。会议原则通过《海州区培育新型农业经营主体发展现代都市农业奖励扶持暂行办法》，修改完善后下发实施。会议指出，海州作为主城区，要充分利用交通区位优势，在新型农业经营主体培育上下功夫，重点打造新204国道都市农业产业带。要实事求是，严把项目申报审核关，宣传好、利用好、执行好政策。

关于《海州区综合行政执法体制改革试点工作实施意见》。会议原则通过《海州区综合行政执法体制改革试点工作实施意见》，会议明确区审改办负责文件修改完善，要借鉴兄弟县区经验，梳理区级层面权力下放清单，对人事、编制等事项再细化完善，并制定具有可操作性的实施细则，确保年内实施到位。由卢平牵头、温以斌配合，同组织部门进一步沟通，统一意见后，按程序报区委常委会研究。

出席人员：单晓敏、卢平、张华陆、史伟、于卉、温以斌、蒋庆山、刘莹、李锋、郭玉家、邱斌、苗永梅、李宝凯、田亚辉。

【区政府第五次常务会议】 9月4日下午，区长单晓敏在区行政中心A306会议室主持召开区十八届政府第五次常务会议。会议研究推进“百日攻坚”8项专项行动以及分析研判1—8月经济运行情况，会议议定事项主要为：

会议指出，“百日攻坚”行动开展一个月以来，全区上下高度重视，区级层面建立健全了“周督查、周通报、周例会”工作机制，各单位、各部门各司其职、合力攻坚，扎实推进8项专项行动实施，取得明显的阶段性成效。但当前项目建设整体依然不快、城乡市容环境整治、旧城改造工作还需加大力度、“问题楼盘”存在问题仍然较多，各镇街、部门围绕问题强化会办，着眼精准发力，推动8项行动取得实效，确保全面完成好“百日攻坚”工作任务，为完成年度既定目标奠定坚实基础。会议强调了以下三个方面工作：

一、全力以赴狠抓项目推进。项目建设是拉动区域经济增长的重要引擎，既是新增长点，又是拉动当年发展的重要抓手，必须切实推进好。一要重抓未达序时重点项目。对市区两级未达序时重点项目，要专人挂钩联系，全面推进代办制服务，每周调度会办，“一企一策”细化工程节点，推动近期实质性开工建设，确保“百日攻坚”期间达到序时进度。海州大厦、全民创业大厦、锦屏独立工矿区、孔望山新城等政府重点投资项目要排定工期，追赶进度，“百日攻坚”期间全面赶超序时进度。海发集团、瀛洲集团承担的政府性投资项目要领跑全区重点项目建设。二要务实抓好招商引资。目前，全区上下存在外出招商冷热不均、园区作为招商主阵地发挥作用不明显等问题，需要切实提升招商工作水平、工作效率。要进一步宣传《海州区促进招商引资激励办法》，结合连博会、农洽会等大型活动，加大“走出去、请进来”力度，掀起招商工作热潮。要突出精准招商，高度重视服务业招商，突出新型商业综合体、总部经济、电商物流项目招引，争取新城控股、奥特莱斯等项目早日落户。工业招商方面，要以海州开发区“一区四园”为主阵地，高度重视现有骨干企业增资扩股的招商工作，全面梳理重点企业新项目投资需求，加强服务沟通力度，争取新上项目全部落在海州区。农业招商方面，围绕打造新204国道新型农业产业带，要大力招引农业龙头企业、家庭农场以及田园综合体项目，推动农业产业链发展。针对外资已连续两个月没有到账的实际情况，要细排在手外资项目、到账时间，鼓励外资企业增资扩股，强力推进外资到账，确保完成年度外资任务。三要加强要素服务保障。抓项目的关键是抓服务，各经济主管部门要经常到一线、到基层、到项目现场去，掌握项目的情况要更加精准。作为主城区，对上的衔接争取要进一步加强，分类别扎口梳理需对接事项，定期走上门沟通协调，争取市级层面最大程度的支持。同时，区级层面要建立健全难题会办机制，及时破解发展难题。要高度重视项目前期工作，邀请规划、国土、环保等部门提前介入项目前期工作，合理交叉推进各项前置要件办理，确保项目建设顺利推进。

二、全力打造生态宜居主城区。要持续推进城乡环境综合整治“百日攻坚”行动计划3项专项行动，突出环保优先、建管并重、城乡并举，努力让生态宜居成为海州的品牌。一要切实提升城乡精细化管理水平。重点提升城市网格化综合管理规范化、科学化水平，以“四定”要求规范化管理协管员队伍，促进城市管理精细化、常态化。在农村，要把卫生创建的触角加快向农村拓展，全面启动卫生乡镇创建工作，巩固提升城乡环卫一体化工作成效，重点开展好镇容镇貌和村庄环境整治、交通干线沿线环境整治、农村公路提升等工作，全面清理村民家前屋后“五堆”，打造整洁有序的镇容村貌。二要加大旧城改造力度。“百日攻坚”期间，重点组织推进好8个攻坚克难项目、17个基本完成征收项目，加快14个确保启动项目征收前置要件准备工作，力争完成市下达的年度征收工作任务，全面改善老城区居住环境。三要提升生态文明建设水平。全区上下要以“263”专项行动为抓手，持续深化黑臭水体、破损山体、畜禽污染、环境隐患等突出问题专项治理，实施好龙尾河、青龙涧沟、甲子河综合整治以及刘志洲山环境治理等重点工程，加快完善镇街园区污水管网建设，坚决打赢生态环境质量提升攻坚战。围绕全国文明城市创建，要持续加大环境治理、秩序整治以及文明宣教工作力度，努力营造更加文明、更加有序、更加健康的社会风尚。

三、全力确保社会大局安全稳定。10月18日，中共十九大将隆重召开，抓好社会大局的和谐稳定是一项极其重要的政治任务。全区上下要进一步强化底线思维，时刻绷紧信访稳定和安全生产这根弦。一要继续强化信访稳定工作。各部门、各单位要抓住本地区、本部门信访工作中薄弱环节，突住重点，强化措施，确保稳定。要以重点积案化解稳控专项行动为抓手，坚持“属地管理、分级负责”和“谁主管、谁负责”的原则，围绕问题楼盘、非法集资、事改企等重点领域的信访问题，突出解决群众合理合法诉求，扎实推动一批重点信访积案得到有效化解、重点人员得到有效稳控。二要继续强化安全隐患排查整治。要深刻吸取近期各地事故教训，在前期进行全领域、拉网式隐患排查基础上，对重点行业领域进行专项整治，全面完成市级媒体公示3个隐患问题整改工作，深入开展城镇燃气供气企业安全生产及餐饮场所燃气安全隐患整治，深入开展老旧小区、老旧市场等用电安全隐患整治，深入开展出租房屋安全隐患集中整治专项行动，深入开展高层建筑、“三合一”场所及KTV、网吧等人员密集场所火灾隐患整治，深入推进无证幼儿园、养老机构清理整顿。三要继续强化“问题楼盘”化解力度。按照“部门联动、属地推进、先易后难、分步实施”的原则，持续加大对现有18个“问题楼盘”历史遗留问题处置会办力度，积极协调市公安、建设、房产、供电、消防等部门，一案一策、对症处理，切实保护群众特别是回迁安置户合法权益，确保辖区“问题楼盘”得到有效处置。

出席人员：单晓敏、卢平、殷少卿、于卉、温以斌、蒋庆山、刘莹、李锋、郭玉家、邱斌、王兰芳、李宝凯、林秀兰、田亚辉。

【区政府第六次常务会议】 9月18日下午，区长单晓敏在区行政中心A306会议室主持召开区十八届政府第六次常务会议。会议审议了《关于推进海州区城市网格化综合管理建设的工作方案》《海州区招标投标管理实施暂行办法(修订稿)》《海州区政府关于加强政府性债务管理的实施意见》《海州区政府性债务风险应急处置预案》《关于加快海州开发区下属国有企业改革重组的意见》，会议议定事项主要为：

关于《推进海州区城市网格化综合管理建设的工作方案》，会议指出，随着城市管理要求和标准的不断提高，网格化管理已经成为适应互联网时代要求，加强城市综合管理重要的现代化手段。海州区在充分借鉴省内外城市先进经验基础上，启动建设城市网格化综合管理平台，有效整合“12345”市民热线、数字化城管、天网工程、民生热线等服务平台，探索运用大数据构建智慧城市管理新模式。一要科学划分网格。要结合海州实际，综合考虑人口数量、管理事项、力量配备等因素，按照规模适度、无缝对接、全面覆盖等原则，科学合理地划分管理网格。二要整合管理力量。要加强与市相关部门对接，争取最大程度支持，下“硬功夫”厘清“两份清单”，要对城区各类部件进行分类摸底、编码和普查，做到人、地、物、事、组织等信息清晰明了，为精准、快速、及时处置事项提供支撑。在建立区、街道、社区三级网格化综合管理体系的基础上，要有效整合城管、公安、市场监督管理等基层执法力量，配强配齐网格管理力量。三要体现管理效果。要逐步建立健全问题发现、工单派发、联勤联动等管理运行新机制，及时统计汇总相关数据信息，提升城市综合管理效能。四要稳步推进实施。注重学习借鉴先进地区成熟的经验做法，坚持边建设、边运行、边完善，不断规范各项管理制度和工作流程，确保按时完成各阶段的工作任务，年内区级平台要初步建成。会议原则通过《关于推进海州区城市网格化综合管理建设的工作方案》，按程序报区委常委会研究。

关于《海州区招标投标管理实施暂行办法（修订稿）》。会议指出：这次招投标办法的修正，一是加强了对工程项目的管理，实行“三权分离”，招标人按规定选择招标代理公司，通过招投标程序确定施工中标单位；区招投标工作领导小组委托相关部门或机构对工程项目实施监理、审计。二是明确了区经发、财政评审中心、住建局、审计局等招投标领导小组成员单位的相关职责。三是明确了实行招标人负责制，由招标人及时处理各类异议和投诉，区招标办予以配合。会议强调，进一步做好招投标工作，一要充分认识招投标工作的重要性，做到强化政府投资工程建设项目招投标监管与加强党风廉政建设、净化市场环境和社会风气紧密结合；二要严格依法组织招投标工作，按照法律法规规定，依法扎实做好招投标工作的每一个环节，确保招投标工作合法、合规、公平、公正；三要强化制度引领，提高政府招投标工作的科学性和公正性，积极探索招投标领域监管新机制，将权力关进制度的笼子，严禁发生任何滥用职权、以权谋私或者玩忽职守、失职、渎职等行为，打造阳光政府、廉洁政府、透明政府。会议原则通过《海州区招标投标管理实施暂行办法（修订稿）》，区招标办按照会议要求修改完善后下发实施。

关于《海州区政府关于加强政府性债务管理的实施意见》《海州区政府性债务风险应急处置预案》。会议强调：加强政府性债务管理，是党中央、国务院的重大决策，全区上下要统一思想，提高认识，坚决贯彻落实中央、省委省政府、市委市政府关于政府性债务管理的工作部署。一要高度重视，强化责任。各镇街、开发区、有关部门要切实担负起本地区政府性债务管理的主体责任，坚持可持续发展，坚决纠正和防止脱离实际和承受能力的过度举债情况；强化责任意识，切实履行政府性债务监管和偿还责任，坚决纠正新官不理旧债的现象。二要消化存量，严控增量。要充分利用置换政策，加大将存量政府债务置换成政府债券力度，降低债务成本。要做好平台公司市场化转型，加快形成自身的主导产业，促进实体化经营，支持企业做大做强。三要严格管理，防控风险。要建立科学的决策机制，10月启动编制政府性投资计划，提高前置融资计划的主动性，对年度政府投资项目计划逐项论证予以确定，并结合偿债能力，量力而行。要加强监督，及时公开债务情况，加强对债务单位监督，强化考核问责。会议原则通过《海州区政府关于加强政府性债务管理的实施意见》《海州区政府性债务风险应急处置预案》，区财政部门根据会议要求修改完善后下发实施。

关于《关于加快海州开发区下属国有企业改革重组的意见》。会议指出，加快开发区下属国有企业改革重组、组建工业投资集团是深化国企改革、推进工业转型发展的重大举措。各相关部门要高度重视，积极稳妥处理好各类风险，加快推进工业投资集团组建各项工作。会议强调：一要高效整合资源。按照现代企业制度要求，完善企业法人治理结构，规范董事会、监事会和经营管理者的权责，以创造价值、创造模式、创造利润为目标，靠市场化运营取得资源、创造利润。二要合理定性定位。重组后的工业投资集团，不仅要服务园区，做好一区四园的基础设施、配套设施，更要注重服务企业，以对企业融资、拟上市公司股权投资等市场化运营方式参与到园区企业发展的各个环节。三要完善人才招引机制。要根据集团的定性定位，有针对性的招引专业人才，引进副总及以下工作人员，原则上都要进行公开招聘。会议原则通过《关于加快海州开发区下属国有企业改革重组的意见》，按程序报区委常委会研究。

出席人员：单晓敏、卢平、殷少卿、史伟、于卉、温以斌、刘莹、郭玉家、邱斌、林秀兰、田亚辉。

【区政府第七次常务会议】 11月10日下午，区长单晓敏在区行政中心A306会议室主持召开区十八届政府第七次常务会议。会议分析研究了全区1-10月经济运行情况，听取海州规划分局、国土分局相关事项汇报，审议通过《海州区政府合同暂行管理规定》《海州区地方债务风险评估和预算暂行办法》《海州区地方债务化解方案》《海州区卫生乡镇创建工作实施方案》，会议议定事项主要为：

关于全区1-10月经济运行情况。会议指出，1—10月，全区经济运行呈现总体平稳、稳中有进、结构向好的良好态势。主要指标运行在合理区间，但经济增长基础仍不牢靠，部分指标在全市排名靠后，完成全年任务压力较大，部分重点项目进展不快、产业项目投资完成全年任务还有差距。会议强调：要狠抓当前、突破重点，全力冲刺全市目标综合考核“五连冠”。一要全力冲刺各项指标。全区上下要围绕市对区年度重点考核目标，特别是外资、外贸、净增规上企业数等完成难度较大的目标任务，加强调度研判，加强市级部门对接，加强合力攻坚，多措并举确保目标任务完成。二要全力冲刺项目建设。要把46个市级重大项目作为重中之重，定时间、定目标、定责任，确保11月全区项目投资全面达序时。全面梳理“百日攻坚”期间在手项目，加快在谈项目的跟踪落实，争取年内再签约一批重点产业项目。要重视总部经济招商，商务部门要细化研究总部经济、楼宇经济招商扶持办法，各街道要充分利用辖区商业楼宇、闲置写字楼，加强典型培育和示范引导，包装总部经济、楼宇经济项目，促进都市产业升级和城市功能提升。三要全力冲刺重点工作。主要抓好民生实事、“百日攻坚”行动的总结收尾、生态文明建设、旧城改造、城市网格化综合管理平台建设、社会稳定和安全生产六项重点工作。四要全力谋划明年工作。准确把握海州发展中不平衡不充分的问题，围绕“三区两城”功能布局，结合自身实际，谋划好明年工作思路。全区各级各部门要紧扣项目前置手续办理、建设规模、资金来源等关键环节，深度谋划一批有质量、有前景的好项目。五要全力抓好工作落实。严格落实责任，把握方式方法，增强主动意思、系统意识、节点意识、规范意识。用系统思维抓工作，统筹好当前与长远，做到互相促进，全面开花。

关于《海州区政府合同管理暂行规定》。会议原则通过了《海州区政府合同管理暂行规定》，待修改完善后下发实施。政府合同是政府履行经济社会管理职能的重要手段，是政府运用法治思维和法治方式推动经济社会发展的重要载体。会议强调：一要增强合同法律意识。要切实增强法治观念，提高业务技能，保证合同签订质量，维护政府合法权益。二要加强履行合同的监管。要加强合同规范化管理，重视合同风险的防范和管控，避免损害政府形象。三要提高政府合同管理的水平。要切实加强对合同管理人员的培训，严格政府合同磋商、文本起草、合法性审查、报批、签署等程序。

关于海州规划分局、国土分局相关事项。会议强调：一要高度重视规划国土工作。从当前来看，规划、国土问题仍然是区项目建设推进的源头性问题，必须提高认识，学习规划、尊重规划，规范依法用地行为，提前完备各项手续，对于拟纳入2018年度的重大项目，各镇街、开发区要邀请规划、国土、环保等部门提前介入项目前期工作，年底前要完备各种手续，确保明年如期开工建设。二要科学编制、依法执行城市规划。海州工业园、新浦工业园、宁海街道、孔望新城、滨河新城等单位要加快相关片区控规修编审批进度、加快工业园区规划环评审批进度，城区相关片区、各镇要根据发展需要适度适时开展控规或总规修编，切实避免新项目落地无上位规划支撑的问题。对于重大产业项目存在的规划手续办理难题，要进一步解放思想，可实行容缺后补、并行审批。同时，各项目责任主体要切实负起责任，实行备书制度，明确补齐各类前期手续的时间节点，并严格按照要求落实到位。三要依法加强土地管理、土地利用。全区上下要深刻认识加强土地管理工作的重要性，坚持守土有责，认真落实最严格的土地管理、耕地保护和节约集约利用土地制度，依法依规管好、用好土地，坚决防止未批先建、未批先占等违法违规用地行为。目前全区违法用地形势依然严峻，请相关责任主体11月20日前整改到位，对整改不力的单位，区级层面将严肃问责。

《海州区地方债务风险评估和预算暂行办法》及《海州区地方债务化解方案》。会议原则通过了《海州区地方债务风险评估和预算暂行办法》及《海州区地方债务化解方案》，待修改完善后下发实施。会议要求：一要加强政府性债务化解工作。各债务单位主要负责人要把债务化解工作作为首要工作来抓，切实降低债务规模，规范债务管理，严格执行区里下发的债务管理文件，确保全区不发生一起债务风险。二要加强政府债券管理。对使用政府债券的债务单位，必须将本息纳入预算安排，用自身财力偿还。各镇街、开发区要加大培植财源力度，不断提高自身财力，逐步化解政府债务。国有企业也要加快改革，推进市场化转型，提升实体化运作水平，通过各种方式逐步偿还政府债务。

关于《海州区卫生乡镇创建工作实施方案》。会议原则通过《海州区卫生乡镇创建工作实施方案》，待修改完善后下发实施。会议要求：一要高度重视。各涉农镇街要发扬创卫精神，真抓实干，迎难而上，全面推进创建工作。二要提高认识。要充分认识卫生乡镇创建标准及目标任务，浦南镇年内要达到省级卫生乡镇标准，其余镇街力争明年实现省级卫生乡镇创建全覆盖。三要严格考评。加大督查力度，将创建工作纳入年底考评，实行以奖代补。

出席人员：单晓敏、卢平、殷少卿、于卉、蒋庆山、李锋、郭玉家、邱斌、王兰芳、林秀兰、田亚辉。

【区政府第八次常务会议】 12月2日下午，区长单晓敏在区行政中心A306会议室主持召开区十八届政府第八次常务会议。会议审议了《关于推动全区楼宇经济发展的相关政策意见》、听取了海州区国有平台公司体制机制改革及运营管理情况汇报，会议议定事项主要为：

审议《海州区楼宇经济发展奖励办法（试行）》。会议原则通过《海州区楼宇经济发展奖励办法（试行）》，待修改完善后下发实施。会议指出：一要高度重视楼宇经济发展。楼宇经济是现代服务业发展的重要载体，是城市经济发展的重要组成部门，要高度重视楼宇经济对经济发展的撬动作用，发挥好政策的导向作用，在今年破题的基础上进一步做大做强楼宇经济。二要加大政策宣传力度。商务部门要围绕楼宇经济扶持奖励政策先行制作招商基础资料，各招商主体要开展楼宇经济专题招商，形成产业集聚，使楼宇经济成为海州区经济发展的强劲动力。三要因地制宜落实好政策。要进一步细化操作，盘活存量资源，拓展区域发展空间；非区内新增纳税主体不享受奖励，如与其他优惠政策重复，参照标准较高的政策执行。进一步细化考评，对年度楼宇经济招引有突出贡献的单位，年度考核中可作为加分项向区政府提出申请；2018年起，将楼宇经济纳入年度目标考核。

关于海州区国有平台公司体制机制改革及运营管理情况。会议要求，区国资办根据会议要求完善后报区委常委会研究。会议指出，加快区属国有企业改革，加强整合重组，是进一步提高国有企业核心竞争力，做大做强实体经济，促进海州科学发展、持续发展的需要。会议强调：一要提升运作水平，做大做强国有资本整体实力。三大国有企业平台要转变思路，按照市场化运作要求，着力提升国有资本运营效率，充分发挥国有企业在土地一级开发等领域的作用，为全区构建"3+2"功能区提供动力支撑。二要加强规范化管理，加快国有企业改革重组步伐。三大平台公司要紧密围绕"3+2"功能区发展战略，找准定位，二级公司不再有业务交叉。年内，工业投资集团要全面完成组建任务并明确二级公司。要加快国有企业负责人身份置换，实行年薪制，根据经营业绩进行考评。全面梳理区级国有企业，优化国有资产布局，实行全口径清理，镇街、部门不再保留企业，尚未实际运营的公司本月底前要办理清理手续；有运营业务暂不宜划转注销的公司，要规范运作，防范风险，列出清理进度表；确需保留的企业，向国资办提出申请，由区级统一研究。三是加快相关制度的出台。年内抓紧研究出台《区属国有企业投融资及借款和担保监督管理暂行办法》《关于加强区属国有企业国有资产处置管理办法》《区属监管企业主要负责人年度经营业绩考核及薪酬管理暂行办法》《区属国有企业预算管理制度》四项制度，为理顺区内国有企业管理体制提供制度支撑。

出席人员：单晓敏、卢平、殷少卿、于卉、李锋、刘建春、李宝凯、林秀兰、俞向军、田亚辉。

【区政府第九次常务会议】 12月19日下午，区长单晓敏在区行政中心A306会议室主持召开区十八届政府第九次常务会议。会议听取了2018年全区经济社会发展主要指标安排、重点项目投资计划、海州区十大重点民生工程45件实事、全区安全生产工作情况汇报，审议了《海州区违法用地监管责任追究办法（试行）》《海州区建设项目用地管理办法（试行）》《2018年度区级预算安排》《海州区区属国有企业监督管理暂行办法》，会议议定事项主要为：

关于2018年全区经济社会发展主要指标安排、重点项目投资计划、海州区十大重点民生工程45件实事情况。会议指出，2018年国民经济和社会发展计划、重点建设项目及十大民生实事安排是全区经济社会发展的核心，各单位要高度重视，突出五个方面，抓好全年工作谋划。一是认清形势抓谋划，2018年是全面贯彻落实十九大精神的开局之年，是实施“十三五”规划承上启下的重要一年，要结合全区发展的大环境大形势，围绕“三区两城”3+2重要功能区战略实施，谋划好全年工作。二是紧扣目标抓谋划，各镇街要围绕市对区目标考核任务，结合地区发展实际，自加压力，进一步挖掘辖区内经济发展潜力；民生实事编排要围绕市政府《关于推进“十三五”时期基层基本公共服务标准化建设的实施意见》，明确有效资金来源渠道。三是提升标杆抓谋划，全区干部要提高工作标准，不断提升谋划工作的能力和水平。四是抓住关键搞谋划，突出抓好重点产业项目建设，高度重视市区两级重点项目落户前置性手续办理，一季度要完成项目前置性工作，确保二季度无障碍开工。五是统筹兼顾抓谋划，要处理好务实性和奋进性、数量和质量、重点和全面的关系，既要确保重点、又要全面推进，统筹兼顾，抓好全年工作落实。

关于全区安全生产工作情况。会议听取了全区安全生产情况汇报，会议指出：各镇街、部门要汲取灌南“12·9”事故教训，警钟长鸣，居安思危。要围绕市长项雪龙在全市安全生产工作会议上的讲话，按照“狠、实、善、长”的工作要求，切实抓好全区安全生产工作。一要坚持排查整改两手抓。实行安全问题清单动态管理，排查工作做到横向到边纵向到底；整改要严，发现一处、整改一处，经整改不达标的项目，除涉及重大民生问题的可列入重点监管，其余一律关停。对排查整改不到位的要严肃问责。二是加强基础工作。加强安全生产宣传教育，夯实基础设施建设，按要求配齐专职人员和安全设施，每个社区建立微型消防站。三是严格责任落实。各单位要认真贯彻落实各级安全生产会议精神，对照《国务院办公厅关于印发消防安全责任制实施办法的通知》要求，进一步明确自身职责，加强事先排查和事后监管工作，需上级部门协助执法的事项要及时提出申请，确保全区安全生产形势稳定。

关于《海州区违法用地监管责任追究办法（试行）》及《海州区建设项目用地管理办法（试行）》。会议要求：各单位要强化责任意识，严格土地管理，宣传好、执行好“两个办法”。一是转变思想，摒弃“先上车后补票”观念，高度重视项目落地前置性工作；二是加强源头性把关，推行项目用地前置审查联席会议制度；三是规范职能架构，成立预审查领导小组，各部门各负其责，有序推进。特殊情况可随时申请召开联审会议，提高项目落地效率。

关于2018年度区级预算安排。会议指出，2018年区级部门预算安排按照市级预算方案要求，根据全区实际进行适当调整完善，基本符合海州区财政状况。会议强调：一要推行零基预算，按照轻重缓急和可用资金总体规模统筹安排。二要积极向上争取资金，加强与市级部门对接，争取更多市级投资项目落户海州。三要规范资金使用，加强专项资金的管理，维护预算执行的严肃性。四要加强与市级部门对接，接受市级部门指导，稳打稳扎，注重资金预算平衡。

关于《海州区区属国有企业监督管理暂行办法》。会议指出，强化国有企业监管，是提高资金使用效能，有效防范风险，实现国有资产监管制度化、规范化的必然要求。出台监管办法，要坚持实事求是原则，结合国有平台日常业务情况，发挥企业董事会决策作用、国资办监管作用，规范国有企业管理；要注重办法编制的科学性，按照现代企业治理要求，搭建国有企业治理架构，完善相关配套细则；监管办法提交会议审议之前，需通过区法制办合法性审查。请区国资办根据会议要求进一步修改完善。

出席人员：单晓敏、卢平、殷少卿、于卉、蒋庆山、刘莹、李锋、郭玉家、邱斌、苗永梅、李宝凯、林秀兰、俞向军、田亚辉。

【区政府第十次常务会议】 12月26日下午，区长单晓敏在区行政中心A306会议室主持召开区十八届政府第十次常务会议，审议《政府工作报告》（审议稿）、研究智慧物流园纳入海州经济开发区统一管理事宜，会议议定事项主要为：

关于《政府工作报告》（审议稿）。会议指出，2018年是贯彻党的十九大精神的开局之年，是决胜全面建成小康社会、实施“十三五”规划承上启下的关键一年，政府工作报告起草要围绕省市会议精神，紧密结合全区发展实际，坚持实事求是原则，确保数据准、稳、实；2018年工作要紧扣中共十九大精神，围绕“三区两城”重要战略功能区，突出亮点，切实做好报告谋篇布局。

关于智慧物流园纳入海州经济开发区统一管理事宜。会议原则通过海州智慧物流园纳入海州经济开发区统一管理，由政府办根据会议要求完善，报区委常委会研究。会议指出，海州智慧物流园纳入海州经济开发区统一管理是“三区两城”战略规划的需要，既降低浦南镇的管理成本，又能更好发挥区域功能。会议明确，统一管理后，社会行政事务仍由浦南镇管理；新浦工业园要加强基础设施建设，既要服务好原有企业，又要加大项目招引力度，加快推进智慧物流园发展，提高土地产出效益。2018–2020年，新浦工业园每年财力的15%划转给浦南镇；智慧物流园前期投入的资金，新浦工业园2~3年内分别归还海发集团和瀛洲集团，海发、瀛洲两个平台公司存量担保转由海州工业投资集团负责，未完成交接前的工程款，暂由原渠道解决。对于已建成运营的项目，以2017年度形成的财力为基数，以后企业的税收仍归浦南镇所有，后期浦南镇新招引项目参照《海州区促进招商引资激励办法》执行。

出席人员：单晓敏、卢平、殷少卿、于卉、蒋庆山、刘莹、李锋、邱斌、刘建春、李宝凯、俞向军、田亚辉。

（区政府办供稿）

重要施政

【河长制全面推行】 5月11日，区长单晓敏在区行政中心A306会议室主持召开区十八届政府第三次常务会议。会议审议通过《海州区全面推行河长制实施方案》，报区委常委会审议后实施。全面实施河道管理河长制，对加强资源保护、改善流域生态、推进生态文明建设具有重要意义。会议强调：要突出责任落实。各镇街要按照区级实施方案要求，抓紧制定工作方案，成立相应工作机构，构建横向到边、纵向到底的河长制工作网络。要把全面推行河长制与“263专项行动”结合起来，把各级河长综合治理、管理保护的职责明确清楚，确保不留盲点、责任压实、工作做细。要建立长效机制。要结合地方突出问题，坚决整治岸上重点污染排放，扎实做好河道截污、清淤和生态修复，不断改善提升水环境。要加快形成部门分工协作、社会力量参与的管护机制，确保河长制常态化、长效化。要加大考核力度。把日常考核和专项巡查有机结合，对发现的问题加强督办，及时有效处理，确保把“守水有责”的要求落到实处。

【促进招商引资激励办法出台】 为调动投资主体积极性，加快全区推进重大项目建设，动员社会各方面力量主动参与招商引资，为产业强区提供强劲支撑。近日，《海州区促进招商引资激励办法》正式颁发，该办法激励对象为经招商引资落户海州的引荐项目，引荐项目落户的中介机构或自然人、提供有效招商引资信息的海州公职人员。

为加大对引荐项目的激励，海州区给予较为丰厚的经济发展贡献奖励。对引荐项目自企业投产年度起5年内，由项目受益财政根据项目类型和对本地区经济贡献度，按照地方留成财力的50%~100%予以奖励。同时，对“资产租购”也给予较大的政策扶持。如以租赁形式取得海州区标准厂房使用权的企业，签约后6个月内投产且从第二年起，当年应税销售收入达到2000万元以上，给予1~3年免租金奖励。采用一次性付款方式购买海州区标准厂房的企业，当年应税销售收入达到2000万元以上，按照支付的购置费，给予不少于1年按同期银行贷款基准利率计算的贴息补助。有序推进国有平台代建厂房及厂区基础设施、代购生产设备、配套提供员工公寓等，吸引龙头企业“拎包入驻”。

对中介机构或自然人的激励措施为：招商引资项目以产生税收之日起，连续2年以其地方留成财力基数的10%作为奖金奖给引荐人。单个项目奖励原则上累计最高不超过200万元（外资项目按汇率折算）。

【新政14条助推楼宇经济发展】 海州区出台《关于海州区楼宇经济发展奖励办法》，推出14条措施，加快楼宇经济发展，通过政策支持和引导，加强业态招引和政策服务，重点以提升楼宇入驻率、税收贡献率为目标，发展一批专业楼宇、综合楼宇和品牌楼宇，培育壮大楼宇经济。

楼宇经济是近年来国内城市经济发展中涌现的一种新型经济业态。海州区现有建筑面积超过3000平方米的商务楼宇共56栋，总建筑面积147万平方米，楼宇经济占比6%，单位面积产出率仅为260元。为认真贯彻落实中共十九大关于着力解决好发展不平衡不充分问题，大力提升发展质量和效益，更好地满足人民在经济、政治、文化、社会、生态等方面日益增长的需要，更好推动人的全面发展、社会全面进步。对此，海州区把发展楼宇经济作为做大做强区域经济发展的重头戏列入重要议事日程，并先后多次组团赴外地考察调研，在全市率先“试水”楼宇经济。

海州区财政每年安排一定的专项资金，设立“海州区楼宇经济发展奖励资金”，奖励资金纳入区财政预算。其中规定，建筑面积在3000平方米以上，经认定可出租、出售商务的楼宇，包含商务楼宇、写字楼、科研楼宇、专业市场配套的商务楼宇（不包括行政、事业单位自用房、宾馆酒店、城市综合体、专业市场、商业街区、医院、学校等）。重点鼓励企业总部、研发设计、科技信息、电子商务、金融服务、服务外包、技术咨询、商务服务、文化创意等生产性服务业，兼顾教育培训、家庭服务、健康服务等生活性服务业。对在区内单幢楼宇入驻企业（不含房地产企业）产生的税收总额首次达到1000万元，且楼宇入驻企业对其服务质量满意度较高的一次性给予所属镇街、开发区5万元奖励；税收每增长1000万元，再给予5万元奖励。其中，经认定的重点商务楼宇，楼宇内入驻企业属于同行业或相关行业比例达到50%以上的，经区政府楼宇经济发展工作领导小组认定为专业特色楼宇的，在享受前款奖励政策的基础上，一次性再给予20万元奖励。扶持企业入驻重点楼宇，对新租用重点楼宇发展鼓励类业态的企业，按当年实际纳税额1%~3%标准，由受益财政载体给予租房补贴，补贴政策执行期限为自企业注册登记后的3个完整纳税年度。对年纳税300万元以上的入驻企业，对该企业负责人按个人所得税金额给予一定奖励。对工作措施到位，工作成效显著的镇街，年终给予通报表彰和奖励。区政府决定从2018年起，将楼宇经济纳入年度目标考核。

政务服务

【概况】 区政务办认真贯彻落实十九大报告关于深化“放管服”改革各项决策部署，深入落实《江苏省政府关于加强政务服务体系建设的实施意见》要求，在上级单位精心指导和区委区政府重视和支持下，明确职责定位，全力推进各项政务改革，强化管理服务，切实提升政务服务质量。

【政务服务年度重点工作】 推进“网上办”。自政务服务“一张网”工作开展以来，区政务办稳步推进政务服务网建设工作，完成政务服务中心42个窗口电子政务外网端口测试工作，确保连云港市政务服务综合管理平台的网络运行环境，并梳理该平台事项办件流程，录入存量电子证照，9月底完成网站试运行工作，江苏政务服务网统一认证实现率达99%；同时加强政务服务网宣传推广工作，及时制定“一张网”推广宣传活动方案，年内已完成江苏政务服务网手机软件（APP）下载量60732次，用户注册量11058次，实名认证量7780次。

推进“不见面审批服务”。根据《关于印发〈海州区“不见面审批（服务）”改革工作实施方案〉的通知》要求，区政务办牵头对接32家单位，按照政务服务事项六大类别梳理出区级各部门40项第一批不见面审批（服务）事项清单，并于6月15日，面向全区印发并公示。10月19日梳理出第二批不见面事项清单共计621项，同时，为加快推进实现不见面审批（服务）事项标注率，由区政务办邀请技术工程师面向28家区级部门进行业务培训。年底根据市级最新数据统计，全区不见面清单业务数占比已达94.9%，超额完成年度工作指标。

推进“代办制”。按照《2017年市政府推进职能转变协调小组工作要点（征求意见稿）》的文件要求，政务办制定下发《关于印发海州区重点项目审批代办制工作实施方案的通知》，成立“海州区推进行政审批代办制工作领导小组”，建立区级重点项目审批代办联席会议制度，在区政务服务中心设立代办窗口和代办办公室，在15个镇街、2个工业园区挂牌成立“项目代办站”，全区有33家单位按照要求安排36名长期从事项目办理、熟悉办事流程、政治素质高的人员担任项目代办。依托重点项目信息管理平台对区级180个重点项目进行重点关注，重点服务区级重大项目、便民服务等方面，全区代办达序时项目共49个，便民服务事项代办业务量近1万件。

【政务服务质量提升】 严格落实“三集中四到位”工作。按照“三集中、四到位”（“三集中”：即行政审批服务事项向一个科室集中、承担审批职能的科室向政务服务中心集中、行政审批事项向电子政务平台集中。“四到位”：即审批事项进驻到位、审批职能授权到位、业务人员进驻到位、审批事项监管到位。）工作要求，由区编委办牵头，全区27家具有政务服务事项的单位中有13家单位成立政务服务科，7月底前全部进驻到位。全年进驻区政务服务中心单位共17家，其中15家区级进驻部门、1家为便民服务机构、1家驻区单位。同时，继续梳理全区行政审批事项，摸透各单位实际情况，充分沟通、加强督促，对进驻事项的授权范围、授权事项、授权内容进行完善。全区政务服务事项共490项，实际进驻中心208项。1-11月，中心共受理办结审批件17284件。

简化优化业务流程办理。政务办牵头梳理区级行政审批事项，优化行政审批流程，压缩审批时限。由市监局牵头推进企业登记全程电子化。自3月13日核准第一个全程电子化登记企业以来，已有170户企业实现全程电子化登记，位居全市第一。此外，市监局还试点农合社简易注销网络公告，将原需提交的10项材料缩减为4项，办理时间从登报公告45天压减为网络公告10天，破解了困扰僵尸企业“生易死难”的问题，全年已帮助50余家企业办理简易注销，有效释放了社会资源。

加强服务窗口标准化建设。一是窗口业务工作标准化。对进驻服务窗口人员明确职责、分工到位、授权充分。进行业务窗口整合，建立综合窗口管理办法。二是窗口服务行为标准化。建立服务承诺制、限时办结制等办件规范，实行统一佩证上岗。三是窗口考核评估标准化。中心制订《窗口量化考核细则》《考勤制度》等一系列规章制度，每月将中心工作人员的出勤情况、办件情况分别在中心和后方单位进行通报，有效提高全区政务服务效能。

【“双进双促”大走访活动】 按照区委区政府“双进双促”强区富民活动要求，区政务办认真落实“双进双促”大走访、大调研工作，政务办全体工作人员走进海宁社区72户家庭和部分企业进行实地走访调研，通过上门填写调查问卷、听取诉求等方式，了解群众所想、解决群众难题。针对社区群众提出的申请廉租房、办理助学贷款等问题，依据相关政策及时予以答复。对社区内企业经营情况、存在问题及发展诉求进行询问，认真听取企业意见建议。走访结束后，对走访信息进行认真梳理，并及时反馈至“海州民情速递”系统，努力形成常态长效机制，确保“双进双促”活动取得实效。

（撰稿：武宜瑶　审稿：张译文）

人事人才工作

【概况】 申报国家级的国务院特殊津贴2名、专家服务基地1家；省级突出贡献中青年专家1名、“六大人才高峰”6名、留学回国人员创新创业计划项目1家（全市唯一）、国外智力成果示范单位和基地2家；市级“双创人才”2家、“双创博士”3家、高层次人才个税奖补26人。组织动员日出东方、正大天晴等20余家本地企业参加山东省、湖北省等地举办的精英人才对接峰会、合作恳谈会、高层次人才招聘会等活动；安排21家企业参加“双创英才聚港城”现场洽谈活动，邀请31家用工单位参加2017年夏季人才交流大会，收到毕业生简历1120份，达成就业意向420人，筛选20余名有投资潜力、合作意向的人才到滨河新区、民主路文化街、现代服务业集聚区等项目一线对接洽谈，实现“双招双引”。做好全区对于国外先进技术、管理人才需求情况摸底。新增专业技术人才2200人，引进国外智力9人。

【人才引进】 年内，先后指导和参与教育系统和卫计系统公开招聘工作，共录用事业单位工作人员161人。其中区教育系统招聘教师97名，区卫计系统招聘医护人员60名，其他事业单位招聘工作人员4名。全区新增公务员48人，其中公开招录公务员42人、省委选调生6人。填写上报2017年度公务员录用备案表和党政机关考录情况统计表。

【公务员考核培训】 全年对1420名公务员进行考核，其中优秀202人、称职1160人、不定等次56人、不称职2人。组织公务员南北对口培训6人，公务员任职培训率100%。

（撰稿：张梦杰　审稿：张　见）

目标管理绩效考评

【概况】 3月17日，区政府第二次常务会议审议通过《2017年度镇街目标任务绩效考评办法》《2017年度区级机关绩效考评办法》，要求区经发局、编委办根据会议要求进一步完善制定考评操作细则，增强操作性。要求各镇街和相关部门要认真研究，吃透吃准考核办法，牢固树立目标意识，将考核办法融入日常工作中，进一步发扬比学赶超精神，做到“有红旗必扛、有排头必站、有荣誉必争”。要树立规矩意识。严格按照考核办法规定执行，拉开差距、分出档次，不打和牌。年内，经发委、编委办依据考评办法和考评细则，分别对镇街和机关进行考核。

【目标管理考核】 积极引导全区加快产业发展，促进重点项目推进，实现转型升级、争先进位，开创经济和社会发展新局面，紧贴基层实际，突出重点、突出个性、突出导向。坚持个性化考核。在共性考核工作的基础上，根据各单位年初梳理上报的个性化工作，设置了一般发展指标、四个一批项目以及社区建设、特色小镇建设等个性化指标，突出个性和特色，既体现个性化又突出特色工作。坚持导向性考核。突出主要指标和重点项目导向。在共性指标中，突出主要经济指标、提质增效指标的完成。在重点项目推进中，突出市级46个重点项目、区级275个重点项目以及季度现场观摩会项目。同时对考核提出了更严格要求，对主要发展指标、提质增效指标和列入市重点产业项目年度投资额低于目标60%的不能评一等奖，发生较大以上安全生产责任事故的实行一票否决。坚持动态型考核。加强46个市级重点项目的跟踪问效，实行“一周一会办、一月一分析、一季一观摩”督查推进机制。每月对单指标运行、项目建设，严格实行“月通报、季排名、半年总结、年度考核”制度，及时加强组织协调、要素调度、难题会办等，解决存在问题。在广大干群共同努力下，海州区再次获得市县区目标管理绩效综合考评一等奖，实现“五连冠”奋斗目标。

（撰稿：杨　澜　审稿：单新文）

【机关绩效考评】 海州区编办优化机关绩效管理指标体系，考评指标由职能工作目标、管理工作目标、满意度目标、创新创优目标4个一级指标和12个二级指标组成。考核内容涵盖政府工作报告确定的年度重点督办工作、市对区考核主要经济指标、重点项目推进、职能工作、社会管理、党建等各项工作指标，并按照工作性质确定相应的权重分值。参与区机关绩效考评单位53家，根据职责任务不同，分为党群机关等单位22家、政府机关等单位31家，各组设一等奖、二等奖、三等奖、不合格四个考评等次。区编办开展区级各单位半年工作自评和现场随机抽查，对区级各单位绩效目标任务完成起到督促作用，同时提升区级绩效管理工作水平。2017年度区级机关绩效年终考评于12月底启动，2018年1月底前完成，各考评牵头部门和配合部门各司其职，研究制定工作方案，完善评分细则，细化评分标准及依据，做到得分有标准、扣分有依据。参与2017年度绩效考评的区级单位共有53家，其中一等奖25家，二等奖23家。

【考评结果】

一、镇街园区目标绩效考评先进单位

（一）一等奖（8家）

海州工业园、浦南镇、新坝镇、新浦街道、新东街道、路南街道、新南街道、幸福路街道

（二）二等奖（9家）

新浦工业园、锦屏镇、板浦镇、宁海街道、朐阳街道、新海街道、洪门街道、海州街道、浦西街道

二、机关绩效管理考评先进单位

（一）区级部门

一等奖（25家）：组织部（两新工委、老干部局）、政法委（综治办）、纪委（监委）、宣传部（文明办、党校）、法院、统战部、检察院、信访局、总工会、教育局、财政局（金融办）、住建局（地震局）、人社局、城管局、经发局、科技局（知识产权局）、市场监督管理局、民政局、卫计局、安监局、司法局、环保局、文体局（文物局）、统计局、林业局

2018年2月，海州区召开全区目标绩效管理总结部署会议

二等奖（23家）：妇联、团区委、工商联、残联、机关工委、科协、民宗局、扶贫办、红十字会、农水局、瀛洲集团、审计局、步行街管委办、海发集团、商务局、中小企业局、农机局、农开局、旅游局、粮食局、房屋征收局、供销总社、水利局

（二）驻区单位

有功单位（8家）：国税三分局、地税六分局、海州国土分局、人武部、海州公安分局、海州规划分局、城管海州二大队、交巡警支队海州三大队

先进单位（9家）：岗埠农场、海州物价分局、海州消防大队、海州边防大队、高新区公安分局、城管海州一大队、城管海州三大队、交巡警支队海州一大队、交巡警支队海州二大队

（撰稿：柏　丽
审稿：唐磊磊　陆卫国）

侨务工作

【概况】 海州区侨务工作紧紧围绕党委政府中心工作，充分发挥职能作用，持续做好为侨服务和外事工作，较好地完成各项工作任务。继2016年被评为全省侨务系统先进单位后，2017年被省侨办授予“全省侨务系统先进集体”荣誉称号，这也是全市唯一一家获此殊荣的单位。

海州区有涉侨家庭867户，涉侨人员2248人，其中华侨74人、华人62人、归侨23人、侨眷1438人、留学生461人、出国务工人员166人，侨港资企业24家。华人华侨主要分布在美国、加拿大、澳大利亚、新西兰、日本及新加坡等国家。归侨侨眷主要集中居住在贾圩、龙尾、星化、新潮、玉龙等社区。近年来，海州区社区侨务阵地建设工作立足全区侨情特点和工作实际，突出社区侨务、侨法宣传、为侨服务、内联外引等工作重点，在积极构筑为侨服务体系、整合为侨服务资源、依法保护归侨侨眷合法权益方面做了一些工作，全区社区侨务阵地建设工作呈现出“以点带面，整体推进”的良好态势。年内，全市创建侨务社区示范单位共21家，海州区有9家，其中国家级侨务社区示范单位5家，省级侨务社区示范单位4家，在全市居第一。海州区贾圩社区被省侨办评为“暖侨行动”先进单位。

【社区侨务】 强化侨务社区示范单位创建工作。为发挥社区为侨服务功能，海州区坚持以社区侨务工作为抓手，积极推动侨务社区示范单位创建工作。在侨务社区示范单位创建工作中始终给予足够的支持、指导和关心，为侨务社区订阅《华人时刊》60份，积极向市侨办争取资金，并从区外侨办工作经费里给予配套，补助侨务社区示范单位创建经费，最大限度地调动侨务社区创建工作的积极性和主动性，每年至少创建一家全国侨务社区示范单位和省级侨务社区示范单位。年内新增新潮社区为全国为侨服务示范单位，海连社区和后河社区为全省侨务工作示范单位。强化社区“侨之家”建设。按照“活动场所固定化、侨务组织建设规范化、侨务工作制度化、为侨服务常态化、侨务活动经常化”推进“侨之家”建设，加强社区侨务工作人员、侨界志愿者队伍建设。全区9个侨务社区示范单位充分利用自身条件和资源设立“侨之家”，为社区归侨、侨眷提供活动场所和交流平台，凝聚侨心、汇聚侨智、发挥侨力。贾圩社区在全市设立首家社区侨网，高标准建设“侨之家”活动室和“侨眷大广场”；星化社区联动辖区矿山院办公楼2000余平方米建设“侨之家”和书画室、舞蹈室、保健室等各种功能室；新潮社区的京剧社、书法屋，玉龙社区的“侨之家”等，都有归侨、侨眷的身影。按照侨务社区“一社一品”要求，强化社区侨务特色品牌。引导社区侨务工作不断向“人无我有、人有我优、人优我特”方向发展。贾圩社区投资建设智能居家养老呼叫系统，首创侨眷家庭病房，社区医生免费上门诊治，实现为侨服务家庭化、个性化。星化社区关爱空巢老人，开展“一对一”结对帮扶活动，为归侨、侨眷发放爱心联系卡，以便其随时呼叫社区工作人员。玉龙社区针对辖区新侨多、留学生多的特点，按照华侨、侨眷、留学生划分小组实行网格化管理服务。龙尾社区、蔷薇社区为困难侨眷提供工作机会、解决生活困难等。每个社区都能根据自身侨情特点，开展各具特色的为侨服务。归侨、侨眷也尽最大努力支持社区建设和社区管理工作，他们参与社区的创卫工作、志愿者队伍和治安巡逻红袖标队伍等，还积极建言献策，逐步形成“社区为侨服务好，侨为社区贡献多”的良好格局。

【侨法宣传】 搭建平台强化侨法宣传。与区司法局形成合作共识，利用法制宣传阵地，借助郁州公园“港城法治文化公园”、朐阳门“法制文化广场”等特色法制宣传平台，大力开展侨法和涉侨政策宣传活动。依托阵地强化侨法宣传。充分发挥各个社区宣传长廊、公开栏和“侨法宣传角”及侨法广场等阵地，广泛开展侨法普及工作。贾圩社区、龙尾社区、蔷薇社区、星化社区和玉龙社区都被评为国家级“侨法宣传角”。借助活动强化侨法宣传。主要通过社区举办归侨侨眷联谊会、座谈会以及专场法制讲座和文艺演出等活动，广泛宣传侨法。市、区侨办、侨联在苍梧公园宣传《江苏省保护和促进华侨投资保护条例》，印发1000余本涉侨法规政策问答手册，让更多人了解侨的工作、侨的权益。

【为侨服务】 从归侨、侨眷切身需求出发，坚持用“真心、细心、耐心”为侨服务，进一步做好侨心凝聚工程。持续开展“暖侨敬老”行动，规范发放困难归侨生活补贴。春节走访慰问40名归侨侨眷，以家家到形式，把慰问金和物品送到他们手上。重阳节走进社区对长寿归侨侨眷进行慰问，每人发放400元慰问礼品。为所有50到80岁的归侨购买“平安孝心卡”，防范摔伤等意外风险。针对美国华侨胡某反映居住在市民社区的奶奶居房条件极差的问题，侨办会同街道和社区共同登门了解实情，积极协调区房管局和社区，帮助其修缮房屋和申报廉租房。蔷薇社区特困侨眷杨士君儿子在日本打工，妻子身患重病，没有固定经济来源，生活困难，社区安排其为社区保洁，解决其生活难题。开展系列活动。组织新春联谊会、座谈会，邀请市书法名家到侨务社区写春联。9月，组织50名归侨侨眷开展“庆国庆，迎中秋，喜迎十九大座谈会”。10月，市、区两级侨办共同组织近50名归侨侨眷看港城活动，得到归侨侨眷的一致好评。11月，组织部分归侨召开座谈会，征求对区“两会”提案意见。积极落实政府对归侨侨眷的一系列优惠政策。为归侨侨眷发放新归侨证、侨眷证，为70岁以上的归侨免费办理旅游年卡，为符合“三侨生”政策的侨眷做好资料填报和审核工作，确保符合条件的归侨侨眷充分享受政府给予的政策关怀。平稳妥善做好涉侨信访工作。对一些涉侨信访问题做到认真对待、客观了解、不拖不推、积极协调，把问题化解在区级层面，做到矛盾不上交，影响不扩大。

【为引联牵线搭桥】 借助广大归侨侨眷与海外联系广泛的优势，积极动员归侨侨眷向海外亲友宣传介绍市、区的发展规划、创业环境和发展成就，为引联牵线搭桥。8月26日，美国《侨报》的《魅力江苏版》刊发《复新海州古城，开启海州新征程》的文章，扩大海州对外知名度和影响力，激发侨界人士热爱家乡、建设家乡的积极性。成功争取国际知名品牌凯密林克科技创始人兼首席科学家武冬青担任市政府高级经济顾问。正积极争取新加坡华侨、中科院研究员张炜博士担任区政府高科技产业发展顾问。通过侨商牵线搭桥，促进北京建久集团在新浦工业园建设科技产业园项目。通过内联外引，引进侨智侨力为地方经济社会发展做贡献。

（撰稿：刘　岳　审稿：朱鹏苏）

人大代表建议办理

【概况】 区十八届人大一次会议后，区人大常委会转交区政府人大代表建议共138件，内容涵盖城市建设、商贸旅游、道路交通等多个方面，涉及范围广，群众关注度高。区政府高度重视，按照“分级负责、归口办理”原则，交32个职能部门承办。在区人大常委会领导积极关心和各位人大代表的大力支持下，年底已答复完毕，满意和基本满意率达100%。年内，人大建议办理工作通过各承办单位共同努力，解决了一些问题，取得一定实效，但与人大代表的期望相比，与人大常委会要求相比，还有一定的差距。区政府将进一步解放思想，创新思路，强化责任，以更严谨的态度，更务实的作风，做好人大建议的办理工作。

【工作成效】 根据代表所提内容及办理落实情况，已办理的138件建议分为三大类：

（一）代表所提问题已解决或基本解决的50件，占36.2%。这部分建议紧紧围绕区政府中心工作，贴近民生，切实可行，对政府决策起到了积极的促进作用，办理落实较快。如有4件建议关于创卫长效管理。7月24日卫计局邀请其中5名人大代表参加创卫长效管理工作座谈会，向代表汇报全区创卫长效管理工作情况，并安排代表参观长效管理办公室和创卫长效管理现场，参会代表均对区创卫长效管理工作表示满意。自创卫技术评估阶段结束后，全区一直非常重视长效管理工作，专门成立区创卫长效管理办公室，从卫计、城管、住建等单位抽调10余人专职开展创卫长效管理工作；出台《海州区市容环境长效管理实施办法》《海州区农贸市场长效管理办法》等一系列制度措施，做到管有依据、罚有力度、惩有效果；积极引导和动员全社会参与城市管理，广集民智，博采众长，切实巩固和深化创卫成果；对全区所有地块“拉网式”排查，排查问题及时交办各责任单位，对各街道和相关责任单位采取日督查、周通报、月考核、年度综合考评等督查考评机制，促进城市管理制度化、规范化、长效化。

如代表薛玉平等提出的“关于加强社区文化阵地建设的建议”，基层文化的发展关系群众的幸福感和获得感，海州区历来重视基层文化发展。一是大力指导协调基层文化阵地建设。本着“因地制宜，深入融合”的原则，依托村（社区）便民服务中心、社区综合服务设施、闲置政府资产等建设基层综合性文化服务中心。二是大力开展面向基层的群众文化活动。区文体局每年面向基层群众开展基层文化巡演、文化馆声乐艺术沙龙等活动近百场，所有群众文化活动基层文艺爱好者均可参与其中。三是面向基层提供免费的服务和指导。区文体局长期为基层文化活动免费提供服务和指导，安排专业文艺人才提供服务。四是重视对社区文化建设的支持。充分利用省市有关扶持政策，为社区文化设施建设、文化资源共享和文化活动开展注入活力，每年安排基层文化事业建设资金100多万元，大力支持社区文化设施建设和开展文化活动。

（二）代表所提建议正在解决或列入规划逐步解决的70件，占50.7%。如代表朱芹提出的“关于加快德邦化工搬迁的建议”。近年来，区政府高度重视德邦集团等化工企业搬迁工作，一直在协助推动相关工作。一是加强搬迁工作全面统筹，强化与市经信委、规划局、国土局等部门的沟通协调，共同推进搬迁工作。二是强化搬迁项目协调推进，对于项目实施中存在的手续方面问题及时协调解决，对于项目推进中的资金难题，积极帮助做好相关文件出具，争取银行贷款早日落实，增强企业搬迁的主动性。三是严格老厂区监督管理，继续把德邦化工作为环境管理、安全生产的重中之重加强监管，督促企业按照环保、安监等部门下达的停产整治要求完成整治。在区领导积极协调及各部门通力协作下，德邦化工于10月12日全面关停，提前80余天完成市、区两级制定的年度工作计划。

如陈爱明代表提出的“关于加大技能培训力度，促进我区农村剩余劳动力就业创业的建议”。上半年，海州区从实施精准培训入手，扩大培训规模、灵活培训方式、提升培训质量，切实开展农村剩余劳动力技能培训。一是主动送培训政策信息上门。在乡镇设置就业信息培训信息宣传栏，利用就业援助月、农村劳动力转移就业招聘会和专场招聘进乡镇等公共就业服务活动，将培训政策信息送到农民手中。二是开展岗前订单定向培训。推行农村剩余劳动力、职业培训和企业三方联合互动的培训模式，有针对性地开展订单定向岗前培训，提高就业的成功率和稳定性。三是大力加强就业技能培训。围绕海州区特色，广泛开展家庭服务员、养老护理员、手工编织、养殖等专业化、实地化的就业技能培训，增强农村剩余劳动力就业能力和职业转换能力。四是加强培训后续指导服务。根据农村剩余劳动力资金和技能实力，开展市场化创业培训和就业指导，依托区基层劳动保障平台，进村入户，宣传创业政策，返乡农民工优惠政策，挖掘创业潜力，对其实施全方位帮助。

（三）因条件所限暂时不能解决或供有关部门参考的建议18件，占13.1%。由于受现实条件和现行政策以及管理体制限制，这部分建议暂时无法解决，通过实事求是向代表解释，取得了代表的理解。如“关于开通BRT公交车路线”“关于翻建老310国道”“关于建设公共停车场”等相关建议，由于相关权属在市级部门，建议要求与全市统一的布局规划存在一定差别，区政府各牵头部门已及时将情况向上级部门反馈，做好对接协调工作，积极争取支持。

【主要做法】 区政府始终以提高建议办理质量为核心，坚持多措并举，整体推进，确保实效。

加强组织领导，精心部署安排。区政府高度重视建议办理工作。一是实行领导领办督办制，由区政府领导结合分管条线工作对部分重点建议办理进行协调会办和督促推进，并落实常务副区长作为分管领导主抓办理工作。二是着力强化主要领导第一责任人责任，明确要求各承办单位主要领导“亲自接办、亲自交办、亲自督办”。三是落实办理工作分级负责制，一级抓一级，层层抓落实，做到定人、定责、定进度、定时限，并将各承办单位办理情况纳入年度绩效考核，确保办理工作取得实效。

完善办理机制，狠抓工作落实。区“两会”结束后，及时组织召开人大建议交办会，对全年办理工作作出统一安排和部署，做到定交办内容、定承办部门、定办复时间、定答复要求。建立办理情况通报制度和督办制度，采取电话催办、文件督办、会议会办等形式，督促各承办部门严格办理、按期答复。6月21日召开主要承办单位参加的督办会议，集中了解各家办理进度，会办难题。对人大建议答复件逐件审核，认真把关，要求答复内容有针对性，做到文字精练、格式标准。加强与各承办部门联系，通过QQ群、电话等随时掌握办理进度和情况，帮助解决办理过程中存在的实际问题。

着眼长远发展，提高办理水平。坚持以为民谋福利、促进经济社会发展为准绳，以促进区域经济发展为目标，确保建议办理水平。各承办部门积极主动走访代表，听取办理要求，邀请人大代表实地指导，积极汇报办理结果，听取办理意见，促进政府各部门与人大代表的联系，增进互动协调，提高人大代表对办理工作的满意度。积极做好“回头看”工作，对办理中初次回复“不满意”的案件进行督办和调度，进一步加强承办单位与代表沟通，得到代表肯定。

（区政府办供稿）

政协委员提案办理

【概况】 区政协九届一次会议期间，各位政协委员紧紧围绕区政府中心工作和群众普遍关心的热点问题，运用提案形式积极建言献策，对政府工作共提出162件提案，主要涉及城建、交通、教育、卫生、旅游等方面。区政府经过认真研究，按照“分级负责，归口办理”原则，交40个职能单位承办。在区政协领导关心和政协委员大力支持下，162件提案已全部按时办结，满意和基本满意率98.8%。年内，政协提案办理工作通过各承办单位的共同努力，解决了一些问题，取得了一定实效，但与政协委员的期望相比，与政协常委会要求相比，还有一定的差距。区政府将进一步解放思想，创新思路，强化责任，以更严谨的态度，更务实的作风，做好政协提案的办理工作。

【工作成效】 根据委员所提内容及办理落实情况，提案的办理分为三大类：

（一）提案所提问题已解决或基本解决的82件，占提案总数的50.6%。这类提案符合国家宏观政策，紧扣区委、区政府年度工作主题，区政府及各承办单位认真采纳，在解决问题上下功夫。如有3位委员所提提案关于创卫长效管理。自创卫技术评估阶段结束后，全区就一直非常重视长效管理工作。一是专门成立区创卫长效管理办公室，从卫计、城管、住建等单位抽调了10余人专职开展创卫长效管理工作。二是出台《海州区市容环境长效管理实施办法》《海州区农贸市场长效管理办法》等一系列制度措施，做到管有依据、罚有力

度、惩有效果。三是积极引导和动员全社会参与城市管理，广集民智，博采众长，切实巩固和深化创卫成果。四是加大督查考核力度，由长效办牵头，对全区所有地块“拉网式”排查，排查问题及时交办各责任单位，采取日督查、周通报、月考核、年度综合考评的督查考评机制，促进城市管理制度化、规范化、长效化。7月24日，区卫计局邀请3位提案政协委员参加创卫长效管理工作座谈会，向委员汇报全区创卫长效管理工作情况，并安排参观长效管理办公室和创卫长效管理现场，参会委员均对区创卫长效管理工作表示满意。

（二）提案所提问题列入规划正在逐步解决的72件，占提案总数的44.4%。这类提案涉及的问题较为复杂，落实周期较长，区政府及各承办单位立足实际，列出计划，逐步解决。如委员刘守迎提出的“关于我区民办幼儿园校舍安全管理的提案”，区政府高度重视民办幼儿园的校舍安全，建立学前教育联席会议制度，由分管区长任组长，各镇街、公安、消防、卫生、教育、综治、城管等为成员单位，共同参与无证幼儿园监管。每年对注册的民办幼儿园进行拉网式检查，发现问题下发整改通知书，及时整改，合格后再发给注册证。经过多次督查、指导，取得良好效果，获准注册的民办幼儿园无校舍安全问题。同时，区政府以乡镇为重点，先后投资建设的浦南江浦、太平、汪庄、草舍幼儿园已经开园。委员顾宏提出的“关于建设物流基地的提案”，区政府充分发挥区位交通优势，大力推进物流产业发展。重点推进天马云仓物流仓储、指尖商城中央厨房、怡亚通仓储等在建项目进度，加快在谈项目招引，出台政策吸引市内现有物流企业向园区集中，打造服务城区、辐射沿海的品牌物流园区，年内争取通过省级物流园区验收。通过大型知名物流企业入驻，迅速带动浦南地区沿国道物流产业的集聚发展。在重点打造浦南物流产业基地的同时，对接疏港运输，加快板浦宝铁码头建设进度，整合板浦、宁海、新坝和锦屏区域内现有资源，建设城区南部具有海河联运优势的物流基地。

提案所提问题受现行政策和规定限制暂时不能解决的8件，占提案总数的5%。这类提案区政府也十分关注，但受现实条件和现行政策以及管理体制限制，暂时不能解决。如委员朱建军提出的“提高新农合资金支持基层医疗补偿比例的提案”，全市城区新农合政策制定、资金及业务管理均由市合管办负责，区合管办无权制定新农合资金支持基层首诊相关制度，但相关职能单位将切实履行“双向转诊”制度，科学合理制定基层医疗机构转院手续办理程序，严格规范转院证明的出具，增强基层医疗机构基层首诊和康复能力建设，确保资源沉下来，接得住。

【主要做法】 区政府始终以提高提案办理质量为核心，坚持多措并举，整体推进，确保实效。

加强组织领导，精心部署安排。实行领导领办督办制，由区政府领导结合分管条线工作对部分重点建议提案办理进行协调会办和督促推进，并落实常务副区长作为分管领导主抓办理工作；着力强化主要领导第一责任人责任，明确要求各承办单位主要领导“亲自接办、亲自交办、亲自督办”；落实办理工作分级负责制，一级抓一级，层层抓落实，并将各承办单位办理情况纳入年度绩效考核，确保办理工作取得实效。

完善办理机制，狠抓工作落实。区“两会”结束后，及时组织召开政协提案交办会，对全年的办理工作作出统一安排和部署，做到定交办内容、定承办部门、定办复时间、定答复要求；建立办理情况通报制度和督办制度，采取电话催办、文件督办、会议会办等形式，督促各承办部门严格办理、按期答复。6月21日召开主要承办单位参加的督办会议，集中了解各家办理进度，会办难题；对政协提案答复件逐件审核，认真把关，要求答复内容有针对性，做到文字精练、格式标准；加强与各承办部门联系，通过QQ群、电话等随时掌握办理进度和情况，帮助解决办理过程中存在的实际问题。

着眼长远发展，提高办理水平。坚持以为民谋福利、促进经济社会发展为准绳，以促进区域经济发展为目标，确保提案办理水平。各承办部门积极主动走访委员，听取办理要求，邀请政协委员实地指导，积极汇报办理结果，听取办理意见，促进政府各部门与政协委员的联系，增进互动协调，提高政协委员对办理工作的满意度。积极做好“回头看”工作，对办理中初次回复“不满意”的案件进行督办和调度，进一步加强承办单位与委员的沟通，得到委员的肯定。

（区政府办供稿）

责任编辑：马善臣

政协连云港市海州区委员会

综　述

区政协在中共海州区委领导下，全面贯彻落实中共十八届五中、六中全会和十九大精神，深入贯彻中共中央和省市区委对加强和改进人民政协工作的新部署、新要求，牢牢把握团结和民主两大主题，认真履行政治协商、民主监督、参政议政职能，广泛聚集智慧、服务创新发展，充分发挥优势、助推民生改善，积极协调各方、促进社会和谐，为推动海州经济社会发展作出了应有的贡献。

区政协不断加强领导班子和机关人员开展学习活动，积极开展“双进双促”大走访活动，密切联系和深入基层，工作做深做实。主动围绕全区工作议政建言，献计出力，为区委、区政府工作大局和地方经济建设敢于积极作为，为区委和区政府分忧解难。针对海州区改革发展的重大问题和民生领域的关键环节开展专题调研，对出现的新情况、新问题提出相关意见和建议。坚持在党委领导下开展民主监督，把监督与区委、区政府同步谋划，创新民主监督方式，增强监督活动，把民主监督延伸到乡、镇一级，丰富监督形式，促进党风廉政建设，鼓励和支持民主党派发挥积极作用，推进界别协商，对有关问题解决落实，提出意见建议。区政协重视加强自身建设，提升履职水平。组织对新委员的培训，提高新委员的参政议政能力。

重要会议

【海州区政协九届一次会议】 中国人民政治协商会议连云港市海州区第九届委员会第一次会议，于1月9—12日在海州举行。区委、区人大、区政府、区纪委和区法院、区检察院的领导同志，区政协历届主席、副主席应邀出席会议；区政府相关部门负责人应邀列席会议。

中共连云港市委常委、海州区委书记王立斌到会讲话，汤成元代表区政协第八届委员会常务委员会做工作报告，王兰芳向大会报告区政协八届一次会议以来提案工作情况，全体委员列席海州区第十八届人民代表大会第一次会议，听取区政府工作报告。大会选举汤成元为政协海州区第九届委员会主席；于振强、王兰芳、刘建春、苗永梅为政协海州区第九届委员会副主席；汤振宇为政协海州区第九届委员会秘书长；卜贤超、王丽、王坚、王建成、王统松、田恒、朱孔宜、许言吾、李宝凯、李起典、李健春、杨杰、汪洋、陈波、陈露霞、武志高、林备战、周健、周贤永、周湘屏、胡启楷、徐正华、高忠林、陶成友、崔月明、颜珉、魏苏平27人为政协海州区第九届委员会常务委员会委员。

会议期间，委员们以高度的责任感和使命感，围绕全区经济社会发展，通过小组讨论、撰写提案等形式，积极建言献策，共商发展大计。

【常委会议】 5月19日，区政协主席汤成元主持召开九届一次常委会议，

2017年1月9日，政协海州区九届一次会议召开

现场视察海州区锦屏镇工人新村、新坝镇新镇区、板浦镇菜园村等特色小城镇建设，传达全市政协工作会议精神，通过有关人事安排。7月25日，区政协主席汤成元主持召开九届二次常委会议，听取区政府关于上半年工作情况通报，并围绕创卫长效管理机制建设问题举行协商议政会，听取区卫计局专题通报。委员从推进城市精细化管理、开展小区物业整治、规范农贸市场秩序等角度，为做好创卫长效管理工作建言献策。9月28日，区政协主席汤成元主持召开九届三次常委会议，听取区政府和部分承办单位关于区政协九届一次会议以来提案办理情况通报，现场组织委员民主评议区教育局、区住建局、区城管局、区市场监督管理局等部分承办单位提案办理情况。12月20日，区政协主席汤成元主持召开九届四次常委会议，协商九届二次会议召开时间、会议议程、会议日程、大会秘书长、提案审查委员会人员名单、两个报告的报告人等有关事项。

【主席会议】 3月2日，区政协主席汤成元主持召开九届一次主席会议，协商确定主席分工、年度重点工作、重点会议议题、调研课题安排和机关开展"双进双促"大走访活动实施方案。4月7日，区政协主席汤成元主持召开九届二次主席会议，围绕"连云区全域旅游开发"主题，视察黄窝村新农村建设及海上云台山旅游开发情况。5月5日，区政协主席汤成元主持召开九届三次主席会议，视察临洪河湿地开发保护情况。9月14日，区政协主席汤成元主持召开九届四次主席会议，传达"弘扬红旗渠精神，践行'旗帜鲜明讲政治'"专题培训班精神和市委副书记、海州区委书记万闻华近期讲话精神。12月11日，区政协主席汤成元主持召开九届五次主席会议，协商九届二次会议召开时间、会议议程、会议日程、大会秘书长、提案审查委员会人员名单、两个报告的报告人等有关事项，提请九届四次常委会议协商。12月26日，区政协主席汤成元主持召开九届六次主席会议，视察环锦屏山生态古城片区蔷薇湖生态湿地公园、朐山书院等项目建设。

主要工作

【专题培训】 4月14日，组织开展新任委员培训。邀请省政协原副秘书长、研究室主任程玉松作专题报告，从"政协是怎么来的""政协是什么""政协干什么"和"政协怎么干"四个方面详细讲解了人民政协的发展历程、性质定位、主要职能以及如何提高人民政协的工作水平，提高委员参政议政能力。

【调研视察】 针对改革发展的重大问题和民生领域的关键环节开展专题调研。常委会、主席会议和各专委会组织对工业经济转型升级、农村"一委三会"运行、留守儿童教育、基层卫生服务建设等课题开展集中调研，提出建设性意见。针对区委、区政府工作重点开展专项视察。常委会视察锦屏、新坝、板浦特色小城镇建设，主席会视察临洪河湿地保护情况，界别联组视察食品安全管理、校园饮用水安全、四季农贸市场运营等情况，通过听取情况介绍、实地考察、组织座谈、与职能部门交换意见等方式，深入实际、深入基层，了解民情民意，提出意见建议。开展异地视察。组织驻区市政协委员到东海视察水晶产业发展，学习培育壮大地方特色产业方法。带领部分区政协委员到连云区视察全域旅游情况，为环锦屏山生态古城开发建设借鉴经验。3月，围绕"经济转型升级"主题，走访开发园区鹰游集团、天明机械等高新技术产业，调研新常态下海州区工业经济转型升级现状。4月，联合民政部门，调研海州区城郊镇街农村留守儿童情况，提出相关意见建议。5月，围绕"基层卫生服务"主题，视察浦西、路南等街道社区卫生服务设施建设，调研海州区卫生服务工作情况。6月，视察月牙岛娱乐项目开发情况和浦南特色农业科技示范园建设。9月，视察海州区检察院大学生犯罪预防中心工作情况。10月，对全区5个涉农镇街69个自然村"一委三会"运行情况开展调研，针对转型时期村民自治面临的新情况、新问题，加强"一委三会"有效运行提出相关意见建议。11月，积极投身区委"三区两城"("三区"，即根据城区一二三产边界清晰、功能集中的特征，分别打造集约集聚、特色鲜明、优质高效的现代工业功能区、现代服务业功能区和现代农业功能区；"两城"，即在滨河新城和孔望新城的基础上，向外拓展区域范围，展现生态价值，放大生态优势，打造生态文明、生活优质的现代化滨河新城和生态古城。"三区两城"战略布局为海州新一轮转型跨越发展绘出了蓝图)战略布局，精心调研环锦屏山生态古城开发建设，通过现场考察、逐地走访，摸清底数，分析情况，找准问题，提出建议。

【民主监督】 始终坚持在党委领导下开展民主监督，自觉把监督与区委、区政府工作同步谋划，通过调研视察发现问题、围绕推进不力提出建议、针对存在不足督促改进，有效助推区委、区政府中心工作落实。

拓宽民主监督领域，实化监督内容。年初，把区委重大决策部署、"十三五"规划实施、棚户区改造项目推进、孔望山新城建设等事关全区经济社会发展、群众关心的热点焦点问题，作为监督的重要内容纳入年度计划，增强民主监督的广度和深度。围绕"法治海州"建设，组织视察区检察院大学生犯罪预防中心工作。结合"平安海州"建设，加大对重点行业、重点领域、重点区域安全生产工作的监督力度。

打造多层次监督体系，形成监督合力。以会议监督方式促进全体会议、协商议政会上委员意见建议转化为相关部门工作成效。以视察监督方式推进朐山书院复建工程、海州体育馆一期等重点项目按既定时序推进。以现场监督方式组织委员参与价格听证、建设项目规划论证、棚户区改造征收方案评审，列席海州规划分局局长办公会。以特约监督方式选派30多名委员担任区行政执法监督员和法院人民陪审员，督促职能部门依法高效行使职权。

创新民主监督方式，增强监督活力。以镇（街）政协工作委员会为载体，把民主监督延伸到乡镇一级，促进区委、区政府的决策部署在基层落地实施。对教育、住建、城管、市场监督管理等职能部门提案办理情况开展民主评议，通过面对面沟通交流，评价提案质量和提案办理结果，丰富监督形式。鼓励支持特约监督员开展不定时间、不定主题的经常性视察监督活动，在促进党风廉政建设、转变机关作风等方面发挥积极作用。

【提案办理】 九届一次会议以来，共提出提案221件，经审查立案162件，其中个人提案150件，联名提案12件，主要涉及城建、城管、教育、卫生、民政等方面。经区政府认真研究，按照“分级负责，归口办理”原则，交40个职能单位承办。

为委员建议落到实处，区政协努力改进提案工作，不断提升办理水平。

“321”工作法促进提案量质齐升。开展提案前置，实行“三个征集”，分别向党派、专委会、界别（联组）征集提案，多渠道保障提案数量。紧抓“两审一定”，全会期间提案组初审，会后提案审查委员会复审，主席会议最终集中定审，保障提案质量。

“4+2”工作机制提高提案办理水平。建立由主席会议商办、区政府领导领办、政协班子成员促办、专委会和界别（联组）带案视察的四级督办机制。探索建立“双评议”制度，听取区政府和部分承办单位提案办理工作通报，开展民主评议。

“三个转化”优化提案效果。对提案进行梳理分析，把涉及全区经济社会发展的建议集中交由区委、区政府研究，最终转化为可执行政策。2016年，委员建议设立的“青少年科技创新区长奖”首次进行了颁奖。对涉及区属部门的提案，通过跟踪督办、带案视察、民主评议等形式，促进所提问题尽快解决，最终转化为部门工作举措。对委员意见比较集中、群众呼声较高的问题经研究后转化为常委会、主席会和各专委会调研课题。

162件提案按时办结，满意和基本满意率达98.8%。

【联络联谊】 3月28日，赴南通、苏州等地考察学习经济转型升级先进经验。4月11日，配合省政协到区调研“聚焦富民持续提高城市居民收入水平”。5月10日，接待启东市政协参观考察易耕农业服务有限公司。6月6日，接待广西武鸣市政协来区视察市容市貌整治。7月4日，参与接待辽宁省朝阳市政协来访。8月15日，接待灌南县政协考察镇街政协工委设置有关情况，参观视察农业合作项目建设。9月20日，陪同仪征市政协调研中心城区道路交通疏导情况。10月25日，接待昆山连云港商会到敬老院开展捐赠活动，并陪同考察电子信息产业园，推介海州优势资源。10月27日，参加在广西梧州召开的25市政协联系会，学习借鉴其他地区政协履职经验。

【民主党派作用发挥】 坚持主席会议成员联系走访民主党派、工商联、社会团体、镇街，增强政协工作的凝聚力。鼓励和支持各民主党派、社会各界人士通过撰写提案、开展视察调研活动，就经济社会发展中的重大问题发表意见和建议。九届一次会议期间，民主党派共提122件提案，其中3件提案被列为重点提案。各民主党派积极开展形式多样的主题活动，如民革海州支部调研现代养老服务产业发展；海州支部向市东社区农民工子弟捐赠图书；民进海州支部举办科技金融论坛；民建医卫支部到工地免费义诊；海州支部开展“好书相伴，快乐成长”文化进校园活动；致公党海州支部作为唯一基层支部在致公党中央代表大会上作宣讲；九三学社新浦支社送政策、送法律、送健康到新坝镇。不断加强与民族宗教界代表人士的联系，引导他们做爱国爱教典范，做社会正能量传播者，在促进社会和谐方面发挥积极作用。

【大走访活动】 利用政协贴近群众、贴近民生优势，深入开展政协委员大走访活动。指导墙框村村委会利用宅基地复垦、农村康居工程等政策推动河南队整体搬迁，协助区环保局为陈户村安装53盏太阳能路灯方便村民出行，协调紫薇、法桐等苗木200棵用于沙杭村春季绿化，从各方筹集资金解决大屯村主干道维修资金缺口问题，发动委员企业助力解决大穆村农产品销售难题。通过慰问帮扶、慈善捐助，帮助7户贫困农户实现脱贫。各界别联组积极开展扶贫济困活动，如民进、侨台界别（联组）重阳节慰问长寿归侨侨眷；无党派界别赴刘顶村、大屯村向寒门学子奉献爱心；工商联界别为双龙社区贫困家庭烫伤幼儿捐款2.65万元；民族宗教、社科界别（联组）春节期间为全区230名居家五保老人送去温暖。

【委员风采】 广大委员履行“一岗双责”，扎实做好本职工作，充分展示委员风采。颜珉、曹健鹏委员获得致公党中央“坚持和发展中国特色社会主义学习实践活动”先进个人表彰；周贤永委员获得“江苏省苏北发展领军人才”荣誉；陈波委员获评省高层次卫生人才“‘六个一工程’拔尖人才”；张华委员被评为省文明办“优秀志愿者”；郑志祥委员获评“2017年江苏餐饮行业十大工匠”；非遗传承人徐立军委员多次用徐氏痹症外敷疗法为群众义诊。

【文史工作】 完成省、市政协提案工作经验探究、十九大会议精神贯彻落实等理论研究课题，配合开展“佛教文化从海上来”调研，协助市政协开展区级工匠摸排工作，编辑出版海州文史资料第十四辑《海州民间谚语》，为《海州年鉴（2017）》提供稿件。

（撰稿：徐　鼎　审稿：汤振宇）

责任编辑：李云高

综 述

中共海州区纪律检查委员会(简称区纪委)以迎接、学习、贯彻党的十九大精神为主线,紧紧围绕全面从严治党要求,忠实履行党章赋予的监督执纪问责职责,党风廉政建设和反腐败各项工作取得新进展新成效。纪检监察工作特色鲜明、成绩斐然。坚持把纪律挺在前面,强化专责监督,压紧压实管党治党责任;坚持常态监督,刚性落实中央八项规定精神;细化规范“四种形态”(第一种:党内关系要正常化,批评和自我批评要经常开展,让咬耳扯袖、红脸出汗成为常态;第二种:党纪轻处分和组织处理要成为大多数;第三种:对严重违纪的重处分、作出重大职务调整应当是少数;第四种:严重违纪涉嫌违法立案审查的只能是极少数)运用机制;全力推进监察体制改革试点工作;落实“打铁还需自身硬”专项行动,加强纪检干部队伍建设。区纪委被评为全省纪检监察系统先进集体。

重要会议

1月22日,中共海州区十届二次纪委全会召开

【十届纪委二次全会】 1月22日,中共海州区第十届纪律检查委员会第二次全体会议召开,市委常委、区委书记王立斌出席会议并讲话,区委常委、纪委书记房忠涛代表区纪委常委会作题为《强化政治担当 全面从严治党 深入推进党风廉政建设和反腐败工作》的报告,区四套班子领导出席会议。会议审议通过房忠涛所作的工作报告和《第十届中共海州区纪律检查委员会第二次全体会议决议》。

【全区纪检监察业务培训动员会】 2月14日,召开全区纪检监察业务培训动员会。区委常委、纪委书记房忠涛结合贯彻落实党的十八届六中全会、中央及省市纪委全会精神,纪检监察工作的新任务、新要求,全区纪检监察干部的队伍状况,强调业务培训工作的重要意义并提出具体要求。随后,开展为期两天的业务培训班,全区纪检监察干部集中受训。

【“341”铁军工程启动会】 3月27日,为全面贯彻落实省纪委“打铁还需自身硬”专项行动,召开全区纪检监察系统实施“341”铁军工程启动会。区纪委副书记、区监察局局长李宝凯宣读“341”铁军工程(坚持学习从严、思想从严、执纪从严,培养具有铁一般信仰、铁一般信念、铁一般纪律、铁一般担当的纪检监察干部,努力打造一支让党放心、人民信赖、忠诚干净担当的纪检铁军)实施方案,浦南镇纪委、浦西街道纪工委、住建局纪检组、第一直属纪工委、纪检监察一室作交流发言,区委常委、纪委书记房忠涛作重要讲话。

【执纪审查工作推进会】 6月7日,召开全区纪检监察机关执纪审查工作推进会,区纪委副书记徐士强通报2017年1—5月全区纪检监察机关执纪审查工作情况,部署下半年执纪审查工作,区委常委、纪委书记房忠涛作重要讲话。

2017年6月7日，海州区召开纪检监察机关执纪审查工作推进会

【区纪检监察机关上半年工作总结交流会】 8月16日，召开全区纪检监察机关上半年工作总结交流会，区纪委副书记、监察局局长李宝凯主持会议。各镇（街）开发区纪（工）委书记，各直属纪工委书记、副书记，各派驻纪检组长，区级机关工委纪工委书记，区委新社工委纪工委书记，委局机关班子成员及各室主任参加会议。会议听取各纪（工）委、纪检组上半年工作总结及下一步工作打算；区委常委、纪委书记房忠涛作重要讲话。

【区纪委派驻机构改革动员部署会】 8月25日，召开区纪委派驻机构改革动员部署会，市委副书记、区委书记万闻华出席会议并讲话，会议由区委常委、纪委书记房忠涛主持。各镇（街）开发区党（工）委书记、纪（工）委书记，区委各部委、区各办局院社、各群团组织、各有关单位党组（党委）负责人，区纪委、区监察局全体人员，区委巡察机构全体人员，区纪委各派驻纪检机构全体人员参加会议。

【区监察体制改革转隶任职会】 12月28日，召开区监察体制改革转隶任职会，区纪委副书记、区监察局局长李宝凯主持会议。区纪委全体班子成员、区检察院部分领导出席。区纪委、区监察局全体人员，区委巡察机构全体人员，区纪委各派驻纪检机构全体人员，区检察院20名转隶干部参加会议。区检察院党组书记、检察长唐张，区委常委、纪委书记温以斌分别作重要讲话。

主要工作

【"两个责任"落实】 制定出台《关于实行"三单两书一函"加强纪委对同级党委监督的暂行办法》（"三单"指党组织班子主体责任清单、党组织书记主体责任清单、班子其他成员主体责任清单，"两书"指党风廉政建设监督建议书、党风廉政建设整改通知书，"一函"指落实党风廉政建设主体责任履责提示函），协助区委区政府、16个镇（街道）、开发区及42个区级单位制定党组织班子、党组织书记、班子其他成员责任清单；以问题为导向，全区各级纪检机关发出监督建议书6份、整改通知书57份、履责提示函186份。出台《落实党风廉政建设主体责任考核办法》，年中、年底牵头对党风廉政建设责任制落实情况进行检查考核，对考核排名靠后的6家单位主要领导进行提醒谈话。做好省委巡视组反馈问题"回头看"整改工作，督促各责任单位党委（党组）落实好整改措施，整改完成率达96%。严把选人用人政治关、廉洁关，区纪委共对23批339人次党风廉政情况进行回复。出台党政机关问责办法，3个党组织和6名党员领导干部因落实"两个责任"（落实党风廉政建设责任制，党委负主体责任，纪委负监督责任，制定实施切实可行的责任追究制度）不力被问责，给予党政纪处分2人，组织处理4人。

【纠正"四风"】 坚持常态监督，联合财政、机关事务管理等职能部门多频开展监督检查，切实履行好纪委"再监督"职能。强化纪律教育，元旦春节、中秋国庆等关键节点前，通过文件、海报、网站、微信等途径开展作风建设提醒；梳理十八大以来作风建设相关制度规定，针对公务用餐、公务用车、津补贴福利发放、微信使用等热点内容进行归纳整理，编印口袋书2800册发放给全区党员干部；开通"清风海州"微信公众号，设立清风要闻、以案说纪、海州清官等专栏；举办迎"七一"党纪党规知识竞赛，46支代表队230余名干部充分准备、积极参赛；区"两会"期间向各位代表发放作风建设宣传折页，让贯彻中央八项规定精神化风成俗。充分发动群众监督，公开聘请30名党风政风行风监督员，在"今日海州""清风海州"微信客户端开通反四风"随手拍"举报平台。全年，共查处违反中央八项规定精神问题25起，处理33人，给予党政纪处分25人，通报10批次14起16人。

【"四种形态"运用】 对照省纪委"1+N"制度及市纪委"1+X"制度，结合基层工作实际，出台纪检监察信访举报和问题线索管理办法、纪检监察机关普通谈话管理暂行办法、运用"第一种形态"卷宗扎口统计和档案管理等10项配套制度，进一步细化规范"四种形态"运用机制。坚持挺纪在前、抓早抓小，盯住"小问题"、管住"大多数"。年内，全区纪检监察机关共受理信访举报328件，处置问题线索283件，其中63.7%运用第一种形态，24.4%运用第二种形态，5.6%运用第三种形态，6.3%运用了第四种形态，"四种形态"结构性特征基本形成、运用更加科学合理。立案84件，其中涉及乡科级干部13件，党政纪处分97人，采取"两规"措施3人，挽回经济损失979.5万元。完善委机关3个谈话室及4个镇、1个街道谈话室相关设施配备，推进标准化建设，确保谈话安全规范。严格落实省纪委"强化专责监督、推动'两个责任'落实"工作，搭建案例综合分析中心，深入剖析典型案件，分析案发根源，向浦西街道等3家单位党委发出监督意见书，督促落实主体责任，堵塞漏洞、完善制度，充分发挥执纪审查治本功能。

【监察体制改革推进】 在巡察工作方面，成立“一办四组”（巡察工作领导小组办公室；3个巡察组，2017年8月，增设1个巡察组，形成“一办四组”模式），强化巡察监督力量。年内，共开展三轮常规巡察、一轮巡察“回头看”、一轮扶贫领域专项巡察，排查问题107个，移交案件线索34件，立案11件，巡察工作经验《从小数字里挖出大问题》被中国纪检监察报刊载。制定出台海州区巡察五年工作规划及2018年巡察工作计划，进一步明确政治巡察定位要求和全覆盖工作任务。全面落实派驻改革任务，成立5个综合派驻纪检组覆盖42家单位，2个单独派驻纪检组分别派驻区法院、区检察院，实现区级党政机关派驻监督全覆盖。出台《海州区纪委派驻机构工作规定》《派驻机构执纪工作实施细则》，助力派驻机构履职尽责。各派驻纪检组累计开展各类谈话229人次，出列席会议102次，提出建议108个，受理各类信访133件，立案3件，纪律处分3人。全力推进监察体制改革试点工作，加强与人大机关、检察院和组织部、编办等部门的协调对接，严格按照省纪委确定的时间表和路线图，重点抓好机构设置、编制划转、干部转隶、班子配备等关键环节，高标准、高质量完成改革试点各项任务。划转区检察院29名编制，新增3个纪检监察室，监督执纪编制配备数、机构数分别占总数的93.75%、91.67%，监督执纪一线力量得到加强。

【群众身边腐败问题惩治】 扎实开展扶贫民生领域、农村“三资”（资金、资产、资源）、强农惠农资金、农村土地征收等5类问题专项整治，落实农水局等主要职责部门责任，不断强化制度建设。开展“阳光扶贫”监管系统平台建设，印发《关于建立“阳光扶贫”监管系统推进精准扶贫精准脱贫的实施意见》《“阳光扶贫”监管系统建设方案》等，完成全区608户1706人未脱贫低收入农户，13个专项扶贫项目及63家帮扶单位653名帮扶责任人信息数据采集及录入工作，进行动态监管，及时查纠整改信息录入等问题129个。加强农村“三资”监管，在新坝镇开展农村“三资”网络监管平台试点，在全镇16个行政村配备查询终端并建立手机软件（APP）平台，农户可随时获知村里的“家底”和涉及家庭的重要事项。督促区农水局建立农村产权交易中心实体平台，实现全区农村产权流转交易全覆盖。全面实行村级财务非现金结算，简化财务报销流程，增加村级财务收支透明度。坚决整治侵害群众利益的不正之风和腐败问题，对重点问题进行挂牌督办，共挂牌督办4批次31件，查处35人，其中给予党政纪处分30人，组织处理3人，移送司法机关2人。

【自身建设】 深入推进“两学一做”学习教育，深刻把握习近平总书记系列重要讲话和十八届六中全会精神，认真学习宣传中共十九大精神，创办机关“微讲坛”，交流学习工作心得。深入贯彻落实省纪委“打铁还需自身硬”专项行动部署要求，在全区纪检监察系统开展“341”铁军工程。全面梳理各科室承担的各类职权、职权运行流程和各个环节的工作事项，研究绘制权力运行流程图。排查信访举报办理、问题线索管理、执纪监督审查等关键环节风险点70个，制定相关防控措施119条，编定5个单项风险点防控流程图。完善《打听说情干预监督执纪和违规接触监督执纪对象等情况登记备案暂行办法》等5项相关制度，进一步完善内控机制，推动权力规范有效运行。积极组织参加中央及省市纪委组织的各类业务培训，各职能科室自办信息宣传、执纪审理、信访处置等业务讲堂，全面提升履职能力。出台纪检干部“八个不准”（1.不准发表、传播与党的政治纪律、政治规矩和全面从严治党要求不一致的言论；2.不准违规谈论、打听、查询、泄露涉及纪检监察工作秘密的信息；3.不准隐匿、擅自处置问题线索或压案不办、有案不查、办人情关系案；4.不准利用职权或职务影响搞特权，谋私利；5.不准收受礼品礼金、消费卡，或接受可能影响正确履职的活动；6.不准无组织无纪律，不执行请示报告制度等；7.不准工作期间饮酒和在公共场所酗酒；8.不准出入私人会所、营利性陪侍场所消费或参与其他有损纪检监察干部形象的活动）负面行为清单，明确纪检监察干部纪律“红线”。举办家风系列教育活动，邀请73名纪检干部家属参加警示教育大会，参观廉政教育基地，聘任“廉洁家风”监督员，以良好家风孕育纪检干部好作风。省纪委专刊介绍海州区纪检监察干部队伍建设工作经验。

（撰稿：靳宝生　审稿：于明侠）

2017年3月27日，海州区纪检监察系统召开实施“341”铁军工程启动会

责任编辑：王恒亮

民主党派·工商联

民革海州地区组织

【概况】 年内，中国国民党革命委员会连云港市委员会（以下简称民革市委）在海州地区发展新党员30名，具有研究生以上学历者7人，其中硕士6人，博士1人，具有中高级职称者10人，平均年龄36岁。截至年底，民革市委在海州辖区内设有基层组织12个（其中总支1个，支部12个），党员250人，具有博士学位8人，硕士学位38人，中高级职称及以上167人。全区党员中，省政协委员1名；市人大代表3名，其中市人大常委1名；市政协委员20名，其中市政协常委3名；区人大代表3名，其中区人大常委1名；区政协委员15名，其中区政协常委2名。

【思想建设】 民革市委深化思想建设。坚持市委中心学习组定期学习制度，组织党员参加省、市社会主义学院培训，举办新党员培训班，赴淮安周恩来纪念馆、无锡王昆仑故居等重温多党合作历史。关注台湾形势，组织台属民革党员举办中秋台属座谈会，组织党员参加江苏省黄埔亲属骨干培训班等。在中央、省、市各级媒体发表稿件100余篇。

【组织建设】 民革市委扎实做好专委会换届工作，新成立专委会9个，在海州区新建民革党员之家6处，成为民革党员活动交流的基地。按照民革党章要求，根据民革省委统一部署，全市6名党员作为中国国民党革命委员会江苏省委员会第十次代表大会代表参加会议，会上民革市委主委李萌当选民革省委常委，民革市委监委会主任赵波当选民革省委监委会委员、民革市委委员孙玉当选民革省委委员。在省级专委会换届中，有12名党员当选省委各专委会委员，2人当选专委会副主任。在各级表彰中，民革市委被民革中央评为民革全国社会服务先进集体，海州辖区内的1个支部被民革中央评为全国参政议政先进支部，1名党员被民革中央评为全国组织建设先进个人。在市民主党派双创双增活动中有4名党员、2个支部获得表彰。

【参政议政】 民革市委积极参政议政，先后组织赴西安、上合组织物流园、中哈物流基地等开展专题调研。在市政协十三届一次全会上，民革市委提出《关于加快“一带一路”交汇点建设，打造上合组织（连云港）国际物流园品牌的提案》《关于加强我市城市水环境建设保护的提案》等8件集体提案。在年内的各级“两会”期间，民革界别的人大代表、政协委员围绕连云港“一带一路”战略交汇点建设、国际物流产业发展、法制建设等经济社会发展重点献计献策，向各级党政部门提出意见建议、提案、议案共计50余件。李萌被市政协评为优秀界别召集人，赵又晴等5名党员被市政协评为优秀委员，高云玲撰写的《关于进一步优化审批流程服务“双创”发展的提案》，顾怡撰写的《关于加强扶贫资金监管的提案》被列为市政协优秀提案；全年共向民革省委、市政协、中共连云港市委统战部报送社情民意信息18篇；参加双月谈，主委李萌作《抢抓“一带一路”发展机遇做大做强我市国际物流业》讲话，获得市委市政府的高度重视。

【社会服务】 民革市委以“暖心工程”为社会服务品牌，开展形式丰富的社会服务活动，共进行义诊、文艺演出等“五进五送”社会服务活动近20次，为驻连官兵、留守儿童、自闭症儿童、贫困学生、贫困家庭等送去温暖，惠及干部群众近万人，累计捐款捐物达10万元。民革市委响应中共海州区委“阳光助学”活动号召，为近20名贫困家庭学生提供资金支持，帮助他们完成学业。民革市委广泛发动党员，积极投身于书香社会建设，在民革市委领导下，在海州区建成民革中山读书苑基地6处，并投入使用，为群众提供读书的场所与空间。

（撰稿：谢　伟）

民盟海州地区组织

【概况】 中国民主同盟（以下简称民盟）海州地区组织坚持“人才强盟”战略，不断加强组织建设，全年共发展新盟员19名，其中博士2名，硕士3名，副高以上职称2名。截至2017

年底，海州地区民盟共有基层组织21个，其中总支1个，支部20个；共有盟员448名，其中博士10名，硕士74名，副高以上职称273名。海州地区盟员中共有市人大代表4人，其中常委1人；市政协委员17人，其中副主席1人，常委4人；区人大代表2人；区政协委员14人，其中常委2人。另有8人次民盟界别政协委员被市住建局、消防支队、物价局、法院等单位聘为市软环境建设监督员、行风监督员和廉政监察员等。

【思想建设】 民盟市委认真组织和安排学习活动，赴贵州大学举办“不忘合作初心 重走前辈道路”专题教育活动；举办“追寻民盟足迹不忘合作初心”主题诵读比赛；举办骨干盟员培训班，邀请民盟南京市委副主委和市委办信息处专家进行理论辅导和拓展训练；举办新盟员培训班，赴徐州开展革命传统教育。另外，民盟市委还选派优秀盟员参加省委统战部党外干部培训班、民盟省委举办的骨干盟员培训班、市委统战部举办的民主党派骨干培训班和新成员培训班，使全市盟员进一步深刻领会统一战线理论，进一步夯实坚定不移地走中国特色社会主义道路的政治信念。在中共十九大召开当天，民盟市委组织盟员收听收看大会盛况，并在会后迅速组织召开十九大精神辅导报告会，使盟员不忘初心、坚定信仰、凝聚共识，进一步夯实多党合作的共同思想政治基础。

【参政议政】 民盟市委紧紧围绕市委市政府中心工作，就省市“十三五”规划落地、全市经济社会发展和群众关心的热点问题，为建设强富美高新港城、助力改革发展建净言、谋良策、出实招，被市委统战部表彰为全市统战信息工作先进集体。在市政协十三届一次会议上，民盟市委共提交集体提案5件、个人及联名提案件24件，社情民意3件。全年共报送各类信息和社情民意41件，其中民盟中央采用4件，民盟省委采用13件，市政协采用1件。徐习军撰写的《关于我省全面融入“一带一路”国际合作的政策建议》得到常务副省长黄莉新批示；朱升斌撰写的《基层反映民主党派“两微一端一站”新媒体平台建设需加强》被中共江苏省委和省委统战部采用；朱升斌撰写的《关于尽快在高速公路安装“静态整车计重”系统的建议》被省政协采用，并得到省委常委张敬华批示。

【社会服务】 民盟市委依托广大盟员，发挥自身优势，积极开展社会服务工作，累计捐赠资金31268元，被民盟省委表彰为“服务发展（科技咨询）先进集体”和“社区服务先进集体”。根据全市“双进双促”强市富民活动的总体安排，民盟市委紧扣“进企业（项目）促发展、进村（居）户促致富”这一主题，深入基层一线，同企业和群众一起学政策、找问题、抓落实，市政协副主席、民盟市委主委龚成龙多次带队走访调研。在“农村教育烛光行动”中，民盟市委开展了专题讲座、大学校园一日行、招生志愿填报公益咨询会等多种活动，朱昇斌、刘旭光、李强、胡碧霞被民盟省委和泗阳县政府联合授予教育合作帮扶一周年先进个人称号。民盟“吉祥鸟”爱心志愿者联盟和职业技术学院支部深入新南街道海宁社区等居民聚集区，多次开展健康义诊、家电维修等活动，得到社区居民的一致好评。民盟市委还成立江苏“一带一路”研究院连云港分院和民盟江苏省国风书画院连云港分院，举办连云港民盟大讲堂，不断创新社会服务形式。

（撰稿：杨　楠）

民建海州地区组织

【概况】 民建连云港市委（以下简称民建市委）在习近平新时代中国特色社会主义思想指引下，在中共连云港市委和民建江苏省委的正确领导下，在中共连云港市委统战部的关心指导下，团结和带领全体会员，凝聚力量、发挥特色，各项工作取得新成绩。

【参政议政】 紧紧围绕市委、市政府和区委、区政府的中心工作，就促进海州地区经济发展、民生改善开展调查研究，认真履行职能。积极参加政党协商会、协商议政会、情况通报会以及调研视察等会议和活动，就从严治党、港口建设、现代服务业发展、精准扶贫等经济社会发展重大事项提出建议，切实做到会前认真准备，会上坦诚发言。在市政协十三届一次会议上，共提交集体提案5件，委员个人提案17件。积极开展调研工作，联合民建省委调研组就连云港市精准扶贫工作情况开展专题调研，由民建市委撰写的《抓准着力点 让精准扶贫可持续发展》的调

11月23日，民建市委举办学习贯彻中共十九大精神研讨会暨理论学习基地揭牌仪式

研报告，被采用为省政协主席发言材料。联合市政协经科委，就连云港市新型养老体系建设情况开展专题调研，撰写调研报告《完善养老体系建设　着力提升连云港市养老服务水平》，作为大会发言提交市政协全会。政协民建界别委员赴连云港港口局就港口建设、临港产业发展开展专题调研。各基层组织就精准扶贫、港口发展、文明城市建设等课题积极开展调研。同时，常态化地做好社情民意工作，全年共收集上报社情民意信息约200条次。积极参与市委统战部组织的“我为富民强市献一策”活动，上报建议20条，《关于在连云新城建设国际航运中心的建议》《关于推动沿海化工园区绿色转型发展的建议》《关于连云港市农村电商发展的几点建议》《关于加强我市职业教育发展的建议》等7篇建议被市领导批示。

【宣传工作】 加强与各级新闻媒体的联系，及时对民建市委的重要活动和基层组织动态进行报道，展现民建风采。年内，在各级媒体上刊发稿件330篇次。加强会刊网站的宣传阵地作用。出版会刊《连云港民建》，就会刊版式、栏目、发行工作进行改进。加强网站的内容建设和管理工作，在及时性、可读性、教育性上下功夫。积极参加民建中央开展的“不忘合作初心，继续携手前进”主题征文活动，共收到征文20篇，2篇作品获得优秀作品奖，民建市委获得民建省委该征文活动优秀组织奖。

【组织建设】 发展会员注意改善会员结构，注重政治素质，有计划稳步发展，发展本科以上学历、中高级职称的会员比例逐渐提高，年龄结构也不断优化。截至年底，民建海州地区共有会员371名，平均年龄40.3岁，本科及以上学历占71.1%，中高级技术职称占61.5%。同时，注重会员的锻炼培养，发掘他们的特长和志趣，充实到参政议政、会务活动的骨干队伍中，用其所长，为会增光添彩。做实做好会员信息管理工作，被民建江苏省委评为组织管理信息系统工作优秀集体。

【社会服务】 打造“同心·思源”社会服务品牌。秉承“饮水思源，回报社会”的理念，继续打造“思源工程–生育关怀”品牌。和区卫计局合作，启动“实现微心愿，情暖计生家庭”送温暖活动，出资两万元关爱海州区全区孤儿、单亲家庭、困难女孩家庭、病灾困难户等计生困难群体。积极参与民建上级组织的扶贫工作。民建农业专家会员一行6人参加民建江苏省委扶贫组，赴民建中央扶贫点贵州省黔西县定新乡村开展精准扶贫工作，为该乡贫困户免费提供价值4万余元的红心猕猴桃两年龄幼苗2000株。开展捐资助学活动。赴锦屏路的“美步夏令营”基地，看望慰问留守儿童和困难家庭儿童，为近100名儿童送去字典、书籍、文具等物品。开展敬老活动。每逢春节和重阳节，由机关领导带队，前往老会员家中一一走访慰问，询问他们的生活情况，并送去节日的祝福。及时为老会员寄送会内各级刊物，让他们了解民建的发展动向。

（撰稿：常　明）

民进海州地区组织

【概况】 民进海州地区基层组织深入学习贯彻中共十八届六中全会、十九大和民进十二大精神，积极投身“强富美高”新港城建设，坚持“有思有行、集智聚力、顺势而为、开拓创新”的工作方针，以坚持和发展中国特色社会主义学习实践为主线，突出机关建设年度主题，推动履职能力稳步提升，思想建设、组织建设、参政议政、社会服务等各方面工作取得显著成效，海州地区民进组织荣获民进全省“新闻宣传工作先进单位”“信息工作先进单位”“机关工作先进集体”。市委会、海州支部获民进全省“坚持和发展中国特色社会主义学习实践活动先进集体”。

【思想建设】 市委会以全委（扩大）会等形式将专题学习作为重要内容，认真学习习近平总书记“7·26”重要讲话、中共十九大精神。十九大召开期间，号召全体会员观看开幕式直播。各支部召开专题座谈会，掀起学习领会中共十九大精神和习近平新时代中国特色社会主义思想的热潮。深入开展“不忘合作初心，继续携手前进”专题教育，引导全市会员统一思想，把力量凝聚到全市全面建成小康社会、建设国际化海港中心城市的宏伟目标上来。学习实践活动成果丰厚，1名会员被表彰为“民进全国学习实践活动先进个人”，2个支部获得“民进全省学习实践活动集体”、2名会员获得“先进个人”称号。研讨推进宣传工作“三大平台”建设，推动会刊、微信公众号、网站改版升级部署。10月，微信公众号“连云港民进”开通运行。全年有40篇新闻稿件和深度理论文章在《人民政协报》《团结报》等媒体刊登。会员积极参加民进省委叶圣陶研究会“语文教师的语言修养”征文活动，1篇论文获一等奖、3篇论文获二等奖。

【组织建设】 市委会以基层支部换届为契机，顺利实现领导班子新老交替、政治交接，特色支部建设取得成效，会员“双岗立功”、各展风采。完成23个支部、1个总支的换届工作，新成立社会法制支部。新一届总支、支部主委中，8人为连任，16人为新任，大量新人进入支委班子，平均年龄46岁，显年轻化态势。组织发展稳妥有序，在农业条线会员发展有新突破。人才推荐取得突破进展，市级人大代表、政协委员43人（其中，市人大常委1人，市政协常委8人），区级人大代表、政协委员28人。片区会务联动、社情民意工作站等2项工作入选民进省委五年工作规划。在大华文化交流中心建立“民进会员文化惠民服务基地”。新海高中支部协助学校党委开展中学生“模拟政协”活动取得丰硕成果。市委会获得民进全省“机关工作先进集体”，1人获得“机关工作先进个人”；1人被评为“市优秀公务员”。年内，会员双岗建功，获省科技进步奖、紫金山文学奖、市“521高层次人才培养工程”培养对象等30多人次。

【建言献策】 年内，主要负责人出席中共连云港市委、市政府通报会9次，就全市重大方针政策的制定等参与高层协商。多次参加政党协商会，推进党委政府决策的科学化、民主化。成立“产业强市”和“创新发展”2个课题组，联合市政协等单位开展调研，完成调研报告《发展生物技术 提升港城医药创新能力》《统筹科技资源 推动创新驱动发展》，为政党协商提供参考。赴天明机械、日出东方等企业进行实地调研；经济支部调研海州区学前教育和民办教育发展。其中，《关于我市重点片区扶贫开发工作的调查与思考》被评为全市“三农”调研成果一等奖。“两会”期间，向市政协十三届一次会议提交集体提案6件，代表、委员共提交建议、提案53件。多名委员履职情况被《连云港日报》《苍梧晚报》等媒体采访报道。市委会领导出席市政协“全面从严治党”专题政治协商会并作交流发言。组织委员参加市政协专题视察活动、网络意识形态、人才强市等专题政治协商会议和提案基础知识专题讲座等。多名会员受聘市纪检监察机关特邀监督员。积极参加政纪行风评议，认真开展民主监督。指导推进支部信息工作，海州区教育局支部成绩突出。定期召开信息会，吸收有参政议政潜力的新会员加入信息研究室，积极反映社情民意信息。市委会被中共连云港市委统战部评为全市统战信息工作先进集体，5名会员分别获得民进江苏省委、市委统战部、中共连云港市委办公室专项表彰。

【社会服务】 市委会坚持政治性、公益性、组织性和时效性原则，贯彻落实民进中央助力脱贫攻坚工作总体部署，有序推进社会服务。解放路小学支部赴灌云东王集中心小学开展“精准扶贫送教”活动；新海实验中学支部、新浦中学支部赴灌云侍庄中学开展送教下乡活动。海州区教育局支部为板浦实验中学开设专题讲座；淮海工学院支部积极参与“喜迎十九大 翰墨抒丹心”书画家笔会。淮海剧团支部举办“非遗惠民·同心共进”周末剧场。文化馆支部“春村文化行”送文化下乡。文艺界会员走进黎巴嫩维和部队，为官兵奉送国乐盛宴。师专支部会员为全市读者开设《镜花缘》公益讲坛。海州区科技局举办知识产权金融培训班。参加民进中央“书香彩虹·安龙行动”图书捐赠活动，捐赠图书1000册，价值17000元。坚持对市特殊教育中心开展献爱心活动，为学生捐赠生活用品。新海城区6个支部携手举办“亲子植树造林公益活动”，吸引300多个家庭参与。职教联合支部积极“助残献爱心”。外国语支部开展“水上交通安全知识进校园”活动。社会法制等支部赴鹰游集团送法推动社会普法。

（撰稿：滕翠红 审稿：孙传先）

农工党海州地区组织

【概况】 年内，中国农工民主党连云港市委员会发展新党员32名，其中，高级职称9人，博士研究生2人，硕士研究生8人。截至年底，全市共有党员452名，其中海州地区有党员370人。党员中有各级人大代表9人，各级政协委员68人。农工党市委有基层组织33个，成立社会服务、心理咨询、专家工作、文体工作、参政议政、信息工作、宣传工作、妇女老年等8个专门工作委员会。

【思想建设】 农工党市委广泛开展迎学中共十九大系列活动，在微信公众平台上推出“聚焦中共十九大”专栏，连续宣传中共十九大精神。扎实开展“不忘合作初心，继续携手前进”主题教育，先后前往嘉兴南湖革命纪念馆、贵州遵义红色教育基地举办专题培训。全年在《光明日报》《新华日报》《江苏政协》等市级以上新闻媒体发表文章186篇，其中国家级19篇。邓演达文献馆完成“市社科普及示范基地”挂牌，合肥、南京等10多家农工党市委先后组织到连学习交流党史工作，年内接待各地学习参观1000余人次。农工党市委“‘书香农工’阅读推广服务”项目荣获连云港市公共文化服务品牌一等奖，为留守儿童开展的“家庭教育缺失补给”经验，代表连云港在全省妇联会议上作专题发言。

【组织建设】 农工党市委被农工党中央授予地市级组织先进集体，一院基层委员会、医卫支部被农工党中央授予优秀基层组织，邓青、田友清被农工党中央评为先进个人。党员管学刚荣获“中国好人”称号，被省文明办评为江苏省助人为乐道德模范。中医院总支、环保支部、连云总支、妇幼保健院总支、海州支部荣获农工党省委先进集体，周军、冯怀金、陈红、管学刚、穆丽等获得农工党省委授予的“先进个人”称号。在市各民主党派创优评比活动中，农工党市委蝉联第一，荣获优胜奖。党员宋杰东、潘卫东主动参加援藏、援疆工作。党员余仔军赴圭亚那执行医疗援助工作，他用精湛的医术，高尚的医德以及饱满的工作热情，为受援国民众提供很好的医疗服务，为祖国赢得荣誉，展现农工党员的担当精神与责任感。

【参政议政】 农工党市委在市政协十三届一次会议上提交集体提案7件，委员个人提案64件，在市政协报送市委市政府领导阅批的10件重点提案中，农工党市委占2件，集体提案《关于优化整合市区医疗资源的提案》，委员个人提案《关于促进社会办医，加快政策落地的提案》。重点集体提案得到市卫计委高度重视，吸纳相关意见，实现市属医院全部达到三级、乡街基层卫生机构全覆盖。在市政协“空气质量治霾”协商议政会上，农工党市委完成大会的主题报告，并作《关于精准施策提升大气治理效果的建议》的大会发言；在市政协十三届三次常委会议上，农工党界别组提交《加快医养结合步伐，促进养老服务业发展》的调研报告，被选为大会书面发言材料。农工党市委先后组织专家就大气污染、医养结合养老服务业发展、垃圾处理、民营医院发展、校企结合等专题进行调研，全年共完成调研报告19篇。水库移民致富及库区脱贫发展问题、加强创业培训，引领大众创业、大力推进全民阅读3个课题被农工党省委立项，并按时上报调研报告。积极参加由农工党省委主办的“2017年江苏农工论坛——大健康产业联合调研”征文，提交4篇调研报告。全年，《当前药品包装五弊端亟待改变》《建议扶持欠发达地区高等教育发展》等11篇信息被省委统战部采用。

【社会服务】 农工党市委依托社会服务、心理咨询、专家3个工作委员会，充分发挥界别特色和资源优势，结合“中国环境与健康宣传周”和“国际科学与和平周”，持续开展“农工党健康服务行”活动。年内，共开展各项精准扶贫、助推小康建设活动30余次。“农工健康大讲堂”在市图书馆挂牌成立，先后围绕“治未病”“亲子依恋关系”“慢性病防治”“家庭教育”等内容开展6次讲座；农工党市委针对留守儿童、监狱服刑人员等群体提供团体辅导，开设微信群，定期开展农工“邂逅心灵”读书活动，进行心理常识宣传、心理问题预防和心理疾病矫治；中医院总支、职业技术学院支部、农工党界别组海州区政协委员开展“文化进校园”系列活动；一院基层委员会在市社会福利院设立“志愿者服务基地”，逢年过节都要到福利院慰问；医卫支部“慈善光明行”活动多次前往偏远地区为困难群众进行眼部疾病义诊；经济支部多次到高校开展专题辅导，助力大学生职业生涯规划。妇保院总支、二院东院支部、海州支部、环保支部、疾控支部、药检所支部等基层组织多次前往东海、灌云、灌南等县区10多个乡镇开展精准扶贫活动。

（撰稿：冯怀金）

农工党市委开展“环境与健康知识进社区”活动

致公党海州地区组织

【概况】 截至年底，海州地区有致公党总支1个，基层支部11个，党员206名，平均年龄50岁；博士7名，硕士29名；中高级职称180人，占87.4%。新发展党员18人；男女比例7∶11，平均年龄39岁。

【思想建设】 致公党连云港市委会始终把思想政治工作摆在首位，把学习作为动力之源、成事之基、思想之本，不断加强政治理论学习，提高党员的政治理论素养，强化对习近平新时代中国特色社会主义思想的认识，增强广大党员建设社会主义的自觉性，进一步夯实多党合作的思想基础。

【中共十九大精神学习】 第一时间关注会议盛况，10月18日，连云港致公党员无论在机关在社区、在企业在校园都通过电视、网络、手机、广播等多种渠道收看大会盛况。在致公党市委扩大会议上，专题宣讲十九大精神，增强与会人员对十九大精神的高度认同。老龄委、各支部也通过座谈交流等形式掀起学习热潮，努力真学真懂、真悟真用。微信公众号表达学习心得，“庆祝十九大，永远跟党走”，连云港致公人用微感觉、微心愿、微心得表达对中国共产党的深情热爱，发布微信图文系列9期，40余篇学习心得，集中展现连云港致公人“画出最大同心圆”的精诚。

【致公党十五大精神贯彻落实】 专题会议传达学习致公党十五大会议精神，学习中共中央政治局常委、中央书记处书记王沪宁代表中共中央致的贺词和主席万钢所作的工作报告，及时将新《中国致公党党章》通过微信推送给支部和党员，了解党章的总纲和条文，加深了对中国致公党政治属性、政治纲领、组织制度等的认识和了解，进一步明确了致公党员的权利和义务，要求“认真学好党章，做合格致公党员”。

【中国特色社会主义专题教育活动】 按照致公党中央的部署，以坚持和发展中国特色社会主义为主题，开展“不忘合作初心　继续携手前进”专题教育活动，通过征文活动、报告会、培训班等多种方式，让“不忘合作初心，继续携手前进”的理念在广大党员心中落地生根。致公党连云港市委会选送的《一份支部小报的力量》宣讲以及《海州致公》小报亮相十五大，宣传连云港市基层支部建设及党员风采，彰显社会主义学习实践活动的精髓，受到致公党中央主席万钢的充分肯定。积极参与“中国梦　侨海情”主题宣讲活动，生动讲述连云港致公故事，传播致公好声音，弘扬正能量。

【宣传工作】 宣传工作强调时效性和准确性，着眼平台建设，贴近支部党员。出版《连云港致公》报纸4期，“连云港致公”网站更新稿件135篇，连云港致公微信公众号发布信息109条，海州致公微信公众号开通运行。及时传达重要会议精神及工作要求，反映基层组织活动动态，进一步加强对外宣传工作，全年党员来稿302篇，获得各级媒体采用461篇次。连云港致公微信公众号影响力，多次在全国各民主党派市级组织排行榜中榜上有名，并在全国致公党市级组织中名列前茅。

【参政议政】 致公党连云港市委会紧紧围绕市委市政府中心工作，追踪时代热点，紧扣工作难点，关注社会焦点，聚焦全面建成小康社会、“一带一路”建设等经济社会重点问题，依靠广大党员，积极建言献策，参政议政成果丰硕。

全年出席中共连云港市委、市政府召开的党外人士座谈会、民主协商会、情况通报会6次，围绕修改《政府工作报告》、重要事项安排等主题，发表意见建议，得到中共连云港市委、市政府领导的重视和采纳。在中共连云港市委专题政党协商会上，作《关于进一步推进连云港石化产业基地建设的建议》主题发言，得到相关方面的高度重视。在政协“全面从严治党”协商议政会上，作《民主党派要做全面从严治党的拥护者、追随者和推进者》主题发言，为全面从严治党，做挚友献诤言。在政协“化工园区集中整治和提升”协商议政会上，作《关于进一步加强化工园区环境污染综合整治的建议》主题发言，在市政协十三届三次常委会议上，作《关于进一步加快发展连云港市港口物流的建议》发言，作《发挥连云港港口优势+加快海洋服务业滨海集聚》书面发言，紧扣环境问题，出实招献良策，得到相关部门充分采纳，相关建议转化为政策文件和实际措施。周立岩为全体常委作专题辅导报告，受到与会领导的高度赞誉。

【提案发言】 年内，提供的调研报告，转化为全国政协集体提案1篇次，省政协大会口头发言1篇次、书面发言1篇次，省政协提案5篇次。在市政协十三届一次会议上，市委会提交集体提案3篇，个人提案15篇次。开展调研活动10次，提交省委调研报告9篇。报送致公党省委、市委统战部统战信息33篇次，市委统战部“我为强市富民献一策”专题献策23篇次，市政协社情民意32篇次，参政议政能力得到全面提升。

【课题调研】 致公党连云港市委会继续完善“调研课题招标和申报制度”，健全课题管理、调研组织、调研安排、成果运用等机制。不断完善信息报送机制，完善信息员网络，健全信息直报点工作。积极参加致公党省委举办的“汇智论坛”，集中展示调研成果。积极鼓励各支部带着课题走进职能部门，走进城市乡村、企业农户等，先后就不动产登记融合、体检行业健康发展、苏北化工产业转型升级、伏季休渔政策、侨港资企业发展、统一的视频监控体系建设、民营实体书店运营、地理标志产品工作推进等问题赴职能部门调研，一大批调研成果获得采用，多项调研成果获得省级课题立项。在致公党江苏省首届“汇智论坛”上，周立岩、曹健鹏联合撰写的《推进江苏制造业服务化的关键路径与政策体系研究》，俞卫军撰写的《提高中医药服务能力，推进中医药继承创新》两篇调研报告，现场全文演讲并荣获二等奖。

【社情民意反映】 致公党连云港市委会始终关注全市产业发展建设，着力发现产业发展过程中存在的难点问题，提出解决办法。致公党连云港市委会在连云港石化产业基地调研过程中发现，关系连云港市产业发展的盛虹石化面临煤炭替代指标问题，非连云港市现有条件基础能够解决，而该指标问题能否解决，又决定企业环评能否通过。致公党连云港市委会及时与石化产业基地积极沟通，进一步了解情况，提出解决思路，并写成信息《连云港石化产业基地建设面临两大瓶颈亟待解决》向上级报送，信息获得中共江苏省委采用，为该项目最终获得环评通过作出贡献，小信息实实在在为企业解决现实困难，助力港城大发展。年内，致公党连云港市委会有22篇信息获得致公党江苏省委采用，其中《建议“一带一路”沿线城市推进高等教育留学生输入型国际化》《尽快制定〈环评法〉中“未批先建处罚”的司法解释》《四个原因决定国有土地上房屋征收强制执行申请时点应予调整》等3篇信息获得致公党中央采用，《完善乡村道路建设，实现农村精准扶贫》获得副省长张敬华批示。

【社会服务】 致公党连云港市委会充分深化工作内涵，发挥党派特色，打造“致福·侨海情缘”“致福·民族情缘”品牌。拓展工作领域，精细组织谋划，促进中外文化交流与民族文化自信。提升社会服务水平，针对社会民生服务的热点，在贫困、医疗、弱势群体等方面，积极开展“致福脱贫”“致福送诊”“致福关爱”等活动，拓展服务方式，增强服务成效，取得良好的社会反响。

【“侨海”特色活动】 挂牌成立“致福·侨海情缘——致公党社会服务（留学生）实践基地”和“致福·侨海情缘——中医药文化体验基地”。致公党侨海基地的建立，与海外传统友谊进一步巩固，“侨海”特色进一步突显，海外联络进一步加深。海州一支部举办“一带一路青年学生学保尔研讨会”，邀请“一带一路”沿线国家在连留学生和海州高中学生代表共同研讨保尔精神。举办2017中秋诗文朗诵会，党员以及在连的部分海外留学生齐聚一堂，用吟诵古今中外诗篇的形式来表达对中秋佳节和伟大祖国的美好祝愿。成功举办“丝路东方·留学中国”硬笔书法邀请展开幕式暨第二届“丝路东方·留学连云港”在连高校外国留学生才艺作品大赛颁奖仪式活动，展览遴选来自乌兹别克斯坦、俄罗斯、老挝、韩国、英国、尼泊尔等30个国家，连云港及南京、广州、温州、扬州、抚顺、鞍山等12个城市的百余位在华留学生的书法作品，丰富港城高校留学生学习生活，展现留学生学习中华文化成果，得到社会各界的高度赞许。教育合作。服务“一带一路”出实力，促进教育的合作与交流。致公党连云港市委会为服务“一带一路”倡议出实力，参加以“架设丝路合作桥梁，共促和平发展繁荣”为主题的第五届中国—中亚合作论坛，促成淮海工学院、哈萨克斯坦KIMEP大学和连云港市教育局签订合作协议书，确认各自有意推动交换学生工作的合作和交流，实现三方互惠。业务联络。新浦一支部主委朱志刚牵头邀请法国动物疾病防控专家到连交流指导，增进中法两国畜牧业之间的了解与互动。同时，坚持开展“送春联进侨家”活动，为归侨侨眷和社区居民义务写春联，温暖侨心、凝聚侨力。

【民族团结促进】 拓展工作领域，精细组织谋划，致力于提升服务民族团结工作水平。挂牌成立“致福·民族情缘——社会服务活动基地”，进行爱国主义教育，增进民族大团结、大融合。开展“致福佳节”活动，以“共度传统佳节，感受传统文化，介绍地方风物”为载体，和新疆班学生一起，共享传统文化。

【服务热点】 针对社会民生服务的热点，在贫困、医疗、弱势群体等方面，致公党连云港市委会努力做好“致福送诊”工作，市委委员，医卫支部主委俞卫军赴贵州对口帮扶。海州二支部党员曾庆宏随市援疆医疗队赴疆，开展医疗卫生援疆工作。他们凭借精湛医术和无私奉献，唱响民族团结之歌。努力做好“致福脱贫”工作，市委会精准扶贫，结对帮扶贫困家庭，切实解决贫困家庭的实际困难。医卫支部党员韦平个人捐助1名贫困学生每年6000元。努力做好“致福关爱”工作，关爱弱势群体，新浦一、二支部联合慰问海州区环卫工人，高新区支部慰问连云港爱吉瑞丽儿童潜能开发中心，外国语学校支部慰问社会福利院等，助力民生发展。持续组织开展“致公爱心妈妈”活动，关爱留守儿童。妇委会及新浦支部等赴新坝镇魏口小学、解放路小学滨河校区等，给孩子们送去衣服、图书、学习用品等，带领孩子们朗诵唐诗、合唱歌曲，开展趣味运动会。年内，市委会及各支部组织“致公爱心妈妈”主题活动7次。老龄委组织十九大精神学习、参观养老院、考察新农村等活动10余次，老党员对加快新农村建设、促进农民增产增收途径进行深入探讨，凝聚共识，为市委会工作开展提出很多宝贵意见建议。

【自身建设】 着力实施“双发行动”。进一步落实省委“双发行动”要求，发掘履职人才、发挥各级组织和党员作用。改进和完善现有组织工作机制，探索和创新组织工作方法。大力加强专门委员会建设。根据致公党省委专门委员会通则，致公党连云港市委会通过优化设置、完善机制、配强力量，对专委会进行充实、扩大，成立参政议政、法治工作、教育卫生、侨海联络、社会服务、文化体育、青年工作、妇女工作、老年工作、党务研究等10个新一届专门委员会，新一届专委会已正式运转一年，工作稳步推进，尤其是老年委工作突出。各专委会也正在向“行动中的致公党”“可移动的智库”迈进。有序推进组织发展。重视发展代表性较强的有海外背景的人士加入本党，尤其注重留学回国人员的发展情况，加强党员的发展和培养。连云港致公党组织规模进一步提升、组织结构进一步优化。年内发展新党员25名，全部具有本科以上学历，其中博士1名，正高级职称1名；硕士6名。

【事务规范健全】 规范化是民主党派工作有序健康运行的基础，是民主党派自身建设的重要保障。为充分发挥党派作用，推进党派加强自身建设，逐步实现基层工作规范化制度化。市委会健全会议制度，具体表现为：全体党员大会、全体委员会议、主委会议、支部会议、专题会议等制度。这些制度对重要事务、日常事务及方针政策、国内外形势的研究、讨论、制定解决方法、确定指导思想和统一认识，起着极为关键的作用。为规范基层支部工作方式，市委会还专门编印党务手册，使支部活动有案可循。党务工作手册，明确了支部工作标准化制度、支部委员工作职责，支部记录党员名录，支部活动开展情况、党员获奖情况详细记录在案，为支部史料留存提供便利，提升基层支部建设水平。

【工作制度完善】 完善教育制度。在形式上，采取教育与实践相结合的方法，有会议形式、培训班形式、实践教育形式等。培训内容上，以正确的理论为指导，以光辉的历史为教材，提高党员对多党合作的认识，增强参政党意识。规范宣传制度。坚持正确的政治导向，开辟“成员风采”“成员论坛”“改革动态”“自身建设”等专栏，把有积极意义的新思想、新观念、新制度、新经验、新启示，面向全体成员作宣传，务求能迅速将党派成员的注意力在较大范围内吸引到思想建设过程中的一些突出的热点、难点问题上，从而激发成员的主动性和积极性，促进成员自我教育、自我发展和自我完善。完善激励制度。充分重视和尊重成员的各种积极因素，制定出激励原则和激励措施，建立健全评优、评先制度。支部活动制度。着力打造实力支部、活力支部、魅力支部建设，重视活动开展，提升组织凝聚力。年内，市委会注重支部主题活动开展，举办首届趣味运动会，全市15个支部90名党员参赛，在活动中提升组织的凝聚力和战斗力，充分展现致公党员团结、健康、向上的良好精神风貌。

【创优争先】 致公党连云港市委会扎实开展各项工作，广大党员立足“一岗双职”积极进取，涌现出一大批先进集体和先进个人。致公党连云港市委会、海州总支分获致公党中央学习实践活动先进集体，党员曹健鹏、颜珉获得先进个人；党员朱志刚获得致公党中央社会服务工作先进个人，党员颜珉获得致公党中央社会工作优秀组织者；在致公党江苏省委首届“汇智论坛”上，俞卫军、曹健鹏分获二等奖；市委会、教育支部、海州支部获得致公党江苏省2012—2017年度先进集体，党员朱波、朱晓玲、张元良、张星荣、张海云获得先进个人。5个课题获得致公党省委2016年度优秀调研报告。2017年度信息报送工作针对性强，参考价值高，得到中共连云港市委办的通报表彰，市委会办公室获得市委信息工作先进集体，李学泉获得信息工作先进个人。

（撰稿：李学泉）

九三学社海州地区组织

【概况】 年内，九三学社连云港市委员会在海州地区发展社员18名，平均年龄37.8岁，高级职称8人，研究生以上学历8人。截至年底，九三学社在海州地区有基层支社15个，社员313名，平均年龄46.9岁。其中博士19人，硕士75人，中高级职称272人。陈秋飞、金亮参与的项目“千吨级干喷湿纺高强/中模碳纤维产业化关键技术及应用”获国家科技进步一等奖。农林支社被九三学社中央表彰为2013—2017年度参政议政工作先进集体。

【思想建设】 九三学社市委组织全市社员开展学习贯彻十九大精神系列活动，组织30余名老社员集中收看党的十九大开幕式；召开学习贯彻十九大精神暨调研议政工作会议；组织九三读书会工作班子召开学习党的十九大精神座谈会；赴嘉兴开展“学习红船精神、永远跟党走”主题教育活动。在思想建设工作中，九三学社市委举办中共十八届六中全会精神专题讲座；举办新成员培训班；举办高校教师座谈会；召开“重温历史砥砺前行，纪念‘9·3’座谈会”；与市图书馆在“九三书苑”建立“流动图书馆”；获得江苏凤凰出版传媒股份有限公司向“九三读书会”赠书1万册；在静书房、同德科技有限公司、海郡律师事务所、永超建设有限公司设立九三社员阅读点；与民进市委会联合举办《民进·九三品读经典》文化活动；与九三江苏书画院开展文化交流活动；赴广州与公益读书会开展文化交流活动，观摩全民阅读点和中山大学图书馆。

【工作成果】 新浦支社、农林支社被九三学社省委分别表彰为组织工作、参政议政和社会服务先进集体；师专支社获评全市民主党派“双创双增”活动先进集体；鹰游支社被九三学社市委授予特别贡献奖，科技支社、海州支社、一院支社和连海院支社被九三学社市委表彰为先进集体。

【参政议政】 在市政协十三届一次会议中，海州地区市政协委员共提交个人提案32件，集体提案3件。集体提案《关于临洪河口湿地保护与利用的建议》被评为市政协十三届一次会议优秀提案。在政协连云港市海州区第九届委员会第一次会议上，单独设立九三学社界别，共有17名九三学社委员参加会议，共提交26件个人提案，1件集体提案，《关于加强农村地区食品安全的建议》被海州区政协列为主席督办提案，张敏获得海州区优秀政协委员称号。九三学社市委提交的调研报告《科技金融支持科技型中小微企业发展的对策建议》在九三学社中央第十二届“九三论坛”大会上交流发言，《科技创新驱动农业机械化供给侧结构性改革路径选择与案例分析》《振兴奶业、改扩建苏北现代奶业基地势在必行》等2篇调研报告入选第十届江苏九三论坛，“江苏省农村实用人才发展状况研究——以连云港为例”等4个课题入选九三学社省委招标课题。在中共连云港市委统战部与各民主党派联合开展的“我为强市富民献一策”活动中，有5条信息被报送中共连云港市委领导并获批示。九三学社市委开展“企业研发创新”主题调研，先后调研中船重工第七一六研究所、江苏豪森医药集团有限公司；联合市政协赴田湾核电站调研连云港市核电安全发展情况；赴中复神鹰碳纤维有限责任公司，调研民营企业科技创新研发和产业化进程；对全市农村生态环境开展调研并形成市政协十三届二次会议大会发言材料。

【社会服务】 九三学社市委与九三学社东南大学委员会联合建立沿海开发应用技术联合研究中心，召开九三学社科技创新座谈会、赴东南大学对接沟通，联合研究中心成员单位江苏东浦管桩有限公司聘请中国矿业大学、东南大学专家作为企业的技术总顾问、科技副总。九三学社市委组织社内医卫、法律等专家在海州区新坝镇开展送政策、送法律、送健康下乡综合服务活动；发动8名企业家代表及部分支社社员为锦屏镇刘顶村和新坝镇大屯村的20余户家有优秀学生的贫困家庭送去25000余元慰问金；在淮海工学院对学校近200名艾滋病同伴教育者、青年志愿者进行艾滋病防控知识宣传培训。

（撰稿：孟　伟）

海州区工商业联合会

【概况】 海州区工商业联合会（简称区工商联）认真学习贯彻党的十九大会议精神，深入开展“百企帮千户”精准扶贫、“百企业大走访大调研”和“双进双促”（走进基层、走进群众，促科学发展、促社会和谐）活动，严格落实各级重要会议精神，全面优化作风建设，紧紧围绕区委区政府工作主题，积极引导民营企业适应新常态，融入、服务地方经济社会发展，先后通过江苏省和全国“五好”工商联评审工作。

【参政议政】 区工商联始终把参政议政、建言献策作为主要工作，积极探索新形势下参政议政工作的规律和特点，深入开展走访调研活动，引导非公有制经济代表人士自觉在参政议政、民主建设中发挥特有作用，参政议政工作成效显著。代表们在海州区“两会”上的《关于控制我区污染排放的建议》《关于保护板浦古镇、提升海州区南大门形象的提议》《关于加强对各社区图书阅览室管理的建议》《关于盘活利用民企小产权资产的建议》《关于在全区上下强化读书学习的建议》等提案获交流发言机会，得到部分采纳。2—5月，区工商联机关全体进行“百企大走访、大调研”活动，共走访80余家会员企业，形成调研报告1篇，并上报省工商联。8月，市政协副主席方韬带领市级各职能部门调研海州区各中小企业运行情况；9月，市工商联副主席仇延东一行到海州区调研“百企帮千户”精准扶贫工作组织开展情况；12月，区工商联成功举办企业调查推进会暨民企直报培训班，为2018年全面完成全国工商联民营企业调查工作提供准确的数据材料。

【组织建设】 1月，成功完成区工商联换届工作，顺利召开第六次会员代表大会；召开各镇（街）开发园区统

海州区工商联举办执委企业信息联络员培训班

战委员会议，布置基层商会组织换届和成立事宜，基层商会建设更加规范；建立企业家副主席（副会长）驻会轮值制度。切实增强企业家副主席（副会长）的责任感和主动参与商会日常管理的积极性，提升商会服务企业的水平；组建执委以上企业信息联络员队伍，并举行专题培训；切实提高机关干部服务非公企业的意识和能力。组织机关干部加强学习，不断增强发展精气神，机关建设有明显进步。

【宣传报道】 深入开展以守法诚信为重点的理想信念教育实践活动，引导非公有制经济人士践行守法诚信，以成熟理性的心态适应经济发展新常态。培育宣传先进典型，积极发挥典型引导作用。始终把培育和大力宣传各类非公经济的先进典型作为做好非公经济人士思想政治工作的重要抓手，为民营企业的发展营造良好的发展氛围。开通海州区工商联微信公众号，及时把中央、省、市、区委区政府的最新要求和工作部署传达到非公经济人士中去；组织新任常执委培训等学习班2次，引导广大非公经济人士同心同德跟党走，同心同向奔小康，同心同行谋发展；组织会员企业学习习近平总书记十九大报告，大力引导非公经济人士做合格的中国特色社会主义事业建设者，致力构建“亲”“清”新型政商关系；注重发挥先进典型引领示范作用，着力在民营企业家中发现、培育、宣传一批“爱国、敬业、守法、奉献”的先进典型。注重典型培育，在企业中树立发展标杆，明确发展方向，推荐江苏中鹏新材料公司向省工商联申报转型升级、创新发展典型，推荐东浦管桩公司申报全省民营企业文化建设示范单位，鹰游集团张国良荣获“中国纺织大工匠”、天明机械集团获2017年度中国机械工业科学技术一等奖和中国产学研合作创新成果奖、连利·福思特表业、嘉一化工等多家企业荣获年度市级“守合同重信用”企业称号、海州石棚书院曹佳博光荣入选中宣部“砥砺奋进的五年”大型成就展讲解员、江苏天福莱荣获2017年度中国水产饲料十大品牌、美好门业获得市消协“消费者最喜爱的家居建材品牌”荣誉。

【服务经济】 围绕区委区政府中心工作，发挥工商联组织优势，广泛联系、交流和宣传海州区经济优势、特点和相关政策，服务全区招商引资工作。3月底，区工商联带领企业家一行到苏南学习和交流，详细了解当地民营企业发展情况，为企业拓宽发展思路；4月底，赴苏州吴中区参加友好商会交流活动并积极推介海州区投资概况。2—12月，与苏州吴江区工商联、山东莱阳食品企业商会等7家单位签订友好商会协议；10月，成功接待昆山连云港商会返乡行活动，并在宁海举行小型的招商推介会；12月，成功接待上海连云港籍企业家一行返乡活动，并在海州开发区举行推介会。活动加强双方的相互往来，为后续的招商引资工作打下坚实的基础。

【光彩事业】 区工商联号召会员企业在诚实守信发展经营好自身企业的同时，大力引导会员企业积极投身光彩事业，勇于承担社会责任。东浦管桩、鹰游集团、万达辅机、华山骨科医院、瑞安置业等企业在“民企帮村”精准扶贫活动中，共对全国各地28个村进行帮扶，金额达1850.5万元；成功促成新坝镇大穆村与易耕农业签订黄芽菜种植项目协议，为村民成功联系4个就业岗位、1场送医下乡义诊活动、资助扶贫金16000余元、赠送各类物资价值2万余元；华山骨科医院、瑞安置业、东浦管桩、易耕农业等企业在2017年“慈善一日捐”中捐资总额达710余万元；万达辅机用20余万元为新坝镇安装路灯；东浦管桩送给孩子们价值14万元书包；雅致装饰、天邦科技、博雅供应链、福斯特水表、连岛海苔等企业为烧伤的王某某捐助救助金26800元及部分物资。

（撰稿：季明伟　审稿：朱文淑）

群众团体

海州区总工会

【概况】 海州区总工会领导班子认真学习贯彻落实党的十九大精神，紧紧围绕区委区政府中心工作，团结动员全区职工积极投身“强富美高”新海州建设，坚定不移推进全区工会改革，认真履行工会基本职能，着力增强工会组织的政治性、先进性、群众性，工会工作稳步推进，特色鲜明，成效明显，圆满完成2017年各项目标任务。

【组织建设】 扎实推进基层工会规范化建设。全年新建工会91家，达标“六有”（有依法选举的工会主席；有独立健全的组织机构；有服务职工的活动载体；有健全完善的制度机制；有自主管理的工会经费；有会员满意的工作绩效）工会62家。积极开展“党工共建”活动。4月底，与区委组织部联合举办赴井冈山干部党性教育培训1期，共29人次；组织参加市委组织部和市总工会联合举办的干部党性教育培训班2期，共4人次。坚持全覆盖原则，做好工会干部培训。全年举办工会干部培训班6期，培训工会干部300余人次；完成省总、市总调训20余人次。

【基层民主管理】 海州区总工会以“党政重视、民主管理、共达和谐”为标准来建设职工之家，在实践中摸索出以“职工民主恳谈会”加强民主管理工作的新路子，极大地调动职工当家作主的积极性，使企业与职工得到广泛深入地交流，职工对企业有充分的信赖，企业对职工有更大的尊重，民主管理工作实现从被动到主动，受到上级工会和职工群众的普遍认可。在此项创新工作推动下，全区2家企业（江苏中鹏新材料股份有限公司、江苏泰格油墨有限公司）获得省厂务公开民主管理先进单位，1家基层工会（连云港新浦经济开发区管理委员会）获全省推动厂务公开民主管理工作先进单位。

工资集体协商工作纳入区委区政府考核项目。制定完善《海州区劳动关系预警机制》《海州区协调劳动关系三方会议制度》等制度，建立劳动关系监测点5个，培育市劳动关系和谐企业40家。50人以上建会企业工资集体协商建制率达98%，培育工资集体协商质效三星级示范企业20家，上报工资协商案例15件。

【安全健康保障】 以“安康杯”竞赛为载体，提高职工安全素质，维护好职工安康权益。全年组织309家企业、1776个班组、22481名职工参加“安康杯”竞赛活动，其中，安百利灌装线班组荣获“省安康杯竞赛优胜班组”称号；积极组织参加全市职工“安全隐患随手拍”活动，有3幅作品获奖，荣获市“先进单位”称号。

适应环卫工人户外工作需求，推进“安康驿站”扩量提质。经过近三年的不懈努力，建成驿站38个，普惠全区近3000名环卫职工。

【工会法律维权】 充分发挥劳动争议调解庭作用，把工会调解纳入到全区大调解之中。发挥劳动争议“调裁诉代”一体化平台作用，全年受理36件维权案件，成功办结32件。

建立完善工会法律顾问制度，认真开展劳动法律监督、争议预防调解工作。全年，下发法律监督意见书4份。进一步壮大阳光法律志愿者服务队，开展送法进企业、进农村、进工地等系列活动。

根据海州区委办《关于完善矛盾纠纷多元化解机制的实施意见》的要求，进一步完善推广“老总调解员”机制，在洪门、宁海、海州工业园建立“老总调解员”机制；规范完善特邀调解制度，承办1期全市劳动争议调解观摩活动，全市各县区工会法律工作者现场观摩了海州区“老总调解员”参与调解的案例；年内，海州区总工会建立“老总调解员”制度快速化解劳动争议的做法，在江苏省总工会基层法律维权工作大会上作经验交流，同时获评全省工会基层法律工作十佳示范项目。《工人日报》《中国县域经济报》《江苏工人报》等媒体对这一做法给予肯定和宣传。

【职工帮扶服务】 大力推动扶贫帮困各项政策的落实。对全区198名特困职工家庭的建档、发证、帮扶实现全覆盖；加强困难职工档案管理，推进“一户一档、一户一计划、一户一措施”帮扶脱困新机制实施，实现精准解困脱贫，切实增强帮扶工作的针对性和实效性。全年解困脱贫105户。

与区人社局共同开展“春风行动”等促进就业再就业活动，为600余名职工找到合适的工作；开展各类职业培训21次，培训下岗职工、农民工650人次；开展电商培训2期，参训人数100人次；组织一线职工疗休养3期90人次；开展夏送清凉、金秋助学、冬送温暖等品牌服务，为全区198名特困职工家庭中的大学生每人每年送助学金4700元，连帮四年，直至本科毕业；多方筹措资金，共为198名特困职工、1128名困难职工（农民工）、206名各级劳模、98名困难大学生、2663名环卫工送去资金和物品达238万元。

建立区职工创业创新中心5个，争取资金25万元，进一步增加职工就业创业渠道；同时，开展创新创业项目扶持，为全区15个项目争取到创新创业扶持资金47万元，其中，连云港市惠亿家食品有限公司、海州创业梦工场、海州青年创业孵化基地、连云港网隆事业投资有限公司、连云港迪恩电子商务有限公司、时代富华文化传播有限公司等6家单位获评市“创业促就业示范基地”，连云港市巾帼联佳家政公司的家政培训、连云港易耕农业服务有限公司的指尖商城、连云港万锦塑料制品公司的塑料制品加工、江苏环宇物业有限公司的物业管理、正航电力节能技术有限公司的电力节能技术等5个项目获评市“优秀创业项目”。

做好职工普惠服务，推进会员服务卡的宣传和办卡工作，全年办卡20000余张，推送会员优惠活动20余次。

【职工素质提升】 选树和培育具有时代特征的先进典型人物，强化思想引领。年内，选树省“工人先锋号”1家、省“五一劳动奖状”1家；市“五一劳动奖章”8名、市“五一劳动奖状”2家、市“工人先锋号”6家；市“十大最美职工”2名，提名奖1名；区“十大健康卫士”10名，提名奖10名。

持续开展“建功十三五，建设新港城”劳动竞赛活动，促进职工素质提升。培育劳动竞赛示范单位12家；5月，举办电焊工职业技能大赛，全区推选50余名选手参加大赛，选拔出“市技术能手”1名，“市创新能手”2名；6月，与区卫计局联合开展全区卫生应急技能竞赛，3个竞赛项目，共选拔出“市创新能手”3名，“区卫生应急标兵”15名。

积极搭建劳模、工匠展示作为的新平台，发挥示范、引领和辐射作用，助推职工素质提升。创建劳模创新工作室7个，港城工匠创新室3个。

【职工文化建设】 开展“创·争·树”主题教育活动，新增示范单位40家，创建学习型示范点23个。开展“中国梦·劳动美·幸福路”劳模宣传月活动，联系媒体多方面报道劳模、工匠50余人次，进一步放大劳模品牌效应，使劳模精神成为凝聚全区广大职工建功立业的精神力量。

强力推进“职工书屋”建设，为辖区企业送图书、送电脑，积极打造职工读书平台。2017年，创建全国“职工书屋”示范点1家，省级“最美职工书屋”示范点1家，市级“职工书屋”示范点10个，市级“书香企业”1家。

广泛开展文体活动，丰富职工精神文化生活。组织全区100余人次参加市职工健身运动会，获游泳、足球、排球、跳绳、武术项目第一，羽毛球团体第二，乒乓球第三；组织职工参加2017中国丹阳“千千素爱”杯武术套路·跆拳道国际邀请赛，荣获集体第一名；组织职工参加“2017凯雷之家杯”连云港市太极拳赛，荣获集体项目一等奖；承办连云港第一届万人相亲大会；开展“博雅女性、魅力江苏”女职工主题读书征文、“好家风我带头”感人故事微电影拍摄、机关女职工趣味运动会等文体活动。

（撰稿：赵鑫鑫　审稿：王富芹）

海州区总工会举办助力创业创新电商培训班

共青团海州区委员会

【概况】 共青团海州区委员会（以下简称团区委）团结带领全区广大团员青年，切实按照“凝聚青年、服务大局、当好桥梁、从严治团”四维工作格局，紧扣区委区政府中心工作，立足青年工作实际，大力推进共青团工作改革创新发展，为建设“强富美高”新海州贡献青春力量。

【理想信念教育】 坚持用社会主义核心价值体系统一青年思想、凝聚青年力量，先后组织各类培训、座谈会、报告会10余场1000余人次，观摩活动10余场600余人次。召开海州区纪念“五四”98周年表彰大会，引导广大青少年继承和发扬优良传统。“学习习近平总书记讲话，做合格共青团员”教育实践活动在全区团组织全面铺开，结合“五四”“七一”等纪念日，组织各级团组织负责人深入联系点讲授“不忘初心跟党走”“如何做一名共青团员”主题团课。同时深入运用“互联网+”思维。实施“掌上共青团工程”，开通海州共青团微信公众号“海州青年”，结合“青年之声”和“青年之家云平台”，建成一轴两翼的党的声音传播矩阵。开设“喜迎十九大活动季”“青春防线安全季”“就业创业季”等专题互动栏目，通过集中答办青年提问，发布青年活动信息，引导团员青年不忘初心跟党走。

【创新创业工作】 建设海州区青年创业孵化基地，引进10余家青年创业企业，扶持创业青年50余人，打造市级青创空间2家。积极联系各企事业单位，在全区范围内先后培育青年就业创业见习基地3家，为应往届大中专毕业生、下岗青年、返乡农民工提供见习岗位。开展海州籍大学生暑期社会实践活动，组织100余人到区机关、企事业单位开展见习。组织开展青年电商精英提升班培训活动，培训人数100余人。

【志愿服务活动】 深入开展学雷锋全民志愿服务行动月、“五四”服务周、“红动海州”党员团员志愿服务月等志愿服务活动。围绕创建全国卫生城市、全国文明城市等工作，累计组织近千人次参与志愿服务及宣传工作。广泛调动资源投身“双进双促”强区富民活动，在浦南镇汪新村汪庄办学点开展为期一年的“心手相连·共筑梦想”帮扶关爱活动，帮助建立图书角，捐赠书橱4组、青少年书籍1000余册，并通过开展手拉手十岁成长礼、远足拓展、心理疏导等途径，为弱势青少年送去组织的温暖。

【青少年阵地建设】 将“青年之声”“青年之家”与维护青少年合法权益、志愿者服务、青年素质提升等工作有机结合，把团的服务送到青年身边。至年底全区80%镇（街）建成青少年之家，其中省级青少年之家3个，市级青少年之家1个。

【青少年成长成才帮助】 建立海州区“青春自护·守望联盟”，持续开展暑期自护夏令营、自护教育进校园等活动，举办“共青爆米花影院”“少年演说家”等赋能活动，营造健康成长环境。实施“希望工程圆梦行动”，发放资金70余万元，帮助37名贫困应届高考生实现“大学梦”。实施“阳光关爱·携手助梦”行动，招募助学志愿者与50名品学兼优的贫困高中学子结对帮扶，助力高中学子追梦。举办“恋青春·爱海州”青年人才交流活动，帮助66名青年搭建交流、交往、交友平台。开展海州区首届“十大杰出青年”评选活动，倡导广大青年树立正确的世界观、人生观和价值观。

海州区开展首届十大杰出青年评选活动

【少先队及中学中职共青团建设】 开展“红领巾相约中国梦”“十八岁成人仪式”“十四岁青春宣言”、离队入团示范仪式等主题教育，加强革命传统和爱国主义教育。利用青少年入队、入团、入党等契机，强化党、团、队的组织意识衔接，增进青少年的民族自信心和历史使命感。

【团建工作】 11月，成功召开中国共产主义青年团海州区第十四次代表大会和十四届一次会议。依法选举产生共青团海州区第十四届委员会常务委员8名，委员22名，候补委员11名，出席共青团连云港市第十七次代表大会代表35名。坚持“三会两制一课”（支部委员会、团员大会、团小组会即民主生活会；团员教育评议制度、团员年度团籍注册制度；团课制度）制度，规范开展“双述双评”（村干部既向乡镇党委述职又向群众述职，既接受组织评价又接受群众评价）工作，明确“团支部书记职责清单”，进一步加强对团干部的教育管理。组织各级团干部参加团省委、团市委各类调学，赴井冈山教育基地进行实景教育，参训团干部达120余人次。

（撰稿：陈　伟　审稿：马　超）

海州区妇女联合会

【概况】 海州区妇女联合会（以下简称区妇联）紧紧围绕市妇联工作部署，紧扣全区发展大局，以创新为追求，以务实为导向，扎实推动各项目标任务圆满完成。区妇联被评为省巾帼建功先进集体。

【微笑行动】 1月17日，举办“微笑行动——单亲特困母亲援助专项资金发放仪式”，来自全区的112名单亲特困母亲每人领取1000元援助资金。区委常委、组织部长林田海参加活动。

【技能培训】 6月8日，启动“幸福启航——巾帼扶贫再就业技能培训行动”，相继举办面点、月嫂、养老护理员等培训班6期，培训妇女300多人。

海州区妇联举办巾帼扶贫再就业技能培训班

【巾帼建功】 全年打造省巾帼示范基地6个，争取扶持资金4万元。培养省巾帼文明岗5个，市巾帼文明岗7个，市巾帼建功先进集体2个，市巾帼建功标兵5人。

【恒爱行动】 区妇联作为“百万家庭亲情一线牵”关爱贫困孤残儿童恒爱行动支持单位，参加恒爱行动连云港发布会。恒爱行动开始之前，区妇联就从宣传发动、志愿者招募、跟踪服务和回收运输等方面做细致的安排。10月28日，市、区两级妇联在苏宁广场共同举办“百万家庭亲情一线牵”毛线发放仪式，正式启动“恒爱行动”。此次一共领取460多斤毛线。活动结束共计回收成品624件。

【贫困境儿童帮扶】 1月17日，区妇联举办“传递温暖、相伴成长”活动，为245名贫困学生送去书包、书籍和围巾、手套等慰问品。区妇联领导亲切看望扁担河社区5名贫困家庭儿童，为每家送去大米、油、牛奶和500元慰问金。1月19日，举办“与爱同行、暖冬行动”，为30名贫困家庭儿童送去书包、图书、护眼灯和每人300元慰问金，仪式后，组织家长和孩子们前往必胜客九龙店亲自体验做比萨。1月22日，联合热心企业家看望30名困境儿童，为他们送去台灯、图书、书包和每人500元慰问金。1月23日，在新坝镇举办“读书伴我成长”亲子阅读活动，30个孩子和家长参与其中。采取线上线下相结合的方式，开展99公益募捐，共筹集善款2.2万元。聘请退休老教师薛明光在玉带社区成立薛明光家庭教育工作室，家长学校挂牌成立，精心设置家庭教育大讲堂课程表，定期给家长上课。5月26日，在武圩小学举办“梦想成长城乡儿童手拉手”活动。建国路小学的23名学生及其家长按照事先认领的微心愿，拿出精心准备的礼物，送到结对小朋友手中，并组建成临时家庭。5月27日，举行省慈善总会、省儿基会资助特困孤儿救助金发放仪式，21名儿童每人领取1000元福利。完成海生草合唱团的排练，推荐部分学员参加市六一演出。6月15日，慰问浦南村10名贫困儿童。7月19日，启动第七届留守儿童夏令营，100个孩子参加了为期五天的活动。9月，走进陇海步行街积极开展99公益筹款活动，三天共筹款1.5万元。10月19日，走进浦南中心小学和新坝中心小学，为120名贫困学生发放“音乐种子助学金”每人600元。

【海州好家庭评选表彰】 5月5日，举行海州好家庭巾帼先锋评选表彰暨好家风好家训分享会，区委常委、纪委书记房忠涛、区委常委、组织部长林田海参加活动并为获奖者颁奖。各镇街纪（工）委书记、组织委员、宣传委员、妇联主席、获奖家庭和巾帼志愿者代表近200人参加活动。评选出海州好家庭50户，巾帼先锋5人。颁奖后，崇尚阅读好家庭代表潘祥刚和倡导健康好家庭代表吴海倩上台分享各自的家风故事。

【婚姻家庭问题干预项目】 3月8日，市“不忘初心·让爱回家”婚姻家庭问题干预项目启动仪式在区婚姻登记处举行，省妇联副主席张勤，副市长、市妇儿委主任王开宇，省妇联权益部部长张丽娟，市妇联主席徐希娟，副区长、区妇儿委主任于卉，综治、民政、法院、公安、司法、教育、团委等部门分管领导，及志愿者代表近百人参加活动。启动仪式后，张勤一行实地察看了浦南镇江浦村娘家人调解工作现场。截至11月底，共调解357对，暂缓离婚187对，调解成功率52.4%（市下目标50%）。筹资2万元拍摄婚姻家庭警示教育微电影《一封遗书》和《回归》，在婚姻登记处滚动播放。广泛开展《中华人民共和国反家庭暴力法》宣传进家庭、进企业、进集市、进农田活动。6月8日，在西苑社区举行普法进社区图书捐赠仪式，并看望该社区一位贫困妇女。组建江浦村妇女普法小分队，印制水杯、围裙、扑克牌、折扇等普法宣传品，购置法律书籍1000多册，统一标识，定期开展一刻钟法治进家庭活动。7月，全省维权现场会在连云港市召开，海州区提供实地参观现场2个，市委市政府为此发来感谢信给予表扬。10月，联合法院民五庭调解一起继母家暴案件，妇女维权联动机制实现新突破。

【“双进双促”强区富民活动】 扎实开展“双进双促”强区富民活动，选派第一书记到浦南镇浦南村，筹资1万多元为浦南村新建妇女议事宣传栏2个，组织该村妇女参加面点培训班，提高就业技能。慰问3名困难老党员、10名贫困儿童、4户因病致贫家庭，为该村2户伤残家庭申请轮椅和四脚拐杖。邀请区文化馆舞蹈老师举办一场广场舞培训班，丰富农村妇女文化生活。对单亲特困母亲和困境儿童进行走访慰问，优先推荐参评最美家庭、环保家庭等。

【公益创投项目】 出台《海州区"十三五"妇女发展规划》和《海州区"十三五"儿童发展规划》，指导镇（街）出台两规。对板浦镇妇联承接的公益项目"以爱之名——海州区板浦镇留守儿童抗逆力提升的社工介入"、贾圩社区百合花妇女儿童承接的"姐妹出厨房，快乐进职场"的公益项目进行督查，迎接市妇儿工委办的督查。新申请公益创投项目4个，分别是区妇联申报的"不忘初心·让爱回家——婚姻家庭问题干预项目"、板浦镇妇联申报的"雏鹰成长——困境儿童安全自护服务项目"，新东街道新城社区申报的"快乐进职场——失业、困境妇女就业服务项目"、新浦街道民主社区申报的"爱心手拉手——关爱外来务工子弟项目"，争取项目资金22万元。

（撰稿：宋开红　审稿：陈金芳）

海州区科学技术协会

【概况】 海州区科学技术协会（以下简称区科协）遵循"四服务一加强"（服务科技工作者、服务创新驱动发展战略、服务公民科学素质提高、服务党委政府科学决策、加强自身建设）的职能定位，按照"服务基层、夯实基础、扬长补短、培树典型"的工作思路，立足科普主阵地，发挥自身能动性，推动各项工作创新发展。区科协荣获全市唯一的省"县级科协创新发展能力提升计划"优秀单位、"四服务一加强"单项工作创新案例。

【《纲要》实施工作】 年内，区科协印发《海州区全民科学素质行动计划纲要（2016-2020）实施方案》，各成员单位、各镇、街道围绕《纲要》，把科学素质建设纳入工作规划和年度计划，开展各具特色、内容丰富的科普活动。联合市科协举办主题为"科技强国·创新圆梦"的第二十九届科普宣传周活动和主题为"创新驱动发展，科学破除愚昧"的全国科普日活动；举办高端科普报告会，邀请中国气象科学研究院研究员陆龙骅、中国民主促进会江苏省委副主任董淑亮、市中医院针灸科主任杨正明共为学校师生、社区居民开展高端科普报告会及健康知识讲座。开展科普大讲堂"五进"（科普活动进文化礼堂、进社区、进学校、进企业、进机关）活动，全年开展科普讲座35场次，科普咨询93场次、科普文艺演出2场次。积极参与文明城市创建，主动对接文明办，将科普宣传与创建文明城市宣传相结合，在社区宣传栏、宣传长廊、宣传一面墙、宣传一条街等阵地建设中融入各类科普知识。

5月19日，市和海州区科协在苍梧小学举行第二十九届科普宣传周启动仪式

【科普示范社区创建】 年内，为推进实施"基层科普益民计划"，区科协立足主城区实际，加强对辖区内街道、社区的调研和指导，按照创建科普社区要求，有针对性地抓好示范社区的培育，组织社区科普工作者274人参加"网络培训班"，组织社区居民、中小学生共计12144人参加江苏省首届公民科学素养大赛，成功创建市级科普示范社区5个。

【科普惠农兴村】 推进实施"科普惠农兴村"计划，组织开展科普惠农活动。依托海州区农村专业技术协会，组织开展科技下乡活动5次，农业专业技术培训6次。区科协与区委组织部联合印发《关于"百个科教兴农项目"行动计划的通知》，推荐市级科教兴农项目17个，创建省级科普惠农服务站1个，市级科普惠农服务站3个，市级家庭农场10个。

【青少年科普创新】 为实施STEM（科学、技术、工程、数学）教育，培育青少年科普创新意识，区科协组织中小学生参加国家、省、市青少年科技创新大赛、机器人大赛。2017年海州区中小学生获得市青少年科技创新大赛中特等奖1名、一等奖6名、二等奖15名；获得机器人大赛中一等奖8名，二等奖8名。

【流动科技馆创建】 为面向社会公众，尤其是青少年提供免费的互动体验式科普服务，区科协争取总投资约200万元的省级流动科技馆落户解放路小学滨河校区，建立约800平方米的流动科技馆，包括声光体验、电磁探秘、运动旋律、数学魅力、健康生活、安全生活、素质技术等7个主题，以及科学表演、科普影视2个独立展项，50件互动展品。

【科普征文活动】 区科协积极组织中小学师生参加"科技强国.创新圆梦"科普征文活动。获得学生组二等奖3名，三等奖2名；成人组一等奖1名，三等奖1名。

【青少年科技创新区长奖评选】 按照《海州区青少年创新区长奖评选办法》，组织完成第一届青少年科技创新区长奖评选工作。10月31日在海州区教师发展中心举办“第一届海州区青少年科技创新区长奖”颁奖仪式，颁发“区长奖”3名、“提名奖”5名、“入围奖”8名、“摇篮奖”1名、“耕耘奖”4名。

【科普教育基地创建】 为深入贯彻《中华人民共和国科学技术普及法》，充分调动社会各方面科普工作的积极性，发挥社会科普资源的作用，面向公众开展科普教育活动，提高公众科学文化素质服务，海州区科协创建省级科普教育基地1个。连云港市宁海中学（新能源馆）获2017年省级科普教育示范基地称号。

【“双进双促”活动】 为贯彻落实海州区委“双进双促”（走进基层、走进群众，促科学发展、促社会和谐）工作，区科协对接宁海街道杨场村、连云港腾越电子有限公司，掌握相关情况，与区相关部门协商，争取资金解决难题。向上级争取资金7万多元，改造农村自来水3300多米，解决430多户村民吃水问题；争取农村道路项目资金近100万元，修建5米宽水泥路1600多米，解决7个村庄的交通出行问题；争取水利项目资金近20万元，修建防渗渠700米，解决渠道输水渗漏问题；争取河道疏浚项目资金20多万元，疏浚大小河道12条、16公里，解决186.66多公顷耕地排灌问题。年内，区科协党组定期走访慰问困难户、看望老党员，“六一”看望留守儿童，赠送残疾人员6套轮椅、拐杖等，阳光扶贫6户，年底脱贫4户。

（撰稿：刘俊峰　审稿：李应平）

海州区文学艺术界联合会

【概况】 海州区文学艺术联合会（以下简称区文联）认真学习宣传贯彻党的十九大精神，紧紧围绕建设强富美高新海州和创建全国文明城市的工作目标，认真履行职能，扎实开展工作。联络、协调、服务、指导下属7个协会，服务海州发展大局，服务区委、区政府中心工作，服务文艺家团队和文艺家，策划、组织各种文学艺术活动，创造文化产品，为海州人民精神文明发展提供文学艺术动力；组织各协会积极参加各级别展演、比赛，锻炼和发现文学艺术人才，获得诸多奖项；向各级文艺家协会推荐会员，培育文学艺术人才，壮大文学艺术队伍；通过“德艺双馨”文艺家评选等措施，激励文艺家保持、追求高尚情操，创作精品；鼓励各种形式的文学艺术交流，倡导团体会员单位成立沙龙式学术组织，开展各门类文学艺术研讨，提高文艺理论水平。

【文艺精品创作】 年内，相裕亭的儿童文学《月牙岛上看星星》已完稿，正在进行后期插画，准备出书；微小说《三个女人一台戏》在“金山湖畔遇见你”全国首届爱情微小说大赛中获优秀奖；微型小说集《泣血的呼唤》获市花果山文化奖文学类作品奖优秀奖。赵航的儿童文学童话结集《国王的梦》、杨光华的微电影《别把名字弄丢了》剧本创作拍摄申报2017年度连云港市重点文艺创作资助已获批。杨光华导演的公益广告片《家风》被选送在省纪委网站展播，禁毒微电影《拯救花季》顺利杀青上映，并获江苏省禁毒微视频征集评选优秀奖，连云港市禁毒委员会主办的禁毒微视频比赛一等奖，微电影《陌生姐姐》获得第十届电视金猴奖金奖及第二届“中国·连云港微电影大赛”一等奖。蔡勇的诗歌《谁的天书》被《江苏诗年选》选用，《泡沫》（5首）在《雨花》2017年第10期发表，《向西，成都平原》在《散文诗》21期刊登；方明元的散文《泉韵》获得第五届全国人文地理散文大赛二等奖，散文《老子祠——道家的殿堂》获全球华语散文大赛一等奖；夏大勇组诗《孤独》被《中国诗歌》选用；书协蔡宁入展第二届“江苏书法奖”，杨晓文、陈彦如在市六届书坛新人新作展获优秀奖；区舞协创编的《淮海戏情》在《谁是舞王》的全国大赛中进入4强，在省广场舞大赛中获优秀表演奖，参加省农垦局广场舞大赛分别获得第一名和第三名，入选全国首届“美蕴秋歌　社区教育文艺成果展演”优秀作品，在国家体育总局体操中心主办的全国广场舞总决赛中获得三个一等奖及总成绩第一名。杨兵的水粉画《灰色轨迹》获市花果山文化奖美术类一等奖；仲伟的中国画《涛声伴我入梦乡》获美术类三等奖；双人舞《爱那么短，遗忘那么长》获音舞戏剧曲艺类三等奖；董自伦的快板书《一桩离婚案》获音舞戏剧曲艺类三等奖。区诗协参与编著的《海州诗赋》一书正式发行。周永恩摄影作品《凉山长辈》《赶集路上》荣获上海第十六届国际影展优秀作品奖；卢正华作品《同床异梦》荣获全国第二十六届摄影展评委推荐奖；邓维鉴荣获全球华人摄影十杰荣誉称号。蔡宁的行书册页入展第二届“江苏省书法奖”。朱殊全的隶书条幅入展“江左风流奖”江苏省第八届青年书法篆刻展。

【文艺展览活动】 杜亮作品《绿色家园》为“写意中国·大美辽宁——第二届中国水墨大展”入会资格作品；作品《无题》入选“庆祝中国人民解放军建军90周年全国美术作品展览暨第十三届全军美术作品展”。杨兵作品《幸福路口之二》入选2017年第十一届全国水彩、粉画展；作品《快乐周末》入选2017年首届全国美术教师美术作品展；作品《这个时代》入选2017年第三届全国粉画展；作品《大山里的故事》入选2017年第二届江苏美术奖作品展；作品《暖阳》获得2017年“第三届江苏农民画展一等奖”。崔博作品《士兵印迹》入选中国南昌军事美术作品展；作品《宁静草原》入选中壮美内蒙古亮丽风景线——第十届中国西部大地情中国画、油画作品展；作品《士兵印迹》入选庆祝中国人民解放军建军90周年全国美术作品展暨第十三届全军美术作品展。徐开君作品入选《艺术博览会》；作品参加北京红博馆《非我墨属——当代名家学术邀请展》；作品入选《至道真源——中国画作品邀请展》；作品入选《第九届中国体育美术作品展》；李亚平作品入选《二十四节气》柯城全国农民画作品展。仲伟作品《大海深处有人家》在中国美术馆展出。黄海作品入选《张大千诞生百年展》。蔡宁书法作品获邀参加由“北美中国书法协会”“江苏省书法创作研究中心”“哥伦比亚大学东亚图书馆”“纽约亚洲文化中心”“哥伦比亚大学龙峰文化”联合主办第二届纽约中国书法国际大展。由江苏、山东摄影家主办的区影协主席周永恩的摄影作品全国巡回展在山东潍坊进行，“信仰境感——周永恩摄影作品展”在市博物馆成功举办。书法家协会、美术家协会组织20余名书法骨干创作一批精品力作参加“大美海州·诗画锦屏”首届诗书画艺术节书画展；在孔望山景区游客中心展出《春满孔望——海州名家画展》；于海州白虎山庙会期间在海州古楼艺术展示厅展出《大美海州　诗画锦屏》书画作品选展。

【文艺载体建设】 多方拓展宣传途径，借助纸媒、自媒体等不同平台，积极报送宣传稿件，扩大活动的社会知晓面，让更多的人了解海州文艺工作的开展情况。在“连云港文艺圈”发表信息近两百条，在“今日海州”发表信息近百条，在《连云港日报》《苍梧晚报》发表稿件近50条。海州区作协于7月推出“诗意海州”微信公众号，用海州本土作家创作的诗歌、散文、小说等文学作品来歌颂海州。该公众号平台坚持内容每天更新、诗文原创，半年来发表诗歌近500首、散文100余篇。区舞协广场舞比赛进入全国四强，这一成绩以专题《厉害了我的姐跳到了央视》在中央电视台体育频道播出，在省老年体育协会主办的秧歌大赛中获一等奖的信息登上《市老年体协报》，省级微信平台也发布全运会广场舞大赛、江苏省城市冠军赛总决赛一等奖的信息。

【各类协会活动】 在党的十九大胜利召开前后，区文联所辖协会紧紧围绕“喜迎十九大”“喜庆十九大”的主题，开展或参与一系列高标准、上品质、有水平的文艺活动。区舞协参与的广场舞队在“喜迎十九大　幸福舞起来”省、市广场舞比赛中均获第一名；区作协承办的“唱响文明城　喜迎十九大”社区歌手大赛总决赛为海州百姓提供一个平民欢乐的舞台；区书法家协会、美术家协会分别承办的“喜迎十九大　书画润古城”书画作品展，以海州本土书画家的精品佳作为海州人民献上一道文艺大餐；区音协承办的“喜迎十九大　唱响海州情”专场音乐会以精彩的演出吸引众多海州群众；区诗词楹联协会承办的“喜庆十九大　九九唱大风”——重阳醉·海州情龙洞诗会，用诗词来表达对党和国家的赤诚和热爱之情；区作家协会成功举办“走进新时代　激情颂海州”——“我爱家乡美”诗歌朗诵会，以激情澎湃的朗诵将本土诗人歌颂家乡、赞美党和国家的深情演绎得淋漓尽致；区诗协会员以“放歌迎盛会　追梦绘新篇”为主题，创作大量诗词吟咏盛世图景；区摄影家协会用镜头记录下这些精彩画面，为欢庆留影，让每一次活动都成为永恒的记忆。

围绕全市“创文”这一重点工作开展一系列接地气、惠民众的文艺活动，涉及面广，影响力大，提高了创文在老百姓中的知晓率、了解率和参与率。“核心价值观进社区　你我共建文明城”社区百场演出活动从5月举行启动仪式后，广大文艺工作者连续三个多月时间走进社区、走进乡村，用上百场文艺演出积极宣传创文，为百姓送去有温度、有质量的文艺服务。“唱响美丽海州　共建文明古城”社区歌手大赛也是在创文主题下开展的系列比赛，历时三个多月，近千名普通群众踊跃报名参赛。区摄影家协会承办的“文明之城　幸福笑脸”摄影展，以新颖的展现形式，独具匠心的表达角度，为创文打开一扇引人注目的窗口。摄影家们用两个多月的时间，进社区、进学校、进企业、进工厂，走到创文第一线，用镜头记录创文工作者们的灿烂笑容，用画面定格创文工作给这个城市带来的快乐表情。这一展出获得市级、区级领导的多次肯定和观展群众的大力赞扬。“文明海州随手拍”活动以手机为媒介，以创文为焦点，发动海州人民将平时生活中看到遇到的文明现象、文明行为拍成图片发在朋友圈里让大家点赞，让更多的人看到、感知到海州地区的创文热潮，感染于创文工作者努力工作的精神风貌。这一极具时尚特色的活动历时三个多月，得到海州百姓的热切响应，不仅3次兑奖现场群众云集，更是收到了两千多张创文图片，关注用户多达万人。

依托海州山水美景、深厚人文底蕴开展一系列具有浓郁海州色彩的文艺活动，积极弘扬中华传统文化，展示海州地方特色，取得良好的社会宣传效应。在首届“大美海州　诗画锦屏”艺术节上，诗词楹联协会召集市、区诗词书画界人士及社会名人举办的桃花涧曲水流觞活动，被中央电视台数字频道清明节专题节目宣传推介。舞蹈家协会推出原创舞蹈《淮海戏情》，并举办海州区《淮海戏情》大型推广会，委派协会骨干到各县区进行“公益行”推广会。石棚书院于端午期间在海州鼓楼组织承办海州古城首届端午文化节，率先开展“端午祭祀”活动，体现出对传统文化的大力保护和努力弘扬。诗词楹联协会编纂的《海州诗赋》一书出版发行，为广大读者送上一本古今吟咏海州的诗词文化读本。诗协还积极参与“最美江苏诗词”的评选活动，为宣传海州诗词文化作出积极努力。区美协协办的“与佛有因”首届中国佛像印雅集展的成功举办，彰显海州千年古城的深厚底蕴和现代文明，呈现给大众一个开放融合的文明城市新形象。

紧扣时间节点开展一系列风格鲜明、各具特色的文艺活动，让节日打上深刻的文艺烙印，让百姓享受实实在在的文化福利。春节期间，大华文化交流中心举办“首届大华迎新春艺术节”活动，百名书法名家现场送春联、戏曲、舞龙、花船、非遗文化展示等活动持续一周。书协、美协走进社区，为群众书写上千幅春联和迎春福字，让一年一度的“迎新春　送祝福”活动成为新年传统。“最美的歌献给劳动者”五四文艺演出，以纪念五四爱国运动、歌颂广大劳动者为主题，为海州工业园区的劳动者们送去了一台丰富多彩的文艺演出。由区教育局主办，音乐家协会协办的“六一”国际儿童节“传承文明 颂扬海州”合唱比赛成功举行。作家协会和市诗歌朗诵会联合举办“欢庆六一——快乐童声诵经典”活动。“庆八一，七大协会携手送文艺进军营”活动是七家协会协力合作组织的一次大型活动，为部队官兵送去精彩的演出。

【文艺惠民】 各协会组织骨干会员走进社区、学校、基层，定期开设公益讲堂，以自身所长为百姓提供长期扎实的文化服务。区美协走进海州区各中小学举办美术基础讲座，指导学生美术技法；与市图书馆联合，为小读者定期开设篆刻、拓印等艺术课程；走进社区为居民开设公益讲堂；走进大华“非遗课堂”为群众进行拓片、篆刻教学。区书协安排骨干会员先后走进万润、后河、扁担河社区，以开展文化惠民大讲堂的形式，为社区居民送上中华传统艺术文化培训，正确引导和弘扬书法艺术，丰富社区群众的文化艺术生活。书画家们还将书画艺术送进田湾核电站、警营、消防大队、社区等地，与书画爱好者们进行现场交流，并留下即兴作品近百幅。区影协不仅在社区开设公益大讲堂，还用微信这样的新型交流平台，建立《海州摄影》公益大讲堂”微信群，开群仅一周就吸引两百多名摄影爱好者加入，每天都有摄影知识推送，为摄影爱好者提供一个便捷、广阔的交流平台。区舞协每周编排并推出新的广场舞，每个月上传至“糖豆网”，为全国的广场舞爱好者提供指导，每个月为海州区广场舞各舞点负责人进行新舞培训。区诗协精心策划诗词进社区暨“诗词之美”系列公益讲座，组织具有较高诗词创作水平、积极参与公益活动的协会骨干作为“诗教”志愿者，走进海州地区的各个社区，对社区居民进行传统诗词楹联艺术公益讲课。

【文艺交流培训】 区文联注重文艺人才的发现和培养工作，秉持“请进来、走出去”的艺术交流宗旨，积极组织本地书画家走出去，将外地的书画家请进来，开展一系列文艺交流活动，促进异地文化的互通与融合，提升本土文艺家的艺术素养。海州区美协邀请山东花鸟画家张大石来连进行艺术交流；与连云港山东商会齐连书画院联合邀请武汉著名花鸟画家、画猫高手白骏，著名书画篆刻大师，韩天衡弟子郝玉国一行，到海州进行艺术交流活动；邀请中国著名书画篆刻家曾翔及他的两位学生篆刻家韩明东、刘红卫到孔望山创作基地进行艺术交流。区美协还主动走出去，组织“高雅艺术走进革命老区”书画交流活动。这些双边文艺交流开阔了海州本土书画家们的视野，增强了本土书画家与外地书画家的联系和沟通，为丰富海州区书画家的艺术形式，引进新鲜的艺术信息打下坚实基础，在海州书画家中营造良好的文艺氛围。区书协也组织皖南游学活动，通过感受徽派建筑特色，探寻文房四宝“笔、墨、纸、砚”的制作工艺、流程，领会书法艺术的独特魅力，拥有一段独具探索发现之美、激发书法学习兴趣的旅程。区音协积极参加各类市级以上文艺演出活动，参加2017年三国七市春节联欢晚会、2017年连云港市首届创业创新晚会、2017年灌云豆丹节晚会、2017年迎七一建党节晚会、2017年正义礼赞见义勇为电视晚会、2017年匠心铸梦电视晚会、2017年徐福故里海洋文化节电视晚会、2017年首届文联艺术节晚会、2017年消防电视晚会，不仅让协会会员得到了展现自我的机会，也让海州区音协的社会影响力不断提升。

（撰稿：陈 敏 审稿：颜 玮）

海州区红十字会

【概况】 区红十字会在市红十字会的指导和区委区政府的领导下，紧紧围绕区委、区政府中心工作，以红十字会“三救”（救灾、救护、救助）、“三献”（献血、捐献造血干细胞、捐献遗体器官）工作为主线，大力弘扬“人道、博爱、奉献”的红十字精神，聚焦贫弱人群的需求，加强自身队伍建设，加大宣传力度，积极发挥红十字会在政府人道救助领域的助手作用。

【基层组织建设】 进一步建立健全基层红十字组织，在全区所有镇（街）建立红十字组织，同时，积极招募和发展红十字志愿工作者，进一步拓展各种红十字志愿服务，组织志愿者积极主动地开展相关活动，为社会做出贡献。

【“三献”工作】 宣传并组织实施献血、献造血干细胞、献人体器官等公益爱心活动。全年共组织1475人无偿献血，超额完成无偿献血任务，动员6名志愿者签署捐献造血干细胞协议书，1名志愿者签署捐献遗体器官协议。

【救护和救助】 年内，开展“博爱送万家”活动，投入救助资金物资计

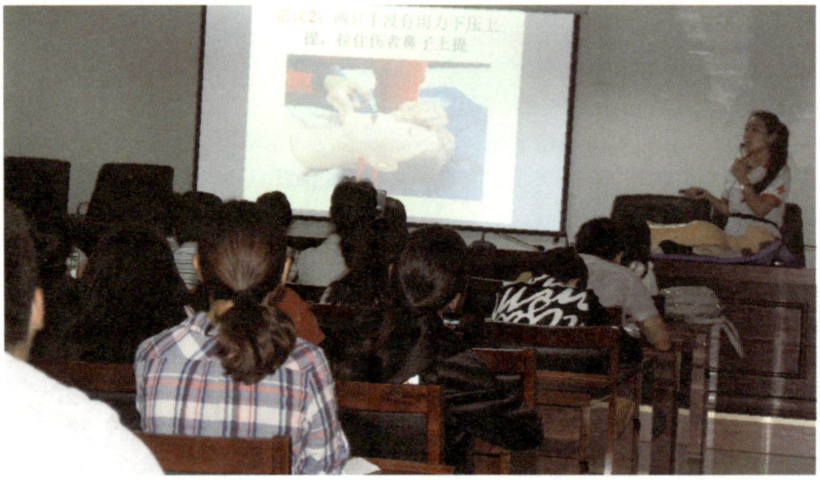

区红十字会举办救护培训

10万元，救助困难群众500余人；在“双进双促”（走进基层、走进群众，促科学发展、促社会和谐）和“阳光扶贫”活动中开展救助26人次，投入2万余元；结合“红十字文化进校园”活动，组织爱心助学募捐的同时救助困难学生28人。全年完成普及型培训5529人，救护员培训662人，分别完成全年培训任务的110.58%和110.33%。

【博爱家园项目打造】 以海宁和玉带等社区为平台，将博爱家园建设成为服务社区的持久品牌，通过“倡导红十字理念、弘扬红十字精神、培育红十字文化”为核心目标，以弱势群体关爱为主体，开展爱心帮扶、结对共建、志愿养老服务等活动，让他们的身心在博爱家园中得到关爱。

【救护培训省级示范基地建设】 救护培训是传授、普及保护生命和健康的专业知识及教学技能的实践过程，需要有基本的工作环境和条件，2017年以创建省级示范基地为契机，重点推进基地建设。4月项目申报立项，投入20万余元，按照示范标准建设200平方米的应急救护培训基地，10月顺利通过省级验收，12月开展教学工作。

【公益养老照护志愿服务】 年内，省政府将红十字会参与养老服务工作列入“2017年度十大主要任务百项重点工作”，组织各基层红会志愿者进入社区义务为老人服务。按省红十字会要求，此项工作自7月实施，11月结束。截至11月底，志愿队共服务老人556人次，完成任务的110.2%。

（撰稿：朱晓颖　审稿：陈长坝）

海州区侨联

【概况】 区侨联紧紧围绕区委、区政府中心工作，在市侨联的指导和区委统战部的帮助下，将十九大精神与侨务工作有机统一起来，立足主城区工作实际和侨情特点，以侨引侨、以侨带侨、以侨搭桥，在凝聚侨心、汇集侨力、服务区委区政府的中心工作等方面进行大量有益的尝试和探索，尤其是在联系归侨侨眷、维护侨胞权益、参政议政、慈善公益和基础建设等方面做了大量工作。海州区侨联的李东红、韩钰被省侨联、省侨授予“江苏省归侨侨眷先进个人”荣誉称号。

【侨情】 海州区共有涉侨家庭867户，归侨、侨眷（含港澳）2248人，其中归侨24人。立足海州区侨情特点和工作实际，突出社区侨务、侨法宣传、为侨服务、外联经科等工作重点，在积极构筑为侨服务体系、整合为侨服务资源、依法保护归侨、侨眷合法权益方面做了大量工作，全区侨务工作呈现出“以点带面，整体推进”的良好态势，得到省、市侨联侨办领导的肯定。

【参政议政】 发挥侨界人才和智力优势，发挥侨界人大代表、政协委员作用，积极为促进经济社会发展、维护侨胞利益建言献策。在2017年市、区“两会”上，提交《关于对“中华人民共和国归侨侨眷权益保护法”等侨法的落实加大力度的议案》《关于维护出租汽车行业健康发展的议案》《关于对城市广场高音贝唱歌噪音扰民进行综合治理的议案》《关于加强电梯检验检测社会化服务，强化电梯运行安全保障的议案》《关于对公交十七路部分路线进行调整的建议》等17件议案提案。《关于加强电梯检验检测社会化服务，强化电梯运行安全保障的议案》被列为连云港市人大常委会重点督办评议的3件建议之一，并被评为2017年度市人大优秀建议。《关于对“中华人民共和国归侨侨眷权益保护法”等侨法的落实加大力度的议案》被列为市人大常委会主任督办建议，市人大常委会副主任郑平率视察组对全市开展《中华人民共和国归侨侨眷权益保护法》实施情况进行视察。李东红2016年提交的《关于建立环卫工人早餐补助机制的建议》，2017年起纳入市财政预算中，从8月15日起海州区的环卫工人吃到免费的热腾腾的早餐，告别早晨饿肚子上班、吃冷馒头的状况。

【侨务社区创建】 为做好为侨服务工作，海州区坚持以社区侨务为抓手，积极组织侨务社区创建工作。至年底，海州区共有国家级侨务社区4家、省级侨务社区3家，市级侨务社区4家。5月省侨办侨政处负责人到玉龙社区授牌“国家级侨务社区”。组织新海街道新潮社区争创“国家级为侨服务示范单位”，浦西街道后河社区、新海街道海连社区、海州街道新建社区争创“省级为侨服务示范单位”。开展侨务社区创建业务指导，给予经费支持，为社区免费征订《华人时刊》。

【社区侨务阵地建设】 全区11家侨务社区充分利用自身条件和资源，设立“侨之家”，为社区归侨、侨眷提供活动场所和交流平台。贾圩社区在全市首家设立社区侨网，高标准建设“侨之家”活动室和“侨眷大广场”。星化社区的书画室、舞蹈室、保健室，新潮社区的京剧社、书法屋，玉龙社区的“侨之家”均做到便侨服务。

【侨务社区特色品牌打造】 按照侨务社区“一社一品”的要求，引导社区侨务工作不断向“人无我有、人有我优、人优我特”方向发展。贾圩社区进一步完善“居家养老”服务，建设智能居家养老呼叫系统，首创侨眷家庭病房，社区医生免费上门诊治，建立家庭健康档案，实现为侨服务家庭化、个性化。新海街道星化社区关爱空巢归侨侨眷老人，开展“一对一”结对帮扶活动，为侨眷提供零利润送餐服务。新南街道玉龙社区针对辖区新侨多、留学生多的特点，施行小组划分，实行网格化管理服务，通过举办联谊会，建立涉侨家庭交流沟通新平台。侨务社区在坚持真心为侨服务的同时，还积极引导社区归侨侨眷参与社区管理和建设，逐步形成“社区为侨服务好，侨为社区贡献多”的良好格局。

【为侨服务工作】 规范发放困难归侨生活补贴，持续开展“暖侨敬老”行动。2017年春节，区侨联随同外侨办走访慰问困难涉侨人员，为新潮社区侨眷陈某某送去2000元慰问金；3月

7日、5月20日组织海州区归侨侨眷参加健步走活动；4月组织人员参加连云港侨商会的乒乓球比赛；6月初，组织归侨侨眷到连云港中医药专科学校学习并了解中医药文化的活动，还带领大家到月牙岛参加游览；7月中旬、9月初，组织归侨侨眷志愿者参加清洁海岸义工团的活动清理海边的垃圾，为环保做出一份贡献；重阳节，区外侨办和侨联走访慰问9名长寿归侨侨眷，为他们送上祝福；还组织归侨、侨眷新春联谊会、座谈会，市书法名家到贾圩社区写春联。重大节日精心组织为侨活动，10月底安排归侨侨眷参加市侨办组织的归侨、侨眷“看港城”活动。年内筹措资金为50~80岁的归侨购买“平安孝心卡”，防范摔伤等意外风险。为喜迎十九大，征集归侨、侨眷50余幅优秀摄影作品，报送国务院侨办的摄影展。积极落实政府对归侨、侨眷的一系列优惠政策。为归侨、侨眷发放新归侨证、侨眷证。为70岁以下的归侨免费办理旅游年卡。为2名符合“三侨生”政策的华侨子女做好资料填报和审核工作。维护侨眷的合法权益，落实侨眷拆迁相关优惠政策。侨眷童某某在房屋征收时，区侨联和外侨办多次协调区领导和征收局、住建局等相关部门，对他提出的诉求进行专题会办，问题得到圆满解决，征收工作也顺利进行。

【归侨、侨眷合法权益维护】 海州区通过搭建侨法宣传平台、依托侨法宣传角、举办侨法宣传活动等方式，多方位、多角度、多途径的宣传《中华人民共和国归侨侨眷权益保护法》《江苏省华人华侨投资保护法》。6月22日，与市侨联及五侨在苍梧绿园组织侨法宣传活动。又印制1000余本涉侨法规政策问答手册，并利用各种场合做好发放和宣传工作，有效营造全社会“知侨、爱侨、护侨”的社会氛围。同时，平稳妥善做好涉侨信访工作。对一些涉侨信访问题，做到认真对待、客观了解，不拖不推、积极协调，把问题化解在区级层面，做到矛盾不上交、影响不扩大。美籍华人张某某来电来信反映板浦祖宅在1984年被政府征收，对补偿标准有异议，区侨联协请地方政府走访了解，因涉及板浦是原灌云县，区侨联派员到灌云县档案局查找资料，但因为时间久远，档案资料不健全，最终无法找到相关征收文件资料。但区侨联积极做好解释沟通工作，并对调查经过及结果给予书面反馈。

【侨港资企业服务】 成立海州区侨商会，不定期到侨港资企业开展走访调研。全年接待省市侨办、侨联、市人大、市政协等6批次到侨港资企业开展调研活动，对企业提出的问题和建议进行梳理，并及时向相关部门反馈。为侨界定点的光明眼科医院建设临时建筑，协调区规划局给予指导和审批。年内为万联能源集团、江苏泰立丰国际贸易有限公司等侨资企业办理APEC商务旅行卡，大大提高企业的出行便利和工作效率。利用海外侨胞回国探亲的机会，上门拜访慰问，宣传市、区的经济社会发展成果及招商政策。积极推介海州区特色文化。8月26日，美国《侨报》专版刊发了《复兴海州古城，开启海州新征程》的文章，扩大海州对外知名度和影响力，激发侨界人士热爱家乡、建设家乡的积极性。

（撰稿：李东红）

海州区残疾人联合会

【概况】 海州区残疾人联合会（以下简称区残联）在市残联的指导和区委区政府的领导下，根据市残联八大专题扶残助残民生项目，紧紧围绕“高扬发展大旗，矢志跨越赶超”大主题，以组织实施惠残民生工程为抓手，不断创新工作机制，全区残疾人事业呈现出蓬勃发展的良好态势。获得区委区政府颁发的2017年度区级机关绩效管理综合考评二等奖。

【各项专项补贴发放】 年内，对海州区25名残疾学生发放3.65万元的残疾学生教育专项补贴和一次性奖励，对149名贫困家庭的子女发放22.8万元教育补贴和一次性奖励。为332名符合条件的下肢残疾人发放燃油补贴8.63万元。

【商业保险购买】 为648名低保内重残的残疾人购买每人180元/年的商业保险，充分发挥商业保险的社会保障作用，帮助残疾人增强意外伤害和疾病的规避能力，减轻家庭、社会和政府的负担。

【数据动态更新】 6—8月对全区残疾人基本服务状况和需求信息数据进行动态更新调查，通过组织全区调查工作人员参加业务培训，及时制定全区残疾人动态更新培训方案，确保镇（街）、村（社区）两级调查员应知应会。共调查完成11207条，完成率100%，入户调查率95.43%。

【助残组织扶持】 继续围绕“双促进双提升”（促进助残组织发展、提升服务残疾人能力，促进助残社会化服务、提升残疾人幸福指数行动）开展助残社会组织培育工作，2017年连云港市第三届公益创投活动申报，海州区助残社会组织中标5个项目。

【残疾人组织与维权】 分别在浦南镇和锦屏镇安排残疾证集中评定工作2次，涉及残疾人1340余人次，开展“假错空”（不能在江苏省残疾人基础信息管理系统中查验到证号的海州区户籍的持证人员；能在江苏省残疾人基础信息管理系统中查验到证号，但信息缺失的持证人员；已殁但尚未从江苏省残疾人基础信息管理系统销籍的海州区户籍的持证人员）残疾人证清理工作，强化持证动态管理工作，审慎稳妥地做好残疾人证申领、不间断审核、监督和举报查处工作。做到维权与信访维稳工作双管齐下，积极化解因评残发证、残疾车运营管理等因素引发的矛盾纠纷，全年未发生涉残群体性事件。

【残疾人事业宣传】 第27个全国助残日，浦西街道、幸福路街道、朐阳街道以“推进残疾预防，健康成就小康”为主题围绕宣传咨询、惠残政策宣传、医务人员义诊开展系列活动；8

月11日在海州社区服务中心开展第8次全国肢残人活动，为辖区肢体残疾人提供免费体检。配合市阳光残疾人艺术团在星化社区、香江社区、义乌商品城等地完成5期文艺演出；拍摄4期残疾人特艺秀把宣传自强典型、创业典型、扶残助残典型等作为宣传工作的突破口，全方位展示全区残疾人事业发展成就和残联系统的工作实绩。积极通过媒体渠道宣传全区残疾人事业成果，新闻刊登在《苍梧晚报》4篇，《连云港日报》1篇，省残联网站26篇，市残联网站24篇，海州区政府网站4篇，“今日海州”微信公众平台4篇。

【参加市残疾人健身运动会】 组织选拔50名残疾人参加10月27日市首届残疾人健身运动会。海州区严把选拔关，按照规程要求上报参赛人员，开展赛前训练，最终取得全市团体三等奖，6枚个人金牌，5枚个人银牌，6枚个人铜牌的优异成绩。

【“康复体育关爱家庭计划”实施】 为全区150名不易出户的肢体、视力、智力三类重度残疾人投入2.2万元，发放确定弹力带、弹力绳等8种体育器材，对残疾人做简单健身指导并做健身效果跟踪，督促残疾人养成运动习惯。

【残疾人基本康复服务全覆盖】 为407名0~6岁残疾儿童开展免费康复训练，为73名7~14岁残疾儿童实施巩固性康复训练；完成178名贫困精神病患者免费服药、42名免费住院救助；为43名白内障患者免费实施复明手术。实施残疾人辅具适配和家庭无障碍环境改造全覆盖，发放各类辅具1730件。

【全区精准康复服务工作】 8月，召开全区精准康复服务动员会，向16家残疾人精准康复村（社区）卫生服务团队颁发聘书，实施2017年海州区残疾人康复两提升（提升康复政策保障力、提升康复品牌影响力）、三推进（推进康复机构康复人才专业化、康复管理标准化、康复评估社会化）、四覆盖（实现贫困精神病人免费救助制度全覆盖；实现7~14岁残疾儿童巩固性康复全覆盖；实现0~6岁视力儿童基本康复免费训练全覆盖；实现人工耳蜗“畅听行动”康复救助项目全覆盖）工作实施方案，落实残疾儿童基本康复、贫困精神病人免费服药救助、贫困白内障患者免费复明手术、人工耳蜗康复救助。推动在基层社区卫生服务中心和村（居）卫生室建立精准康复室，迎检精准康复全国现场会，全面开展残疾人家庭医生签约服务。

【“残疾人之家”建设】 投入280万元在新南街道、新东街道、朐阳街道等街道、社区新建13家“残疾人之家”，明确完成任务时间、步骤和责任人。用于残疾人之家建设、改善工程，解决房间整合、屋顶漏水、墙面破旧、道路坑洼、水管堵塞、楼道昏暗等问题，重点实现残疾人之家无障碍全覆盖，硬件设施配套如电脑、打印机、投影仪、办公设备、培训设施、棋牌桌椅、空调均已到位，年底“残疾人之家”均能正常运转并大力发展辅助性就业劳动项目，为更多的残疾人提供可靠的生活保障。海州区“残疾人之家”共吸纳有渔网编织、鱼钩编制、组装圆珠笔、编筐、制作爱心水饺、缝纫机制作纱布、缝制大衣等辅助性就业劳动手工项目7个，带动100余残疾人就业。年内多次迎接市残联、市教就处等领导来“残疾人之家”调研指导，幸福路街道和新海街道“残疾人之家”全覆盖事迹被苍梧晚报媒体报道宣传。

【培训就业体系建设】 开展常态化培训。积极完善区级综合服务大厅窗口服务流程，推动街道级残疾人综合服务机构负责办理残联各项业务工作。建立80个社区残疾人服务点。推送11名残疾人参加市衍纸培训班，10名盲人分别参加市盲人按摩初级，中高级培训班，组织95名残疾人开办电商、插花培训班。继续对镇（街）综合服务窗口和社区综合服务点进行创建和完善。依托好苏嫂职业学校做好糕点制作培训，依托残疾人之家辅助性就业对残疾人进行手工缝纫、渔网编织、圆珠笔组装、口罩印花、验光镜片包装等手工项目培训。推送5名残疾人赴赣榆塔山参加市级电商培训班。

【盲人按摩示范、合格机构创建】 全年共创建1家示范机构、7家合格机构，为示范合格机构制作负责人简介、按摩中心规范、内设机构设置、价格表并为示范合格机构发放足疗桶、艾灸床、灯、被子、按摩布等按摩用品。

（撰稿：朱　静　审稿：王　彬）

责任编辑：王恒亮

法　治

依法治区

综　述

海州区全面落实中共十八大、十八届三中、四中、五中、六中全会及十九大会议精神，按照市委、市政府《连云港市法治政府建设实施方案（2016–2020）》的要求，依法设定权力、行使权力、制约权力、监督权力，将政府工作全面纳入法制轨道，深入推进依法行政、加快建设法治政府。进一步深入学习贯彻习近平总书记系列重要讲话和治国理政新理念新思想新战略，同时，根据中央、省、市政法工作会议部署，全区政法及综合治理工作主动适应新形势、新变化，以平安、法治、队伍三大建设为抓手，深化改革创新，深入推进矛盾纠纷多元化解机制建设、"四级六网雪亮"（为加快推进政法综治信息化建设与应用工作，大力提升政法综治工作的信息化支撑和保障能力，提高社会治理社会化、法治化、智能化、专业化水平，通过建设市、县、乡、村"四级架构"，重点建设综治信息、治安监控、指挥调度、视频会议、视频接访、视频调解"六张网络"，推动政法综治工作信息采集渠道多样化、加工处理流程化、整合共享最大化、系统操作便捷化、实战应用智能化，全面提高政法综治部门创新社会治理的能力）工程、"差别化、量体化"普法、法治为民办实事工程等工作举措，全面提升政法综治工作能力和水平，有力保障全区社会大局的持续稳定。年内，海州区作为法治创建先进典型被江苏省依法治省领导小组办公室推荐申报2016–2017年全国法治县（市、区）创建活动先进单位，被表彰为全国法治宣传教育先进区、"法润江苏"先进集体。

法治政府建设

【行政决策科学化、民主化、法制化推进】 健全依法决策机制。建立重大行政决策程序制度，政府重大行政决策出台前，严格合法性审查，并经区长办公会、区政府常务会研究讨论，并向区人大常委会报告，向市政府进行报备。事关社会发展全局和群众切身利益的重大行政决策事项，及时听取区政协意见。落实重大行政决策程序。严格落实重大行政决策法定程序。逐步开展增强行政决策透明度，建立健全利益相关方、公众代表、专家、律师、媒体等列席政府会议制度（涉及国家机密、商业机密、个人隐私等除外）。重大行政决策经政府常务会议或者全体会议、部门领导班子会议讨论，由行政首长在集体讨论基础上作出决定。严格决策责任追究。落实重大行政决策责任追究及责任倒查机制，对违规决策造成严重失误或者依法应及时作出决策但久拖未决造成的重大损失、恶劣影响，严格追究行政首长、负有责任的部门领导和相关责任人的党纪政纪和法律责任。

【政府法律顾问制度建设】 海州区把法律顾问工作作为法治政府建设的一项重要内容紧抓不放。2017年，在全市首家成立区政府法律顾问委员会，主任委员由分管法制的区政府领导担任，成员由26名法学专家、知名主任律师等组成。从重要合同审核、规范性文件审核、行政复议及应诉工作、涉稳问题处理4个方面实现法律顾问参与区政府工作常态化。同时，全区19个镇（街）开发区、179村（社区）全部完成法律顾问配备工作。区属行政执法部门法律顾问配备率达100%。

【各类学法活动】 全面实施"七五"普法规划，创设"差别化、量体化"普法、"互联网+法治"等普法形式，建成8个省级、28个市级法治文化示范点。提档升级司法行政工作站，打造"六位一体"公共法律服务平台，推广律师公益性法律咨询便民服务，全面开启刑事法律援助全覆盖试点工作。推进公共法律服务平台向村（居）延伸，在全省率先推行社区法律诊所标准化建设。区政府及各镇、街道都制订了本级的领导干部依法行政年度学法计划，政府领导班子年度集体学法12次。公务员年度学法不少于40学时。行政执法人员每年参加法律知识培训不少于15天。

【政府职能履行】 深化行政审批制度

改革。全面推进政务服务“一张网”建设,“不见面审批(服务)”事项占比达94%。落实项目建设代办服务制,全区代办达序时项目共18个,便民服务事项代办业务量近万件。开展“区域性评估”试点,出台《关于在海州开发区实施投资建设项目区域性评价的意见(试行)》。严格落实权力清单、责任清单、负面清单等制度。出台《海州区简政便民行动实施方案》,形成海州区保留的证明清单和拟取消的证明清单,实行“清单之外无证明”。优化政府组织结构和职能。深化国有企业改革,清理重组国有平台公司,加快理顺投融资体制和管理体制。监察体制改革、环保垂直管理改革、商务综合执法改革基本完成,审计机关人财物管理改革试点、供销合作社和国有林场、农场等改革有序推进。加大法治市场建设力度。加快推进“多证合一”“一照一码”,试点开展企业注册登记全程电子化、简易注销、证照联办等便利化举措。加强事中事后监管。加快推进政府职能转变,构建科学有效的监管机制,突出监管重点,对行政审批机关提供服务的质量、收费行为、内部信用管理制度建设、信息公开、行业服务标准建立等情况进行监管,促使其依法依规、重质守信,提高服务水平。

【依法行政制度体系完善】 完善政府规范性文件监督体制。完善规范性文件制定程序,严格落实合法性审查、政府常务会讨论决定等制度。明确规范性文件合法性审查范围、内容、标准、流程和责任,以及集体讨论决定程序,确保规范性文件合法有效。明确拟提请区政府常务会议和区长办公会研究讨论的重大规范性文件;事关全区经济社会发展的重要改革方案;涉及面广、社会关注度高,对公民、法人或者其他组织有直接影响的等重大规范性文件,必须报区法制办提前合法性审查。加强重点领域实施办法制定。紧扣重大改革事项和人民群众期盼,结合区情实际,制定经济社会发展需要的重点领域实施办法,做到重大改革于法有据、规范性文件主动适应改革和经济社会发展需要。建立规范性文件清理长效机制。根据全面深化改革和经济社会发展需要,以及上位法制定、修改、废止等情况,及时清理规范性文件。每隔2年清理一次,并将处理结果向社会公示。明确以区政府名义作出的规范性文件必须经3位以上法律顾问审核;区政府所属单位作出的法律文件,必须经法律顾问审核;以区政府或区政府所属单位名义,向上级政府上报的重要事件报告、重要法律文件,必须经区政府法律顾问审核。

【公正文明执法】 深化行政执法体制改革。积极推进市、区级行政权力下放,拟定《海州区在浦南镇开展综合执法改革试点工作实施方案》。在农林水利领域启动综合执法试点。深化市场监管、农业、林业等领域综合执法改革,推进城市管理、商务、交通、旅游等领域综合执法改革。完善行政执法程序。对全区行政机关权力清单进行梳理,优化审批流程,创新服务模式。指导执法单位制定“双随机一公开”清单。积极推进行政执法文书规范化工作。积极推进行政执法过程全记录工作。健全行政执法人员管理制度。严格实行行政执法人员资格管理和持证上岗制度。组织200余名行政执法人员参加行政执法资格考试,对到期的行政执法证进行统一更换。健全行政执法和刑事司法衔接机制。年初,成立由常务副区长任组长,分管区长为副组长,检察院、纪委、法制办分管负责人为组员的行政执法检察监督领导小组,先后开展食品药品安全、环保、安全生产行政执法情况专项监督,并进行通报。建设海州区行政执法监督平台,完善区“两法衔接”工作制度,明确单位职责,健全工作流程。全面落实行政执法责任制。经区政府常务会议研究通过,制定下发全市首家《海州区行政败诉案件过错责任追究办法(试行)》,定期通报行政复议败诉及行政诉讼败诉案件。年内,区政府分管领导对4起行政败诉案件涉及执法单位主要负责人进行了约谈警示。积极推进行政诉讼案件化解,建立与法院行政庭沟通机制,定期沟通行政诉讼案件及审理情况,灵活运用变更行政行为、案外调解等手段,化解行政诉讼案件,做到案结事了。年内,全区行政应诉案件45件,区政府为被告10件,败诉案件1件,镇街、部门为被告35件。一审、二审行政机关负责人出庭应诉率100%,全市排名第一。

【社会矛盾化解】 健全完善矛盾纠纷多元融合式调处机制。开展“四查四防”(排查化解矛盾纠纷,防范重大群体性事件;排查管控重点人群,防范个人极端事件;排查整治治安问题,防范重大恶性刑事案件;排查治理公共安全隐患,防范重大公共安全事故)集中整治行动,全面构建3531人民调解工作新模式。深入推进“四调对接”(人民调解、行政调解、司法调解、民间调解对接)机制建设,大力建设专业性行业性调解委员会。设立诉讼与公证对接工作室,在实践中探索非诉方式解决矛盾纠纷模式。完善“1+X”“5+X”应急处置机制,成功处置林海湾土地流转群访、朐山儿童溺亡案等多起突发事件,实现“三个不发生”(不发生规模影响较大的群体性事件、不发生集体进京上访、不发生拦车堵路卧轨)目标。探索化解社会矛盾纠纷的新途径。突出人民调解工作主业地位,切实提高人民调解工作专业化水平。共受理人民调解案件10381件,调解成功10372件,履行完成10368件,调处成功率达99.9%,涉及当事人21245人,协议涉及金额4345.38万元。主动承担全省医患纠纷调处体制机制创新试点任务,成立海州区医患纠纷调处服务中心,探索建立便捷、公正、高效的医患纠纷第三方调解机制。该中心共受理医患纠纷34起,成功调处医患纠纷29起。健全完善仲裁制度。劳动监察立案查处的364件,劳动争议仲裁立案401件,按期结案率100%,一裁终局裁决率36.61%;调解结案总数152件,撤诉案件49件,案件调撤率50.12%;“三方”参与案件调解结案率达37%,12333调解专家平台调解案件75件。加强行政复议工作。规范行政复议案件办理流程,严格审批程序,每一个行政复议案件都必须经过办案人员、法制办负责人和区分管领导分级签字审核，实现层层把关，确保案件可控。增加行政复议案件现场调查取证和组织听证的范围。整理完善行政复议档案，落实重大行政复议案件备案制度。设立行政复议接待室、听证室、档案室及案卷查阅室，行政复议档案按年度进行规范、整理、归档。年内，全区共收到行政复议申请38件，2016年度结转4件，3件不符合行政复议受理范围，决定不予受理；2件因申请人超过法定期限未依法进行补正申请，视为申请人放弃申请；审结35件，驳回3件，维持14件，撤销1件，变更2件，责令履行6件，申请人撤回申请9件。依法加强信访工作。加强源头排查化解，及时就地解决好群众合情合理合法诉求。牢固树立依法信访、依法办访、依法治访的明确导向，坚持依法规按政策解决问题，做到坚守底线与灵活处理相结合，拓宽思路、多措并举、一案一策，力求从根本上彻底解决问题。

（撰稿：万　霆　审稿：王俊红）

平安海州建设

【综治责任制落实】 制定《海州区健全落实社会治安综合治理领导责任制实施细则》，完善综治工作责任体系，构建党委领导、政府主导、综治协调、各部门齐抓共管、社会力量积极参与的社会治安综合治理工作格局。签订综治工作责任书50余份，填报整理领导干部综治实绩评价表100余份。严格落实领导干部平安建设实绩档案制度，完善平安建设激励约束机制，细化矛盾纠纷调处机制、社会治安防控、特殊人群服务管理、综治基层基础等工作任务和目标，明确责任单位，推进综治各项重点工作有序开展。

【矛盾纠纷多元调处机制】 制定《关于完善矛盾纠纷多元化解机制的实施意见》，深入推进“四调对接”（进一步规范公安机关、审判机关、检察机关、信访部门与人民调解、行政调解、司法调解的有机融合、有效对接，实现公调、诉调、检调、访调对接工作的规范化、系统化和常态化）机制建设，开展“四查四防”（排查化解矛盾纠纷、切实防范重大群体性事件，排查管控重点人群、防范个人极端事件，排查整治突出治安问题、防范重大恶性刑事案件，排查治理公共安全隐患、防范重大公共安全事故发生）维护安全稳定集中整治行动、矛盾纠纷和安全隐患大排查大整治活动。区医患纠纷调处服务中心实体化运行，成功调处医患纠纷31起，调解成功诉求达376.48万元，协议赔偿达197.21万元。成立全市首家涉侨纠纷调解工作室。全区各级调解组织共受理人民调解案件10381件，调解成功10372件，履行完成10368件，调处成功率达99.9%，涉及当事人21245人，协议涉及金额4345.38万元。妥善处理各类重大矛盾，全区未发生因矛盾纠纷激化而引起的民转刑案件、群体性事件。

【群众安全感提升】 重拳猛击涉黑涉恶案件，全区年内共打掉涉恶犯罪团伙56个、抓获涉恶作案成员293人，查获涉毒人员930余人。开展出租房屋安全隐患集中整治，全面调查摸底，共登记出租房屋52554户，涉及流动人口138781人。调整充实“红袖标”义务巡防队伍，继续推进“正义联盟”志愿者队伍建设，全区发展“正义联盟”志愿者3.5万余人，先后参与社会管理、社区防范2.3万余人次，提供各类信息620条。完成“天网3期”工程建设，新建310路高清视频监控，并全部接入市公安局图像专网，通过视频监控发现违法犯罪线索476条，协助抓获各类违法犯罪嫌疑人员292名，破获各类案件354起。2017年，全区群众安全感为95.6%。

【基层基础建设】 制定《关于深入推进系列平安建设活动的实施意见》，进一步明确平安家庭、平安企业等18个系列平安建设项目。率先打造“互联网+城市网格”管理示范区，将综治维稳、基层党建、城市管理、安全生产等9大类、21个子项、80余项具体工作纳入网格化综合管理，基本实现一网办公。调整平安结对共建联系点，并在32个结对共建点的基础上，增加至57个。制定《全区互联网+平安村（社区）规范化建设实施意见》，年内分批对村（社区）进行改造完善，完成规范化建设任务。推进“网络+综治”基层社会治理模式，开通综治信息系统电脑账号250个，移动终端账号344个，共采集各类信息数据100余万条。全省首批试点开展“平安江苏”手机软件（APP）应用推广，注册平安志愿者3万余人，每月采集的信息1000余条。

法治海州建设

【依法行政】 在政府法律顾问团的基础上，聘请26位法律专家学者、知名律师成立全市首家政府法律顾问委员会，实现区直重点部门、镇（街道）、村（居）法律顾问全覆盖，全程参与政府重要合同审批、重要文件审核、涉稳问题处理、行政复议应诉等审核把关。建成行政执法信息共享平台，制定《行政执法责任制》《行政败诉案件过错责任追究办法》等规章制度，开发建设行政执法信息共享平台，全面推动行政权责清单动态管理，全区依法行政质效在全市处于优秀等次。

【司法改革推进】 区法院大力推进案件繁简分流建设，成立快速处置科，探索实践交通事故案件要素式审判，发送全市首份表格式判决书。区检察院率先推行《提升民事行政诉讼监督质效强化协作配合的意见》，倾力打造“六位一体”信息化平台（案件质量考评系统、电子取证实验室、行政执法信息共享平台、新媒体工作室、标准化赃物证物保管室、远程视频提审系统）；筹建全市最大的青少年犯罪预防和维权基地，建立“O2O”移动式青少年犯罪预防和维权基地。公安系统积极探索社区警务网格化管理、街面武装巡逻的勤务模式，全面增强警务管理和勤务运行质效。全市首家建立律师参与化解和代理涉法涉诉信访案件工作和“派驻法院公证室”。

【普法宣传】 深入推动全区“法律六

进”（法律进机关、进乡村、进社区、进学校、进企业、进单位）工作，制定个性化“谁执法谁普法、普法责任清单”，创设“差别化、量体化”普法、“互联网+法治”等普法形式。区委常委会、区政府常务会会前学法、领导干部任前法律知识考试、述法考评、宪法宣誓等成为“规定动作”。全省率先推行社区法律诊所标准化建设；全面开启刑事法律援助全覆盖试点工作；全区共建成15个镇街公共法律服务中心、29个法律援助工作站和179个法律援助工作联络点。研发“猴娃说法”掌上公共法律服务平台，一村（居）一法律顾问、“法润民生”微信群实现全覆盖。全区共打造8个省级、28个市级“法治文化示范点”。香江社区茗馨花园建成全省首个法律援助广场，得到省司法厅厅长柳玉祥的批示肯定。

【法治为民】 出台《关于进一步推进全区基层法治工作规范化建设的意见》，先后打造海州实验小学、江浦村、鹰游等一批特色载体。全区共建成省级以上民主法治示范村（居）80个，创成率达44.1%。开展“千警助千企”、服务全区十项重点工程、严惩破坏环境资源违法犯罪活动等法治护航产业强区工程。在苍梧绿园设立苏北首家广场预防职务犯罪播放点，成立全市首家“涉侨纠纷调解工作室”。创新调解思路，设立诉讼与公证对接工作室，在实践中探索非诉方式解决矛盾纠纷模式。全市依法治企、依法治校示范校创建工作现场会分别在海州区召开，幸福路小学、海宁中学、新浦中学荣获省样本教材评比一等奖。2017年海州区作为社区治理创新先进典型申报“中国社区治理十大创新成果”。

（撰稿：寇品磊　审稿：武传扬）

公安（海州分局）

综　述

公安海州分局（简称海州分局）在区委、区政府和市公安局的领导下，以做好党的十九大安保为主线，以“五个公安”（诚信公安、法治公安、效能公安、创新公安、廉洁公安）绩效考核为方向，以创新“五定行动”（定点清除、定向发起、定期调控、定责守控、定位倒查）为抓手，以深入开展“五项攻坚”（出租房屋和流动人口管理集中攻坚、互联网危险物品信息管理集中攻坚、寄递行业安全监管集中攻坚、中小学幼儿园及周边秩序集中攻坚、视频监控联网应用集中攻坚）清零隐患为目标，以全面构筑正义联盟创新社区警务模式为驱动，紧紧围绕服务经济建设大局和公安中心任务，狠抓涉稳反恐安保、公安主体绩效、公共安全监管、队伍内部管理和党风廉政建设，各项公安工作得到全面提升，海州主城区变得更加平安、更加稳定、更加和谐，正在逐步实现最安全城市目标理想。年内，海州分局多个集体、个人受到表彰奖励。分局命案侦破工作荣获集体三等功，警务督察大队荣获“全省公安机关警务督察工作成绩突出集体”称号，新海派出所被公安部授予“全国优秀公安基层单位”荣誉称号、被市局评为全市公安机关先进模范集体、记集体二等功，经侦大队获评“全省优秀公安基层单位”，新海派出所副所长李浩荣获“全国特级优秀人民警察”称号、被省委、省政府评为“江苏省先进工作者”、被市委评为全市优秀共产党员。分局巡特警大队姜涛、经侦大队胡鹏分别被评为全市公安机关先进模范个人，各荣记个人二等功；巡特警大队唐建平被评为“全省优秀人民警察”；路南派出所张志云被评为连云港市“五一”巾帼标兵，被授予连云港市“三八红旗手”，全市政法系统“最美政法干警”荣誉称号。

维护社会稳定

【重要活动安保】 先后圆满完成全国全省全市“两会”、“一带一路”高峰论坛、江苏发展大会、十九大等一系列重大安保任务，圆满完成“白虎山庙会”等30多场千人以上大型群众性活动安全保卫工作任务。

【群体性事件处置】 实行“8+N”工作模式，即每天由区委办、政府办、宣传、综治、公安、卫计、信访、安监8家单位常驻指挥部，根据需要再安排相关单位入驻，指挥部对各类上报信息及时分析研判，快速做出决策，指挥引领全区各部门高效处置各类突发情况。实现未发生有重大政治社会影响的事件，未发生暴恐事件，未发生重大恶性案件等“三个不发生”目标。

【矛盾纠纷化解】 构建社会矛盾纠纷多元融合式化解机制，派出所矛盾纠纷调解室作用显著，切实做到第一时间了解群众诉求、第一关口疏导民意诉求、第一环节化解矛盾，公安涉法信访工作进一步得到强化。

【重点案件查控】 坚持专案专办，大力落实重点案件查控工作，相继破获“9·27”系列飞车抢夺案和“10·23”雇凶杀人案，确保社会治安大局稳定。

打防管控体系建设

【案件侦查工作】 针对工作中研判发现的系列性重点案件，明确破案打击方向，综合调度多警种同步上案，实行挂牌督办。海州分局紧盯跨区域系列案件，做精串并侦查工作，做优线索层报机制，坚持案件分级串并、案后深挖扩串，切实做到案不漏人、人不漏罪；依托警务平台警情、案件数据监控各类盗、抢、骗案件并开展合成打击模式已成熟运行；辖区发案量监测工作有序推进，针对性开展区域打击取得实效。

【防控体系建设】 创新开辟电脑+人脑、网络+脚板两个重点取直新思路，通过综合运用“N+社区综合指挥防控服务体系”和“社区走访工作三步十四点”探索摸清社区平安发展的新路径。在电脑+人脑方面，通过建立N_1空中监控、N_3地面技防、N_6星云群防三个系统，构筑社区人物技三防合一的防范网络，有效预防和压降案件；通过N_2升级警务、N_7应急处突、N_4警务地理信息，打通突发事件快速处置通道，有效防范和应对突发事件；同时，所有案事件汇聚成社区的“数据池”，为下一步分析研判提供直接帮助。在网络+脚板方面，通过N_5即时通讯系统，铺设网上网下双向交流渠道，及时掌握社情民意、发现群众困难；通过N_8矛盾纠纷调处中心，搭建矛盾化解多维桥梁，及时化解矛盾、解决问题；根据网络信息汇聚，有方向的迈出步子，有重点的开展工作，带着思路出去，带着成果回来。

【信息预警研判】 启动每天一调度、每周一研判、每月一综合工作模式，并编发《信息研判专刊》，实战指挥室全天候从信息搜集、研判、预警三方面入手，对不稳定事端的评估和预警能力进一步增强；通过上门核查、空中信息碰撞比对、网络筛查等多种方式，定期分析各类重点群体、人员的通信联络、网下网上活动情况，进一步增强重点群体、人员管控能力；通过严格按照一个调处班子、一个调处方案、一个处置预案、一套奖惩办法“四个一”工作要求，进一步提升涉法信访案件化解和人员稳控工作。

【安全隐患消除】 加强社会面整体管控，切实筑牢防范和应对暴恐事件的铜墙铁壁。政府机关、车站等重点目标、重要基础设施及公交、学校、医院、商场、广场等人员密集场所安全防范得到进一步加强；围绕生产、存储、运输、使用等环节，易爆物品、危险物品等重点方面以及水、电、气、油等要害部位得到有效防控，火灾隐患整改各项工作如期完成；治爆缉枪专项行动有序推进，管制刀具、非法枪支弹药、剧毒化学品管控、查缴力度进一步加大，危险物品被盗、丢失、泄漏、爆炸等事故得到全方位防范，并有效避免非法流散社会。海州分局通过对发案数超过警戒线的作为重点小区、重点路段开展巡防控案工作，全区控案压降工作质态进一步提升，发案进一步下降。

【群防群治建设】 从群众思维、市场思维和开放思维出发，创新建立并大力推广“正义联盟”，真正做到向社会借力借势借资源，与群众共建共治共发展；切实推动群防群治工作开展，确保“风吹草动”即能“捕风捉影”；有效促进社会共治工作的落实，让“和事佬”和“热心肠”越来越多；有效推动警民工作的对接，切实做到“社会警察”和“正义力量”越来越多；有效推动平安建设提档升级，切实让老百姓感觉到“当好人、做好事、有好报”。

【打处绩效】 截至10月21日，全区共立刑事案件6470起，发案总数、抢劫等8类严重刑事案件数、侵财性案件数、通信网络诈骗案件数、火灾事故起数分别同比下降12%、29.2%、11.4%、26%、11.7%；共破各类刑事案件1759起，侵财类案件破案率同比提高了2.7个百分点。共抓获各类刑事作案人员1129人，查获各类一般违法人员1507人，其中强制戒毒214人、治安拘留1254人，同比均有大幅度提升。

公安基础建设

【指挥室建设工程】 新建海州分局实战指挥室和7个派出所勤务指挥室进入实体运行，实现实战指挥室与一线执勤单位的可视化的两级指挥体系、“点对点”高效指挥，人脸智能识别、电子围栏安装等专业模块初步形成体系，构建出全面覆盖、技术兼容、联网共享、城乡一体的视频监控网络。

【派出所新建工程】 浦西、海州、朐阳派出所新建工程全面开工，并正按照有利于社会管理、有利于执法办案、有利于服务群众和有利于民警工作生活的角度，不断完善派出所功能区设置，提供便民设施，丰富警营文化，改善生活条件，进一步提高基层公安机关的执法办案效率和水平。新建苏宁广场警务工作服务站，把警力摆上街面，实现警力前置、工作靠前、服务迁移，逐步探索警务工作服务站真正成为群众身边的报警点、服务站和交流平台的新型模式。

【社区人员配备】 全面按照“一格一（辅）警、一格多员”要求配齐社区辅警，明确责任主体，落实管控措施。并在每个网格单元组建网格队伍，进一步实现了以网格化模式整合社区资源，提升社区服务质量，实现社区管理科学化、数字化、精细化。

【社区警务工作】 坚持一手抓保平安、护稳定，一手抓打基础、谋长远，既在打击犯罪、化解矛盾上下功夫，也在长效预防、多元调解上做文章，不断破难题、补短板、防风险，把社区警务工作变成社区的“防盗门”和“保护伞”，不断联合社区基层组织积极发动基层党员力量，充分将党的领导和社会主义制度优势转化为社区治理优势，通过真情和实干诠释为民服务宗旨，创新实现警务和服务相结合的民生目标，把组织上的归属感、工作上的荣誉感、生活上的幸福感传递给社区的每一个人。

执法规范化建设

【规范执法建设】 民警110接处警、执法办案、窗口服务等执法行为得到进一步规范，执法不作为、乱作为等违规问题得到解决；派出所案件管理中心、执法办案中心、涉案财务管理中心运行机制构建完成，集体通案、执法过错责任追究等制度落实有力，人、案、财物、场所、卷宗等重点执法要素的全方位监管，民警执法行为在法治轨道运行有序。

【执法安全隐患整改】 全面开展“执法安全隐患和突出执法问题大排查、大整改”专项整治活动，其间共检查警情12748起、案件234件、执法办案场所14个，排查出执法安全隐患32个、执法突出问题14个，全部整改到位；建立完善规章制度11件，有效预防和减少严重执法问题的发生。

【执法问责机制建设】 严格落实问责机制，对公务执法过程中造成后果的责任民警、责任领导依法依纪问责处理；进一步启动落实领导班子和领导干部跟进考察机制，把平时表现作为评价、选拔领导干部的重要依据，对表现突出的，将纳为后备干部库重点培养。

【精准打击执法】 针对各类重点目标，特别是用自身“吞食异物”“患有疾病”等原因逃避打击处理的犯罪嫌疑人，用足用好相关强制措施，综合采取开刀手术、强制治疗等措施，实施先治病后打击，达到社会效应与法律效应相统一，清除一批长期带病作案不能羁押人员，排查出一批有前科、有作案可疑的刑嫌人员并实现精确打击，发起一批系列串案的侦破工作并做到打深打透打彻底，守控一批案件高发位置并实现重点部位发案同比下降20%目标。

治安管理

【出租房屋和流动人口管理】 深入小区、民工宿舍区、企业集宿区等部位，特别是城中城村、小区仓库、厂矿车间等重点区域，以日常走访排查、基础调查和集中清查相结合的方式，全面摸清出租房屋和租住人底数，采集基础信息，完善基础台账。通过走访排摸，全面登记出租房屋及流动人员底数，从中及时发现重点关注人员群体，并列入重点管控。全区共登记出租房屋47091户，流动人口116016人，其中9月1日后共新增出租房屋14089户，流动人口53366人；摸排精神障碍患者86名，其中易肇事肇祸31名。至年底，各辖区严重精神障碍患者情况已全面摸清并按照三位一体要求采取有效措施进行管控，先后对全区14名可能肇事肇祸精神病患者予以强制收治，极大地清除了稳定隐患。

【互联网危险物品管控】 对辖区28家危险物品从业单位逐一开展排查，按照“一户一档案”的要求，逐项登记经营单位生产、经营、使用危险物品基本情况、信息发布渠道及网站平台信息情况，对其中有网站的5家单位（均为信息发布、无实际销售行为）及梳理排查出的4家本地网上交易平台全部走访到位并逐一签订安全责任书。对网吧内上网人员开展全时巡查工作，对浏览、发布涉及危险品信息采取重点盯防措施，对83条涉枪线索全部查证到位，收缴气枪等仿真枪支6把、钢珠弹849颗，依法刑事拘留4人；先后抓获9名在网上扬言滋事违法行为人。

【寄递行业安全监管】 严格按照寄递业“三个100%”的工作要求，治安大队牵头会同各派出所对全区25家寄递企业、3家分支机构、10家分拨中心、200家网点开展全时段、全方位的监督检查，先后出动警力420人次，检查寄递企业网点375家（次），整改安全隐患41处，签订责任书240份，对190家不按规定落实“三个100%”制度的寄递企业网点进行了处罚；提请区政府将辖区25家物流寄递企业列为治安重点单位进行管理；先后两次向市邮政管理局市场监管处移交寄递业黑网点名单19家，邮政管理部门已根据名单取缔13家、整改6家。

【校园及周边秩序整治】 推行“以进促防、以巡促防、以打保安、以治保安”的校园治安管理工作机制，联合工商、文化、教育等行政执法部门，重点对校园周边网吧、游戏室、出租房、各类商铺摊点进行清理整顿，对发现的问题坚决予以治理，营造平安和谐的校园周边环境。通过对全区38家中小学校、79家幼儿园、52家无证幼儿园进行逐一走访摸排，共设置校园警务室48个、成立护学岗51个；检查发现安全隐患228个，其中当场整改204个、限期整改24个。

【视频监控联网应用】 建设完成“天网3期”工程，重点围绕全区83条马路市场和17个菜市场，采用建设—移交（BT）建设模式，科学布置监控点位170个，新建各类高清监控310路，对老旧小区技防升级改造全面完成，进一步增补海州地区的监控网络，提高了复杂区域、无人管理区域等监控全覆盖力度，并实现重点区域、重点部位监控实现全覆盖。

公安队伍建设

【战时奖惩机制】 十九大安保期间，海州分局4个集体和91名个人获得战时表彰奖励，其中集体二等功1个、集体三等功1个、集体嘉奖2个；个人二等功2个、个人三等功8个、个人嘉奖32个、通报表扬49个，共组织开展集中颁奖2场次，送奖上门26次。共给予相关责任民警通报批评以上处理87人次。其中政纪处分2人、党政纪处分1人、诫勉谈话13人、约谈12人、提醒谈话8人、通报批评51人。

【诚信公安建设】 坚持打造一支说实话、办实事的公安队伍，充分发挥领导班子和领导干部的示范引领作用，切实做到领导敢作敢当，模范引领；充分激发全体民警干事创业的积极性，提高队伍制度化、科学化、规范化管理水平，切实做到民警敢作敢为，积极工作；充分认识辅警队伍的重要性，以着力提升职业荣誉感、认同感和归属感为抓手，进一步用好用实辅警力量，让全体警务辅助人员愿作愿为，能作能为。

【法治公安建设】 不断提升执法规范化建设水平，定期开展各项业务培训，积极鼓励和支持民警参加司法考试和执法资格考试；不断提升法律运用水平，坚决避免办案凭经验、用法吃老本，确保民警在执法中不存在说不过，判不明，定不准，结不了等问题。

【效能公安建设】 坚持打造一支“特别能吃苦，特别能战斗，特别能奉献”的公安队伍，逆水行舟不进则退，全局民警在公安工作的基础上稳扎稳打，始终坚持提升公安工作水平，高效完成攻坚破案、安全监管、街面防控、队伍管理等各项工作，凝心聚力建设平安新海州。

（撰稿：穆继千　审稿：王聿浩）

公安（高新区分局）

综 述

连云港市公安局高新区分局（以下简称高新区分局）在高新区党工委、管委会及市公安局的正确领导下，坚持以中共十九大安保维稳任务为牵引，以“四项建设”为抓手，以打造“五个公安”为主线，全力维护社会政治稳定，大力整治社会治安，严厉打击违法犯罪，积极提升执法服务水平，全面推动公安工作转型升级，圆满完成十九大安保维稳任务，较好地实现政治稳定、社会和谐、打击有力、防控严密、执法规范、服务高效、形象良好、群众满意等各项目标，进一步提高人民群众的安全感和满意度，有效维护全区社会治安大局的持续稳定。

社会稳定维护

【情报信息搜集研判】 依托情报信息平台，健全完善专业警种、社区警务和社会化情报信息网络，围绕可能引发社会不稳定事件的苗头和事端，准确获取预警性、内幕性、行动性情报信息317条，信息预警率达100%。

【涉稳重点人员稳控】 从可能影响稳定的各类不安定因素入手，全面收集掌握情况，做到预警在先、工作在前，把问题解决在基层。对因土地征用、拆迁等问题引发的群体性上访事件苗头，积极依靠相关部门做好排查化解工作。并组织民警开展再走访、再排查工作，做到底数清，情况明，管控措施到位。截至年底，共排查列管各类重点人员31名，重点群体3个。

【“清信访积案、促和谐稳定专项活动”】 按照业务部门的工作要求，全面落实公安信访工作的指示精神，为确保中共十九大胜利召开创造一个安定团结的环境，共受理群众来访98人次、来信28件，调解矛盾纠纷148余起，化解信访案件76起，其中化解省公安厅交办3起。

【各种突发性事件预防和处置】 主动克服因区划调整产生的难题，主动对接辖区因单位改制、内部管理、医患纠纷、劳资纠纷、政策调整等涉及员工、师生切身利益问题引发的不稳定因素，积极采取措施，有效减少社会影响。积极参与“2017·9·15”聚众斗殴致人死亡案件后续处置工作，促成案件死者亲属与连云港职业技术学院协商一致并签订协议。确保大局稳定，实现“十九大”期间“三个不发生”的目标。

惩治违法犯罪

【专项行动】 以开展惩治“盗抢骗”“三惩治一整治”、打黑除恶“亮剑”、“铁拳”等专项行动为载体，强化案件串并研判，探索健全合成侦查体系，综合运用网侦、图侦、技侦、刑侦等手段，严打各类违法犯罪活动。全年，共立刑事案件xxx起，破年内现行案件xx起，其中侦破年内现行命案x起；共公诉各类犯罪嫌疑人88名，完成侵财判五年以上有期徒刑2人，跨区域流窜侵财犯罪公诉案件数3起；抓获历年网上逃犯2名；判决生效涉黑涉恶犯罪嫌疑人10名。

【大要案件侦破】 始终坚持严打方针不动摇，积极开展命案侦破和严打严重暴力犯罪攻坚战，紧盯“命案必破”“积案必清”的工作目标，在人、财、物上进行重点倾斜，实行专案专办，及时消除不良社会影响。成功破获“2017·6·28”故意伤害致人死亡案；速破“2017·5·17”恶性强奸案、“2017·9·15”聚众斗殴致人死亡案。

【打黑除恶】 以打黑除恶“亮剑”行动为抓手，进一步深化对推进打黑除恶工作，坚持“打早打小、露头就打、综合施策、除恶务尽”的原则，始终保持严打高压态势，严厉惩治和严密防范黑恶势力，坚决遏制黑恶势力在全区滋生、发展、蔓延，推动全区基层基础工作向纵深发展。年内，侦破涉黑涉恶案件4起，法院判决生效涉黑涉恶犯罪嫌疑人10人。

【惩治侵财犯罪】 强力推进惩治“盗抢骗”“三惩治一整治”专项行动，主动发现、精确打击侵财犯罪。全年，共破年内现行侵财案件42起，公诉侵财犯罪嫌疑人5名，成功侦破系列串案6个，破案20余起。

【网上逃犯追捕】 在做好案件侦办与人员打处的同时，紧盯在逃人员追捕工作不放松，尤其是加大对历年逃犯的研判追捕力度。年内，共抓获各类网上逃犯20名，其中历年逃犯2名。

【开展禁毒工作】 从全区毒情实际出发，广泛发动社会各界和广大人民群众，积极组织开展禁毒宣传教育、堵源截流、严打严管工作，有力打击毒品违法犯罪，减少其社会危害。共查处涉毒违法犯罪人员17人，其中强戒3人，公诉3人，其他治安处罚11人。

【经济犯罪案件惩治】 紧紧围绕打击经济犯罪主线，加大对税侦案件的重视程度，做强情报导侦，做实信息基础，做精专业队伍，积极为高新区经济发展创造良好环境。全年，共破经济案件8起，抓获犯罪嫌疑人13人，完成公诉13人，抓获经济类上网逃犯3名，挽回经济损失80余万元。

落实治安管控措施

【社区警务网格化管理】 辖区调整后，结合实际制定《高新区分局社区警务网格单元服务管理工作方案》，借鉴原辖区板浦派出所试点警务区的经验，在全局范围内推行，要求各派出所把社区警务网格化服务管理工作作为“一把手”工程，层层落实。年内，全局建立以社区民警和社区（村）居委会干部为主导，辅警和网格管理员为主体的社区警务网格管理队伍，后续工作正按计划有序推进。

【场所行业阵地控制】 严格按照市公安局场所行业三级管控机制要求，对场所行业开展检查。特别是加大对旅馆、出租房屋检查力度，共摸排辖区中小旅馆104家，通过对每家旅馆边检查边整改，共新发特种行业许可证81家，换发证11家，取缔条件不合格的旅馆15家，责令停业整顿5家，治安处罚10家。

【流动人口管理】 不断加强对流动人口违法犯罪活动规律特点的研判，持续清理整治出租房屋、中小旅馆、网吧等流动人口落脚点，加强对群众反应强烈、案件多发、治安混乱区域的集中整治，严格落实流动人员身份证登记和信息采集各项要求，做到应采尽采，确保信息数据准确、完整、鲜活。截至10月21日，累计新增出租房屋989户，新注销出租房屋915户；新增流动人口8117人，新注销流动人口9893人。

【覆盖全面反应快速的巡防体系构建】 全面推进社会治安巡防体系建设，全力构筑适宜辖区特点的“治安防控网”，初步形成以技防为重点、人防为基础、物防为辅助的综合性治安巡防体系，点、线、面结合，建设单位、巡逻、和社区3张防控网络。截至年底，全区内部重点单位、娱乐场所和新建启用的封闭式住宅小区视频监控覆盖率均达到100%。

【寄递业管理检查】 以“五项基础管控集中攻坚”为契机，大力加强对寄递行业的监督检查，促进寄递业安全、规范、有序运行。截至年底，共摸排登记寄递网店38家，全部签订治安管理责任书，各派出所分别召开寄递业主工作会议，切实加大检查整改和处罚力度。共处罚寄递单位10家次。

【黄赌娼专项整治】 严厉打击赌博、卖淫嫖娼等各种违法犯罪行为，大力开展公共场所治安管理专项行动。在调查摸底、掌握情况的基础上，针对人民群众反映的热点、焦点问题，加大整治力度。全年，共公诉涉赌犯罪嫌疑人10人、涉娼犯罪嫌疑人4人。

公共安全监管

【危险物品安全监管】 切实加大对辖区内危险物品单位特别是危爆单位的安全检查力度，结合辖区实际制定《高新区分局危爆单位排查整治工作方案》，对发现的安全隐患严格督促整改，对发现的违法违规行为严厉查处。年内，共排查涉危爆单位15家，发现治安隐患47处、下发整改通知书14份，治安处罚15家。未发生一起危害公共安全的剧毒、爆炸、放射等危险物品丢失、被盗或致人死亡的刑事案件或事故。

【易危害公共安全人员管理】 加强对易肇事肇祸、轻微滋事以及其他有潜在暴力倾向为主的三类历史重性精神病人梳理和新患重性精神病人的排摸，彻底摸清底数，督促监护人、所在单位、居（村）委会及有关部门履行监护义务，全面落实治疗、管控措施。截至12月，新排查登记肇事肇祸精神病人6名，全部按照“一人一档”“一人一策”的要求分别建立人员档案。

【单位内部管理】 进一步健全完善公安机关与教育、卫生等行业系统主管部门的协调会商机制，积极搭建警企、警校、警医之间的协作交流平台。加大对中小学、幼儿园、医院、电力企业、水厂、加油（气）站等重点单位的人防、物防、技防、制度防建设指导力度。年内，先后召开各类警企联席会议5场次，提出研判意见建议8条，推动整治区域性、行业性治安问题3个，共出动警力300余人次，检查单位170余家，发现并督促整改安全隐患240余处。

【消防安全监管】 开展经常性检查，跟踪进行监督管理。采取日常监督检查与重点抽查相结合的办法，在对列管单位进行全面检查的基础上对消防隐患突出的单位开展重点抽查，全力消除消防隐患，杜绝火灾风险。

基层基础建设

【基层派出所新建改建】 推进花果山、南城两个派出所办公用房按照集便民服务、警务训练、行政办公、执法办案、指挥控制、综合服务、网络自动化等系统于一体的要求进行新建改建。年底花果山所的新办公用房建成投用。

【执法规范化建设】 继续深化执法场所、办案单位的规范化建设，规范分局办案中心及案管中心，进一步完善软硬件设施、管理制度和责任要求，将理性、平和、文明、规范的执法理念体现到警务活动全过程，紧紧抓住日常执法过程中涉财、涉物、涉及限制人身自由等极易发生问题的薄弱环节，制定出规范的执法语言和动作要领，使民警在各项执法活动和各个执法环节中有章可依，有律可循。

【科技强警建设】 将公安信息化作为公安体制、机制、警务模式改革创新的关键切入点，不断增加科技投入，强化队伍建设，着力在源头信息采集、警务平台应用、工作机制创新等方面下功夫，充分发挥信息化在现代警务变革中的引领和推动作用。一方面狠抓公安科技队伍。进一步加强情报信息研判力量建设，全力做好重点人员动态管控、重大事件预警防范和情报信息处理工作，建立完善联合研判、指令研判、警情研判、错位研判、请求研判等研判模式，通过更加及时、准确、有效的指挥调度，不断提升公安机关精确打击、深度打击、有效打击水平。另一方面狠抓信息化应用。依托“大平台”、“大情报”系统，继续强化暂住人口、出租房屋、旅馆业、废旧金属收购业、二手机市场的管理，将工作重心从登记管理向高危管控转移，把工作的切入点放在及时、准确、有效地发现、预警高危对象上，把工作的增效点放在掌握、控制、打击高危对象上，通过信息快速反馈、网上及时比对、预警通报跟踪，精确掌握其落脚点和活动轨迹，适时经营打击，真正地通过基础工作服务实战。

队伍整体素质提升

【政治建警工程】 高新区分局以“讲政治、守规矩、严纪律、优警风”集中学习教育、“迎接十九大、永远忠于党、忠诚保平安”主题教育和集中攻坚走访等系列活动为主线，通过真抓实学、真改实干，进一步牢固思想教育，扎实工作作风。活动中，分局各级领导干部坚持以身作则，带头学习调研，带头谈心谈话，带头查找问题，带头整改落实，为教育实践活动的顺利、有效开展提供有力的组织保障。学习过程中，分局重在突出真学深思上下功夫。主要围绕群众教育、作风建设等内容，创新开展学习教育活动。高新区分局多次召开党委中心组集中学习会、扩大会，组织入党宣誓、进行座谈交流等活动形式，提升党性认识，引导民警牢记宗旨、不忘初心，增强防腐拒变能力。在查摆整改中，分局突出内外联动，主动开门纳谏，坚持边访边查，边查边改，从群众反映突出的问题、影响群众安全感的问题，下重拳、出实招，狠抓整改落实。活动中，分局共整改群众提出的问题意见70余件。

【素质强警工程】 以开展的“强素质树标兵、促创新保平安”练兵竞赛活动为契机，坚持条块结合，条抓块管、全警覆盖的训练工作新格局。建立制度约束，考核倒逼，战训衔接的实战训练管理机制，以资格考试、技能大比武内容为重点，以周五课堂为载体，围绕岗位业务、执法执勤、基本技能等18项内容，有计划、分批开展岗位训练，大力提升民警的法律素质、执法能力和警务技战术水平。全年，高新区分局开展“周五课堂”22期，参训民警达210余人次。

【夯实从严治警工程】 在全局深入实施“六有”管理，建立内部管理检查考评长效机制，统筹整合政工、纪检、督察和信访等监督力量，落实党委重大决策、重要工作部署督办制度，确保跟踪督办、问责问效。年内，分局先后2次组织考核小组到基层所队就内部管理、“六有”管理、值班备勤、警容风纪等情况进行现场督导。同时，在完善队伍月研判的基础上，紧密结合党风廉政建设和作风建设，建立健全日常教育引导、重大事项报告、队伍预警月反馈、队伍季度联席研判、季度谈心、家属联动以及预警不力责任倒查等制度。对在日常工作中发现的重点对象和队伍苗头性问题，严格落实领导帮教、结对帮扶，及时开展谈心、交心和家访活动，努力化解问题，疏导情绪，确保不发生问题，不让一个民警掉队。全年，共诫勉谈话1人，提醒谈话3人，通报批评4人，责令2个单位做出书面检查，未发生违法违纪案件，保持了队伍多年来持续稳定、健康发展的良好态势。

（撰稿：顾燕杰　审稿：李家涛）

检察工作

综　述

在区委和市检察院的正确领导下，在区人大及其常委会的有力监督下，在区政府、政协以及社会各界的关心支持下，海州区检察院全面贯彻中共十八大、十八届三中、四中、五中、六中全会，十九大和习近平总书记系列重要讲话精神，以邓小平理论、“三个代表”重要思想和科学发展观为指导，紧紧围绕“五位一体”（是十八大报告的“新提法”之一。经济建设、政治建设、文化建设、社会建设、生态文明建设）总体布局和“四个全面”（全面建成小康社会、全面深化改革、全面依法治国、全面从严治党）战略布局，牢固树立和贯彻落实“五大发展理念”，深入贯彻各级政法、检察特别是全国“十四检”、全省“十七检”会议精神，以“团结奋进、务实高效、公正廉洁、勇争一流”精神为引领，按照“率先、领先、提质、增效、创新、创优”的指导思想、“全面发展、全面提升”的基本要求和“争当全市排头兵、争创全省全国先进基层检察院院”的总体目标，扎实推进“三大建设”（建设中国特色社会主义经济、建设中国特色社会主义政治、建设中国特色社会主义文化）总任务，牢牢把握“三个强化”（强化理论学习、强化“两促进”、强化转变作风）总要求，牢固树立进取意识、机遇意识、责任意识、奉献意识，坚持以司法办案为中心，以履职尽责、服务保障为主线，以队伍建设为根本，以司法改革为动力，以基础和信息化建设为支撑，补齐发展短板，破解发展难题，深入推进执法规范化标准化、队伍专业化职业化、管理科学化信息化、保障现代化实用化建设，努力开创海州检察工作新局面，为实现“两聚一高”新目标，建设“强富美高”新海州提供坚强有力的司法保障。

2017年度，海州连续第四年获评全国检察宣传先进单位、荣获全省检察机关信息工作先进单位、全市检察机关信息工作先进单位等殊荣。在全市检察机关条线综合考核评比中获得优异成绩，公诉、侦监等多项工作位居条线第一，多人获得国家、省、市级以上表彰，杨小明荣膺全省政法系统“忠诚卫士”称号，陶羡华获评全国检察机关优秀预防员，王义云主讲的小课堂入选“全省检察机关十佳精品课件”，侯亚茹作为连云港队参赛队员之一参加全省公诉论辩赛，获得选拔组三等奖的优异成绩，实现连云港公诉人在全省公诉论辩赛场上的新突破。

保障经济发展

【服务经济发展】 积极参与规范市场经济秩序，严厉惩治破坏市场经济秩序犯罪，依法批准逮捕28人，提起公诉127人，办理1起案值3.2亿元的互联网传销案。加大产权司法保护力度，借助“海州区知识产权司法保护平台”，及时惩治侵犯知识产权和制假售假伪劣商品犯罪30人；走访辖区知名企业7次，召开知识产权保护联席会议3次。综合运用惩治、保护、监督、预防等检察职能，积极服务全区十大重点工程，牵头制定出台实施意见，该做法获得区委主要领导批示肯定。

【服务绿水青山】 开展破坏环境资源犯罪专项立案监督活动，监督行政执法机关移送公安机关立案3件3人，监督公安机关立案1起案值300余万元的非法采矿案和1起企业排放重金属严重超标污染环境案。严厉打击生态环保领域刑事犯罪，对污染环境、盗伐滥伐林木、非法采矿等犯罪提起公诉73人。通过诉前程序积极督促履职，有效遏止刘志洲山非法开采，推动全区开展打击非法开采专项行动。成功办理南通德立化工公司向连云港市一饮用水源地倾倒化工废物污染环境案，并跟踪督促生态环境修复，该案先后被《检察日报》头版和《江苏法制报》头版报道，入选全省检察机关20大保障民生典型案例。

【服务民生民利】 牵头召开食品药品环境及劳动监察领域行政执法与刑事司法衔接工作联席会议，形成打击与保护合力；组织开展危害食品药品安全犯罪专项立案监督活动，建议行政执法机关移送涉嫌危害食品药品安全犯罪10人，提起公诉28人，批捕案值200余万元的跨省生产销售有毒有害保健品案主要犯罪嫌疑人。依法严惩群众反映强烈的互联网金融、电信诈骗、非法集资等犯罪，妥善办理省公安厅挂牌督办的涉案8亿余元、利用网络平台非法经营外汇案，依法批捕全市首例利用网游"银商"倒卖虚拟银子涉嫌开设赌场案。深入开展爱心帮扶、双进双促、双百双千活动，选派1名中层干部担任板浦镇官庙村第一书记，选派8名青年干警到基层兼任政法联络员。

强化司法办案

【严惩刑事犯罪】 共批准逮捕各类刑事犯罪585人，提起公诉1396人。依法严厉惩治危害国家安全和群众安全感的犯罪，积极开展打击黑恶势力、黄赌毒、涉枪涉暴、两抢一盗等专项行动，批捕此类犯罪368人，提起公诉479人。认真贯彻宽严相济刑事司法政策，在全市率先出台审查逮捕公开听证实施办法，对涉嫌犯罪但无社会危险性、依法不需要逮捕的，不批准逮捕72人；对犯罪情节轻微、依法不需要判处刑罚的，决定不起诉11人。

【严惩职务犯罪】 查处贪污贿赂案件17件23人，通过办案为国家挽回直接经济损失300余万元；查处渎职侵权案件6件8人，涉及农业、房产、城管、信息和工业转型等领域，共挽回经济损失307万元。结合办案向涉案单位及其主管部门提出预防检察建议8件，推动相关单位建章立制23项，1篇检察建议入选全省"十大精品检察建议"，1名干警获评全国检察机关优秀预防员。联合区卫计部门开展医疗卫生系统"远离回扣，廉洁从医"主题专项活动，21人主动上交回扣款。创新社会化预防工作模式，在苍梧绿园设立苏北首家广场预防播放点。组织开展全区范围内的预防渎职侵权犯罪检察长宣讲活动，召开农业条线9部门典型案例剖析会，该做法得到市委、区委领导的充分肯定，被《检察日报》头版报道。全力支持配合深化国家监察体制改革试点工作，按要求如期完成职务犯罪侦查预防部门机构、职能、人员转隶工作。

【风险排查防控】 成立"竹梅工作室"，打造"三室一法"（竹梅工作室、律师服务室、心理访谈室和"三四五工作法"）信访工作品牌，控申信访"三四五工作法"（三个意识，即强化服务意识、强化责任意识、强化宣传意识；四个明确，即明确接访首办责任制度、明确来访笔录制作要求、明确两个文书制作出具、明确答复信访人员期限；五项机制，即建立控申信息化办案机制、建立风险评估机制、建立分类处置机制、建立部门联动机制、建立反向审视机制）被市委政法委表彰为全市政法系统优秀工作法。加强检察环节司法救助，办理司法救助案件16件，发放救助金10万元。通过"三抓三强三实现"（即抓规范，强保障，实现专业化管理；抓方法、强实效，实现多元化息诉；抓服务、强公信，实现人性化司法）做好律师等第三方参与涉检信访工作，值班律师参与接访32次，共接待群众来访22件33人，参与化解信访积案2件，有力维护社会和谐稳定。成立"海燕工作室"，开展专业化未成年人犯罪预防教育。依法妥善办理板浦镇一小学老师猥亵学生案件，并对受害人持续做好心理治疗。加大对留守儿童的救助和保护，在板浦建设留守儿童关爱基地。在辖区12家高校设立检察官法律咨询室，积极预防在校大学生犯罪。妥善办理各类轻刑案件，依法保障弱势群体权益，促成1起盲人故意伤害案双方和解并作出不起诉决定。

海州区检察系统举办预防渎职侵权犯罪专题讲座

强化法律监督

【刑事立案侦查和审判活动监督】 共监督立案3人，监督撤案11人，纠正漏捕、漏诉15人。对事实不清、证据不足，不符合逮捕、起诉条件的案件，依法不批准逮捕96人，不起诉28人。深入开展刑事拘留后未提捕未移诉案件专项监督活动，纠正久侦不决、应撤未撤案件8件。加强刑事审判活动监督，提起抗诉3件，苏某诈骗案和连云港市第二人民医院东院区普外二科单位受贿案2起案件被评为全省十大抗诉精品案件。

【刑罚执行和监管活动监督】 加大对矫正人员脱管、漏管的监督纠正力度，对重点人员跟踪谈话28次，建议收监不服从管理的罪犯2名。发出书面检察建议10份、发出书面纠正违法通知书5份；积极开展犯罪嫌疑人、被告人羁押必要性审查，办理羁押必要性审查案件10件，提出变更强制措施意见8份，均被办案机关采纳。持续开展判实刑未执行罪犯清理工作，全年共清理纠正4件；督促收监1名审前未羁押判实刑未执行罪犯。对指定居所监视居住执行情况监督检察15次。

【民事行政诉讼以及行政执法活动的监督】 对确有错误的民事行政生效裁判提请市检察院抗诉6件，均被市检察院采纳。向法院发出再审检察建议4件，法院裁定再审3件，其中改判1件。提出执行监督、纠正审判人员违法、督促行政机关履行职责检察建议38件，收到回函36件。切实加大监督虚假诉讼力度，办理案件7件，占全市同类案件的87.5%，办理刑法修正案（九）实施后全市首例虚假诉讼案和全省首例律师参与虚假诉讼案。

检察改革创新

【司法责任制改革】 遴选第二批员额检察官2名，统一招录聘任制书记员13名，2名不在司法办案岗位干警退出员额。全面实施新的检察权运行机制，制定完善办案组织设置、业务岗位职责、入额院领导直接办案、检察官案件质量考评、检察官司法档案管理制度等配套性文件7份，结合专业化要求设置办案组织8个。严格落实检察官联席会议机制和检察长直接办理案件规定，召开检察官联席会议12次，8名入额院领导办理案件112件。检察长承办并出庭支持公诉1起非法收购、出售珍贵、濒危野生动物制品案。

【检察信息化建设】 制定2017年信息化建设实施方案，按照上级院部署，统筹推进信息化建设。年内，案件质量考评系统、办案智能辅助系统、电子取证实验室、电子阅览室、行政执法信息共享平台、新媒体工作室、标准化赃物证物保管室、职业荣誉档案室、远程视频提审系统等均投入使用，信息化引领检察工作成效初步显现。新媒体工作室为全市检察机关首家，下半年举行新闻发布会两场；职业荣誉档案室集纳干警工作履历、办案业绩、职业荣誉记载等内容，有效提升检察职业尊荣感，深度激发干事创业精气神。

【未成年人检察工作】 常态开展“护苗成长——法治护航”校园宣讲活动，共在辖区中小学巡讲23场，1名干警经选拔参与“护苗共成长”全省法治宣讲活动。坚持慎捕少诉，对涉罪未成年人不批捕21人，附条件不起诉15人，努力做好教育、挽救、感化工作。对涉案未成年人实行法律援助、心理辅导、司法救助三重关爱制度，筹建全市最大的青少年犯罪预防和维权基地，建立“O2O”移动式青少年犯罪预防和维权基地，线下“法制大篷车”进校园23次，线上“海州未检”微信号推送18期。

【行政执法监督工作】 牵头成立全区行政执法监督领导小组，开发建设行政执法信息共享和监督平台软件，有34个单位录入信息，组织全区层面专项执法检查活动2次，行政执法监督工作专题报告10月获区人大常委会充分肯定，该项课题获最高人民检察院理论研究所立项。起草的《关于提升检察建议质效的若干规定》获区人大常委会通过。

【检察文化建设】 提炼海州检察精神，打造集海州历史文化、检察制度文化、廉政文化、法律文化于一体的文化体系，成立多个兴趣小组，广泛开展文体活动，营造严肃紧张、团结活泼的良好氛围，以软实力推动硬发展。

检察队伍建设

【严管厚爱干警】 深入学习宣传、贯彻落实中共十九大精神，学深悟透习近平新时代中国特色社会主义思想，举办十九大应知应会知识测试，组织参加党代表钟佰均先进事迹宣讲报告会。开展“旗帜鲜明讲政治”系列党性教育活动，通过检察长上党课、党性党纪党规知识测试、“忠诚于党，廉洁从检”主题演讲比赛、赴开山岛向时代楷模学习等活动，教育引导全院干警“旗帜鲜明讲政治”，推进“两学一做”学习教育常态化制度化。健全党组中心组学习，班子成员在“团结协作、公正司法、遵章守纪、廉洁自律、敢于担当、创新创优、立说立行”等7个方面发挥示范作用。制定落实全面从严治党责任清单，编制覆盖检察权运行重要岗位和关键环节的廉政风险防控手册，组织开展“纪律作风整顿提高月”活动，制作完成主要业务部门案件办理廉政风险图。用讲尊重、办实事、解难处激励干警创先争优，有21名干警获得市级以上表彰，副检察长杨晓明被省委政法委授予全省十大“忠诚卫士”称号。

【司法规范化建设】 制定《海州区检察院规范司法行为实施方案》，建立不规范司法行为约谈制度，开展约谈谈话4次，有力促进司法规范。全面接受市检察院巡察，针对反馈的问题，制定整改方案，积极整改落实。加强案件监督管理，积极构建新型健康良性互动检律关系，以601服务模式贯穿大厅窗口接待服务，定期召开检律座谈会听取意见和建议，获律师

界代表好评。邀请人民监督员参与不捕不诉案件评查、涉案款物专项检查、旁听重大有影响的案件庭审8次。进一步深化检务公开,共公开法律文书1960份、案件程序性信息4692条、重大案件信息50条。

【常态开展活动】 在荣获全市先进基层检察院的基础上,出台《队伍建设五年规划》和《2017年教育培训和岗位练兵计划》,推动"人才兴检",让"小课堂"成为大平台,1名干警课件入选全省检察机关教育培训十佳精品课程;分批选派业务骨干去国家检察官学院培训,选派1名干警赴新疆伊宁市开展对口援疆工作。组织多种形式公诉论辩赛,形成海州特色论辩氛围。深入推进检察理论调研和新闻宣传,共有全省、全市检察理论研究人才7名,承担最高人民检察院课题1项,省检察院课题1项;连续四年荣获"全国检察宣传先进单位",1名干警获评"全省检察机关优秀通讯员"。完善各项规章制度,出台检察礼仪规范,实施"日记载、周总结、月分析、季考核、年评比"工作运行机制。

海州区检察院全方位加强代表委员联络工作,设立全市检察机关首家人大代表工作联络室,制定联络方案,创新联络机制,认真落实向人大报告工作和向政协通报重要情况制度,邀请代表委员担任检风检纪监督员、参与重大决策、旁听办理重大案件,并根据代表委员意见建议不断加强和改进工作。年内,积极争取代表委员对检察工作的支持,市、区人大、政协领导及80余名代表、20余名委员到院视察调研。还和各级主流媒体建立常态化联系机制,3次邀请他们来院深度采访,讲述检察好故事,唱响检察好声音。

(撰稿:马雪芹 审稿:赵 静)

法院工作

综 述

2017年,在区委领导、区人大及其常委会的监督下,在上级法院的监督指导下,在区政府关心帮助、区政协民主监督以及社会各界的有力支持下,海州区人民法院(以下简称区法院)认真贯彻落实区委的各项决策部署,狠抓执法办案第一要务,认真落实司法改革任务,全面加强自身建设,较好地完成全年目标任务,各项工作取得新进展。全年共受理各类案件22602件,首次突破2万件,其中新收18666件,审执结18971件,同比分别上升18.27%、21.40%,收结案件数均列全市基层法院首位。被省高级人民法院(以下简称省高院)表彰为司法体制改革试点工作先进集体、执行工作、档案工作先进集体;涌现出全国法院系统先进个人、个人一等功、全市重大宣传典型、全国妇联"维护妇女儿童权益先进个人"等一批先进典型。

在取得成绩的同时,工作中还面临不少问题和困难,全院案多人少矛盾依旧突出,两地办公给司法审判工作带来诸多不便,法官职业尊荣感、职业吸引力下降,人才流失现象加剧,基层建设还需进一步加强,信息化建设不能适应时代发展和审判工作的需要,破坏诉讼秩序、干扰司法裁判、抗拒履行义务、信访不信法等现象存在,司法外部环境有待进一步改善等。

区法院将深入学习贯彻中共十九大精神和习近平新时代中国特色社会主义思想,紧紧围绕"让人民群众在每一个司法案件中感受到公平正义"的目标,始终聚焦区委中心工作,围绕"四区"(现代城市经济引领区、城市建设管理示范区、创新驱动发展先行区、幸福生态宜居首善区)发展定位,服务保障"三区两城"(三区:现代工业功能区、现代服务业功能区、现代农业功能区,两城:滨河新城、孔望新城)功能区发展战略全面实施,切实加强和改进审判执行工作,坚持司法为民、严格公正司法,为高水平全面建成小康社会营造良好的法治环境。

履行审判职责

【刑事审判】 2017年,区法院新收各类刑事案件1210件,审结1187件,判处罪犯1426人,适用缓刑599人,免予刑事处罚33人。加大对非法吸收公众存款、集资诈骗等涉众型经济犯罪打击力度,维护群众财产安全,审结案件14件,涉案金额22.05亿元。加大对新型网络犯罪打击力度,依法审结公安部督办的樊某等人非法经营罪案。严惩危害妇女儿童权益安全犯罪,依法审结连云港某校教师猥亵未成年女生案,被告人被判处有期徒刑三年六个月;"电大女生被侮辱案"入选2017年度江苏省防治校园暴力及保护未成年人权益典型案例。

【民商事审判】 2017年,区法院新收各类民商事案件10216件,审结10371件。妥善化解博威、四季金辉等小区因逾期交房、逾期办证导致的业主群体起诉开发商系列案件409件,维护群众切身利益。依法快速调解业主诉九龙大酒店租赁合同案件62件,调解率95.39%。成立全市首家涉侨纠纷调解工作室,全力保障归侨侨眷和侨资企业的合法权益。推进交通事故一体化处理中心建设,快速化解矛盾纠纷。在全市法院率先与医患调处中心合作,构建医患纠纷诉调对接长效机制。深化全省"维护妇女儿童权益示范岗"建设,聘请24名家事调解员参与调解,案件调撤率49.55%。高度重视妇女儿童合法权益保护,创新使用人身安全保护令,发出保护令7个。

【行政审判】 2017年,区法院新收各类行政案件227件,审结268件,裁定执行非诉案件106件。与市房管局定期召开座谈会,推进涉房产行政纠纷妥善处理;与司法管辖范围内各县区法制办召开联席会议,通报行政案件审理情况,从源头上预防化解行政纠纷。积极发送司法建议推动行政机关负责人出庭应诉,严格审查行政行为合法性,判决行政机关败诉案件27件,行政机关败诉率16.77%。

【环保审判】 2017年,区法院新收各类环资类案件54件,审结刑事类案

区法院院长傅成保开庭审理跨省网络非法收购、出售珍稀、濒危野生动物制品案并当庭宣判，该案荣获2017年“首届全市执法司法十大典型案例”。

件24件，判处罪犯62人，审结行政类案件33件。加大新型环资案件审理与宣传力度，通过互联网庭审直播跨省网络非法收购、出售珍稀、濒危野生动物制品案并当庭宣判，该案荣获2017年“首届全市执法司法十大典型案例”。贯彻恢复性司法理念，开展非法采矿案后修复工作，联合国土部门、当地镇政府规划环境恢复方案，加强环境恢复性基金使用情况监管，达到惩罚、预防、恢复三效合一。对3名被告人判处适用从业禁止令，与被告人户籍地和违法行为地环保、公安等部门协调，巩固打击破坏环境犯罪的成效。

司法为民

【便民举措】 区法院深化网上诉讼服务中心建设，通过网上登记立案126件。成立全市首家“派驻法院公证窗口”，建立诉讼与公证协同服务机制。在全市率先投入使用诉讼服务一体机，集合法院信息、诉讼服务、公共信息三大板块服务功能，帮助当事人自助立案186件。推进电子送达和网上阅卷业务，送达文书1957份，网上阅卷1439人次，均位于全市基层法院首位。在医疗纠纷、道路交通纠纷案件中委托诉前鉴定6件，促成当事人达成共识，快速解决矛盾。

【执行攻坚】 2017年，区法院新收执行案件6992件，执结7101件。会同公安、检察院完善拒不执行判决、裁定案件办理机制，12件拒执罪案件进入刑事程序。强化执行威慑力，对171人采取司法拘留措施，对56名拒不申报或虚假申报财产的被执行人处以罚款217.5万元。推送“失信被执行人名单”1992人次，促使673名被执行人履行义务。针对涉民生案件，开展专项集中执行活动48次，执结重大疑难案件212件，兑现债权1198.4万元。通过新浪、网易等媒体平台，对集中执行活动进行全程直播，超过200万网民在线观看。引入第三方服务机构参与司法网拍工作，网拍成交率、溢价率不断提升，在淘宝网成交拍品157件，成交金额2.91亿元，为当事人节省佣金1455万元。

【司法公开】 2017年，区法院通过互联网直播庭审1020件，居全市法院首位。在中国裁判文书网公布裁判文书11576份。围绕社会关注的消费者权益保护、校园暴力、执行难等热点问题，举行新闻发布会7场次。拓宽司法宣传渠道，发布微信378条，微博217条。落实司法民主，随机抽取人民陪审员参审案件2485件。深入推进“法院开放日”活动，邀请群众、学生代表等走进法院4次200余人。在全市法院率先成立人大代表联络工作室，邀请人大代表、政协委员14次192人见证法院审执活动，监督法院工作。

【法治意识提升】 2017年，区法院积极参与社会综合治理，坚持开展“送法进社区”“送法进企业”活动，组织法官开展普法宣讲12次，发放法律宣传资料1000余份。选派9名青年干警深入镇（街）、工业园等单位挂职，定点开展司法服务。加强对青少年的法制宣传教育，举行法制报告会9次，组织中小学生开展模拟法庭4次。拓展完善“新岸青少年护航中心”功能，得到市关工委充分肯定。拍摄未成年人保护微电影《新岸》，获团中央、中央综治办“网络人气奖”。

推进司法改革

【司法责任制改革】 2017年，区法院不断加强案件监督和管理，出台《案件质量评查规定》《规范案件审限管理的规定（试行）》等，提升案件质量，缩短办案周期。制定《专业法官会议工作规则》，规范办案流程，汇聚集体智慧，化解重大疑难案件。全面推进以法官为中心的审判团队建设，优化司法资源配置，促进审判权公正高效运行。发挥院、庭长办理重大、疑难复杂案件的示范和导向作用，院、庭长独任或担任审判长审结案件9162件，同比增长46.19%。

【法官员额制改革】 2017年，区法院优化各部门人员配置，实现人岗相宜，做好首批员额法官增补工作，11名法官经省高院批准入额。在收案数量大幅增长的情况下，一线员额法官人均结案246.4件，同比增加61.25%，最高结案达369件。

【全流程繁简分流构建】 区法院在民事、刑事、行政案件中，推进小额诉讼程序、速裁程序、简易程序的适用，审结民事速裁案件1636件，调撤率66.01%，案件平均审理天数较全院民事案件缩短12.53天。当庭宣判刑事速裁案件45件，无一人上诉。大力加强执行局内设快执团队建设，推进执行案件简案快执，得到省高院充分肯定。推进裁判文书改革，简化文书格式，发出首份道路交通损害赔偿案件要素式判决书，发出信用卡纠纷案件表格化判决书51份，判决书内容清晰易懂，便于当事人理解。

落实从严治党

【思想政治工作】 2017年，区法院认真学习贯彻中共十九大精神，推进"两学一做"学习教育常态化制度化，强化对学习教育的组织领导和督促检查，开展党组中心组学习、专题党课等14场次。成立法官权益保障委员会，保障法官依法履职。注重法官职业品格养成，在"国家宪法日"组织全体法官进行宪法宣誓。举行"迎十九大"演讲比赛，展现干警爱岗敬业的精神风貌。

【司法能力提升】 区法院与四川大学联合举办法官高级素能研修班，提高法官综合素质。与江苏师范大学法学院签订合作共建协议，开展审判理论和司法实务方面合作研究。充分发挥专家咨询委员会在法律应用、疑难案件办理中的指引作用，《人民法院报》予以宣传报道。推动青年法官双导师制度的实效化运行，组织干警开展社会实践活动。开展青年干警大练兵活动，通过比学赶超，干警综合业务能力得到显著提升。1篇案例首次入选《最高人民法院公报》，1篇裁判文书荣获全省法院一等奖，2篇论文在省高院获奖，荣获市中院学术讨论会组织工作先进奖。

【司法作风建设】 区法院认真落实党风廉政建设党组主体责任和纪检监察的监督责任，扎实开展"两个责任"（党组主体责任、纪检监察监督责任）约谈工作，更新完成干警廉政档案。开展司法作风专项治理活动，加大审务督察力度，全年发布审务督察通报7期。聘请司法作风监督员，设立廉政监察员，加强对关键岗位、重点环节的监督。认真接受市中院司法巡查，针对反馈问题，立行立改，全面整改落实到位。

（撰稿：张　培　审稿：周　永）

司法行政

综　述

2017年，海州区司法局（以下简称区司法局）聚力重点，创新亮点，全面履职，充分发挥司法行政职能作用，各项工作取得显著成效。在省司法厅对全省97个县区司法局2017年度司法行政系统绩效考评中，区司法局以96.11分列居全省第四名，被省司法厅评为全省司法行政系统绩效考评优秀单位。在2017年度全市司法行政系统绩效考核和区级机关绩效管理考核工作中，区司法局均被评为一等奖。年内，全系统共有17个集体、18名个人获得省、市、区表彰奖励。其中，获得省级表彰的有：区司法局被表彰为"四个全覆盖"（矛盾纠纷排查调处全覆盖、公共法律服务全覆盖、特殊人群服务管理全覆盖、法治宣传教育全覆盖）体系建设先进单位、全省司法行政队伍"三化"（司法行政队伍正规化、专业化、职业化建设）建设示范点、省村（社区）法律顾问"法润江苏"微信群运行工作示范点，区社区矫正中心被表彰为省级社区矫正示范中心，区司法局档案室被省档案局评为三星级档案标准，顾园园被表彰为江苏"最美司法行政社工"，顾珂璠被表彰为"全省司法行政系统新闻宣传工作先进个人"；获得市级表彰的有：海州区医患纠纷调处服务中心被表彰为"全市司法行政系统中共十九大安保维稳工作先进集体"，新东司法所被表彰为"十佳优秀司法所"，郭泽峰、许竞文两人被表彰为"全市司法行政系统中共十九大安保维稳工作先进个人"等。先后接待伊犁、扬州、仪征、满洲里、镇江等6家司法行政兄弟单位到局参观学习公共法律服务体系建设、法治宣传教育工作等经验做法。

法律服务

【公共法律服务】 研发"猴娃说法"掌上软件（APP），实行"一键式"免费在线法律服务，同步开展"万名猴娃进万家"活动，加大平台推广力度，2017年，有近3万人次扫码关注，注册用户达13139人，受理网上咨询100余件次，成功受理法律援助申请16件；组建一支由优秀律师、公证员、人民调解员等共计82人组成的海州区12348法律服务团；借鉴医疗就诊模式，推广"可借鉴、可复制、可推广"的"法律诊所"12345标准化模式，成功打造后河社区、星化社区和浦南村等25家"法律诊所"；在全区15个镇（街）普遍建立公共法律服务中心，"柜台式"开放司法所建成率达70%。

【法律援助"应援尽援"】 加强法律援助窗口规范化建设，完善区、镇（街）、村（居）三级法律援助网络，全区15个镇（街）均设立法律援助工作站，并按要求设立法律援助公益广告牌，179个村（居）全部设立联系点，覆盖面达到100%，同时，放宽法律援助经济困难标准，申请法律援助的经济困难标准不低于最低生活保障标准的1.5倍，使法律援助覆盖人群拓展至低收入群体，惠及更多困难群众；积极申报法律援助资助案件，2017年获得省法律援助基金会资助案件16件；严格按《市财政局市司法局关于调整法律援助办案补贴标准的通知》要求发放案件补贴，个案补贴标准从2016年的每件500元调整为每件800元，批量案件补贴总额不超过1万元，法律援助案件按规定归档；全年，共办理法律援助案件856件，其中民事648件，刑事208件，超额完成市司法局分解的法律援助案件数量；开展法律援助公益宣传活动6次；入选全市十大法律援助案例1件；被省司法厅、《江苏法制报》《连云港日报》、连云港电视台、司法部微信等采用信息共计12篇。

【法企同行】 组织律师进企业，开展法企同行活动，共服务企业56家，出具法律意见35件，开展法律咨询26场次，审查合同47份，为企业避免经济损失3200万元。

人民调解

【矛盾纠纷排查调处】 在春节、全国"两会"、十九大等重大节日和重大活动期间，开展矛盾纠纷调处专项行动共计14次，还参与全市出租房矛盾纠纷及安全隐患的排查工作。2017年，全区各级人民调解组织共排查纠纷3725次，预防纠纷1556次，阻止群体性上访35次，阻止群体性械斗1次。受理纠纷11770件，调解成功11761件，成功率为99.8%，没有一起因民间纠纷激化而引起的民转刑案件、群体性上访发生。

【矛盾纠纷调处全覆盖转型增效】 建立健全医患纠纷、交通事故、物业管理、劳动争议、消费纠纷等专业、行业性调解委员会，区医患纠纷调处服务中心规范化建设进一步加强；在区矛调中心安排专职律师值班，参与调处重大疑难复杂纠纷；在全区500户以上居民小区建立调解工作室49个，全区500人以上企业建立人民调解委员会7个；2017年各级调解组织共组织区级的人民调解员培训2次，组织镇（街）级人民调解员培训25次，培训量达400多人次；加强信息化应用，建立海州区人民调解微信公众号，拓展新型调解形式；人民调解工作经费列入同级财政预算，全面落实调解个案补贴制度。

【医患纠纷人民调解】 海州区医患纠纷调处服务中心是市区唯一实体化运作的医患纠纷调处机构。2017年，市电视台、《苍梧晚报》以《让医患双方有话好好说》为题对海州医调工作进行专题报道；在9月召开的在全省医患人民调解体制机制创新试点工作经验交流会上，海州区作为全市唯一代表做经验交流，得到省司法厅领导充分肯定；11月，市委副书记、区委书记万闻华为中心的工作作出批示，充分肯定中心"积极担当作为，为确保医疗秩序平稳做出贡献"；年末，中心编纂的《医患纠纷调解案例解读》以案释法，填补全市空白。中心共受理调处各类医患纠纷36起，已成功调处医患纠纷31起，5起正在调解中，调解成功诉求达376.48万元，协议赔偿达197.21万元，协议履行率100%。

法治宣传

【"七五"普法】 深入实施"七五"普法规划，积极推动国家机关谁执法谁普法责任制的全面落实，出台《全区法治宣传教育重点单位"谁执法谁普法"普法责任清单》，为全区32家法治宣传教育重点单位制定个性化普法责任清单，形成齐抓共管的大普法工作格局；联合团区委等9部门签订青少年法治自护教育联创联建合作意向书，通过法治自护教育进课堂、进校园、进社会、联盟共建常态化四项举措构建青少年法治教育新格局；2017年，全区共组织开展各类法治宣传教育活动300余场次，发放各类法治宣传资料11万余份，解答法律咨询9000余人次。

【法治文化建设】 新增省级法治文化建设示范点2个，市级法治文化建设示范点6个，累计打造8个省级、28个市级法治文化示范点；建成全省首家以法律援助为主题的法治文化广场——茗馨花园法律援助广场，受到省司法厅厅长柳玉祥批示肯定；建成鸿岚法治文化作品创作室、"德法同行"志愿者协会2个法治宣传教育类社会组织；联合江苏卫视影视频道在区政府大会堂举办"美好生活　德法相伴"法治惠民环省行海州区专场演出，创作《法润海州》《晨辉照耀普法人》等系列海州特色普法作品，该场演出在江苏卫视影视频道欢乐汇节目中播出。

【基层民主法治建设】 2017年，全区新增省级"民主法治示范村（社区）"8个，共创建1个国家级、79个省级"民主法治示范村（社区）"，省级以上"民主法治示范村（社区）"，创建率达44%；11月，星化社区顺利通过国家级民主法治示范社区考核验收；在全区179个村（居）推行"一委三会"（村居党委、村居民议事会、村居民委员会、村居民监事会）依法治理工作格局，建立健全村规民约、社区公约，实现"四民主、四公开"（民主选举、民主决策、民主管理、民主监督、政务公开、事务公开、财务公开、服务公开）的制度化、规范化、法治化，基层群众自我教育、自我管理、自我服务、自我监督的能力和水平明显提升。

特殊人群管理

【社区矫正】 海州区社区矫正中心被评为省级社区矫正示范中心，被省司法厅和东南大学确定为未成年社区服刑人员损害修复项目理论研究和实践创新试点单位。海州区"智慧矫务"工作法荣获全市政法系统"优秀工作法"荣誉称号。根据省司法厅中心建设标准，建立并运行集教育、帮扶、社区服务、培训、临时安置等为一体的多功能社区矫正中心，设置一站式信息采集报到大厅、入矫（解矫）宣告室、心理咨询室、教育培训室、书吧等功能室。在重点时段、重要活动时期，通过定位监控+微信视频+位置共享等方式，确保所有人员在管在控，做好社区矫正安全稳定工作。2017年，累计接收社区服刑人员521人，解矫395人，全年未发生因教育管理不到位造成的重新犯罪、脱逃脱管人员，无逾期未解矫现象。

【安置帮教】 全面落实必送必接制度，重点帮教对象、一般帮教对象接回率均达100%；全面落实刑释人员的安置帮教措施，全区各镇（街道）共建立15个安置基地，每个基地全年至少接收3名刑释人员，共计接收83名刑释人员，做好技能培训工作，安置率达到100%；共为114名家属与14个监狱38名服刑人员安排视频会见；全区共有安置帮教社工30人，安置帮教志愿者720人；建立服刑人员和刑释人员特情报告制度，每季度开展一次分析研判、重新违法犯罪信息通报、回归人员危险性评估和服刑人员未成年子女排查帮扶活动，组织1次进监所社会帮教工作。

基层基础建设

【队伍"三化"建设】 新招录4名公务员、调入2名政法干警，安置1名军转干部，程序规范，及时报批，并按时完成省市下达的干部培训、调训任务；扎实开展职业培训和岗位大练兵活动，局机关及司法所全体人员参与省网上学院培训考试，参学率达100%，超七成学员学习超过100学时，年度培训考试合格率达98%。

【基层保障机制建设】 全面规范司法所标识标牌，年底共有13家司法所配齐配全标识标牌，达标率80%以上；实施局所站绩效考核，区司法局与各科室以及司法所全部签订2017年绩效考核责任书；全面应用江苏司法行政一体化智能平台，强化信息分析运用，通过平台定期提交周研判和月研判，实现局所全时空互联互通。

【社会组织培育】 2017年，区司法局共建立各种类型司法行政社会组织19个，其中枢纽型2个，专业型2个，行业型4个，基础型11个，种类齐全，涉及人民调解、社区矫正、安置帮教等多个行业，在提供法律服务、传播法律知识、维护社会稳定工作中发挥重大作用。

（撰稿：韩姗昆　审稿：刘亚军）

法治交通

综　述

2017年，海州交警部门在各级党委政府和省公安厅、市公安局的坚强领导下，按照副市长、公安局长王永生提出的当"排头兵"做"风景线"打"翻身仗"的总体要求，主动应对汽车、驾驶人迅猛增长、警力相对不足等多重挑战，突出"公路防事故、城市治拥堵、源头除隐患、队伍提精神"，强化理念、制度、机制、方法创新，深入推进基础工作信息化、执法管理精细化、宣传教育社会化、便民服务最优化、队伍建设正规化建设，确保全市道路交通安全形势的持续平稳和队伍的健康发展。全年共查处各类交通违法行为445.8万起，全辖区伤亡交通事故起数和死亡人数分别下降0.25%、0.44%，圆满完成十九大、连云港论坛、连博会、创文创卫等安保任务。其中，十九大安保工作获省公安厅集体二等功。

交通安全监管

【重点违法管治】 以"四场攻坚战""秋风行动""冬季攻势"等10余次系列整治行动为抓手，持续开展对酒驾毒驾、无证驾驶、假牌假证、货车闯禁区等严重交通违法行为的严管严治，针对季节特点和交通违法、事故规律，采取重点国道定点值守、多警种联合执法等方式，强化整治的力度、广度和深度，全时段、无缝隙封堵动态隐患，先后组织开展全辖区统一行动152次，查处酒驾、毒驾5320余起（其中醉驾943起）、无证驾驶1.1万起、假牌假证177起、货车超载5039起、超速74万余起，吊销驾驶证871本，拘留177人。

【源头隐患治理】 以"两客一危"、校车、"营转非"和重型货车等车辆和驾驶人为重点，持续开展隐患"清零"攻坚，约谈10家交通违法率较高的企业负责人，下发整改通知书810份，会同安监、交通等部门对2家企业进行"叠加处罚"，清理多起违法未处理逾期未检验汽车2191辆，"两客一危"和重型货车检验率99.53%、报废率100%，大中型客货车驾驶人审验率99.04%，清理淘汰老旧机动车1819辆。继续深化市、县两级危险路段、事故多发路段和重点公路集镇挂牌治理，推动治理一般道路安全隐患146处，对228国道、204国道和新浦大道等111处重大风险隐患，持续进行跟踪督导、集中攻坚。

【道路治安防控】 充分履行交通治安"双管"职责，紧扣重大活动安保，依托7个省际公安检查站和16个执法服务站，打造以缉查布控系统为核心的道路治安防控体系，会同武警、特警等警种力量加强集中清查、盘查堵控，严查疑人、疑车、疑物，精准防范、精确打击各类涉车涉路违法犯罪活动，牢筑交通安保"护城河"。共启动等级勤务3次，建设缉查布控点位21个，查获网上逃犯3名、被盗抢车辆3辆、收缴管制器具27把。

优化交通环境

【交通秩序强化】 巩固创卫成果，围绕创文工作，结合城区网格化勤务，充分发挥100辆摩托铁骑作用，坚持现场查处和非现场执法并举，常态化、全覆盖、零容忍地严管重罚行人、非机动车闯红灯、越线停车、走快车道、翻越护栏和机动车乱停乱放、不礼让行人等显见性"交通顽疾"，强行入轨交通秩序，先后查处行人、非机动车交通违法行为27.3万起、机动车乱停乱放63.6万余起、不礼让行人3万余起，非现场记分查处交通违法31.3万余起。

【交通组织优化】 在时间、空间上深度挖掘道路通行潜力，围绕辖区186个灯控路口，优化早晚高峰、节假日信号灯配时，推广错时配时、不对称配时技术；通过设置左转待转区、右转单独车道、行人安全岛等方式，开展城区57个路口的科学渠化；针对拥堵高发的华联、巨龙路、洪门路口等处，调整龙东路、龙西路等8条道路的单行等通行策略，打造主次干道、支路和背街小巷协同的"微循环"；加强静态交通组织，不断挖掘停车资源，在符合条件道路规范设置临时停车泊位2250个。扎实开展交通设施"两化"工作，施划标线11.3万平方米，制作、安装标志516套（块），增设信号灯路口7个、信号灯140组、护栏230米。

【社会协同共治】 推动市政府健全完

善交委会组织架构，明确调查研究、联席议事、指挥协调等日常工作制度，为交通管理可持续发展提供顶层平台。出台交通影响评价办法，围绕交通流量影响、停车需求增长等方面对第二人民医院西院区、西山林语花园等项目进行了科学论证。会同市文明办，组织机关公务员、企事业单位人员和驾校学员1.5万人次，开展文明交通路口志愿劝导活动。联合市信用办等部门出台文明交通信用管理细则，建立联动惩戒机制，被纳入征信以及作为信用分级管理的交通违法人员达8.47万人次。引入科研力量，与716杰瑞电子建立战略合作关系，在大数据研判、新技术应用等方面深入开展探索和研发。

提升服务质态

【警务机制改革】 全面实施高效实战型的交通管理机制改革，在不增加实际机构编制的基础上，通过深入调研、内部挖潜、归集优化，将7个市区辖区大队管理范围、人员配置等情况进行重新调整，解决对应地方政府层级不清、争取支撑保障力度不大、保安全保顺畅侧重性不强、治安防控效能不高等问题；将队伍管理、宣传教育、指挥调度、科技建设等交通管理重要职能从相关部门进行剥离整合，成立政工宣传大队、交通指挥中心、科技设施大队，重新划分各部门主要职责，驾驭全市道路交通治安管理整体能力得到进一步提高。

【便民惠民措施】 深入开展“放管服”改革，将驾驶人科目二、科目三考试业务向车管所下放，建成涵盖10类124项服务项目的交管互联网服务平台和交管12123手机软件（APP），升级完成车管所“50选1”号牌发放系统，建立优化互联网通行证申报平台，在邮政网点设立交警服务站，开展“双进双促”和“大走访、大排查”活动，累计2457家运输企业、3.1万名驾驶人进行网上注册，办理预选机动车号牌1.2万副，开展预约考试业务91.2万人次，网上申报禁区通行证7263份，通过邮寄送达牌证1.2万余次，为企业解决实际难题1500余件。

【交通宣传氛围营造】 围绕“声、屏、报、网、街面”五大阵地，开展全方位、立体化、多角度的宣传教育，组织20名基层单位负责人走进交通广播FM92.7与群众连线互动，设立微博微信“曝光台”曝光交通违法行为3800余起，策划推出《港城红绿灯》《交警在身边》《警官说交通》等专刊180余期，制作摆放、滚动播出1000张海报、200余块展板和30余部公益宣传片，围绕酒驾毒驾查处等主题开展网络执法直播56次，开展3万余网民参与投票的第二届“港城十大最美交警”评选活动，“港城交警唱歌给你听”等系列“快闪”活动网络点击累计40余万，努力营造文明交通“连云港共识”和安全行车“连云港规矩”的浓厚氛围。

打造良好警营生态

【队伍教育管理思维】 认真贯彻党的十九大精神和习近平总书记“四句话、十六字”总要求，推进“两学一做”学习教育、“三会一课”、基层单位“六有”管理和党风廉政建设常态化。定期分析信访投诉，对热点部门、风险岗位、重点人员开展针对性廉政风险排查，完善管理、教育、监督各项防控措施，严肃查处政令警令不畅、侵害群众利益、违反财经纪律、失职渎职等案件，共辞退交通协管员25人，诫勉谈话民警15人，提报市公安局行政警告处分4人。通过考核杠杆提升业务、队伍管理成效，制定下发考核通报55起，取得良好成效，尤其在十九大安保“三个不发生”考核中，支队总体成绩在全省靠前。

【执法规范建设】 充分运用科技手段加强对执法流程的全程监督，开展案件审核、执法监督的日常网上巡查、月度分析研判和季度细化考评，加大对涉酒案件办理、执法记录仪使用等5个执法突出问题的专项整治和执法指引，明确各大队教导员为专职法制员队伍，先后打造“音视频管理系统”“记分外挂系统”“酒精检测”等监督平台，制定出台《关于清理未裁决涉酒案件的指导意见》《交警支队涉案车辆处置方案》等6个规范性文件，编发网上执法监督巡查通报4起、执法案例评析2起、执法预警提示13期、考评通报3篇，接受群众咨询180余起，受理行政复议案件45起、行政诉讼案件10起，法院判决驳回原告诉讼请求3起、原告撤诉3起。

（撰稿：丛培国）

责任编辑：王恒亮

人民武装

【概况】 中国人民解放军海州区人民武装部（以下简称区人武部）在上级党委机关的正确领导下，紧紧围绕“改革强军”重大战略思想和省军区系统“5+2”职能定位，按照“突出首位、狠抓龙头、强化管理、创新发展”的思路，努力提升遂行多样化军事任务能力，扎实推进人武部和后备力量建设协调发展。

【理论学习加强】 2017年，区人武部理论学习成效明显。以党委中心组学习为抓手，组织党委班子认真研读习主席系列重要讲话，领会思想精髓，紧跟主席步伐；继续抓好“维护核心、听从指挥”主题教育和“坚决维护核心、严守纪律规矩”教育活动，强化干部职工的政治意识、大局意识、核心意识和看齐意识，坚定不移地维护核心、维护权威、维护军委主席负责制，坚定不移地做习主席思想理论的追随者和实践者。通过理论学习，促进战斗精神培育。区人武部坚持把战斗精神培育作为军事斗争常态化准备的一项重要内容，利用民兵训练、整组等重要时机，组织开展“铸造战斗精神，坚定‘打赢’信心”“发扬艰苦奋斗精神”“强化战斗精神，提高打赢能力”等专题教育，强化民兵战斗精神，切实把广大民兵随时准备打仗的思想建立在对职能使命的深刻理解上。把理论学习和国防教育紧密结合起来。利用民兵整组、兵员征集、学生军训等时机，组织干部职工走进民兵营（连）分队和学校，宣传中国共产党方针政策和十九大精神，国防知识授课辅导。充分发挥“雷锋车组”事迹陈列馆作用，每年组织辖区学生和市民参观学习，取得良好的教育效果。

【战备训练】 2017年，区人武部坚定不移地抓好战备工作。平时战备工作做到规范有序。修订完善了《海州区协助地方维护社会稳定应急预案》等9个战备方案，进一步正规战备秩序，严格执行调整改革期间战备工作规定要求，始终保持值班部位高效运转、值班分队常态备勤；抓好人武部兵器室常态维护，经常检查安防设施设备，严格日常管理制度，确保兵器室一直处在安全和良好的战备状态；积极协调区委区政府，加大对基层人武部正规化建设的支持力度，细化软硬件建设标准，促进全区基层武装部平衡发展。努力提高军事训练质量。区人武部认真贯彻落实《民兵军事训练与考核大纲》，扎实开展民兵规范化训练；加强民兵干部骨干培训，分批分层次抓好专武干部、民兵干部、各类专业技术骨干和“四会”教练员训练；注重加强合成化民兵应急救援分队建设，完善应急指挥行动方案，突出森林防火、防汛救灾、反恐维稳等应急处突演练，提高民兵战斗力。11月，在警备区组织的民兵应急分队集训中，海州区人武部取得队列训练第一名好成绩。高标准完成民兵整组任务。区人武部认真当好民兵力量建设第一责任人，做到把民兵编实、编真、编到位；优先把应急队伍人员编足、编精、编强，确保组建布局更加科学合理；积极协调人防和交通部门进行统筹规划，做到分类建设、各司其职，杜绝“一兵多职”和交叉重叠编组现象。

【军地协作加强】 国防工程核查和双拥工作整体水平有新的跃升。区人武部认真开展国防工程核查，安排专人对每个国防工程“走到、看到、查到”，彻底摸清工程现状，实地拍摄工程口部图片，按照“五图一表一卡”要求，完善基本信息和档案资料，建立了电子档案库，为提升国防工程维护管理规范化精细化水平打下基础。认真做好扶贫攻坚工作。深入开展“双百双建”活动，积极参加打赢脱贫攻坚战，2017年，区人武部投入12万余元，为海州区锦屏镇李圩村健康活动中心购置路灯10盏，健身器材一套，慰问贫困户、军烈属各5户，团级干部一对一帮扶贫困学生3名，确保扶贫工作取得实实在在的效果。密切军地关系。积极帮助大、中、小学校做好学生军训工作，每年军训学生达1.4万余人。积极参与海州区“卫生城市”“文明城市”“双拥模范城（区）”创建活动，11月，海州区被省政府评为“双拥模范城（区）”。

【内部管理】 区人武部加强干部职工

管理。重点抓好干部职工8小时以外管理，各科室负责人每周定时与家庭取得联系，及时了解干部职工思想动态，积极抓好主流思想舆论引领和解疑释惑、情绪疏导工作，引导干部职工支持拥护改革，保持思想安全稳定和高度统一。夯实基层基础。协调乡镇街道办事处，研究制定措施解决民兵在编不在位，有组织无活动、无场所的实际困难；充分认清民兵党组织建设是武装力量建设的关键，在强化科学编建、强化常态活动、强化军地协力上求突破，着力破解民兵党组织建设“虚化”难题，确保基层民兵党组织作用充分发挥。保密管理措施及时。结合“安全主题日”活动，加强新规禁令、安全保密教育，不断强化干部职工安全意识；对照省军区8类43项具体检查标准，结合季节性事故预防特点，紧盯人车枪弹密等17个管理要素，正规秩序、加强防范、抓好整改，确保人武部始终安全稳定、团结和谐、守纪如铁。

【征兵工作】 兵员质量不断提高。2017年，区人武部认真抓好兵役登记工作。针对部分基层单位对兵役登记工作重视程度不够，落实不好的实际情况，多次组织基层人武部集中办公，现场查找问题、分析解决办法。加强宣传发动。在用好传统方式的同时，注重向网络、手机、电子屏等新型媒介拓展，利用群发手机短信、微信公众号等点对点、面对点的形式，来增强感染力和影响力，全区各乡镇街道共组织征兵现场咨询24场次，张贴宣传海报600余份，发放宣传册15000余册，悬挂横幅150余条。在征兵工作中突出质量把关。在目测初审上，注重加强病史调查，严格推荐程序和报名手续。在政治考核上，重在现实表现，抓好平时考察、三级政审和区域联审，用好函调手段。在体格检查上，严格落实封闭式体检，加强对传染病、器质性病变、精神和心理疾病等检查确认。在走访调查上，严格按照要求，准确掌握应征青年现实表现情况。做到廉洁征兵。公布举报电话，设立举报箱，聘请群众监督员直接参与基层推荐和审批定兵；区纪委和人武部纪委抽调专门人员组成廉洁征兵检查组，对各乡镇街道廉洁征兵情况进行明察暗访，以“零容忍”态度抓好自查自纠，坚决杜绝征兵工作中的“微腐败”和不正之风，营造风清气正的征兵环境，确保为部队输送优质兵员。

【党的建设】 区人武部始终坚持思想建党。扎实开展“学习十九大、宣传十九大、贯彻十九大”学习教育活动，购买《习近平谈治国理政（第二卷）》等学习资料，制作《学习手册》，每名党员撰写心得体会，定期组织学习交流，打牢拥护党的领导思想根基。认真贯彻民主集中制。持续推进“两学一做”学习教育常态化制度化，坚决执行党委统一的集体领导下的首长分工负责制，严格按程序、规则和集体意志办事，不断提高党委班子集体决策、民主决策、科学决策水平。持续加强改进作风。认真贯彻《准则》和《党内监督条例》，把武装头脑、触及灵魂、改进作风、解决问题贯彻活动全过程，真正让干部职工自觉抵制不正之风；集中开展“增强命令法规意识、正规党委机关秩序”“强党性、守纪律、正风气”专题教育整顿，严格落实党风廉政建设“两个责任”，着力营造清朗清净的政治生态。

（撰稿：王　涛）

预备役某团

【概况】 2017年，江苏陆军预备役某团在师党委和连云港市委、市政府的正确领导下，深入学习贯彻中共十八届六中全会、十九大和习近平主席系列重要讲话精神，坚决落实上级党委决策部署，以强军目标为统揽，着力举旗铸魂维护核心，加强练兵备战聚焦打赢，服从改革大局确保稳定，强势正风肃纪强化作风，年度各项任务有序推进，团队整体建设稳步发展。

【思想政治建设】 坚持把学习贯彻习近平主席系列讲话精神作为头等大事和战略任务来抓，创新方式方法推动讲话精神入脑入心，补足理想信念之钙。及时跟进中共十九大精神学习宣传贯彻，扎实开展严守政治纪律规矩教育，营造喜迎十九大的良好氛围，采取随机抽问、定期考核、组建学习微信群等方式，持续掀起学习热潮。“维护核心、听从指挥”主题教育成效明显，通过座谈调研掌握官兵思想现状，广泛征求意见建议，最大范围开展“习主席的功勋伟业怎么看、看齐追随怎么干？”“维护核心看齐追随与单位建设、个人发展的关系是什么”讨论，官兵服从改革大局的思想自觉、行动自觉明显增强。深入推进“两学一做”学习教育常态化制度化，引导党员强化“四个意识”（政治意识、大局意识、核心意识、看齐意识）、坚定“三个维护”（维护党中央权威、维护核心、维护和贯彻军委主席负责制）、做到“四个合格”（政治合格、执行纪律合格、品德合格、发挥作用合格）。持续抓好训风演风考风督查，为完成训练考核任务吹氧助燃。深入开展全面彻底肃清郭伯雄徐才厚流毒影响，深挖思想病根，廓清思想迷雾，打碎观念硬壳，校正是非标准，“两个清理”（思想清理、组织清理）工作扎实有效。积极开展“双带双扶”（带头创业致富、带动共同致富，扶助贫困村和贫困户，扶助贫困小学和特困生）活动，春节前，组织官兵到海州区健康老年公寓送温暖，投入10万元对赣榆区河洼村进行精准扶贫。建军节前，团联合海州区文体局及驻海州部队举办“拥军爱民海州情、军民鱼水一家亲”暨庆祝建军90周年晚会，密切军民情谊。

【战备训练工作】 按照改革时间节点和“按时接替指挥、高效实施指挥”要求，严格落实战备训练工作，做到组织指挥不间断、情况掌握不断线、处置能力不下降。加强日常战备综合整治，正规战备执勤秩序，修订完善各类战备方案计划和应急预案，建立气象水文情况定期通报制度。汛期前，据团可能担负的抗洪抢险任务，有重点的对石梁河水库、小塔山水库、灌河的险工险段组织现地勘察，各营连按照上级要求对防汛抢险相关物资器材进行补充并落实应急力量，确保一有情况能迅即出动。组织完成“三个基础”（基础指挥、基础技能、基础体能）强化军事训练，接受陆军预备役部队军事训练考核，总评位列全师第二名。突出非战争军事行动能力建设，组建预备役应急连，完成抗洪抢险、森林防火和防暴维稳等内容精练实训。结合战区陆军质量抽查和优秀“四会”（会讲、会做、会教、会做思想工作）教练员考核评选活动，狠抓教练员普训，提高现役官兵组训能力。完成以信息化条件下大规模联合防空作战为背景组织首长机关指挥演练，初步解决了指挥员和指挥机关战时基础业务生僻、“三情”（敌情、我情、战场环境）分析粗略、指挥程序、控制手段生疏、指挥技能浅陋等能力素质薄弱问题。

【安全管理工作】 针对适逢改革特殊之年、敏感时期、关键时段，按照高于平时、严于平时、紧于平时的要求，狠抓部队安全管理，大力开展安全管理工作，严密组织安全隐患排查治理，严格落实保密办公规定，正规部队的“四个秩序”（战备、训练、工作、生活）。严格按照战区陆军最新要求，突出六类在外人员的管理，停用超标车辆，严格公车派遣手续，做好安全行车防范。紧盯作战值班室、兵器室、营门值班室等重点部位，定期组织应急处突演练，提高各种情况下的应急处置能力。先后4次组织保密自查，落实每周交班会保密检查通报制度。狠抓禁酒令全面落实，组织官兵熟记禁酒令内容，营门配备酒精检测仪进行常态检查。扎实组织开展“争创安全年”活动，突出正规秩序、调整改革期间部队管控等重点内容，持续搞好教育引导，扎实抓好“五个一”（指挥部队安全工作中每月进行一次安全形势分析、一次人员思想分析、一次安全隐患排查、一次安全理论法规教育和一次思想骨干工作交流的“五个一”制度）活动落实。

【后装保障建设】 积极按照新体制要求，从后勤战备建设、财务管理、军需卫生、车辆油料、营房设施、装备管理和物资集中采购方面，坚持依法施供依法施管，深化改革创新，大力加强后勤和装备保障能力建设。精准统计团军事实力和后勤供应实力，及时上报搞好供应实力会审。及时组织全体官兵深入学习上级明察暗访组财务检查方面通报，结合战区陆军纪委“100个负面清单”，吸取教训举一反三，进一步加强财经管理，规范财经制度。全面认真地落实上级财经法规政策，认真执行财经纪律，从严控制各类经费开支，做到无预算的不报，手续不全的不报，违反规定的不报，发票要素不全的不报。对于模棱两可、上级无明文规定可以开支的经费，一律不开支。及时补收水电费、房租费、伙食费等应该个人承担的费用，确保战区陆军财务管理新要求、新规定在团队全面迅速有效的落实。认真抓好物资集中采购工作，提高服务保障意识，及时解决资器材购置需求，力求促进官兵满意，保障大项工作任务圆满完成。严格落实爱装管装教育，抓好装备管工作人员新知识、新技能的学习和训练，先后4次组织对装备物资器材进行彻底清查，确保做到账物一致。开展创建“文明卫生军营”活动，修订完善处置公共突发事件预案。协调连云港市第三人民医院为全团现役官兵、家属子女体检，与体系149医院保持良好沟通，确保就诊看病“一路绿灯”。

【党委班子建设】 着眼立起党性原则、建设“四铁”（铁一般的信仰、铁一般的信念、铁一般的纪律、铁一般的担当）过硬党委机关，坚持先进性和能力建设为主线，持续抓好作风建设，不断提高党委班子建设水平。坚持把理论武装摆在第一位，引导党员主动加强党的创新理论学习，以理论上的清醒促进政治信念上的坚定，突出抓好习主席系列重要讲话精神的学习，及时用典型问题和违规违纪案例开展警示教育，引导党员干部汲取教训，自觉做到坚守底线、不越红线、不碰高压线。严格落实“三会一课”（定期召开党员大会、支部委员会、党小组会，按时上好党课）等党的组织生活制度，以党内生活的严肃性，增强党员的党性原则。认真组织学习东部战区陆军纪委作风建设100个负面清单、官兵身边的“微腐败”和不正之风问题清单。扎实开展作风纪律八个方面专项整治，对现金发放误工补助、违规享受保教费、充值卡缴纳通信费、超标准接待等问题进行核查。深入推进基层“微腐败”专项整治，对六个方面29个问题进行了自查自纠，官兵满意度和获得感进一步增强，团队风气建设水平进一步提高。

（撰稿：孙小亮）

中国人民武装警察部队连云港市支队

【概况】 2017年，中国人民武装警察部队连云港市支队（以下简称武警连云港支队）坚持以习主席系列重要讲话精神为统领，紧紧围绕“迎接保卫学习贯彻中共十九大”主线，扎实筑牢军魂、扎实练兵备战、扎实依法治军、扎实基层基础、扎实建强组织，年度工作推进有力，中心任务完成圆满，调整改革顺利完成。

武警连云港支队扎实开展“提振精气神、聚力迎大考”教育和“两项重大教育”活动，发挥微信公众号、红色教育基地等载体作用，官兵维护核心的政治信念更加坚定。坚持中心居中、主业主抓，强力推进武警部队“科技强勤”贯彻落实，结合支队实际率先在东海、灌云中队建成集智能报警、全域监控、信息共享为一体的技防体系，受到总队通报表扬。年内，先后组织勤训轮换、教练员集训、“魔鬼周”极限训练、基层警官全员额考核、特战分队实战化拉动演练等，部队遂行任务能力不断提升。

坚持重心下移抓基层，按照普遍帮和精准建要求，各级抓基层打基础保稳定的意识和能力不断增强。先后2批次组织人员赴连云港市警备区模范连和山东聊城市支队参观见学，召开基层工作座谈会暨经常性工作规范推进会，正规化建设和精细化管理水平不断提高。

大力加强后勤战备体系建设，突出抓好“一组五队”训练演练，建立完善军地联储联保机制，后勤应急保障能力进一步增强。

积极贯彻全面从严治党的决策部署，坚持标本兼治、正风肃纪，坚持把向党中央、习近平主席看齐，作为最高政治纪律和政治规矩，扎实抓好民主集中制学习贯彻讨论，党委集体领导能力得到大力提升。坚决全面彻底肃清郭徐流毒影响，强力推进正风肃纪，大力纠治基层“微腐败”和官兵身边的不正之风。2月15日15时30分，担负连云港东火车站联勤武装巡逻的一中队战士易武中、肖鹏驰，在协同公安民警进行身份证核验过程中，发现一名网上在逃人嫌疑员经确认后立即将其逮捕。

【安全押运核燃料】 3月30日—4月18日、5月5—5月26日、11月10—11月30日、12月12—12月28日，武警连云港支队行程2900公里，圆满完成赴内蒙古自治区满洲里市执行田湾核电站核燃料押运任务。

【森林灭火】 4月2日12时，海州区前云村，因村民祭祖发生山林火灾，过火面积达到230余亩。支队出动兵力、车辆和灭火装备器材参与灭火战斗。在经过近11个小时连续奋战后，将山林火灾扑灭。

【党代会胜利召开】 9月20日，中国共产党武警连云港市支队第五次代表大会胜利开幕。来自支队机关和各基层大队、中队的67名党代表参加大会，在圆满完成各项议程后，当日胜利闭幕。

（撰稿：范礼伟　王　勇）

消防（海州区大队）

【概况】 2017年，海州消防大队（以下简称消防大队）在支队党委的正确领导下，客观审视所处形势，正确看待自身所处位置，全体官兵重团结、谋实事、高站位，心想一处，劲使一头，实现部队各项工作争先进位。消防大队从找准角色定位，狠抓“四个强化”入手，不断推动党建工作落地生根。强化班子核心领率作用。始终保持高站位、远定位的意识，积极提高围绕中心、服务大局的能力，先后召开党委会19次，研究决定事关部队建设发展的重大事项31个，班子核心领导作用发挥明显。强化党组织规范化建设。以规范基层组织工作为抓手，认真谋划制作“消防政工微课堂”系列图版，积极研究制作图文并茂的党组织生活制度口袋书，不断打造理论过硬班子。强化“联创联建”新模式。联合团市委、区法院、检察院和司法局等8家共建单位，创建全市首家青少年自护组织——“青春自护·守望联盟”，并申报为省级示范点。

【思想教育】 消防大队主动从思想强警入手，确保官兵政治坚定、思想统一。围绕主题教育，按照平战结合机制，紧贴“两会”、十九大安保和执勤岗位练兵等重点活动，把工作任务具体化，将“一刀切”的集中教育向全方位的“滴灌式”教育转变，把教育贯穿于执法、执勤、训练、生活之中，形成处处是课堂、时时受教育的多元化格局，为促进中心任务的顺利完成提供坚强的思想保证。抓住七一、建军90周年等重大时间节点，开展“重温入党誓词，缅怀革命先烈”“红门驻地共求索”等系列主题党日活动5次、开辟专题宣传栏6块，切实让思想教育与“主业”工作更紧密融合。利用互联网、手机微信等移动社交平台，建立并深化家属“微认可”、官兵“微支持”、心理“微疏导”、关心“微传达”的“四微”教育，创新部队、社会、家庭“三位一体”管理新模式，搭建部队与家庭的双向融合平台。

【队伍管理】 消防大队深入推进部队正规化建设，强化条例条令意识，针对发生的问题强化工作措施，保持如坐针毡、如履薄冰之感。坚持查找问题不怕亮丑，直面问题力求破解，上下形成合力。力求做到“共商管理大计、共创管理品牌、共搭严管平台、共施严管举措”的良好局面。坚持高举高落。建立了干部、班长两级安全考核模式，实行日检查、周督查、月评比，加强部队管理教育和安全防事故工作，让安全是底线，是红线的意识深入官兵心中。

【提升战力】 消防大队坚持从难、从实、从战要求，全面规范作战行动秩序，校准救援行动“度量衡”，锻造作战安全“标准件”。坚持夯实基础。按照上级要求，大队以岗位练兵、支队比武等为契机，按照“营区、基地、社会单位”三位一体的思路，积极开展实战练兵活动。通过周评比、月考核等体能对抗活动，对阶段性工作及时查漏补缺，做到训练计划性和科学性的同时，不断激发官兵训练热情。坚持问效实战。通过强化战斗编组编成应用，细化单兵、小组等实战化科目。结合一企一册预案修订，按照辖区重大火灾隐患和火灾特点，针对白虎山小商品批发市场等重点单位制定定期、定时巡防机制，及时开展熟悉演练112次，修订灭火救援预案47份，实现了防消结合常态化。

【防火监督】 2017年，消防大队以十九大安保等重大活动为载体，以冬防和夏防为助力，推动政府和社会各方力量消防攻坚，紧锁消防责任链条，不断纵深推进火灾防控能力。年内，消防大队圆满完成十九大、“两会”和“金砖峰会”安保等活动，深入开展无证歌舞娱乐场所、桑拿汗蒸足疗洗浴场所、汽车销售服务场所以及在建工程施工工地的火灾隐患排查整治，在养老院、汽车4S店、劳动密集型企业等场所安装300个独立式感烟火灾探测报警器、15套简易喷淋装置、电气火灾监控系统5套、设置设有充电设施的电动车集中停放点20个，完成30家消防安全重点单位、10个社区微型站建设任务。开展监督检查2474余家，发现火灾隐患5368处，临时查封44家，责令“三停”45家，行政办案133起，罚款189.08万元，行政拘留9人。所有工作始终保持在高效、规范的轨道上运行，实现了执法“零过错”。

【后勤保障】 老海州地区经济发展欠缺，地方财政困难。消防经费缺口较大。消防大队抓住一切时机向各级领导反映消防工作和部队建设的要情动态，努力争取地方党委政府对消防工作的理解和支持。2017年，消防大队消防业务经费85万元，比2016年增长54.5%。完成营区楼房墙面粉刷整理、高仿绿植墙新建、训练大棚升级和“明厨亮灶”改造等项目，极大提高了部队的各项建设。

（撰稿：薄玉龙）

消防（景区大队）

【概况】 2017年，景区消防大队（以下简称大队）紧紧围绕“争创先进大（中）队”的共同愿景，以确保火灾形势和部队管理“两个稳定”为底线，以党委政府、人民群众、部队官兵“三个满意”为目标，团结和带领全体官兵鼓奋进之志、聚发展之力、谋务实之策、兴创先之举，部队呈现“单项工作有亮点、总体工作有提升”的良好发展态势。大队和中队分别被省总队表彰为“五四红旗团支部”、“先进基层党支部”，被市文明办授予“与雷锋车同行志愿服务站”称号，被团市委评为“青年文明号”、选树为“红领巾校外活动基地”，被市妇联授予“连云港市巾帼文明岗”称号，被高新区管委会表彰为“建设有功单位”“爱心单位”、获评“区五四红旗团支部”，被景区管委会和区公安分局表彰为“先进单位”、获评“景区建设贡献奖”；特别是在全市消防部队2017年度全面工作考评中，取得了大队第二名、中队第一名的历史最好成绩。

【警风廉政建设】 大队始终从思想上、行动上筑牢班子成员和队伍拒腐防变的坚实防线，每月制定反腐倡廉教育计划，组织系统学习党纪法规，强化官兵法纪观念。扎实开展“懂规矩、守纪律、促廉洁”纪律作风教育整顿活动和“讲政治、守规矩、严纪律、优警风”集中学习教育活动，定期研判部队管理教育形势。针对各类突发性问题的不可预见性，建立安全风险评估和预警机制，对执勤训练、队伍管理、思想教育和信息化管理等四大类30余小项80余种具体风险隐患进行分析汇总排查，建立“预警、汇总、分析、评估、决策、纠错、升级”的经常性管理工作机制，区分指导帮扶、一般关注、重点关注、强烈关注四个等级，对应绿、蓝、黄、红四色预警；针对敏感时段，落实入伍复退、岗位调整、评功授奖、入党考学、出差休假、家庭变故、违规违纪、安保执勤的“八必谈”要求，实时准确掌握官兵思想动态，采取应急保障措施，有效杜绝了违纪行为的发生。

【队伍建设】 以争创“好班子”和“先进大（中）队”为抓手，落实工作月度讲评制度，多点发力、多方位突破，部队内外呈现安全稳定良好态势。探索建立了以打造“花果山警地合作党建带，党组织三帮互助共同体”为主要内容的“一带一体”联创联建工作新模式，联合市公安局巡特警支队大圣突击队、市边防支队战鲨突击队、市再就业保障中心、花果山街道、万达广场等单位建立了“责任清单考、执法情况考、晾晒倒逼考、书记约谈考、述职评议考”的“五考”工作机制，有效增强队伍凝聚力和执行力，逐步走出一条区域联创、资源共享、警地联建、优势互补的联创联建发展新路子。深入学习贯彻“承载、博毅、砺进、致远”支队队魂精神，提炼出“忠诚、积极、能力、警觉、雄心”5A大队队魂，开展“五A士兵”“五A班级”评比，增强官兵的集体荣誉感和创先争优意识。发挥先进典型的示范引领作用，制定培树工作方案，认真收集整理、深入挖掘“雷锋班”、王海杰等先进典型，邀请报社、媒体专业人员参与宣传，积极向市委宣传部、团市委、市文明办沟通汇报，部署开展“学先进、见行动、树形象——向身边典型学习”活动，学习先进、崇尚先进、争当先进氛围在全大队蔚然成风。

【管理教育】 深入贯彻习近平主席关于“面子里子都要像部队的样子”重要指示精神，将条令条例作为正规化建设根本遵循，坚持把精细化融入正规化管理中，实现部队管理从“以人管人”的粗放管理模式到“以制度管人”的精确化管理模式转变，在支队正规化建设现场会上作经验交流。以培育“四有”（有灵魂、有本事、有血性、有品德）新一代革命军人目标为主线，多点发力、多方位突破，强化思想政治教育，扎实开展“维护核心、听从指挥”主题教育和“两学一做”学习教育，教育官兵正确认识当前形势，增强党员党性修养，夯实政治理论基础。顺应大数据时代趋势，坚持积少成多的教育思想，以大队和中队2个微信群为载体，推出“一分钟”教育课堂，利用交接班、队务会、训练间隙等时机，充分用好微课堂、微感言、微体会、微故事等形式开展经常性微教育，常态化编发正规化管理规定，鼓励官兵大胆讨论工作、交流心得，着力补齐队伍管理工作短板和盲区。

【素质培养】 广泛开展“业务大培训、岗位大练兵、技能大比武”和“日读一文、周观一影、季读一书”等育才活动，从文化素养、业务知识、实用技能等方面，大力提升官兵综合能力素质。积极构建“红门朗读者”“士兵讲坛”等宣教阵地，扎实开展“故事课堂”和“体会式笔记”活动，在兵讲兵事、兵说兵言中引导官兵不断增强“四个意识”。针对官兵不同的性格、爱好、经历、专长和成才需求，帮助每名官兵设计成长“路线图”和“关节点”，确保官兵在成长的道路上少走弯路。对官兵训练成绩实行“红黄牌”挂牌机制，运用“Keep软件”为体能考核不达标的战士制定针对性体能提升计划。全面提升官兵的综合素质。

【服务官兵】 景区大队自身厉行节约而在经费使用上始终突出倾斜扶持中队，紧紧抓住官兵最关注的“食”“宿”大做文章，先后投入30余万元规范内务设置、营区标语设置、车辆器材标识设置等，在战士宿舍换置整体衣柜和木床，在洗漱间加装24小时热水系统，配备保温杯、自助售货机等生活用具，保证官兵随时能吃上热饭菜、喝上热饮水、睡上热和觉、洗上热水澡，同时还解决了购物不便的问题，每到周末请假外出战士人数明显减少。自主开展“互学、互帮、互教”活动，按照原籍分开、保留建制、党群结对、新老结合、强弱搭配、性格互补的原则，制定了谈心、汇报、评比、奖惩、交接、帮带等六项制度，成立“三互”（互学、互帮。互敬）小组7个，对存在的问题官兵进行教育引导，实现“拖油瓶”向“排头兵”的转变。

【火灾防控水平提升】 大队自加压力、主动作为，将消防安全纳入政府责任考核和领导干部政绩考评体系。采取“集团作战”方式，协同乡镇、街道、行业主管部门等单位开展联合执法8次，定期开展安全互查和应急调度、联合作战、微型站协同支援等演练14次，连续开展夏秋和冬春消防检查、非法加油点整治等专项行动，始终保持打击消防违法行为的高压态势。大队全年共检查单位1723家次，督促整改火灾隐患4793处，下发临时查封决定书25份，责令三停18家；新挂牌督办重大火灾隐患1家，发展区域联防组织2个，建成社区和重点单位微型站19个，安装独立式感烟火灾探测报警器300只、简易喷淋设施15套，新建改造电动车集中充电点20处。

【消防培训】 开展派出所分管领导、专兼职消防民警常态化培训24次，消防民警主动到大队跟班学习，派出所消防工作执法水平明显提升。组织100余名镇街消防管理人员、社区网格化人员、行业部门管理人以及重点单位消防安全管理人、责任人等培训，社会面消防水平有效提升，逐步实现联防区域内“一点着火，多点出动，邻里互助，协同作战”的态势。

【消防宣传】 大力开展消防宣传，积极开展消防宣传“七进”（进机关、进学校、进社区、进企业、进农村、进家庭、进网站）活动，组建兼职“消防讲师团”和僧侣、大学生特色志愿者队伍，发放资料3000余份，推送“微信息”180余条，开展入户宣传200余人次，在国家级新闻媒体上稿3篇、省级新闻媒体上稿2篇。全力打造“阳光消防”服务品牌，提出“说话最和气、语言最文明、服务最热情、执法最公平、办事最快速、群众最满意”的“六最”工作法，成立“玉兰花”服务队，积极主动上门服务，加强日常指导力度，开通消防审批“绿色通道”，定期公开警务信息、开展爱民走访活动、有效加强内外监督，不断改进消防监督执法工作。

【实战化练兵】 针对辖区火灾形势和应急救援特点，充分利用建筑废墟、废弃厂房、天然水域等场地设施，开展石油化工、建筑倒塌、水域救助等科目实战化训练。充分调动广大官兵的积极性，革新装备器材，创新在马基路斯车顶安装水带箱，部队灭火与抢险救援能力不断提升。

花果山景区森林防火实战演练

【消防接警】 大队全年共接警出动292起，出动消防车400辆次，出动警力2212人，抢救被困人员18人，疏散被困人员3人，成功参与处置了“5·20”灌南仁欣化工火灾、“9·22”大浦中复联众厂房火灾、“9·23”灌云危化品车辆混合芳烃泄漏事故、“12·9”灌南聚鑫生物科技有限公司爆炸事故以及“4·2”高新区小团山森林火灾等灭火救援任务。

（撰稿单位：云台山风景区大队办公室）

消防（高新区大队）

【概况】 高新区消防大队（以下简称大队）有官兵文员共40人，其中消防监督干部6人、消防文员7人。下辖一个现役执勤中队，有官兵27人、消防车5辆。大队主要承担连云港市高新技术产业开发区的花果山街道、郁洲街道和南城街道社会面火灾防控工作，并同时负责海州西部地区灭火救援和抢险救灾工作。大队共列管二级消防安全重点单位44家。

大队主动从思想强警入手，确保官兵政治坚定、思想统一。围绕主题教育，按照平战结合机制，紧贴“两会”、十九大安保和执勤岗位练兵等重点活动，把工作任务具体化，将“一刀切”的集中教育向全方位的“滴灌式”教育转变，把教育贯穿于执法、执勤、训练、生活之中，形成处处是课堂、时时受教育的多元化格局，为促进中心任务的顺利完成提供坚强的思想保证。抓住七一和建军90周年等重大时间节点，开展“重温入党誓词，缅怀革命先烈”“红门驻地共求索”等系列主题党日活动5次、开辟专题宣传栏6块，切实让思想教育与“主业”工作更紧密融合。利用互联网、手机微信等移动社交平台，建立并深化家属“微认可”、官兵“微支持”、心理“微疏导”、关心“微传达”的“四微”教育，创新部队、社会、家庭“三位一体”管理新模式，搭建部队与家庭的双向融合。强化“联创联

建”新模式。联合团市委、区法院、检察院和司法局等8家共建单位，创建全市首家青少年自护组织——“青春自护·守望联盟”，并积极申报为省级示范点。

【队伍管理】 深入推进部队正规化建设，强化条例条令意识，针对发生的问题强化工作措施，保持如坐针毡、如履薄冰之感。坚持查找问题不怕亮丑，直面问题力求破解，上下形成合力。力求做到“共商管理大计、共创管理品牌、共搭严管平台、共施严管举措”的良好局面。坚持高举高落。建立了干部、班长两级安全考核模式，实行日检查、周督查、月评比，加强部队管理教育和安全防事故工作，让安全是底线，是红线的意识深入官兵心中。

【火灾隐患排查整治】 2017年，大队以冬防和夏防为助力，推动政府、部门、行业、社会单位条条块块努力，方方面面攻坚，紧锁消防责任链条，不断纵深推进火灾防控能力。大队圆满完成“两会”“一带一路”高峰论坛和中共十九大重大安保等活动，深入开展无证歌舞娱乐场所、桑拿汗蒸足疗洗浴场所、汽车销售服务场所以及在建工程施工工地的火灾隐患排查整治。全年，大队开展监督检查2474余家，发现火灾隐患5368处，临时查封44家，责令“三停”45家，行政办案133起，行政拘留9人。所有工作始终保持在高效、规范的轨道上运行，实现了执法“零过错”。

【灭火救援实战能力提升】 大队坚持从难、从实、从战要求，全面规范作战行动秩序，校准救援行动“度量衡”，锻造作战安全“标准件”，强化灭火抢险救援严保辖区火灾形势稳定。年内，先后组织开展人员密集场所、石油化工单位以及大跨度、大空间建筑灭火救援实战演练144余次，组织召开典型火灾案例战评会4次，编制修订灭火救援预案47份。全年大队共接警出动426起，出动车辆619辆，出动警力3566人，抢救被困人员55人，抢救财产价值800余万元。

【基层消防网格化】 在辖区3个街道建立了消防工作办公室，健全管理队伍，明确工作职责和内容，规范工作程序，强化业务培训，落实消防安全检查、宣传等职能，对网格员开展业务培训200余人次，网格员开展消防安全检查400余人次，开展消防宣传1200余次，初步形成了街道抓“面”，社区（村）抓“片”，派出所、安监站等抓“点”的网格化消防管理格局。

【消防基础设施】 结合城市创卫工作，在主城区新建、扩建道路建设市政消防栓15个，在星海湖、东盐河等水源地建设消防取水口6个。在养老院、娱乐场所、集贸市场等人员密集场所推广安装简易喷淋装置30套，简易火灾报警系统300只、电气火灾监控装置5套。在社区、劳动密集型企业、大中专院校设置电动车集中充电点25处。加强微型消防站和区域联防联勤组织建设，建成大学城区域联防联勤组织7个，建设微型消防站25个。

【消防大数据建设】 大队积极推进云计算、大数据消防应用，整合消防指挥中心、交警、安监等部门的资源优势，拟搭建全区危化品源头管理和应急救援管理等数字化平台，将辖区规模以上企业及危化品企业监控平台接入市消防指挥中心，为灭火救援提供辅助决策。深入推进消防设施联网监测系统建设，共接入社会单位9家，发送消防设施故障提醒短信32条，消除各类火灾隐患和协助查处违法行为58处。

【消防安全】 大队强化消防志愿者队伍建设，组建大学生消防志愿者服务队，发展壮大涵盖多行业、多年龄段参与的消防志愿者队伍。在深入开展“七进”工作的基础上，拓展消防宣传“进交通”，开辟横跨主城区的21路“消防公交宣传专线”，搭建公交站台等宣传阵地。年内，开展各类宣传活动480余次，共发放各类宣传资料2万余份，推送微信息200余条、微博800余条，每日目标宣传人群达5800余人，受众人数达26万余人。

【党风建设】 大队党风廉洁建设，狠抓干部队伍的教育和管理。大队与每个干部都签订《党风廉洁建设责任书》，并通过召开行风监督员座谈交流会、警示教育主题民主生活会等形式，经常听取地方群众和全体官兵的意见，自觉接受党内和群众监督。在开展廉政警示教育活动中，大队通过参观廉政教育基地、观看廉政教育影片、撰写学习心得等教育形式，使干部队伍树立正确的世界观、人生观、价值观，全体干部的廉政意识得到了进一步增强，大局意识、服务意识和奉献意识得到进一步强化，部队的社会形象也得到了进一步提高。

（高新区消防大队办公室）

人民防空

【概况】 2017年，海州区人防办在市民防局、区委区政府和区人武部的领导下，紧紧围绕与市民防局签订的目标任务，立足实际，开拓创新，积极工作，全面推进人防各项工作任务的落实，年内，海州区重点民生工程海州区人防指挥所工程获得省民防局批准，提升了海州区民防信息的建设。在人手少的情况下，加强早期人防工程运行检查，督促管护，积极开展民防知识的宣传和普及教育，加强安全生产监督，对辖区内的所有警报器进行定期巡检，保证正常使用，努力开创海州区人防工作新局面。

【海州区人防指挥所工程】 海州区人防指挥所工程（以下简称人防工程）占地面积约6754.43平方米，总建筑面积15017.45平方米（其中：地下建筑面积3416平方米，地上建筑面积11366.56平方米）。建筑占地面积2050.19平方米，投资总额约为6714.64万元人民币（其中：省市专项资金及补助5162.94万元，自筹资金1551.7万元。），项目建设周期计划2年。

人防工程的项目建议书及可行性研究报告已获得省民防局、海州区经发局批准。年内，完成项目土地勘探、农转用、青苗费用赔偿、平整围挡等工作。该项目设计方案已通过市规划局局长办公会，方案已公示完，施工图设计基本结束。土地预审手续已办理完，建设项目环境影响申报完成登记审批。

项目建成后，将完善省、市、县（区）、街道人防指挥体系，保障指挥系统稳定、高效。实现与省、市、县人防指挥网络互联互通，充分发挥人民防空平时应急，战时应战功能，更好地为当地经济建设和社会稳定服务，进一步地提升海州区民防信息化建设。

【人防工程管护】 区人防办按照市民防局《连云港市2017年人防工程维护管理实施方案》的要求，对原面粉厂、原轻工公司、德邦防空地下室和白鸽涧人防坑道做好维护管理工作。对人防工程内的铁器除锈上漆，活动铁件打黄油等维护工作，特别是对轻工公司人防地下室口部房进行了重建，水电进行改造，为早期工程维护管理和使用提供了样板。配合鼎派葡萄酒业公司对猴嘴工程继续加大投入，升级改造，着力打造葡萄酒文化园。组织防办人员下基层，发动基层防办主任、社区工作人员，动员各物业公司对辖区内小区人防地下室使用情况如实填表登记，做到了摸底调查全覆盖，取得第一手资料。

【安全生产监管】 建立健全安全生产工作制度，定期召开安全生产工作会议，认真排查和整改安全隐患，与所有平战结合场所相关单位和个人签订了安全生产管理责任协议书，实现安全生产无事故。

【防空警报器维护管理】 制定和完善防空警报器维护管理的各项规章制度，明确各警报点相关单位以及管理人员的工作职责。对海州辖区内管理的所有防空警报器进行定期巡检。

【民防宣传教育】 2017年，制定下发了民防和核应急知识进社区进企业进学校等系列活动方案。在学校、社区和企业开展了相关知识的宣传教育工作。5月12日，区人防办联合新海街道办事处在香江社区组织居民200多名居民参加“5·12”防空防灾疏散演练，宣传民防知识，普及防空防灾技能。9月18日，区人防办联合新东街道艺北社区利用市第二人民医院防空地下室，组织了100多名社区居民开展防空袭疏散演练演练活动。两次活动结束后通过展板、发放民防知识手册等手段，普及“民防”和“防灾减灾”基本知识。“9·18”全省防空警报统一试鸣日，区人防办和市民防局联合新东街道广场社区在苍梧生活广场举办了“双进双促强市富民，警报试鸣珍爱和平”为主题的广场宣传演出。开展“普及民防知识，增强风险意识”为主题的民防宣传周活动，通过人防（民防）宣传教育进学校、进机关、进媒体、进社区、进企业的“五进”活动，宣传普及“民防”和“防灾减灾”基本知识，提高社会各界对防灾减灾工作的关注度，进一步增强广大公众的自救互救能力和防范意识。提升应急志愿者在防灾减灾科普宣传、救援救助等志愿服务方面的水平和能力。在科普周积极配合区科协等相关部门利用人防展板发放民防知识书籍和广场咨询等形式开展人防知识宣传教育活动。年内，中国人民防空、江苏民防两网站采用海州区人防办信息稿件各1篇，市新闻媒体和政府网站采用稿件8篇。

【依法行政】 积极参加执法培训，提高全办人员依法行政水平。法律意识明显提高。干部职工学法用法的自觉性明显增强，提高了依法决策、依法管理的水平，养成了依法办事的习惯。认真办理区十八届人大一次会议区政协第九届委员会第一次会议（提案）。区人大代表和区政协委员对人防办的答复均表示满意。

（撰稿：冯士江）

责任编辑：李云高

外向型经济

综　述

2017年是中共十九大胜利召开之年，也是海州区改革开放深入开展的一年。海州区致力于产业升级，推进供给侧结构改革，复活“僵尸产业”闲置土地近133.33公顷，新批一批增资扩股项目，新增规模以上企业11家，园区活力明显增强。年内，海州区全力以赴引项目，出台促进招商引资激励办法，优化招商项目服务流程，举办海州企业家论坛，累计开展招商活动400余批次，新增在谈项目156个，新增签约项目93个，形成一批新的增长点。开放水平进一步提高，外贸进出口三年来首次实现正增长，实际利用外资8500万美元。

为做大做强海州开发区工业发展，海州区委、区政府做出了将洪门街道整建制纳入海州开发区统一管理，形成海州工业园、新浦工业园、宁海街道、洪门街道“一区四板块”发展格局的重大决策部署，并出台《关于海州经济开发区板块整合实施意见》，全面开启开发区“二次创业”新征程。

对外经济合作

【概况】 2017年，海州区新批外资及港、澳、台资企业15家，全区实现进出口总值9.34亿美元，下降4.4%。其中：出口总值7.92亿美元，同比下降5.5%；进口1.42万美元，同比增长2.1%。实现合同外资15640万美元，实际利用外资达到8500万美元。进出口额超1000万美元企业17家。全区在谈、签约项目259个，总投资595.08亿元。在谈项目167个，总投资391.2亿元，其中年内新增在谈项目146个，总投资355.26亿元。

【招商引资】 编制2017年海州区投资指南、招商宣传手册和海州区对外宣传片，研究出台2017年《海州区促进招商引资激励办法》，并制定招商引资项目优化流程图；完善信息库、客商库、项目库、资源库档案管理工作，建立“一周一统计、一周一督查、一周一总结”机制，在全区范围内实现招商信息的快速沟通和招商资源共享共用；对各载体单位分管招商领导及招商工作人员开展招商培训活动，邀请相关条线领导和专家针对招商工作操作技巧、土地政策、用地规划等方面进行深刻解读。

对外公布招商信息606条、在手客商近800人，区级入库项目167个、在手招商资源40余个。组织招商活动，建立四套班子领导带头外出招商制度。年内，区主要领导带队外出招商29次，全区各载体单位外出招商163次，拜访客商802人，接待客商471人。同时，积极筹备、组织开展客商座谈会，参与连博会、农洽会、海州白虎山庙会、中国（连云港）国际医药技术大会、海洋经济专题招商会等重要展会活动。连博会期间，全区接待客商100余人次，参展企业13家，参展摊位20个，围绕主题开展各类招商活动20余次。连博会集中签约项目3个，总投资12.66亿元，涉及仓储物流、箱包制造、光伏发电等领域；国际医药技术大会集中签约项目2个，总投资5.6亿元。

开展“百日攻坚”活动，大力推进在手项目进度，并实现楼宇经济破题。建立重点项目及重点区域领导挂钩周报制、招商活动进展月报制和项目联席会办制，对区领导挂钩的重点项目、重点区域产业转移情况实行周通报制，协调解决项目从洽谈到落户过程中遇到的困难和问题，加快推进项目速度。全年全区在谈项目167个，总投资391.202亿元，其中吾悦广场城市综合体、康缘医药智慧物流园、瑞开总部基地等92个项目成功签约，总投资203.88亿元；黑硅电池片、裕隆医学检测等61个项目顺利开工，总投资88.21亿元。在谈项目签约率为35.5%，签约项目开工率39.8%。

【进出口贸易】 至年底，海州区列统有进出口实绩的各类企业320家，其中外贸公司215家、外资企业25家、生产企业80家，分别占企业总数的67.2%、7.8%、25%。

为促进海州区外贸进出口平稳协调发展，努力扩大出口，海州区商务局先后组织45家企业参加境外展会，60家外贸企业参加华交会、广交会等5个境内展会。组织60家外贸企业参加小微企业出口信用保险，参保率64%，远高于省市平均水平，有效规避了小微企业出口风险。认真做好2017年外经贸发展各类资金申报工作，全年为海州区外贸企业争取各类财政扶持资金963.37万元，支持外贸企业调结构，开拓国际市场。

加快市硅电子基础信息材料科技兴贸出口创新基地和市新型机械加工装备出口基地以及日出东方太阳能股份有限公司、鹰游纺机两家市外贸转型升级示范基地建设。

加强出口品牌培训工作。日出东方太阳能股份有限公司的“太阳雨”商标荣获2017-2019年度江苏省重点培育和发展的国际知名品牌。连云港飞雁毛毯有限公司的“鹰游”商标、连云港金典纺织科技有限公司的“Softitex”商标、连云港森呼吸食品有限公司的“Woods Breath”商标获2017-2019年度连云港市重点培育和发展的国际知名品牌。

【境外项目】 2017年新批外派劳务企业1家，海州区6家有资质的外派劳务企业全年共输出劳务人员1070人（其中海州籍工人49人），比2016年增长20%，年末在外2400人，劳务人员实际收入总额约为3200万美元。

全年新批境外投资项目4个，项目数占全市23.5%，中方协议出资额2638.75万美元，占全市7.5%。外管部门加强对房地产等企业资金流出的管控，全年实际投资企业1家，完成对外投资841.4万美元。

区商务局积极实施“走出去”战略，组织引导企业参加各类展会和境外投资促进活动，开展对外投资、外派劳务合作，开拓国际市场。积极推进企业国际化，加快培育本土跨国经营企业，日出东方太阳能股份有限公司被评为第三批市级重点培育本土跨国经营企业。为外经企业向上争取各类资金177.1万元，引导帮助外经企业更好地开展对外经济合作。为促进外派劳务市场健康发展，区商务局加强对外派劳务市场的监管，强化外派劳务企业的主体责任，全年开展清理整顿外派劳务市场秩序，妥善处理外派劳务纠纷，处理外派劳务纠纷投诉14起，为工人追回所交费用26.6万元，维护了劳务人员合法权益。并通过网站、微信公众号等媒体开展宣传与现场咨询活动，指导劳务人员辨别黑中介，提高工人维权意识。劳务平台积极为辖区外派劳务公司做好服务工作，及时发布市场风险预警，降低劳务人员出国（境）成本和风险。承办的江苏外派劳务考试中心连云港考点共为企业开展出国（境）前适应性培训17批120人，增强外派劳务人员在国（境）外工作的适应能力和自我保护能力。

（撰稿：刘　佳　审稿：刘人辅）

表2

2017年海州区新批外资及港资项目明细表

单位：万美元

序号	项目名称	投资方	国别地区	投资总额	注册资本	合同外资
1	连云港赛迪克教育科技有限公司	可汗	巴基斯坦	87.27	87.27	87.27
2	连云港科灏贸易有限公司	香港宏顺实业发展有限公司	中国香港	520	520	520
3	连云港宝环企业管理有限公司	XIE QING	澳大利亚	0.44	0.44	0.44
4	江苏鸿昇贸易有限公司	昊海国际集团有限公司	中国香港	640.59	640.59	640.59
5	连云港市康宇餐饮管理有限公司	李容圭 权革云	韩国	10	10	10
6	江苏日出东方康索沃太阳墙技术有限公司	康索沃工程有限公司	加拿大	297.25	297.25	59.45
7	连云港曜旅实业投资有限公司	Auriga Property Holding Company Limited	中国香港	3200	3200	3200
8	连云港创赢商业街开发管理有限公司	王锦华	中国香港	2000	1000	600
9	连云港美海国际贸易有限公司	DAE SIK KANG	美国	151.49	151.49	74.23
10	新东融电力科技（连云港）有限公司	萧桂新 郑少钦	中国香港	500	500	500
11	江苏辉腾养老服务有限公司	香港东方辉腾资产管理有限公司	中国香港	500	500	495
12	连云港佳欧莱新能源科技有限公司	宏利来国际有限公司	中国香港	800	800	400
13	连云港惟瀛实业有限公司	瀛洲（香港）发展有限公司	中国香港	4150	4150	4000

续表2

序号	项目名称	投资方	国别地区	投资总额	注册资本	合同外资
14	连云港迈晟建设工程有限公司	香港康名有限公司	中国香港	1500	1500	1500
15	连云港千竹实业有限公司	衡荣贸易发展有限公司	中国香港	800	800	800

表3　**2017年海州区实际利用外资及港澳台资情况表**

单位：万美元

序号	企业名称	到位资金额	序号	企业名称	到位资金额
1	江苏鸿昇贸易有限公司	2184.29	8	连云港诺科尔绿化工程有限公司	50
2	江苏明和食品有限公司	3.04	9	连云港千竹实业有限公司	500.01
3	连云港创赢商业街开发管理有限公司	200	10	新东融电力科技（连云港）有限公司	50.8
4	连云港德巨化工有限公司	33.25	11	连云港德安邦进出口贸易有限公司	465
5	连云港汇德石英玻璃有限公司	22.97	12	连云港石秀湾实业有限公司	325
6	连云港佳欧莱新能源科技有限公司	400	13	连云港合合信息科技有限公司	168
7	连云港康达智精密技术有限公司	3750	14	连云港美都家居市场建设有限公司	347

海州经济开发区

【概况】 江苏海州经济开发区于1992年经连云港市政府批准设立，2006年4月，经江苏省政府批准升级为省级经济开发区。2016年，海州开发区的东、西区分别调整为海州工业园与新浦工业园。2017年，区委、区政府做出将洪门街道整建制纳入海州经济开发区统一管理，形成海州工业园、新浦工业园、宁海街道、洪门街道"一区四板块"发展格局的决策部署，并出台《关于海州经济开发区板块整合实施意见》，全面开启开发区二次创业新征程。12月26日，海州区人民政府常务会议决定，将海州智慧物流园纳入海州经济开发区统一管理，新浦工业园负责物流园后续建设与运营。

【科技创新】 海州开发区重视科技创新工作，为特色产业发展注入活力。依托科研院所智力资源，强化虚拟产业研究院、科技镇长团、科技副总等合作机制，加强校地校企、政产学研合作，推动更多科技成果在海州转化。加强创新主体建设，支持引导正大天晴、日出东方、大明设备、鹰游纺机、如年机械、远洋流体、天邦科技等企业技术改造、增资扩股，推进联瑞新材料、大吉塑业等企业尽快上市，帮助企业突破关键领域和重要环节技术，抢占细分市场技术领域制高点。

加强人才队伍建设。辖区20千米辐射范围内拥有各类专业技术人员12万人，大中专院校8所、职业技校18所，科技人才资源丰富，为科技创新提供人才支持。仅海州工业园就有省科技型中小企业120家，国家级高新技术企业54家，国家火炬重点高企6家，"小巨人"企业17家。

【园区大事】 2月12日，全省重大项目集中开工现场会海州分会场在海州开发区举行；7月12日，海州经济开发区获批2017年度省级知识产权示范园区；9月26日，组织园区企业及重点客商参加第四届中国（连云港）丝绸之路国际物流博览会；11月18日，连云港海州工业投资集团有限公司顺利揭牌。

海州工业园

【概况】 2017年海州工业园总体保持健康平稳发展态势，完成规模以上工业总产值203.63亿元，同比增长17.81%；规模以上固定资产投资60.08亿元，同比增长15.09%；规模以上工业投资49.67亿元，同比增长18.26%；技改投资33.40亿元，同比增长19.29%；完成限上社会消费品零售额18.40亿元，同比增长9.73%；财政公共预算收入8.88亿元，同比增长45.13%；实际利用外资及港澳台资2558万美元。

【招商引资】 切实改进招商引资方式，积极推动由"资源招商向产业招商、招商引资向招商选资"方面转变，实施精准招商战略，努力促进产业聚集。园区年度新增在谈项目10个，总投资46.80亿元；签约项目18个，总投资94.65亿元；开工项目13个，总投资50.45亿元；竣工项目4个，总投资14.57亿元。至12月底，围绕"走出去，请进来"的招商理念，共接待客商100余次，外出招商活动30次，上报招商简讯100余条。

【项目建设】 承担市、区级项目共38个，其中省集中开工项目2个（分别是克立林实业有限公司年产25万吨包装饮用水项目、医疗器械产业园项目），投资12.3亿元；市重点12个，总

医疗器械园

投资66.77亿元。及时汇总上报市、区重点项目推进情况和存在难题，对接市、区相关部门做好项目督查工作。顺利完成季度观摩项目、春季集中开工项目进度上报工作。启动文创中心、通灌路城市综合体等配套服务项目建设。以总投资14.6亿元的海州开发区政府和社会资本合作（PPP）项目为抓手，累计投入约4亿元，完成香海湖路、郁州南路、朐凤路和纬五路等园区道路改造。

【基础设施建设】 海州工业园致力于打造开放式园区，加强基础设施建设，新建园区与外连接道路，分别向南与宁海、向西与锦屏做到无缝对接，做到路网水电相通，绿化相连。改造东圩路（为民路-通灌南路）、梧桐路（范庄路-通灌南路）和朐凤路等9条道路，总投资5亿元。同时配合道路建设计划，实施给水、通讯、热力、电力及天然气干管建设，根据项目建设进度，完成配套管网建设。扎实推进“263”专项行动，严格落实“河长制”，对境内龙尾河、南小河等河道实施清淤整治工程，治理河道总长约2.12千米。“腾笼换鸟”清理闲置土地7块，共15.35公顷。

【融资扶持企业】 以“完善职能、规范运作”为工作主线，按照“扩融资、促投资、保增效”的工作思路，早谋划，早定位，增加银行授信，大力扩展流动资金贷款、信用证融资、结构融资等业务，推进以热力管网结构化融资为主的长期项目贷款，新增银行授信共计5.02亿元。积极扶持园区企业，先后对园区2家企业进行股权投资。加大资产收购，扩大规模，为集团及下属子公司增资2亿元，完成新注册企业3家。11月18日，连云港海州工业投资集团有限公司顺利揭牌。

【社会事业】 园区聚焦“三农”，立志服务农村、农业、农民。许庄乐龄生活馆及时投入运行，为园区老人的晚年生活锦上添花。园区“河长制”有序推进，村级河长及河段长进一步明确，龙尾河及烧香河环境整治有效推进。参与省食品安全示范城市创建活动，省双拥模范区创建达标，省级区级河长制落实情况检查配合到位。为深化园区安全生产专项整治工作，组织开展“隐患排查月活动”“安全生产行政安全生产大排查大整治严执法百日专项行动”“2017年外协工安全管理专项整治活动”等工作，共检查企事业单位90多家，下达各类执法文书90多份，排查出安全隐患627条，均已整改完毕，确保开发区安全生产形势健康稳定发展，社会生产安全得到有效保障。认真落实上级信访工作有关要求，密切关注园区各类不稳定因素，通过超前谋划、上下联动和采取多途径多方式灵活处置，较好地保持和谐稳定局面，园区社会综合治理工作成效明显。2017年，累计接访380人次，处置阳光系统信访件11件。新发生的信访件（含上级交办和来访）主要集中在征地征收、城市管理、刚性入保、退休干部待遇、邻里纠纷等民生方面，稳妥地进行解决，敏感时期未发生一起越级上访和进京非访。

【党的建设】 建立和完善党委中心组理论学习计划，认真组织班子成员学习“双进双促”、区委十届四次全会、全省开发区改革创新大会、十九大会议精神等专题内容，结合新形势新任务，将理论学习与部署园区工作相结合。十九大召开后，走进园区村企发放《十九大报告》《中国共产党章程》《十九大文件汇编》等学习系列丛书400余册。聚焦开发区经济社会发展重点领域，围绕园区招商引资、重点项目建设等动态，撰写更多重点稿件，激励园区宣传工作向好发展。在《连云港日报》、连网、《苍梧晚报》等主流媒体上多刊载大型稿件，全方位宣传开发区的各项工作，年内在各级媒体共发表稿件130余篇。

【创卫创文】 加大“六乱”整治力度，经统计，年内拆除许庄村、范庄村和卞浦村以及园区存量违建5550余平方米，拆除新增违建1600余平方米，共清理违规渣土约2420余吨，粉刷园区破旧墙面约5000平方米。对园区12个卫生死角地带进行彻底整治。实施通灌南路西侧小游园拆迁和绿化改造提升工程，周边空地植绿补绿，主次干道路灯亮化美化。利用“文明社区结对共建”活动平台，与各村一道开展创建宣传工作。打造“中国梦”“核心价值观”“关爱未成年人”等公益广告。开设创全国文明城市、社会主义核心价值观、“善行义举榜”、节能减排等专栏。利用“文明社区结对共建”活动平台，与各村一道开展创建宣传工作。

（撰稿：李腾腾　审稿：陈　曦）

新浦工业园

【概况】 海州经济开发区新浦工业园

东至蔷薇河、西至岗埠农场、北至鲁兰河、南至淮沭新河，行政面积18平方千米，规划面积9.99平方千米，下辖2个行政村，户籍人口8246人，常住人口1.1万人。海州智慧物流园东至老204国道、西至柏树南路、北至许安路、南至鲁兰河，规划面积2.06平方千米。

12月26日，海州区人民政府常务会议决定，海州智慧物流园纳入海州经济开发区统一管理，新浦工业园负责物流园后续建设运营。

新浦工业园明确打造高新科技产业园，装备制造、新型材料等主导产业规模进一步壮大，特色产业园中园新发展模式逐渐形成，空间利用效益显著提升。智慧物流园基础建设更加完备，招商引资成效初显。

【经济建设】 工业经济完成规模以上固定资产投资43.2亿元、规模以上工业投资42亿元、规模以上工业产值43.01亿元、外贸进出口13250万美元，实现公共财政预算收入1.42亿元。

基本实现招商引资规范化、系统化和全员化，累计“请进来”100余人次，“走出去”30余次、拜访客商100余人，签约19个项目，总投资约26.8亿元。具体是西安交通大学连云港科技园项目、康达智手机摄像头技改项目、康缘医药智慧物流园项目、如年环保设备项目、天邦流体机械项目、电子商务运营及智能投影手机销售项目、物联网云仓项目、孚奈特电子项目、管道新材制造项目、水利机械机床生产项目、广生自动化设备制造项目、LED户外显示屏生产项目、制冷设备配件加工项目、灯箱控制器制造项目、UPS新能源科技项目、管链输送机项目、房车科技项目、流体设备研发制造项目、高低压配电柜生产项目。其中康缘医药智慧物流园、天邦流体机械、如年环保设备、康达智手机摄像头技改4个过亿元项目均是本土企业投资。

【项目推进】 27个项目竣工投产，14个项目按序时推进，完成总投资约14.1亿元。其中总投资1亿美元康达智手机摄像头技改项目实现当年签约、当年开工、当年厂房主体完工；西安交通大学连云港科技园项目，是连云港海州开发区管委会与西安交通大学苏州研究院合作共建的国家大学科技园，于2017年1月正式启动，年内完成综合服务楼两层办公场所改造、人才公寓一层建设及科技园餐厅建设，累积引入11个项目。

【资产盘活】 新浦工业园抓住供给侧改革发展契机，强化园区土地意识，一方面提高园区准入门槛，一方面抓紧淘汰园区落后产能，盘活土地，“腾笼换鸟”，推动园区产业升级，向高新化品牌化转型。先后完成颐和、奥林匹亚石材、墨博建材等10余宗约100公顷土地及7.35万平方米建筑物收储盘活，其中仪港圣、墨博、奥林匹亚三个地块25.33公顷土地、5.05万平方米办公楼及厂房就为总投资5亿元康缘智慧物流项目、总投资1.6亿元天邦流体机械、总投资2亿元如年机械二期、福翼电商等6个项目提供入驻发展空间。颐和地产33.67公顷土地增值一倍。

【服务企业】 成功举办海州区企业家论坛，探讨企业发展如何突破瓶颈，提升核心竞争力，帮助企业搭建交流与分享平台，促进全区规模以上企业之间互联互通；走访了解企业建设及生产过程中各种问题，先后解决企业污水排放、融资、招工等棘手难题20多件；利用企业家微信平台让企业与企业之间互动，企业与管委会互动，及时发布停水、停电信息，实现信息共享、资源共享；完成新增规模企业上报2家、限上贸易企业上报1家。

（撰稿：李佩红　审稿：薄其安）

特色园区

【宁海电子信息产业园】 连云港市海州电子信息产业园于2013年6月启动园区建设，7月2日，中共海州区委、海州区人民政府发文成立连云港新型工业集聚区管理委员会（筹），2015年1月13日，中共海州区委、海州区人民政府发文成立连云港海州电子信息产业园管理委员会，2016年1月，部分标准厂房达到企业入驻条件。规划占地面积133.33公顷，其中商住配套用地53.33公顷，工业用地80公顷。一期启动建设33.33公顷，规划总建筑面积50万平方米，其中标准厂房建筑面积40万平方米、公共配套服务区建筑面积10万平方米，总投资12亿元。年内已建成29.5万平方米标准厂房和5万平方米公共配套设施。

园区建设及投资情况。标准化厂房建设情况：园区建成标准化厂房21栋，计29.5万平方米，其中宁海（A区）10栋计12万平方米，共投资5.9亿元，由海发集团出资；海州开发区（B区）6栋9万平方米，共投1.5亿元，由昊海集团出资；板浦（C区）5栋8.5万平方米，共投资7800万元，其中板浦向海发借款7000万元、自筹800万元。配套服务设施建设（D区）：已建成10层园区企业服务中心，作为园区企业服务、创业孵化、总部经济中心，建筑面积18000平方米，已建成的3层园区职工活动中心8000平方米，集职工就餐、健身娱乐、文体活动等功能，建成企业家活动中心500平方米。7月，宁海已投入1160余万元用于D区装修。

厂房使用情况。A区共有厂房10栋，总面积12万平方米，已入驻企业17家（其中两家停产），共使用厂房面积66250平方米，其中租赁面积为36250平方米，出售10000平方米，20000平方米签约未入驻（冠升国际项目）；B区有厂房6栋，总面积90000平方米，厂房出租5栋，租赁面积为75000平方米；C区有厂房5栋，总面积85000平方米，厂房出租面积为38750平方米（其中26号楼第一层5000平方米、23号楼第一层3785平方米、24号楼整栋15000平方米、25号楼整栋15000平方米）。

园区主要工作。2017年外出招商活动主要以开展小分队招商和以商招商的形式开展。共接待重要来访客商32批次，外出招商14批次，拜访重点企业51家、参加专业展会6次，发送招商信息84条，参加招商引资专项培训交流4次，主要赴上海、苏州、南京、厦门等地开展招商活动。新增在谈项目8个，新增签约项目4个，新增总部经济1个，到位资金400万美元。

宣传推介活动。采取“粗犷式”招商模式，参加专业展会，收集企业名片，筛选出珠三角、长三角等地区的企业、园区发送电子邀请函、园区推介材料（主要以电子版为主）等形式进行邀请与推广，已发送电子邀请函及纸质邀请函65余份。

（撰稿：宁海街道）

【锦屏工业园】 锦屏工业园区位于锦屏镇酒店村境内，园区东至刘志洲山西侧，北至环山路，西至新坝中路，南至连霍高速，占地面积27.53公顷。至2017年底，锦屏工业园引进企业42家，纳税企业22家，主要产业为机械装备制造、新型材料、电子科技、农副产品深加工等。园区有3家规模企业，分别为中通复合材料设备制造厂、连云港通源科技有限公司、连云港泓桥照明电器有限公司。全年园区实现工业总产值3.5亿元，利税近1000万元，解决农村1380名劳动力就业。

盘活存量资产，提升园区容量，年内盘活6家僵尸企业，累计盘活土地8.67公顷，厂房13000平方米，招引企业6家，其中久盛辅机、汇德石英、中途联3家企业已投产，恒正电力、昊亚科技、昌峰通达材料3家企业将于2018年建成投产；为提升园区形象，园区委托江苏智盛环保科技有限公司完成工业园区规划环评，6月，启动园区硬件设施提档升级工作，锦荣、锦泰两条园区道路进行黑化、美化、亮化、绿化，并配套铺设雨污分离管网；10月，组建工业园区管委会，配备2名专职人员服务园区企业发展，协调企业和地方的各种矛盾。

锦屏工业园区

园区在显著发展的同时，也面临着土地供给总量和储备严重不足、产业规模较小、企业融资难、科技含量不高等问题，在招商过程中，有多个项目因没有土地指标不能签约，个别企业征用土地闲置情况依然存在，土地利用率不高；劳动密集型产业比较多，技术创新能力不强，园区仍然停留在掌握原有技术和较低层次的国产化上，没有上升到消化吸收再创新和形成自主研发与制造能力上来，直接限制企业和园区发展壮大。

（撰稿：锦屏镇）

【洪门工业园】 洪门工业园位于新牛公路北侧，204国道西侧，与新浦工业园毗邻。西距沈海高速1.5千米、民航机场20千米，东距连云港站5千米、连云港港口30千米，交通便捷。洪门工业园始终把改革创新作为园区转型升级、提速发展的核心动力，重点发展生活性和生产性服务业，重点打造中小企业孵化园、产业孵化基地，推进辖区产城融合发展，项目引进、企业管理和园区开发的层次不断提升，园区综合实力持续增强。至2017年底，园区有工业企业52家，其中规模以上工业企业6家，规模以上工业总产值完成7.53亿元，规模以上固定资产投资完成14亿元，规模以上工业投资完成7.65亿元，技改投资完成4.65亿元，实际利用外资完成50万美元。

（撰稿：洪门街道）

农　业

综　述

海州区共有涉农镇4个（浦南镇、新坝镇、板浦镇、锦屏镇）、涉农街道3个（宁海街道、朐阳街道、洪门街道）、经济技术开发区2个，国有农场（岗埠农场、云台农场）2个、林场2个，共计95个行政村。全区耕地面积23133.33公顷，拥有农业人口22.9万人。

2017年，海州区紧紧围绕农业现代化的总体目标，以农民增收为核心，把调优结构、建美农村、致富农民作为全年工作重点，大力发展规模高效农业，加强目标管理，统筹城乡发展，推进社会主义新农村建设，取得明显成效。全区粮食种植面积40333.33公顷（双季），总产量31.7万吨，油料作物种植面积213.33公顷，蔬菜种植面积4753.33公顷，花卉苗木1179.87公顷，水果1233.2公顷。全年新增高效设施农业面积近160.07公顷，高效设施农业面积累计达1333.33公顷。全区生猪饲养量19.28万头，淡水养殖面积1290公顷，产量20046吨，家禽饲养211.6万羽，农、林、牧、渔业总产值36.09亿元，全区有农业企业14家，农产品出口额达3322.6万美元。农村实现机械化，有拖拉机5325台，旋耕机4802台。2017年新开发农田667公顷，绿化造林7146.53公顷。区政府重视农村建设，创建乡村特色品牌，发展乡村观光旅游业。建成乡村信息网。2017年农民人均纯收入20322元，同比增加9.5%。

农业结构调整

【特色农业基地建设】 海州区建有规模化特色农业基地19个，其中蔬菜基地6个，优质瓜果基地1个，花卉苗木基地6个，特色养殖基地6个。

【高效农业保险】 海州区扎实推进农业保险工作，切实增强抗风险能力，多次与区财政、金融部门以及各镇街联合开展农业保险宣传活动，提高农户风险意识，并取得明显成效。2017年农业保费达1871.59万元，比2016年增加624.96万元。其中种植业保费1085.03万元，饲养繁殖母猪5396头，保费38.37万元，育肥猪43005头，保费103.21万元，大棚192.11公顷，保费355.37万元。苗木547.20公顷，保费98.49万元。

【休闲观光农业】 海州区依托农业优势特色，将传统农业和观光体验、科学技术、文化创意进行有机结合，大力发展休闲观光农业，促进农业与休闲观光旅游的深度融合。全区休闲观光农业有32家，其中农家乐9家，休闲观光农园23家，包括月牙岛、林海湾、新坝镇金辉生态园、谢意家庭农场；板铺镇的乐源家庭农场、天景生态园；浦南的汪新草莓采摘园、江

浦南农业观光园集瑞园农庄

浦观光农业园等。从业人数494人，其中农民就业人数367人，带动农户数1737户，全年接待人次达139万余人，营业收入6901万元。林海湾原生态乐园被认定为市级休闲观光农业示范点，浦南镇江浦村被认定省级和市级休闲观光农业示范村，小荡村被认定市级休闲观光农业示范村，月牙岛湿地公园被认定市休闲观光农业示范区。

种植业

【粮食生产】 2017年全区小麦、水稻两季粮食播种面积33863.71公顷，总产量261585.15吨。其中，小麦种植16740.47公顷，总产量110201.22吨，主要品种有济麦22、烟农19、连麦8号、淮麦33等。小麦种植的茬口主要是水稻、玉米等。播种方式以机旋耕、机条播为主，全区小麦平均亩产441.08千克。

全区水稻种植14564.85公顷，总产量134824吨，主要播种方式有机插稻、直播稻、手栽稻三种，其中机插稻面积4133.33公顷，占总面积的21.7%，平均亩产610.62千克；直播稻面积14600公顷，占总面积的76.57%，平均亩产580.6千克；手栽稻面积333.33公顷，平均亩产600千克。水稻品种主要有连粳7号、华粳5号等。

全区玉米种植面积2422.93公顷，主要品种是苏玉系列、郑单系列等，总产16153.53吨。大豆播种面积135.47公顷，总产量406.4吨。

（说明：上述数字不含岗埠农场。）

【经济作物】 海州区经济作物基本调整为蔬菜、花卉苗木、特色产品等种植。棉花等经济作物零星种植，油料作物大豆为主，种植面积135.47公顷，平均亩产200千克。全区蔬菜播种面积4753.33公顷，其中日光温室393.33公顷，大中棚面积400公顷，小棚面积153.33公顷。形成以品质安全为基准的浦南镇草舍西红柿基地、江浦千亩优质丝瓜及时鲜蔬菜基地、潘圩浅水藕种植基地；新坝小荡拿比特礼品西瓜种植基地；锦屏镇桃花精细蔬菜种植基地。全区蔬菜年产量达22.89万吨，产值53651万元，其中大白菜1260公顷，产量6.54万吨，浅水藕700公顷300公顷，产量1.57万吨，西红柿300公顷，产量1.92万吨；丝瓜106.67公顷，产量3.31万吨，西甜瓜293.33公顷，产量1.64万吨。

表4

2017年海州区粮食作物种植情况表

镇街	粮食播种总面积（公顷）	粮食总产量（吨）	小麦			水稻			玉米			大豆		
			播种面积（公顷）	单产（千克/亩）	总产量（吨）	播种面积（公顷）	单产（千克/亩	总产量（吨）	播种面积（公顷）	单产（千克/亩	总产量（吨）	播种面积（公顷）	单产（千克/亩	总产量（吨）
新坝镇	8489.06	67656.63	4133.33	431	26722	3893.27	648.8	37888	457.13	442	3030.79	5.33	198	15.84
锦屏镇	3317.53	24266.45	1643.93	435	10726.67	1544.33	550.6	12754	105.8	451	715.74	23.47	199	70.05
板浦镇	8208.80	62542.87	4268.80	446	28558.27	3100	615.1	28603	733.33	460	5060	106.67	201	321.6
宁海街道	4068.79	31058.72	2002.13	460	13814.72	1013.33	651.1	9897	1053.33	465	7347	—	—	—
浦南镇	8470.93	65976.45	4030.93	432	26120.45	4366.67	597.56	39856	73.33	—	—	—	—	—
洪门街道	59.18	449.86	32.53	428	208.86	26.64	603.5	241	—	—	—	—	—	—
海州区开发区	514.93	3967.32	261.60	430	1687.32	253.33	600	2280	—	—	—	—	—	—
新浦开发区	724.47	5667.93	367.20	429	2362.932	367.27	613.66	3305	—	—	—	—	—	—
岗埠农场	9066.67	73868	4533.33	471	32028	4533.33	615.3	41840	—	—	—	—	—	—
合计	42930.38	335454.23	21273.80	441.08	142229.2222	19098.17	610.62	176664	2422.92	454.5	16153.53	135.47	200	407.49

【植物保护】 小麦生产中，稻茬口以旋耕播种方式，旱茬口以机条播麦、撒播麦为主，故小麦草害发生总体较轻，发生面积较少。小麦穗期全面打好以赤霉病、白粉病、麦穗蚜等为主的病虫防治总体战，全面控制小麦穗期病虫危害。受阴雨、潮湿、雾霾等天气影响，近几年来，赤霉病呈普遍大发生加重趋势，因此立足赤霉病2次防治不动摇，危害大大降低，赤霉病中等偏轻发生；小麦白粉病轻发生；小麦纹枯病轻发生；麦蚜中等发生；其他病虫偏轻发生。针对田间实际发生情况，采取积极应对措施，发放农情简报，实施小麦“一喷三防”补助项目，防控效果较好，病害发生和危害减轻。全年共发布《农情简报》13期，通过12316农技推广短信服务平台发布病虫信息8条，召开农作物重大病虫发生趋势会商会2期，举办农作物病虫害防治技术培训班2期，根据赤霉病不同程度发生面积动态，发放小麦“一喷三防”技术明白纸2000余份，其他宣传：条幅30幅，短信3条。

水稻生产中，全年水稻病虫害总体上中等发生。第一次病虫主体防治时间在8月中旬，主攻纹枯病、稻叶瘟和稻纵卷叶螟、稻飞虱、螟虫等；第二次病虫主体防治时间在8月下旬至9月上中旬，主攻水稻纹枯病、稻瘟病、稻曲病、稻纵卷叶螟、稻飞虱、螟虫等，兼治其他病虫。白叶枯病等细菌性病害重发区需单独开展防治。在水稻破口前5~7天和破口期全面用好两次药，对水稻病虫害起到了很好的防治效果。

养殖业

【畜牧生产】 全区生猪饲养量19.28万头，三禽饲养量211.6万羽，羊7200只，牛1980头。畜禽规模养殖比重逐年提高，其中大中型生猪养殖比重达86.7%，三禽规模养殖99%，羊规模养殖96%。

【防疫工作】 为提高对突发重大动物疫病控制能力，保持重大动物疫情清净。以春防、夏和秋防为重点，扎实开展重大动物疫病免疫工作。全区生猪饲养量为19.28万头，其中应免16.65万头，实免猪瘟疫苗40万头份，猪口蹄疫疫苗62万头份，免疫率分别为100%；家禽饲养量为211.6万只，其中应免211.6万只，实免禽流感疫苗211.6万只，免疫率达100%；犬只饲养量为9800余只，其中应免8760只，实免狂犬病8760只，免疫率达89%。重大动物疫病的免疫密度全部达到规定的目标任务。

【科技推广】 定期举办畜禽养殖技术培训班，讲授畜禽疾病防治技术、推广先进养殖方法、宣传畜牧业法律法规。进行品种改良。面向社会开展服务，积极引导养殖户开展瘦肉型优质生猪的引种和养殖，完善生猪良种繁育体系。稳定和加强饲料安全、动物防疫检疫和疫病监测机构建设，加大对牲畜养殖、运输、销售、屠宰等经营活动的监管力度，对牲畜产地环境、饲养过程、产品加工、市场销售等实行全程监控，做到临场检疫，凭证（卡）出售。支持畜禽养殖企业及龙头企业参加国际国内大型会展、市场开发、绿色无公害畜产品认证等，大力培植畜禽养殖及肉类加工品牌。

【动物卫生监督】 坚持产地检疫日志制度，坚持到点检疫，进行临床观察，查阅养殖档案，核实免疫、用药等生产情况，并在必要时进行“瘦肉精”检测。严格落实检疫工作规范。全区对所有检疫人员举办三次检疫业务工作培训班，并制定检疫时间制度。工作中，检疫人员能严格生猪凭养殖档案及踏栏活体健康后出具产地检疫证明，生猪屠宰场检疫人员能做到凭检疫证明、消毒证明进场屠宰，待宰生猪戴标率、产地检疫证明收缴率达到100%。

【畜产品安全工作】 坚持抓好动物和动物产品检疫、动物防疫监督及兽药饲料监督管理工作。对《动物防疫合格证》《种畜禽生产经营许可证》《兽药经营许可证》《饲料生产经营条件审查合格证》进行。抽检兽药样品、查处违章经营活动、查没假劣兽药、抽检饲料和饲料添加剂等工作。组织兽药经营单位集中学习，集中开展兽药专项整治执法行动12次，出动执法人员60人（次），检查兽药经营企业43个、饲料生产经营单位7家。抽检猪饲料26份，猪、牛、羊尿862份，开展“瘦肉精”快速检测45次，检查养殖场（户）80个次，建立30家养殖场的养殖档案。检查过程中，未发现涉嫌非法兽药产品行为，对两家不规范使用药物的单位及时提出整改要求。

渔 业

【淡水养殖】 2017年海州区淡水养殖面积达到1290公顷。水产品总产

浦南淡水养殖

量20046吨，其中海洋捕捞930吨，淡水捕捞663吨，淡水养殖18453吨，渔业经济总产值94043万元。

【渔政执法】 加强执法人员培训，参加农业部组织的全国渔政执法人员统一考试，4人全部通过。与有关单位联合执法。将蔷薇河、善后河作为内陆水域专项整治的重点。与市渔政支队、公安、水利等部门合作，开展多次多部门联合执法行动，取缔、收缴部分非法捕捞作业渔具，依法整治非法捕捞违法行为取得一定的成效。

【渔船管理和渔业安全生产】 对渔业法律法规普法宣传，发放通告500余份，张贴宣传材料横幅等100余份。鼓励渔民举报非法捕捞行为，及时处理政府热线等热心群众的举报。及时将65万元柴油补贴资金发放到位。针对乡镇管理渔船，继续实行灵活的安全生产管理，及时转发海浪预警信息，督促乡镇做好乡镇管理渔船的管理和服务工作。结合渔业油价补助政策调整宣讲活动，对64艘内河渔船的船主和船员进行安全生产教育和培训，提高他们的安全生产意识，发放安全生产宣传材料200余份。顺利完成渔船年检，做好隐患排查工作，共组织检查组12个，出动检查人员50人次，共检查渔船个生产单位214家，发出一般隐患整改通知20个，目前均已整改到位。拆解一艘乡镇管理渔船，最后一艘海洋捕捞渔船过户至盐城。

（撰稿：武　耀　审稿：刘军林）

林果花卉

【林业资源】 海州区2017年林地面积7146.53公顷，森林覆盖率24.61%，比2016年增加0.62%，林木覆盖率28.29%，比2016年增加0.83%。全区2017年木材蓄积量123717立方米。

【林业生产】 全区完成绿化造林面积493.33公顷，完成造林任务的103%，其中完成以三化树种为主的成片造林313.33公顷，完成目标任务的104%；完成山体造林200公顷，完成目标任务的100%；更新农田林网1466.67公顷，完成目标任务的110%；完成四旁植树81万株，完成目标任务的101%；完成特色林果茶133.33公顷，完成目标任务的100%；新栽珍贵树种55万株，完成目标任务的110%，形成农田林网1466.67公顷，完成目标任务的110%，完成绿化示范村6个。

【花卉苗木】 全年花卉苗木总面积1179.87公顷，其中鲜切花类234顷，盒栽植物类98.53公顷，观赏苗木类823.33公顷，种苗用花卉4公顷，种球类花卉15公顷，完成培育苗木花卉80公顷，完成目标任务的120%。

【果树种植】 全区水果面积1233.2公顷，产量7480吨。其中苹果34.4公顷、400吨，梨406.67公顷、1600吨，葡萄198公顷、2100吨，桃子460公顷、2850吨。推广无公害套袋技术，全年葡萄、梨、苹果、桃套袋面积400公顷、120万只。

（撰稿　韩江亭）

农业产业化建设

【农业龙头企业】 2017年市级以上龙头企业共14家，其中省级3家，市级11家，其中新认定市级龙头企业2家，分别是连云港市中域农业开发有限公司、连云港三江渔饲料有限公司；经监测合格12家。全年市级以上龙头企业销售收入总计12.13亿元，同比增长23%，带动农户1.26万户，同比增长18%。其中三家省级龙头企业全年6.83亿元，带动农户增长2.05万户。

【创村特色品牌】 全区创市级“一村一品”示范村6个，其中新认定2个，分别是板浦罗圩村和锦屏陶湾村。另有4个一村一品村经申报监测认定合格，分别是浦南镇草舍村西红柿、浦南镇龙浦村泥鳅、浦南镇潘圩村浅水藕、浦南江浦村丝瓜。

【农产品出口】 加强农产品出口管理，海州区2017年农产品出口额（海关统计）达3322.6万美元，同比增长13.5%。开展农业对外开发合作项目申报工作。连云港森呼吸食品有限公司成功申报农业对外开放合作贴息项目——木糖醇口香糖及糖果生产加工项目，申请财政补助27万元。

（撰稿：武　耀）

农业机械化建设

【概况】 2017年，全区农业机械化总动力51万千瓦，拥有拖拉机5325台（其中大中型753台），旋耕机4802台，播种机、水稻插秧机、排灌动力机械、机动喷雾（粉）机、收获后处理机械8055台，秸秆粉碎还田机1938台，全区农业机械总值达到3亿元。小麦、水稻机收水平均在99%以上，饲草料加工机械化水82%。

【农机使用和监理】 在夏秋两季大忙期间，调度两千余台机具投入抢收抢种，圆满完成夏秋季抢收工作。在组织机手外出跨区作业中，严格落实跨区作业证免费发放政策，共计发放跨区作业证1260张，实现跨区作业收入7000余万元，农民跨区作业已成为农民增收的新增长点。区农机局分期分批组织专门队伍深入购机户家中开展核查，2017年全区共检验、登记入户拖拉机148台，检验、登记入户联合收割机1291台，农机上牌率100%。

【农机购置补贴】 全区共使用中央及省级农机购置补贴资金1042.04万元，新增大中型拖拉机67台、秸秆还田机7台、旋耕机193台、收割机421台及其他各类机具共851台套，受益农户636户，带动全区资金投入6066万元。在购机过程中严格按照规定的工作流程运作，做到阳光操作，公开透明，并在相关村组公示，定期对补贴机具跟踪检查，确保补贴政策惠及于民。

【插秧机推广】 全区新增高速乘坐式插秧机44台，机插秧面积6666.67公

海州农村水稻种植普遍使用座式插秧机

顷，岗埠农场，浦南的精实、金兵，新坝的领衔，锦屏的其英等合作社全部使用座式插秧机。

【秸秆还田推广】 通过秸秆还田市场化、专业化运作模式，引导农机大户、农机合作社与村（居）签订收割、还田的工作协议，将机具落实到位、作业面积落实到田、收割时间落实到天、工作责任落实到人。由合作社牵头，合理调度机械集中还田，确保在收种时间内完成全部工作。全区争取省级秸秆利用资金678万元，投入秸秆机械化还田作业的拖拉机及配套还田机900多台（套）；稻麦秸秆机械化还田面积38666.67公顷，还田率分别达95.63%、87.05%。

【农机合作社】 依托农机专业合作社，新增粮食烘干中心11个，新增烘干设备45套，新增烘干批处理能力1290吨。区内其英、东波农机专业合作社分别被省、市级农机部门评为示范合作社。

（撰稿：乔颂佳）

农业综合开发

【农业基础设施建设】 建设2016–2017年度高标准农田667公顷，投资1500万元，改拆建泵站5座，建成渠系建筑物644座，渠道衬砌20千米，新修机耕路20千米，技术培训农民400人次，示范推广267公顷。项目已通过市级验收。开工建设2017–2018年度新坝镇、板浦镇1000公顷高标准农田建设任务。

【丘陵山区开发】 开发2016–2017年度海州区朐阳街道磨盘山农业观光生态园建设项目和海州区板浦镇连丰核桃种植园项目，总投资200万元，建设泵站2座，涵洞4座，蓄水池1座，建设低压路线1千米，园区内铺设PE管道3.8千米。铺设3米宽砼道路2.4千米；山上铺设1.2米宽石板路（踏步）1.56千米，栽植冬桃16.53公顷，项目通过市级验收。开工建设2017–2018年度海州区锦屏山老龙涧农业观光基地项目。

（撰稿：乔颂佳 审稿：郑 洪）

农业信息化建设

【信息进村入户】 2017年海州区按照省农委、市农委统一部署，开展信息进村入户工作。制定海州区信息进村入户的实施方案，落实区级财政配套资金。成立以分管区长为组长的领导小组和以农水局局长为组长的工作小组。海州区共投入益农信息社建设资金127万元，其中省级专项资金87万元，用于80个信息社的建设和设备采购，海州区财政配套40万元，用于中心站建设、信息员培训、信息社管理。已建设完成80个信息站，其中中心站1个，示范站5个，标准站74个。完成102人次的培训工作，其中信息员80人，家庭农场主和种植大户22人。

【农业电子商务发展情况】 海州区积极扶持农业电商发展，鼓励有一定基础的农业电子商务公司及个体户做大、做强、做优。海州区共有30余家企业或个人进行网上农产品销售，全区全年农产品网上销售约5600万元，其中微好电子商务有限公司、市农副产品批发市场、天缘食品等建有自己电商购物平台，开创“互联网+生鲜电商”这一新兴模式；凯威酒业等公司利用淘宝等电商平台销售山楂酒、汪恕有滴醋等产品；还有个人在网上销售汪恕有滴醋等产品。此外，海州区积极做好农产品电子商务示范村创建工作。洪门街道洪门村、锦屏镇酒店村创建完成农产品电子商务示范村。

【农业信息服务发展情况】 以省市农业信息网、海州区政府网、市日报等为依托，以“三农政策”、新技术、新成果和农业农村典型经验为重点，定期发布实时动态信息，1–11月份共上报农业信息118条，其中作物栽培类信息28条，园艺休闲观光类25条，农业综合执法类16条，渔业生产类14条，农业经济服务类11条。惠农短信核心用户达2602户。

（撰稿：武 耀）

水 利

【农田水利建设】 2017年重点实施宁海街道的魏湾村、卞浦村、清河村、平安村、太平村、武圩村等6个行政村1533.33公顷小型农田水利项目，衬砌渠道59.11千米，建设低压管道灌溉80公顷，拆建、改造泵站15座，建设配套建筑物990座，疏浚中小沟36.15千米。工程概算2714万元，省

农田水利灌溉工程

级以上资金1900万元，区级配套814万元。

【河道疏浚整治】 省级农村河道疏浚投资623.01万元，疏浚11条乡级河道，分布在新坝镇、板浦镇、浦南镇、岗埠农场和宁海街道，总长度33.33千米，疏浚土方量42.22万立方米。疏浚村庄河塘85处，分布在新坝镇、板浦镇、浦南镇、锦屏镇和宁海街道，疏浚土方量33.87万立方米。

【库区改造】 海州区水库移民发放直补资金89.04万元。水库移民后期扶持项目共投资1435万元，新建混凝土道路7千米，改造人行道路4000平方米，新建幼儿园1座，老年活动中心2处，卫生室2处，村民健身广场1处，整村环境整治1个，新建泵站2座，整治排洪通道1.5千米，改造下水道1.7千米，新建灌溉渠道1千米。

【水利工程管理】 境内有大小干支河道20余条，水库6座、塘坝7座。有新沭河、通榆河、鲁兰河、蔷薇河等15条骨干河道，园林水库、双龙水库等6座水库，全部列入区级河长管理。2017年全面建立责任明确、协调有序、监管严格、保护有力的河长制运行机制。坚持生态优先，坚持依法管理，长效管理，坚持强化监督，严格考核。建立健全以党政领导负责制为核心的责任体系，明确各级河长职责；建立健全河库管理保护监督考核和责任追究制度。把河库生态保护放在重中之重的位置，推动河库依法管理，严格河库水域保护，切实发挥河长制作用，营造全社会共同关心和保护河库的良好氛围。同时设立镇、村两级河长，管理镇街河道85条、村级河道477条。并确定区级河长16名，镇街级河长150名，村级河长823名。各级河长名单均在政府网站公布。有效落实省、市河湖“三乱”专项整治要求，完善水治理体系、保障水安全、提升河湖水域管理保护水平的制度创新。

区委书记万闻华召开河长现场会

表5

2017年海州区河长制区级河长

河库名称	河　长	职　务	管理范围
蔷薇河	江锦峰	区委副书记	蔷薇河海州段
盐河（西）	徐风良	区委常委、统战部长	盐河（西）海州段
通榆河	房忠涛	区委常委、纪委书记	通榆河海州段
新沭河	卢　平	区委常委、常务副区长	新沭河海州段
云善河	郑　斌	区委常委、政法委书记	云善河海州段
乌龙河	顾建华	区委常委、宣传部部长	乌龙河海州段

续表5

河库名称	河 长	职 务	管理范围
玉带河	徐雪峰	区委常委、开发区党工委书记	玉带河海州段
鲁兰河	林田海	区委常委、组织部部长	鲁兰河海州段
6座小水库	史 伟	副区长、海州公安分局局长	6座小水库
烧香河	于 卉	副区长	烧香河海州段
古泊善后河	温以斌	副区长	古泊善后河海州段
沭新河（渠）	蒋庆山	副区长	沭新河（渠）海州段
马 河	刘 莹	副区长（挂职）	马河海州段
前蔷薇河	李 锋	副区长	前蔷薇河海州段
东盐河	郭玉家	副区长（挂职）	东盐河海州段
大浦河	俞向军	副区长（挂职）	大浦河海州段

注：区委书记王立斌任政委，区长单晓敏任总河长，副书记江锦峰任副政委，副区长温以斌任副总河长。

【河库范围划定】 2017年海州区河库和水利工程管理范围划定，完成6条骨干河道划界，长160.6千米，分别为：蔷薇河、善后河、盐河、通榆河、前蔷薇河、云善河。完成6座小型水库划界，长8.7千米，分别为：园林水库、双龙水库、王庄水库、张庄水库、凤凰山水库。

【水政水资源管理】 区政府加强辖区内水资源的保护和持续利用，对辖区内取水单位进行巡查和调查，对有证取水的单位给予积极指导和服务，对无证开发利用水资源单位或个人严格按照有关水法律法规严厉查处，同时督促补办有关取水手续。加大水事案件查处力度，严厉打击各类水事违法行为。水政监察大队在正常巡查中，共拆除6处，350多平方米违章建筑物，10公顷违章种植，渔网、鱼簖61个，灭苇2.67公顷，拆除埂坝14处，调处村民反映上游排污、抢水灌溉、打坝围堰等9起纠纷事件。对全区655处小型水利工程进行了产权明晰，完成小型水利工程产权证制发655份，产权100%全面明晰；签订小型水利工程产权移交及管护协议书5份，管护主体和责任100%全面落实。明确工程所有者是工程的管护主体，健全管理制度，落实管护责任。

【重点河库防洪】 2017年蔷薇河治理工程海州段征迁投资1500万元，完成刘顶段至临洪闸段树木、房屋、建筑物等征迁。投资约6000万元，实施蔷薇河河堤加固、穿堤涵建筑物、堤顶沥青混凝土道路等项目。完成海州区玉带河综合整治工程，工程投资2858万元，疏浚淤泥20万立方米，新建生态木排桩4千米、挡墙360米、护栏4千米。双龙水库大坝渗水及放水涵洞应急除险工程，完成投资70万元，对大坝加固防渗采用水泥搅拌桩防渗墙处理，涵洞两侧进行压力灌浆加固，复建混凝土坝顶路，放水涵洞启闭机房封闭，更换螺杆启闭机等。

【城市防汛】 夏季防汛期间，区住建局从4个方面入手，确保城区安全度汛。首先，排查出存在安全隐患的重点地段（片区）7个，其中包括4个小区、2个涵洞以及1个道路交叉口，针对上述重点安全隐患做好有针对性的防汛措施；其次，在汛期来临前，对全区近90条主次干道下水道清掏两遍，并对城区下水道，特别是老城区和低洼片区排水系统进行全面疏通，

城区河道整治

累计疏通主次干道及街巷下水道392千米，清掏雨水井15290座，确保城区辖区市政道路管网排水系统畅通；同时，加强泵站的养护管理工作，老海州片区的沙板桥泵站和白虎山泵站分别位于蔷薇河和西门涧沟沿岸，夏季遭遇强降雨时，两处泵站对强排雨水，缓解老城区积水起到相当重要的作用；此外，积极做好防汛物资储备工作，共储备发电机组6组、水泵22台、编织袋5000只、铁丝300千克、铁锹200把、黄沙36吨、石子60吨、各类工程抢险车22辆，保障汛期各项抢险救灾物资筹备到位。

【防汛防旱责任制】 全面落实防汛防旱工作责任制。各镇街、各单位建立和完善了防汛组织指挥系统，调整和重组了防汛机构，落实各项防汛责任制。根据省防总关于乡镇防办能力建设工作方案的要求，全区镇街全部加强防洪抗旱能力，提升镇街防汛抗旱应急管理能力，使其真正成为基层防汛抗旱决策的参谋机构。层层落实防汛责任制，任务明确、责任到人，做到一级对一级负责。同时加大对在建工程的监管力度，跨汛期施工的涉河、涉库工程认真落实防汛责任制，制定相应的安全度汛方案和施工导流方案。

表6

2017年海州区主要河流、水库、塘坝防汛责任表

工程名称	属地行政责任人		技术负责人	
	姓　名	职　务	姓　名	职　务
新沭河	孔凡龙	浦南镇镇长	刘常山	水利站长
蔷薇河	姜海燕 孔凡龙 许　建 夏　雯 陈　健	锦屏镇镇长 浦南镇镇长 朐阳街道主任 洪门街道主任 新浦工业园主任	张德宜 刘常山 郭根玉 陈金勇 陈文娣	水利所长 水利站长 水利所长 水利所长 社会事业局长
善后河	王昌杰 茆龙海	新坝镇镇长 板浦镇镇长	开军祥 赵　军	水利所长 农办主任
西盐河	姜海燕 黄　勇 茆龙海 王昌杰 许　建 陈　健	锦屏镇镇长 宁海街道主任 板浦镇镇长 新坝镇镇长 朐阳街道主任 新浦工业园主任	张德宜 赵文彬 赵　军 开军祥 郭根玉 陈文娣	水利所长 水利站长 农办主任 水利所长 水利所长 社会事业局长
泊阳河	王昌杰	新坝镇镇长	开军祥	水利所长
云善河	黄　勇 茆龙海	宁海街道主任 板浦镇镇长	赵文彬 赵　军	水利站长 农办主任
烧香河	陈　健 黄　勇 刘卫华	新浦工业园主任 宁海街道主任 云台农场场长	陈文娣 赵文彬 卓红波	社会事业局长 水利站长 主任
鲁兰河	孔繁龙 陈　健 李乾清	浦南镇镇长 新浦工业园主任 岗埠农场场长	刘常山 陈文娣 单玉仿	水利站长 社会事业局长 农水主任
乌龙河	孔凡龙	浦南镇镇长	刘常山	水利站长
淮沭新河	陈　健 李乾清	新浦工业园主任 岗埠农场场长	陈文娣 单玉仿	社会事业局长 农水主任
马　河	李乾清	岗埠农场场长	单玉仿	农水主任
园林水库	许　建	朐阳街道主任	郭根玉	水利所长

续表6

工程名称	属地行政责任人		技术负责人	
	姓 名	职 务	姓 名	职 务
双龙水库	许 建	朐阳街道主任	郭根玉	水利所长
王庄水库	许 建	朐阳街道主任	郭根玉	水利所长
张庄水库	许 建	朐阳街道主任	郭根玉	水利所长
凤凰山水库	许 建	朐阳街道主任	郭根玉	水利所长
二涧水库	姜海燕	锦屏镇镇长	张德宜	水利所长
吴窑塘坝	许 建	朐阳街道主任	郭根玉	水利所长
塔山塘坝	许 建	朐阳街道主任	郭根玉	水利所长
网疃塘坝	许 建	朐阳街道主任	郭根玉	水利所长
陈庄塘坝	许 建	朐阳街道主任	郭根玉	水利所长
郑庄塘坝	许 建	朐阳街道主任	郭根玉	水利所长
项顶塘坝	许 建	朐阳街道主任	郭根玉	水利所长
白鸽涧塘坝	许 建	朐阳街道主任	郭根玉	水利所长
三八塘坝	许 建	朐阳街道主任	郭根玉	水利所长

【河库清障】 按照市、区防指下达的任务，开展河库清障工作，切实维护水事秩序和水利工程安全。对影响防洪安全的违章种植、违章建筑进行了清理。拆除了辖区内骨干河道内影响行洪的渔网、鱼簖，一些区域性河道内的行洪障碍也都逐一落实责任制，限期拆除，确保防洪安全。完成15条骨干河道、6座水库年度任务46项。清理渔网渔簖1147个、围网1.97万平方米，清理违章种植173.33顷，拆除违章养殖8处，拆除各类违建1.2万平方米，清运河库垃圾2.6万立方米，河库水环境得到改善。

【汛前检查】 按照省、市防指的统一部署，3月，区防指发出通知，对全区汛前检查作了具体部署。3月下旬，各镇街、区直属管理单位完成自查、互查。对全区重点堤防、涵闸、水库、塘坝、泵站和防汛物资储备、抢险队伍建设等关键性工程和关键性工作的检查。对检查出来的问题进行汇总分析，提出处理意见。针对汛前查出的问题，按照“属地管理、分级负责”的原则加大了险工隐患的消险力度；对暂时不能有效处理的险工患段均要求细化抢险预案、备足防汛物资、落实抢险队伍，加强巡查观测，确保安全度汛。

【防汛物资和抢险队伍】 全区组建各类防汛抢险队伍81个，1932人。共储备区、镇街级防汛块石14250吨、编织袋11.75万只、木材350立方米、各类排涝泵109台等防汛物资。部分镇、街道、防务单位还拨出专款以增加本级防汛物资和抢险器材的储备。6名防汛抢险队员参加全市应急抢险培训班和演练。

（撰稿：谭华业）

责任编辑：孙寿鹏

新农村建设

综　述

2017年，区政府制定农村发展规划，在发展经济的同时注重农村建设，全年95个村收入总额5550万元，成立农村股份合作社7个，建成农村产权交易服务中心，确认土地承包权，实现承包面积23133公顷。新增农民专业合作社19个，全区达到361个，成员人数49698人。新增家庭农场76家，全区家庭农场达到182家。对农村环境进行，加强美丽乡村建设和管理，将全区农村建成整洁村、特色村、示范村。对农民进行农业知识培训，使农民掌握农业高科技种田本领。

村级经济

【集体经济】 2017年，海州区村级集体经济发展稳定，全区84个行政村（涉农社区）集体经济收入总额5550万元，同比增长22.8%，其中，收入在0~10万元的村4个、10万~20万元的村12个、20万~50万元的村37个、50万~100万元的村16个、100万元以上的村15个。集体经营性收入总额3624万元，同比增长3%，其中收入达到18万元以上的村59个，占总村数的70.2%。

【农村社区股份合作制】 海州区有农村社区股份合作社7个，2015年成立2个，分别是洪门街道新庄村股份合作社、朐阳街道西门村股份合作社，2016年成立1个，是浦南镇太平村股份合作社，2017年成立4个，分别是浦南镇江浦村股份经济合作社、锦屏镇岗嘴村股份经济合作社、洪门街道洪门村股份经济合作社、朐阳街道园林村股份经济合作社。

【农村产权交易】 海州区农村产权交易全覆盖。2017年，洪门街道、朐阳街道、海州开发区、新浦开发区根据要求已挂牌成立镇街农村产权交易服务中心，并且全部进入农村产权交易信息服务平台开展业务操作，实现辖区内9个涉农镇街农村产权交易全覆盖。通过区农村产权交易信息服务平台交易项目198笔253个标段，其中：土地承包经营权项目125笔166个标段、涉农资金项目42笔34个标段、农村养殖水面经营权项目16笔27个标段、农村集体经营性资产项目9笔10个标段、荒地使用权项目5笔9个标段、其他项目1笔7个标段，土地交易面积662.60公顷，交易总金额达750.09万元。

农村土地承包管理

【土地流转管理和适度规模经营】 为加快推进农村土地流转，促进农业适度规模经营。坚持依法、自愿、有偿原则，采取转包、出租、互换、股份合作等形式流转土地承包经营权，科学、合理的确定流转价格，规范流转程序，实行规范的合同管理。2017年，新增土地流转面积800公顷，累计土地流转面积14800公顷，占耕地面积比重63.98%；新增适度规模经营面积720公顷，累计达28326.67公顷。

【土地确权登记颁证】 至2017年10月，完成确权面积15583.13公顷，完成实测面积16736.12公顷，参加确权户数37789户，完成权属调查、审核公示、建立登记簿、数据入库、颁证、区级自验等一系列工作74个村，完善二轮承包合同37164份，颁发证书36316份，完成颁证率达97%。区级土地确权颁证成果自验工作8月初结束，标段皆为良好档次。省级委托市级验收工作于去年年底结束，标段为优秀。

村镇建设

【农业专业合作社】 通过明晰产权职责，规范财务管理，完善民主制度，强化服务功能规范发展农民专业合作社。2017年新增农民专业合作社19个，累计合作社总数达到361个，合作组织建账数72个。农民专业合作社成员数累计达到49698人，其中新增合作社成员95人。

【家庭农场】 按照“积极稳妥、示范引导、强化服务、务求实效”的总体要求，围绕有主体经营资格、有配套经营实施、有适度经营规模、有规范

板浦镇石河村豆丹养殖 家庭农场

经营制度、有先进经营模式、有明显经营效益家庭农场创建标准，海州区扎实开展示范创建活动，取得显著成效。2017年，全区新增家庭农场76家，家庭农场累计发展到182家。

【美丽乡村建设】 以整洁村、特色村、示范村“三村”联动创建为基础，突出抓好美丽乡村示范片区建设，推动美丽乡村建设以点带线、从线到面、纵深发展。海州区对乡村建设实行定位，科学规划片区。确定全区5个乡镇、13个村为试点。聘请市城乡规划设计咨询有限公司完成示范片区规划编制。制定美丽乡村示范片区创建实施意见、建设标准，强化对片区的建设指导。汇编重点发展项目19个（完成16个），完成投资2176万元。牵头筹备全区农村工作会议、农业农村现场观摩会和美丽乡村片区创建现场会。

农村管理

【农村经济管理】 开展资金专项整治活动。从2017年3月底开始，历时7个月时间，通过开展自查自纠、集中整治、专项督查、制度建设等四个工作阶段，共整改问题43件，查纠金额418.1万元。建立村集体三资管理长效机制。区农村工作领导小组出台《关于进一步强化农村集体资金管理规范化建设的意见》，对推进资金管理规范化、实行三资金管理民主化、开展资金监管网络建设等进行了具体规定，详细列出镇级资金管理制度10条和村级资金管理制度7条，对涉及村级债权债务、财务、资产、资源、票据、合同、会计管理及档案等工作作出了详细规定。

【粮农综合补贴】 2017年海州区农业支持保护补贴（耕地地力保护）惠农补贴资金2742.90万元。

【农资市场监管】 围绕规范农资经营秩序，保护农民利益，服务农业生产这一目标，认真贯彻落实全国和省市农资打假工作会议精神，按照国家和省市的总体工作部署和要求，深入开展以农资质量为重点的农资打假专项治理行动，多次深入镇村开展农资宣传和农资打假活动，全年检查农资经营户460余户，未发现违法经营。通过检查，有效保护农民群众的合法权益，保障了农业安全生产，农资市场专项治理工作取得了明显成效。同时，加强宣传动员，结合市“放心农资下乡进村宣传周”、3·15消费者权益日等活动扎实开展农资打假宣传活动，全年发放各类农资宣传资料5000余份。

板浦镇秸秆打包综合利用

【技能培训】 2017年海州区认真贯彻实施省、市“积极实行科教兴区，推动农村经济发展”的战略措施，紧紧抓住人才培养、科技进步，围绕农业产业化、优势农产品区域化、农业结构优化、农民知识化的目标。2017年参加省、市、区培训人员达到1560人。

（撰稿：武　耀　审稿：刘军林）

责任编辑：孙寿鹏

工业经济

综　述

2017年，全区工业经济发展积极适应“新常态”下工业经济运行特点，围绕“提质增效”目标，以创新、协调、绿色、开放、共享的发展理念，稳增长、强服务、促创新、抓落实，加快重点项目推进，推进技术改造、技术创新和两化融合，开展节能减排和化工企业四个一批整治工作，加强信用体系建设，强化服务意识，全区工业经济总体呈现平稳发展态势。固定资产投资保持了良好的发展势头。规模以上固定资产投资突破410亿元，达到412.04亿元，增长24.9%，高于全市15.7个百分点，居全市第3位；全区104家规模以上企业实现产值354.13亿元，增长1.04%；完成工业增加值131.20亿元，增长8%，增幅列全市第7位。产值突破亿元的工业企业44家，实现产值331.81亿元占全区产值的93.7%；完成工业投资156.65亿元，增长15.2%，高于全市4.6个百分点，居全市第6位；工业技改投资102.17亿元，增长55.5%，高于全市9.6个百分点，居全市第4位。深化供给侧结构性改革，盘活“僵尸企业”20家、闲置土地近133.3公顷，新增一批增资扩股项目，有效激发园区内生动力。主导产业持续做大，先进制造、医药医疗、新材料主导产业总产值占比近70%，新增规模以上工业企业12家，全年完成规上工业总产值391亿元，同比增长8%；实现工业增加值131亿元，同比增长9%。完成工业投资140亿元，同比增长16%；其中工业技改投资100亿元，同比增长30%，新增规模企业10家。实施100项技术改造项目，天晴、太阳雨三期等60余个重点技改项目竣工投产。正大天晴新生产线、日出东方技改等125个项目竣工达效，规模以上固定资产投资、工业投资分别增长26%、14.5%。

创新服务

【工业项目扎实推进】 2017年，海州区坚持把项目推进作为工作主抓手，着力服务项目建设。加强企业沟通对接，指导企业做好项目备案。在企业走访过程中，主动了解企业技改信息，及时宣传上级技改扶持政策，并指导企业及时做好项目技改备案工作，同时，积极推行不见面审批，快速高效为企业实施备案，有效促进企业规范推进项目建设。加强项目建设服务，助推项目加快建设。如在康达智二期建设启动中，与园区一起为其协调施工许可等手续，促进企业在6月中旬开工建设；再如在诺信食品二期建设中，积极协调环保部门加快环评步伐，帮助企业完善项目手续。通过加强项目服务，促进项目有序推进，年内，抓好纳入市重点的14个工业项目基本达到序时进度，远洋三期、太阳雨三期、富兴康渔具、克立林包装饮用水等40个重点工业竣工投产。全区共实施100余项技术改造项目，天晴、太阳雨三期等60余个重点技改项目竣工投产。

【政策资金项目申报】 区组织申报20余个省级工业和信息产业转型专项资金项目，正大天晴、美步楼梯等3家企业申报企企通信息化建设。日出东方等24个项目按《海州区工业经济发展实施意见》等扶持政策兑现区级奖励资金计147万元，为企业降低生产成本，5家企业申报直供电政策。区全年发放企业奖励资金近500万元，推动企业加快发展。完善区四套班子领导联系挂钩重点企业制度，协调解决难题，推进项目建设。通过投贷联动、“微贷宝”等为中小企业融资近8000万元。

【技术创新推动产业升级】 积极推动企业技术中心建设，申报省级企业技术1家（连云港海通物流有限公司），康达智和海通物流等2个企业获批省两化融合试点企业，海州工业园申报江苏省信息化与工业化融合试验区，正大天晴王善春获批省融合创新发展优秀企业家，鹰游纺机何世言获批省制造工匠。

科学发展

【节能减排推动绿色低碳经济发展】 全年单位地区生产总值（GDP）能耗下降3.4%。按照省市加快发展高端技术改造升级工程，确定全区10家重点能耗企业，开展重点用能单位能耗监测工作，全年共确定节能改造工程储备项目4个。积极鼓励企业开展清洁生产、合同能源工作，选定4家企业为自愿性清洁生产企业，推荐太阳雨、鹰游等4家企业申报绿色发展项目。协调新海电厂降耗生产，对全区能耗在3000吨标煤以上企业全面对接，压减企业能耗，节能1.2万吨标煤。

【化工企业整治取得重大进展】 依据省市区“263”行动计划，按照“四个一批”要求，全面排查全区化工企业18家，关停连云港天山化工厂等城区化工企业8家，搬迁德邦化工等化工生产企业6家，升级改造连云港市黔锦化工等企业3家。10月12日，德邦化工全面关停并启动搬迁，提前两个月完成关停任务。

【信用体系建设稳步推进】 按照“信用海州”建设工作总体部署，全面推进社会信用体系建设工作。为加强对信用体系建设工作的组织领导，建立健全考核奖惩机制，出台四个实施文件。全面推进公共信用信息数据归集、“双公示”工作常态化工作管理，全年共归集公用信用信息18202条，公示行政许可、行政处罚信息10108条，社会法人和自然人的严重失信黑名单45个。政府门户网设立双公示专栏，行政审批、行政处罚信息100%公示。鼓励企业申报参加信用管理贯标企业，全区15家企业通过验收。

新能源产业

【概况】 2017年，新能源产业实现工业总产值15.1亿元，比2016年增长24.5%，有日出东方太阳能、中广核太阳能等3家规模企业。

【日出东方太阳能股份有限公司】 公司是全球最大的新能源热利用及净水系统解决方案供应商，始创于1997年，是一家专注于太阳能、空气

清洁能源企业日出东方车间

能、净水机等生态科技领域的集团公司。公司拥有“太阳雨”“四季沐歌”“帅康”三大著名品牌，拥有完整覆盖全国城乡市场的销售渠道，一级经销商超过3000家，二级分销商超过2万家，同时产品出口全球100多个国家和地区，太阳能热水器销量连续多年遥遥领先。2017年，面对太阳能热水器行业下行挑战，公司深化向“热水、热能、净水”等多元化业务的升级转型，紧抓太阳能、空气能、净水等核心业务，加大产品创新，提高产品质量，加强品牌建设，同时，积极探索热水向采暖和建筑节能的纵深拓展。年内公司收购帅康75%股权，整合互补，帅康在产品研发、供应链管理、品牌传播上取得突破，各项业务指标圆满完成，部分业务有较大增长。公司与丹麦Arcon-Sunmark（阿康·桑马克）成立合资公司，共同致力于大型太阳能跨季节储热采暖技术的应用与推广，经过一年的业务培育和推广，已取得一定的进展并形成一定的销售额。公司与加拿大CONSERVAL ENGINEERING ING共同出资设立康索沃公司，注册资本2000万元，其中日出东方认缴1600万元，持股80%。经营范围为太阳能空气加热、制冷系统研发设计、生产制造、销售及技术服务，合资公司康索沃致力于太阳能黑科技——“太阳墙”采暖技术在中国市场的应用及推广，项目稳步推进。2017年，公司基础设施建设进一步完善，累计投资约12000万元，建筑面积21300平方米的研发中心大楼可作为研发检测、展示中心、培训用房等。购置一批研发、检测及中试设备，是具有相当规模、现代高科技技术的研发中心，年内已投入使用。

装备制造业

【概况】 2017年，装备制造业32家规模企业实现工业总产值74.7亿元，比2016年增长0.3%，占全区规模以上工业产值的21%，规模企业数占30.8%。装备制造产业呈平稳增长发展态势。远洋流体等7家企业订单充足，产量成倍增长；天明装备研发成功多项高端煤机重大装备，多项产品供不应求。海州区积极培育产业链核心环节，依靠骨干企业的龙头带动作用，增强支柱产业集聚效应，通过优化创新环境，完善配套扶持政策，健全服务平台等措施吸引高端人才集聚海州，装备制造业形成了以矿山救援装备、流体装备、纺织机械等为代表的产业集群，全区拥有装备制造业国家高新技术企业33家（其中国家火炬计划重点高企2家），省级以上企业技术中心11家，省级企业研究生工作站2个。

远洋流体有限公司

【连云港鹰游集团】 鹰游集团是集纺织机械及纺织产品、碳纤维成套设备、碳纤维及其制品为一体的国家重点高新技术企业。2017年，纺织行业运行势头良好，在纺织机械市场需求量较2015—2016年同期增加，纺机产品出口东南亚等国家和地区的增幅较大，并逐渐进入欧洲市场；毛绒毛毯家纺产品市场同期增势明显，同行业竞争较突出；在碳纤维复合材料应用上，自行车公司不断推出新品，碳纤维电子驱动车和碳纤维运动自行车市场反映良好，神鹰复材公司重点攻关复合材料防护装备，研发出新产品防弹头盔，为新型材料在军事领域广泛运用打下基础；碳纤维行业在国家大力支持下，经过十多年的发展，已初步建成高性能碳纤维规模化生产体系，实现T700/T800级高性能碳纤维的自动化连续生产，获得国家科技进步一等奖，该奖项的获得意味着中国向世界宣布，中国用世界上最先进的技术干喷湿纺法纺出了“中国碳纤维”，打破美国和日本等国家对中国碳纤维的技术壁垒。2017年集团实现营业收入20亿元，同比增加11%。

【连云港如年实业有限公司】 连云港如年实业有限公司成立于2003年12月，公司注册资金1000万元。厂区占地5.67公顷，建成的标准型花园式工厂坐落在连云港市海州经济开发区新浦工业园。公司是从事纺织后整理设备研发、制造、销售的专业化公司。公司拥有各类先进加工设备近百台，专业技术队伍近300人，具有年产2000台（套）纺织后整理设备的生产能力。公司建有企业技术中心、纺织后整理设备工程技术研究中心，主要从事技术、产品研发工作，与南京理工大学、东南大学、江苏理工学院建立校企联盟，与多所高校、科研院所建立产学研合作关系，在产品研发上取得较大突破，多项高新技术产品推向市场。产品已形成烫剪、烫光、起毛、刷毛、压花五大系列30余种。特别是油加热烫光机、燃气加热烫光机的推出，提高了技术水平，推动行业技术进步，同时有效降低客户的生产成本，提高了社会经济效益。随着高新技术产品的不断推出，产品市场占有率不断提高，行业排名位于前列。公司建有江苏省纺织后整理设备数字化工程技术研究中心，通过引进技术人才和增加研发投入，企业的科技创新能力和产品研发能力不断提高，申报专利30余件，企业共有授权专利25件，为企业创新发展奠定了基础。企业在发展过程中先后被认定为江苏省科技型中小企业、江苏省高成长型企业、江苏省民营科技企业、国家高新技术企业。2014年在连云港市信用管理贯标活动中，被评为企业信用管理示范企业。2015年知识产权管理标准化通过省级验收达标，2017年被评为连云港市知识产权优势企业。随着技改的不断投入，企业规模逐步扩大，通过创新，企业得到跨越式发展，2017年产值达到2亿元，实现销售收入1.5亿元。

【江苏齐天铁塔制造有限公司】 公司坐落于海州经济技术开发区新浦工业园，占地15万平方米，注册资金6000万元，员工280人，成立于2002年，资产总额3亿元。主要生产750千伏及以下输电线路铁塔、钢管杆、钢管变电构支架、广播通信铁塔及桅杆、铁附件和热镀锌加工。公司有铁塔、镀锌和钢管杆3个生产车间，设有综合管理部、财务部、采供部、市场部、生产部、技术部、质检部、仓储部、安保部9个职能管理部门。借鉴国内外先进企业管理方法，将高素质人才

如年实业有限公司

与员工团队合作精神有机融合，实现公司高效运行，公司获得江苏省精神文明建设先进单位称号，被江苏省人民政府命名为“重合同守信用企业”，连续被市劳动人力资源和社会保障局评为“劳动保障A级单位”，多次被评为市“文明单位”和“质量管理先进单位”。公司生产能力为年加工铁塔、铁附件5万吨，钢管杆2万吨，热镀锌加工5万吨。取得750千伏及以下输变电角钢塔生产许可证、220千伏及以下多棱钢管杆及500千伏变电构支架产品质量合格证书，建立ISO9001质量管理体系，通过了电能PCCC产品认证。2006年起成为国家电网合格供应商，每年在国网公司的招投中中标2.5万吨左右，产品覆盖苏、浙、沪、京、陕、青、新、藏等12个省区市。2016—2017年，共计中标国网特高压线路工程4条，其中“昌吉（新疆）—古泉（安徽宣城）±1100千伏特高压直流电工程”铁塔2万多吨。该工程跨越秦岭，是当时世界上电压等级最高、输送容量最大、输送距离最远、技术最先进的特高压输电工程，全长3324千米。另外3条分别是蒙西—天津南±1000千伏特高压直流电工程，中标5700吨；内蒙古锡林郭勒盟—江苏泰州±800千伏特高压直流输电路工程，中标8678.49吨；内蒙古扎鲁特—山东青州±800千伏特高压直流工程，中标3899.25吨。2016—2017年，公司投资1000多万元对铁塔、钢管杆、热镀锌生产线进行升级改造，投资500万元新建废水、废气净化处理工程，“齐天”牌输电线路铁塔获连云港市名牌产品。2017年，公司实现销售收入3.36亿元，利润总额1800多万元，通过了“安全标准化”和“清洁生产”验收。

【江苏国民消防设备有限公司】 江苏国民消防设备有限公司于2001年涉足防火门行业，经过多年的发展，公司已成为江苏省防火门行业专业化、规模化生产企业，旗下拥有民门、民德、民得利三大品牌，注册资金8000万元，已发展形成1个产品研发中心、1个专业售后服务中心、3个生产防火门及消防材料配套生产基地。拥有宁、淮、宿、徐、连、丰沛等6个营销分公司，发展培养区域合作经销商60多家。企业在职员工200余人，其中各类专业技术人才占12%，高级工程师12人。公司先后获得部、省、市各级奖项10余个，参与建设鲁班奖、省优工程若干个，并获得中国消防协会理事单位、江苏省重质量守信誉企业、江苏省AAA级银行授信企业、江苏省AAA级守合同重信用企业、市百佳民企、市安全生产标准化企业、市和谐劳动关系先进单位、市文明单位等一系列荣誉称号。2017年实现产值2500万元。

【连云港康达智精密技术有限公司】 公司创建于2010年8月，位于海州开发区新陇路8号，日商独资企业，注册资金6250万美元，在籍员工1300余名。公司主要从事微型镜片成形、光学镜头组装、变焦镜头产品组装生产制造，先后通过SGS认证机构的ISO9001、ISO14001、IEC QC080000认证，后续将导入ISO45001、SA8000等认证。微型光学精密镜具有先进的科技含量，世界上只有少数企业掌握该项技术。公司拥有先进的注塑成型机、镀膜机以及多条光学镜头组装线和变焦镜头组装流水线。公司拥有恒温室、无尘防静电室、超声波洗净室，为产品的生产与组装提供良好环境，公司还拥有完善的检测设备，每一件产品都经过严格检验，从而保证产品质量。公司引进全球领先的精密制造技术和管理技术，承担全球大型电子企业手机及数码相机用的光学镜头系统和数码摄像机、液晶投影仪机芯等光机电产品，产品销售网络遍布全球。年产量位居世界同行业第二位，800万以上像素年产量位居世界同行业第一位。2017年，公司资产总额7.3亿元，实现产值2.91亿元、营业收入2.89亿元、实缴税金1335万元。

【连云港市港圣开关制造有限公司】 公司将高低压电器设备生产、安装、试验、施工、维修等一站式电力服务作为发展重点，引进、培养高级电力技术人员，购置色谱仪、PH测定仪、微水测量仪、多次脉冲电缆故障测试仪、SF6气体检漏仪等一批先进的试验检测设备，不断进行产品与服务创新。2017年公司承接连云港市第一人民医院10千伏配电工程、东海县水务局城北水厂10千伏配电安装工程、盐城港射阳港区变电所工程等多项重点工程，并以优质的产品和服务获得客户和供电公司的好评。全年公司实现总产值1.2亿元，销售收入1.2亿元，税收730万元。

【连云港连利·福思特表业有限公司】 连云港连利·福思特表业有限公司是由连云港连利水表有限公司和连云港福思特表业有限公司经强

康达智精密技术有限公司

强联合、战略重组后成立的一家集研发、生产、销售与一体的专业水表制造有限公司，注册资金3000万元，总资产近2亿元，年产值过亿，是国内最大的水表生产基地之一，综合实力居国内同行业前列。2017年实现产值7363万元。

新医药产业

【概况】2017年新医药产业实现工业总产值134.7亿元，比2016年增长9%，正大天晴继续保持较高增长速度，拉动全区规模以上工业产值增长19个百分点，贡献率达44%。在由药智网、中国药房杂志社联合主办的2017中国医药创新高峰论坛暨医药企业研发实力百强榜发布中，获2017年化药研发实力榜单TOP50第一名。

【正大天晴药业集团股份有限公司】正大天晴药业集团是集科研、生产和销售为一体的创新型医药集团企业，是国内知名的肝健康药物研发和生产基地，为国家重点高新技术企业、国家火炬计划连云港新医药产业基地重点骨干企业，位列中国医药工业百强企业榜前20强。正大天晴始终将科技创新作为企业发展的重要战略，是国内创新药物研究投入较多的药企之一。正大天晴以研究院为创新载体，“江苏省新型肝病药物工程技术研究中心”“博士后科研工作站”“国家认定企业技术中心”等高层次研发平台相继建立，自主创新能力不断增强。随着企业的发展和研发能力的提升，正大天晴的研发费用投入每年已超过10亿元，并将逐步向跨国公司看齐。研究院在研项目247个，其中一类新药31个、生物药32个。正大天晴在连云港建有三个生产基地，总占地面积53.33公顷，包括占地10.67公顷的孵化基地、占地13.33多公顷的原料药基地、占地32公顷的制剂基地。正大天晴制剂基地按照欧盟和美国FDA标准设计建设，小容量注射剂获得全国首张GMP证书，口服固体制剂获得江苏省首张GMP证书。2014年6月，制剂基地通过欧盟认证，获得德国药品管理局颁发的欧盟认可的GMP认证证书。正大天晴产品治疗领域涉及肝病、肿瘤、呼吸、感染、消化等多种疾病领域，14个年销售过亿元的产品形成“亿元产品群”，其中年销售额过20亿元产品2个，分别为国家一类新药异甘草酸镁注射液（天晴甘美）和国内首家上市的恩替卡韦分散片（润众）。除强势肝病领域，抗肿瘤领域也形成独特的产品线，血液肿瘤产品地西他滨、伊马替尼、达沙替尼为国内；实体瘤产品卡培他滨获批上市，一类新药安罗替尼三期临床揭盲，被国家食品药品监督管理总局优先评审。2017年企业生产的药品获江苏名牌产品，年产值增幅18.2%，完成产值124亿元，成为海州区名副其实的新兴主导产业。

食品工业

【概况】2017年，食品工业8家规模企业实现工业总产值15.6亿元，比2016年增长4.6%，主要企业有青岛啤酒（连云港）有限公司、天缘食品、天福莱饲料、九洲科技饲料、万千食品，主要产品包括啤酒、食品糕点系列、肉类、动物饲料。食品工业加快转型升级，产业结构处于优化调整，效益继续改善，投资规模扩大，价格低位平稳运行。

【连云港蕴之宝食品有限公司】连云港蕴之宝食品有限公司1995年由许玉忠在无锡创立，于2004年迁入连云港市，经过20多年发展已成为一家知名的糖果生产和出口企业。公司主要产品有胶姆糖类（口香糖、球形泡泡糖、方形泡泡糖、条形泡泡糖等）、糖果类（棒棒糖、硬糖、太妃糖、水果糖、奶糖等）、工艺糖类（拐杖糖、直棒糖、圈形、卷形、螺旋形等）、软糖类（明胶糖、淀粉糖），形成200余种高中低档的、多种设计和包装规格的产品。公司研发人员不懈努力开发新的产品，使公司的产品以物美价廉的优势长期占据海外市场。公司是经国家出口卫生注册的企业，公司拥有GMP、BRC、HALA以及FDA等多种认证资质，符合SGS和GMP的验厂标准，适应各国客户的要求，是一家资格优良的生产企业，产品远销美国、欧洲、中东、亚洲、非洲等多个国家和地区，其品质和口味获得客户赞誉。由公司创建的连云港斯味特食品有限公司、连云港森呼吸食品有限公司都投入生产。

【连云港诺信食品配料有限公司】连云港诺信食品配料有限公司位于海州开发区新浦工业园。公司成立于2009年10月，占地面积2.13公顷，建筑面积1万平方米，诺信是一家以生产食品配料为主的专业生产企业，2017年公司产值达4500万。公司先后被认定为“市信用企业”“安全生产达标企业”“ISO9001质量管理体系认证企业”“ISO食品安全管理体系认证企业”“犹太认证企业”“清真认证企业”。公司在职员工60人，其中4名中级职称技术人员，已获得6项国家实用新型专利、1项发明专利。公司注重技术工艺创新，以安全管理为保障、环境保护为前提，凭借稳定的产品质量，良好的售后服务，先后与欧盟、美国、德国、意大利、南非、澳大利亚、泰国、日本、韩国等多个国家和地区的企业建立长期合作伙伴关系。公司秉承“诚信为本、客户至上、质量是生命”的理念，不断强化企业的核心竞争力，积极拓展国内外市场。2017年实现产值3341万元。

【连云港市天缘食品有限公司】连云港市天缘食品有限公司有50多年历史，是经政府批准设立的生猪定点屠宰单位，是政府“菜篮子”工程重要组成部分，是省、市农业产业化龙头企业，曾入选商务部“双百市场工程”100强流通企业，名列中国冷库仓储企业第19位，中国食品物流企业50强，被认定为国家储备肉定点储存单位，连续多年承担国家储备肉计划。公司总部位于解放东路310号，注册资本2000万元，总占地面积120000平方米，建筑面积40000余平方米，有职工200余人。经过多年奋斗拼搏，涉及生猪屠宰、冷藏物流、国际贸易、水产加工、电商平台等多个领域，是一个涉农综合性流通企业。公司日屠宰加工生猪能力可达1200头以上，同时配有日处理生产废水700吨能力的污水处理站和化验室各一座，生产设施符合国家环保要求。

新材料产业

【概况】 2017年新材料产业8家规模企业实现工业总产值7.6亿元，同比增长11%，主要企业有江苏联瑞新材料股份有限公司。

【江苏联瑞新材料股份有限公司】 江苏联瑞新材料股份有限公司始建于1984年，公司以匠人的专注，始终聚焦电子信息产业不可或缺的前端关键材料——硅微粉产品的研发、生产和销售，并致力于为电子材料、电工绝缘材料、特种陶瓷、精密铸造、油漆涂料、硅橡胶、功能性橡胶、塑胶、高级建材等提供有竞争力的解决方案和服务。企业已建有5个专业的、具有世界一流装备的硅微粉制造工厂，产品应用于全球诸多国家和地区近300家企业，已成为汉高、松下、日立、3M、生益、台塑等世界级企业战略合作伙伴。企业世界综合排名前四，技术处于全球先进、国内领先水平。联瑞高度重视研发投入，每年研发投入占销售收入的5%~8%。先后建成江苏省石英粉体材料工程技术研究中心、省级企业技术中心、省博士后创新实践基地、省企业研究生工作站等科技创新平台，并成为国家特种超细粉体工程技术研究中心、国家集成电路基材工程技术研究中心的硅微粉产业化基地。2017年企业新上年产硅微粉系列产品15000吨项目，项目对生产线升级改造，新购置给料系统、研磨分级系统、全自动包装系统等主要国内设备，并对公用设施进行适应性改造。

建材工业

【概况】 2017年，建材行业10家规模企业实现工业总产值10.8亿元，比2016年下降1.3%。主要企业有东浦管桩、东盛混凝土、奥林匹亚石材等；主要产品有混凝土、管桩、干粉砂浆、新型墙材等。建材工业面对产能过剩、市场需求不旺、下行压力加大的严峻形势，加快转型升级步伐，向创新要效益，具有自主知识产权的高强高耐久预应力防腐管桩运往巴基斯坦瓜达尔港，用于中巴经济走廊的基础设施建设，填补了连云港市建材管桩产品出口海外的空白。

【江苏东浦有限公司】 该公司成立于1993年4月，是国内较大的专门从事预应力混凝土管桩、混凝土制品生产及地基基础施工的专业公司。公司始终遵循“以人为本、信誉至上”的经营理念，以“团结、拼搏、创新、奉献”的企业精神，强化企业管理，提升产品质量，使企业不断发展壮大。拥有江苏东浦管桩有限公司，年产量650万米；南京东浦管桩实业有限公司，年产量350万米。同时还拥有江苏东浦医药包装股份有限公司、福建美士邦精细陶瓷科技有限公司、连云港润浦新材料科技开发公司等18家子公司，现已发展成为集专门从事预应力混凝土管桩设计制造、地基与基础施工、建筑工业化各类混凝土构件制品、商品混凝土、再生纸生产、医药包装、太阳能、矿产冶炼、精细陶瓷、内河港口运输、现代物流、餐饮、置业等为一体的多元化集团公司。公司为地基与基础工程专业承包一级资质企业。在地基基础施工方面，拥有数百台各类桩基机械设备，包括柴油打桩机DD25—DD80T、静压桩机120—800T以及钻孔桩机设备，可以承担任何桩基工程施工任务。公司技术力量雄厚，对桩基施工积累了大量技术参数和施工经验，特别是管桩对地基支护的应用是管桩选用范围的一种技术性突破。公司还开发出各类抗腐蚀耐久性预应力高强管桩，并投入生产，该产品适用于沿海地区氯粒子硫酸盐侵蚀环境及内陆碱性侵蚀环境等耐久性要求较高的地区，并被评为“江苏省高新技术产品”。公司还具有年产40万立方米的商品混凝土生产能力。公司一贯秉持“东浦管桩”的优良品质，使产品在沿海、沿江国家、省、市各类重点工程建设中得以应用，特别是在江苏田湾核电站、罗盖特ST项目、连云港市行政中心、中船七一六研究所新区、弘洋热电、南京奥体中心、扬子石化-巴斯夫IPS项目、马钢、徐州彭城电厂、武汉市科技局孵化基地、日照钢铁有限公司、青岛大炼油等工程中的具体应用，通过动载、静载检测，均满足设计、规范要求，博得了诸多专家、设计和建设单位的青睐与信任。2017年产值29139万元，销售收入35148万元，税收1187万元。

【连云港奥林匹亚石材有限公司】 公司是希腊客商独资石材企业，为维纳斯石材集团成员，公司占地20公顷，总投资3000万美元，注册资金2000万美元，集石材加工、销售、工程设计、安装施工、售后服务为一体的综合性公司，公司有员工190人。公司拥有全球最先进的石材生产加工设备和加工能力，主要生产、经营中高端进口及国产石材产品。公司的主要产品有100多个品种，包括各种规格的花岗岩、大理石以及各种异型工艺石材，产品销往全国各地，出口欧洲、美国、日本、韩国、新加坡、马来西亚等十几个国家和地区。产品主要用于写字楼、宾馆、别墅、公共设施、政府机关，产品远销海内外，在国内外有庞大而强劲的市场。公司以连云港为生产加工基地，在上海、北京、厦门等地设立分公司。2017年，企业实现销售收入7820万元，上缴税金453万元。

【江苏东盛商品混凝土有限公司】 公司创建于2007年，位于海州区浦南镇太平工业园，注册资本1000万元，企业占地面积2.3公顷，建筑面积1000平方米，主要经营商品混凝土、混凝土空心砌块生产、销售。2017年，企业实现产值5135万元，销售收入5641万元，上缴税金169万元。

（撰稿：徐世田　审稿：贾慧娟）

责任编辑：马善臣

商贸服务业

综　述

2017年，海州区积极应对经济发展新常态，全力以赴稳增长，经济运行稳中有进。全年海州区实现全社会消费品零售总额281.4亿元。同比增长11.4%，位列全市第一。其中限额以上社会消费品零售额完成179.6亿元，同比增长20%。尤为突出的电子商务企业网络零售额突破26亿元。海州区商贸服务业依托传统商业街区，通过布局调整、资源整合形成了陇海步行街、华联广场、大润发三个核心商业圈。以海州白虎山的小商品批发市场为主的古城市场群、解放桥市场群，瀛洲南路市场群三个集贸市场群。商业圈和市场群的格局带动整个海州地区商贸服务业的迅速发展。

海州区按照城市中心区，乡镇商贸区多层次发展，逐步完善商贸网络布局，提高整体商贸服务业的水平，进而形成大型商场、专业市场和特色街区互补共进发展的格局。凭借中心城区地域优势，现代服务业加快发展，全区生活服务企业近16万家，注册资金近50亿元，生活服务业个体户近57万户，注册资金33.5亿元。2017年，海州区以大项目建设为载体，借力互联网+、大数据、现代物流等新经济东风，优化产业结构，加快新兴产业布局，推动商贸服务业由“传统”向“现代”调整，一条新常态经济之下的转型之路豁然开朗。海州区社零指标名列全市前列。其中限上单位实现零售总额179.6亿元，同比增长20%。以连锁经营，物流配送，电子商务，特许经营，信贷消费等现代流通方式迅速发展，拓宽了经营领域，商贸服务业结构不断优化，以满足人民群众日益增长的消费需求。

电子商务

【概况】 2017年全区限额以上商贸企业达到390家，销售过1亿元企业30家，过5亿元企业7家，企业总数、销售额占比均为全市第一。海州区电子商务交易规模不断扩大，产业模式不断创新，服务内容不断丰富，呈现出稳步推进、进展有序、发展较快的良好态势。2017年，全区网络零售额达25.8亿元，同比增长101%；共有网站1040家，占全市49，3%；有网店近2900余家，其中企业网店420家，电商或网络从业人员近3万人，占全市电商从业人员37.5%，有力促进电子商务产业的发展。

【承办三次电商会议】 海州区先后承办了连云港市首届“跨境电商互联网+峰会论坛”“连云港市第一届电商节”和“白虎山庙会全民健身中心会场活动”“跨境电商互联网+峰会论坛”等多次大型电商培训会、电商展销会等活动，为搭建电商企业交流互助平台，做好人才培训，引导电商企业报团取暖，推动电商企业发展发挥了积极作用。

市内首届跨境电商阿里巴巴峰会在海州举行

【电商龙头企业】 2017年，线上交易额超过1000万元的龙头电商企业主要有连云港天马网络发展有限公司、江苏四季沐歌有限公司、太阳雨节能电器有限公司、连云港腾旷网络科技有限公司、连云港菜篮子电子商务有限公司、连云港大香农商务有限公司等近30家。其中有2家电商企业获批省级电子商务示范企业（连云港天马网络发展有限公司、连云港菜篮子电子商务有限公司）。浦南、新坝、宁海等地的农村采摘园以微信、美团为推广平台，四季易购、大香农等本地农产品网络平台将农产品同城配送拉入了快车道，电子商务进农村得到了进一步发展。

【涉农电子商务】 全区涉农诚信通（1688）网络店铺106家，线上交易额1.5亿元，涉农淘宝店铺约1000余家，线上交易额近3亿元。依托连云港邮政分公司在涉农镇街建立乡镇级信息服务站5个，"邮乐农品"农产品加盟店180个。

（撰稿：刘　佳）

现代商圈建设

【概况】 海州区商贸流通业依托传统商业街区，通过布局调整、资源整合，形成了以陇海步行街、中央百货、盐河巷为支撑的陇海步行街商圈；以苏宁广场、华联商厦、数字旗美为核心的华联广场商圈；以大润发超市、五星电器、泰源广场为中心的大润发商圈三个核心商业圈。及以海州城区西部白虎山小商品批发市场、义乌商品城和宝利街为中心的海州古城市场群，以海州城区北部亚欧建材城、振兴汽车城、五金机电城、新海律材城为中心解放东路市场群；以海州城区南部兴隆装饰城、宝马、奔驰等多家汽车4S店为代表的瀛洲南路市场群三个集聚市场群的主要格局，引领海州区商贸经济的整体发展。

【中心商圈】 以陇海步行街为中心，沿解放路、通灌路、海连路、海昌路等街区的"井"字形千亿商圈得到提质扩容；一批大型商贸服务业项目相继建成并投入运营，苏宁广场、盐河巷、民主路老街项目的建设，核心商圈的整体水平、商业规模、业态功能得到提升，进一步带动了主城区商圈的繁荣发展，中心商圈地位进一步巩固。中心商圈内商贾云集，苏宁广场、中央国际、华联商厦、苏果超市等大型零售商业企业，苏宁、五星、国美家电专业卖场，以及红太阳、曲美、雅士居、金泰家居商场等企业，经营效益日益提高；陇海步行街、盐河巷、汇金广场、青年东路花鸟古玩特色街、三禾水晶街、淘宝街、万家欣装饰市场等商业街区以及沿街门面，汇集了服饰鞋帽、餐饮、休闲娱乐、家居、数码、运动健身、教育培育、影院、书店等商业网点，同时主干道上密集分布了人民银行及农业银行分行、建设银行分行、工商银行分行等各大商业银行网点。商圈发展呈现出速度快、势头旺、后劲足的态势。

【小商品集散地】 以海州区幸福路为主轴，以白虎山批发市场、义乌小商品城形成海州区小商品集散区，和宝利商业街、家得福超市等大型商业网点，与海州古城特色街区、四季批发市场相呼应，汇集了小商品、家居、服装鞋帽、餐饮、休闲、电动车、金银饰品、医药、花卉、茶艺根雕艺术品等商品，成为连云港市商贸物流业的重要组成部分。

【东部商贸服务业集中区】 郁洲路及以东包括大润发超市、泰源市场、万润商业步行街、博威酒吧街、巨龙南路餐饮美食街、海鲜特色美食街、北京华联大型超市等各类购物、餐饮、休闲、娱乐商业网点，引进了博威乐活街项目，以及解放路建材城等家居建材专业市场等重点商业设施，初步形成了城区东部商贸服务业集中区，逐步成为满足东部新区居民购物、餐饮、休闲、娱乐服务等需求的集聚区。

特色街区、专业市场

【概况】 2017年，海州区有陇海商业步行街、盐河巷历史文化街、民主路特色文化街、水晶街、二营巷特色街、孔巷、中大街、花鸟虫鱼特色街、博威美食街、文昌路文创特色美食街、巨龙南路美食街、青年路电动车街区、板浦仿古步行街、大庆西路美食特色街、建康路淘宝街、海昌南路美食街、玉龙路养老街、海宁路汽车装潢街等近20条提名特色街区，其中有正式命名、管理运营稍好的有5条，分别为陇海商业步行街、盐河巷历史文化街、民主路特色文化街和花鸟虫鱼特色街。2017年全区特色街区实现销售额近60亿元，带动就业近万人。

【陇海步行街】 2017年，连云港市陇海步行街管理委员会办公室面对电商

陇海步行街年货大联展

经济冲击、创文标准提升、诚信体系提档"三重"压力，积极探索改革、稳中求进，全年商品零售总额21亿元，年客流量382万，与2016年同期持平。先后荣获第二批国家级知识产权保护规范化市场、全国商业街先进集体、全国商旅文产业"先进集体"、省价格诚信区域、省青年文明号、省放心消费创建示范街区、连云港市2017年3·15电视晚会观众信赖品牌、市创建全国文明城市文明示范街区、市十佳诚信商场商街、市诚信经营示范街、市宪法宣传街区等称号。

街区改造换新颜。2017年，总投资500万元，实施陇海步行街升级改造工程，营造舒适购物环境。先后完成全街监控系统升级改造、中街路灯改造、东街小吃一条街提档升级、西街美食广场小吃车改造、东街标志性建筑钟楼改造等工程，并在街区新增300个立体景观花箱，打造垂直绿化工程，补栽、新栽季节性绿植300棵；新建一尊巨型沈云沛雕像，大力发展铁路文化；新建和维修街区亮化设施，对街区墙面、路面进行清洗、修补，对东、中、西街破损广告牌进行改造。

旅游经贸有特色。2017年，陇海步行街管委办狠抓春节市场，联合市品牌协会举办2017年陇海步行街年货节暨市品牌商品大联展，邀请市内16家特色品牌食品企业来街进行为期一周的展销活动，直接销售总额800万元，带动街区商品销售3000万元。利用"五一""十一"等节假日，举办各类活动，拉人气促商气。"十一"黄金周期间，街区商品零售额突破1.2亿元。2017年，共举办跳蚤市场和每周广场商品展销43次，带动上百万人次和街区千万元商品零售。发挥街区旅游资源优势，发展"旅游+美食"经济，2017年，共接待外地旅客137万人次，带动消费3.4亿元。

（撰稿：钱凡雪　审稿：胡海宁）

【海州白虎山庙会】 以物资交流为主要内容的海州白虎山庙会是海属地区历史上最早的庙会之一，庙会起源于为佛祖和碧霞娘娘上香，有300多年历史。该庙会是苏北鲁南地区规模最大的庙会，有"苏北第一庙会"之称，随着社会的发展，庙会除去物资交流外，还被赋予文化、旅游等新的功能。

2017年海州白虎山庙会从5月1日持续到5日，正会时间为5月3—5日，名称为2017年海州白虎山庙会暨第二届"丝绸之路"国际小商品博览会。庙会以"丝绸之路"人文交流为纽带，以节点城市文化创意元素为着力点，进一步挖掘海州优势文化资源，促进经济文化项目区域合作。庙会期间，本地及周边地区近60万群众赶庙会，共有1500多家商铺进驻，服装、工艺品、饰品、农具、美食样样俱全，商家生意火爆，购销两旺。其中5月3—5日，人流量达到30万余人次，3天时间商品交易额达到1.5亿元。白虎山庙会设置5个会场，海州古城、东风路（西至幸福路，东至花园路）、花卉宠物市场（花园路）、全民健身中心、秦东门广场（绿园）形成"三线两片"功能板块。共设置了7个商贸活动功能区，分别是"丝绸之路"商品区、历史文化展览区、动漫游乐区、文化商品展卖区、本地产品及跨境商品体验区、文体活动区和佛事活动区。

【民主路老街】 民主路老街，东起通灌路，西到南极路，全长650米，是新浦近现代商业的发源地。有经营面积19100平方米，137家经营户。主要有餐饮、文化、家纺、古玩、茶叶等，年销售收入0.87亿元。为国家AAA级旅游景区，"连云港新十景"，连云港市影视基地，中华文化海外交流基地。为了进一步凸显曾经被人们称作苏北"小上海"的民主路老街的新姿，海州区委、区政府规划以民主路为轴线，把民主路老街改造成为一街两翼新街区。民主路老街以地方特色小吃、地方土特产品、地方老字号商品及服务等为主要特色。民主路老街南翼分别以现代影院、文化创意，以及历史文化为主要特色；民主路老街北翼以家具、家纺、教育培训、书店等为主要经营特色。

【盐河巷】 街区全长568米，街区主体建筑围绕新浦公园西、北侧呈凹形布局，总建筑面积1.8万平方米，有商户64家。盐河巷整体建筑总体两层、局部三层，依托仿古建筑，在闹市中将城市广场、城市绿地、水系有机结合，相互穿插、渗透，营造出一方人文与自然和谐统一、混为一体的新型城市空间。

盐河巷商户10%为经营古玩、字画等店铺；20%为酒吧，70%为中、低档餐饮酒店。夜晚（特别是夏季）人流如织，路边排档生意火爆。

盐河巷自2014年1月18日开街后，先后荣获江苏省诚信经营、放心消费示范街区，连云港市"十佳诚信商街"，连云港市文明示范街区等荣誉称号。

【白虎山小商品批发市场】 白虎山小商品批发市场（以下简称小商品市场）位于海州区幸福路109号。小商品市场1~6区属于海州区市场监管局，主要经营服装、百货、副食品、洗涤化妆用品、箱包等。小商品市场共有房屋863间，其中有证户851户，无证二楼12间。门面房面积共11022平方米，二楼仓库1846平方米。小商品市场设有临时摊位，一、二区铁皮柜台72节，共租给36户经营使用，大门内还设有7户铁皮房，共计90平方米。办公用房594.24平方米。

小商品市场经过近20年运营，购物环境、市场设施十分陈旧，特别是存在严重安全问题，消防问题尤其突出。

海州区委、区政府作出决定，彻底搬迁重建小商品市场，建设一个功能齐全、环境优美、设施先进现代化的小商品市场。（撰稿：刘　佳）

【海州古城文化街】 位于海州古城东海名郡牌坊及中大街轴线上的"T"型街区，北起秦东门大街临洪门，南至朐阳门，西至二营巷，东至幸福南路沿街商铺，区域面积近2万平方米，系一个集餐饮、文化、休闲、珠宝等经营服务区，有商铺278家，是海州古城居民人口密度最大的集聚区。在古城文化街区有古牌坊、钟鼓楼、凖提寺、观音庵、双龙井、朐阳门广场等景点，年内又修建了临洪门，海州古城文化街是海州区休闲旅游的好去处。

【"创意716"文化街区】"创意716"文化街区，占地约1.3公顷，位于海州区海连东路42号杰瑞科技创意产业园内。由连云港市交通传媒有限公司与杰瑞科技创意产业园合作打造，江苏柒壹陆文化产业发展有限公司具体运营。项目投资3000万元，主要项目有艺术馆、画廊、书吧、茶社、咖啡馆、音乐酒吧、时尚生活馆等。是一个结合716研究所老工作区幽美的环境条件和房屋建筑特点，精心策划，融合时尚、文化、创意为一体，赋予老旧房屋以崭新的活力的新兴文化街区。

（撰稿：刘 佳）

【连云港兴隆装饰城】连云港兴隆装饰城（以下简称兴隆装饰城）是兴隆实业集团投资兴建的超大型装饰材料星级市场，拥有各种装饰材料专业展厅12幢，经营面积近7万平方米，总投资1.8亿元。兴隆集团以高档家居产业为主，集大型装饰家居商场、资本投资、IT产业和市场开发为一体，经过十几年的健康、稳定和快速的发展，建立起市场管理系统、投资开发系统和电子商务系统三足鼎立的企业架构。

兴隆装饰城始终本着诚信为主、最大限度地满足消费者日益增长的物质和文化需求，打好文化、服务牌，做到文化引领、品牌开路、服务保障，并制定了一套完善的售前、售中、售后服务系统，来满足消费者需求，同时解决消费者的一切后顾之忧。履行"八大服务承诺"：先行赔付承诺、首问负责制承诺、定金退还承诺、商品维护承诺、客户回访承诺、免费装运承诺、全天候接待承诺、全方位接待承诺。在市场信誉和品牌竞争中，兴隆装饰城坚守品牌信誉，创造服务品牌产品，用品牌开拓市场，兴隆装饰城不断提高商业道德水平，用人品、操守、信用塑造诚信企业家形象。不断提高员工诚信素质。做到真诚、热情、周到地为消费者服务，消费者必然会产生亲切感，增强信赖意识，继而提高兴隆装饰城的整体信誉。兴隆装饰城注意抓制度，加强企业在生产、管理、营销、售后服务等流程中实现全过程的信用管理、环环把好信用关，形成讲信用，重信誉的企业文化，使企业在市场中树立良好的信用形象。

（撰稿：杨 柳）

城市经济综合体、超市、大型商场

【概况】海州区重点激发传统商贸业活力，带动商贸流通业整体提升。完善商贸网络布局，引进并开工一批适应发展规划的精品购物、休闲饮食、生产性服务等服务业招商项目，合理布点和集聚更多体验式购物中心、城市综合体等新型商贸业态；推动苏宁二期和金鹰地块建设，对接引进奥特莱斯、吾悦广场等一批商贸综合体，加快白虎山小商品市场改造，苍梧春晓城市综合体建成营业，综合发展交通换乘、商务办公、餐饮娱乐、酒店公寓、零售商业、旅游休闲、文化和居住等多种业态，着力打造连云港交通枢纽核心商务区。

【家得福双盛花园店】家得福双盛花园店位于朝阳东路与巨龙南路交叉路口东盛名都广场A座，总投资5500万元，投资主体为连云港家得福商贸有限公司。总建筑面积约2.21万平方米，其中地下一层约1.2万平方米，为超市，主要经营洗化用品，家居家电，针织家访，米面油，蔬菜水果，肉，鱼等产品。地上一至三层约为1万平方米，为商铺。

【利群广场】利群广场集大型购物中心、多厅数字电影院、商业步行街等于一体，位于海州区巨龙南路98号，为利群集团重点打造的山东省外第一个大型商业综合体项目，总建筑面积达8万平方米，地上5层，地下2层，负一楼主营利群生活超市、利群家电，一楼主营化妆珠宝，二楼汇集精品女装，三楼主营少淑、童装，独角兽尼尔梦乐园，四楼主要为男装休闲、户外运动及华艺国际影院，五楼集合餐饮美食、休闲娱乐类商户。共涵盖大型生活超市、精品服饰、家电数码、儿童娱乐、餐饮休闲、影院等业态的200余个商业品牌，涵盖生鲜、食品、百货、烘焙、进口食品等全品类的近3万个品种，300余个服饰类品牌，及60余个家电品牌。并配套有1000多个停车位，将为顾客提供更为轻松愉悦的购物体验。

【苏宁广场】苏宁广场地处连云港市核心商业圈——海连中路和通灌路交汇处，周边交通便利发达。该项目总投资近20亿元，总建筑面积25万平方米，180米的绝对高度成为连云港城市地标，涵盖精品百货、特色餐饮、休闲娱乐等业态，充分满足购物、餐饮、休闲、娱乐、交际五大需求，引领港城体验式消费潮流。苏宁广场运营后引进多种业态共200余家知名商家，以国际、国内时尚品牌为主导，以中高端流行百货、精品超市、特色餐饮连锁、豪华影城、量贩式KTV、休闲娱乐、3C数码等为配套的全新商业模式，广场零售业态占到55%、餐饮业态占具30%、休闲娱乐及配套业态占到15%，共同创造具有生活艺术感的购物体验，打造多样的城市综合体，使城区核心商贸焕发出新的活力。

农贸市场

【概况】为进一步加强市区菜市场长效管理，巩固国家卫生城市创建成果，2017年海州区制定出台了《海州区市区菜市场管理考核办法》，按照国家卫生城市、全国文明城市标准要求，将改善市场环境与规范化管理、集中整治与长效管理相结合，积极引导各菜市场建立健全商户考核机制，逐步改进市场管理薄弱环节，推动菜市场健康发展，使菜市场管理实现有章可循、有法可依，同步开展了"星级市场评创"和"诚信经营商户评创"活动，主要从市场环境卫生、经营秩序、诚信服务、商品质量4个方面测评群众满意度。对于评选出的先进市场，给予适当奖励，以增强菜市场对长效管理工作的积极性，有效促进了菜市场长效管理。

【极美苑菜市场】 极美苑菜市场隶属于江苏绿中业农业科技有限公司（前身为连云港市蔬菜公司），位于新浦大庆东路85号路南侧，服务1000米内的居民。市场占地面积约6000平方米，建筑面积近4500平方米，市场内有管理人员8人，经营户87家，合计各类门面房30间、柜台220节，正常年交易额近6200万元。市场内功能分区完善，包括蔬菜区、肉制品区、半成品区、干货区、粮油区、水产区。服务人群包括向阳社区、葵花社区、朝阳社区、延东社区约1万人。

【金宝（连云港）农贸市场】 由南京金箔集团旗下南京金宝商业投资发展股份有限公司精心打造的高档次、高标准社区商业项目。一层为投资钱万多元打造的江苏省第一个五星级农贸市场，建筑面积为5200平方米，内部包间、柜台布局，装修新颖、时尚，广播、监控、中央空调等配套设施齐全，是连云港市乃至江苏省首屈一指的名片工程。

【蔬菜活禽直销市场】 位于连云港市海州区海昌南路。市场占地7302.4平方米，建筑面积约3500平方米，钢构大棚约5000平方米，市场管理和保安、保洁人员32人，市场门面房92户，经营性柜台471节，分别经营卤货、豆制品、调味品、水果、蔬菜、牛羊肉、猪肉、水产品、活禽类等等，承担市区、县绝大部分宾馆、单位食堂、餐饮业等单位和新浦地区居民日常生活必须蔬菜、肉类、活禽和海产品供应，同时也承担上海及苏南等地区城市周边海产品的供应。市场从业人员近千人，年交易额超过5亿元，服务人口不低于30万人。

【沈圩桥菜市场】 沈圩桥菜市场是由海州区浦西街道办事处投资兴办的中型农贸市场，位于海州区新新路188号。市场购物大厅4600平方米，拥有市场外广场。服务市民约2万168海州年鉴（2017）人，拥有摊位156节，入驻商户93户。经营农产品12大类160余种。2016年5月进行创卫升级改造，实现年农产品销售6500万元。

【四季农产品交易中心】 四季农产品交易中心位于海连西路蔷薇河大桥西侧，交易中心占地面积533000平方米，建筑面积40万平方米。主要经营蔬菜、水果、粮油、副食品、水产品、禽蛋肉、茶叶、根雕、红木家具、农业生产资料等10大类1000多个品种。集聚商户3000多户，商品来自全国各地，市场辐射江苏、山东、安徽、浙江、河南等10余个省市。

老字号商贸企业

【概况】 为推动老字号传承与创新，实现传统技艺薪火相传，进一步做好老字号保护与促进工作，海州区结合实际，挖掘整理老字号的传统产品和技艺，建立健全老字号档案，深挖和跟踪服务老字号品牌和企业，指导企业做好老字号品牌的宣传创新工作。江苏省商务厅公布的第一批“江苏老字号”名单中，“中华老字号”连云港市板浦汪恕有滴醋厂自动成为首批“江苏老字号”，“凯威酒业”成功上榜。2017年海州区在全区范围内开展了一次老字号企业的深挖摸底；有中央百货、万千食品、三和兴药店、李记名章、绿中业、天缘食品、小上海糕点、板浦东达肉品9家企业获评第一批“连云港老字号”。

【汪恕有滴醋】 汪恕有滴醋是连云港市的传统名特优产品，始创于清康熙十四年（1675年），有340多年的历史。连云港市板浦汪恕有滴醋厂把祖传的传统工艺和现代科技相结合，在巩固、提高传统特色的基础上，进一步不断改进工艺，更新设备，改革包装，开发新品，现已形成规模化、现代化的先进生产流水线，实现了机械化、管道化、标准化生产，产品质量的稳步提高，在同行业中处于领先地位。汪恕有滴醋厂发展成为江苏食醋行业的标杆企业之一，成为苏北最大的食醋专业生产厂家。2011年，商务部授予汪恕有滴醋“中华老字号”称号。企业用品牌资源进行扩张，发展连锁经营，挖掘老字号品牌经济文化价值，量化无形资产，整合老字号资源，扩大老字号的经营规模，走集团化经营的发展道路，建立集中采购、配送的服务平台等方面取得明显成效，增强品牌市场竞争力、使汪恕有滴醋畅销不衰。

【凯威酒业】 前身为连云港市葡萄酒厂，始建于1958年，是国内历史悠久的葡萄酒厂之一。位于江苏北部黄海之滨，风景秀丽的“花果山”之麓。拥有万亩山楂、葡萄原料基地，年生产能力5000吨。是全国最大、历史最悠久的山楂酒生产厂家。公司生产江苏红、凯威系列高档葡萄酒和花果山系列山楂酒等30多个品种。曾多次荣获国际金奖，国家金、银奖和江苏名牌产品称号。

【板浦香肠】 板浦香肠品牌始创于清道光十三年（1833年），有180多年历史。其第四代传人黄友沛独资设立连云港市海州板浦东达肉制品厂，2002年国家商标局注册板浦商标，并购置保鲜、烘干等现代化设备。主要产品是风干腊制香肠、腊肉、香肚等，板浦香肠系连云港的传统名特优产品，2006年其注册商标“板浦”被认定为江苏省著名商标，具有很高的知名度和市场占有率。板浦香肠列入连云港市非物质文化遗产名录。

供销合作商业

【概况】 2017年，海州区供销社认真贯彻落实中央和省市委关于深化供销合作社综合改革的精神及区委区政府的工作部署，提振信心、攻坚克难，突出重点工程、重点事项，建优建强现代流通网络和综合便民服务网络，各项工作全面完成序时进度，推进了供销合作事业新发展。年内被省供销总社评为“2016年度农民专业合作社建设先进单位”；易耕农业服务有限公司被市委农村工作领导小组评为“市级农业产业化项目建设先进单位”、新坝镇四里为农综合服务社被评为“全市供销系统先进单位”；区供销总社被省总社确定为承担“推动农村产业融合发展”专项试点任务单位。

【综合改革方案实施】 2017年，区供销社结合实际，拟定《区供销社综合改革实施方案》，并经区委、区政府同意，以文件下发。制定实施了《推动农村产业融合发展专项试点实施方案》，突出易耕公司项目带动，用工业理念发展农业，以市场需求为导向，以完善利益联结机制为核心，着力构建农业与二、三产业交叉融合的现代产业链，进一步创新创优供销社的体制机制，提升服务“三农”的成效。

【冷链物流项目建设】 2017年，易耕公司积极克服土地等证照办理滞后的一系列困难，完成厂房、服务中心施工建设及冷库、净菜加工中心设备安装，同时，努力协调，取得土地证。区供销社正在开展房产等产权办理及银行申贷工作。

【“三社”创建】 区供销社积极筹划综合性合作社（“农综社”）建设，推进新坝小荡村农综社创建计划，以农机规模作业、农资集中采购、农药统防统治、农业科技服务等为主要内容，通过多种形式农田托管，推进菜单式、保姆式服务，打造为新型农业经营主体和普通农户提供规模化、系列化服务的综合性平台。开展基层供销社分类改造。推进海州供销社创建“三体两强”（自主经营实体、农民社员主体、合作经济组织联合体和经济实力强、为农服务能力强的基层社）基层社。努力使基层社成为组织健全、连接农民、开放包容、运行高效的基层组织，实现农民得实惠、基层社得发展的双赢。完成省定经济薄弱村新坝镇王付、魏口2村为农服务社提档升级年度计划，服务社在外部形象和功能设置上全面出新。

【电商联盟组建】 2017年，区供销社搭建一条“农户+基地+电商”的全产业链，做大做强农村电子商务，助力地方经济发展，组织区内农业企业、农民专业合作社、家庭农场、种田大户成立海州农业电商联盟，注册“海农电商联盟”微信公众号，吸收成员单位近50家，联盟开展2次集中的专业培训和业务对接，组织相关成员参加在镇江举办的海峡两岸农展会和南京大陆台资发展会。

【历史遗留问题解决】 重点对板浦地区供销社历史遗留的矛盾纠纷进行分类疏导，同时加大协调力度，与灌云县法院、县供销社联系对接，做好相关工作，有力地维护了稳定发展局面。

（撰稿：谢　豪　审稿：樊继锦）

粮食储运购销

【概况】 2017年，海州区贯彻执行国家粮食流通和粮油储备管理的方针、政策和法律、法规。拟定地方粮食流通和地方储备粮油管理办法规定，依法制定地方粮食流通有关制度并监督执行，保障全区粮食供应安全。海州区粮食局下设一个自收自支事业单位、两个国有粮食收储管理公司。全区区属粮食收储粮库13家，其中，国有集体经营粮库3家，国有承包经营粮库4家，民营挂靠粮库5家，租赁经营粮库1家。总仓容近30万吨，较2016年新增仓容5万吨。库存最低收购价小麦和水稻26万吨，较2016年增加3.5万吨。2017年，海州区粮食局坚持“加强粮食宏观调控，确保区内粮食安全”这一主线，围绕粮食工作实际和年度目标任务，以强化服务为抓手，各项工作有序开展。2017年全区种植面积32万亩，年粮食商品量28.2万吨。全年收购农民余粮20万吨，其中，最低收购价粮10.8万吨；订单收购5万吨；销售粮食5.1万吨。有力地发挥了主渠道作用。海州区在连云港市粮食安全责任制2017年度考核中被评为优秀。

【粮食收购】 2017累计收购粮食107614吨，均为国家政策性托市收购。采取腾仓并库、加大出库力度、新建仓容等措施扩大收购仓容，先后组织13个托市库点、约27万吨仓容参与收购，确保粮食收购顺利进行。在全区粮食系统推广使用“满意苏粮”手机软件（APP）、开展世界粮食日系列活动等，介绍节粮爱粮知识，宣传国家粮食收购政策。

表7　**2017年海州区国有企业粮食收购统计表**

单位：吨

企业名称	收购总量	小麦		稻谷	
		托收收购	自营收购	托收收购	自营收购
浦南粮管所	5199	5199	—	—	—
岗埠粮管所	15930	4980	—	10950	—
郎墩粮库	14739	5338	—	9401	—
云台粮管所	3603	3603	—	—	—
银锐粮库	—	—	—	—	—
宁海粮管所	13164	3909	—	9255	—
板浦粮管所	2703	573	—	2130	—

续表7

企业名称	收购总量	小麦		稻谷	
		托收收购	自营收购	托收收购	自营收购
粮油工贸公司	20663	20663	—	—	—
玖食穗粮库	25774	25085	—	689	—
东辛粮库	5839	4380	—	1459	—
合计	107614	73730	—	33884	—

【粮食销售】 海州区各国有粮食企业储粮都属托市粮，粮权属国家所有，销售由国家进行统一竟拍销售，各储粮单位以国家中储粮连云港直属库（公司）发出储粮出库通知书为依据，按照程序和规定确保储粮安全出库，全年销售托市粮51038吨，没有发生一例违反国家粮食出库原则和相关规定。

表8

2017年海州区国有企业粮食销售统计表

单位：吨

企业名称	销售总量	小麦		稻谷	
		托收收购	自营收购	托收收购	自营收购
浦南粮管所	5522	5136	—	386	—
岗埠粮管所	2341	2009	—	332	—
郎墩粮库	14546	5298	—	9248	—
云台粮管所	3844	3844	—	—	—
银锐粮库	8850	8850	—	—	—
宁海粮管所	3945	3945	—	—	—
板浦粮管所	3028	3028	—	—	—
粮油工贸公司	8300	8300	—	—	—
玖食穗粮库	—	—	—	—	—
东辛粮库	662	—	—	662	—
合计	51038	40410	—	10628	—

【粮食储存与保管】 2017年，海州区粮食局进一步完善储粮管理制度，强化管理，加大科学保粮力度。所有存储的库存粮全部实现了“一符四无”（即账实相符；四无：无虫害、无鼠雀、无霉变、无事故）粮仓标准，达到了“一符三专四落实”［一符：即账实相符，要求做到会统账、实物账、保管账（卡）必须相符；三专：即对所存储粮油（料）是否做到“专人、专账、专仓”管理；四落实：即“品种、地点、数量、质量”是否确保落实］要求，储存的粮食数量真实、质量完好、账实相符、储藏手段科学，达到储粮率达100%，有效保证储得进、管得住、调得动、用得上，确保粮食安全。

表9

2017年海州区国有企业粮食储存统计表

单位：吨

企业名称	库存总量	小麦	稻谷	企业名称	库存总量	小麦	稻谷
		收购	托收收购			收购	托收收购
浦南粮管所	21414	8445	12969	板浦粮管所	29034	10558	18476
岗埠粮管所	29837	19219	10618	粮油工贸公司	70786	63487	7299
郎墩粮库	33052	12601	20451	玖食穗粮库	40940	37376	3564

续表9

企业名称	库存总量	小麦	稻谷	企业名称	库存总量	小麦	稻谷
		收购	托收收购			收购	托收收购
云台粮管所	4273	4273		东辛粮库	9694	4380	5314
银锐粮库	5343	3200	2143	合计	263198	168373	94825
宁海粮管所	18825	4834	13991				

【粮油市场监督管理】 海州区粮食局经营网点多，市场面广量大，要保证全区60多万户籍居民及军粮和大专院校的粮食供应，海州区粮食局把安全保供作为一项重要工作，积极推行服务社会和依法治粮，加大对粮油销售市场的监管力度，特别是在国庆、中秋等重大节假日期间，主动与工商、物价、质监等部门协调联系，开展联合执法检查，确保市民吃上放心粮、放心油。

【放心粮油店评审】 2017年，海州区粮食局积极培育“放心粮油销售店”的发展。“放心粮油工程”建设项目进展顺利，年内新增5家“放心粮油销售店”，是50件民生实事之一。截年底，全区共发展了“放心粮油”配送中心2家，“放心粮油”加工企业2家，“放心粮油销售店”30家（其中“放心粮油示范店”13家），实现全区乡镇、街道全覆盖。按照“扶持一批、规范一批、退出一批”的原则，实施“放心粮油工程提档升级计划”，对创评成功的示范店给予一定资金奖励。

表10 连云港市海州地区“放心粮油示范店”一览表

单位名称	通讯地址	单位名称	通讯地址
大润发超市	郁州路	家得福超市（洪门店）	江化路上洪门平价菜场西门
苏果超市（华润总店）	通灌路与青年路交叉口	家得福超市（老海州店）	海州医院对面
苏果超市（陇海路店）	陇海中路31—106号（女人街A楼）	保真超市（通灌路店）	通灌路上海宁小区东门对面
家得福超市（苍梧店）	郁州路上招商银行北边门	保真超市（解放路店）	解放路上东一时区大门口（市局斜对面）
家得福超市（南极路店）	南极路上新海实验中学北50米	保真超市（中央华府店）	中央华府北门口
家得福超市（九龙乐园店）	通灌路上九龙城市乐园后门	保真超市（板浦店）	板浦镇政府南大路路西
家得福超市（新孔路店）	新孔路与朝阳路交界口		

【粮食加工】 2017年海州区新增一家食品加工企业，今年纳入统计的一共是5家企业，工业总产值18770万元，比去年增加299万元。

表11 2017年海州区粮食加工企业产量统计表

单位：吨

企业名称	原粮生产量			成品量			
	稻谷	小麦	玉米	大米	面粉	饲料	食品
菜根香米业有限公司	19500	—	—	13440	—	—	—
天福等级面粉厂	—	18000	—	—	10150	—	—
九洲科技饲料有限公司	—	3529	11930	—	—	29600	—
万仟食品投资有限公司	—	850	—	—	—	—	695
齐春阁早餐工程有限公司	121	764	—	—	—	—	1078
合计	19621	23143	11930	13440	10150	29600	1773

【粮油价格】 2017年海州区继续执行国家托收收购政策对海州区粮油市场价格进行检测在夏粮和秋粮收购期间防止粮油价格有比较大的波动以及2016年的粮油价格进行比较没有大涨大跌的情况发生。

表12 **2017年海州区粮油价格涨跌情况统计表**

品种	价格类型	16年底价	2017年粮油价格涨跌情况统计表											
			1月	2月	3月	4月	5月	6月	7月	8月	9月	10月	11月	12月
白麦	售价	127	126	—	—	—	117	—	—	—	—	122	—	125
稻谷	售价	157	150	—	—	—	—	160	—	—	—	—	146	150
面粉	售价	160	—	—	—	—	—	—	170	—	—	—	—	170
地产大米	售价	220	—	205	—	—	—	—	210	—	220	210	205	205
东北大米	售价	300	—	—	—	—	—	—	—	—	310	—	—	318
桶装5升大豆调和油	售价	60	57	—	59	—	—	—	—	—	—	—	—	59

【依法管粮】 海州区粮食局开展粮食库存和粮食安全隐患大排查快整治严执法集中行动。并且会同安监、消防等部门联合开展库存检查，全年共检查2次，涉及库点13家，粮食总量26万吨。通过召开现场会、约谈负责人等措施，明确问题、压实责任，有力推动问题整改落实到位，顺利通过市级和省级抽查。在粮食安全隐患大排查快整治严执法集中行动中，抽查企业5个、粮食10万吨，查找安全隐患20余处，全部落实整改措施，“大快严”（大排查、快整治、严执法）行动取得明显成效。

（撰稿：吴佳阳　审稿：刘士成）

专营专卖

【食盐专卖】 2017年，海州地区实现营业收入1523万元，碘盐覆盖率97.94%，碘盐合格率97.45%，合格碘盐食用率95.44%。城区小包装销量顺利完成计划。

打牢营销基础。树立“客户至上、终端制胜”的营销服务理念，重抓客户经理管理，全面推广使用外勤“365”，持续开展淮盐品牌宣传和商超理货评比，适时开展促销，全面对接维护KA渠道，全力占领BC渠道和传统渠道。对终端客户实行直配直送，对区域内150余家校园食堂和部分医院食堂实行直供到点，进一步加大对终端的服务力度和掌控力度。

强化市场监管。坚持对违法违规经营食盐行为露头就打，宣传规范和严打严管并重，深入开展联合执法行动，规范市场经营秩序，有效防范食盐安全风险。共检查零售商户2430余户，检查农贸市场370家次，检查饮食摊点、饭店、食堂3200余家，检查食品加工企业（作坊）200余家，查处案件120起，移交相关部门案件28起，判刑11人，没收涉事盐产品11.8595吨。

加强风险防控。切实加强应收账款、库存商品、现金等重点领域风险管理，制定《收支管理规定》，细化支出流程，加大应收款清收力度；完善单位印章使用审批制度，严格执行集团公司《合同管理办法》，切实加强购销、房产租赁等合同管理，全年未发生一起合同诉讼案；加强审计监督，严守价格底线，不触政策红线，确保依法依规开展经营；认真履行安全生产主体责任，扎实开展安全生产大检查，狠抓隐患整改，安全生产形势持续稳定。

（供稿：吴映华）

【石油专营】 2017年，海州区经济平稳增长，作为与国计民生息息相关的重要商品，成品油市场进一步发展，市场准入制更加严格，成品油分销体系更加完善，城乡网点布局更加合理。全区共有成品油零售企业50家。其中，加油站43个、加油点7个。分布于城区站点26家，乡镇站点14家，公路站点9家，岸基站点1家。

物流业

【概况】 2017年，海州区有物流企业311家，快递物流点1119个，主要集中在瀛洲南路、老204国道板浦段、新坝中路、323省道、老204国道浦南段、310国道浦南段、解放东路及外围河道码头等区域。囊括了万发物流园、智慧物流园、板浦临港产业园、宁海工贸园以及电子信息产业园、洪门工业园、海州工业园、新浦工业园等园区的众多物流企业。天马云仓、怡亚通供应链、康缘智慧物流等项目推动了我区现代物流业快速发展。全区物流仓储业业务收入累计完成6.89亿元，其中快递服务企业业务收入累计完成2.76亿元，同比增长27.4%，业务量累计完成3571.8万件，同比增长26.2%，占全市的37.6%。快递业中，同城业务量累计完成868.5万件，同比增长16.8%，占全市的73.1%；异地业务量累计完成2443.5万件，同比增长27.6%，占全市29.6%；国际业务量累计完成33.01万件，同比增长58.5%。

（撰稿：刘　佳　审稿：刘人辅）

【海通物流】 2017年是海通物流公司（以下简称海通物流）产业资源整合开局之年，也是整个经济下行压力持续加大、公司发展形势严峻的一年。海通物流坚持以安全生产为前提，以经济效益为中心，以强化基层基础建设为保障，带领公司全员团结一致、自我加压、努力进取、奋力拼搏，抓重点、破难点，有效推动公司各项工作指标及任务的完成，公司的发展态势稳中向好。2017年，实现营业收入1.8亿，比去年的1.3亿多0.5亿，增加27.78%；实现利润总额0万元，比2016年的-141.94万元增加利润141.94万元。翔安危货预计完成危险品货运量20万吨，是2016年12.5万吨的160%；完成内河货运量113.70万吨，比2016年的70万吨，增加43.7万吨，为2016年同期的162.43%；水运周转量47764万吨公里，比2016年同期25207万吨公里增加89%；港口装卸预计完成吞吐量16.90万吨，是2016年同期10.27万吨的165%。

（撰稿：张国兴）

【海州智慧物流产业园】 2017年，海州智慧物流产业园（简称物流园）深入学习习近平总书记系列重要讲话精神，紧紧围绕镇党委政府中心工作，按照年初确定的工作目标和工作实际，认真做好物流园的企业服务、基础设施、招商引资、资金协调等。促进物流园物流工作有序高效运转。2017年物流园向上申请资金6250万元，支付工程款约5000千万元，缴纳电商快递物流园农转用保证金2250万元。

2017年，完成电商快递物流园的建设并投入使用，完成1.3万平方米天马云仓电商创业服务中心主体建设。完成道浦路绿化升级改造工程，曙光新型建材用地的前期手续，天马二期用地的前期手续，建材总部经济园用地前期手续等都在有序划推进中。加大招商力度。着力引进一批科技含量高、投资强度高、土地利用率高、产业带动能力强的电商物流项目，为园区长远发展提供强有力的支撑。年内，先后引进上海全贝跨境电商、广客隆日化、五星电器配送、怡亚通供应链、九州通医疗器械有限公司、曙光建设集团新型建材有限公司等项目。

（撰稿：海州智慧物流产业园）

生活服务业

【概况】 2017年，海州区把繁荣发展服务业作为提升中心城区重要路径。优化商贸服务、加大BRT和秦东门大街沿线招商力度，合理布点和集聚多个购物中心、城市综合体等新型商贸业态。凭借中心城区地域优势、积极发展生活服务业。全区生活服务业15948家，注册资金4978266.2万元。

【批发零售业】 2017年，海州区商贸批发和零售企业4212户，注册资金4615121.62万元；批发和零售业个体户41146户，注册资金235399.7万元。

【住宿和餐饮业】 2017年，海州区住宿和餐饮业发展较快，尤其是个体户无论数量还是质量都呈上升趋势。住宿和餐饮业企业715家，注册资金174177.53万元。住宿和餐饮个体户8937户（比2016年增加2403户），注册资金61405.04万元。

【服务和修理业】 2017年，海州区家政服务、理发、洗浴、丧葬和社会修理业1021家，注册资金188967.05万元。服务和修理业个体户6650户，是2016年的3.7倍，注册资金38198.94万元。

【星级饭店评定】 2017年，国家、省、市星级饭店评定机构逐步完善星级酒店进入和退出机制。至年底，海州区纳入星级饭店统计管理系统的星级饭店共计7家，其中五星级饭店全年接待游客13.7万人次；实现营业收入总额8556.9万元；全年平均客房出租率57.099%。

信息服务业

【邮政】 2017年，中国邮政集团公司连云港市分公司（以下简称邮政公司）围绕建设"政府认可、行业有位、社会满意、员工幸福"的目标，以"聚力提质增效聚焦转型升级"为总基调，加快"四大工程"建设，逐步推进发展常态化、机制市场化、管理精细化，深化转型发展，企业各项工作取得了新成绩。2017年，海州区投放报纸总量1320余万份、寄送约投挂号17.4万件，处理快递包裹进口127.8万件，建立村邮站54个、邮乐购加盟店223个，服务百姓20余万人次，交易额超过5000万元。2017年，邮政公司荣获"全国邮政用户满意企业"称号。

举办青少年集邮演讲选拔活动。6月3日，市邮政公司联合市少年宫举行"看邮票讲故事"江苏省首届青少年集邮演讲比赛连云港赛区决赛，共有来自新海实验中学、海州实验中学、师专一附小、解放路小学等中小学校16名优秀选手参加了现场演讲。获得中学组、小学组一等奖的选手将代表连云港市参加省演讲比赛。

环保邮路传播文明。7-8月，为配合做好连云港市创建文明城市工作，邮政公司开展"环保邮路港城行、绿衣使者播文明"主题活动，由投递员们在投递过程中依托邮路发放宣传折页，向广大市民宣传连云港市市民文明行为20条、生活垃圾分类等文明创建及环保生活小知识，取得了良好的社会影响。

节日营销丰富多彩。端午节和六一儿童节期间，邮政公司组织海州区各网点开展系列活动，推动节日营销取得成效。大庆西路支局在网点路边摆起擂台，举办了"粽情端午、邮情邮意"包粽子比赛。玉带新村支局分别在玉带社区、九龙社区举办包粽子比赛爱心接力活动，网点人员和社区工作人员走访孤寡老人，送去了粽子和节日祝福。新坝支局联合小太阳幼儿园举办迎六一文艺会演活动，现场主推"多多保"产品，海昌路支局举办"客户节"，开展业务积分加一元换购活动。

（撰稿：王　慧）

【移动】 2017年，中国移动连云港分公司（以下简称移动连云港分公司）在市委、市政府带领下，围绕建设"强富美高"连云港的目标，树立转型新理念，激发改革新动能，提升信息基础设施能力，全面推动信息技术与经济社会各领域深度融合，努力为助力连云港经济社会发展、满足人民对美好生活的向往作出更大贡献。

支持港城建设。持续加速转型，优化资费体系，深入推进提速降费，差异化满足流量需求，4G用户近200万户，手机上网流量费率同比下降40%，家庭宽带客户规模达60万户，互联网电视用户达30万户。进一步加快建设新兴信息基础设施，支撑地方新经济发展，培育数字化服务新业态，有效融合移动互联网、云计算、大数据、物联网等新技术，在政府、公安、医疗、教育、电力、商贸、旅游、交通物流等行业拓展成熟应用数百项，连续三年独家承办"一带一路"连博会电子商务高层论坛。

网络建设。全年新建4G基站1200个，4G基站总数达到6100个，网络覆盖率99.54%，下载速率达50.03Mbps，实现城乡无缝覆盖，网络能力行业领先。重点解决居民区、高层等场景室内弱覆盖问题，修复设备老化、室分隐性故障等问题200多项。针对客户聚集以及流动性强的场景，采用新技术、新方法优化网络质量，提升用户使用感受。开展花果山景区覆盖专项攻坚战，景点、道路覆盖率达97.5%。打造高品质全光网络，加快光纤宽带网络建设，提升宽带品质，宽带覆盖率达97%，光纤改造20余万户，光纤到户覆盖占比达95%。

（撰稿：中国移动连云港分公司办公室）

【电信】 2017年，中国电信连云港分公司（简称连云港分公司）积极推进全市通信网络的升级换代，全年累计完成投资2.97亿元。围绕"渠道深耕，服务领先"主线工作，持续优化渠道布局，提升客户服务感知。公司全面落实从严治党工作责任制，积极开展党的十九大精神学习活动，在企业转型、规模发展等方面均取得了较好成绩，先后荣获"2017年度全省规模发展先锋银奖"、"江苏省厂务公开民主管理先进单位"、"江苏省巾帼文明岗"等荣誉称号。

通信设施建设。2017年，连云港分公司建成并开通LTE站址681处，全市4G基站总量达4138个。全市4G有效覆盖面积达到7325.8平方公里，有效面积覆盖率为97.7%，4G网络的覆盖率达到98.71%，人口覆盖率达99.1%。光网建设方面，截至2017年末，全市城乡已具备按需提供1000兆宽带接入能力。全市光纤接入用户占比达到96.8%，城域网出口带宽由320吉提高至1太。

助力智慧港城发展。2017年，连云港分公司充分发挥自身网络、人才、技术优势，全力推进智慧港城建设。全市范围内推出两百兆家庭光纤接入服务，全市家庭平均上网带宽由20兆提升到50.3兆，位列全省第一。积极落实国家提速降费政策，开展"提速惠企"专项工作，对低于50兆拨号宽带全面提速至50兆，全年完成实现中小企业普通拨号宽带提速22036户。承接市级电子政务外网改造项目，历时39天，圆满完成686个点位的开通工作，并顺利通过省政府验收小组的验收。投资建设连云港市政务数据云计算平台项目，为市政府节省一次性建设费用2000余万元，随着政务应用迁移上云，每年可为政府节省硬件及维护成本近千万元。与连云港市委政法委合作建设连云港市综治公共安全"四级六网雪亮"工程服务项目，为港城居民提供与政府面对面沟通的桥梁，将预防和打击暴力恐怖犯罪工作向基层延伸，全面提升政府管理效能，提高政法综治部门创新社会治理的能力。承建连云港市地方海事局水上交通指挥中心项目，助力连云港市地方海事局实现对全市所有航道及船舶监管，提升航道综合管理及应急指挥效率。与连云港市委组织部合作建设基层党建站点WIFI项目，全力服务"两学一做"学习教育深入开展，共为全市1678个基层党员远程教育站点开通服务。参与建设连云港市自行车系统联网项目，配合市城投集团在全市公共自行车站点联网，共开通站点120个。承建东海县民生热线技术改造系统项目，全面提升便民服务与应急指挥能力。

经营管理服务。2017年，连云港分公司深入落实"服务领先"工作，年内第三方测评中宽带NPS列全省第一，公众满意度得分83.24分，全省第四，同业第一；精心做好运行维护，深入推进退铜改光工作，持续做好能耗管理及终端管理工作；坚持诚信经营，做好合同履约及审计监督工作；强化精确管理，优化工作流程，持续打造智慧家庭工程师及营业窗口两支队伍，不断提升服务能力。

（撰稿：徐　迟　审稿：朱　雷）

【联通】 2017年，中国联合网络通信有限公司连云港市分公司（以下简称连云港联通）移动网建设共投资2800万元，新建4G宏站188个，4G宏站达到1561个，完善了城区、县城、乡镇、景区等重点场景4G覆盖以及校园、医院、商超、交通枢纽等重点区域室内覆盖，2G、3G、4G基站总数达3580个。4G峰值下载速率300兆，上载速率50兆，人口覆盖率90%，初步形成了4G高速数据网连续覆盖及2G、3G全覆盖的高清语音网。2017年，连云港联通荣获"2016年度、2017年度连云港市用户服务满意单位""2017年3·15电视晚会诚信销售品牌""2016连云港市无线电管理工作先进单位""2016年度全市规模以上服务业统计工作先进集体"，党委书记丁徐和荣获"2016连云港市用户满意服务杰出管理者"、团委荣获"2016年度连云港市五四红旗团委"、呼叫中心荣获"2017连云港市用户满意服务之星"班组等荣誉称号。完成了连云港之夏、连云港工业博览会、东海水晶节、灌云豆丹节、徐圩国际马拉松赛等重大活动的通信保障20余次。

2017年，连云港联通共投资1319万元，新增光纤宽带小区140个，用户接入带宽最高达200兆；完成IP城域网的提速工程，共投资2400万元，升级2个核心机房的CR至400吉平台，升级7个汇聚机房的BRAS至100吉平台，扩容BRAS设备28个万兆端口，建设10吉PON设备18台，10G PON ONU设备2200台，部分区域具备1000兆接入能力。

（撰稿：王国强）

责任编辑：李云高

旅游业

综　述

2017年，海州区旅游工作在区委、区政府的正确领导下，紧紧围绕全市建设山海相拥知名旅游城市的战略构想，以品牌提升为引领，以产业融合为驱动，有条不紊地推进各项工作，积极构建旅游发展新格局。年内，全区旅游业发展环境不断优化，基础和配套投入逐步加大，旅游产品体系趋于丰富，品牌宣传成果日益卓著。据统计，2017年全区接待游客量964.3万人次，旅游综合收入达到135.8亿元，同比增长11.3%和13.6%。旅游产业呈现逐步壮大、后劲增强、持续发展的良好态势。2017年，海州区旅游局获全区“创建全国文明城市先进单位”“创建国家卫生城市优秀服务单位”荣誉称号，并在全区绩效管理综合考评中荣获“二等奖”，举办的“花漾海州——四季赏花”系列活动被评为“全市十佳乡村旅游节”。

旅游资源

【孔望山景区】 孔望山景区是国家AAAA级旅游景区，因孔子登山望海而得名，属全国重点文物保护单位。地处云台山支脉-锦屏山东北南麓，是云台山国家风景区名胜区的重要组成部分。山体主要由花岗岩、片麻岩构成，距今有18亿年。孔望山蕴含着丰富的历史文化内涵，有原始社会新石器的杯盘石刻，有宋元明清的名人题刻，有中国迄今为止最大的汉代圆雕石像，特别是20世纪80年代发现的东汉佛教摩崖造像，经考证比敦煌莫高窟还要早将近300年，被称为“中华母窟”。其主要景点有龙洞庵、龙洞题刻、石象、馒头石、东海庙遗址及东海庙碑、石蟾蜍、飘然亭、乘槎亭遗址、孔子望海像、杯盘刻石、承露盘及孔望山古城遗址等。2017年，景区投入600多万元，新增配套用房800余平方米、铺设景区进山道路600多米、新增绿化面积10000平方米、新增旅游公厕一座80余平方米，完成景区服务中心升级改造和WiFi、广播系统等基础设施建设。全年接待游客75万人次，实现门票收入320万元。

【桃花涧景区】 桃花涧景区是国家级风景名胜区云台山风景名胜区的一个重要组成部分，位于连云港市古城海州锦屏山南麓，景区占地面积4.5平方千米，分东西两部分，东部有岩画、石刻、奇石、幽涧、龙潭、岩洞、古寺构成的桃花涧三十六景，西部为将军崖岩画，桃花涧旧石器遗址和石刻文化艺术园。桃花涧是锦屏山的最大自然山涧，全长4.5千米。2004年10月被评为国家AAAA级景区。其重要景点有将军崖壁画、石刻文化艺术园、桃花潭、双虎护佛、桃花涧遗址、观景亭、紫竹林寺、金蟾洞、张果老洞。2017年，桃花涧景区投入1000多万元，加强基础设施建设及景点打造项目，完成倚园小梅、桃园小筑2个景点建设，完成道路建设500多米，新增景区绿化2万多平方米，新增配套用房400余平方米，新增旅游公厕2座约150平方米，完成5500多株黑松栽植工作。全年接待游客67万人次，实现门票收入480万元。

【石棚山景区】 石棚山景区坐落在锦屏山北麓，是云台山风景区的重要组成部分，也是宋代文学家石曼卿、苏东坡的宦游之地，自古闻名遐迩。石棚山的得名是因为山上有一处天然石棚，据《嘉庆海州直隶州志》记载：“山有巨石，复压岩上如棚因名，一名万花岩，又名锦岩山。”山上满布奇石，佛手岩、天蟾独跃、犀牛斗象等，形态逼真，栩栩如生。景区内除汉糜竺墓、宋石曼卿读书处、明张公去思碑、清锦岩碑林等原有的名胜古迹之外，近年新建了虹桥、交华亭、花径、水榭、桂园、梅岭、石棚山庄诸景。该景区地处城郊，资源丰富，是海州“三山一涧一古城”中的一颗灿烂的明珠。

【板浦古镇】 板浦镇位于连云港市南大门，北距连云港市中心仅15千米。板浦自隋末（612年）建镇即为古海州地区政治、经济、文化重镇，素以盐池汇宝、市井繁华、英才辈出、滴醋美哉、传统小吃等十大特点闻名遐迩。该镇区位优越，水陆交通运输便捷，自古即为南北交通要衢，东西集散枢纽。板浦镇还有着丰厚的文化底蕴，古往今来，荟萃了众多才子名流：经学大师凌延堪、著名学者许乔林、许桂林、乔绍侨，武状元卞赓、女戏剧作家刘清韵，中科院院士汪德昭、汪德熙、程培津，科教文界名人汪德耀、朱仲琴、江问渔、朱琳，解放军少将丁文斋、刘长斌等等都是板浦人。一代文坛巨匠李汝珍还在板浦写成了不朽名著《镜花缘》。

【民主路文化旅游区】 民主路文化旅游区位于连云港市中心城区，景区核心地段原名中山路，始建于清末民初，是海州近代商业发源地。2015年，民主路文化旅游区被评为国家AAA级景区。2017年10月，按照“谁投资、谁管理”原则，海州区政府撤销管委办，由瀛洲集团负责运营管理，全面参与二期建设。2017年，民主路文化旅游区获评中华文化海外交流基地。其间，IMAX影城项目占地4804平方米，规划建筑面积12000平方米，已开始运营；新浦广场成为连云港市文化、公益、惠民等活动的宣传基地，每年在此举办京剧、淮海戏、书画、摄影等各类演出活动数百场次，活动日人流量约五万余人，这些活动的举办得到市民朋友广泛关注和认可。

【盐河巷】 盐河古巷历史文化街区，位于海连路和盐河路交叉处，东至南极北路、西至盐河路、北至女人街、南至新浦公园。街区全长568米，总投资1亿元，街区分两期建设。总建筑面积约18000平方米，其中一期面积约6100平方米；项目二期规划建筑面积约11900平方米，已建成面积约4200平方米，盐河一带设置了大型的地上绿色生态停车场约8000平方米，停车位110余个；整体建筑以明清风格为主，改造工程以砖墙黛瓦为底、绿水青竹相衬，精美古拙的装饰艺术镶嵌其间，充分将传统文化、地域民俗文化、现代文化融合，传承与发展和谐统一，借此将城市文化的形象得以完美的提升、展现。街区集文化、餐饮、娱乐休闲为一体，将金海国际影城、新浦公园连成一体，成为市民和游客文化交流场所。交通便捷，人流、客流密集，平均日客流量达1.1万人次，主要集中在晚间和节假日。

【林海湾丛林乐园】 位于连云港市南大门，紧靠宁海高速入口，距离市中心车程不到15分钟，自然与交通优势得天独厚。园区分为南园和北园两大区域，占地总面积约53.33公顷，南园以绿色植被为主，正在运营的项目有36个，主打项目有热带雨林，丛林骑马、卡丁车、沙滩车、丛林烧烤、拓展训练等，2017年接待游客量12万人。北园以建设温泉养生度假和林海湾水为主，计划2020年建成，将打造集温泉度假、集装箱酒店、大型水世界为一体的现代城市旅游综合体项目。林海湾丛林乐园作为连云港唯一的丛林式原生态大型“一站式”游乐园，在坚持保护性开发原则下，依托原有闲置地块的地形、地貌，特色资源，突出水绿文化，生态文化，围绕“原生态体验”建成集休闲、科普、观光的综合体，近年来先后投资3.86亿元，曾经“杂草丛生、垃圾遍野”的荒野，已变成“春赏鸟语花香、夏享清凉湿地、秋游金苇风光、冬观候鸟飞翔”的世外桃源。

【长盛水上世界】 位于海州区浦南镇太平路，占地近20公顷、面积约20万平方米，投资近2亿元，规模与园区配置均处行业前列。作为港城超大型多功能水上主题世界，园内不仅有众多大家喜欢的“明星”水上项目——飞流直下超级喇叭、纵情驰骋彩虹滑梯、全家总动员水寨、梦回童年小水寨、游龙戏浪海浪池、惊涛骇浪海啸池、无限畅爽游泳池和激流勇进漂流河，还有动感绚丽的激情演出和精彩有趣的互动游戏，带来视觉、听觉、触觉多重震撼。此外，园区还开辟美食区、健身区、购物休闲区，一站式的体验让游客无须东奔西跑。

【月牙岛湿地公园】 月牙岛湿地公园位于连云港市主城区海州区西部，处于连云港市蔷薇河与东站引河中心河段，两河相遇呈月牙状，故名月牙岛。月牙岛东至东站引河，西至蔷薇河，南至富安闸，北至310国道，总面积5.5平方千米，对外交通便捷，有6个出入口，河堤全长约12.5千米。

月牙岛环岛路两侧建有5.5千米滨河景观廊道。岛内“三园、两湖、一中心”景色各异，三大主题花园：46.66公顷油菜花园、26.66公顷薰衣草园、20公顷波斯菊园及岛内各种花草百花争妍、浪漫怡人；5.5千米滨河景观廊道，花团锦簇、花香四溢；73.33公顷的南、北双湖湿地资源丰富，景观小品搭配适景花草，美轮美奂；北湖芦苇荡、南湖16座湖心岛已成为野鸭、白鹭等各种野生飞禽的天堂；13.33公顷的生态农庄静中取乐，休憩、垂钓乐趣无穷；环岛生态湿地景色秀美，蔷薇河、东站引河波光粼粼，芦苇遍布、水鸟成群。蒙古大营别具特色，30余座蒙古包错落分布，是烧烤、餐饮、娱乐的绝佳之处。

月牙岛湿地公园先后获得连云港“新十景”、首批市级十佳“影视基地”、市级生态旅游示范区、江苏省四星级乡村旅游区和江苏省旅游创新发展优秀项目等荣誉。曾经“荒草丛生、垃圾遍野”的荒岛，已变成“春赏鸟语花香、夏享清凉湿地、秋游金苇风光、东观候鸟飞翔”的世外桃源。

【新浦公园】 连云港市新浦公园占地7.2公顷，位于新浦主干道南极北路与海连中路交叉口，西邻盐河路，北面与繁华的步行西街一墙之隔，公园周围机关、宾馆、商场、酒店林立，处在港城的政治、经济、社会服务中心地带，地理位置非常重要，是市民重要的休闲娱乐场所。公园也是全市唯一一座集园林、园艺、动物园于一体的综合性公园。

根据海州区委区政府决定，2011年10月启动项目建设，对公园景观及动物园进行改造，改造后的公园体现了“一心四区”布局，即湖心岛景观核心区、老年活动区、儿童活动区、动物展区、疏林草地区。项目主要建设内容为新浦公园改造工程，含水体、绿化、景观、动物园、园路及场地铺装、水电、智能化、亮化、配套管理用房、大门、公厕、配套设施等。

改造后的公园成为融休闲游憩、文化体验、防灾教育与动物展示于一体的城市综合性公园，也形成包括健康主题公园、樱花大道、锦绣阁等在内的10大景点。自改造后开园以来，游客量大增，公园展现出一片欣欣向荣的面貌。

值得一提的是，新浦公园内的动物园是全市唯一集野生动物异地保护、科学研究、科普教育、驯养繁殖、动物观赏及救护于一体的动物园，始建于20世纪60年代，这里草木葱茏，鸟语花香，饲养展出着动物东北虎、丹顶鹤、白鹳、黑鹳、非洲狮、森林狼、棕熊、黑熊、梅花鹿、鸵鸟等20余种数百只国家一二级重点保护的珍稀濒危野生动物，一直是连云港市市民特别是青少年朋友参观、了解野生动物，开展"人与自然"教学活动的良好场所，是宣传普及"保护野生动物，维护生态平衡"的首选阵地。

【海州公园】 海州公园的前身是青年公园，位于海州区新孔南路西侧、海宁西路北侧，占地面积17.4公顷。建于2008年3月，2009年10月1日 正式开园。两区合并后于2016年4月正式改名为海州公园。

为更好地融入古海州文化氛围，海州公园进行大改造，一期改造内容为南大门和两侧商业用房改造成仿古建筑，面积沿线1920平方米。由原本2000多平方米的广场升级改造为沈云沛广场。使海州古名人文化遗产在海州公园得到体现，增加历史厚重感和人文气息，沈云沛广场与海州公园融为一体。二期改造内容为南大门两侧厢房向东西两侧延伸、围墙、角楼、东南角门楼、园内四合院、水榭、游廊面积1700平方米以及公园内局部景观和绿化改造。

留住历史文脉，为城市公园正名。2017年6月海州公园启动西侧地块扩建工程。整个扩建项目投资约500万元，新增湖面、湖中岛、广场、亲水平台、3个仿古亭及3座桥外，还设有游船码头、500米长游步道、厕所、垃圾桶、座椅等配套设施。新增绿化面积2万平方米，完成绿化栽植大树40棵，种植草花共计1万平方米，新铺设草坪6000平方米，栽植花灌木共计446株，栽植绿化小苗共计45400株、麦冬8000斤，广场补植香樟15棵。

该园在满足市民日常休闲需求的前提下，前身青年公园以婚庆文化活动为主线，融休闲、娱乐、游览、观赏于一体，改扩建后的海州公园进一步提升海州区的城市形象，增加海州历史文化底蕴，通过建筑、景观等元素营造海州文化主题氛围，为港城市民提供更优美清新的游玩场所。

【郁洲公园】 郁洲公园位于郁洲北路以西，人民路以南、建国路以北，面积为14公顷，是一个以植物景观为主的，辅以公园水景，集供居民休闲、游园、锻炼身体、赏景等为一体的城市公园。2006年10月开工建设，2007年12月竣工，2008年元旦正式对外开放。总投资约4500多万元。

郁洲公园整体布局为"一核、四区"的景观格局，一核是指以中央水景为核心，形成公园的景观中心和视觉焦点，四区是指全园布局分为主入口景区、滨水游憩运动区、生态密林区、游乐休闲区4个部分。主入口区设在郁洲北路上，主要由林荫道、公园标识、花坛、廊架、待月亭等组成；滨水游憩运动区，主要由亲水码头、玉兰会所、亭廊观景台、藕香茶室、水杉绿洲、曲桥等组成，景点围绕中心水景区层层展开，通过滨水步道连接融为一有机整体；生态密林区选择丰富的易成活、易养护、抗性强的乡土树种，形成粗放的树林野趣；游乐休闲区内设一系列造型独特的富有异国风情的现代运动娱乐设施，为广大游客开辟活动天地。

郁洲公园的建设为广大市民提供一个优美的休闲旅游场所，改善了城区的生态环境，并带动周边地块的开发建设，实现生态、社会和经济效益的和谐统一。

设施建设

【古城片区】 2017年，孔巷文化商业街区项目计划总投资约2.8亿元，总占地面积28亩。其中，一期城隍庙地块基本完成主体工程，二期文庙地块也在启动征收前期准备工作，待完成幼教中心搬迁后全面推进；海州花园路花卉宠物市场已建成并投入使用；古城临洪门地标建筑已基本完成主体建设；朐阳门、双龙井、鼓楼、二营巷等主要节点文化展示功能改造已完成，并完成海州古城各类业态调整完善12家。

【锦屏山片区】 年内，启动《环锦屏山片区概念性总体规划》编制工作；计划投资约1.5亿元，占地面积55公顷的锦屏里·朐山书院1~10号楼土建主体封顶，加速推进其他基础及配套设施建设；总投资4000万元，占地4.53公顷的全民健身中心一期建设已完成；环锦屏山周围完成龙洞庵、安和寺、观音庵新建、改扩建工程。

【乡村游项目】 月牙岛湿地公园提档工程：截至2017年底，北岛开发已基本完成，建成26.66公顷薰衣草园、20公顷波斯菊园、双湖湿地、生态农庄等项目。南岛已完成规划设计，并新建南岛生态停车场，新增停车位300个，完成植物迷宫、恐龙园、儿童拓展训练营及周边配套工程建设。临洪河口湿地公园：年内，已编制完成太平湿地旅游度假区规划并逐步实施，先后投资近1亿元完成相关道路硬化、绿化，南码头改造，游轮购置等。长盛水上世界项目：工程已顺利完工并于8月正式运营。林海湾主题公园项目：计划总投资10亿元，分三期建设。年底，一期南园提档升级已完成，新增青少年拓展基地、动物欢乐秀、马术俱乐部等10余个游乐点，二期北园欢乐水世界已完成项目规划，正在待批中。盐河水上观光项目：年内，已与开发区签订码头用地合同，四季度开工建设。浦南集瑞园、岁月如歌、新坝谢意家庭农场等一批乡村旅游点也均已开园。

旅游市场开发

【品牌复核与申报】 2017年，海州区顺利通过江苏省旅游局对桃花涧、孔望山及民主路的A级景区复核工作，通过浦南现代农业产业园及江浦现代农业园的星级乡村旅游区复核，林海湾也已申报省三星级乡村旅游区。

同时，海州区旅游局积极争取省、市旅游专项资金，先后成功申请旅游标识牌建设资金20万元，月牙岛省级旅游专项资金40万元，孔望山景区、民主路IMAX影院、浦南星光湖和集瑞园申请旅游厕所建设专项资金50万元，大力促进景区及乡村旅游区的质态提升。

【旅游促销活动】 年内，积极组织旅游企业参加国家、省、市级旅游部门举办的国际国内旅游交易会、“西游记文化节”“连云港之夏”“5·19中国旅游日”等各类旅游推介会，发挥展会营销效应。

【旅游宣传活动】 2017年，海州区申请注册“连云港海州旅游局”官方微信，并加入连云港市旅游局微信联盟，及时更新微信信息，宣传效果初显。同时，设计印制旅游手绘地图、海州区景区扑克，景区明信片，印制海州旅游宣传画册和折页30000余份，扩大海州旅游知名度和影响力。

旅游节庆活动

【概况】 2017年，海州区旅游局积极策划举办“花漾海州·四季赏花”旅游系列活动，由区旅游局牵头，各涉农乡镇配合，深入挖掘海州区乡村旅游资源，做大做强旅游节庆文化品牌。年内，成功举办梅花节、桃花节、“文明在我心”旅游嘉年华、“公益骑行、文明旅游”、首届孔子文化节等20余个子活动。

【首届大华文化迎新春艺术节】 1月21日上午，民主路文化旅游区首届大华文化迎新春艺术节开幕，市委常委、宣传部长滕雯，市委常委、海州区委书记王立斌，市人大常委会副主任、市总工会主席郑平，副市长董春科，市政协副主席方韬，市文广新局局长田明，市文联主席王咏梅；海州区委常委、宣传部长顾建华，副区长于卉等领导出席开幕式。活动现场不仅有丰富的民俗演出，更有百名书法家免费为民送福送春联。此次活动一直持续到2月11日，市民和游客在春节期间，可以到民主路文化旅游区参加“乡情”书画展、淮海戏展演、非遗传承人展示、西游记剪纸展等活动。

【第二届“花漾海州·四季赏花”系列活动】 海州区从2017年2日至2018年2月，举办“花漾海州·四季赏花”系列活动，该活动围绕四季特色花卉观赏，开展“不负春光”“清凉一夏”“秋意正浓”“缤纷冬日”4个系列活动。2月25日第二届“花漾海州·四季赏花”系列活动暨梅花节启动仪式于在苍梧绿园举行，向广大市民及游客、旅行社推介海州区四季赏花线路，开展“百人百米绘梅长卷”彩绘活动、“梅花三弄”放飞风筝大赛、“印象梅花”手机微摄影大赛、“梅花知多少”科普知识竞赛等参与性、趣味性强的主题活动，令人期待。

【六一旅游嘉年华】 为助力港城文明城市创建，树立游客“做文明人，行文明事”的意识，5月30日海州区旅游局与宁海街道办事处在林海湾乐园主办“文明在我心”六一嘉年华活动。活动现场设置表演区和互动区，始终贯穿文明旅游理念，寓教于乐，让孩子们和家长在观看表演、参与主题活动的过程中，传递文明旅游理念，养成维护环境卫生、遵守公众秩序、爱惜公共设施等文明旅游习惯。

【“公益骑行、文明旅游”活动】 6月24日上午，海州区公益骑行文明旅游活动在美丽的月牙岛拉开帷幕。300余名来自旅行社、星级宾馆、A级景区的工作人员和骑行俱乐部的骑友，通过用骑行的方式绕月牙岛北岛环岛路一周，向社会倡导绿色出行、文明旅游。活动上还开展了随手拍，e袋收垃圾分类环保小课堂、环保废瓶利用等有特色的环保活动。

【首届孔子文化节】 9月28日，“古风汉韵”连云港市首届孔子文化节在孔望山景区拉开帷幕。此次文化艺术节由连云港市城投集团、连云港市海州区旅游局、连云港市汉香馆主办，连云港市裕城文化旅游开发有限公司、连云港市民俗博物馆等单位承办。此次孔子文化艺术节以“兴古礼、习古文、承古意、化民俗”为主题，共分主会场和分会场两大主题活动，其中主会场活动有百童诵读、朱砂开智、汉服T台秀和汉舞表演4大版块；活动的分会场位于山顶的孔子望海广场，由主祭人员通过整理衣冠、上香、鞠躬、献牲、颂赞等一系列礼节仪规，怀念至圣先师孔子，弘扬尊师重道的传统美德及礼仪古制。

旅游行业管理

【公共服务设施配套】 全年深入开展“四大专项”（旅游厕所优化提升、旅游景区停车管理能力提升、旅游交通标识标牌优化提升和无线通信覆盖提升）行动和“游客满意度提升”主题活动，2017年新建、改扩建旅游厕所9座，新增厕位105个；新建停车场3处，新增停车位494个；新增旅游标识牌11块。

【旅游市场秩序整治】 2017年，围绕旅游市场秩序存在的突出问题，先后开展旅游专项整治行动和旅游常规检查46次，出动检查人员152人次，检查旅游企业92家次，其中与相关部门联合执法10次，下达责令整改通知书2份。同时，组织开展10余场形式多样的文明诚信旅游宣传活动，旅游有效投诉明显减少。

【旅游安全生产】 2017年先后开展夏季安全大检查、全市安全生产大检查、四大专项整治等行业安全监管工作，规范旅游企业安全管理，有序排查并及时处理安全隐患。全年共开展旅游安全检查46次，出动检查人员152人次，检查旅游企业92家，其中与消防、质监等相关部门联合检查3次，与市旅游局联合检查7次，现场交办整改事项5项，下达责令整改通知书2份。

（撰稿：刘　显　审稿：骆丙春）

责任编辑：王恒亮

银行业

【概况】2017年，域内银行业各项存款、各项贷款余额分别为2900亿元、2476亿元，较年初分别增加397亿元、382亿元，增速分别为15.85%、18.25%，均居全省第2位。截至年末，银行业不良贷款余额34.11亿元，不良率1.38%，分别较年初下降2.49亿元、0.37个百分点，连续三年“双降”至历史最低水平。信贷资产质量真实度进一步提高，逾期90天以上贷款与不良贷款比例为90.24%，比年初下降33.73个百分点。

2017年，基础设施建设行业贷款余额增长143亿元，增速高出各项贷款平均3.03百分点；环保绿色企业信贷投放增长76.10%，对红色、黑色企业信贷投放分别减少91.49%、82.59%，节能环保项目及服务贷款增长14.99%。在落实普惠金融方面，11家银行为小微企业办理了655笔、17.07亿元无还本续贷业务，4家银行为小微企业发放3062笔、51544万元银税合作贷款，小微金融服务“三个不低于”目标全部完成；支农工作成效明显，截至2017年年末，银行业涉农贷款余额791亿元，比年初增加156亿元，增幅24.46%，超过各项贷款平均增速6.21个百分点。

（撰稿：李莎莎　董　毅）

【中国人民银行连云港市中心支行】2017年，中国人民银行连云港市中心支行（以下简称中心支行）紧紧围绕年度目标定位，坚持稳中求进总基调，进一步提升对内管理水平和对外履职效能，各项工作取得较好成效。国际收支科被国家外汇管理局、公安部评为2014–2016年度打击非法买卖外汇先进集体。

2017年，可统计的各类融资存量3857亿元，比年初增加585亿元。其中，贷款增长创历史新高，各项贷款余额2476亿元，比年初增加382亿元，同比多增116亿元。2017年，累计发行直接债务融资工具189亿元；直接债务融资余额459亿元，比年初增加44亿元，存续余额位居苏北第一。直接管理的法人金融机构贷款实际增加59亿元，其中5家农商行增加48亿元，同比多增32亿元。各季度法人金融机构宏观审慎评估全部达标。

加强金融风险监测处置，建立重点领域风险三级预警机制，提高金融风险应急能力。推进现代支付体系建设，完成全市联网取现改造。金融IC卡智慧菜场项目成功落地。

研发“外汇监测全留痕系统”“贸易信贷报告辅助系统”，提高监测的准确性和效率。围绕“扩流入、控流出、稳预期、防风险”，加大监测约谈和外汇检查力度。2017年银行结售汇顺差和跨境收支顺差分别为12亿美元和16亿美元。全年对50余家机构开展外汇调查或检查，立案查处12家，行政处罚502万元。

做好执法检查法律服务，全年开展检查53次、处罚551万元。在全省率先提出发行库区“设备双认证、人员双把关”的出入口控制管理模式。

（撰稿：陈苏鸣）

【中国工商银行股份有限公司连云港分行】2017年，中国工商银行股份有限公司连云港分行（以下简称连云港工商银行）人民币各项存款余额248.25亿元，增加30.35亿元；人民币各项贷款余额291.22亿元，增加39.79亿元。参与重大项目建设，项目贷款余额142.17亿元，保持苏北五行第一。支持重点企业发展，通过实施专项服务、方案服务、综合服务，全面满足重点企业金融需求。支持经济转型升级，大力拓展制造业跨境金融业务，推动银团贷款、并购贷款业务。发展普惠金融，强化小微企业支持力度，推动战略性新兴产业、创业园区、科技型企业发展。支持市民消费需求，加大改善性住房需求信贷支持，个人住房贷款余额97.83亿元，增加22亿元。推进互联网金融加快发展，发挥网点阵地服务作用，开展职场集中营销活动，强化B2B重点商户拓展，推动电子口岸建设发展。为连云港电子口岸客户提供非B2C和B2B面对面收款业务，配合口岸打造中国“低碳港口”，实现一站式服务。

（撰稿：连云港工商银行办公室）

【中国农业银行股份有限公司连云港分行】2017年，中国农业银行股份有限公司连云港分行主要业务经营指标达成预期。年末全行本外币各项存款余额298.17亿元，比年初增加35.55亿元，增幅13.54%，全省农行系统第二，同比多增8.05亿元。其中个人存款余额181.66亿元，比年初增加9.79亿元；人民币对公存款余额114.18亿元，比年初增加26.49亿元，同比多增11.25亿元。全行本外币各项贷款余额248.16亿元，比年初增加25.83亿元，同比多增9.27亿元。小微企业信贷客户户数及贷款分别较年初增加215户、10.8亿元，完成“三个不低于”（即在有效提高贷款增量基础上，努力实现小微企业贷款增速不低于贷款平均增速，小微企业贷款户数不低于上年同期户数，小微企业申贷获得率不低于上年同期水平）监管要求。实现中间业务收入2.36亿元，同比增加1311万元，增长5.89%，完成省行任务100.9%，完成率排名全省农行系统第四，系统贡献度2.51%，同比提升0.2个百分点；实现营业收入9.81亿元，同比增加6318万元。实现拨备前利润5.99亿元，同比增加6399万元，均完成省行年度任务。

（撰稿：于祥彪　审稿：张家兴）

【中国农业发展银行连云港市分行】 中国农业发展银行连云港市分行（以下简称连云港农发行）致力于把中国农业发展银行连云港市分行办成政府的银行、支农的银行、现代化的银行，更好地在农村金融体系中发挥主体和骨干作用。2017年，连云港市农发行积极应对政策调整加快、风险压力加大、监管约束加强等复杂形势，“稳发展、聚主业、严管理、出特色”十二字方针统领全行工作，认真执行政策、加快转型创新发展、强化合规风险管理，成效显著。全市年末各项贷款余额177.32亿元，全部为正常类贷款，比年初增加33.48亿元，其中：粮棉油购销储贷款余额69.04亿元，占比38.94%；中长期项目贷款余额107.65亿元，占比60.71%。全年累计投放贷款64.82亿元，其中累计投放粮食收购贷款21.5亿元，支持收购粮食80万吨；累计投放棚改贷款19.1亿元。

（撰稿：顾宝国　彭腊月）

【中国银行连云港分行】 2017年末，中国银行连云港分行（以下简称连云港中行）全行机构总数32家，其中管辖支行9家，经营性支行23家，职工人数916人。本外币一般性存款时点余额324.75亿元，较年初增长31.11亿元，本外币各项贷款时点余额328.26亿元，较年初增长24.81亿元，不良资产余额2.77亿元，较年初下降0.34亿元，不良率0.84%。2017年，连云港中行围绕助推“一带一路”交汇点核心区建设，坚持以服务地方经济发展为己任，制造业贷款余额61.92亿元，超过全市制造业贷款余额的1/3，有力助推全市经济结构转型升级。聚焦民生普惠，积极服务港城民生，将有限的资源向中小微企业、三农、县域经济等领域倾斜，全年共投放中小微企业贷款12.91亿元，涉及1400余户，设立农村金融综合服务站21个，发放益农贷4655万元，全面完成国标小微企业“三个不低于”（即在有效提高贷款增量基础上，努力实现小微企业贷款增速不低于贷款平均增速，小微企业贷款户数不低于上年同期户数，小微企业申贷获得率不低于上年同期水平）的监管目标。加强对全市重点项目建设和重点企业发展的支持力度，着力解决港口码头、水利建设、城市基础设施建设、医疗、文化基础设施建设等方面的融资需求。积极参与社会公益活动，开展精准扶贫、贫困助学等社会帮扶活动及志愿服务活动，努力奉献社会、参与社会主义精神文明建设，履行中国银行的社会责任。2017年被中华全国总工会授予“全国五一劳动奖状”，并荣获连云港市银行业机构绩效考评先进单位一等奖。

（撰稿：李　弢）

【中国建设银行连云港分行】 2017年，中国建设银行连云港分行（以下简称连云港建行）认真贯彻落实十九大精神，以支持连云港市地方经济社会发展为己任，抢抓“一带一路”和“江苏沿海开发”等战略机遇，主动对接市重大项目，深化与港口行业企业的合作，加快推动“大开放”，把更多的金融资源配置到连云港市经济社会发展的重点领域和薄弱环节，通过金融生态圈建设普惠大众民生，用真抓实干支持实体经济发展，保持与地方经济发展同频共振。

2017年，累计向连云港市江苏核电3、4号和5、6号机组、连盐铁路、江苏方洋物流多式联运等重点项目提供信贷支持45亿元，投行业务实现债券承销23亿元，居国有四行首位，份额占比45.54%，各项贷款余额221亿元，较年初新增50亿元，新增居国有四行首位，新增占比35%；一般性存款日均余额225.65亿元，居国有四行第三位；实现税前利润5.27亿元。

连云港建行积极推进农民工代发工资业务，解决农民工工资拖欠问题；与市房管局共同搭建住房租赁交易、租赁企业交易、保障房管理和住房租赁监管四大平台并成功上线，规范房产中介和市住房租赁市场，保障承租人、出租人双方权利；为化解市民“挂号排队时间长、看病等待时间长、结算排队时间长、医生看病时间短”的“三长一短”就医难题，加快推进“智慧医疗”项目——“银医通”，简化就医环节，实现连云港市三级甲等医院“银医通”项目全覆盖；与金宝菜场合作推进的连云港市首家“智慧菜场”成功上线，通过移动支付便捷百姓生活。

2017年，连云港建行坚定“以客户为中心”的服务理念，强力推进、着力提升服务水平，受到社会各界一致好评，荣获全市经济建设和社会发展银行业机构绩效考评先进单位“二等奖”、“江苏省书香企业建设示范点”“江苏金融系统五四红旗团委”“2017年全市金融系统安保维稳集体三等功”“连云港市银行业金牌理财团队”等多项荣誉。

（撰稿：陈延龄）

【交通银行连云港分行】 2017年，交通银行连云港分行（以下简称连云港交行）坚持“效益优先、资产为王、低负支撑”发展策略，从严治党、从严治行，扎实推进各项发展目标。全行本外币资产总额193.65亿元，较2016年增加22.25亿元，增幅13%；实现经营利润3.67亿元，较2016年增加7473万元，增幅26%；人民币存款时点余额180.52亿元，较年初增加16.65亿元，存款规模在交通银行全国201家辖行中提升至第20位；人民币实质性贷款时点余额121.99亿元，较年初增加9.86亿元。

坚持以服务地方经济为首要任务，充分发挥银行实体经济造血功能和融资主渠道功能，支持全市重大项目贷款64.59亿元，新增工业贷款14.27亿元，认真贯彻政府"去库存"要求，全行个人贷款全年累计投放8.5亿元，增幅44.5%。全行不良率1.38%，较年初下降4个基点。

投放投行创新业务54亿元，有效支持实体企业多样化融资需求，债券发行量5单22亿元，全市同业第二，市场占有率提高到14%。小微企业贷款余额34.55亿元，较年初增长8.13亿元，增幅30.76%，小微企业申贷获得率95.08%。

至年末，全口径逾期贷款余额为2.53亿元，较年初下降9484万元，违约率为2.03%，较年初下降1个百分点。

2017年，连云港交行荣获交通银行江苏省分行"先进基层党组织""经营管理先进单位""文化宣传先进单位"三项大奖。连续四年获得外管局执行外汇政策A类评级，营业部获评总行级会计营运工作示范行，科技支行获评省行级会计营运工作示范行。

（撰稿：王　敏）

【江苏银行连云港分行】 2017年末，江苏银行连云港分行（以下简称分行）各项存款余额373.44亿元，较年初增加61.23亿元，增幅19.61%，个人存款余额80.7亿元，较年初新增10.9亿元，储蓄存款日均79.38亿元，较年初新增10.79亿元，人民币存款市场份额12.45%，稳居全市第一。分行类信贷业务共投放89.33亿元，投行业务共投放64.13亿元，其中产业基金投放9.23亿元，债券承销26亿元，公司类基金发放24.7亿元。个人贷款余额66.21亿元，较年初增加23.01亿元，新增额超过2010年至2014年总和，个人贷款占比27.24%，同比提升6.73个百分点。2017年，中间业务收入突破2亿元，比2016年增加1亿元，是2013年的5倍，较上一年度增长123%。资产托管规模全市占比55%，居全市第一，开拓运用新产品达10余种，中间业务收入突破2亿元，全年累计完成国际业务量10.62亿美元。多笔业务破"零"，首笔城镇化基金、首笔旅游基金、首笔招商基金、首笔外转内股权收购汇款业务、首笔境外投债项目、首笔自贸区纯存款业务、首笔内保外债、首笔政付债、首笔"电e宝"等多项业务落地。

（撰稿：王爱琳）

【连云港东方农村商业银行股份有限公司】 2017年，坚持"支农支小""做小做散"的市场定位，提升服务实体经济能力，组织资金工作稳中有升。全行本外币存款余额148.4亿元，较年初新增23.45亿元，增幅为18.77%。全行日均存款141.62亿元，较年初新增21.05亿元，增幅为17.46%。其中储蓄日均85.39亿元，较年初上升8.66亿元，增幅为11.29%；对公日均56.23亿元，较年初上升12.39亿元，增幅为28.26%。资产结构得到不断优化。各项本外币贷款余额103.68亿元，较年初净新增13.25亿元，增幅为14.65%。其中广义阳光信贷完成11.76亿元，较年初上升2.4亿元。公司贷款金额44.7亿元，零售类信贷资产达到51.32亿元，占全部信贷资产的54.6%，较年初上升3.5个百分点。财务经营保持良好发展态势。全行计划财务工作实行精细化管理，突出成本管理理念，努力增收节支，各项经营成果取得长足进步。全年实现净利润为8566.38万元，同比增长2.42%；实现各项收入9.56亿元，增幅为5.4%；利息收入5.82亿元，增幅为13.62%；投资收益2.88亿元，同比增长2.13%。

（撰稿：杨　磊）

【中国邮政储蓄银行连云港市分行】 2017年，中国邮政储蓄银行连云港分行（以下简称邮政储蓄银行）自营业务收入42511万元，比2016年增幅18.8%；实现拨备前利润23217万元，拨备后利润18229万元，比2016年增加30.95%。全辖自营网点负债余额90.38亿元，较年初增长9.59亿元，信贷规模128.24亿元，较年初增长28.3亿元。零售信贷结余100.72亿元，较年初增长28.86亿元。消费信贷本年净增24.7亿元，服务用户超3.6万户。三农金融扎实发展，落地民生类新产品17项，结余达21亿元，2017年净增4.6亿元。小企业贷款结余5.6亿元，较年初增长0.71亿元，公司贷款结余15.91亿元，较年初增长7.44亿元。信用卡规模同比增幅134.25%，结存激活卡5.7万张。实现中间业务收入5771万元，同比增幅达91%。全辖贷款不良率较年初下降0.208%。全年累计办理再贴现金额4.97亿元，全市占比69%。支持电力、医药等地方支柱型产业，2017年成功向港口集团发行5亿元PPN。

（撰稿：曹　瑶）

市邮储银行与海州区政府融资签约

【南京银行股份有限公司连云港分行】 2017年，南京银行连云港分行（以下简称南京银行）贷款总额63.09亿元，比年初新增18.5亿；个人金融资产总量17.45亿元，比年初新增8亿元；实现国际结算量3.5亿美元。资产质量优良，无欠息、无逾期、无不良、无案件。整合国内外金融资源，为符合连云港市产业政策导向的企业提供专业化金融服务方案，通过"股债结合""本外币联动""间接融资和直接融资联动"等方式，为112家企业净增加投放各类资金68.8亿元；积极响应国家战略，为当地企业提供绿色金融贷款；高度重视对实体企业的支持，践行普惠金融政策，成功举办连云港市首届"投贷联动"大赛；小微企业申贷获得率100%，完成银监下达的各项指标；累计为企业和城乡居民提供各类信贷资金超过300亿元。

2017年度被评为"连云港市银行业普及金融知识万里行先进单位""江苏省消费创建示范先进单位"，分行营业部被评为"2017年中国银行业文明规范服务五星级营业网点"。

（撰稿：张　宇）

【太仓农村商业银行新浦支行】 太仓农村商业银行新浦支行（以下简称太仓农商行）于2012年1月成立。以"振兴地方经济，服务港城人民"为宗旨，积极支持和融入连云港市"一带一路"建设，营业地址位于海州区巨龙南路88号（双盛花园对面），总部在苏州太仓。全行共计58个网点（含分理处），其中连云港市共三家网点，除市区新浦支行外，灌南、灌云各设一家支行。截至2017年末，太仓农商行各项存款余额达到300亿元（含外币），比年初净增22.34亿元，各项贷款余额为210亿元（含外币、贴现），比年初增加24.95亿元。

（撰稿：仲鹏飞）

【恒丰银行连云港分行】 2017年，恒丰银行连云港分行（以下简称恒丰银行）各项存款余额51.82亿元，完成全年计划率120%；各项存款日均41.08亿元，完成全年计划任务率为98%；人均日均存款1.16亿元。年末各项存款余额占连云港市股份制商业银行27%，占连云港市金融机构1.72%，存款增速在当地股份制银行名列第一，在连云港市银行业机构中排名第二。

至年末，恒丰银行各项贷款余额37.66亿元。占比全市股份制商业银行的24.72%，占比全市贷款余额的1.54%。贷款增量在股份制银行中排名第一；增速在全市银行业机构排名第一。异地业务占比过高问题出现根本逆转，异地贷款余额55676万元，占比为14.78%，比年初降低近70个百分点。三个新设团队存款合计占比由年初25%上升至85%。

投行、贸金、金融市场业务已全面应用，风险化解成效显著。2017年共处置存量及新发生风险业务9笔，金额2.27亿元；加强现金清收。现金收回6户，金额合计1.03亿元，收回往年挂账利息费用约270万元；以诉促谈。以全额存单质押业务化解山亿新能源1500万元逾期贷款；快速果断查封湖滨公司账户促成汇丰混凝土6000万元新增逾期贷款及时转化。

（撰稿：恒丰银行办公室）

【华夏银行连云港分行】 2017年8月28日，华夏银行连云港分行（以下简称华夏银行）对外营业。截至年末，全行各项存款余额15.47亿元，各项贷款余额14.03亿元。支持实体经济和重大项目建设，获批授信客户72户，累计授信63亿。加大小微企业支持力度，发放小微企业贷款13户、余额2亿元。加大民生消费领域新业务的开发，拓展消费金融业务，紧跟个人住房政策和市场变化，净增个人消费性贷款余额0.8亿。有效预防信用风险，控制企业综合负债水平，实现全年安全运营。

（撰稿：华夏银行办公室）

【招商银行股份有限公司连云港分行】 2017年年末，招商银行股份有限公司连云港分行（以下简称招商银行）人民币自营存款日均余额42.54亿元，较年初增加8.28亿元，增幅24.18%。人民币贷款余额40.17亿元，较年初增长9.73亿元，增幅31.96%。发行债券融资工具15.25亿元，重点支持了连云港港口集团有限公司、连云港市交通集团有限公司、江苏新海连发展集团有限公司等市重点企业，有效支持了地方经济发展。紧跟市政府产业政策与经济导向，支持民生保障、港口建设、医疗、文化、制造业和现代农业。其中投向交通运输、仓储和邮政业为3.61亿元；投向港城水务、塔山水库、蔷薇湖生态资源开发等水利、环境和公共设施管理业为3.61亿元；投向制造业为4.38亿元；投向农、林、牧、渔业为2.01亿元。加大对制造业等实体经济的支持力度，重点支持中复神鹰碳纤维有限责任公司、江苏德源药业股份有限公司等符合国家产业政策和能够体现连云港经济特色的实体经济企业。积极推进连云港市棚改城市建设基金集合资金信托计划，其中招商银行投资优先级份额8亿元，连云港市城建控股集团有限公司投资劣后级份额4.54亿元，主要用于向连云港市城建控股集团有限公司发放信托贷款，用于支持全市的棚改项目建设。利用债券、中票、永续债、定向工具、短融、超短融等直接债务融资工具，对全市经济发展予以资金支持。截至12月末，招商银行债务承销余额64亿元，其中当年发行港口集团超短融5亿元、淮安城资定向工具2.25亿元、连云港市交通集团短融2亿元、江苏新海连发展集团有限公司PPN6亿元。积极响应国家及连云港市扶持小企业相关政策，在市人行、市财政局、市文广新局等政府部门的支持、指导下，推出"连文贷"等专业扶持小企业融资的产品，一定程度上缓解了连云港市小企业融资难的问题。截至2017，小微贷款余额为8.70亿元，在各项贷款中占比为21.66%，主要投向批发和零售业以及水利、环境和公共设施管理业；涉农贷款余额为2.01亿元，占各项贷款5%。

（撰稿：吕阳阳）

【上海浦东发展银行股份有限公司连云港分行】 2017年，浦发银行连云港分行实现经济利润13491万元，增幅25%；人均EVA达到192万元，南京分行系统内排名第一。坚持资产与负债双轮联动，切实扩充发展规模。截至年末全行总存款日均达72.8亿元，较年初增长9%；结算性存款占比50.8%，比上年提高11.7个百分点。全面推动资产转型优化，完善资产组合配置，加大优质资产投放，全行总贷款余额80.47亿元，比年初增长29%。全年实现AA以上平台发债业务的全覆盖，全年累计发行债务余额达到40亿元。坚持挖潜与优化双向驱动，全面夯实客户基础。针对投行、交易银行、无贷户等重点目标客群，定制营销服务方案，加大金融同业客户拓展力度，率先上线了“国土资源系统”，扩大财政非税收入来源，持续加大批量营销及联动营销机制，积极完善线上线下平台渠道，切实夯实客户基础。坚持管理与服务两手抓，促进管理效能提升。全行积极构建以平衡计分卡为核心、覆盖全体机构人员的考核体系，完善绩效考核办法，强化风险管控，积极把握区域经济发展节奏与产业结构升级方向，进一步加强风险政策引领，着力做好信用风险源头把控，积极培育合规文化，深入推进合规群防共治体系，加强员工教育培训，优化服务流程，提升服务效率，组建了信用卡分中心，进一步扩充了服务半径。

（撰稿：浦发银行办公室）

保险业

【概况】 2017年，域内共有保险主体101家，其中产险公司21家、寿险公司26家、保险中介机构54家；保险公司分支机构132个，营销服务部及营业网点230个，保险行业合同制员工3000余人，保险销售从业人员3.4万人。2017年，保险行业利税3亿元，代收车船税1.8亿元，共提供风险保障2万亿元；全年保费收入89亿元，同比增长19.18%；其中，财产险保费收入26.77亿元，同比增长10.26%；人身险保费收入62.23亿元，同比增长26.2%；全年保险赔款及各类给付27.68亿元，同比增长18%。

【中国人民财产保险股份有限公司连云港市分公司】 2017年，中国人民财产保险股份有限公司连云港市分公司（以下简称分公司）实现实收保费11.25亿元，整体市场份额为40.97%。

2017年，分公司开办险种100余种，共服务21万车主，处理车险赔案5万余件，支付赔款4.86亿元，日均处理车险案件约140余件，日均支付车险赔款超133万元，有效化解社会风险，充分发挥了社会“减震器”功能，支援了地方建设，得到了社会各界的高度认可。分公司凭借强大的专业实力为能源行业的田湾核电站、江苏国信资产管理集团有限公司、石化行业的新海石化、盛虹石化、制药行业的豪森药业、恒瑞药业等一系列市内重大工程项目保驾护航。

分司首席承保安责险，截至年底，安责险承保企业近301余家，企业承保覆盖面达65%，共为2.5万余名从业人员提供了100多亿元的风险保障，处理理赔案件122起，赔款总金额近400万元；为80余家企业提供环境污染责任险，承担风险保障6000余万元；为114家公立医疗机构提供医疗责任保险，承担保险责任超亿元；为全市400多家学校提供校责险、学幼险服务，承担风险保障责任50余亿元；公司独家承保连云港市城镇居民大病保险，为连云港市53.78万城镇居民提供大病医疗保障；养老机构责任险承保全市养老院近百家，提供9.5亿元风险保障；电梯责任险承保全市电梯6000余台，承保覆盖面近70%，为全市人民提供34亿元风险保障。分公司是连云港市唯一承办政策性农业保险的经办机构，连云港市分公司不断强化农业保险服务意识，着力提升农业保险服务能力，建立健全了市、县、乡、村四级农业保险服务体系，建有中心乡镇营销服务部14个、乡镇三农服务站65个、三农服务点1397个，基层农险服务人员约1600人。全市开办农险险种35个，多方面满足了农户生产和生活的需要，参保农户达974.23万户次，受惠农民达156.7万户次，仅2017年支付赔款1.4亿元。

2017年，分公司深入推进线上、线下一站式理赔服务模式，2017年案均报案支付周期同比提速20.45%；万元以下周期提速13.25%。强化投诉管理，亿元保费监管渠道投诉量1.32，同比下降25.2%，首站化解客户投诉累计1539件，化解成功率100.00%，监管机构服务评价AA水平。

（撰稿：仲琳娜　审稿：施祖荣）

【中国人民人寿保险股份有限公司连云港中心支公司】 2017年，人保寿险连云港中支实现保费收入3.32亿元。其中个险渠道承保8106万元，团险渠道完成保费426万元，银保渠道保费2.13亿元，收展渠道承保1303万元，互动渠道承保2043万元。占整个连云港寿险市场4.89%，排名第六。

销售队伍由年初的1500人，增加至年末的2081人，新增人力581人；新单期交实现4181万元，同比增长50%。

银保渠道期缴趸缴不断增进，2017年完成趸缴保费1.67亿元，新单期交2832万元，同比增长139%，队伍新增227人。

团险渠道2017年实现规模保费426万元，其中期交83万，短险保费165万元。

互动渠道规模保费2043万元，同比增长47%，其中新单期交实现355万，同比增长254%。2017年互动渠道充分发挥渠道优势，加强协同业务的发展，实现“寿代产”保费689.11万元，“产代寿”保费235.5万元。

收展渠道充分发挥渠道特点，强化续期管理标准化，抓好孤儿单客户的服务，抓好老客户的二次开发，以“服务”为切入点，提升客户资源利用效率。2017完成规模保费1303万元，其中新单期交291万元，同比增长24%。

（撰稿：卞海滨）

【中国人寿财产保险股份有限公司连云港市中心支公司】 2017年，中国人寿财产保险股份有限公司（以下简称人寿财险）实现保费收入3.88亿元，业务同比增长14.86%，高于行业平均增速4.6个百分点，高于全省平均增速6.73个百分点，年度保费规模全省排名第八位，全国三级机构排名由第35上升到了第30位，年度目标完成率全省排名第三。

2017年，人寿保险市场份额14.48%，较2016年提高了0.54个百分点，在全省系统内市场份额值位居首位。2017年实现非车险保费收入2771万元。上半年人寿财险在家财险竞赛活动中全国排名第九，全省排名第二，全年完成150万元，完成率全省第一名。食责险试点推广已初见成效，累计承保48家餐饮企业，提供了6000万元的保险保障。

（撰稿：刘　峰）

【中国太平洋财产保险股份有限公司连云港中心支公司】 中国太平洋财产保险股份有限公司连云港中心支公司2017年实现车险保费收入22062万元，同比增长3.87%，车险市场份额为10.12%，家用车增速18.8%，占比达到72%，同比提升了近6个PT；核电公司等单位私车团做项目已经成功签单；成功拓展海通集团团车业务，增加保费361万元；CRM、码上保、太好赔等新技术新工具应用覆盖率89%；加强渠道融合，电销乐驾险渗透率达到了21.5%，乐驾达成率47.4%；在车商渠道，非车驾意险的渗透率为11.2%。

2017年实现非车险保费收入4472.66万元，增速-12.13%，市场份额为9%，客户数续保率82.52%，高于全省平均值7.33百分点，保费续保率109.42%，高于全省平均值6.51百分点。江苏核电核运营保险、中交三航局快速路、残联重残意外险等10个项目实现突破，新增入账保费2300多万元。全年共实现安责险入账保费240万元，同比增长率15.41%；实现环责险签单76笔，入账保费突破123万元，同比增长率11.5%。成功签单云台山林木火灾保险，入账保费2.7万元。

（撰稿：屈国红）

【中国平安财产保险股份有限公司连云港中心支公司】 2017年，中国平安财产保险股份有限公司连云港中心支公司有6家支公司，拥有员工155人，经营网点分布连云港市三县二区。全年实现保费收入2.85亿，比2016年增长29.8%，占市场份额的11.7%。“510”极速查勘服务、车险理赔“一键包办”服务上线，理赔由线下转变为线上，缩短小额案件等待时长。全年平均理赔时效为32.08天。推动“平安金融”建设，落实反洗钱工作。开发首台（套）重大技术装备保险、重点新材料首批次应用综合保险、建工履约保证保险等新产品，开拓安全生产责任险、食品安全责任险、医疗责任险和环境责任险等责任险种。

（撰稿：黄　艳）

【中华联合财产保险股份有限公司连云港中心支公司】 中华联合财产保险股份有限公司连云港中心支公司业务经营范围涵盖非寿险业务的各个领域。公司经营的险种达3700多个（含附加险），包括机动车辆保险、企业财产保险、家庭财产保险、工程保险、船舶保险、货物运输保险、责任保险、信用保证保险、农业保险以及短期健康保险和意外伤害保险等，涉及社会生产生活的各个方面。2017年完成保费收入3752.42万元，其中机动车辆签单保费3285.42万元，非车险总保费382.83万元。2006年以来先后连续被市、省级政府授予“AA级重合同守信用企业”“江苏省重合同守信用企业”。

（撰稿：徐晓明）

【阳光财产保险股份有限公司连云港中心支公司】 阳光财产保险股份有限公司连云港中心支公司（简称阳光产险）成立于2006年4月，坐落于连云港市郁州南路山水丽景广场C座。阳光产险连云港中支力求做到高起点、高品质和高效率并重并行，强化内控制度的建设，完善公司内部经营的各项规章制度，更好地为客户提供优质服务，为地方经济建设保驾护航。

阳光产险秉承合规经营，诚信服务的原则，严格执行保监局及总公司下发的相关法律法规，并制定了中支内部反洗钱管控制度，《阳光产险连云港中支客户洗钱风险等级分类管理办法》《阳光财产保险股份有限公司连云港中支反洗钱培训宣传管理办法》《阳光财产保险股份有限公司连云港中心支公司大额交易、可疑交易报告管理办法（试行）》《阳光财产保险股份有限公司连云港中心支公司客户身份识别和客户身份资料及交易记录保存管理办法》等内控管理制度和办法，深刻贯彻落实《江苏保监局关于开展2017年保险监管大巡查工作的通知》文件精神，全系统进行“四大整治、四大乱象自查工作”；开展国家宪法日暨全国法制宣传日系列活动、全系统开展安全生产检查、组织开展防范非法集资、反洗钱宣传活动，加强公司风险管控，有效防范和化解经营风险，切实保护消费者权益，促进公司持续健康发展，维护保险市场秩序。

（撰稿：高毓君）

责任编辑：李云高

财　政

【概况】 海州区财政工作以“抓收入、优支出、争资金、促改革、严监管”为总体思路，始终把提高财政收入质量和支出效益摆在突出位置，求真务实，精准发力，实施积极财政政策，充分发挥财政职能作用，全区财政收入实现稳定增长，经济社会发展重点支出得到切实保障，预算执行情况总体良好。2017年，全区一般公共预算收入完成31.4亿元，同口径增长10.8%，完成预算的106.4%。一般公共预算支出预计完成32.21亿元，完成调整预算的88.9%，预计结转下年支出4.01亿元。年度内，区财政局先后被评为全市财政“六五”（2011–2015年）法治宣传教育工作先进单位、区国家卫生城市创建工作先进集体、履行党风廉政建设主体责任先进单位、宣传思想文化工作先进单位、党的十九大期间信访维稳工作先进集体。

【财政收入】 2017年，全区公共预算收入项目为：税收收入293062万元，同比增收37843万元，增幅14.8%；增值税收入134903万元，同比增收35051万元，增幅35.1%；营业税收入1194万元，同比减收22932万元，下降95.1%；企业所得税收入29123万元，同比减收3116万元，下降9.7%；个人所得税收入17191万元，同比增收5854万元，增幅51.6%；资源税收入2万元，同比减收87万元，下降97.8%；城市维护建设税收入19449万元，同比增收111万元，增幅0.6%；房产税收入8208万元，同比增收1119万元，增幅15.8%；印花税收入3636万元，同比减收329万元，下降8.3%；城镇土地使用税收入9063万元，同比减收5504万元，下降37.8%；土地增值税收入25157万元，同比减收4719万元，下降15.8%；车船税收入662万元，同比减收1256万元，下降65.5%；耕地占用税收入1513万元，同比增收651万元，增幅75.5%；契税收入42961万元，同比增收32999万元，增幅331.2%。

非税收入完成21037万元，同比减收7262万元，下降25.7%；专项收入完成13831万元，同比增收1009万元，增幅7.9%；行政事业性收费完成4925万元，同比减收6499万元，下降56.9%；罚没收入完成1781万元，同比减收1823万元，下降50.6%；国有资源（资产）有偿使用收入432万元，同比减收17万元，下降3.8%。

【财政支出】 全年区级财政一般预算支出项目：一般公共服务支出34920万元，同比减支10717万元，下降23.5%；国防支出492万元，同比减支20万元，下降3.9%；公共安全支出10695万元，同比减支908万元，下降7.8%；教育支出82502万元，同比增支9883万元，增幅13.61%；科学技术支出4727万元，同比减支326万元，下降6.5%；文化体育与传媒支出1592万元，同比减支76万元，下降4.6%；社会保障和就业支出47881万元，同比增支9961万元，增长26.3%；医疗卫生与计划生育支出18909万元，同比增支6348万元，增幅50.5%；节能环保支出10911万元，同比增支6228万元，增幅133.0%；城乡社区支出56582万元，同比增支16490万元，增幅41.1%；农林水支出24567万元，同比增支447万元，增幅1.9%；交通运输支出3099万元，同比增支765万元，增长32.8%；资源勘探信息等支出5917万元，同比增支1231万元，增幅26.3%；商业服务业等支出2613万元，同比减支1168万元，下降30.9%；国有海洋气象等支出1414万元，同比减支181万元，下降11.3%；住房保障支出15912万元，同比增支2703万元，增幅20.5%；粮油物资储备支出230万元，同比减支115万元，下降33.3%；其他支出351万元，同比减支571万元，下降61.9%；债务付息支出2273万元，同比增支518万元，增幅29.5%；债务发行费用支出37万元，同比增支17万元，增幅85.0%；2017年支出合计325624万元，同比增支21875万元，增幅7.2%。

【财政收入强化】 严格依法组织收入。依法加强税收征管，对重点纳税企业、行业及税种进行监控分析，财政收入总量和质量进一步提升，全区税收占比达到93.3%，居全市前列。

积极构建税收协同共治。完善

联动协作，健全组织协调机制，建立房地产建安项目信息库，落实跟踪服务。开展建筑行业、房土两税等专项检查，加强建材、汽车、餐饮等专业市场和行业管理，强化重点风险应对，查补税收近2亿元。海州工业园和浦西街道个体零散税收服务大厅建成并投入使用，15个服务大厅全年共开票2万余份，征收税款超1600万元。

【加大资金争取】 全年累计争取地方政府债券资金4.02亿元，其中新增债券2.5亿元，比2016年增加0.5亿元，有力支持浦南中学异地新建、新城安置小区等公益性项目建设；置换债券1.52亿元，平均拉长债务期限2.5年，降低融资成本3~4个百分点，年节约债务利息支出约400万元。积极筛选公益性项目，教育、城市建设、医疗卫生等26个重点公益性项目纳入2018年新增债券项目库，申报资金6亿元。出台《海州区2017年争取资金考评办法》，调动各部门积极性，全年争取各类补助资金15亿元，有力保障全区教育、医疗卫生和社会保障等民生实事和重点项目推进。

【财政服务经济转型】 **发挥财政政策引导作用** 拨付日出东方太阳能等51家企业3138万元，支持国家级企业技术中心建设、省级服务型制造示范企业等项目。争取各类工业科技扶持资金1.08亿元，增强工业企业的发展动能，支持企业高新技术产业化。加大科技人才投入，安排工业科技和人才发展专项资金831万元，对高层次人才予以补助，推进企业技术改造和科技创新。

加大服务企业力度 鹰游纺机、如年实业等14家企业获批“苏科贷”“微贷宝”1.5亿元，有效解决中小微企业融资难、融资贵问题。深入正大天晴等重点企业走访调研，开展财税政策宣传“一对一”服务，帮助企业化解增长瓶颈。

全面落实减税降费举措 着力服务“降成本”，营改增降税政策全面推行，科技型中小企业研发费用加计扣除比例由50%提高到75%。扩大小型微利企业享受减半征收所得税优惠范围，增值税税率结构由四档简并至三档。

【财政为民】 **保障教育投入，支持教育优先发展** 投入1.1亿元支持教育现代化建设和均衡化发展，锦屏小学等学校新建加固校舍11万平方米，基础设施得到改善。乡村教师待遇进一步提高，每月人均390元生活补贴发放到位。

加大社会保障投入 落实城乡低保、城乡居民基本医疗保险财政补助等社会保障提标、提档政策，城乡居民基础养老金实现六连调。拨付医疗卫生专项资金7111万元，大力实施农村孕产妇住院分娩补助、“两癌”筛查等惠民项目，为近万名贫困户购买“扶贫大病特惠保”，促进基本公共卫生服务均等化。

落实惠民项目 筹集1.53亿元支持农林水事业，新建农桥58座、“一事一议”项目25个，农村出行条件极大改善。安排村级组织运转经费984万元，赔付农业保险317万元，助力“三农”工作新发展。

改善生态环境 拨付城乡环卫一体化等各类环卫资金1.6亿元，创卫成果进一步巩固。环卫工人月工资在最低工资标准增加10%的基础上又提高150元，为1380余名环卫工人免费提供“爱心早餐”。整合各类资金5658万元用于“263”专项行动，禁养区拆迁、黑臭水体整治顺利推进。支持城市基础设施改造提升，投入7060万元实施老旧小区、背街小巷改造和道路绿化。拨付2013万元推动农村公路提档升级，连徐高铁4.3亿元拆迁补偿款兑付到位。

【财政改革推进】 **推进预算管理体制改革** 严格执行项目“零基预算”，实行专款专用，人均公用定额提标2倍，达到1.2万~2.4万元，首次将全额单位一般工作人员绩效奖纳入预算安排，年度执行中严控预算追加。推进预算公开透明，58家部门实现预决算信息全省统一公开平台和区政府网站“双公开”。人大预算联网监督体系成功上线，实现对财政国库支付系统的数据查询。支持“阳光扶贫”监管系统建设，扶贫济困资金实行统一监管。盘活存量资金2.1亿元，支持民生和重大项目支出。

推进镇街财政体制改革 通过充分调研，按照相对统一、保证既得利益原则，将城区6个街道一并纳入体制调整范围，出台区对17个镇街和工业园财政管理体制调整方案，区级财力下沉0.8亿元，减轻基层支出压力，最大限度地缓解基层财力困难现状，调动基层积极性。

推进财政资金效益改革 深化政府融资改革，投资14.3亿元的海州经济开发区基础设施项目成为全市首家纳入省PPP项目库，并完成招标的项目。规范政府采购，全年完成采购金额1.01亿元，资金节约率达14.3%。加强投资项目评审，全年完成评审项目441个，核减资金1.63亿元。强化绩效理念，对老旧小区改造、养老机构建设等8个项目开展评价工作，逐步完善“花钱必问效”的预算绩效管理机制。顺利推进浦南镇等四个镇国库集中支付改革，提高镇级预算支出透明度，提升资金使用效益。开展镇街财政资金就地就近监管，提高源头监管率，全年纳入监管的资金2.2亿元。加强财政监督检查，实行日常检查和专项检查相结合，开展“小金库”、预算执行等40余个项目检查，实施中央专项转移支付资金动态监管。加强资产平台建设，健全固定资产电子卡片库，实行资产卡片动态管理。

【财政管理】 完善债务管理制度建设，出台《关于进一步加强政府性债务管理的实施意见》和政府性债务风险《预警办法》《应急处置预警案》《债务化解方案》，建立债务风险预警和应急处置机制，运用债务率等多个指标，分析政府债务风险情况。2017年，全区债务率38%，债务风险总体可控。加大置换债券监督使用力度，从严控制新增债务。研究制定全口径债务化解方案，进一步规范政府融资担保、政府购买服务等行为，防范政府债务风险。全区累计争取政府债券4.02亿元，规模居全市前位。

（撰稿：刘苗苗　审稿：王绪勇）

【国库集中支付】 海州区财政局国库集中支付中心完成2017年度全区预算单位年度财政决算报表的编制工作。支付连盐铁路、连徐客专、连淮扬镇等铁路征收补偿资金，累计支付资金4.3亿元；区各项重点工程、重点项目资金及棚户区改造补偿资金，累计支付资金12.3亿元。配合市地税部门改革医保网上申报，指导全区各单位签订代扣协议。支付中心全年累计支付财政资金22.5亿元，其中直接支付21.9亿元，授权支付0.6亿元，直接支付率97.3%。

（撰稿：宋 斌 审稿：杨秀红）

税务（国税）

【概况】 连云港市国家税务局第三税务分局（以下简称三分局）2017年在册职工53人，负责海州区除第二税务分局、进出口税收管理处管辖以外各类纳税人的税源管理工作，具体负责海州区（海州街道、板浦镇、宁海乡、朐阳街道、新坝镇、幸福路街道、洪门街道8个街道外）税源管理、行业风险应对、个体区域管理、情报收集。三分局履行税收职能和服务经济发展成效显著，得到区委、区政府主要领导批示肯定，荣获海州区绩效管理满意度测评“优秀”奖等荣誉。2名干部记三等功，6名干部荣获市局嘉奖。

【国税收入】 2017年，三分局组织各税收入361049万元，同比增收67143万元，增幅22.85%。其中增值税269301万元，同比增收63942万元，增幅31.14%；消费税36263万元，同比增收2343万元，增幅6.91%；企业所得税55485万元，同比增收858万元，增长1.57%。

表13 2017年国税三分局分税种收入情况表

单位：万元

项 目	2017年	上年同期	增减额	增减率
合计	361049	293906	67143	22.85%
增值税	269301	205358	63942	31.14%
消费税	36263	33921	2343	6.91%
企业所得税	55485	54627	858	1.57%

【税收分析和税源预测】 2017年，三分局组建税收分析团队，开展分行业税收分析，重点对金融保险、房地产业、重点税源企业进行税收分析，把握行业税收增减动态；根据主体税种特点，流转税坚持按月分析、企业所得税坚持按季度分析，摸清户籍家底、支柱性主行业等税收风险，把握分税种税收收入的变化态势。定期考核、通报税收收入和一般预算收入进度，分析问题，提出建议，为海州区委、区政府领导决策提供参考。加大与企业的沟通协调力度，督促企业及时、全面、准确报送预测数字，税收预测准确率站位提升。定期召开税收预测点评会，查找问题，提出整改措施，推动各科预测准确率逐步提高。

【重点税源监控】 2017年，三分局分行业对接辖区纳税人，按照“抓大、控中和管小”原则，加强税源监控，取得明显成效。实现工业税收贡献居各行业之首。工业的国税收入147996万元，同比增收6580万元，增长4.65%，占总体税收收入的47.28%。房地产业、建筑业税收增收明显，税收贡献显著。建筑业、房地产业分别实现税收收入30114万元、60927万元，同比分别增收14957万元、32095万元，增长98.69%、111.31%，占税收总体收入的29.09%。重点税源企业逐步壮大，支撑明显，100万元以上企业有304户，比2016年同期新增95户，占税收总体收入的82.67%，同比增收48153万元。

【流转税管理】 2017年，三分局组织增值税入库264890万元，同比增长60070万元，增长29.33%，占全部海州区税收84.63%。主要由制造业、批发零售业、金融业、房地产业、建筑业、居民服务业和其他行业等组成，其中制造业、房地产业、批发零售业税收贡献较大，分别实现税收收入129236万元、42255万元、38342万元，分别占增值税总体收入的48.79%、15.95%、14.47%。

表14 2017年海州区金库增值税分行业明细表

单位：万元

行 业	2017年	上年同期	增减额	增减率	税收占比
合计	264890	204820	60070	29.33%	100.00%
工业	129236	112940	16296	14.43%	48.79%
批发零售业	38342	42564	-4222	-9.92%	14.47%

续表14

行　业	2017年	上年同期	增减额	增减率	税收占比
金融业	767	504	263	52.10%	0.29%
建筑业	29294	13782	15512	112.55%	11.06%
房地产业	42255	18555	23700	127.73%	15.95%
居民服务业	4887	3656	1230	33.65%	1.84%
其他行业	20109	12818	7291	56.88%	7.59%

【所得税管理】 2017年，三分局企业所得税入库税收54540万元，同比增收8446万元，增长18.32%。）企业所得税汇算清缴，两万户企业汇缴面达100%。

表15

2017年海州区金库企业所得税分行业明细表

单位：万元

行　业	2017年	上年同期	增减额	增减率	税收占比
合计	54540	46094	8446	18.32%	100.00%
工业	25809	26685	-876	-3.28%	47.32%
批发零售业	3881	5207	-1326	-25.47%	7.12%
金融业	207	87	120	137.90%	0.38%
建筑业	819	1374	-555	-40.38%	1.50%
房地产业	18672	10278	8395	81.68%	34.24%
居民服务业	780	765	15	1.99%	1.43%
其他行业	4371	1697	2674	157.51%	8.01%

【税收风险管理】 2017年，三分局突出风险应对主责主业。及时分解应对任务，推行应对模板，规范应对流程，扎实推进风险应对工作。探索征管衔接途径，制作征管质量统计表格，针对增值税、企业所得税政策执行中存在的风险，制定全面把握征管质量现状和风险特征的14张统计分析表。对享受优惠政策、同一法人、同一营业场所的一店多证、税负风险、专票、进项税抵扣、建安项目、房地产企业项目支付款进行防范，将各类风险控制在可控范围。全年风险应对及欠税追征的总应对任务307户，完成245户，入库成效6187.93万元，总成效8867.58万元（明细：增值税1183.30万元，所得税4679.66万元，滞纳金324.95万元，调减留抵670.49万元，调减亏损8034.40万元）。其中风险应对137户，入库成效4229.81万元，总成效6869.30万元（明细：增值税687.60万元，所得税3263.62万元，滞纳金278.57万元，调减留抵630.33万元，调减亏损8034.40万元）；欠税追征应对任务67户，完成56户，入库成效1958.12万元，总成效1998.27万元（明细：增值税495.70万元，所得税1416.03万元，滞纳金46.37万元，调减留抵40.15万元）。分局的风险应对户数完成比例、贡献率及零成效面等指标均位居市区前列。

【综合治税】 2017年，三分局依法采取多缴抵欠、留抵抵欠等清欠措施，加大诚信宣传失信曝光力度，依法对不配合纳税户采取强制执行措施，堵漏清欠增收，依法强化欠税追征，全年共清理欠税5402万元，其中依托平台启动欠税追征流程56户，入库成效1958.12万元，总成效1998.27万元。

三分局分街道对综合治税机构，加强个体及零散税源监控。全年共调整个体工商户超额开票定额调整341户，新办户定额初次核定889户。新办户定额核定依托协税办搞好实地调查，应对科根据综合调查表和实地图片等要素，精准审核核定。

【纳税服务】 2017年，三分局以优化营商环境为目标，采取落实上级放管服措施。做到"放要更彻底，该放的都要放"，落实精简审批事项，规范和精简审批流程；"管要更科学"，通过大数据分析，确定应对对象，明确风险高低以及具体风险点；"服要更优质"，开展税收服务型调研活动，直面热点难点。落实市政府"双进双促"强市富民举措，走访社区开展民情调查居民150户。以"五证合一"为主体的实名制采集工作，设立专门服务场所，抽调精兵强将，完成应换证5153户，工作量占全市16528户的31%。

【执法督察】 2017年，三分局完成市局下发三分局疑点数据166户次，经过核查有问题70户，无问题96户，总成效达155.3万元。完成总局下发的增值税专用发票核查22户，补缴增值税58.22万元，滞纳金41.79万元，调减留抵123万元，总成效223.01万元。

【税收改革】 2017年，三分局围绕“主业-风险应对、本源-基础管理”的管理职能转变，完善“1+3+3”（风险应对+行业+区域+情报+3员）的新管理模式，在“1+3”模式的基础上推出“再+3”，即根据税务干部的业务技能、年龄结构、专业特长的差异，建立分析员、应对员、情报员“三员”工作机制，定岗定责，合理调配，发挥各科室人力资源组合的团队优势。

（撰稿：赵扣锁　审稿：潘恩成）

税务（地税）

【概况】 2017年地税六分局秉持“创一流工作、一流服务、一流业绩、一流团队”的时代先锋精神，动员和团结全体干部职工围绕大局促发展，服务群众办实事，务实创新，攻坚克难，各项工作都取得了显著的成绩。全年分局实现税收收入18.84亿元，在剔除营业税的情况下同口径比较，同比增长1.95亿元，增幅12.06%。在年内被江苏省总工会授予“省级工人先锋号”荣誉称号，被江苏省妇女联合会授予“巾帼文明岗”荣誉称号。分局把思想文化工作与税收业务工作有机整合。领导班子带领全体党员积极参与雷锋车志愿者活动、纳税辅导活动，发挥党员的先锋模范作用。范鑫等获“连云港市五一巾帼标兵”“连云港市三八红旗手”等荣誉称号。积极参加市局举办的“小蜜蜂骑行活动”、职工运动会等活动，充分展示六分局税务干部爱岗敬业、健康向上的精神风貌。在全系统内开展的为期7个月的劳动竞赛中，六分局全体干部职工主动作为，敢于担当，共夺得流动红旗2次，有4个月均排在分局序列第二名。2017年地税收入虽有小幅增长，但在宏观经济下行和结构性减税减费政策等综合效应下，全区经济税源形势依然严峻，不容乐观，组织收入工作仍存在一定困难。

【税收工作】 2017年，地税六分局始终把组织收入工作放在第一位，坚持依法征税、应收尽收的组织收入原则，积极探索新的税收增长点，多管齐下，堵漏增收。上半年分局紧抓土地增值税清算工作，相继完成几户税款较大清算工作并入库，税款达3400余万元；分局为市区耕地占用税扎口管理单位，根据年初省市局相关文件要求，强化耕地占用税管理，并明确纳税义务人为市国有土地储备中心，分局对其近年来耕地占用情况进行核查并查补追缴入库1139万元；分局本着“杜绝新欠，清理陈欠”的工作原则，对各种欠税采取高压措施，坚持一月一汇总、一月一考核、一月一讲评，大力清理陈欠；分局成立6个专项征收小组，在市局二处的安排下，对市级各行政事业单位个税代扣代缴情况开展调查、摸底、催报催缴工作，共涉及197个单位，摸排2.2万人次，组织入库税款3700余万元，完成行政事业单位个税扣缴工作；分局根据市局规费处安排，扎实做好征收前期的准备工作，切实掌握好纳税人情况，提高纳税人的积极性和主动性，共计征收残保金652万元、垃圾处理费145万元，超额完成残保金、垃圾处理费征收任务。

【税源管理】 分局积极履行职能，坚持狠抓基础管理与风险应对两项工作不放松，扎实推进各项日常征管工作。全分局上下积极重视，圆满完成汇算清缴面100%的工作目标，汇缴入库金额8125万元。顺利完成2016年度个人所得税12万元申报工作，共涉及3000余人次，申报率达96.7%。分局在依法征税的同时严格落实各项税收优惠政策，全年分局审批通过4户困难性城镇土地使用税减免，共减免税额84万元。2017年全市对城镇土地使用税税额标准进行调整，结合此次税额调整，分局针对辖区工业园区内的工业企业全面开展土地使用税税源清查工作，共查补税款2000余万元。分局对企业社保费缴纳及个人所得税全员全额申报进行解剖性检查，重新核实基数。在个税核查中，重点关注企业营销人员的提成、奖金部分是否按规定计税，查补税款1200万元。同时分局一直高度重视社保征收工作，全面推进社保费清欠工作，年内相继送达清缴文书500余份，按规定移送法院23户。分局干群加班加点全力开展数据治理工作，保证国地税信息匹配，先后完成匹配数据3万余户次。

分局从严、从高、从快、从效着力突出风险应对核心地位。全年分局累计完成风险应对530户，实地核查25户，风险应对入库税款1.32亿元，累计风险应对千元以上税款率达100%。分局规范执法，税收法治水平不断提高。分局依法行政作为税收工作的基本准则和灵魂，贯穿到强化税源管理、优化纳税服务、细化干部管理等各项工作中去，不断理顺税收管理体制。

（撰稿：薛　晓　审稿：王　松）

经济运行管理

【经济运行监测】 2017年海州区坚持稳中求进工作总基调，以供给侧结构改革为主线，加快推进改革发展，妥善应对风险挑战，扎实做好各项工作，经济社会平稳健康发展。全区完成地区生产总值348.21亿元，同比增长7.5%，增幅位于全市前列；规模以上固定资产投资412.04亿元，同比增长24.9%，其中规模以上工业投资156.65亿元，同比增长15.2%；技改投资102.17亿元，同比增长55.5%；社会消费品零售总额281.41亿元，同比增长11.4%；一般公共预算收入31.41亿元，同比增长10.7%；实际利用外资8500万美元。多维强化经济运行监测预警，每月形成数据翔实、问题准确、措施具体的经济运行分析报告，对全区经济运行各项数据进行整合分析，深入挖掘和利用统计数据，及时发现突出矛盾和潜在风险，找准问题关键，有针对性地提出解决方案，为领导决策提供参考。不断强化重点经济指标监测分析，创新编制《2017年部分经济指标快报》月报，撰写各类经济分析十余篇，定期印发《监测与分析》。

【计划目标管理】 科学编制《2017年全区国民经济和社会发展计划》，创新考核办法，突出个性化考核，制定《2017年度镇街园区目标任务绩效考评办法》。汇编2017年度目标任务绩效考评细则集，将目标绩效考核办法细化落实，进一步激发目标责任单位工作积极性、主动性，形成创优争先的良好氛围。加强目标督查力度，每月组织相关单位定期或不定期对责任单位目标落实情况进行督查，对主要经济指标完成情况、重点项目进展情况进行通报排名，增强目标责任单位责任意识、赶超意识和担当意识。通过全区干群共同努力，基本完成年初确定的奋斗目标，实现全市经济社会发展目标考核“五连冠”。

【产业优化提升】 坚持把发展经济的着力点放在实体经济上，通过战略性新兴产业和现代服务业双轮驱动等，做强支柱产业，壮大主导产业，不断提升产业发展的质量和效益。结构调整明显加快，产业结构持续优化，二三产比重不断提高。三产比重由2016年的5.6∶28.1∶66.3调整为5.1∶28.2∶66.7，二三产业比重分别提高0.1个、0.4个百分点，工业换挡扩量、服务业提速发展成效显著。都市工业提质发展。全区104家规模企业运行良好，提质增效指标全面完成年度目标任务。主导产业持续做大，先进制造、医药医疗、新材料主导产业产值占比达91%，产值过亿元工业企业达44家，新增规模以上工业企业12家。纳入全市培强培优计划的4家工业企业完成总产值170亿元，同比增长13%，日出东方太阳能股份有限公司获批第三批市级重点培育本土跨国经营企业。着力解决企业融资难题，通过投贷联动“微贷宝”“苏科贷”等方式为中小企业开展融资。现代服务业优化升级。全区服务业总量占地区生产总值比重达66.7%，增长8.6%，高于地区生产总值增速1.1个百分点，对经济增长贡献率达70.4%，成为海州区经济持续发展的重要推动力。利群广场城市综合体、汇银乐虎·全球商品会连云港旗舰店建成营业，白虎山批发市场改造工程有序有力推进。楼宇经济破题发展，新培育新浦创业梦工厂、新东创梦孵化园、洪门青年创业孵化基地等一批楼宇经济项目。顺丰速递连云港集散总部、万发国际物流园投入运营，易耕农业冷链物流项目基本建成。菜篮子电子商务、四季沐歌获批省级电子商务示范企业。编制区域旅游发展规划，启动临洪河口湿地公园、朐山书院开发建设，建成浦南集瑞园二期等一批乡村旅游点。鼓励企业实施节能改造，全年备案节能改造项目4个，4家企业实施清洁生产，推荐太阳雨、鹰游等4家企业申报绿色发展项目。现代农业快速发展。启动新204国道S型都市农业产业带建设，新增设施农业66.67公顷、设施渔业33.33公顷，新建优质稻米产业化基地2个，认证无公害、绿色、有机农产品18个，新增市级农业龙头企业2家，创建市级家庭农场合作示范区1家。成立海州农业电商联盟。完成农村土地承包经营权确权登记颁证工作，新增农村社区股份合作改革试点村4个，启动土地股份合作改革试点村5个。建立服务业、工业和农业发展引导基金1500万元，并纳入财政预算。

【重点项目推进】 扎实开展项目“百日攻坚”专项行动，推动全区投资运行及重大项目建设取得新成效，着力形成“以项目促投资、以投资促增长”的新局面。全区完成固定资产投资迈上400亿的新台阶，达到412亿元，增长24.9%。其中，工业投资增长15.2%，同比提高1.4个百分点；房地产投资106.7亿元，占全市房地产投资比重39%，同比增长41.5%。全区275个重点项目完成年度投资199.32亿元，其中147个产业项目完成投资99.77亿元，占重点项目投资50.06%。产业项目中，63个工业项目完成投资41.31亿元；26个农业项目完成投资4.09亿元；58个服务业项目完成投资54.37亿元；36个民生项目完成投资11.79亿元；62个基础设施及城建项目完成投资29.35亿元；30个房地产项目完成投资58.41亿元。纳入市级重点的46个项目完成投资90.71亿元，顺丰集散总部、汇银乐虎、广益医用敷料等16个项目实现竣工。重大项目及“四个一批”交互管理系统投入运行。投入近25万元，开发了集重大项目建设、“四个一批”项目申报、手机软件（APP）移动交互系统为一体的创新适用型项目管理平台，该平台利用云计算功能实现数据分布存储、计算和查询，可适时提供项目信息报送、数据分析研判、序时滞后预警、难题汇总会办、直观形象展示、重要信息推送等功能，实现了项目建设不同阶段、不同部门无缝衔接，全面解决重大项目管理工作繁重、效率偏低、准确度不高、信息不对称等问题。

【“263”减煤专项行动】 2017年，区经发局按照省、市党代会精神和市、区“263”专项行动方案统一部署，快速行动，积极落实，围绕煤炭消费总量减少专项行动工作任务，细化工作方案，量化目标，全面推进全区“减煤”工作。严格执行《江苏省工业和信息产业结构调整限制淘汰目录和能耗限额》，进一步健全重点耗煤行业准入条件，严格非电行业新、改、扩建耗煤项目审批、核准、备案。加快淘汰落后产能，积极推动德邦兴华、德邦精细、泰乐化学、双菱化工、德邦复合肥、连吉化工搬迁关闭等工作，大大消减了规上工业企业耗煤压力。进一步深化节煤改造，把节煤、减煤作为节能工作的重要内容，积极推动飞雁毛毯、立成毛绒等重点用煤行业节能减煤，大力实施以电代煤、以气代煤等工作。全年完成煤炭消减11.16万吨，超序时进度697.14个百分点，超额完成市下达的“减煤”任务。

【政策资金争取】 做优服务职能，积

极向上争取各类资金支持。准确把握国家扶持方向，认真研读政策文件，积极争取国家、省市专项资金等政策扶持。通过强化组织领导、积极沟通协调，锦屏独立工矿区改造搬迁工程在已获批14个项目，争得中央预算内扶持资金2.2756亿元的基础上取得了新的突破。2017年锦屏独立工矿区改造搬迁工程获批2个项目，争得扶持资金3774万元，新浦磷矿与锦屏磷矿一并纳入国家发改委三年项目支持计划。泰格油墨和乐园新材料两家企业法人荣获2016年度苏北创业领军人才奖，获得奖金40万元。海州区防护林项目争取中央预算内投资计划100万元。

【生物疫苗特色小镇创建】 力促海州开发区生物疫苗特色小镇争创省级特色小镇。对全区镇、街道以及相关产业园区进行摸底调研，对具备基础的重点地区进行逐一实地调研，全面掌握各地特色小镇培育创建的基本情况和现实基础。省政府下发《关于培育创建江苏特色小镇的指导意见》后，海州第一时间争取省、市发改委指导和支持，及早明确省级特色小镇创建的申报条件和材料要求，在区经发局精心指导和组织下，海州开发区生物疫苗特色小镇进入首批市级产业特色小镇培育名单，正在申报进入第二批省级特色小镇创建名单。

（撰稿：章　敏　审稿：穆　慧）

土地资源管理

【概况】 海州国土分局积极构建“两保一调（保耕地、保发展、调控政策和市场）”新机制，不断深入推进节约集约用地“双提升（提升节地水平、提升产出效益）”，以“强基固本”为抓手，认真履职，主动谋划，有序推动国土各项工作。在土地开发与保护、土地高效利用、地质灾害防治、国土执法监察以及国土队伍建设等方面做了大量工作。开展“十有县”创建顺利通过验收；参加全市信访系统“最美信访人”征文及演讲比赛，在全市110多个参赛单位中，获得第7名的好成绩。2017年被区政府评为区级机关绩效管理有功单位及安全生产先进集体等多项荣誉。

【土地开发保护】 **强化管控式保护** 落实基本农田管护责任，推进高标准农田上图入库工作。签订基本农田责任状552份，发放基本农田保护“明白卡”5000份，设立基本农田保护标志牌76座，完成城市周边永久性基本农田划定工作。2017年农转用共报11批次及单独选址，合计面积129.832公顷，新增建设用地110.1106公顷，保障连徐客专、长生制药等一批重大民生工程、战略产业项目落地。直接与红星美凯龙、奥特莱斯、新城控股等企业就项目用地情况对接，引导政、商充分合理利用现有资源避免无序建设。牵头拟订《海州区建设项目用地管理办法（试行）》，已开始实行。

强化土地整治式保护 积极开展后备资源调查，大力开展土地综合整治。2017年验收工矿废弃地复垦项目6个，新增农用地28.8201公顷，新增耕地28.6367公顷；验收城乡建设用地增减挂钩复垦项目5个，新增农用地6.5361公顷，新增耕地6.4215公顷；验收耕地占补平衡项目5个，新增耕地88.3183公顷。

地质矿产资源保护 转变工作理念和管理方式，稳步推进新磷矿化“退二进三”工作，打造“矿地融合”项目示范区；深入推进“263”破损山体综合治理工作，改变刘志洲山景观形象，依法守护一方青山绿水。

【土地高效利用】 盘活低效产业用地，提高土地资源综合利用效率。主动对接海州工业园、新浦工业园，就低效产业用地再开发工作进行会商。指导管委会对园区内闲置、低效用地企业进行调查，引导二次开发利用，提高土地产出效益。全年盘活闲置土地160公顷。编制城镇低效用地再开发专项规划（2017–2020年）和2017年度计划成果，完成低效用地再开发面积62.93公顷。

【地质灾害防治】 积极开展地质灾害防治工作，加强汛前排查、汛中巡查、汛后复查工作。要求各镇、街确定专人负责联络地质灾害防治工作，对选定的防灾责任人、监测人明确职责、分解任务，做到防灾制度落实、“两卡”发放到位。2017年，共发放灾害防治工作明白卡12份，防灾避险明白卡80余份，落实监测人员15人，建立自上而下的地质灾害群测群防体系，群测群防网络共涉及100余人。组织开展防灾咨询宣传活动，年内设立宣传展板2块，发放宣传资料约1000余份，现场解读问题30人次。在区地质灾害易发区和重点地质灾害隐患点附近设置醒目的地质灾害警示牌15块、逃生路线警示牌12块。

结合工作实际，采取多种措施，年度内完成地质灾害防治“十有县”创建工作，且顺利通过验收。分局严格按照高标准“十有县”建设要求，积极推进地质灾害防治工作，通过有制度、有机构、有经费、有检测、有预警、有评估、有避让、有宣传、有演练、有效果十项内容的创建，着力提升基层在地质灾害防治工作中的组织协调管理、专业技术支撑、项目经费保障、防治措施落实、规避灾害风险等能力，最大限度地避免人民群众生命财产损失。

【国土执法监察】 **构建智慧守土体系** 在全区布设185个探头，建成区局总控中心、各所科室监控平台和个人手机客户端3级管控体系，构筑全区耕地保护、地灾防治、执法监察天罗地网。不断提高“慧眼守土”科技平台综合监管效能，实现“慧眼守土”系统与“一张图”工程深度融合，提升国土资源科技监管水平。

开展各类执法巡查 2017年开展各类执法外业巡查320余次，利用慧眼守土系统进行内业巡查80余次。全年立案123宗，下达行政处罚决定书114件。促成区政府启动违法用地整改集中推进月，对年度卫片图斑进行集中查处整改，通过省厅核查。提请并推动区政府出台《海州区违法用地监管责任追究办法（试行）》，最大限度地减少今后违法用地产生，规范土地利用管理秩序。受理信访事项

99件，办结率100%，做到件件有答复，封封有回音。不断提升矛盾化解能力，落实领导包案、首问负责、新官理旧事等要求，牵头协调化解信访积案两件。

【国土管理队伍建设】 **推进机构整合，充实一线人员** 依托“四型（法制型、廉洁型、高效型、和谐型）”国土所创建，将11个国土所整合为第一、第二、第三国土所，人员最大化下放基层一线，选优配强干部队伍，基层所力量得到充实。构建科学合理、权责清晰、分工明确的运行机制，有效实现业务下放和职能重心下沉。

健全管理制度，廉洁规范履职 出台《国土资源违法案件会审办法》等文件，以精准到位的制度指导业务工作；制定《公务接待管理细则》等制度，以细致入微的制度规范内部管理；印发《海州国土系统业务分工方案》，以实效显著的业务流程梳理促进廉洁从政。

加强党建引领，抓实队伍建设 完成局党总支和各所党支部设立及换届改选工作，实现党组织架构明晰、党风廉政建设制度体系完善。与各所、科室签订《党风廉政建设责任状》，传导压力，压实责任。邀请党校教授、区纪委领导开展专题党课，组织观看国土人的电影《寻明胜》、赴抗日山重温入党誓词，提升国土管理队伍素质。

（撰稿：李　莉　审稿：李　亮）

国有资产管理

【概况】 2017年是海州区全面贯彻推进国有企业和国有资产管理体制改革的攻坚之年，海州区坚持以体制机制创新为重点，大力加强行政事业单位和国有资产管理，努力推进国有企业改革发展，增强区属国有经济活力，确保国有资产保值增值。

【行政事业单位国有资产管理】 **加强资产处置审批** 强化对各单位资产处置的指导和审核，对各单位资产处置申请通过资料审查、现场查看和技术鉴定等方式进行审核，至年底，审核批复各单位资产调拨、报废、盘亏、有偿转让等资产处置账面金额1661.96万元，审核待完善资产处置手续的资产处置账面金额110余万元。此外，主动对接区公车办，研究出台机关单位公车改革拍卖车辆核销方案，并对各家申报的核销车辆进行审核，审核车辆95辆，涉及账面价值1381万元。开展地方性政府债务投资项目资产清查。联合预算科开展地方性政府债务投资项目资产清查，严格按上级要求认真做好资产清查培训、录入、审核、上报，摸清全区地方性政府债务投资项目资产“家底”，共登记地方性政府债务投资项目资产114个，涉及地方性政府债务13.37亿元，项目资产原值13.18亿元，主要包括交通基础设施类、市政基础设施类、教育科学文化类和医疗与社会保障类等资产。

完善资产管理监督机制 加强监督，联合相关业务科室，共同督促各单位完善资产管理机制，定期对各单位新增资产登记、资产处置报批等进行提醒，提升各单位资产管理主动性。强化指导，开展资产管理业务宣传和培训，根据资产管理办法制定《资产处置流程和申请材料》《单位资产管理制度参考样式》等文件发放给各单位，让各单位熟悉资产管理业务操作流程和规定，指导各单位按规定开展资产管理，做好资产处置工作，提升资产规范管理水平。开展检查，完善资产管理专项检查机制，采取自查和重点抽查相结合的方式，组织各单位对照检查要求做好自查，各主管部门对下属单位资产管理情况进行全面检查，在此基础上，财政部门重点抽取了40余家单位进行现场检查，查看各单位贯彻执行国有资产管理规章制度、履行行政事业单位国有资产管理职责情况，通过现场督查推进资产管理制度落实。

（撰稿：李燕勤）

【国有企业改革】 经排查摸底，至2017年11月底，全区各层级国有公司有110家。其中各乡镇街道出资兴办的公司计23家，海州经济开发区的昊海集团、昊达公司、开源公司下属子公司分别为10家、12家、9家，含母公司计34家，江苏海发集团、江苏瀛洲集团下属子公司分别为18家、25家，区建设、粮食等部门下属国有公司8家（已并表瀛洲集团）。区国资办摸清各国有企业资产负债情况，并根据主营业务、注册资本、融资平台负债等进行全面详细的分类。对海州区国有企业存在的问题进行研究，向区政府提出海州区国有企业改革的一整套意见建议，为下一步国有企业改革奠定了基础。集中推进全区国有企业改革。原则上，全区各镇街、各部门均不得再成立新公司。对23家镇街设立的公司按照划转、注销、并入、保留四种途径予以改革；对部门下属8家国有企业按照并入、保留两种途径开展改革；对区属海发集团、瀛洲集团、海州工业集团三大平台及其下属二级公司，其内设机构原则上只保留综合部、组织人事部（党群部）、财务监审部、投资发展部、工程技术部（总工办）等五大部门，分别保留5~6家二级公司全部开展实体化运营。通过改革重组及清理整顿，至年底，全区镇街下属国有企业缩减至3~4家，部门下属国有企业缩减至6家，区属平台及其二级公司缩减至17家，全区各级国有企业总数从110家减至27家。

【海州工业投资集团成立】 为进一步提升海州开发区经济发展能力，增加投资资本供给，壮大第二产业发展规模，推进开发区经济结构调整和产业升级，区国资办于2017年4月出台《关于加快海州开发区下属国有企业改革重组的意见》，区政府于10月挂牌成立连云港海州工业投资集团有限公司，将海州工业园连云港昊达资产管理有限公司、新浦工业园连云港开源投资有限公司、宁海街道办事处相关国资公司并入工业集团公司，重组后的海州工业投资集团有限公司总资产67.4亿元，净资产38.23亿元，子公司30家。

【推动三大集团转型升级】 从全区国有企业总体布局和功能要求出发，重点发展壮大江苏瀛洲集团、江苏海发集团、海州工业集团，通过政府注资、委托代建、项目包装、注入经营性资产等形式，推动三大集团转型升级，实现实体化经营，形成产权清晰、主业突出、支撑作用显著、现代企业制度完善的市场主体，江苏海发集团、江苏瀛洲集团取得2A主体信用等级，海州工业集团取得企业2A-主休信用等级。三大平台分别确立农业、三产、工业主导产业，引领全区相关行业产业的发展。2017年，三大平台融资到账总额62亿元，实现投资52亿元，有力支持市、区两级重点项目建设，部分经营性项目迈出坚实步伐。

【国有企业资产管理机制健全】 2017年，海州区为规范投融资平台的运营管理，在区属国有企业经营发展和监督管理中建立“四项机制”，执行“一个办法”。“四项机制”是：建立建管分离机制，改变以往以指挥部（领导小组）为代表的投资、建设、经营、管理一体化机制，确立平台公司投资主体地位，原则上，领导小组侧重于领导、指导、协调项目的建设和推进，平台公司负责融资、投资、经营、管理，在项目招标、监理、审计等具体环节严格执行三权分离制度。建立重要事项定期会办机制，建立财政、国资、平台公司等单位参加的政府投融资领导小组定期会议制度，研究决定投融资、改革改制、公益性项目建设、债务化解等重大事项。对于投融资平台公司年度投融资计划编制情况、执行情况、变更情况要向区政府常务会、区委常委会专题汇报。建立资金平衡和投融资项目备案监管机制，对于平台公司承担的具体项目，从可行性研究阶段即附带资金平衡方案，资金不平衡项目不得申请立项。区属国有企业按照年度投融资计划实施的重点项目，及时报送项目信息至国资部门备案。建立“三重一大”事项集体决策机制，推进区属国企现代企业制度建设，发挥董事会决策作用、监事会监督作用、经理层经营管理作用，建立党组、董事会对企业“三重一大”事项的集体决策机制，防范决策风险。“一个办法”即《海州区区属国有企业监督管理暂行办法》，从监督管理机构职责、企业董事监事管理、投资融资管理、财务管理和经营预算、业绩考核和薪酬管理、国有产权管理、区属企业二级公司管理、区属企业干部人事管理等八大方面明确管理责任、主体责任、制度规范等综合管理办法。

【国资管理存在的主要问题】 国资管理存在的主要问题有三个：国资监管力量不足，存在缺位风险。受人员编制影响，区国资办仍为财政挂牌单位，只有3名工作人员，工作负荷重，难以建立起从决策到运营到业绩考核全过程的监管体系；国企平台特征明显，亟待转型升级。区瀛洲集团、海发集团、工业集团类平台特征明显，处在向实体化过渡转型阶段，在企业实体化经营方面，开展房地产领域的经营项目尝试，取得一定成果，但是步伐不快，体量不大，没有形成主导产业；政策影响逐步显现，融资难度加大。从2017年起，财政部系列文件的影响开始显现，全区国有企业投资项目基本上都是政府基础设施和社会事业建设工程，被严禁列入政府购买服务清单，新增贷款项目难以满足金融机构合规性要求，在融资额度压缩、成本抬升的情况下，不少在建项目将面临叫停风险，融资难度明显加大。

（撰稿：韩建梅　审稿：梁正江）

市场监督管理

【概况】 2017年，海州区市场监督管理局聚焦改革创新、服务“双进双促，”推进质量强市建设。贯彻“谁审批、谁监管、谁主管、谁监管”原则，深入推进“双随机、一公开”监管，加快建立完善抽查监管、信用监管、精准监管三位一体工作机制，着力提升市场监管规范化、标准化水平。强化食品药品安全监管，坚守不发生重大事故和系统性区域性风险底线，推动创卫长效管理、食品药品打假治劣、小作坊整改、文明餐桌等行动顺利实施，荣获全省食品药品监管工作先进单位、全市创建国家卫生城市先进单位、全区履行党风廉政建设主体责任先进单位、2017年度区级机关绩效管理一等奖等荣誉称号。

深入实施商标品牌战略，新申请商标1894件，其中省著名商标18件、市知名商标8件、马德里商标国际注册3件；获评省名牌企业15家、市名牌企业40家。正大天晴药业集团股份有限公司获得省质量管理优秀奖。搭建银企融资平台，开展融资助企工作，以动产抵押、股权质押和商标权质押等方式助企融资，共受理动产抵押登记34件，助企融资3.03亿元。

持续深化商事制度改革，加快推进“多证合一”“一照一码”，试点开展企业注册登记全程电子化、证照联办、简易注销、个体户最简化登记等便利化举措。新发展企业6950家、个体工商户13590户，新增注册资本335.8亿元；发放电子营业执照8279份、食品经营许可证5609份、食品小作坊登记证48份、药品经营许可证23份；对1114台特种设备发放和变更特种设备使用登记证，对2207台电梯发放定检合格证。

重点加强特种设备安全监管，对气瓶充装单位、涉危化品企业、锅炉、场（厂）内专用机动车辆、大型游乐设施以及人口密集场所的电梯开展监督检查，排查安全隐患268起，责令限期改正255起，立案查处13起，确保所有隐患闭环管理。

【标准计量】 海州区共有35家企业上报68项标准，有在建标准化项目6个，分别是连云港市图书馆服务标准化试点（国家级）、连云港市公共卫生监督服务综合标准化试点（省级）、花果山风景区旅游服务标准化试点（省级）、乡村饮用水安全保障技术高新技术自主创新标准化试点（省级）、儿童福利机构社会工作标准化试点（市级）、智能化20饼氨纶纺丝成套设备高新技术自主创新标准化试点（市级）。

【食品监督管理】 开展传统节日、中高考、“瘦肉精”、乳制品、白酒、桶装饮用水、肉及肉制品、农村以及校园

食品安全监管

周边、旅游景区等食品安全专项整治70余次，检查经营户1万余户（次），检查加工企业92家（次）、小作坊200余家（次），抽检食品3500批次，抽检率达到4批次/千人。积极推进餐饮服务食品安全监督量化分级管理，对辖区3039家获证餐饮服务单位开展年度食品安全监督量化分级管理综合评定，其中A级单位166家（区级初评）、B级单位1359家、C级单位1514家。大力推进明厨亮灶工作，共有454家餐饮单位、121家学校、托幼机构和食堂实现明厨亮灶，其中学校食堂明厨亮灶率为86%。扎实做好食品安全和法律法规知识培训，举办4期食品安全管理员、15期食品安全从业人员集中培训活动，共有2126人通过培训考核。加强市区两会、连博会、中高考和对口单招、西游记文化节、连云港论坛等19次重大活动和节日、节庆期间公共场所的食品安全保障力度，未发生食品安全事件。

【制售假冒伪劣商品查处】 加强日用消费品质量监督，抽检成品油、液化气、燃气灶等群众关注的商品175批次。立案查处连云港杰睿酒吧有限公司销售假冒洋酒案、贾义祥销售假冒美尔凯特集成吊顶案等大要案件；组织开展电线电缆、农资、处方药和含麻黄碱类复方制剂、医疗器械、机动车检验检测机构等专项检查行动，共立案223件，结案203件，移送公安部门22件，集中销毁假劣物资2100余件。加大网络市场监管力度，审核主体网站177家，检查网店1500余次。药品监督管理抽检药品200批次，填报药品不良反应报告841例、医疗器械不良事件报告418例、化妆品不良反应报告105篇，开展药店飞行检查221家，检查药械生产企业22家次、批发及连锁总部35家次。

【信用分类监管】 加强事中事后监管，完成市场主体年报70825家，综合年报率90.8%，抽查公示信息854家，将逾期未年报、住所无法联系的6146户列入经营异常名录。2016-2017年度海州区重合同守信用企业达228家。

表16　　2016-2017年度海州区重合同守信用企业名单（诚信之星名单）

企业名称	法人代表或负责人	性　别	行　业
连云港泵机械有限公司	宋志标	男	机　械
连云港永禾农药化工有限公司	潘为胜	男	农　资
连云港亚光眼镜有限公司	项良平	男	服　务
连云港华天贸易有限公司	姜　茹	女	
连云港金玫瑰商务会馆有限责任公司	牛启明	男	餐　饮
江苏东浦管桩有限公司	颜成华	男	建　材
连云港市远洁电器有限公司	康占华	男	电　器
连云港易耕农业服务有限公司	金安荣	男	商　业
连云港振兴装饰材料有限公司	吴　雷	男	建　材
连云港呈祥大药房有限公司	孟祥国	男	药　品
连云港兴隆实业集团有限公司	王建成	男	房地产

【个体私营经济自身管理】 完善组织机构。5月25日，海州区个体私营经济协会召开第七届理事会，海州区不同行业50多名理事单位参加会议。会议选举产生第七届海州区个体私营经济协会的会长、副会长成员，并为第七届理事会副会长单位、常务理事单位、理事单位进行授牌仪式。

加强非公党建。清明节前夕，为进一步加强爱国主义教育，提高党支部凝聚力、战斗力，不断提高党员的政治素质和思想素质，区个私协党委组织五金机电党支部党员、入党积极分子、辖区内贫困学生前往赣榆抗日山烈士陵园、小沙东海战纪念地开展重温入党誓词、缅怀革命先烈的扫墓纪念活动。6月23日，区个私协党委举行新党员入党宣誓仪式，三名预备党员通过组织考核，转为正式党员。扎实深入推进“两学一做”学习教育，在五金机电协会党支部开展“共产党员示范岗”创建活动，个私协党委联合五金机电协会党支部授予8名党员“共产党员示范岗”荣誉称号。举办市场监管局非公党建第一期积极分子培训班，经下属5个党支部推荐，选出46名优秀个私协会员参加学习培训。

（撰稿：张　雷　审稿：陈　平）

安全生产监督管理

【概况】 2017年海州区印发《关于进一步加强全区镇、街道、开发区安全生产工作意见》《区安全生产委员会成员单位安全生产工作职责分工》《企业安全生产主体责任清单》《企业主要负责人安全生产责任清单》等文件，建立企业负责人约谈制度以及失信行为联合惩戒和不良记录“黑名单”管理办法。进一步强化党委政府监管责任、部门监管责任、企业主体责任。年内全区发生工矿商贸企业事故7起，死亡8人，建筑施工事故5起，死亡5人，未发生较大及以上安全生产责任事故。10月，海州区安监局被省安委会表彰为“安全生产月”活动优秀单位。

【隐患排查治理】 全区先后组织开展春节后企业复产复工隐患排查治理、事故隐患排查月（3月）、汛期和夏季高温、国庆节等重大节日以及十九大期间安全生产大检查等一系列隐患排查治理活动，全区各地各部门查出各类事故隐患和问题18095条，完成整改18076条，按期整改率达99.8%。发现重大火灾隐患3处，其中海州白虎山批发市场火灾隐患列为市级挂牌督办，登泰大酒店、世纪华联超市连云港阳光加盟店列为区级重大火灾隐患挂牌督办整改单位。疏理出25条县道和乡村道隐患，区安委会实施挂牌督办，累计投入资金10万余元，于2017年2月20日全部整改到位。全区3326家生产经营单位累计在隐患排查治理信息平台上自查自报隐患31329条，整改31291条，整改率99.88%。

【安全生产专项整治】 深入推进危化品综合治理工作，完成全区危化品现状及重大危险源情况摸排，建立健全重大危险源档案；开展高危重点岗位“应急处置卡”推广工作，完成全区16家企业“应急处置卡”制作；开展危化品企业“智能化二道门”建设，全区化工企业全部完成“智能化二道门”工作；加强成品油市场管理，开展打击非法加油站（点、车）专项行动，取缔非法加油站点33个；加快化工企业关停搬迁进度，完成德邦、兴华等14家企业关停搬迁工作。

开展烟花爆竹大检查和“两关闭”回头看工作，排查整治安全隐患75条，取缔非法烟花爆竹零售店（点）63家，责令整改15家，暂扣零售许可证2家，收缴烟花爆竹1700余件，公安机关刑事处理2人。

组织开展非煤矿山、涉氨制冷、涉爆粉尘、有限空间等专项整治行动，先后完成新磷矿化塌陷区回填和主副井口封堵，并设置了警戒线；加强尾矿库坝体监测监控，先后排查治理隐患16处；开展涉爆粉尘企业摸排，对摸排出的20家企业全部建立一企一档，并组织专家逐一检查，排查治理隐患113条，下发整改指令书14份；开展涉氨制冷专项整治，排查整治隐患26条，全区7家涉氨制冷企业关停2家，停产停业1家，行政处罚2家；加强有限空间安全监管，组织开展有限空间排查，制定完善有限空间应急救援预案，并在连云港自来水公司组织召开有限空间现场观摩会。

开展石英砂加工等重点行业专项治理工作，督促企业完善现场警示和告知，开展职业危害现场检测40家，职业健康体检40家，体检人员13983人，职业危害评价8家，查处隐患497条，下达整改64家，行政处罚5家，处罚金额共14.5万元，完成职业病危害申报942家。

【行政执法强化年活动】 按照省、市统一部署，全区各级上下联动，结合事故隐患排查月、安全生产大检查、各类专项治理、“百日专项行动”等工作，推进安全生产与职业健康“一体化”执法，强化事前监管执法，严厉打击安全生产领域各类非法违法行为。2017年全区关停化工企业9家，责令停产8家；拆除5家砖瓦生产企业；关闭涉氨制冷企业2家。全年安监部门对企业进行执法检查326家，占年初计划的336%。全年安监部门立案查处案件49起，事后处罚6起、处罚金额141.022万元，事前处罚43起、处

2017年12月11日，海州区召开安全生产工作会议

罚金额48.731万元，其中5万元以上处罚3起。

【宣传教育工作】 6月16日，组织区安委会各成员单位与市安委会在苏宁广场共同举办安全生产宣传咨询日启动仪式，面向广大市民开展安全生产宣传咨询活动，现场展出安全宣传图板48块，发放宣传资料10000余份。“安全生产月”活动期间，全区悬挂宣传横幅800余条，张贴标语3000余张，板报、画廊更换安全知识600余期，累计发放各类宣传资料17000余份；将《有限空间作业安全与管理》《生产安全事故典型案例盘点》等“安全生产月”宣传教育片及编印的1500份《职业健康知识手册》下发至各镇、街道、开发区、岗埠农场及区有关部门和单位，各单位组织观看警示教育片，开展专题研讨，通过举办主题为“关爱生命、安全发展”的文艺演出，“安全生产月”期间演出20场；全年共举办6期企业主要负责人、安全生产分管负责人、安全员安全生产专题培训班，1000余人参训。

【基层安监能力建设】 区安监局从提升基层安监人员执法检查能力入手，先后组织开展业务培训班3期，学习《中共中央国务院关于推进安全生产领域改革发展的意见》《安全生产法》《江苏省安全生产条例》等文件，并组织全体安监人员参加市局举办的《江苏省安全生产行政处罚自由裁量实施细则（试行）》宣贯培训班。此外，区安监局还通过采取以查代训方式，2次组织基层安监人员开展工矿商贸行业和职业卫生监管交叉检查活动，让基层安监工作人员在实地观摩、现场检查中学习查找隐患的方法，相互交流，共同促进，基层安监人员执法检查能力有了较大提高。2017年，全区16个街道（开发区）安监机构全部通过省级基层基础能力验收。区政府还投入近12万元，为区安监局和全区基层安监所配发执法检查电动车38辆。

【安全生产标准化建设】 全面推进企业安全生产标准化。全区90家规模以上企业（原有103家，停产搬迁关闭13家），有79家完成标准化建设，完成率达87.8%，其中二级标准化2家；小微企业302家，完成189家，完成率为62.6%。全区化工企业全部达三级标准，完成“二道门”建设。危险化学品生产使用企业全部设立安全总监，安责险覆盖率100%。

【应急救援管理】 开展微型消防站建设工作，全区82家重点单位完成微型消防站建设，5个基层单位率先建设社区微型消防站；编制修订完善全区危险化学品应急救援预案，并经专家多次论证。督促危化品企业开展应急演练，全区危化品企业开展演练达120余次。以消防、涉爆粉尘、有限空间等为重点，在企业、商场、医院、学校、养老院等场所广泛开展应急演练，共演练94次。

（撰稿：何文恒　审稿：孔　龙）

物　价

【概况】 2017年，连云港市物价局海州分局（以下简称分局）紧紧围绕促进经济平稳较快发展和稳定价格水平的目标，认真履行价格监管职能。以加强价格监测预警、强化价格监督检查、完善价格服务为抓手，努力规范市场价格秩序，减轻企业和群众负担，保持市场价格基本稳定，促进全区经济和社会发展。建立价格调控联席制度，采取有效措施加强市场价格调控。按省市统一部署开展医疗卫生、教育、房地产收费价格专项检查工作，并实行收费情况报告制度，切实规范收费行为。

【价格调控】 分局分解落实市政府下达的价格调控目标任务，建立价格调控联席制度，及时召开由物价分局、财政局、人社局、民政局等17家部门参与的海州区市场价格调控联席会议，明确区政府和各有关部门在生产、流通、储备、监管和民生保障方面的目标责任，提升价格调控工作合力。按照领导负责、部门协调、齐抓共管、综合治理的原则，采取切实有效措施，加强市场价格调控。

【价格监测】 分局密切关注重要商品和服务价格走势，及时预警预报。构建重要农副产品田头收购价格、批发价格监测体系，完善农副产品价格监测预警指标分析。做好民生商品价格采集公示工作，每周二和周五对主城区农贸市场的粮油蛋禽肉等副食品价格进行常规监测，同时加强重要时段的监测预警工作。在春节、端午、五一、中秋、国庆、元旦等重大节日以及暴雨、暴雪等自然灾害发生期间，加强价格监测工作，强化应急监测信息报送，及时将监测结果反馈给市物价局，数据资料准确率100%。紧紧围绕经济和价格运行中的重点、热点、焦点问题，及时进行动态分析，上报价格形势分析报告24篇，全面完成市场价格监测预警工作任务，积极应对市场价格不稳定的情况发生，确保市场价格相对稳定。编制《海州区房地产价格专报》，每月一期，主要包括当月海州区商品房成交价格、销售面积、批准预售面积、热销楼盘销售价格排行榜及二手住宅评估均价、交易面积、非住宅物业成交面积等指标，并分析海州区商品房价格变动趋势、总体供求状况、二手房交易变动情况。

【平价商店建设】 2017年，分局不断加强平价商店建设和管理，建优建强平价商店，积极创建优质平价商店。通过开展平价商店提档升级活动，推动全区平价商店管理水平。每月对辖区内35家平价商店最少进行一次巡查，全年巡查400余次。建立平价商店月检查、季考核制度和平价商店经营情况统计报告制度，进一步完善检查考核台账，使年终考核有据可依，有账可查。对在检查、考核中发现问题的，及时提出限期整改，如整改仍不到位，取消其平价商店经营资格。开展平价商店优惠券（试点）工作，根据省物价局、省民政厅、省农委联合下发的《关于开展平价商店优惠券活动试点工作的通知》，进一步发挥平价商店在精准扶贫中的功能作用，更好保障特困群体的基本生活，率先在海州区的路南街道、海州街道开展试点工作，充分发挥稳价惠民作用。

【收费执法检查】 根据国家和省、市局的统一部署，分局先后开展涉企收费减免政策落实及教育收费、涉农收费、物业管理和停车场收费、房地产市场等专项检查工作。2017年6月后，分局先后检查了浦南卫生院、锦屏卫生院、新坝卫生院、宁海卫生院等10家单位基本药物制度实行情况，重点检查药品零差率制度执行情况、“一般诊疗费”医疗服务项目收费情况、床位费及二类疫苗价格公示制度执行情况。并联合海州区卫计局召开海州区基层医疗卫生机构医疗服务价格模拟测算工作培训会，规范和要求各医疗单位对常规检查及常用药品收费标准及价格予以公示，全面推行单病种限价及常规药品零差价管理，开展基本药物制度检查，并指导医疗单位规范相关制度和台账。

开展教育收费专项检查 3月和9月，分局联合区教育局、财政局对辖区内板浦高级中学、锦屏中学、大庆路小学等20多家中小学开展春季和秋季教育收费检查，规范收费公示行为。同时，开展幼儿园收费公示督查，督查各幼儿园公示内容是否准确、规范、完整，对不按规定要求进行公示的，将责令幼儿园及时整改，并对整改情况进行回访。

开展房地产价格专项检查 6月和12月，分局成立房地产价格专项检查领导小组，对西盐河以西的在售楼盘进行检查。重点检查是否按照规定对房源进行明码标价。对检查中发现商品房销售明码标价中存在的问题，及时提出整改意见，并监督房地产销售商进行改进和完善。

加强节日市场巡查 在元旦、春节、清明、五一、国庆等重大节日期间，开展节日市场价格巡查，巡查的重点是超市、商场、农贸市场、批发市场、旅游景点等行业的明码标价、收费公示情况以及是否存在价格欺诈等价格违法行为。节日期间，保持12358价格举报电话24小时畅通，对举报的价格违法行为及时进行查处，维护全区节日市场正常价格秩序。

及时处理举报咨询案件 全年共受理价格举报和价格政策咨询133件，主要集中在停车收费、学校教育收费、自来水收费、物业收费等方面，其中价格咨询31件，查处价格举报案件102件，除网络职业举报人的案件外，其他案件均在规定期限内办结，办结率100%，做到“有诉必查、有查必果”，使“12358”价格举报电话成为政府与群众之间的一座连心桥。

【收费行为规范】 根据连云港市物价局统一部署，分局从2017年4月初开始，要求各收费单位实行收费情况报告制度，对全区110家行政事业性单位收费情况进行统计。同时，根据各单位上报的数据，梳理出全区收费目录清单。上半年召开涉企行政事业性收费清理工作座谈会，对全区行政事业性收费单位收费公示情况进行督查，发现没有进行公示或公示项目不全的单位，现场要求其进行整改。下半年对区内10个乡镇涉农收费公示情况进行检查，对新坝镇、浦南镇重新制作公示栏，并对其他存在污损的收费公示牌进行登记更换，并要求具体负责人及时予以维护。做好社区收费公示，印制民生价费目录，在社区公示栏内公示，确保市民及时掌握新的收费政策。

为方便海州区公安、行政单位的价格认定工作，经市价格认定局授权，分局开展价格认定工作，受理原海州区范围内的治安、刑事、行政等案件的价格认定工作，提升了海州区公安、行政单位等办案机关的工作效率，全年完成价格认定案件23起，缓解了市价格认定局的工作压力。

【服务企业】 2017年，分局召开企业座谈会，听取企业价费诉求和困难问题，及时跟进并努力做好各项服务工作。对接市价格认定局，帮助海发集团对锦屏磷矿塌陷区风化岩价格认定，推动海发集团磷矿塌陷区环境治理工作有效开展。根据市物价局“价格服务企业年”工作安排，分局先后走访岗埠农场、云台农场和花果山景区管理处等单位，对其生产经营情况进行调研分析。分局结合价格工作实际，积极协调相关部门，为上述单位解决实际困难，落实相关价格政策。分局的真心主动服务，得到相关单位和领导一致好评。

【价格诚信】 为进一步规范市场价格行为，引导经营者诚信经营，促进价格信用体系的建设。积极帮扶陇海步行街、红星美凯龙全球家居生活广场开展省级价格诚信街区创建工作。分局帮助制定创建方案、建立创建领导小组、组织陇海步行街管委办、区商务局和商户代表到无锡、常州等地学习考察，举办陇海步行街创建省级价格诚信街区启动仪式，发布特色标价签并表彰价格诚信示范店，成立价格服务站，派驻专人开展价格服务，督促经营者规范价格行为。2017年12月，连云港市陇海步行街和红星美凯龙全球家居生活广场成功创建为“2017年度省级价格诚信区域”。

【景区整治】 配合云台山风景区创建花果山AAAAA景区，经市物价局和云台山风景名胜区管委会批准，成立景区价格监管办公室。海州物价分局派专人进驻，方便日常管理，并对花果山、孔望山、石棚山等景区的日常价格监管实行长效管理。建立健全经营者价格监管档案，对云台山景区及周边270家商户建立详细的价格档案。积极主动为景区及周边商户做好价格服务工作，现场对270家商户的商品明码标价和服务进行规范指导，并免费制作发放规范的价目表147张、标价签24619张。开展日常巡查、重大节日专项监测，及时查处价格举报案件，积极维护景区及周边地区的价格秩序。

（撰稿：李玉珍　审稿：朱昌伟）

统　计

【概况】 2017年，区统计局完成第三次全国农业普查查询、验收、汇总等后续工作；完成农业、工业、建筑业、投资、贸易、房地产、服务业、社会、科技、人口、电子商务、成本费用等行业领域常规统计调查；完成健康服务业监测、劳动工资统计、企业创新调查、价格调查、乡卡联网直报、省级机关群众满意度等统计监测和专项调查工作；完成全区农业网上直报涉及农业产量及产值年定报、三卡工作（县区社会经济卡、镇街社会经济卡片、村基本情况表）、农村基础电子台账工作，涉及全区10个涉农镇街及开发区、86个村、6个涉农居委会。积极做好统计服务工作，完成《2016年海州区国民经济和社会发展公报》和《海州区统计年鉴（2017）》编纂工作；坚持办好每月一期的《海州统计调查库》，使之成为区党政领导和相关部门掌握全区经济形势，了解统计法律法规知识的重要渠道。加强统计基础建设，继续贯彻落实省统计局关于《江苏省企业统计工作规范》的通知精神，严格按规范要求进行督促检查；继续加强统计从业人员继续教育，以专业统计培训、年报培训为主要手段，提升基层统计队伍整体素质。

【统计基层基础工作】 进一步夯实区乡统计基础。认真贯彻落实《统计法》和各级领导对统计工作的指示批示精神，积极争取区委、区政府对统计工作的重视，新提拔两名局领导成员（党组成员），新招考工作人员1人；积极推进镇、街和开发园区统计规范化建设，指导镇、街和开发园区开展统计基层基础规范化建设，全区18个镇、街和开发园区统计站（办）均实现“六化”（统计工作法制化、统计手段现代化、统计管理制度化、统计资料档案化、统计台账规范化、统计人员专业化）工作目标。进一步夯实统计名录基础，依托经发、商务、中小企业、工商、税务等部门渠道，获取企业基础资料，与统计片区工作站上报材料对比、补充，充分掌握“四上”单位新增、变更等动态情况，严控数据质量；依托镇、街和开发园区统计站，进一步加大企业排摸力度。2017年新增“四上”单位44个。进一步夯实统计法治建设基础，充分利用年报会、日常专业培训会、统计工作会等大力宣传统计法，特别是在“9·20”统计开放日、“12·4”全国法制宣传日和“12·8”《统计法》颁布纪念日，采取区、乡两级联动方式在人群聚集地段广泛宣传统计法律法规。

【统计服务能力增强】 通过在线监测，提高“企业一套表”联网直报报送效率，及时解决企业在联网直报中出现的新情况、新问题，为企业真实填报统计数据创造条件。认真做好在线监测，利用QQ群、电话、网络等方式，在一套表上报期间提供全天候的统计业务咨询服务，及时了解上报情况和进度，对上报滞后企业及时进行跟踪指导，对企业上报过程中遇到的问题进行解答、排除，切实提高“企业一套表”联网直报报送效率及准确率。通过上门指导，确保“企业一套表”联网直报工作规范化。针对全区报表单位多、部分单位报表填报进度慢、直报系统操作生疏等情况，先后对年内新增规模以上企业、统计员更换的企业、直报系统操作不熟的企业开展上门指导服务，对新入网企业安排业务人员上门安装“一套表”报表软件，重点讲解报表制度、指标解释、填报注意事项、报送时间等内容，现场演示联网直报操作流程，并解答报表填报中常见的问题。全年各专业人员上门指导业务工作120余次，确保“企业一套表”联网直报工作规范化。通过分类培训，提升“企业一套表”联网直报报表质量。统计局创新培训方法，分镇街、企业开展分类培训。针对镇街的培训主要以报表审核、查询、汇总为主；针对企业的培训则以指标讲解、填报为主。通过分类培训，有针对性地进行讲解，促使镇街和企业进一步集中学习统计方法制度，增强认真履行统计法的义务观念，有效提升“企业一套表”联网直报报表质量。2017年，局各专业共举办各类业务培训班10余期，培训近千余人次。

【统计预警分析质量提高】 加强统计运行预警监测。搞好统计预警，充分发挥统计“晴雨表”“风向标”“信息窗”的作用。2017年，共编印《统计月报》10期，撰写各类政务信息156篇，其中被市网采用政务信息85篇，省网采用政务信息13篇；撰写各类统计分析56篇，其中有35篇分析在市网发表，有5篇分析在省网发表，分析在市统计分析报告评比中两篇获得一等奖，一篇获得二等奖，一篇获得三等奖。深入开展专题调研。紧紧围绕区中心工作以及经济运行中的热点和难点问题开展调研走访26余人次，撰写各类调研分析4篇。丰富统计服务内容。在不断完善《统计年鉴》《统计月报》《统计手册》等常规统计产品基础上，努力探索开发新的统计产品。根据新情况、新要求，调整完善数据服务内容，增加关注度高的指标，精简关注度低的指标，做到统计产品常编常新。

【农业普查后续工作】 第三次全国农业普查查询、验收、汇总等后续工作顺利推进。农业普查涉及农户43350户、农业规模户374户、农业生产经营单位236个、行政村和涉农居委会84个，镇街和涉农街道10个。区普查办加班加点全力以赴顺利完成农业普查后续各项工作。

【统计工作制度落实】 区统计局坚持实行周例会制度。通过定期召开周例会，听取各科室负责人工作汇报，局领导能及时了解和掌握各科室工作进展、完成情况，及下月工作打算，从而实现工作信息的上下纵向、左右横向传递，成功构建信息交流平台，确保全局人员在思想上、行动上保持一致，从而提高工作执行力，形成工作合力，营造良好工作氛围。坚持内部专业业务授课制度。扎实开展专业知识“每周一讲”，组织业务科室干部充分利用每周五下午学习时间轮流授课，学习各专业科室业务知识，从领导到一般干部，人人登台，一人讲，多人听，大家议，着力提高统计队伍的业务能力素质。打造“创新型”机关，增强创先意识。在抓好机关干部日常学习的同时，注重教育培养干部的创新创先意识，要求在工作中增强预见性和前瞻性、预判性，坚持以创新的思维谋划工作、以创新的措施推动工作，形成与时俱进、开拓创新的工作局面，促进各项统计工作有力有序开展。建立作风监督问责长效机制。每月不定期开展考勤及上班纪律情况督查。开展业务科室工作效率监督检查及党员干部下基层进社区转作风活动，进一步深化统计队伍作风建设。

（撰稿：胡　宏　审稿：何洪壮）

审　计

【概况】 2017年，海州区审计局围绕区委、区政府以及上级审计机关中心工作，突出重点，注重实效，共完成各项审计项目15个，向被审计单位提出改进和加强资金管理建议40余条，提交各类审计信息和简报40余篇，被采纳35篇。其中被省审计厅网站采纳1篇，连云港日报1篇。为加强内部管理，先后修订和出台《海州区审计局关于调整领导班子成员工作分工的通知》《海州区审计局请销假制度》和《海州区审计局带薪年休假制度》等制度，强化并规范财务、人事、资产管理、业务及党建等工作。区审计局撰写的《2015年度本级预算执行和其他财政收支情况审计报告》获全市优秀同级审报告，撰写的《江苏瀛洲发展集团有限公司原董事长梁正江经济责任审计报告》获全市优秀经济责任审计报告。

【财政预算执行审计】 抽调精干力量，组织开展2016年度区本级预算执行和其他财政收支情况审计。查出管理不规范问题4个，涉及问题金额8.20亿元。在围绕深化财税体制改革、提升预算执行水平、加强财务管理水平、推动审计整改有效落实等方面，结合区直各单位财务管理状况、乡镇政府财政状况，注重从体制、机制上提出审计建议，为规范财政收支行为、推动财政体制改革发挥了积极作用。通过审计，查出预算草案不细化、虚列支出、滞留应当下拨的财政资金、预算收入未及时解缴入库等问题，提出努力培植财源、完善税收征收机制、调整优化支出结构等建议，并接受委托向区人大作工作报告。

【经济责任审计】 坚持把经济责任审计作为反腐倡廉的重要手段，围绕对权力运行情况，特别是对重大经济运行的决策、重大资金的使用，以及中央“八项规定”精神的落实情况进行严格审计监督。对9名领导干部进行经济责任审计，通过审计，查处问题金额4.06亿元，向被审计单位提出审计建议33条，促进财务核算的规范和相关制度的建立和完善，增强领导干部财经法规意识和依法履责意识，加强对领导干部权力制约和监督，为海州区委区政府管理、评价和考核使用干部服务。

【固定资产投资审计】 2017年完成固定资产投资审计项目5个，先后对解放路小学滨河分校校安工程、新浦大桥（原东站引河大桥）工程、浦南镇问题中心工程、新浦大道（原204国道新浦连接线郁洲路先导段）道路部分、锦屏棚户区工人新村一期安置小区部分工程的竣工决算审计，合计送审金额3.27亿元，审计核减0.71亿元，平均核减率21.71%。充分发挥审计机关在控制重大项目成本、加强项目管理中的作用。

【审计专项工作】 2017年，区审计局完成区政府和上级审计机关安排的阶段性专项任务9项，其中区政府安排6项、上级审计机关安排3项。参加区纪委组织的对海州开发区巡察、区委组织的海州区农村集体“三资”管理专项整治活动、全区涉农镇街及开发区“三资”管理专项整治督查工作，常态化参加全区行政事业单位违规发放津补贴专项检查，调研全区村级财务审计监督管理现状并出具调研报告，参加区政府办组织的全区政府部门政务信息系统自查和审计工作。此外区局还参加市接待办组织的2017年公务接待情况检查、全市信息系统审计及参与2017年度全市保障性安居工程审计工作。

【审计服务群众活动】 2017年，区审计局认真贯彻区委、区政府及上级机关的各项要求，扎实开展“双进双促”及“大走访”活动，深入挂钩的企业、村居，了解存在的问题、困难，认真梳理、积极协调、尽力帮助解决制约企业和村户致富发展的瓶颈。认真开展“大走访”活动，本着对群众高度负责、真心关心帮助群众的态度，全力摸清群众的生产生活状况，急百姓所急，想百姓所想，将存在的问题和困难及时总结上报，尽全力为人民群众多做实事、好事。全年深入企业、村户80余次，累计投入帮扶资金5.97万元，走访挂钩的浦南镇潘圩村、新圩村农户611户、企业（个体户）18家，并按时完成“大走访”系统数据录入工作。此外区审计局积极参与“千名机关志愿者爱心帮扶行动”，帮扶社区4户贫困户，给每户每月400元慰问金，共计19200元。区审计局领导班子成员带头在节假日探望帮扶对象，给予精神上的鼓励和生活上的支持，使帮扶对象切实感受到党和政府的关怀。

（撰稿：赵丽艳　审稿：董淑斌）

综　述

2017年，连云港市海州区住房和城乡建设局（以下简称区住建局）紧紧围绕建设“全国文明城市”的目标，以“完善功能、拓展空间、打造精品、提升形象”为指导思想，以重点工程、重大项目建设为抓手，强化措施，狠抓落实，圆满完成城乡建设各项任务，全区城乡建设继续呈现良好的发展态势。全年，投资1.17亿元，新建改造绿地76.2公顷。重点实施公园游园、河滨、道路、居住区、垂直绿化和特色花卉栽植等各类绿化项目7大类74项，完成栽植各类苗木17.7万株，植被22万平方米。截至年底，海州区绿化绿地率达37.9%，绿化覆盖率达41%，人均公园绿地面积达13.1平方米；实施市区重点城建交通8类共52个项目，年内计划完成投资额65亿元。全年实际完成投资额69.6亿元，完成率为107%，各类别城建项目均全部完成年度目标任务。荣获海州区“2017年度机关绩效管理考评一等奖”。

城乡规划

【概况】 2017年，海州规划分局及早谋划，积极与相关单位联系，征求被编制单位的意见，遴选优秀的设计部门让各有关单位选择。海州规划分局还在规划编制过程中充分听取各方的意见，邀请有关专家和各级领导对规划编制工作提出意见，以利工作保质保量地完成。

海州规划分局全程参与到各项规划的编制当中去，积极联系设计单位，主动与市规划局沟通协调，使每一项规划编制工作得以有条不紊的顺利进行。与此同时，海州规划分局做好区政府的参谋，做好协调和沟通工作，衔接好市规划局和区政府有关规划工作。较好地完成规划管理、批后管理、民房规划管理、建设项目规划核实、社区用房移交、党建、人大建议和政协提案答复等工作，较好第完成市规划局和区政府下达的各项任务，得到市规划局和区委、区政府及基层单位和群众的好评，荣获“建设海州有功单位”称号。

【前期行政审批服务落实】 2017年，海州规划分局完成核发选址意见书7件，核发建设用地规划许可证19件，提供规划条件35件，核发建设工程规划许可证32件（含临时证3件），方案审查18个，验线12件，竣工核实21件；信访及信息公开33件，接待来访70余次，12345案件21件；规划主动对接上门服务40余次，组织建设项目方案专家审查会40次，勘察现场80余次；收发文件404件，窗口受理业务132件；报送信息31条，其中被市规划局网站采用28条，机关家园采用8条，山海廉韵采用1条，中国江苏网采用1条，连云港海州区政府网采用5条；办理市人大、政协建议提案22件，办理区人大、政协建议提案13件，参加海州区会议100余次。

【信访接待及民房遗留问题处理】 2017年，来信来访的人数同比虽然有所下降，但问题的复杂性和处理难度也随之增大，由于有的群众当时对规划手续完善缺乏认识，没有及时办理，现在才来办理，而按规定不能办理，所以有些群众态度不好，但海州规划分局的工作人员总是笑脸相对，做耐心细致的解释工作，使大多数群众都能满意而去。处理民房遗留问题难度大，同时也复杂，海州规划分局工作人员为解决好群众的实际问题，多次到社区、街道办事处、有关单位和群众家里及邻居进行走访，了解当时的情况，力争做到准确无误。至年底，共办理信访及信息公开33件，接待来访70余次，调处12345案件21件。

【重要规划活动】 8月31日下午，海州规划分局召开控规项目评审会议。会上，对中医院地块控规初步成果、连云港高铁商圈成果、解放西路片区控规成果、郁洲公园周边片区控规成果、新浦工业园控规成果等5个控规进行评审。11月15日下午，市规划局副局长黄雁鸿率海州规划分局工作人员到海州开发区上门服务。

（撰稿：王振晔　审稿：王振晔）

滨河新城建设

【概况】 2017年5月，行政区划调整

后，滨河新城东片区所辖范围东起解放东路、陇海铁路，西至东站引河，北至310国道，南至规划七路，总面积约6平方千米，规划居住人口4万~5万人。滨河新城管委会共有工作人员26名，其中班子成员5名，其他工作人员21名。根据区委决策部署，按照合并精简管理机构要求，严格落实两块牌子一套班子，将滨河新区管委会并入新浦街道合署办公，办公地址改为海州区润浦路1号（市东派出所向前100米）。

2017年是新浦街道和滨河新区融合发展的首战之年，在区委、区政府的坚强领导下，围绕区委全委会加快发展的主旋律，滨河新城实现基础设施以及功能配套的全面完善，极大地提升城区发展格局。

【编制片区开发规划】 2017年，滨河新城坚持规划先行，高标准编制沈圩片区控规，其中二三单元（面积约2.3平方千米）控规于2015年获市政府批准。2017，正争取在总规中落实新浦磷矿化周边土地开发所需的建设用地，推动振华路以北地块的开发工作。此外，完成新浦磷矿周边地块地灾评估工作，明确采空区影响的最终范围，为下一步片区开发提供可靠的支撑依据。

【基础配套设施建设】 投入资金近8.5亿元建设新浦大道、浦发路、振华路等两纵一横9条道路（总长度约9千米）及一涵两桥，片区路网体系基本建成，实现与主城区的融会贯通。水、电、气、雨污等管网建设不断完善。投入资金约1.5亿元建设解放路小学滨河分校、社区服务中心、市东派出所，进一步完善公共服务配套。

【引资建造生态宜居之城】 2017年，随着片区基础设施的改善及生态环境的优化，碧桂园、恒大、中梁等全国50强的房企相继落地，瑞安花园、万得园等本地新企也竞相入驻，截至年底出让土地34公顷。尚有可出让土地34.66公顷，其中，商业用地13.33公顷，居住用地21.33公顷。

滨河新城内医养一体化项目

【区内重点项目建设】 滨河新城承担区级重点项目6个，其中地产项目4个，社会事业1个，企业1个。

碧桂园 项目占地7.73公顷，建筑面积约14万平方米，投入资金8.5亿元，10月、12月分两批交房。

林溪花园 项目占地11.46公顷，建筑面积约28万平方米，投入资金15亿元，年内全部楼层主体封顶，开盘销售率达90%。

中梁地产 项目占地3.94公顷，建筑面积约8.9万平方米，投入资金约4亿元，11月份开盘。

滨河商业街 项目占地1.92公顷，建筑面积约2.9万平方米（菜市场2000平方米），投入资金2亿元，年底开工建设。

污水管网建设 新建1座污水提升泵站，投入资金1000万元，完成方案设计及招标清单制定工作，年底完成招投标。

振兴钢材城新建工程 占地面积约8.66公顷，建筑面积约5万平方米，可容纳销售和加工商户约80户，投入资金1.5亿元，11月底完工。

【规划工作限制较大】 仅二三单元（面积约2.3平方千米）控制性详细规划获得批准，其余4平方千米未获审批，同时受水厂扩建、磷矿塌陷、建设用地指标不足等因素的影响，相关规划内容在城市总体规划中无法落实。

【存量土地严重不足】 年内，受水厂扩建、磷矿塌陷影响，滨河新区东片区可出让土地面积非常有限，仅为34.66公顷，其中净地13.33公顷，其余土地需征收后方可出让，且征收难度较大。

【基础设施有待完善】 滨河新城路网体系基本建成，但有些道路由于受拆迁影响，未能及时延伸，特别是规划八路与振华路连接段及茅口路的铺设未到位，造成孩子上学非常不便，给片区开发带来极大的制约。

【资金平衡缺口明显】 截至年底，滨河新城开发建设已投入17.3亿元，其中3.1亿元属土地出让金返还收入和上级项目建设补助收入，14.2亿元属单位负债，主要是银行贷款、区财政借款、瀛洲集团借款以及各类工程欠款等。滨河新城年内可出让土地仅有34.66公顷，其中商业用地13.33公顷，居住用地21.33公顷。即使这些土地全部出让，根据地价测算，土地出让净收益返还收入最多8亿元，仍有6亿元左右资金缺口。加上即将实施的污水管网等公共基础设施配套建设和社会管理、银行贷款利息、单位运转所需经费等因素，资金缺口更大。

新征用的土地价格由7万元每亩增加到17万万每亩。需要区级层面协调。

新浦磷矿“退二进三”所需的13.97公顷建设用地指标需区政府尽快协调确定方案。

（撰稿：张景怡　审稿：刘玉军）

市政建设

【市政养护管理】 2017年，海州区市

政养护管理部门负责管养道路共231条、面积约509万平方米，其中市区重点道路16条以及市民广场、振兴广场和河滨广场。按照“接得住，管得好”的整体要求，区住建局对新承接的道路进行了全面梳理，在工作增量不增人的情况下，进一步量化工作标准、明确操作规范，全方位提升道路养护、巡视监察、城市家具维护、数字化平台案件的处理等工作均达到精细化水平。全年共完成沥青路面维修8270平方米、水泥路面坑塘维修1950平方米，清掏大小井13364座次，疏通排水管道356.76千米，更换大小井1021座，维修人行道板9652平方米，新铺及维修平立石5591米。

【老旧小区改造】 2017年，区住建局积极推进老旧小区改造工作，根据前期排查情况，结合小区现状等因素，抽调专业的技术人员，对小区内需要改造的道路、绿化、下水道等情况现场查看、测量，制定出符合小区实际情况的改造方案及计划。全年共投入资金500余万元，对全区15个老旧小区实施改造。共铺设道路12000平方米、新修建下水管道3500米，更换大小雨水井180个，安装落水管道3500米，铺设行道板6500平方米、铺设路牙石1200米、疏通下水道近5000米，清除楼面安全隐患6处。

【背街小巷整治】 2017年，海州区投资839万元完成苍梧巷、富强路、爱家巷等30条背街小巷改造工程，维修道路长度5897米；投资500万元对城市家具进行维修改造，完成路面维修8.5万平方米，清陶大小井6214座，疏通下水道长度8000米，累计清陶90千米，助力市容环境达标工作稳步推进。

公用事业

【城乡供水】 完成主要经营指标。2017年，公司供水总量10528.57万立方米，同比增长5.23%；售水量8552.48万立方米，超过计划指标462.48万立方米，同比增长5.72%；漏损率实际完成18.09%，同比下降0.77%，完成18.5%的年度目标；供水单位电耗275.18度/立方千米，较年度计划下降10.82度；全年收费及时率99.42%；水质综合合格率99.96%，水压合格率99.28%，均高于公司年度计划指标和国家规定的标准；客户服务综合满意率达到97.9%。截至2017年底，公司资产总额达9.89亿元，合并子公司后资产总额达10.79亿元。2017年，青源水务有限公司、源通市政工程处、清源科技等子公司，在强化内部管理的同时，想方设法积极拓展外部市场，较好地完成年度目标任务。

水质提升工程 年内，列入市政府重点工程的海州水厂深度处理项目，预算投资9958万元，完成投资7000万元，2017年主体工程、设备安装全部完成，年底前完成设备、工艺调试和初步试运行，正式投产运行后供水水质将进一步改善，市区深度处理饮用水将实现全覆盖。推进第三水厂三期工程前期工作，完成总平面布置图专家评审和项目立项审批，取得规划局项目规划选址意见书批复，正在办理土地审批等手续。

民生保障工程 加快实施二次供水泵房接收及一户一表改造，全年共完成41座二次供水泵房接收，完成户表改造5054户，投入改造资金2410万元。

克服协调难，资金短缺等困难，积极推进板浦镇、岗埠农场区域供水项目，完成项目工程招投标工作，工程施工正在进行，该项目的实施将惠及两个乡镇15万人，预计需投资2000万元。此外，公司积极承担社会责任，全力为政府分忧、为百姓解难，先后解决开发商遗留的东方豪逸、博大新城小区烂尾楼用水问题，完成连云区中华新村、海州区津华苑等5个老旧小区低压区改造。在供水管网建设方面，公司积极与各级政府、市城乡建设局以及各园区对接，全力配合市重点工程配套供水管线建设，先后完成开发区金桥路、跃湖路、海州区迎宾路等16.2千米配套供水管线建设任务，完成310国道、新光路、海连路贾圩桥、火车客运站广场等13.17千米老旧供水管线改造任务，超额完成政府下达的目标任务。

安全供水。2017年，为确保城市供水安全，公司配合政府有关部门做好沭新渠水量、水质预警防范工作，在沭新渠泵站安装生产监控系统以及活性炭、高锰酸钾应急投加装置，水质检测中心每周定期开展蔷薇河上游和沭新渠水源巡检，做到提前预警，提前防范。公司与淮安、沭阳水公司建立水情信息互动机制，与市卫生、疾病预防控制中心建立季度水质沟通机制，与环保部门建立原水数据共享机制，不断完善水源污染应急体系，提高应急能力和水平。

在水厂生产环节，公司严格执行《城镇供水排水技术规范》和《城镇供水厂运行维护及安全技术规范》的规定，对水厂主要工序实行自动控制，并分别在一泵房、沉淀池、滤池、深度处理、二泵房设立质量控制点和自动在线检测装置。参照省建设厅优质水标准的意见，制定公司优质水控制标准，设立工艺点参数要求，严把质量关，确保出厂水水质达标，全年出厂水综合合格率达到99.9%。

（撰稿：吴长宁　撰稿：侯洪峰）

【城乡供电】 2017年，全社会用电量182.79亿千瓦时，比2016年增长10.02%。其中工业用电量120.59亿千瓦时，同比增长9.63%。全社会用电量按产业类型分，第一产业6.80亿千瓦时、第二产业122.28亿千瓦时、第三产业22.85亿千瓦时。调度最高负荷365万千瓦，同比增长13.7%。城市供电可靠率99.952%，综合电压合格率100%。农村供电可靠率99.814%，综合电压合格率99.978%。

2017年，连云港电网建设投资34.5亿元，投运220千伏厉荡变等输变电工程15个，供电能力达到424万千瓦，持续保持50万千瓦以上裕度，支撑港城未来经济发展。持续扩大清洁电力供应比例，全社会用电量中清洁能源占比达59.18%。太阳能等新能源装机容量69.61万千瓦，年累计发电量9.1亿千瓦时，同比增长15%。实施“以电代油、以电代煤”项目143个，节约标煤19.5万吨，减排污染物51.5万吨。建成“无燃煤示范区”3个，实现28.5平方公里“燃煤”清零。建设岸电设施203套，实现全市海、河、湖港口岸电全覆盖。

（撰稿：刘汝龙　审稿：宋　涛）

【城乡供气】连云港新奥燃气有限公司（以下简称连云港新奥燃）成立于2003年8月，是由新奥（中国）燃气投资有限公司（70%）与连云港城市建设投资集团有限责任公司（30%）共同出资在原连云港燃气总公司的基础上组建的中外合资企业，注册资本4951.21万元，经营范围为连云港市区城市规划区，是市区唯一一家拥有管道燃气特许经营权的专业运营商。

公司供气设施及范围。连云港新建有齐全的天然气设施：天然气门站1座、高压调压站3座、LNG储配站1座，海州地区天然气加气站3座及高、中、低压管网1500余千米。建成覆盖市区范围的天然气管网：西到海州区工业园，东到徐圩新区及连岛，南至海州区板浦镇，北至滨河新区及连云新城。为全市28万居民用户，1439户各类商业用户（学校、机关食堂、餐饮、宾馆等），121户各类工业用户（金桥益海、益海粮油、罗盖特、韩国轮毂等）及2000多辆出租车、公交车及社会车辆提供清洁、便利的天然气，高峰日供气量超过100万立方米。

连云港新奥燃高度重视安全工作，全年投入数百万元，购置安全设备、改造老旧管网，在冬夏季用气比例高达2:1的情况下，多年无重大安全事故及停供事件发生。2017年，连云港新奥燃积极响应省、市“263”专项行动的各种政策和整改要求，根据整改名录主动出击，逐加沟通，在工程建设和用气价格方面给予大幅优惠，在施工过程中，针对“煤改气”工程集中施工力量，缩短施工周期。全年完成燃煤锅炉改造56家，改造中的企业还有5家，极大程度的减少市区因燃煤引起的污染排放。

（撰稿：董寅生）

绿　化

【城区绿化】2017年，海州区投资1.17亿元，新建改造绿地76.2公顷。重点实施公园游园、河滨、道路、居住区、垂直绿化和特色花卉栽植等各类绿化项目7大类74项。完成栽植各类苗木17.7万株，其中乔木10.8万株，灌木6.9万株，植被22万平方米。截至年底，海州区绿化绿地率达37.9%，绿化覆盖率达41%，人均公园绿地面积达13.1平方米。

东盐河路绿化

【重点推进项目】年内，完成朐园、海州公园、樱花园三期等提升改造工作.同时，完成景泰苑、郁洲路与人民路交叉处游园等9处游园；提升改造海州开发区为民路、青圃路、黄河路等道路绿化12条，垂直绿化6条，重要节点景观绿化打造12个。此外，推进易居公馆、海州高级中学等17个居住区及单位绿化升级。

【绿化亮点项目打造】全面做好绿化亮点项目打造工作，在景山秀水，香溢江南等小区实施墙体垂直绿化1250米。栽植欧洲月季、木香花等藤本植物共计5662株；实施行道树补植工程。在苍梧路、通灌路、巨龙路等主要道路补植大叶女贞、法桐、马褂木等行道树260株；开展主次干道花草栽植。在郁洲路及苍梧路交叉口、郁洲路与朝阳路交叉口等主要道路交叉节点和重要节点栽植草花共7500平方米；积极开展秋季绿化，提升改造主城区“十点三线”绿化。共栽植法桐、榉树、早樱、晚樱等乔灌木1079株。

市容管理

【市容秩序整治】2017年，开展机动车乱停乱放、店外经营、占道堆放联合整治，清理流动摊点2.2万余处、查处清理乱堆放6750处，劝退骑店经营7000余起，规范人行道非机动车静态停放2万余辆次。开展市容环卫责任区和市容秩序示范路评比活动，对不履行市容环卫责任制的商户立案查处，推动市容环卫责任区制度有效落实。

【店招广告提档升级】2017年，标准化设置和管理户外广告，提升户外广告、招牌设置水平，提档升级店招店牌4000余块，新改建彩色电子信息栏11个，设置信息张贴栏15个，清理落地灯箱、广告牌850个，清除各类小广告11万余处，刷新墙体3.8万平方米，创建文昌路等5条户外广告整治示范路，美化城区环境。

【全国文明城市创建】2017年，推进创卫（创建卫生城市）长效管理和创文（创建文明城市）迎检工作，实施市容秩序、环卫基础设施、城乡面貌“三提升”工程。在主次干道设置12块大型创文宣传公益广告，300余个灯杆挂旗，在公厕等环卫设施上安装创文宣传画面40余块，营造创文氛围。加强卫生保洁长效管理，打造264座无障碍设施公厕。

【城市环境综合整治】 2017年，高标准、高质量打造一批惠民便民工程，对城区背街小巷、城乡接合部、老旧小区、棚户区、河道等202个项目进行全面整治，许庄村、洪门村和扁北巷等整治项目成为省级示范典型案例。

【市容秩序网格化管理】 2017年，牵头制定出台《海州区城区市容秩序网格化责任制暂行管理办法》，探索并推行“3+X”工作法，全面落实协管员定人、定岗、定责、定时的“四定”管理责任制，推进管理资源整合及城管重心下移。招聘400名城管协管队员，在城区各街道重点区域、繁华路段实行早6时至晚10时的16小时“巡查一体”工作制，“四定”人员统一佩戴工作证，统一着城管服装，按时上岗，定时交接班。为各街道配备20辆电动巡查车，用于日常市容巡查、管理和相关法律法规的宣传工作，提高市容巡查工作效率和工作机动性，实现市容秩序管理精准高效，提升城市管理品质，打造新东街道文昌路、新海街道锦苑路等一批市容管理示范路。

【禁违拆违】 2017年，完善控制和查处违法建设长效机制，建立健全违建投诉、受理、查处一体化工作机制。进一步贯彻落实“三改一拆两清理”（棚户区改造、城中村改造、老旧小区改造、拆除违规搭建、违法建设治理专项行动、违法用地清理专项行动、低效闲置土地清理）违建专项整治行动要求，按照“全面排查、分类治理、突出重点、有序推进”的原则，在全区范围内开展违建普查摸底，分期分批拆除存量违建，杜绝新增违法建设。全区共排查存量违建2963处，面积314.89万平方米，分类处置违建面积60万平方米，拆除违建26.5万平方米，60起新生违建被及时制止。

【“百日攻坚”专项行动】 2017年，牵头制定下发《城乡市容环境整治“百日攻坚”专项行动实施方案》，研究落实专项行动推进举措，细化明确专项行动考核细则。制定周计划推进表，将任务项目化，项目节点化，实行挂图作战，逐项销号。牵头开展的镇容镇貌（村庄环境）整治、市容秩序网格化责任制“四定”工作、垃圾分类试点、“931”整治、禁控违、数字化积案化解等6项任务全面完成。

环　卫

【环境卫生整治】 2017年，结合全国文明创建工作，加大对城区主次干道、窗口地段、背街小巷、城市出入口、城郊接合部的环境卫生整治力度。针对城中村及城乡接合部环境卫生脏、乱、差问题突出的现象，开展城乡环境集中整治工作600余次，出动人员1.8万余人次、车辆约3000台次，清理出各类垃圾10000余吨。

【环卫设施建设】 2017年，新建苏欣快客站西公厕等6座二类公厕，改造临洪、新海2座中转站，樱花园中转站附属工程全面竣工，提升中转站垃圾压缩能力效率和公厕服务水平；新购置道路清洗车3辆、高压冲洗车1辆、除霾抑尘车1辆、慢车道清扫车9辆，对各主次干道进行全幅机扫，全天候冲洗降尘，全面提高城区道路深度清扫保洁水平；购置无泄漏压缩车2辆，解决垃圾压缩车渗滤液污染问题；购置装潢垃圾运输车10辆，提高装潢垃圾收集水平。此外，使用小型冲洗车对地面油污、城市家具、环卫设施进行保洁冲洗，全面提高城区保洁质量。

【垃圾分类试点】 2017年，根据省、市两减六治三提升（“两减”是指减少煤炭消费总量和减少落后化工产能；“六治”，是指治理太湖水环境，治理生活垃圾，治理黑臭水平，治理畜禽养殖污染，治理挥发性有机物污染，治理环境隐患；“三提升”，是指提升生态保护水平，提升环境经济政策调控水平，提升环境执法监管水平）专项行动实施方案和海州区2017年两减六治三提升专项行动工作计划的要求，采取因地制宜、分类指导的方针，推进生活垃圾分类收运试点工作。先后引进杭州丰牛环境、北京慧丰环境、E袋收等多家企业参与垃圾分类试点工作，通过互联网+、手机软件（APP）、二维码智能分拣称重、积分兑换、志愿服务等多种形式，广泛发动民众“共谋、共建、共管、共评、共享”，居民、社区、企业、环卫共同推动垃圾分类。在玉带新村、中茵名都等城区10个小区和浦南镇开展试点，增设垃圾房、分类垃圾收集亭等垃圾分类设施，开展垃圾分类宣传活动，使垃圾分类走入课堂、进入小区，招募环保志愿者、发放垃圾分类知识手册、卡片及一次性可回收垃圾袋，逐步提高民众垃圾分类的知晓率、参与率。设置垃圾分类收集亭24个，新建垃圾分类收集房2个，分类收集果皮箱30个，分类收集桶200余个，发放垃圾分类知识手册3000余本、垃圾分类卡2000张，一次性可回收垃圾袋3000个。建成浦西大件垃圾拆解中心、浦

垃圾分类收集亭

南镇阳光堆肥房、朐山装潢垃圾临时弃置场，并投入使用。推行餐厨垃圾上门收集，在机关、事业单位推行垃圾分类投放，取消主干道两侧垃圾桶，拆除敞口式垃圾池，增加果皮箱布局密度，推行垃圾袋装化收集和建设封闭式垃圾分类收集房等措施，形成密闭、环保、高效的生活垃圾收运体系。

【城乡垃圾收运体系建设】 2017年，全面加强农村环境卫生管理，完善农村垃圾收运体系，购置224只移动式垃圾收集箱，勾臂车10辆，建设启用农村环卫管理中心，朐山、大团、草舍、太平4座农村垃圾中转站投入使用，进一步完善“组保洁、村收集、镇转运、市处理”的农村垃圾收集体系，农村垃圾无害化处理率达到90%以上。开展镇容镇貌、村庄环境“八无”（无堆积物和垃圾箱、无洗车点和修车铺、无摆摊设点和打谷晒场、无违法建筑物和地面构筑物、无违法搭接道口和占用挖掘公路、无违法跨越和穿越公路设施、无公路非法标志及广告、无路肩边坡非法种植物）“五清”（清理草堆、土堆、石堆、粪堆、垃圾堆）整治和交通干线“五沿”整治；组织城管协管员、保洁员协助镇街开展环境清理整治370次，清理各类垃圾4100余吨，全面启动浦南镇等5个涉农镇街省级卫生乡镇创建工作。

【环卫精细化管理】 2017年，创新优化管理模式，规范环卫行业作业标准，按照“以克论净”的要求，对道路清扫保洁作业方式进行改革。按照“重心下移”的要求，环卫作业人员下沉至各街道办事处，接受双重管理，与社区保洁无缝对接，消灭管理盲区，减少扯皮争议，统一进行考核和奖惩，提升管理水平。

镇村建设

【村庄环境整治】 2017年，海州区按照市建设局要求进行村庄环境综合整治。全面推进经济薄弱村“五清”整治工作，完成18个经济薄弱村环境集中整治；完成浦南镇龙浦村大官庄“康居村庄”创建工作；挖掘浦南、锦屏、新坝、宁海、板浦7个特色田园村庄发展对象，并优选经济实力较强、条件相对成熟的浦南镇太平村、龙浦雷顶村、江浦团结村3个村庄申报市级特色田园村庄试点。

【农村危旧房改造】 2017年，海州区完成锦屏镇、新坝镇、板浦镇等5个镇街共68户农村危房改造任务，累计完成投资280万元，获得省补资金145.08万元。

【特色小镇建设】 海州区全力抢抓新一轮小城镇建设机遇，坚持因地制宜、突出特色，做大做强镇域经济。全年，共投资14.1亿元从基础设施、公共服务、住房保障和产业带动4个方面提升全区城镇建设。区住建局主动对接各镇街，指导其编制特色小镇项目计划，积极申报国家级、省级、市级特色小镇。

（撰稿：聂义刚　审稿：卢长义）

房管物管

【住房保障】 为更好的解决市区中低收入家庭、新就业及外来务工人员的住房困难问题，区住建局进一步健全和完善住房保障服务窗口，落实工作机构及人员，规范窗口服务行为，对居民保障房申请的受理复核、公示工作，审核合格率达到90%以上。在保障房申请受理过程中区住建局积极做好政策宣传、咨询和投诉受理等工作，及时化解矛盾，解决纠纷，全面落实信息公开要求，健全保障对象动态审核和举报查处机制，及时了解更新住房困难家庭的动态变化。全面推进住房保障信息管理系统，落实人员和责任，及时做好资料的录入和数据的上传等工作，确保系统的正常运行。全年发放廉租住房租赁补贴184户，并对715户享受廉租房补贴的住户进行年检，其中508户廉租房补贴的住户通过市住房局年检，2018年继续享受廉租房补贴；新申请廉租住房284户、公共租赁住房238户、共有产权式经济适用住房486户；廉租房实物配租386户、经济房分配224户、公租房分配276户。

【危旧房改造】 根据市政府《关于进一步开展城市危房和老旧房屋安全排查工作的通知》精神，区住建局会同相关部门全面开展危房安全隐患的排查改造工作，对各街道办事处上报危房和潜在危房的面积进行汇总，并且及时输入省危房管理系统统计平台。全区存在危房面积9222.8平方米、潜在危房面积42765平方米，全年完成改造城镇危房3万平方米。区住建局会同各街道办事处召开专题会议，要求各街道办事处把危房统计情况及时通知到产权人，要求其进行加固、维修、解危。

【物业管理】 开展玉带河沿岸住宅小区排污情况调查。组织人员并聘请专业的探测公司对玉带河沿岸的住宅小区的排水、排污情况进行调查，共完成玉带河沿岸17个、东盐河沿岸5个小区的排污情况调查工作；加强老旧住宅小区长效管理工作。对全区老旧住宅小区管理现状进行摸底调查，并完成141个老旧住宅小区地图绘制工作。指导10个街道办事处成立社区居民服务中心，141个老旧小区中有18个小区引进物业企业进驻实施管理，19个小区由小区业主自治实施管理，22个小区由居民服务中心实施管理，82个小区由社区进行兜底管理；强力推进物管小区全国文明城市创建，巩固创卫成果。组织人员加大对物业企业周、月、季度检查力度，不定期对物业管理工作进行检查、通报，全年共组织各项检查38次，下达整改通知书35份，对检查中存在问题的企业及时要求整改，有效提升各物业小区的创卫长效管理水平。明珠皇冠花园和同科汇丰国际荣获“2016年度江苏省级示范物业管理项目”称号；强化落实，完善物业管理体制建设工作，做好各项日常管理工作。全年共完成物业服务合同备案23份，项目经理备案30个和65家企业信用系统的录入工作。完成万象新海苑、世纪凤凰城等12个项目的前期物业招投标工作。全年共处理完结12345转办、市长信箱等各类投诉1486件。

（撰稿：付　辉　审稿：程宏宇）

旧城改造与房屋征收

【概况】 2017年，区委、区政府抢抓城市建设发展先机，不断强化对旧城（棚户区）改造工作组织领导，理清工作思路、自加压力、创新举措，稳扎稳打，抓好落实，围绕旧城（棚户区）改造房屋征收工作目标任务，主攻结转项目，推进新征收项目。全区共排定房屋征收及收购项目62个（其中征收结转项目24个，计划实施征收项目38个）。全区共完成房屋征收133.3万平方米，占全年目标任务量的102.5%；完成棚户区改造新开工7087套，占年度目标的104.6%。全年共完成12个地块项目净地交付，具体是：铁路新村地块、南广场地块、康缘药厂北侧地块、民主路二期项目地块、利玛R5地块、无线电十厂地块、天然居地块、区法院东地块、蔷薇湖扫尾工程、市特殊教育中心地块、香海湖二期地块、白虎山批发市场（住宅部分）。连徐客专（新浦段、浦西段、新浦工业园段、岗埠农场段）、黄河度假村地块、原纺织厂宿舍地块、东堡B地块等14个地块项目完成签约率均在90%以上。

【节点破解难题把控】 围绕旧城改造工作推进，区委、区政府组织开展“百日攻坚行动计划”旧城改造专项行动，全区上下坚持以法律为准绳，以房屋征收政策为依据，按照老地块老办法，新征收项目新举措的思路，重点推进全区征收和拆迁结转项目，努力促进新增项目征收早实施，早落实。截至12月，木材厂地块、磨盘山二期、人民东路二期、润邦地块、同和片区、铸造厂地块、葵花街地块等征收工作瓶颈已取得重大突破；新海玻璃厂地块、孔望山路地块、瀛洲路农贸市场改造、烟草巷地块征收工作取得新进展；针对有些地块存在漫天要价影响项目进度的地块，区政府加强与法院等单位的沟通协调，依法依规启动司法程序，切实解决天然居周边地块、黄海度假村地块、新海路东地块等一批久拖未决的“老大难”问题。

【项目融资】 针对全区棚户区改造项目因征收补偿资金短缺情况，2017年，海州区集中精力跑项目抓融资，将24个项目列入江苏省2017年棚户区改造新开工项目清单，积极争取市城乡建设局、市规划局、市国土资源局、市财政局等相关部门支持，主动对接包装地块项目投融资主体，争取项目包装合乎审核规范要求。海发集团、瀛洲集团将新浦磷矿棚户区、二工区及周边片区、民主棚户区改造三期项目、建设西路（盐河路至新孔路）及周边地块、三禾片区、幸福广场二期、义乌商品城二期、新海粮库地块、考棚路地块、原车辆厂宿舍区地块、建设西路周边、飞达嘉园周边地块共12个项目纳入海州区2017年国开行棚改资金融资。在融资项目清单计划，国开行批复35.9亿元棚户区改造资金贷款使用额度。

【存在问题】 年内，绝大多数征收结转地块存在被征收人漫天要价，致使谈判签约进展缓慢，征收财务成本加大等问题突出；因受安置房源短缺制约，许多在计划中排定项目无法正常组织实施；涉及司法强拆和违章建筑查处，因受合法性、合理性审查等环节影响，启动缓慢；在项目地块中，违章建筑占相当大比例，直接影响征收工作进程。

（撰稿：袁永杰　刘茗月　审稿：卞宝玲）

建筑施工

【概况】 2017年，全区完成建筑总产值12.22亿元，建筑增加值4.61亿元，外出施工产值2.73亿元，建筑各项指标均完成年度目标任务。

【质量安全管理】 2017年，海州区深入开展建筑安全专项整治工作，共组织质量安全、建筑市场检查20次，整改质量安全问题178条；制定建设系统安全生产网格化管理责任分解表，明确相关安全生产管理的责任单位。管辖的建筑施工企业及工程全年无亡人事故、无等级以上质量事故。

【清欠工作】 清欠工作平稳有序，海州区清欠办共受理市、区两级有关部门转办案件12件，涉案金额400万元，处置成功率达95%以上；配合区相关单位赴省处置清欠上访案件1起，会同市清欠办、区信访局协调会办清欠案件4件，组织海州区建筑工地清欠专项检查4次。

软环境建设

【执法队伍建设】 2017年，以城管系统“强基础、转作风、树形象”主题活动和“作风建设大讨论”活动为载体，加强执法人员业务培训和思想教育，提升队伍的业务能力和综合素质。规范服装，加强装备、车辆管理，配备使用执法仪，创新管理手段和方式方法，坚持文明执法、规范执法，落实长效管理，提升城管队伍良好形象。

【数字化城管】 2017年，海州区12345政府热线与数字化城管二级平台强管理、抓落实，提高工作效能。年内共接收各类案件112898件，处置率99.11%，结案率99.1%，化解往年积存案件3152件。通过定期通报、现场会办，提升数字化城管案件及时处置水平，为市民搭建良好公共服务平台，为政府树立良好公众形象。

【城市网格化智能化综合管理平台建设】 围绕“信息化建设、精细化管理、人性化服务、高效化运行”的总体目标，以网格化管理为基础，创新城市网格化综合管理体系，将政府服务热线和数字化城管、综合治理、民生服务、应急处置等统一纳入城市网格化综合管理平台，成立海州区城市网格化综合管理中心，形成符合海州特点的城市网格化综合管理体系，提升海州区城市网格化综合管理的现代化水平。

（撰稿：聂义刚　审稿：卢长义）

责任编辑：王恒亮

交通建设

【概况】 2017年，海州区共完成沥青路面维修8270平方米、水泥路面坑塘维修1950平方米，维修人行道板9652平方米，新铺及维修平立石5591平方米。完成苍梧巷等共30条背街小巷改造。完成浦滩线等11个项目。提档升级农村道路23条，共计67公里，农桥7座。

【连云港站主体完工】 为连盐铁路、连镇铁路、连徐高铁共用，连云港站新建主体工程完成，建筑面积20120.6平方米，内外装修在紧锣密鼓进行中。

连云港铁路综合客运枢纽站前人民路路面部分为双向6车道，采用机动车与非机动车混合布置，设计车速50公里/小时。人民路下穿隧道位于地下2层，双向四车道，设计时速50公里/小时。

区境内乡村公路

【小街巷道路维修】 2017年，海州区投资839万元完成苍梧巷、富强路、爱家巷等30条背街小巷改造工程，维修道路长度5897米；投资500万元对城市家具进行维修改造，完成路面维修8.5万平方米，清淘大小井6214座，疏通下水道长度8000米，累计清淘90千米，助力市容环境达标工作稳步推进。

【农村公路建设】 2017年，区住建局注重抓好农村路网的规划，结合产业布局、人口分布，完成农村路网规划工作。共规划县道16条，规划总里程204.9千米；规划乡道23条，规划总里程134.7千米；规划村道13条，规划总里程29.1千米。为全区争取此后两年农村公路提档升级建设资金的预算提供依据。全面抓好农村公路建设工作，投入资金6600万元，重点建设泗樊线、板新线、锦新线等5条共21千米的农村道路。全区共投资4亿元，完成县、乡、村三级共33条96千米道路，农桥7座。

公路运输管理

【新浦运输管理所】 2017年，新浦运输管理所按照市处运管工作目标要求，紧扣重点，加强对重点难点工作突破，各项目标任务稳步推进。辖区运输市场运力结构进一步优化，安全生产形势稳定好转，加强行业管理、廉洁自律，服务水平和调控能力进一步得到提升。全年度共完成普货道路运输新增经营许可406户，年审2036户，注销423户，换证275户，补证7户；道路运输证配发1157本，年审4536本，注销1044本，换证841本，补证76本。加快道路货运运力结构优化调整，积极引导运输企业加快淘汰老旧车辆，引导使用CNG、LNG等新能源货车（其中LNG车辆5台）。深化维修企业信誉管理，完善信誉考核内容和机制，提升信誉企业的公信度，年度辖区共新增三类汽车维修企业许可34户，超额完成了年度目标计划。

安全生产管理 2017年，新浦

运输管理所按照年度安全管理工作要求，积极推进“安全生产行政执法监督年活动”，制定相关工作方案，特别是在春运、“五一”“十一”小长假等客流量大时间段进行安全专项检查，重点加强对辖区客运站和规模货运企业的安全监管。为了强化重点货运企业的日常安全监督管理，采用“互联网+”的模式，建立安全生产在线工作群，明确要求辖区10辆车规模以上的货运企业必须安排专职安全管理人员加入群，通过在线工作群及时发送相关的文件会议精神，取得良好的成效。年度共召开安全工作会议13次，组织出动安全生产检查人员310人次，抽查排查出一般安全隐患17次，整改17项，整改率100%。在检查过程中现场向相关企业交换了意见，同时督促企业进行整改。

贯彻省局“三个办法” 加强道路运输行业信用管理，确保各项规定落到实处，加强对辖区相关道路运输企业三个办法（省交通运输厅运管局《关于贯彻实施〈江苏省道路水路运输经营者信用管理办法〉〈江苏省道路运输从业人员信用管理办法〉和〈江苏省道路运输违法行为累积记分管理办法〉》）的宣贯，以信用管理作为管理抓手，为下一步依法按职责履行对本辖区内相关行业的信用管理和违法行为累积记分管理工作、建立收集相关信用档案等打下坚实基础。

车辆卫星定位系统监管 认真学习贯彻《道路运输车辆动态监督管理办法》、《关于认真贯彻落实〈道路运输车辆动态监督管理办法〉的通知》和《关于认真贯彻落实〈道路运输车辆动态监督管理办法〉的通知》的文件精神，确保《办法》和两个《通知》有关规定落到实处，100%完成“北斗双模”车载终端安装。

强化省级运输品牌培育 按照市处有关部门要求深入企业调查研究，认真学习掌握相关标准并向辖区内相关企业进行宣贯，依据相关规定和通知精神，筛选组织辖区内具备条件的企业进行先行准备和完善，积极培育“快货线路”“快货企业”“江苏快修”等省级运输品牌企业。

（撰稿：王　艳）

【海州运输管理所】 2017年，连云港市海州运输管理所新增普货道路运输经营许可249户，年审1327户，注销238户，换证166户，补证10户；道路运输证配发704套，年审3186套，注销491套，换证603套，补证59套；2017年度，辖区新许可三类汽车维修企业许可10户，办理换证11户，依法注销超期未申请延续22户；受理维修质量纠纷案件2起，妥善处理2起，及时结案率100%；“江苏运政在线”系统货运数据正确率100%，“两证”审验率95%以上，证件有效期内“两证”占总证件数的97%以上；辖区5台车以上（含5台）单位道路运输经营许可证年审安全评估合格率100%。

优化调整结构 加快道路货运运力结构优化调整，引导运输企业加快淘汰老旧车辆，引导使用重型货车、厢式、集装箱等专用货车及CNG、LNG等新能源货车。加强政策引导，建立交通物流龙头企业评价和推进机制，重点扶持交通物流龙头企业发展；全面推进甩挂运输工作，配合市运输管理处相关科室，指导永昌汽车运输有限公司申报省甩挂运输试点企业。加强道路货运、交通物流、货代业和汽车租赁业管理工作。加强运输行业监管，定期对辖区内各类道路货物运输企业开展监督检查，企业资质合格率100%，车辆承运人责任险投保率100%，车辆卫星定位系统安装使用率100%；推进道路货运质量信誉考核工作，辖区5辆车以上（含5辆）道路货运企业考核率达100%。推进辖区道路集装箱运输业公司资源整合，辖区内集装箱运输企业公司化经营率达到50%。

“263”专项整治 按照市局转发市政府办《全市“两减六治三提升”（“两减”：即以减少煤炭消费总量和减少落后化工产能为重点，从源头上为生态环境减负。“六治”：即针对当前生态文明建设问题最突出、与群众生活联系最紧密、百姓反映最强烈的六方面问题，重点治理太湖水环境、生活垃圾、黑臭水体、畜禽养殖污染、挥发性有机物污染和环境隐患。“三提升”：提升生态保护水平、提升环境经济政策调控水平、提升环境监管执法水平，为生态文明建设提供坚实保障）专项行动实施方案》、市运管处《连云港市机动车维修行业专项治理工作方案》工作要求，落实“三步走”（第一步，逐户排查登记，强化宣传教育。第二步，规范经营行为，增强环保意识。第三步，严格依法执法，查纠违法行为）整治措施，推进“263”专项行动，在辖区5个街道、3个镇，按照先易后难，不留死角要求，扎实有序开展“拉网式”排查整治行动。截至年末，全辖区计划纳入整治计划的26家喷漆维修经营户，已经取缔、关闭露天和敞开式喷涂作业6家；实行密闭车间喷漆作业，通过固定装置排放废气9家；对11家不具备喷漆条件维修户，责令停止喷漆项目，拆除“喷漆”字样门头，“263”专项行动取得显著成效。

安全监督 2017年，共组织召开道路运输安全生产工作会议15次，组织出动安全生产检查人员226人次，检查辖区道路运输企业13家，重点客货企业2家，三类汽车维修业户76家，发现一般安全隐患11处，企业自查自纠266处，整改率达100%。下达整改通知书5份，责令限期整改到位。

做好“北斗双模”卫星定位装置工作 做好辖区内道路运输车辆安装、使用卫星定位装置工作，新增的以及道路运输证年审到期的半挂牵引车、总质量为12吨以上的（危险货物运输以外的）货运车辆100%安装具有行驶记录功能的卫星定位装置并接入符合要求的监控平台。落实源头治超信息抄告及处罚规定，建立源头治超巡查管理制度。对接公路违法行为信息抄告处理转接工作，督促违法当事人限期履行义务；落实辖区内源头治超规定，定期开展重点源头治超单位现场巡查。

（撰稿：王发清　审稿：邱建刚）

铁路运输

【概况】 2017年，连云港站铁路运

输（简称连云港站），紧紧围绕运输生产、安全施工等工作目标，狠抓安全关键，完善管理制度，认真开展各类安全专项活动，以落实现场作业有效控制为切入点，突出关键，把握重点工作以及服务质量的提高，认真做好春运、暑运、黄金周以及军运任务，全年实现了安全工作持续稳定，客运收入稳中有升，杜绝了路风事件发生，得到上级领导的好评。

【安全管理】 连云港站认真学习落实二级一号文件等重要精神。狠抓铁路运输安全生产，保证铁路运输。2017年，全体干部职工认真学习学习，认真座谈讨论车站安全生产形势，认真查找存在的问题，坚持“安全第一、预防为主”的方针，推进“规范管理、强化基础、顶控关键、确保实现安全年”。在具体日常工作中以旅客列车安全为重点，落实各项制度，确保旅客、职工的绝对安全。使每名职工明确安全生产形势，明确各级领导对安全生产的要求，明确各自在安全管理中应尽的责任，应做的工作，应达到的标准，使安全生产得到稳定发展。

【管理制度】 从整章建制入手。2017年，对台账、规章、预案和管理制度进行重新制定，完善各项台账资料，客运岗位作业标准和作业流程，非正常情况的应急处理预案等。针对日常工作中劳动纪律和作业标准方面的惯性违章，加大检查力度。针对私自换班、调班频繁问题，完善班组，并提前报请车站领导批准。一系列行之有效的管理制度，在筑牢安全防线，规范日常管理方面发挥了积极作用。

【专项整治】 2017年，连云港站认真开展了客运“安全大检查大反思”“全国安全生产月”“安全专项整治”等各项活动，为夯实安全基础，与各项活动有机结合，客运通过黑板报、班前点名、班后退勤、专题会议等形式使安全教育常学常新，使安全条例深入人心，收到实效。

（撰稿：井盛田）

内河运输

【航道】 2017年，航道工作聚焦高标定位，高质发展，牢记使命，强化担当，瞄准连云港市构建大交通三年行动目的，攻坚克难主动作为，圆满完成年度各项目标任务。航道工程顺利推进，灌河西段整治工程、徐宿连航道前期工作取得阶段性成果；航闸养护取得新成效；航道创新迈上新台阶，多个科技项目获省厅立项，并获专项资金支持；航道管理严格执行航道执法监督，航政监管实现全覆盖；严格落实安全生产责任制，全年实现安全生产无事故。

2017年，航道处干部职工紧紧围绕灌河西段整治工程、徐宿连航道项目前期工程，尽快做到“南北贯通，东西相连、海河联运、通江达海”的宏伟蓝图的实现。灌河西段整治工程快速推进，护坡试验段施工全面完成，相关工后观测工作有序开展。疏浚工程实现序时进度，完成土方疏浚100万立方米。

2017年，累计投入养护经费2382.7万元，为年度计划的100.6%。实现养护工作安全高质。投资800万元完成疏港航道灌南义泽河段护坡维修、灌云段及市区段24处护岸端头修复加固和墙面勾缝，完成盐河航道平安河桥北约3公里处“卡脖子”航段疏浚工程，干线航道“塞、拥、堵、浅”问题明显改善。

航政监管实现全覆盖。全年累计巡航19724公里，收取航道赔补偿费212.78万元，查处侵害航产航权行为20余起。办结行政处罚案件9件。按季度开展疏港、盐河、灌河、古泊河、善后河等干线航道巡航，完成扫床总里程1113.68公里，航产航权得到有力保护。

【船闸】 2017年，累计过闸船舶吨位达1.07亿吨，比2016增长79.04%；累计过闸货物量达5970.62万吨，比2016年增长82.48%；累计征收过闸费3050万元，为年度计划的108.94%，比2016年增长40.27%，实现历史性突破。集装箱船舶在疏港航道实现首航。善后河枢纽、新沂河枢纽的过闸费双双实现超千万。其中，新沂河船闸过闸费1572万元，善后河船闸过闸费1369万元，征收体量上实现了从百万级向千万级的迈进。各船闸严格执行省政府过闸优惠政策。全年优惠减免过闸费775万元，其中过闸费优惠762.6万元，免收集装箱船舶过闸费12.4万元，有力促进交通物流业降本增效，做到应免不征。严格规范过闸费征收标准。深入开展过闸费稽查工作，对大船小薄等不规范行为开展专项稽查，累计核查过闸船舶590艘（含船队5队）、变更计费基数106艘，增加计费基数6878吨，确保过闸费应征不漏。优化过闸管理缩短船舶过闸时间。持续做好水上ETC维护保障、船舶动态观测及便民服务工作，船闸运行效率不断提升。

（撰稿：黄继明　审稿：王　进）

【海通航运】 2017年，海通航运公司（以下简称海通航运）实现营收1548.08万元，较2016年同期1944.76万元减少营收收入396.68万元；完成利润为64.68余万元，较2016年度年同期实际利润减少30多万元；全年完成货运量114.90万吨左右，较2016年度的70.15万吨增长44.75万吨。

成功承揽了连云港外代红土镍矿（连云港至周口）、圣戈班公司铁矿砂（连云港至马鞍山）、海建石子（天长、溧阳上沛至连云港）和南京盛港煤炭（徐州双楼港至南钢）等水路货运业务。以散盐、大麦、钢材和石子等和其他货代运输正常发运码头装卸作业的货物。

5月，公司与连云港外轮代理有限公司合作，成功签订外贸进口红土镍矿内河水运协议，新开辟连云港至周口的内河航线。8月下旬，公司与徐州圣戈班公司签订了连云港至马鞍山铁矿砂运输协议。11月份分别签订和启动连云港至周口、连云港至南钢铁矿砂水运业务。年内，还相继开辟了徐州双楼港至南钢兰炭、灌河国际至蒋坝草炭土等货物水运业务航线。海河联运量105万吨项目。

（撰稿：刘　晖）

公共交通

【公交线路】 2017年1月1日起新开辟B12K线路。线路走线：海州客运站—幸福路—海宁大道—朝阳路—学院路—青峰路—花果山大道—港城大道—黄河路—昆仑山路—港城大道—五羊路—云和路—平山路—海滨大道—连云区政府。

从6月30日起优化调整公交4路线路。线路走线：幸福路停保场—幸福路—秦东门大街—西门路—锦屏路—新坝中线—新坝客运站。

从6月30日起优化调整公交7路线路。线路走线：馨海名郡—西门路—秦东门大街—幸福路—解放路—大浦路—金桥路—开泰路—大浦路—暨明药业。

从6月30日起优化调整公交17路线。线路走线：连云港火车站—人民路—南极路—红砂路—九龙城市乐园西门—秦东门大街—郁洲路—前许路—瀛洲路—204国道—中正街—中正大桥。

从9月22日起优化调整公交9路线。线路走线：义乌商品城—幸福路—秦东门大街—新孔路—海宁路—盐河路—朝阳路—海昌路—大庆东路—通灌南路—海连东路—郁洲北路—新浦大道—204国道—许安路—交通技工学校。

从9月22日起优化调整公交19路线。线路走线：馨海名郡—西门路—西大岭路—海连路—苍梧路—郁洲路—绿园南路—东盐河路—建设路—学院路—苍梧路—花果山大道—霞辉路—文苑路—晨光路—工贸职业学校。

从9月22日起优化调整公交24路线。线路走线：园林—东风路—幸福路—朝阳路—振海路—大庆路—盐河路—朝阳路—瀛洲路—苍梧路—花果山大道—霞辉路—文苑路—晨光路—工贸职业学校。

从9月22日起优化调整公交201路线。线路走线：市一院高新区院区—科苑路—凌洲路—海连路—郁洲路—解放路—幸福路—秦东门大街—西门路—锦化路—锦屏首末站。

从9月22日起优化调整公交202路线。线路走线：朐阳门—幸福路—朝阳路—通灌路—海连路—苍梧路—学院路—凌洲路—科苑路—新世界文化城。

【驻站管理】 按照《汽车客运站安全监管规范》，严格规范进站车辆管理，每天对客运站场及车辆进行常规管理，填写驻站日记，对现场发现的问题，当场交流并下达整改通知书，督促整改到位。做好各项安全监管登记台账相关资料统计工作，掌握客运站的客流动态，做好有关客流数据的记录、分析，客运站安全形势稳定。

公交企业

【连云港市公共交通集团】 2017年是连云港市公共交通集团（以下简称公交集团）深化企业改革，做强做大战略布局的关键一年。公交集团以党的十八大、十九大精神为指引，以习近平新时代中国特色社会主义思想为统领，在市委市政府和市交通控股集团的正确领导下，紧紧围绕“管理创新年”指导思想，公交集团全体职工团结奋进，履职担当，立足创新，优化布局，合理规划公交线网，加速推广应用新能源车辆，夯实安全管理基础，全面提升企业管理水平，创新创优公交服务内涵，推进企业体制机制改革，打造优质公交服务，圆满地完成市政府下达的重点工作任务和交通控股集团下达的年度目标任务。至年底集团固定资产总额5.83亿，集团下辖7个子公司，8个机关部室，在册员工1632人，营运线路85条，拥有车辆数1145台，线路总长1904.5公里，日发总班次7277班，日客流量22万人次。

经营指标 2017年公交集团实现营业收入1.42亿元，营业成本3.81亿元，利润总额-8373.81万元，客运量7172.71万人，客运周转量10.24亿人公里，总行驶里程5708.89万公里。

更新公交车辆 公交集团全力推进公共交通电动化，让港城人民享受绿色、低碳、环保、便捷的公交出行生活。2017年新增10.5米171台纯电动公交车辆并如期上线运营，淘汰下线黄标车辆165台，改善了市民乘车环境，提升了城市形象；至年末，公交集团清洁能源和新能源公交车占车辆总数的92%，新能源公交车完好率和工作车率达98%，车辆占比居全省公交领先地位，单车工作效率位列省内同行业之首；全年底完成新增230台纯电动公交车上牌及运营组织工作。

夯实运营管理 推行服务标准化，加强驾驶员、站务员、服务热线人员考核，规范服务标准，提升服务质量，减少有责投诉，做好一线服务保障。完成“中国城市家具会议”“徐圩国际马拉松”“连云港之夏”“农洽会”“连博会”“人大”“政协”等重要会议和重大活动运营组织任务，完成春运、国庆等节假日运输保障工作。积极拓展市场业务，打造多元化发展体系，与市公安局、车管所、716等31家企事业单位开展定制公交业务。

推进场站建设 与连云港市规划局、海州区、高新区、连云区协调，积极落实公交场站建设用地，并对连云港市公交场站规划提出合理化建议。

推进江化北路1.33公顷停车场建设项目，落实项目建设用地及前期勘探设计，并完成了招投标工作并投入建设。

年内全年协调解决云池路0.3公顷地公交换乘站、徐圩新区1.33公顷场站用地，解决601线路与60路换乘问题。完善临港产业区、大浦保养厂、园丁小区场站、华威场站基础设施。坚持打造廉洁工程、精品工程，严把工程质量关，实现当年建设、当年投入使用，有效缓解了公交场站不足现象。

开展创先争优活动 公交集团为全力打造文明公交、绿色公交、和谐公交、科技公交，大力推进文明诚信优质服务，提高全员安全和服务能力，组织开展以“安全生产、优质服务”为主题的劳动竞赛活动，以此为契机调动和发挥广大干部职工的积极性、创造性，全面提升企业安全运营保障能力和服务水平。

为充分发挥党员在精神文明建

设和创优争先中的示范带头作用，在广大党员中开展党员示范岗创建活动，制定《连云港市公交集团党员示范岗实施方案》，在党员工作的车厢、站台、车间、办公室统一悬挂身份牌，牌上公布党员姓名、肖像、党徽及服务承诺，时刻提醒员工要以党员身份高标准要求自己。年内，共命名23个党员示范岗，3个党员示范集体。

为充分发挥员工在创新发展中的主力军作用，弘扬工匠精神，鼓励劳模、先进职工发挥积极作用创造条件，公交集团开展首届"首席员工"评比工作，经过严格选拔和组织评选，驾驶员乔晓峰被授予"首席驾驶员"，修理工张强被授予"首席修理工"，组建"张强工作室"，以其技术上的优势，引导维修人员创新争优，为企业降本增效作出贡献。

服务百姓，奉献社会，提高乘客满意率，倡导文明乘车，公交集团组织志愿者开展进车厢、进站台，疏导乘客、扶老携幼等活动。开展"公交出行宣传周""无车日免费乘公交"活动，宣传新辟、优化调整等线路运营信息，发放征求乘客意见表3000份，公交出行手册2万份，公交出行宣传周倡议书10000份，经反馈乘客满意率达97%，公交的优质服务得到市民和社会的认可。

（撰稿：卢　杨　审稿：王淑琳）

【新浦汽车总站】 2017年，新浦汽车总站深入学习党的十九大精神，领导班子带头学习，不断提高自身科学决策能力，规范管理、开拓创新，积极深入开展创建全国文明城市活动。全体职工团结拼搏、扎实工作。在安全生产、经营创收方面取得长足进展。

自助式购票服务 2017针对小长假旅客流动的特点，对售票、检票、护厂、稽查等各个岗位以及客流高峰时段的限时进站购票、候车等各个工作环节进行了详细分工部署。2017年，车站投入的自助售票机以及手机微信购票、"巴士管家"票务手机软件（APP）等互联网票务平台发挥了积极的作用，在客流高峰期有效地减缓了车站售票窗口的购票压力，也方便旅客足不出户购买车票。自助式购票服务既方便了广大旅客，又保护了广大客源，为车站确保经济效益发挥了重要作用。

新浦汽车总站采取了多种形式努力增加营收。车站增派稽查人员加强营运车辆的检查力度，加强对违规车辆的补票和罚款力度，严把签证、堵漏关。

拓展服务渠道 2017年，新浦汽车总站积极拓展各类业务。开通南京、徐州高端商务定制班线，受到广大旅客的热烈欢迎。同时，新浦汽车总站还与南京医科大学康达学园、连云港市师范高等专科学校等高校合作，为广大学生、老师的日常出行、集体活动、外出实习等提供车辆保障，受到了广泛好评。

提高服务质量 2017年，新浦汽车总站通过星级考核活动以及竞赛培训活动，提升广大职工业务水平，继而提高了服务质量。不断丰富自身的服务手段，采用更多高科技的手段来为广大旅客服务。在原来雷锋车服务热线电话服务旅客的基础上，增加了官方微信客服、QQ客服、网站留言等新的沟通平台，并根据需要在网站、官方微信、微博不定期发布车站的相关信息，受到了旅客的欢迎。

抓品牌建设 新浦汽车总站更高层次定位"雷锋车"服务社会的内涵。在加强全体员工的业务素质、提高全体员工的整体服务水平的同时，将"雷锋车"精神向更广范围辐射。总站组织成立了"雷锋车"组"巾帼志愿服务队"。利用业余时间走进敬老院，陪老人们聊天，为他们打扫卫生。探望社会上的单亲妈妈，每逢重大节假日都为她们送去慰问品。总站还成立了"困难旅客救助基金"，专门为那些遇到困难的旅客们排忧解难。总站服务品牌的"雷锋车"服务热线也备受广大旅客的欢迎。

（撰稿：彭小川）

出租车行业

【江苏省连云港汽车运输总公司旅游出租分公司】 2017年，江苏省连云港汽车运输总公司旅游出租分公司（以下简称连汽出租公司）认真贯彻执行集团及汽服公司的各项工作部署和指示精神，在汽服公司党委、总经理室的正确领导和关心支持下，在相关处室和兄弟单位大力支持帮助下，通过广大员工的共同努力，克服了经营中遇到的种种问题和困难，全年整体工作稳步推进，较好地完成了汽服公司下达的各项工作指标和工作任务。

2017年，连汽出租公司面临158台旧车更新任务，工作量较大。为做好新车更新工作，连汽出租公司抽派专人提前做好车辆订购设施安装、车辆上牌、驾驶员资质审核等程序，尽量缩短交接时间。对一轮到期车辆，提前与驾驶员沟通，尽量劝说驾驶员续包，并做好合同续签、车辆投保及相关手续办理等工作。

2017年，连汽出租公司对照安全标准化考核要求，组织人员对安全管理制度和台账进行重新梳理与建立，夯实安全管理基础，促进安全工作向规范化、标准化、科学化迈进，确保顺利通过安全标准化企业复审。日常工作中，抓好教育培训、安全检查、重点人员监管、车辆技术状况把关。做好车辆年审、二维、保养、投保等工作，结合春运、隐患排查月、六月安全月、夏季安全百日竞赛活动要求，制定工作方案，查找与消除事故隐患，夯实管理基础。将管理工作前沿，变静态管理为动态管理，着重日常监管检查，加大路检路查力度与频次，深入开展纠查违规违章活动。2017年，上路上线300余次，检查车辆7200余台次，查处违章违规20台次，全部督促整改到位。利用GPS适时对重点区域、重点地段进行监控，有效约束与规范从业人员经营行为，针对有限公司全年安全目标考核标准，对指标进行层层分解，严格把控，抓好事故处理与跟踪。

以创建文明城市为契机，加强单位日常管理。增强广大干部职工对创文工作的再认识、再提高。注重氛围营造，通过社会主义核心价值观进车厢，发送GPS信息、LED显示屏、制作宣传展板、召开出租车驾驶员创文动员大会等形式，将创文理念传达给每一位出租车驾驶员和公司员工，引导他们以主人翁的姿态投身到创建文明城市的热潮中，进一步提高全公司创建文明城市工作的知晓率、支持率。及时对厂区褪色的宣传展板进行更换，对脱落的墙体进行粉刷，加大厂区环境治理，厂容厂貌焕然一新。多举并措提升驾驶员文明素养，以驾驶员安全例会为契机，组织驾驶员开展以文明用语、优质服务为主题的教育培训，提升其文明素养；发放以文明用语、连云港市民行为公约为主要内容的宣传彩页；通过每月人车见面、驾驶员回公司办业务，由公司管理人员对从业人员进行口头交代，加强出租车驾驶员文明用语和优质服务的引导。强化出租车动态管理。定期组织开展出租车“创文”综合性常态化大检查，确保出租车外部干净无污物、车辆无破损、标识齐全、张贴广告无损坏及褪色，内部清洁无异味，礼貌待客，规范经营、文明服务。连云港市创文迎检期间，公司安排人员到汽车总站、苏欣快客站等站点，开展创文值班，对站点的出租车车容车貌、标识张贴、驾驶员仪容仪表、服务质量、经营行为进行专项检查，督促驾驶员做好创文迎检工作，时刻保持干净整洁的车内外卫生，用语文明，主动出具发票，行车时系好安全带、不打手机、不吸烟、不吃食物，按标准收费。

连汽出租公司严抓服务质量纳入常态化工作，完善监管机制，提升从业人员自觉规范服务意识。深入开展各类教育培训与各类综合性检查，从严查处各类违规违章行为，进一步从源头上抓好人头、车头管理，严格按照服务质量信誉考核要求，确保各项指标在可控范围，不发生影响恶劣的投诉案件。注重现场管理，每月人车见面率100%，对问题车辆立即给予整改，确保车容车貌完好、整洁。稽查等部门密切配合加强动态监管，实行常规与抽查相结合的查车制度，发现违规车辆及时处理，维护好企业整体对外形象。对乘客投诉案件，分公司领导亲自抓，一经查实，做到教育到位、处理到位、认识到位，各项措施通过多渠道、多方位的落实，驾驶员的文明服务意识不断提升。

（撰稿：葛刘园）

【全福出租公司】 2017年，全福出租公司（以下简称全福公司）遵循“改革创新年”工作要求以及党建目标工作任务积极开展工作，以党建工作作为促进企业经营健康发展为重要举措，率先推进出租车运行机制改革和调整方案，与市交警部门协商消除驾驶员违章记分问题，解决出租车停靠点、即上即下点改造方案。推行出租车多元化服务，推动电召平台知晓率和使用率，做好车辆发包工作，加强从业后备人员的储备，做好安全标准化准备工作。安全生产、经营发展、精神文明创建、队伍稳定等各方面取得可喜的成绩。2017年度，公司荣获市“用户满意服务单位”、市五一巾帼标兵岗等荣誉称号；“党员的士”车队市“用户满意服务之星班组”，孙明福荣获全省道路、水路运输行业“十佳感动人物”、港城“十大最美公交（出租）驾驶员”荣誉称号，章文彩荣获市道德模范、江苏好人榜、港城“十大最美公交（出租）驾驶员”“最美港城人”荣誉称号，朱洪树荣获港城“十大最美公交（出租）驾驶员”提名奖。

自2016年下半年以来，全福公司先后向行业主管部门及物价部门就驾驶员反映连云港市运价偏低进行汇报，2017年2月由全福公司牵头上报关于调整连云港市区出租车运价机制改革的建议报告，并多次协调物价部门和市区五家公司就运价机制改革及基准价调整相关事宜进行商谈。向物价部门上报2015–2016年企业、单车成本相关材料。11月2日再次向市处上报了“关于进行推进出租汽车运价机制改革方案建议”的报告。

2017年，全福公司认真落实市“关于进一步优化市区出租车停靠点改造方案”向市运管处进行汇报。并协调市交巡警支队和城建集团标线标识施工单位，在7月30日前，对市区主干道海宁大道、朝阳路等路段，增划新设了80个出租车泊位，通灌北路市第一人民医院西门对面划设了一条出租车9个停车位的专用车道，高新区第一人民医院新院区内划设了6个出租车专用泊位，为保障新划设的出租车泊位、专用车道的使用率，出租公司每日安排专人在现场维持秩序，10月31日晚上对南站前出租车道重新划设。

2017年，全福公司认真贯彻市委、交控集团及汽服公司的各项创文工作要求，通过院内LED显示屏、出租车顶灯播放“创文”公益广告宣传标语、社会主义核心价值观进出租车车厢、GPS信息发送、召开全体员工、驾驶员动员会等等方式营造浓厚的活动氛围，使创文工作人人知晓，驾驶员广泛参与。此外，加强了出租车辆的场查和路查力度，督促驾驶员保持干净整洁的车内外环境，使用文明用语，做好优质文明工作，在为广大乘客创造了一个舒适、美观的乘车环境，公司完善了创文台账，在市交通局、运管处相关领导的两次检查中给予好评。7—8月，全福公司就出租车路查工作进行了周密的安排和部署，分五批人员每天在市区苏欣快客站、南站、汽车总站、飞机场、东部火车站等出租车车流量多的地段值守，对公司所属车辆进行检查和对驾驶员进行面对面的创文宣传，要求驾驶员保持仪表整洁、用语文明，保持车内外整洁干净，营运过程中不接打手机、不吸烟、不吃食物，按表收费、主动出具发票，无拒载、无宰客、无违章驾驶现象等等，在创卫、创文工作中做出了努力。

（撰稿：路　双）

【阳光出租公司】 连云港阳光汽车出租有限公司（以下简称阳光出租公司）于1995年8月注册成立，阳光出租公司以城市出租汽车客运为主要业务内容，注册资金208.25万元，隶属于万联能源集团。公司秉承“为客户创造核心价值”的经营理念和“不让客户留下遗憾”的服务理念，从硬件设施到软件服务，努力打造一流的出租汽车营运环境，为培育港城出租车健康发展，方便大众出行贡献积极的力量，成为港城知名的出租汽车服务企业。

公司拥有出租车370辆，车型为上海大众新普桑和畅达、一汽大众

新捷达油气两用车型，车身标识为代表平安和谐的薄荷青颜色。有管理人员11人，驾驶员520人，办公场地4000多平方米，公司下设二个分公司以及安全科、财务科、办公室等4个管理部门；驾驶员培训中心、停车场、洗衣房、休息区等设施设备一应俱全，不仅满足了公司全部车辆的运营需要，也为事业进一步发展奠定了坚实基础。在多年的经营管理过程中，阳光出租公司不断建立健全各项管理规定和规章制度，规划形成一整套完整的运营管理方案，培养了一批又一批综合素质高，业务技能强的专业管理人员和出租汽车驾驶员人员。

阳光出租公司于2003年11月，在行业内率先通过ISO9001质量管理体系认证，于2010年6月，完成公司化改造，于2015年底实现370台车“双燃料”营运的节能工程。

阳光出租公司在规范营运的同时，不断加强精神文明建设，履行社会责任，走品牌发展之路，大力弘扬文明新风，塑造行业典型，涌现出港城卫士李传义、全国先进驾驶员李海平、十佳服务标兵王德军等一大批见义勇为、救死扶伤、拾金不昧的优秀驾驶员，得到广大乘客的认可。驾驶员张明军被连云港市委宣传部、连云港市交通运输局评为“连云港十大最美公交（出租）驾驶员”。2016—2017年，公司先后取得海州区“文明单位”、江苏省“交通运输企业安全生产标准化（二级）考核达标”“江苏省安全文化建设示范单位”“市级守合同重信用企业”等荣誉称号。

（撰稿：吕伟建）

城市公共自行车

【概况】 连云港市公共自行车服务系统项目是连云港市委、市政府重点民生工程之一，是在政府政策引导和扶持下，为社会公众提供服务的公益性项目，也是为建设低碳城市、打造绿色交通而实施的一项惠民、利民工程。该系统为缓解道路交通拥堵，推动全民健身运动，提高城市服务功能，推进节能减排，保护环境，提升城市形象具有十分重要的意义。本着“以人为本、以民为先，政府引导、群众参与，公司运作、规范经营、一次规划、分步实施”的原则，按照“安全、优质、高效”的服务要求，实行“统一品牌、统一标准、统一设施、统一平台”和“网络布点、通存通取”的管理办法，建设优质的公共自行车交通系统。连云港市公共自行车服务系统三年取得的效应，已经远远超过了当初解决公交出行“最后一公里”和缓解交通“两难”问题的用意，更是为推进节能减排，建设低碳城市等做出了积极贡献。

【公共自行车三期建设】 公共自行车项目由连云港市城建控股集团负责实施建设和运营管理，于2014年5月份启动建设，7月投入试运营，受到了社会各界和广大市民的欢迎和好评。项目分三期建设。一期于2014年5月–2015年12月建设，主要围绕新海主城区BRT沿线、公交首末站点、风景区、居民小区、医院、商场、学校进行选址布局，建设153个服务站点，投入车辆2800辆；二期于2016年建设，主要围绕海州古城区、东部城区公交转乘点、居民小区、商场、旅游点选址布局，重点针对需求量大的政务服务中心、教育服务、医疗卫生机构等区域进行点位布局，建设65个服务站点，投入车辆2000辆。三期于2017年建设，主要围绕新海主城区、海州古城区、市经济技术开发区、连云区以及延伸至高新区公交转乘点、居民小区、商场、旅游点等进行扩点加密，建设站点120个，投入车辆8000辆，累计建设服务网点338个，服务亭28个，安装锁止器12935套，投入公共自行车12800辆，覆盖新海主城区、海州古城区、高新区、市经济技术开发区以及东部城区88条主次干道，开通了24小时通租通还服务和“手机扫码”租车功能，建成区辐射130平方公里（其中海州老城区15平方公里，新海主城区60平方公里，东部城区40平方公里，开发区15平方公里），覆盖居民总数80万人。

【全天通租通还服务】 公共自行车项目坚持公益性服务定位，并采用“统一指挥、分区调度、通租通还、自助操作”的模式，市区内服务网点成网成系，通租通还。采用前端设备和后台系统组成的人工智能化管理系统，通过终端、视频监控与人工现场操作相结合的方式，达到车辆动态平衡，租还有序，市民可通过搜索中心网站、官方微信平台，及时了解站点信息和数据，并通过公共自行车租赁IC卡、“叮嗒出行”手机扫码自助完成租还车，使租还车操作方便快捷，顺应了城市发展的需要。至年底，已办理租赁IC卡11万余张（其中手机扫码注册用户7.1万人次），接听市民咨询电话6.1万余次，累计调运车次4.3万余次，调运公共自行车77万余辆，市民总租用量已超过937万人次，日均租用量13000人次，日最高租用量已突破17000人次，日周转率最高达13次，使用免费率达98.4%。为了方便市民咨询，连云港公共自行车系统建立了包括智能化信息系统、网站、售卡服务窗口及24小时客服服务热线在内的用户反馈沟通渠道，使市民骑行投诉处理及时率达100%。2017年公共自行车站点全部开通了24小时通租通还服务，方便了市民夜间出行，满足了市民不同骑行要求，市民满意度达96.2%。该项民生工程的实施，不仅为广大市民短距离出行提供了便利，节约了市民的出行费用，而且更加完善了城区公共交通体系建设，加快了全市致力绿色发展的步伐。据统计，公共自行车运营后，为市民节约出行费用约750万元；节约车辆燃油费约1799万元；减少二氧化碳排放约2354吨，从环境整治效益方面讲相当于建设绿地130万平方米，惠民功效十分显著。

（撰稿：城市公共自行车服务中心）

责任编辑：李云高

生态建设与保护

综　述

2017年，海州区牢固树立“生态优先、绿色发展”理念，开展生态文明建设，实施“两减六治三提升”专项行动（“两减六治三提升”即减少煤炭消费总量、减少落后化工产能、治理破损山体、治理垃圾、治理黑臭水体、治理畜禽养殖污染、治理挥发性有机物污染、治理环境隐患、提升生态保护水平、提升环境经济政策管控水平、提升环境执法行为。简称“263”行动），加强大气、水、土壤污染防治，查处环境违法行为，提升辖区环境质量，环保工作取得成效。空气环境质量得到改善，海州区8个国、省考断面水质全面达标，声环境质量良好。

海州区加强对环境整治工作，成立“两减六治三提升”工作领导小组，制定《海州区263专项行动实施方案》，按计划、有步骤地对环境进行整改，对整改后的环境再进行回头看。同时注重生态环境保护和建设，关闭有污染源的小企、养殖场等，修整道路，清理河流、水库垃圾，将河滩、荒地建成绿地、潮地，住宅小区建成花园，9月，海州区创建省级生态区通过省环保厅考核验收。新坝镇、锦屏镇被命名为“首批江苏省生态文明建设示范镇”，海庆中学被授予“国际绿旗学校”荣誉称号。海州区环保局被区委、区政府评为“2017年度区级机关绩效管理一等奖”，被市环保局评为“2017年度环保工作优秀环保局”荣誉称号。

环境质量

【水环境质量】 市区县级以上集中式饮用水源沭新渠各项水质指标均满足地表水III类标准要求，水质达标率为100%。达标考查全区8个国考、省考断面水质达到年度考核目标要求。

【大气环境质量】 市区空气质量优良天数共289天，占全年总有效天数（365天）的79.2%，比2016年提高2.7个百分点，跃居全省第一。空气质量超标天数共76天，其中轻度污染62天，中度污染12天，重度污染2天。

市区空气中二氧化硫年平均浓度为18微克/立方米，比2016年降低28.0%，二氧化氮为33微克/立方米，比2016年上升10.0%，均符合空气质量二级标准要求；可吸入颗粒物（PM10）年平均浓度为75微克/立方米，比2016年降低13.8%，超过环境空气质量二级标准；细颗粒物（PM2.5）年平均浓度为45微克/立方米，比2013年、2016年分别降低32.8%、2.2%；一氧化碳日均值的第95百分位浓度为1.5毫克/立方米，臭氧8小时第90百分位浓度为153微克/标立方米，均满足《环境空气质量标准》相应标准限值要求。

【声环境质量】 全市城区区域环境噪声年均值均符合国家要求。其中市区区域环境噪声年平均等效声级为52.7分贝，较2016年下降0.3分贝；全市城区交通噪声平均值均符合国家标准昼间四类区标准，其中市区20条主要道路的交通噪声年平均等效声级为66.3分贝，比2016年下降1.4分贝。

新坝镇新坝村环境整治现场

环境综合整治

【环保督察】 1月，组织镇、街道、区各部门对中央环保督察组交办的30件环境问题办理情况进行“回头看”。3月，完成《中央环保督察反馈意见整改任务交办单》情况调度。5月，印发《关于进一步做好中央环保督察整改工作的通知》，明确中央环境保护督察反馈意见具体问题整改措施清单中各项整改事项的牵头单位、责任单位，以及整改目标、时限、措施。

【“263”专项行动】 落实区委、区政府和省市环保部门决策部署，成立“两减六治三提升”工作领导小组，制定《海州区“263”专项行动实施方案》，组建区263专项行动办公室，制定11个专项行动实施方案和2017年工作计划。处理完成省市区曝光、热线投诉信访62件。全年减煤7.22万吨，拆除燃煤锅炉92台，耗煤同比下降近30%；关停天山化工、阿波罗化肥等9家化工企业；刘志洲山废弃宕口整治工程完成开挖约47.81万立方米，宕口回填土方约25万立方米，场地平整约5万平方米；全区涉农镇街城乡环卫一体化工作全覆盖，城乡生活垃圾无害化处理率95%以上，机械化清扫率达到80%以上，生活垃圾分类收集设施设置占收集设施70%以上，垃圾分类覆盖面30%以上；完成玉带河、西盐河、龙尾河的污水截流工程和两岸的环境综合整治，实施82个行政村、449个自然村进行村庄环境整治；取缔畜禽禁养区规模养殖户136家，治理畜禽养殖场26家，治理率66.7%以上，粪便综合利用率达到93%。落实27家较大环境风险企业“八查八改”工作，制定《海州区环境突发事件应急预案》及《海州区突发环境风险事件风险评估报告》，27家一般风险等级以上企业制定突发环境事件应急预案，完成德邦兴华、正大天晴、市自来水公司环境应急演练。

【水污染防治】 制定《2017年海州区水污染防治工作计划》，推进相关水污染治理设施工程建设，协调市级部门关于水质监测和应急补水工作。海州辖区8个国考、省考断面水质监测均处于达标状态。围绕“两减六治三提升”专项行动，开展黑臭水体整治，投资2.4亿元，对玉带河、西盐河、龙尾河、东盐河全面开展管网铺设、垃圾清理、违建拆除、堤岸绿化等工作。投入4000余万元，完成青龙涧沟、甲子河、山水人家东侧涧沟和易居公馆内涧沟整治工程。完成沭新渠饮用水源地二级保护区岗埠农场魏庄村整治工程。完成全区136户禁养区关闭工作，其中通榆河禁养区模养殖场16家。

【大气污染防治】 推进“无煤区”示范区建设，印发《海州区“无煤区”建设工作方案》，加强对2个国控监测点周边大气污染管控，取缔燃煤锅炉92台，超额完成年度任务。完成涉煤企业摸排，核销不在经营范围4家，取缔散煤销售点8处。年内，开展挥发性有机物污染治理，完成34家重点企业全面使用低VOCs含量的清洁原料代替工作。开展汽车维修业VOCs治理，完成辖区涉及钣金喷漆维修业户149户宣传签收《一封信》《承诺书》，取缔露天喷漆作业6家，拆除“喷漆”字样门头11家，对5家未经许可而从事喷漆作业维修经营户进行立案查处。实施餐饮油烟污染治理，对22家信访重点餐饮单位下达限期改正书，14家安装油烟净化装置，关停2家。完成夏秋两季秸秆禁烧工作，国家、省级卫星遥感零火点。

市建设局主要领导督查龙尾河黑臭水体整治

【环境噪声污染防治】 年内，对工业企业、建筑工地、服务业等环境噪声污染案件进行查处约400件。开展“绿色护考”行动，在高中考、学业水平测试、成人高考期间，对辖区内建筑工地发放通知，组织环境监察人员40余人次，对区内考点周边及施工地点进行全天巡查，保障考生生活考试环境。

【固体废物管理】 完成《海州区土壤污染防治工作方案》编制，对辖区84家企业进行排查，核实土壤重点污染源21个，完成历年关闭42家化工企业遗留地块排查。年内，对辖区17家产废企业现场检查，监督指导企业危废规范化管理，对管理计划、应急预案等完善修订，实行“一企一档”（每一个排污企业建立一套环境管理档案）。通过江苏省危险废物动态管理信息系统，对企业危废产生及处置动态管理，对危废转移情况网上公示。

环境监察与保护

【生态建设】 印发《2017年海州区生态文明建设目标任务》，排定5大工程46项具体措施，召开全区生态文明建设工作推进会议，区委、区政府与各相关单位、部门签订目标责任状，落实责任分工，加强督查考核，推进各项工作任务完成。在年度全市生态文明和“263”专项行动考核中，名列三县三区第一名。海州区创建省级生态区通过省环保厅考核验收，板浦、浦南2家被评为省级生态文明示范镇。年内，完成鹰游集团、新海电厂等4家企业节能改造项目。建成月牙岛人工湿地公园。恢复东、西盐河湿地绿化带，完成玉带河、蔷薇河清淤工程。全年清理荒地200公顷，新建改造绿地73公顷，锦屏山复绿100公顷，完成造林面积493.33公顷，建设村庄绿化示范村6个，森林抚育533.33公顷，建设农田林网1466.67公顷。完成实施农业节水灌溉工程，发展高效节水灌溉面积146.67公顷。

2017年6月13日，海州区环保局联合市环境宣教中心在新潮社区开展环保宣传活动

【环境监察】 建立镇街（园区）事前事中事后与环保执法对接机制。开展环保执法“亮剑行动”“零点行动”和“双随机一公开”等活动（亮剑行动；对影响、污染、破坏环境的行为采取零容忍的高压态势，强化执法监管力度，开展执法专项检查行动，严厉打击环境违法违规行为。零点行动和双随机一公开；即在监管过程中随机抽取检查对象，随机选派执法检查人员。抽查情况及查处结果及时向社会公开）。组织中央环保督察问题整改回头看，开展小化工、小钢厂、小砖厂、畜禽养殖、重污染小企业清理整顿等专项整治。组织执法人员对德邦兴华、岗埠小炼铜、太平工业园小塑料加工厂、小造纸夜间突击检查。取缔31家污染环境小企业，对15家“小散乱”企业实施断电措施，关闭5家小砖厂，依法督促关停136家禁养区养殖场（户），对德邦兴华等28家违法排污企业立案处罚，全年处罚金额223万元，德邦兴华于2017年10月12日实施全面关停。对2家电镀作坊环境违法案件依法移交公安机关。责令泰乐化工厂、双菱化工厂停产搬迁。全年处理各类环境信访4200余件。实行专项行动多部门联动执法机制。

【环境宣教】 6月，开展“低碳环保进社区绿色文明我先行”环保创文宣传进社区环保主题公益活动，组织环保志愿者在新潮社区开展创文宣传活动，通过环保知识问答、环保互动游戏形式普及低碳环保知识。在新潮社区、河西社区等开展市级绿色社区创建活动。在板浦高级中学等11所学校开展市级生态特色学校创建活动。年内，创成省级绿色学校1家、市级绿色学校5家、市级生态教育特色学校6家、市级绿色社区3家。

节能减排

【生活污染减排】 年内，投入3200万元，建设海州工业园朐凤、纬一、纬三、创业路2.5千米污水管网；投入1200万元，建设宁海工贸园污水配套管网5千米；投入2500万元，建设沿烧香河至204国道通往城南污水处理厂5千米污水管网；投入1200万元，建设锦屏镇污水管网5.3千米；新浦工业园建设污水管网4.5千米；完成东海尾水通道1100米的污水管道修复工程。

【大气污染减排】 完成齐天铁搭、飞雁毛毯、正大天晴强制性清洁生产审核工作。取缔燃煤锅炉92台，完成34家重点企业挥发性有机物污染治理。

（撰稿：戚萍萍　审稿：卞　剑）

教育

综 述

2017年,全区教育工作突出“质量提升”工作主题,优化教育布局,强化师资力量,深化课程改革,教育质量持续提升,教育现代化建设不断加快,教育总体水平再上新台阶,超额完成市、区目标任务。荣获“省中小学校责任督学挂牌督导创新区”“省社区教育示范区”“市中小学校责任督学挂牌督导创新区”等称号。高分通过全国中小学校责任督学挂牌督导创新区、省示范性教师发展中心现场评估验收,省教育现代化监测提高到87.11分,超额完成市下达目标。市对区教育现代化专项考核、市政府教育督导、校安工程、改薄工程、教师流动比例、招生考试均居全市第一,获中央、省、市奖励资金3941万元。区教育局荣获省健康单位、省学生资助工作绩效评价优秀奖、第29届金钥匙比赛优秀组织奖、省教育综合改革试点项目单位、省“教海探航”征文竞赛先进集体、省“教海探航”论文竞赛突出贡献奖、市中小学校舍安全工程目标考核优秀单位、市青少年弘扬社会主义核心价值观情景剧大赛组织奖、市“科技强国创新圆梦”征文活动优秀组织单位、市环境教育教学活动优秀组织单位、市中小学生环保知识大赛组织奖、市青少年防震减灾科普作文竞赛优秀组织奖、市“海之声”中小学生合唱比赛优秀组织奖、市初中教学管理特色奖、市教科研工作先进集体、市重大调研课题先进单位、市教育事务管理工作绩效考核优秀单位、市多媒体教育软件评比优秀组织奖、市招生考试工作先进集体、市爱国卫生运动知识竞赛一等奖等30余项市级以上表彰奖励。

依法治教不断完善 开展自律教育、提醒教育、警示教育和廉洁教育,进一步强化依法治教。出台并落实《海州区中小学校长管理办法》《海州区中小学中层干部管理办法》,严格干部管理。全面设置一键报警电话和视频监控系统,普遍配备法制副校长和校园保安,专职安保人员达90%以上。举办“法制进校园”报告会120余场,发放给家长一封信6万余份,举办全市依法治校现场会。定期开展防震减灾应急疏散安全演练,中小学每月一次、幼儿园两月一次。规范招生制度,坚持免试免费、划片就近入学,“零择校”得到严格落实。依法安置1800名进城务工人员子女入学,全部进入公办学校就读。设立励志奖学金和关爱留守儿童专项基金,在农村学校全面建设“留守儿童之家”。依法对8166名困难学生发放助学金464万元,为966名贫困大学生办理助学贷款773万元。

教育资源持续均衡 完成中小学布局规划修编工作,进一步优化教育资源配置,推进学校规划建设与城市发展同步,列入市、区重点工程全部达到序时进度。投入3.4亿元,新建、加固校舍16万平方米。建成新华小学等6所学校,改扩建板浦中心园等5所学校,启动向阳小学等3所学校异地新建,80%以上项目安排在农村学校。合力铂金等5所小区配套幼儿园收回教育部门管理,打造六一、蓓蕾、海州幼教、新浦实验四大幼教集团。鼓励支持民办教育发展,扶持爱博尔等2所民办园创建省优质园;推进辉腾国际学校建设;盘活老新海中学地块闲置校舍,加快华杰学校落户入驻。加强“三通两平台”建设,实现村小、完小光纤到校。教育信息化达标率达87%,90%的学校达省现代化办学标准。采取市区融合、圈层融合、城乡互动方式推进市区结对共建、校际双向交流。6所学校与市直结成市区共建,23所农村学校与城区结成区内共建,教师流动突破20%。

师资队伍逐步优化 开展“师德全员培训”“点赞身边的好教师”等主题活动,评选“感动海州教育人物”“最美乡村教师”,推出一批师德先进典型。深化与江苏师范大学的UGS合作项目,实施两年一周期的卓越教师培养计划。12名教师达到省特级教师申报条件。11名教师获全国中小学机器人(NOC)大赛奖。24名教师获省市基本功、优质课比赛一等奖。教师参加省“教海探航”“师陶杯”“五四杯”等获奖名列全市第一。

教育质量稳步提升 小学毕业生升学率100%,初中在校生巩固率100%,初中毕业生升学率达99.8%,高中阶段教育毛入学率达99.8%,全部达到或高于指标要求。高中特色办学与市直学校实现错位发展，初中构建“集体优化课堂”模式提升质量，小学品质办学推进优质均衡发展，学前教育游戏化项目普特融合。中高考成绩显著提升。幸福路小学的“护航幸福成长”获省校本课程评比一等奖；解放路小学的“童乐课程”、建国路小学的“民间美术”，建宁小学的“生态美术”等3项成果获省教学成果一等奖。锦屏高级中学的“法德融合德育课程基地”、海庆中学的“初中语文课程建设项目”、海州实验小学的“家在海州”特色文化3个项目入选省级课程基地。全区省级课程基地达18个，名列全市第一。

学前教育

【概况】 2017年全区有幼儿园84所，其中省优质园62所、公办幼儿园44所、民办幼儿园40所。普惠性民办幼儿园26所，在园幼儿约3万人，学前三年毛入园率达97.7%。年内认定26所普惠性民办幼儿园，下发奖补资金68万元。公办园生均经费达375元，民办幼儿园生均公用经费达100元。区政府采取“关、停、并、转”措施，开展2轮无证幼儿园清理整顿工作，取缔无证幼儿园12所。年内，新成立全民事业编制的新浦实验幼儿园，在城区分别打造六一、海州幼教、蓓蕾、新浦实验4个幼教集团。年内新增省优质幼儿园1所，创建省优质幼儿园3所，创建市优质幼儿园5所，24所幼儿园通过省优质幼儿园复审，学前公共服务体系进一步完善。

【幼教优质资源增容】 2017年，全区新增幼儿园10所：六一幼儿园合力铂金分园、凤凰名都分园、淮海花园分园、恒大分园，花果山幼教中心香溢广苑分园，海州区幼儿教育中心车站分园、上海之春分园、洪门分园，蓓蕾幼儿园浦东分园、浦南中心幼儿园草舍分园、浦南中心幼儿园汪庄分园。板浦中心幼儿园、锦屏中心幼儿园完成扩建工程，砚池幼儿园改扩建工程完成。年度新增学位3760个。

新增全额事业编制独立法人单位连云港市新浦实验幼儿园3月5日在合力铂金分园挂牌成立；5月27日，岗埠中心幼儿园被确认为省优质幼儿园；9月，六一合力铂金分园、凤凰名都分园、中央华府分园从六一幼儿园剥离，归属到新浦实验幼儿园，组建新浦实验幼教集团，六一幼儿园凤凰名都分园更名为新浦实验幼儿园，六一幼儿园中央华府分园、合力铂金分园更名为新浦实验幼儿园中央华府分园和新浦实验幼儿园合力铂金分园。六一幼儿园秀逸苏杭分园、万得宝贝园创建省优质园和蓓蕾幼儿园四季金辉分园先后在10月、11月通过现场评估。12月26日，新苗幼儿园等24所幼儿园通过省优质园复审。12月28日，蓓蕾幼儿园浦东分园、海州区幼儿教育中心上海之春分园、新浦实验幼儿园、新浦实验幼儿园合力铂金分园、爱博尔博威幼儿园被确立为市优质幼儿园。全区优质学前教育资源增容，省优质园保持75%。

【课程建设促教师素养提升】 2017年，蓓蕾幼儿园的省级课程游戏化项目在省级视导评估中，办园条件、课程实施分别获得“优秀”成绩；板浦中心幼儿园、锦屏中心幼儿园、东辛中心幼儿园、花果山幼教中心被确立为市级幼儿园课程游戏化建设项目。开展《区域推进幼儿园课程游戏化项目建设》专题研训活动、《幼儿园教师“有效备课”研训》《教师读书交流活动》等多项培训活动。组织36位幼儿园园长参加市幼儿园园长高级培训班；35位幼儿园园长赴日本考察研修；组织全区40名业务园长、骨干教师到镇江、杭州参加培训；组织征选200篇教师论文、活动教案参加省、市级评选。建立教研指导责任区制度，以乡镇、街道为片区，成立8个区级课改教研中心组，聘任8名兼职教研员。依托教研组，开展区级优质教学活动评比活动，有110名教师参加赛课教研。有21名教师分获市级一、二等奖，1名教师获省优质课二等奖。6月20日，在苍梧绿园组织开展学前教育宣传月活动，以“游戏点亮快乐童年”为主题，协办“2017年全国学前教育宣传月大型活动亲子游戏广场会”江苏分会场活动。

【规范办园行为】 为进一步加强全区幼儿园管理，确保广大幼儿的身心健康，区教育局领导和机关工作人员按照分片包干制度，联合各镇街和相关部门从11月23日开始对全区幼儿园开展拉网式检查，及时纠正消除少数幼儿园管理不善、制度执行不到位情况。区教育局强调，各幼儿园要按照《未成年人保护法》《教师法》《幼儿园管理条例》《幼儿园工作规程》和《幼儿园规范办园行为督导评估办法》有关要求，进一步落实各项纪律制度，切实规范管理责任制。此次督导检查重点是无证幼儿园，根据之前下发的整改通知，对整改落实较好的，根据相关文件要求，下一步将其转为看护点，对落实不到位并有较大安全隐患的，坚决予以关停，检查后关停9家无证幼儿园。区教育局建立幼儿园行为常态监测机制，进行网格化管理，及时了解幼儿园的办园行为和运行情况，保证幼儿园规范运行和健康发展，让幼儿有一个美好童年。

基础教育

【概况】 2017年，海州区基础教育立足海州教育发展实际，在重要领域和关键环节抓工作落实，其中3所学校课程基地建设工作通过升级现场答辩审核，品格提升工程继续前行。2所学校学生社团获得市十佳学生社团，2所学校获得市优秀学生社团，16名学生被评为市百名美德少年，6所学校在市十佳入学（成人、毕业）典礼评比中获奖，6所学校荣获市文明礼仪养成教育创新案例，3所学校顺利通过市级绿色学校验收。2017年暑期，举办海州区班主任基本功培训和比赛，并推荐教师参加市级复赛。3名教师获得市一等奖；6名教师获得市二等奖；13名教师获得市三等奖；此外，在2017年市中小学班主任优秀小论文评比中，2名教师获得市一等奖、1名教师获得市二等奖。

【课程基地建设升级增数】 在2017年省课程基地申报工作中，海州区高中、初中、小学三个学段全面升级增数。锦屏高级中学的“法德融合德育课程基地”、海庆中学的“初中语文课程建设项目”、海州实验小学的“家在海州”特色文化项目全部通过省级现场答辩审核，其中海州实验小学获第三名，海庆中学获第四名，锦屏高级中学以三星级高中身份，跻身省课程基地建设优质高中行列。此外，宁海中学“节能环保”综合实践课程基地、建宁小学“生态美术”特色文化建设项目，于9月参加省课程基地汇报研讨活动。

【德育机制完善】 组织海州区中小学弘扬社会主义核心价值观情景剧大赛，并推荐解放路小学情景剧《我要当班长》参加市级比赛荣获特等奖。海州区教育局荣获“连云港市青少年弘扬社会主义核心价值观情景剧大赛优秀组织奖”。开展中小学生品格提升工程项目创建并于4月组织现场答辩，海宁中学、连云港实验学校等17家学校被评为区中小学生品格提升工程建设项目，海宁中学、海庆中学、建宁小学3家入围市级答辩；以论文评选为平台提升德育内涵。在2017年市未成年人心理健康优秀案例评选中，2名教师获得市一等奖、2名教师获得市二等奖、1名教师获得市三等奖、11名教师获得优秀奖；开展优秀学生社团评比活动，大庆路小学物联网社团、建国路小学普爱合唱团评为市十佳学生社团，岗埠中心小学的古筝社团、解放路小学的泥塑社团评为市优秀学生社团，4名教师被评为市中小学学生社团优秀指导教师。在2017年江苏省美德少年评比中，海宁小学王梓安同学获得江苏省第四届美德少年称号，并参加江苏省德润美德少年颁奖仪式。此外，苏光中心小学王月泊等16位同学获得市百名美德少年称号。

【教育特色活动获得多项荣誉】 在2017年市十佳入学（成人、毕业）典礼评比中，建宁小学“让时间见证成长，向着美好奔跑”、幸福路小学“幸福从这里起航”毕业典礼被评为市十佳毕业典礼；许庄小学“开蒙、启智、立德”、新浦实验小学“许下心愿，幸福成长”、建宁小学“舞动七彩童年翅膀，开启缤纷建宁梦想”入学典礼被评为市十佳入学典礼；解放路小学“童心向善，幸福成长”被评为市十佳成长礼；在“童声里的中国，成长的歌谣”创作大赛中，解放路小学《传递阳光》、滨河小学《滨河，起飞的地方》、幸福路小学《这里升起明天的太阳》、苏光中心小学《一些人》四首校歌获得市最佳校园歌曲，解放路小学李金妙《过节俭年》等13篇童谣获奖；许庄小学、新浦实验小学、建宁小学、解放路小学、幸福路小学、建宁小学6所学校荣获市文明礼仪养成教育创新案例。

海州区凤凰学校举行国家公祭日纪念活动

特殊教育

【概况】 2017年，海州区积极贯彻落实国家、省、市第二期特殊教育提升计划，大力推进融合教育。基本形成以普通中小学随班就读为主体，特殊教育学校为骨干，送教（康）上门为补充的特殊教育框架，实现区域内适龄特殊儿童少年入学率100%的办学目标。

【培智学校异地新建】 海州区委、区政府非常重视改善特殊教育学校办学条件，将区内两所培智学校合并后异地新建，新校址位于海州区滨河新城茅口路以北，规划八路以东地块，占地面积13288.93平方米，总建筑面积约12164.47平方米，概算总投资约3828.92万元。建成后的“海州培智学校”可容纳9个教学班、72名智障儿童。年底该项目进入进场施工阶段。

【特殊教育发展工程】 海州区有省特殊教育发展工程建设项目5个。新浦培智学校与连云港市中医院通力协作，建立医疗教育互通网络和互动机制，探索“医教结合”特殊教育新模式，为残疾儿童少年早期干预和康复服务提供绿色通道，连续两年被市教育局评为连云港市特殊教育医教结合先进集体。海州区蓓蕾幼儿园、海州区培智学校资源教室建设工程在省教育厅组织的专项检查中，受到专家组的肯定。苏光中心小学等四所普通中小学正积极推进特殊儿童资源教室建设工程，为校内随班就读的特殊儿童少年平等接受义务教育提供优质条件。海州区特殊教育发展中心成功申报并获批江苏省特殊教育“个别化教育”建设项目。

【特殊教育专业示范引领作用】 为进一步加快海州区特殊教育发展步伐，加强区内随班就读和送教（康）上门工作的研究，区教育部门联合残联、民政、卫计等部门成立特殊教育专家委员会。专家委员会在完善普通中小学随班就读、送教（康）上门学生的评估鉴定、资源中心建设、特殊教育师资培训等方面予以指导，充分发挥区域内融合教育的示范引领作用。

中等专业教育

【概况】2017年，中等专业教育着力与高校、企业联合打造特色专业。与高校联合，打造市场化专业，与无锡科技职业学院和江苏旅游职业学院达成初步协议，联合进行动漫、光伏电子和烹饪专业筹备。与企业联合，实行订单式培养，根据市场需求，与企业开展深度合作，形成“识岗-练岗-顶岗”三个阶段工学结合的人才培养模式，逐步增加订单式培养比例，推行双证书，实行“教、学、做、练合一”的情景化教学模式。

【教育质量提升】为提高教育质量，学校采取有效措施，使教师授课与学生听课向规范化、制度化、效率化发展。实施名师培养工程和“老带新青蓝工程”。采取“以赛代培”的新型培养模式，鼓励在校教师积极参与各项赛事，通过比赛提高教师专业水平，促进教学水平提升。2017年在省市信息化大赛和技能大赛中，教师获省一等奖四人次，省二等奖两人次，市一等奖两人次，市二等奖四人次。

培养学生良好的学习习惯，转变学习方式，提高课堂学习效率。开展学生技能竞赛，技能等级考试，学生参赛率、获奖率明显提升。2017年度在市职业校技能大赛中，电子电工装配、数字影音和美术设计等多个领域获奖，打破此前几年参赛和获奖项目单一的格局。年内海州中等专业学校多次组织计算机技能和职业等级技能考试，完成江苏省中等职校学业水平考试的考务工作。

【多维活动促师生成长】学校开展第二届女生节、军训成果汇报、防灾地震演练、教室及宿舍文化创建、十八岁成人礼、合唱比赛、文艺展演、市级运动会、创新创业能力大赛，开展“情系教育、心系学校、爱给学生”师德师风主题活动，形式多样的活动，促进师生共同成长。

职业教育与社会教育

【概况】2017年，根据《国家中长期教育改革和发展规划纲要》，围绕建设学习型社会、提高社区居民整体素质和生活品质的总体目标，建设标准化社区教育中心，建立适应社区建设和居民学习需求的社区教育管理体制、运行机制和教育培训模式，推动全民终身教育体系构建，促进学习型社会建设。年内海州区职业与社会教育办公室完成农村实用技术培训12800人次，劳动力转移培训1480人次，农民工培训1620人次，老年教育8678人次，各类培训共计24260人次。洪门街道社区教育中心和南城街道社区教育中心完成省级标准化社区教育中心创建，35个居民学校完成省级居民学校创建。逐步规范全区民办非学历教育培训市场，严格审批程序；做好年审工作，严厉查处无证办学行为，净化民办非学历教育培训市场环境。

【创建省级社区教育示范区】按照“整体规划、特色发展、全面推进”的思路，整合和优化社区教育资源，完善社区教育管理体制和运行机制，构建与社会相适应的终身教育体系，完成南城街道和洪门街道社区教育中心的省级标准化社区教育中心创建工作。

11月25日上午，省标准化社区教育中心创建考核验收专家组一行4人在省成教协会副会长唐厚元带领下到海州区洪门街道，对洪门街道社区教育中心创建工作进行为期半天的考核验收。市、区教育局相关领导及洪门街道负责人出席该项活动。专家组听取洪门街道领导工作汇报，了解洪门街道社区教育中心创建及运营情况，对洪门街道社区教育中心硬件设施及使用满意，顺利通过验收。

【规范民办非学历教育培训市场】由区政府牵头成立取缔无证办学领导小组，教育局主导，工商局、民政局、公安局、消防等多部门协同配合，共同规范做好全区教育培训市场工作。对有条件办学的培训机构，引导他们走上规范办学道路，指导他们完成申报工作。对已经取得办学许可的教育培训机构，根据上级文件精神，定期进行审查，规范办学行为。在年内检查中，共关停无证教育培训机构160多家，通过审核，为20多个教育培训机构发放办学许可证。

招生考试

【概况】2017年，海州区招考办围绕连云港市教育考试院各项招生考试工作要求，结合海州地区工作实际，以“平安招考”为目标，把“公平公正”作为落脚点，把“安全稳定”作为基准线，抓好考务，谋求发展，按既定目标完成高等教育自学考试、非学历证书考试和高中段学校招生文化考试报名及考试工作。

【高等教育自学考试】2017年上半年，海州区自学考试报名4196人，9110课次；下半年报名5014人，10886课次。全年自学考试报名9210人，19996课次。上半年152人本专科自学考试毕业，下半年298人本专科自考毕业，全年450人获得自考本专科毕业证书，全年办理自考课程免考216课次。

【非学历证书考试】2017年上半年全国公共英语等级考试报名3223人，下半年报名1536人，全年报名4759人。江苏省书法等级证书考试上半年报名14186人，下半年报名5750人，全年报名19936人。非学历证书考试全年报名24695人。全年颁发非学历证书20176份。年内海州区启用47个考点，组织4次非学历证书考试。

【高中段学校招生文化考试】2017年海州地区九年级有19所学校、8008名考生参加中考，开设270个考场；八年级有20所学校、7759名考生参加地理与生物考试，开设262个考场。根据市教育局关于设置考点的相关要求，结合海州地区实际情况并报市教育局批准，设置新海实验中学延安校区、外国语学校、新浦中学、海宁中学、新海实验中学苍梧校区、海州实验中学和板浦实验中学7个中考考点。

教育科研

【概况】 2017年，海州区教学科研以提质增效减负为中心，重实效、重特色、重创新，在更新理念、优化管理、提升能效、深化变革、培养教师和提升学生学习品质方面取得显著成绩。板浦高级中学、海宁中学、朐山中学获市教学质量奖，朐山中学作为先进典型在全市教学工作会议作经验介绍。凤凰、宁海、新坝、新浦中学获市教学质量提升奖，岗埠中学获初中教学常规管理奖。解放路小学、建宁小学、建国路小学、幸福路小学获市小学教学质量奖。海州实验小学被评为省级书法教育示范校。

组织参加教师省市教学竞赛。2人获省优秀课评比一等奖，2人获省乡村教师课堂大赛一等奖，6人获市教学基本功比赛一等奖，10人获市优秀课评比一等奖，11人获NOC全国信息化课堂教学大赛一等奖。

参加省第29届金钥匙比赛海州区获优秀组织奖。参加江苏省第11届中小学生现场书法比赛，解小的莫小凯、岗埠小学的吕奕霖获特等奖，另有三人钢笔字获省一等奖，居全市县区前列。连云港实验学校王子欣获省中学生与社会作文一等奖，宁海小学李文艺获省诗歌竞赛一等奖。海州区获“市教科研工作先进集体奖”“市重大调研课题先进单位”，省“教海探航”论文竞赛“先进集体奖”“省级论文评比突出贡献单位”。解放路小学荣获省“教海探航”论文竞赛“优秀团队奖”；凤凰学校的朱桂凤荣获特等奖；解放路小学掌健、建国路小学刘怀芹荣获“杰出水手奖”；解放路小学赵晗君荣获“最佳新人奖”。参加江苏省中小学“师陶杯”教育科研论文竞赛，海州区获一等奖12篇、二等奖11篇，获奖率在全市各县区领先。市“五四”杯论文竞赛，获奖总数和获奖率均居全市各县区首位。在市教育局对省级学术论文获奖成果综合表彰中，解放路小学、板浦高级中学荣获“杰出领航奖”；宁海中心小学、大庆路小学荣获“优秀团队奖”；11位教师荣获“杰出水手奖”。由于海州区组织得力，成绩突出，市教育局为海州区送来了贺信。

海州区教育系统承担的11项市重大调研课题，经省、市专家评估，全部结题。其中获市一等奖4项，二等奖4项，三等奖3项。海州区1项课题获评江苏省教育科学规划第四批精品课题培育对象，3项课题获评连云港市教育科学第三批精品课题培育对象。在“黄浦杯”长三角城市群“读书与成长征文颁奖大会暨黄浦论坛”活动中，海州区获二等奖1篇、三等奖3篇、优秀奖9篇，获奖人数居全市第一。

【研、训、赛一体提升教师素质】 区教科室制定《海州区中小学教科研工作年度考核细则》《海州区年度教科研先进个人考核细则》等科研制度，对教师课题研究、论文发表及参加培训等教科研工作提出管理、考核和奖惩的具体要求，每学期召开至少一次教科研专题会议，并对教科研先进集体和先进个人进行表彰。建立了完善的校、区两级教科研管理网络，教科研工作的开展制度化、科学化和规范化。

2017年区教科室组织教科研骨干教师参加省级培训3次，参加市级活动4次。区级承担和组织市级课题读书展示系列活动（十三）暨“进乡入校”科研普惠工程活动、市级课题读书展示暨研训系列活动（十四）、省市论文竞赛培训、省市规划课题申报培训、省规划课题开题论证、市个人课题培训活动等多项培训活动，通过三级立体式培训，打造科研型、学者型教师队伍。

海州区承办省市级教学活动、开设区级研讨观摩42场。中小学语文、小学科学、道德与法治、中学历史开展部编新教材和新课标培训，小学语文开展低年级写字双姿推进会、中年级起步作文、高年级课外阅读全员培训，小学数学开展深度教学研讨，小学英语开展区域性协作教研活动等。小学语文、数学、英语、科学举办青年教师研训营系列活动，为学校培养种子教师。中学语文、英语等利用优秀课评比等提升教师课堂驾驭能力，提高课堂实效，英语开设分层递进式教学研讨和七年级分层递进课堂教学评比活动。化学、生物等利用教研活动，让教师做题、讨论和交流，明确学科考评方向。小学语文、初中英语、初中化学结合省乡村教师培育站开设活动，促进乡村教师专业发展。

12月开展“讲台上的名师”评比，根据《海州区首届中小学“讲台上的名师”评选办法》，经学校推荐、专家评审，30位一线教师被评为海州区首届中小学“讲台上的名师”。

【特色课堂变革】 2017年，海州区课堂变革取得突破，解放路小学的“语文童乐课堂实践研究”、建宁小学的“简约体育：教学变革的实践创新”、建国路小学的“融入民族元素的儿童画教学实践”三项成果获得江苏省教学成果一等奖。大庆路小学的“数字多元”课堂教学改革实验、海宁中学“初中生作文微型化”实践研究、区教研室的“化学教师教学实践性知识的生成和建构”获市教学成果一等奖。中学推进“递进式分层教学”变革，从数学和英语两门学科入手，探索分层递进课堂教学改革。11月，海州区课堂教学改革经验走出国门，解放路小学在澳大利亚的国际校长论坛作经验交流。

【市小学特色文化建设现场会承办】 10月27日，全市小学特色文化建设现场会在海州区海州实验小学举行。海州实验小学在石棚书院——“家”文化综合学习体向市教育局、各县区教育局和全市小学校长全景展示了其省级特色文化项目“家在海州”的建设成果。11月24日，解放路小学、海州实验小学的校本课程对江苏大学省特级教师后备人才班进行展示，获得好评。

【“真阅读工程”推进】 海州区各学校都建有合格图书室、阅览室，并精准制定阅读进度手册，做到天天快乐读书。建设阅读校本课程，做到课课内容充实。开展课外阅读教学研究，做到人人有章可循。在初中开展“拼图式英语分级阅读活动设计与实施研究”，在小学开设3场阅读指导教学研讨会，建构4种课外阅读指导课范式，促进整本书阅读的落实。在5月举行的市第三届中小学生“真阅读”工程读写大赛中，海州区成绩优异，小学组一等奖获奖率跃居全市第一。在全市第三届“经典·悦读”达人赛中，解放路小学蝉联第一名，建宁小学获第三名，海州实验小学获第五名。在市初中英语学生听读比赛中，有13人次获一等奖。开展小学生读后感征文评比，汇编《石棚思语——与梦想同行》一书；开展中小学生喜迎“十九大”征文比赛，以学生的视角看祖国走进新时代。

【区综合视导与学校内部视导相结合】 教研室对全区3所高中、13所初中和28所小学进行教学综合视导。除了对教学常规的规范与管理进行视导检查，还加大对课程体系建构、课堂教学改革、教学评价创新、递进分层教学等项目的视导帮扶力度。中小学校内视导、教学月报走上正轨，做到巡课常态化，详细记录每周实际情况，严格区分业务检查等第，不走过场，发现问题及时给出改进意见，落实到班到人，通过PPT展示备课、作业检查情况，有的利用网络实时监管课堂教学并留存记录。

体育卫生艺术工作

【概况】 海州区学校体育卫生艺术工作以推进学生体艺“2+1”工作及“创卫”“创文”为抓手，规范落实学校音体美课程及其教学常规，强力推进“阳光体育大课间”“校园三大球”“中小学生田径运动会”等体育活动及竞赛，推进学校艺术展演工作，推进学校卫生保健以及健康促进校创建工作，完成既定的年度工作任务。（体育工作见《文化体育》）

【艺术教育活动】 大合唱比赛：9月14日在新浦中学报告厅组织区中小学生大合唱比赛。10月13日组织参加市大合唱比赛，全市共34支合唱队参加，其中中学组15支，新浦中学、海州中专分别获得第4、7名；小学组19支，解放路小学、建宁小学、苏光小学分获第4、6、11名。文艺会演：10月31日在区教师发展中心举行“不忘育人初心、牢记时代使命——海州区教育系统践行十九大精神文艺展演”，海州中专、少年宫、新浦中学、苏光小学、建宁小学、解放路小学、海州实验小学、海宁中学、郁林中学、锦屏中心小学展出朗诵、器乐、舞蹈、音诗画等12个节目。艺术大赛：11月2–25日组织区中小学生参加市艺术大赛，2000人次参加。美术作品类包括国画、素描、版画、摄影等形式，学生获奖746人次，教师获奖109人次；音乐表演类包括舞蹈、器乐、声乐、朗诵等形式，学生获奖692人次，教师获奖70人次。

【美术教育活动】 3月23日在海宁中学组织全区中学美术教师优质课比赛。全区9位选手报名参加。这次优质课比赛共设A、B两个组，按市教育局的要求比赛共设课堂教学、教学设计与课件制作等三个项目。板浦实验中学教师李庆成和海宁中学于尔成作为海州区代表于5月22–23日参加市级优质课比赛，并取得一、二等奖。4月1日在板浦实验中学组织开展区美术教师职业技能培训活动，4月20日在苏光小学组织开展区美术教师职业技能培训活动（国画山水），5月18日在海州实验小学组织开展区美术教师职业技能培训活动（纸工）。每次培训参训人数达120人左右，通过研讨、实践、交流等形式进行。8月组织暑期浙江林坑写生培训活动，邀请市教育局美术教研员陆海林和海州画院院长张子文同行并指导教师写生。9月5–15日在海州画院组织区中小学美术教师写生作品展览。9月26日在海州实验小学承办省民间美术进课堂作品展览活动。10月20日区教师发展中心验收研训活动美术研训在新浦中学举行。

【卫生教育活动】 2017年9月22日，区教育局在海州实验小学举办学校传染病防控知识竞赛活动，提升学校卫生人员的业务水平和应急处置能力。10月19日，全区召开卫教合作会议，建立健全教育部门和卫生部门合作联动机制。通过卫教合作计划实施，开展传染病早发现、健康教育普及、常见病干预、学校卫生保健机构建设、免疫屏障巩固提升、生活饮用水卫生安全保障、突发公共卫生事件规范处置等“七大行动”。

【健康单位创建】 海州区教育局创建成江苏省健康单位；宁海中心小学创建成江苏省健康促进金奖学校；苏光中心小学、东辛中心小学、许庄小学、大村中心小学、精勤中心小学、海庆中学6所学校创建成江苏省健康促进银奖学校；岗埠小学、高桥小学、岗埠中心小学李庄教学点、狮树小学、罗圩小学、小浦小学、锦屏中心小学7所学校创建成江苏省健康促进铜奖

苏光小学学生军训

学校；解放路小学和海庆中学创建成江苏省健康学校。

教育督导

【概况】 区督导室在常态督导、专项督导、组团督导、综合督导的基础上，积极探索《构建多维督导评估机制，力推教育优质均衡发展》，该项目被江苏省教育厅立项为2017年20个教育综合改革试点项目之一。年内海州区政府教育督导主要完成四项工作：通过市政府教育督导考核；对部分幼儿园、农村村小、中心校完成素质教育随机综合督导；接受“全国中小学校责任督学挂牌督导创新区”实地核查验收；省教育综合改革项目“构建多维督导评估体系力推教育优质均衡发展”有序实施。四项工作均达到预期目标。

【通过市政府教育督导考核】 3月23日，市政府教育督导室主任苏守杰带领督导组一行9人，对海州区政府2016年度教育工作情况进行督导考核。区政府、区人大、区政协以及政府办、财政局、人社局、地税局、国税局、编办、教育局、教育督导室等有关领导参加督导考核工作。

督导考核组听取副区长郭玉家工作汇报后，实地察看海州实验小学、魏口小学、锦屏高级中学、解放路小学北校区、教师发展中心、岗埠中学、浦南中心幼儿园、新浦实验小学、新浦培智学校，查阅文件资料及账册，访谈校长代表，全面了解海州区2016年度教育发展情况，对海州区2016年度教育发展情况给予充分肯定。

【中小学幼儿园督导】 2017年4月至12月，海州区政府教育督导室采用分层分类、以“问题”为导向、随机抽取各校进行督导，通过听取汇报、察看现场、随机听课、调查问卷、查阅档案等方式，对岗埠小学、高桥小学、草舍小学、太平小学、小兴小学、郎墩小学、菜园小学、罗圩小学、小浦小学、新圩小学、卞浦小学、新华小学、武圩小学、大井小学、柿树小学、魏口小学、岗埠中心小学、浦南中心小学、苏光中心小学、锦屏中心小学、精勤中心小学、南城中心小学、农场小学、大村中心小学、宁海中心小学、新坝中心小学、东辛中心小学共16所村小、11所中心校近三年实施素质教育情况和办学成果进行全面督导。通过对全区村小的基本办学条件、校长领导力执行情况、师资配备、课堂教学、校园文化等方面的调查，肯定政府近年来加大对村小的投入，管理进一步加强，学校内涵不断加深，但也发现村小校长的领导力普遍不高、师资匮乏且结构不合理、教师教学方式陈旧单一等不足之处，分析其原因，提出转换机制，切实加强村小的统一管理、加大教师配置力度、增强教师交流轮岗实效、提升教师的教育教学管理水平、提高村小品质办学积极性等措施。5月，区督导室对区内的爱倪尔、高庄、机关二幼、世纪阳光、育才5所公办、民办幼儿园进行综合督导，督导期间，督导组听取各园长的自评介绍，察看幼儿园环境，检查各专用教室和教学设备的使用情况，查阅档案材料，与幼儿园领导进行个别访谈，对部分家长和教师进行问卷调查，随机听课2节。督导发现各园的办园目标明确，办园效益逐渐得到提升；办学特色鲜明，办园条件不断改善；注重“精细化”管理，管理规范有效；加强师德教育，保教水平逐步得到提高。但是还存在不足之处，针对农村幼儿园，督导组建议要进一步加大投入和宣传力度，吸引更多孩子入园，打造有影响力的农村幼儿园。城区幼儿园要进一步完善安全措施，加强师资队伍建设。

【责任督学挂牌督导创新区接受国家验收】 2017年，海州区“中小学校责任督学挂牌督导工作”通过多项举措得到进一步完善。全区聘任20名兼职责任督学和8名专职责任督学，他们中有从事多年教育管理的干部和教科研专家，有精通教学业务的特级教师和分管校长，其中高级教师占73%。在全区范围内设4个督学责任区，每个责任区配5名兼职责任督学，每名责任督学负责3所学校。建立责任督学遴选机制，打造一支“专兼、新老、学段”三结合督学队伍，实现全区59所中小学（含村小）挂牌督导全覆盖。创新工作机制，探索践行“一校一案”“一诉三应”“双向约谈”“项目引领”等特色做法，贴近实际，深度督导。加强“理论创新”“复式考评”，在主流刊物发表相关论文10篇。专家组对海州区责任督学的相关做法给予高度评价，认为海州区责任督学挂牌督导工作全面深入、扎实推进、创新厚重，很多方面都走在前列，值得借鉴和学习。

（撰稿：房以冈 审稿：张庭善）

表17 **2017年海州区幼儿教育情况一览表**

单位：人

学校名称	编号	入园（班）人数					在园（班）人数						离园（班）人数
		合计	托班	小班	中班	大班	合计	其中：女	托班	小班	中班	大班	
叠加合计	1	11476	1209	7305	1781	1181	32150	15184	1456	9132	10491	11071	8657
连云港市海州区春辉香江花园幼儿园	1	70	20	27	12	11	306	139	20	27	135	124	61
连云港市海州区世纪阳光幼儿园	1	111	25	25	36	25	361	192	25	89	146	101	92

续表 17

学校名称	编号	入园（班）人数					在园（班）人数						离园（班）人数
		合计	托班	小班	中班	大班	合计	其中：女	托班	小班	中班	大班	
连云港市商业幼儿园新海分园	1	114	13	88	9	4	303	121	13	107	100	83	76
海州区精勤中心幼儿园	1	207	0	155	46	6	450	228	0	155	153	142	155
连云港市海州区新坝镇欣欣幼儿园	1	42	0	22	15	5	160	64	0	22	31	107	28
连云港市海州区春辉润城幼儿园	1	105	0	97	5	3	260	125	0	97	59	104	172
连云港市海州区金阳幼儿园	1	151	40	65	35	11	410	188	40	75	120	175	91
海州区大井幼儿园	1	113	0	75	23	15	270	124	0	75	90	105	104
海州区东辛中心幼儿园	1	168	0	127	25	16	312	152	0	127	89	96	116
连云港市高庄幼儿园	1	87	0	35	32	20	300	137	0	74	88	138	70
连云港市罗圩幼儿园	1	120	0	98	10	12	277	133	0	98	116	63	72
连云港市蓝天幼儿园水墨江南园	1	152	11	98	28	15	507	239	21	161	203	122	90
连云港市海州区东方宝贝儿童之家	1	114	0	98	16	0	384	146	0	108	124	152	99
连云港市板浦中心幼儿园	1	178	0	124	9	45	547	267	0	124	178	245	222
海州区新坝中心幼儿园	1	170	0	107	43	20	501	233	0	107	184	210	182
海州区宁海中心幼儿园	1	113	0	48	30	35	389	190	0	91	138	160	89
连云港市海州区伟才幼儿园	1	205	60	112	19	14	570	278	60	160	180	170	180
连云港市锦屏中心幼儿园	1	264	75	150	25	14	498	245	75	150	146	127	74
连云港市海州区童馨幼儿园	1	75	18	26	10	21	594	450	90	180	150	174	110
连云港市海州区幼儿教育中心	1	125	0	125	0	0	799	323	0	207	308	284	250
连云港市海州区贝贝幼儿园	1	55	2	41	10	2	262	126	23	58	102	79	80
连云港市海州区爱伲儿幼儿园	1	48	13	12	15	8	238	102	52	57	59	70	28
连云港市钟声幼儿园	1	213	25	148	23	17	655	314	25	180	210	240	133
连云港市钟声育苗园	1	60	0	40	12	8	256	128	0	60	97	99	61
连云港市钟声亲亲宝贝园	1	107	51	38	18	0	425	196	51	135	135	104	119
连云港市商业幼儿园	1	217	46	122	26	23	614	287	46	160	177	231	158
连云港市商业幼儿园兴业分园	1	76	13	61	2	0	285	116	13	78	93	101	72
连云港市苏星幼儿园	1	107	18	42	33	14	403	192	29	108	123	143	127

续表 17

学校名称	编号	入园（班）人数					在园（班）人数						离园（班）人数
		合计	托班	小班	中班	大班	合计	其中：女	托班	小班	中班	大班	
连云港市小红花幼儿园	1	118	18	66	7	27	382	185	20	110	124	128	139
连云港市海州区莱恩早教津华苑幼儿园	1	116	53	36	0	27	408	203	53	128	101	126	108
连云港市民生花苑幼儿园	1	84	0	71	5	8	260	125	0	71	86	103	80
连云港市海州区春辉苍梧幼儿园	1	104	0	72	15	17	263	128	0	72	87	104	123
连云港市海韵艺术幼儿园	1	238	16	146	61	15	551	234	16	146	193	196	185
连云港市育红幼儿园	1	139	18	72	27	22	486	228	25	90	175	196	122
连云港市蓝天幼儿园	1	150	16	65	54	15	496	239	18	128	211	139	123
连云港市海州区爱蒙特梭利幼儿园	1	166	26	126	9	5	419	197	26	126	128	139	117
连云港市育才幼儿园	1	167	23	86	32	26	375	178	25	87	104	159	73
连云港市晨辉幼儿园	1	123	40	71	10	2	359	149	40	111	130	78	80
连云港市苗苗幼儿园	1	128	36	86	6	0	353	158	40	112	125	76	78
连云港市机关幼儿园	1	202	40	162	0	0	657	306	40	162	203	252	189
连云港市机关幼儿园玉带分园	1	100	0	100	0	0	394	173	0	100	120	174	131
连云港市第二幼儿园海昌路分园	1	75	0	75	0	0	258	129	0	75	90	93	93
连云港市机关第二幼儿园	1	195	20	175	0	0	656	330	20	175	210	251	251
连云港市海州区好孩子茗馨幼儿园	1	212	20	150	5	37	531	274	20	175	158	178	160
连云港市朐山幼儿园	1	94	20	71	2	1	346	162	20	71	118	137	120
连云港市海州区小天使矿山院幼儿园	1	94	25	66	3	0	442	217	25	107	128	182	176
连云港市海州区新苗幼儿园	1	92	20	58	9	5	587	286	50	148	179	210	193
连云港市六一幼儿园万润分园	1	60	0	60	0	0	281	133	0	60	103	118	98
连云港市蓓蕾幼儿园	1	172	22	105	29	16	468	221	22	124	148	174	126
连云港市机关苍梧分园	1	100	0	100	0	0	459	165	0	100	148	211	150
连云港市海州区万得宝贝园	1	115	17	52	39	7	358	174	20	87	138	113	104
连云港市海州区龙尾幼儿园	1	152	0	75	47	30	343	144	0	75	90	178	96
连云港市海州区东盛艺术幼儿园	1	16	0	6	5	5	115	68	0	50	30	35	35
连云港市海州区四季阳光幼儿园	1	68	25	35	5	3	267	104	25	49	89	104	92

续表17

学校名称	编号	入园（班）人数					在园（班）人数						离园（班）人数
		合计	托班	小班	中班	大班	合计	其中：女	托班	小班	中班	大班	
连云港市海州区新天地幼儿园	1	35	18	10	5	2	183	79	28	30	88	37	41
连云港市六一幼儿园	1	166	0	166	0	0	481	243	0	166	169	146	180
连云港市花果山幼教中心	1	206	0	172	23	11	703	242	0	174	278	251	116
连云港市南城中心小学附属幼儿园	1	171	0	115	29	27	422	202	0	115	144	163	144
连云港市浦南中心幼儿园	1	254	0	171	50	33	618	293	0	171	206	241	200
连云港市海州区东方龙亲子园	1	108	17	57	19	15	170	108	20	70	40	40	40
连云港市海州区浦南夏禾幼儿园	1	135	37	50	46	2	426	218	37	124	132	133	106
连云港市海州区岗埠中心幼儿园	1	180	0	165	10	5	529	250	0	165	169	195	198
连云港市海州区浦南潘圩幼儿园	1	152	45	97	10	0	417	186	45	97	135	140	112
连云港市浦南太平幼儿园	1	130	0	125	2	3	425	187	0	125	140	160	138
连云港市海州区云台农场中心幼儿园	1	36	16	14	2	4	287	138	25	60	70	132	50
连云港市浦南江浦幼儿园	1	221	0	175	28	18	549	263	0	175	170	204	80
连云港市海州区小海龟幼儿园	1	100	0	76	14	10	247	122	0	101	72	74	92
连云港市六一幼儿园中央华府分园	1	235	0	176	23	36	531	259	0	176	177	178	134
连云港市海州区东方岚谷幼儿园	1	130	40	60	18	12	343	152	40	105	125	73	66
连云港市小红花幼儿园振兴分园	1	172	39	86	33	14	330	169	45	100	89	96	28
连云港市海州区板浦花果山幼儿园	1	140	14	50	36	40	330	149	19	86	102	123	111
连云港市海州开发区明星幼儿园	1	130	29	51	28	22	305	137	40	75	90	100	81
连云港市六一幼儿园合力铂金分园	1	127	0	100	0	27	391	184	0	100	120	171	115
连云港市机关幼儿园同科分园	1	156	0	156	0	0	619	263	0	156	247	216	80
连云港市六一幼儿园秀逸苏杭分园	1	292	0	87	127	78	292	136	0	87	127	78	33
海州区浦南草舍幼儿园	1	0	0	0	0	0	0	0	0	0	0	0	0
连云港市海州区小天使幼儿园	1	0	0	0	0	0	0	0	0	0	0	0	0

续表17

学校名称	编号	入园（班）人数					在园（班）人数						离园（班）人数
		合计	托班	小班	中班	大班	合计	其中：女	托班	小班	中班	大班	
连云港市蓓蕾幼儿园四季金辉分园	1	120	20	27	42	31	404	178	20	123	122	139	129
海州区幼儿教育中心洪门分园	1	0	0	0	0	0	0	0	0	0	0	0	0
连云港市海州区幼儿教育中心砚池分园	1	220	0	182	38	0	220	138	0	182	38	0	0
连云港市海州区幼儿教育中心上海之春分园	1	249	0	178	71	0	249	133	0	178	71	0	0
连云港市香溢广苑幼儿园	1	49	24	25	0	0	49	27	24	25	0	0	0
连云港市六一幼儿园凤凰名都分园	1	207	0	100	68	39	207	99	0	100	68	39	0
连云港市蓓蕾幼儿园浦东分园	1	189	25	60	64	40	189	102	25	60	64	40	0
连云港市六一幼儿园淮海花园分园	1	74	0	51	23	0	74	36	0	51	23	0	0
连云港市六一幼儿园恒大名都分园	1	204	0	100	35	69	204	100	0	100	35	69	30
连云港市海州区爱博尔博威幼儿园	1	41	0	30	0	11	106	46	0	46	30	30	0

表18

2017年海州区小学教育学生情况一览表

单位：人

学校名称	编号	毕业生数	招生数		在校生数								预计毕业生数
			计	其中：受过学前教育	合计	其中：女	一年级	二年级	三年级	四年级	五年级	六年级	
叠加合计	1	6464	8325	8325	46974	21315	8325	8111	8231	7572	7546	7189	7189
连云港市东辛中心小学	1	80	94	94	600	298	94	116	99	108	95	88	88
连云港市菜园小学	1	45	55	55	310	165	55	35	52	51	60	57	57
连云港市海州区花果山文武学校	1	2	1	1	14	0	1	0	3	4	2	4	4
连云港市解放路小学	1	765	616	616	4800	2123	616	883	877	779	841	804	804
连云港市海宁小学	1	542	387	387	2778	1154	387	367	452	466	555	551	551
连云港市大庆路小学	1	183	200	200	1246	595	200	202	189	218	211	226	226
连云港市新海小学	1	175	169	169	964	432	169	150	153	160	168	164	164
连云港市幸福路小学	1	165	269	269	1537	713	269	221	263	264	301	219	219
连云港市建国路小学	1	422	224	224	2255	1002	224	391	393	381	405	461	461
连云港市建宁小学	1	555	437	437	3713	1642	437	540	746	719	666	605	605

续表18

学校名称	编号	毕业生数	招生数		在校生数								预计毕业生数
			计	其中：受过学前教育	合计	其中：女	一年级	二年级	三年级	四年级	五年级	六年级	
连云港市滨河小学	1	100	231	231	963	439	231	193	177	105	119	138	138
连云港市解放路小学郁洲分校	1	0	164	164	678	312	164	118	144	110	142	0	0
连云港市向阳小学	1	112	147	147	623	296	147	82	87	87	101	119	119
连云港市新浦实验小学	1	0	279	279	577	228	279	298	0	0	0	0	0
连云港市魏湾小学	1	0	34	34	131	66	34	28	23	30	16	0	0
连云港市孔望山小学	1	0	285	285	285	130	285	0	0	0	0	0	0
连云港市大村中心小学	1	123	133	133	948	421	133	168	190	189	143	125	125
连云港市解放路小学教育集团高新区校区	1	32	137	137	289	143	137	33	21	36	35	27	27
连云港市南城中心小学	1	129	91	91	826	406	91	144	153	114	170	154	154
连云港市云台农场中心小学	1	64	63	63	336	153	63	44	63	53	64	49	49
连云港市岗埠中心小学	1	250	318	318	1863	784	318	302	305	300	316	322	322
连云港市岗埠小学	1	16	16	16	133	70	16	29	16	27	23	22	22
连云港市高桥小学	1	11	10	10	81	41	10	10	10	19	20	12	12
连云港市浦南中心小学	1	287	429	429	2510	1129	429	449	434	446	387	365	365
连云港市太平小学	1	91	125	125	678	298	125	128	125	90	106	104	104
连云港市郎墩小学	1	44	34	34	260	116	34	45	47	43	47	44	44
连云港市小兴小学	1	57	65	65	327	147	65	53	54	42	56	57	57
连云港市草舍小学	1	95	39	39	272	137	39	33	22	19	61	98	98
连云港市草舍小学吕湾教学点	1	0	67	67	296	148	67	61	70	73	25	0	0
连云港市浦南中心小学浦北教学点	1	37	30	30	193	86	30	33	33	23	38	36	36
连云港市郎墩小学大官庄教学点	1	37	63	63	333	177	63	59	72	52	52	35	35
连云港市岗埠中心小学李庄教学点	1	17	12	12	95	35	12	20	13	22	12	16	16
连云港市新坝中心小学	1	165	203	203	1071	511	203	170	196	187	174	141	141
连云港市魏口小学	1	44	29	29	232	111	29	26	32	38	51	56	56

续表18

学校名称	编号	毕业生数	招生数		在校生数								预计毕业生数
			计	其中:受过学前教育	合计	其中:女	一年级	二年级	三年级	四年级	五年级	六年级	
连云港市武圩小学	1	37	13	13	178	91	13	38	30	32	31	34	34
连云港市大井小学	1	39	42	42	254	123	42	33	47	55	38	39	39
连云港市海州第二实验小学	1	73	300	300	942	443	300	162	171	128	93	88	88
连云港市海州实验小学	1	481	469	469	3081	1359	469	516	536	547	491	522	522
连云港市许庄小学	1	38	107	107	472	217	107	69	85	64	72	75	75
连云港市宁海中心小学	1	149	211	211	1125	540	211	178	198	194	179	165	165
连云港市新圩小学	1	37	39	39	316	149	39	59	60	62	49	47	47
连云港市狮树小学	1	17	35	35	197	93	35	37	36	22	32	35	35
连云港市卞浦小学	1	51	37	37	203	105	37	30	29	29	33	45	45
连云港市苏光中心小学	1	411	536	536	3267	1512	536	597	648	546	459	481	481
连云港市精勤中心小学	1	109	112	112	734	354	112	118	140	137	121	106	106
连云港市罗圩小学	1	34	26	26	253	118	26	37	50	49	54	37	37
连云港市小浦小学	1	46	23	23	159	71	23	15	23	27	26	45	45
连云港市苏光中心小学石河教学点	1	27	32	32	198	104	32	40	35	38	31	22	22
连云港市锦屏中心小学	1	165	238	238	1442	684	238	238	254	233	259	220	220
连云港市凤凰学校	1	58	205	205	777	353	205	179	166	101	63	63	63
连云港市实验学校	1	0	370	370	810	335	370	290	150	0	0	0	0
连云港市海州区明远中英文学校	1	0	1	1	33	1	1	2	3	5	7	15	15
连云港市朐山中学	1	47	73	73	316	155	73	42	56	48	46	51	51

表19

2017年海州区初中教育学生情况一览表

单位：人

学校名称	编号	毕业生数	招生数	在校生数						预计毕业生数
				合计	其中:女	一年级	二年级	三年级	四年级	
叠加合计	1	3337	4307	10802	4629	4307	3372	3123	0	3123
连云港市凤凰学校	1	116	222	549	231	222	173	154	0	154
连云港市板浦实验中学	1	822	702	2068	949	702	736	630	0	630
连云港市实验学校	1	0	206	351	152	206	103	42	0	42

续表19

学校名称	编号	毕业生数	招生数	在校生数						预计毕业生数
				合计	其中：女	一年级	二年级	三年级	四年级	
连云港市郁林中学	1	480	573	1646	671	573	548	525	0	525
连云港市新浦初级中学	1	253	407	885	373	407	213	265	0	265
连云港市海宁中学	1	711	729	1983	875	729	681	573	0	573
连云港市海庆中学	1	195	425	790	360	425	187	178	0	178
连云港市花果山中学	1	103	114	272	112	114	69	89	0	89
连云港市岗埠中学	1	143	196	469	165	196	136	137	0	137
连云港市海州区明远中英文学校	1	0	20	97	3	20	38	39	0	39
连云港市锦屏中学	1	123	142	368	149	142	100	126	0	126
连云港市新坝中学	1	154	252	538	245	252	149	137	0	137
连云港市宁海中学	1	152	218	517	224	218	150	149	0	149
连云港市朐山中学	1	85	101	269	120	101	89	79	0	79

表20

2017年海州区高中教育学生情况一览表

单位：人

学校名称	编号	毕业生数	招生数	在校生数					预计毕业生数
				合计	其中：女	一年级	二年级	三年级	
叠加合计	1	1352	1339	4510	2054	1339	1653	1518	1518
连云港市新浦高级中学	1	409	462	1455	657	462	550	443	443
连云港市锦屏高级中学	1	286	253	1040	444	253	400	387	387
江苏省板浦高级中学	1	657	624	2015	953	624	703	688	688

表21

2017年海州区特殊教育学生情况一览表

单位：人

学校名称	编号	毕业生数	招生数	在校生数														
				合计	其中：女	小学阶段						初中阶段				高中阶段		
						一年级	二年级	三年级	四年级	五年级	六年级	一年级	二年级	三年级	四年级	一年级	二年级	三年级及以上
叠加合计	1	32	14	108	29	5	10	21	27	11	0	9	8	17	0	0	0	0
连云港市海州区培智学校	1	20	10	48	13	1	4	5	12	0	0	9	7	10	0	0	0	0
连云港市新浦培智学校	1	12	4	60	16	4	6	16	15	11	0	0	1	7	0	0	0	0

责任编辑：马善臣

科学技术

综　述

2017年，海州区以建设“创新驱动发展先行区”为目标，强化创新主体培育、产学研合作、知识产权战略、创新服务提升，各项科技工作稳步推进。全区拥有国家高新技术企业53家，省级研发机构93家，市级科技中小企业136家，新增高新高新技术企业6家，获批省级以上高新科技项目12项，扶持资金2170万元，与清华大学、中科院等高等院校和科研单位合作，达成科研项目30个，科技兴农项目17个，申报国家级高新技术企业16家。2017年培育科技型企业30家，16家企业新申报国家高新技术企业，全区高新技术产业产值完成211.84亿元。区科技局被评为省科技管理工作先进集体，实现区级绩效目标考评“六连冠”区知识产权连续六年被评为省知识产权工作先进集体。

科技产业

【科技创业】 2017年，全区拥有国家高新技术企业53家，省级以上研发机构93家，市级以上科技型中小企业136家，新增连云港耐特网具有限公司、连云港富司达钓具有限公司司等国家高新技术企业6家，省高企培育入库企业19家，市级以上高新技术产品43件，省级以上研发机构6家；6家企业与团队入围市级科技创新创业大赛决赛，其中易家网络荣获二等奖，海恒生化和五七团队获得三等奖；高新技术产业产值占规模以上工业产值比重达62.23%，居全市前列。

表22　**2017年海州区新增国家高新技术企业汇总表**

序号	证书编号	企业名称
1	GR201732001746	连云港市建筑设计研究院有限责任公司
2	GR201732000319	连云港耐特网具有限公司
3	GR201732002550	连云港富司达钓具有限公司
4	GR201732003700	连云港龙塔研磨材料有限公司
5	GR201732002779	连云港三瑞医疗器械制造有限公司
6	GR201732003528	连云港众沃太阳能技术有限公司

【科技创新】 2017年，区政府投资200万元建立流动科技馆，设立声光体验、电磁探秘、运动旋律、数学魅力、健康生活、安全生活、素质技术等7个主题。培育科技型企业30家，申报国家高新技术企业16家，全区高新技术产值完成211.84亿元，研发机构提档升级39家，天邦、拓普等6家企业获批省级研发机构。同时加强青少年科普意识培养。

表23　**2017年海州区新增省、市高新技术产品认定产品清单**

序号	级别	产品名称	企业名称
1	省级	多功能高性能系统铝合金推拉窗	江苏智维门窗科技有限公司
2	省级	SME472Y烫光机	江苏鹰游纺机有限公司

续表23

序号	级别	产品名称	企业名称
3	省级	大规模集成电路基材用电子级超细软性熔融硅微粉	江苏联瑞新材料股份有限公司
4	省级	智能化20饼氨纶纺丝成套设备	江苏天明机械集团有限公司
5	省级	正融移动随访系统软件	江苏正融科技有限公司
6	省级	RN420Y油加热烫光机	连云港如年实业有限公司
7	省级	垂直螺翼式表阀一体智能远传水表	连云港连利·福思特表业有限公司
8	省级	甜味上光油	江苏泰格油墨有限公司
9	省级	食用菌生产线多工位自动搬运机械手	连云港贝斯特机械设备有限公司
10	省级	一种高阻隔性铝箔封装袋	江苏伟光铝塑包装有限公司
11	省级	立式自动滤水器	连云港久盛电力辅机有限公司
12	省级	DXS3A-00型多功能LNG一体化装卸撬	连云港市拓普科技发展有限公司
13	省级	超高能效自然虹吸式太阳能热水系统	日出东方太阳能股份有限公司
14	省级	卡培他滨片	正大天晴药业集团股份有限公司
15	省级	正融临床试验项目经费管理系统软件	江苏正融科技有限公司
16	省级	SME472XQ燃气双辊两次烫光机	江苏鹰游纺机有限公司
17	省级	MB342F12十二辊单双面磨毛机	江苏鹰游纺机有限公司
18	省级	轻质碳酸钠	江苏德邦兴华化工股份有限公司
19	省级	耐高温高阻隔安全环保食品包装袋	江苏更大包装有限公司
20	省级	节能低碳环保管桩	江苏东浦管桩有限公司
21	省级	物联网水表（NB-IoT）	连云港腾越电子科技有限公司
22	省级	碳纳米管与马来酸酐接枝橡胶改性PA6复合材料	连云港德翔新材料有限公司
23	省级	甘草酸二铵肠溶胶囊	正大天晴药业集团股份有限公司
24	省级	多元纳米改性三元乙丙橡胶高性能跑道专用卷材	连云港德翔新材料有限公司
25	省级	智能化立体集成氨纶纺丝成套设备	江苏天明机械集团有限公司
26	省级	脊尾白虾配合饲料	江苏天福莱集团有限公司
27	省级	铝箔内衬纸油墨	江苏泰格油墨有限公司
28	省级	无线远传智能水表（LORA）	连云港腾越电子科技有限公司
29	省级	一种耐高温抗穿刺蒸煮袋	江苏伟光铝塑包装有限公司
30	市级	智能装卸臂	连云港远洋流体装卸设备有限公司
31	市级	大口径玻璃钢集成泵站	连云港连鑫玻璃钢有限公司
32	市级	自动加药装置	连云港久盛电力辅机有限公司
33	市级	基于专业设计智能制造的新型柜子	连云港美步家居有限公司
34	市级	DXS3E-00移动式多功能LNG智能装卸撬	连云港市拓普科技发展有限公司
35	市级	RN420H火焰加热烫光机	连云港如年实业有限公司
36	市级	低压配电柜XL	连云港市港圣开关制造有限公司
37	市级	注射用艾司奥美拉唑钠	正大天晴药业集团股份有限公司
38	市级	物联网水表（NB-IoT）	连云港腾越电子科技有限公司
39	市级	高性能叠层封装用环氧模塑料	江苏中鹏新材料股份有限公司

续表23

序号	级别	产品名称	企业名称
40	市级	食用菌生产线龙门式集中堆积装载机	连云港贝斯特机械设备有限公司
41	市级	食用菌生产线多工位自动搬运机械手	连云港贝斯特机械设备有限公司
42	市级	MB342F12十二辊单双面磨毛机	江苏鹰游纺机有限公司
43	市级	SME472XQ燃气双辊两次烫光机	江苏鹰游纺机有限公司

【研发机构】 2017年，海州区新增省级科技孵化器2个，众创空间8家。全区大中型企业研发机构和大中型企业中高新技术企业省级研发机构建设实现全覆盖。

表24

2017年海州区新增省级企业研发机构汇总表

序号	机构名称	承担单位
1	江苏省陆用流体清洁装车设备工程技术研究中心	连云港天邦科技开发有限公司
2	江苏省智能化LNG装卸设备工程技术研究中心	连云港市拓普科技发展有限公司
3	企业研究生工作站	连云港久盛电力辅机有限公司
4	企业研究生工作站	连云港美步家居有限公司
5	企业研究生工作站	连云港腾越电子科技有限公司
6	企业研究生工作站	连云港连鑫玻璃钢有限公司

【科技奖励】 2017年海州区获批国家、省、市多项奖励。全年获国家级奖励2项，获批省级以上项目12项，获批扶持资金2170万元。获批市级科学技术突出贡献奖1项、市级科技进步奖11项，江苏鹰游纺机有限公司和正大天晴药业集团股份有限公司分别获得国家级科技进步奖一、二等奖。为新认定的高新技术企业、众创空间等创新主体，兑现奖励180万元；为企业兑现228.1万元“科技创新券”资金，鼓励企业加大研发投入；为26家企业争取1.435亿元“苏科贷”资金，较好的缓解了企业的融资压力。

表25

2017年海州区获批国家、省、市科技进步奖汇总表

序号	级别	项目名称	承担单位	备注
1	国家	干喷湿纺千吨级高强/百吨级中模碳纤维产业化关键技术及应用	中复神鹰碳纤维有限责任公司，江苏鹰游纺机有限公司	一等奖
2	国家	药剂高效分装成套装备及产业化	江苏恒瑞医药股份有限公司，正大天晴药业集团股份有限公司	二等奖
3	市级	大坡度支架搬运车关键技术与工程应用	连云港天明装备有限公司，淮海工学院	一等奖
4	市级	替加环素的工艺创新及产业化	正大天晴药业集团股份有限公司，连云港润众制药有限公司	一等奖
5	市级	中置式高效沉淀池组合净水集成技术示范应用研究	连云港市自来水有限责任公司	二等奖
6	市级	高强预应力混凝土抗震桩	江苏东浦管桩有限公司	三等奖
7	市级	超洁净表面碳化硅微粉及其生产技术	连云港龙塔研磨材料有限公司，淮海工学院	三等奖
8	市级	优质高产抗病糯稻新品种连糯1号的选育与推广	江苏胜田农业科技发展有限公司，连云港市农业科学院	三等奖
9	市级	高效抗氧化平板一体式物联网太阳能热水系统	日出东方太阳能股份有限公司	三等奖

续表25

序号	级别	项目名称	承担单位	备注
10	市级	节能型油加热烫光机研发及产业化	连云港如年实业有限公司	三等奖
11	市级	智能低压抽出式开关柜GCS	连云港市港圣开关制造有限公司	三等奖
12	市级	全自动蒸汽余热回收装置的研发及应用	连云港久盛电力辅机有限公司	三等奖
13	市级	芳香胺类工业废水综合治理及资源化利用技术开发	中蓝连海设计研究院	三等奖

表26 2017年连云港市科学技术突出贡献奖获奖名单

序号	级别	获奖人员	所属单位
1	市级	徐新建	日出东方太阳能股份有限公司（董事长）

知识产权保护

【产权保护】 以国家知识产权强县工程示范区和江苏知识产权强省建设区域示范工作为抓手，深化知识产权工作，企业知识产权的创造、运用、保护和管理能力得到了有效提升。

【产权申报】 海州区获批国家知识产权强县工程示范区，陇海步行街获批国家知识产权保护规范化市场，海州开发区获批省知识产权示范园区；3家企业获批国家知识产权示范企业和优势企业，2家企业承担省知识产权战略推进项目，5项重大科技成果获国家级专利奖。全区专利申请2261件，专利授权1511件；陇海步行街获批省"正版正货"示范街区，街区内13家企业获批"正版正货"承诺企业。

科技合作

【合作单位】 依托驻区新医药、新能源、新材料、高端装备制造的产业优势，与高校、科研院所加强合作。与清华大学、中科院等高校院所的150余名专家开展50余场产学研活动，达成合作30余个。与江苏师范大学等9家高校院所共建连云港（海州）虚拟产业研究院，与中科院等10余家高校院所建立合作关系。开展"高层次人才海州行"系列活动，70家科技型企业先后从南开大学等高校院所引进专（兼）职科技副总101名，举办6期产学研专题沙龙，"海州智库"入库专家增至600名。

【合作成果】 中鹏新科等企业获批12项国家、省科技计划项目，获扶持资金2170万元。43项创新产品获批省、市高新技术产品。日出东方等19家企业28项创新成果申报国家、省、市科学技术奖，鹰游纺机、正大天晴分别获国家科技进步奖一等奖、二等奖，天明机械获中国产学研合作创新成果奖。

【科技项目】 海州区2017年实施科普惠农兴村计划，开展科技下乡进厂活动，印发《关于百个科教兴农项目行动计划的通知》，推荐市级科教兴农项目17个，创建省级科普惠农服务站1个，市级科普惠农服务站3广，市级家庭农场10个。

科技管理与服务

【科技管理】 2017年，出台《关于加快建设创新驱动发展先行区的实施意见》等多项科技创新政，初步以"1+X"为基本框架的创新驱动政策体系，落实激励政策。为新认定的高新技术企业兑现奖励180万元和228.1万元科技创新资金。鼓励企业加大研发投入，为26家企业争取1.435亿元贷款。

【科技服务】 海州区提升新服务水平，科技创新机制日益完善。完善创新政策。强化政策宣传，开通全市首家区级"海州科技"微信公众号，利用微信公众号、QQ群等平台，多渠道宣传政策；印发2万余份科技宣传资料；组织120家企业600余人次参加知识产权、科技金融等各级各类培训活动10余场次。组织专家为农村、企业送去科研信息，组织科技培训和维权活动。

（撰稿：闫明朝　审稿：侯月华）

责任编辑：孙寿鹏

文化　体育

综　述

2017年，海州区大力实施文化体育惠民工程，建设文化体育活动基地，完善均衡文化体育设施布局，创新文化体育活动品牌，推进文化体育产业发展，丰富人民群众的文体生活。

加大文化设施建设力度。建成占地面积11.3公顷的多功能全民健身中心。二营巷、双龙井文化园正式对外开放，盐河巷红酒公社项目正式运营。投入60万元购置数字图书馆、电子图书25万册、构建海州特色文献资源库，新增区图书馆视障阅览室、地方文献阅览区、政府信息公开查询专区、无障碍设施等功能区。

基层文化体育公共服务体系逐渐形成。开展2017年全区室外健身路径安全巡查工作，完善社区室内乒乓室设施配套建设，新建13处室外健身路径。更换农村公益电影放映设备，提高农村电影放映质量。筹备建设海州区图书馆分馆6家，新建9个图书馆外流动服务点，全区基层图书馆服务网络初现雏形。2017年，海州区文化体育局荣获2017“全国群众体育先进单位”称号；组织参加由国家体育总局社会体育指导中心、中央电视台体育频道、中国社会体育指导员协会主办的《谁是舞王》中国广场舞民间争霸赛并进入全国四强；获“我要上全运”全民健身网络竞赛暨“贝德音响杯”全国广场舞大赛总决赛一等奖；获中共江苏省委宣传部主办的“喜迎十九大　幸福舞起来”江苏省广场舞大赛优秀表演一等奖，摘得“舞动江苏”2017江苏省广场舞大赛连云港站桂冠。

文化事业

【群众文化活动】 举办2017海州白虎山庙会开幕式演出、2017“醉美海州”广场舞精英大赛、动漫嘉年华、秦汉婚俗文化表演等“相约四月八　畅想秦东门”2017海州白虎山庙会文化节系列活动25场次，丰富了百姓的文化生活。举办“伟大时代　风采海州”喜迎十九大系列文化活动、“礼赞十九大　畅享新时代”2017海州文化艺术节、“情系百姓　大美海州”群众文化活动、“文化行走　悦读海州”全民阅读活动、海州区创建全国文明城市社会主义核心价值观进社区百场演出暨“中国梦-港城情”海州区广场文化活动等系列活动，全年举办各类文化活动100余场次，为百姓提供丰富多彩的文化盛宴。

【全民阅读】 2017年3月，成立海州区全民阅读促进会，新建6家区图书馆分馆、9个馆外流动服务点、12个图书漂流驿站、20个“一卡通”书屋，建设海州朗读亭，开展“全民阅读手拉手·春风行动”“4·23阅读日”活动、全城共读经典、图书漂流、海图国学大讲堂、全民阅读社区行、全民阅读“七进”等全民阅读活动40余场次。投资80余万元完成海州区图书馆全国第六次公共图书馆评估定级工作。

【文化设施建设】 2017年2月完成陶艺馆内部装潢、布展以及试运营工作。5月完成文史馆、景泰书局的布展工作正式对外开放，双龙井文化园正式对外开放。建设10个高标准农村电影放映固定点，采购4台流动放映车，更换农村公益电影放映设备。

12月，海州区召开基层综合性文化服务中心建设推进会。结合创建全国文明城市要求，区政府与各镇街签订《“十三五”期间海州区基层综合性文化服务中心建设目标责任书》，并将基层文化中心建设工作纳入区政府年底目标考核。成立海州区公共文化服务体系建设协调领导小组。全年完成15家综合文化站提档升级工作，建成标准化基层综合性文化服务中心32家。

【文化市场管理】 2017年1-9月，共出动检查人次1400人次，检查经营单位600余家次，立案查处15家违规经营单位，取缔6家无证娱乐场所，责令整改28家，收缴非法出版物2300余件，取缔游商地摊3个。10月13日，海州区文化行政综合执法大队与市文化市场执法大队签订《海州区文化行政综合执法大队人员移交市文广新局管理协议书》，海州区文化行政综合执法大队整建制上划至市文广新局，编制数5个，在编3人，退休1人。11月海州区文化体育局成立政务科，挂靠局文化科。区级文化执法权上划后，政务科配备工作人员4人，承担起辖区文化市场审批工作、安全生产工作、扫黄打非工作等职责，全年无安全事故、敏感性事件发生。

【文化遗产保护】 2017年5月海州文史馆建成并开放。拍摄制作《塔山古道》纪录片和《海州五大宫调》宣传片。年内，海州区获市级优秀传承人称号1人，入选“带领技艺传承库”乡土人才名录19人。新建双龙井“非遗”传承基地、淮海工学院古筝艺术传承基地并投入使用。完成戴晓觉膏药制作技艺、汪恕有滴醋制作技艺、陆安顺插酥小脆饼制作技艺等传承基地申报市级生产性保护示范基地工作。组织15个项目参加“山海相邀 精彩江苏 振兴传统”2017年“文化和自然遗产日”苏北五市非物质文化遗产展示展演活动。组织传统手工艺推介、剪纸专场、陶艺展演等文化传承普及活动40余场次。建立健全海州区文保单位安全巡查制度，组建义务文保员巡查队伍，依法查处损毁文物违法行为3起，处理9次举报，提请区政府公布板浦神墩遗址、生庆公茶庄、银行大厦等区级文保单位。

【文化产业】 组织11家重点文化企业和10项“非遗”项目参加2017第九届中国·连云港文化产品博览会，组织承办市第四届茶博会。引进红酒公社、黄海艺术馆文化项目进驻盐河巷文化街区并正常对外开放。与中国工艺美术学会合作研发海州特色文化创意产品，并在双龙井文化园设立陶艺馆进行文创产品展示，完成海州五大宫调和汪恕有滴醋文创产品的设计制作工作。积极引导帮助13家文化企业完成市文化产业资金申报工作，共获得125万元。完成海州区文化企业名录库统计工作，至2017年12月，全区有“三上”文化企业26家。

（撰稿：金 兵 审稿：杨 琴）

【文物保护】 为切实加强对文物保护工作的组织领导，区成立以文物局局长为组长、区文物局文物办主任为副组长、各镇街文化站负责人为成员的文保单位安全检查队伍，负责统筹全区文物保护工作，并制定每季度巡查方案，将任务分解到人，扎实开展工作。

切实加强文物安全宣传。文物保护是文物工作的重中之重，每年都以“文物行政执法督察宣传月”“4·18国际古迹遗址日”“5·18国际博物馆日”“文化遗产日”等活动为契机，组织开展各项宣传活动，通过悬挂标语、张贴海报、现场发放宣传页、向广大市民分发文物保护宣传材料等方式开展集中宣传活动，提高人民群众和全体工作人员的文物安全意识。

文物保护工作主要采取自查、区文物局巡查的方式进行。定期安排工作人员对辖区内文物古建筑、近现代重要史迹及代表性建筑等进行排查治理，并认真填写巡查记录及检查情况表。2017年还对部分文物保护单位安全隐患进行抽查、排查，共抽查文物古建筑、近现代重要史迹及代表性建筑、文物收藏单位等16处，发现安全隐患8处，并及时督促整改。

（撰稿：刘运生 审稿：杨 琴）

表27

2017年海州区省、市、区级文物保护单位一览表

	序号	名称	位置	公布时间
国家级	1	将军崖岩画	海州区锦屏镇桃花村锦屏山南麓的后小山西端	1982年3月公布为江苏省第三批文物保护单位。1988年1月公布为第三批全国重点文物保护单位。
	2	孔望山摩崖造像	海州区朐阳街道孔望山村孔望山南麓西端	1982年3月调整公布为江苏省第一、二批文物保护单位。1988年1月孔望山摩崖造像公布为第三批全国重点文物保护单位。
省级	1	二涧遗址	海州区锦屏镇岗嘴村锦屏山东南麓二涧水库	1982年公布为连云港市第一批文物保护单位。2013年公布为江苏省第七批省级文物保护单位。
	2	桃花涧遗址	海州区锦屏镇桃花村锦屏山南麓桃花涧西侧	1982年公布为连云港市第一批文物保护单位。2006年公布为江苏省省级文物保护单位。
	3	刘志洲山石刻苑囿图	海州区锦屏镇岗嘴村刘志洲山东南坡。	1995年被公布为第四批江苏省文物保护单位。
	4	孔望山古城遗址	海州区朐阳街道孔望山居委会孔望山、凤凰山。	1982年公布为连云港市第一批文物保护单位。2006年公布为江苏省省级文物保护单位。
	5	刘志洲山宋金交战战场遗址	海州区锦屏镇岗嘴村和酒店村之间的刘志洲山、夹山、哑吧山。	1995年被公布为第四批江苏省文物保护单位。
	6	龙祠摩崖石刻群	海州区锦屏山之巅马耳峰东南约100米处	2002年被公布为第五批江苏省文物保护单位。

续表 27

	序号	名称	位置	公布时间
省级	7	龙洞摩崖石刻群	海州区朐阳街道孔望山居委会孔望山龙洞庵西侧龙洞内外壁和龙洞庵后丹崖壁上	2002年被公布为第五批江苏省文物保护单位。
	8	白虎山摩崖题刻	海州区朐阳街道白虎山上	1995年被公布为第四批江苏省文物保护单位。
	9	塔山古道	海州区朐阳街道孔望山村吴窑塔山西侧	1982年公布为连云港市第一批文物保护单位。2006年公布为江苏省省级文物保护单位。
	10	石棚山摩崖题名石刻	连云港市海州区朐阳街道石棚山上	1982年被公布为第三批江苏省文物保护单位。
市级	1	陶湾遗址（包括马腰岭）	海州区锦屏镇陶湾村锦屏山东南麓	1982年公布为连云港市第一批文物保护单位。
	2	九龙口遗址（包括尾矿坝）	海州区锦屏镇陶湾村锦屏山东侧一个背风、向阳、名叫九龙口的谷地中	1982年公布为连云港市第一批文物保护单位。
	3	孔望山杯盘刻石	海州区朐阳办事处孔望山居委会孔望山之巅	1982年公布为连云港市第一批文物保护单位。
	4	土船顶遗址	海州区朐阳办事处园林居委会锦屏山北麓的坡积台地上	1982年公布为连云港市第一批文物保护单位
	5	海州古墓葬群	海州区朐阳办事处，西自海州白虎山，东至孔望山，北起玉带河，南至锦屏山麓。	1982年公布为连云港市第一批文物保护单位
	6	海州东汉二号墓	海州区南门砖厂院内	1982年公布为连云港市第一批文物保护单位。
	7	白鸽涧玄武石雕	海州区朐阳办事处园林村白鸽涧山顶	1982年公布为连云港市第一批文物保护单位。
	8	海州乡贡进士题名碑	海州区中大街小学院内东围墙壁上	1982年公布为连云港市第一批文物保护单位。
	9	海州钟鼓楼城门	海州区鼓楼街	1982年公布为连云港市第一批文物保护单位。1991年海州区政府修复了城门上的钟鼓楼建筑—镇远楼
	10	碧霞宫	海州区白虎山东麓	1982年公布为连云港市第一批文物保护单位。
	11	海州文庙戟门	海州区海州中大街小学院内	1982年公布为连云港市第一批文物保护单位
	12	双龙井	双龙井	1995年公布为连云港市第二批文物保护单位。
	13	甲子桥	海州区海州老东门外	1995年公布为连云港市第二批文物保护单位。
	14	谢家洋房	海州区中大街原海州公安分局院内	1995年公布为连云港市第二批文物保护单位。
	15	锦屏磷矿旧址	连云港市海州区锦屏镇桃花村北500米处	2010年被市政府公布为第四批市级文物保护单位。
	16	李汝珍纪念馆	海州区办板浦镇	1995年公布为连云港市第二批文物保护单位。
	17	东亚旅社	海州区新浦街道同兴社区新市路35号	2001年9月公布为连云港市第三批文物保护单位。
	18	陇海公寓	海州区民主路	1995年公布为连云港市第二批文物保护单位。
	19	民主路民国建筑群	海州区民主路	2010年被市政府公布为第四批市级文物保护单位。

续表27

	序号	名称	位置	公布时间
市级	20	新浦银行大楼旧址	海州区区新浦办事处市化社区解放中路51号。	2010年被市政府公布为第四批市级文物保护单位。
	21	板浦古民居	海州区板浦镇西大街20号、大寺巷4号、6号、15号，西顾巷汪家大院共5处。	2010年被市政府公布为第四批市级文物保护单位。
	22	国清禅寺中大殿	海州区板浦镇江苏省板浦高级中学院内	2010年被市政府公布为第四批市级文物保护单位。
	23	连云港石穴岩画（锦屏山）	海州区锦屏镇锦屏山	2010年被市政府公布为第四批市级文物保护单位。
	24	精勤书院	海州区板浦镇中正街槐树巷西侧精勤小学院内	2010年被市政府公布为第四批市级文物保护单位。
	25	封土石室	海州区锦屏镇锦屏山	2010年被市政府公布为第四批市级文物保护单位。
区级	1	神墩遗址	海州区板浦镇尤庄村东侧	1988年，神墩遗址被灌云县人民政府公布为县级文物保护单位。
	2	生庆公茶庄	海州区民主中路218号	1987年公布为新浦区文物保护单位。

表28 **2017年海州区非物质文化遗产传承项目及传承人情况表**

级别	序号	项目名称	传承人	项目公布时间	传承要素
国家级非遗项目	1	五大宫调	刘长兰（国家级非遗传承人）	2006年国家第一批非遗保护项目	传统音乐
省级非遗项目	1	童子戏	曹艳林（省级非遗传承人）	2008年省级第一批非遗保护项目	传统戏剧
	2	汪恕有滴醋	汪荫柏（省级非遗传承人）	2010年省级第二批非遗保护项目	传统技艺
	3	戴晓觉膏药	戴　泉（省级非遗传承人）	2011年省级第三批非遗保护项目	传统医药
市级非遗项目	1	龙舞	黄有沛（市级非遗传承人）	2007年市级第一批非遗保护项目	传统舞蹈
	2	剪纸（含宣纸贴画、布贴画）	魏海丽（市级非遗传承人）	2007年市级第一批非遗保护项目	传统美术
	3	贝贴画（含螺钿画）	纪效芳（市级非遗传承人）	2007年市级第一批非遗保护项目	传统技艺
	4	云雾茶制作技艺	张孟红（市级非遗传承人）	2007年市级第一批非遗保护项目	传统技艺
	5	海州舞龙	孟宪国（市级非遗传承人）	2010年市级第二批非遗保护项目	传统舞蹈
	6	旱船	姜秀兰（市级非遗传承人）	2010年市级第二批非遗保护项目	传统舞蹈
	7	葫芦画	纪光辉（市级非遗传承人）	2010年市级第二批非遗保护项目	传统美术

续表28

级别	序号	项目名称	传承人	项目公布时间	传承要素
市级非遗项目	8	烙画	叶如怀（市级非遗传承人）	2010年市级第二批非遗保护项目	传统美术
	9	烙画	武心扬（市级非遗传承人）	2010年市级第二批非遗保护项目	传统美术
	10	张氏刻纸	张天明（市级非遗传承人）	2010年市级第二批非遗保护项目	传统美术
	11	木雕（含根雕、桃木雕刻）	席宇军（市级非遗传承人）	2010年市级第二批非遗保护项目	传统美术
	12	拓片制作技艺	陈立新（市级非遗传承人）	2010年市级第二批非遗保护项目	传统美术
	13	板浦香肠制作工艺	黄友沛（市级非遗传承人）	2010年市级第二批非遗保护项目	传统技艺
	14	凉粉制作技艺	李玉飞（市级非遗传承人）	2010年市级第二批非遗保护项目	传统技艺
	15	旱船	陈广友（市级非遗传承人）	2011年市级第三批非遗保护项目	传统舞蹈
	16	葫芦画	曹海琪（市级非遗传承人）	2011年市级第三批非遗保护项目	传统美术
	17	剪纸	刘雪华（市级非遗传承人）	2007年市级第一批非遗保护名录	传统技艺
	18	葫芦压花技艺	陈茂裔（市级非遗传承人）	2012市级第四批非遗保护项目	传统美术
	19	新浦秧歌	刘　荣（市级非遗传承人）	2013年市级第五批非遗保护项目	传统舞蹈
	20	海州面塑	杨秀丽（市级非遗传承人）	2013年市级第五批非遗保护项目	传统美术
	21	烙画技艺	花千红（市级非遗传承人）	2013年市级第五批非遗保护项目	传统美术
	22	陆安顺插酥小脆饼制作技艺	陆玉祥（市级非遗传承人）	2010年市级第二批非遗保护项目	传统技艺
	23	插酥小脆饼制作技艺	黄二余（市级非遗传承人）	2013年市级第五批非遗保护项目	传统技艺
	24	海州面塑	赵国梅（市级非遗传承人）	2016年市级第六批非遗保护项目	传统美术
	25	大刀面烹制技艺	黄克师	2013年市级第五批非遗保护项目	传统技艺
	26	海州机智人物传说	崔月明	2007年市级第一批非遗保护名录	民间文学
	27	海州童谣	崔月明	2007年市级第一批非遗保护名录	民间文学
	28	吹糖人	武心德	2010年市级第二批非遗保护项目	传统技艺
	29	古筝艺术	季燕云	2016年市级第六批非遗保护项目	传统音乐
	30	软陶	徐姝姝	2016年市级第六批非遗保护项目	传统技艺

续表28

级别	序号	项目名称	传承人	项目公布时间	传承要素
市级非遗项目	31	山楂酒酿造技艺	张　超	2016年市级第六批非遗保护项目	传统技艺
	32	呛刀磨剪技艺	鲁成良	2016年市级第六批非遗保护项目	传统技艺
	33	古建筑营造	王海军	2016年市级第六批非遗保护项目	传统技艺
	34	海州木刻	任贵书	2016年市级第六批非遗保护项目	传统美术
	35	洪门酒酿造技艺	孙杨铸	2016年市级第六批非遗保护项目	传统技艺
	36	海州白虎山庙会	集体传承	2007年市级第一批非遗保护项目	民　俗
	37	打莲湘	集体传承	2007年市级第一批非遗保护项目	传统舞蹈
区级	1	根雕	黄明元		传统技艺
	2	新浦太极拳	王庆喜		传统技艺
	3	海州武术	腾绍才		传统技艺
	4	推拿针灸	刘定国		传统医药
	5	棕编	魏利利		传统技艺
	6	陆氏正骨	陆　祁		传统医药
	7	黑膏药	陆　祁		传统医药

文　艺

【文艺创作】 相裕亭的儿童文学《月牙岛上看星星》完稿，正在进行后期插画，准备出书；微小说《三个女人一台戏》在“金山湖畔遇见你”全国首届爱情微小说大赛中获优秀奖；微型小说集《泣血的呼唤》获市花果山文化奖文学类作品奖优秀奖。赵航的儿童文学童话结集《国王的梦》、杨光华的微电影《别把名字弄丢了》剧本创作拍摄申报2017年度连云港市重点文艺创作资助已获批。杨光华导演的公益广告片《家风》被选送在省纪委网站展播，禁毒微电影《拯救花季》顺利杀青上映，并获江苏省禁毒微视频征集评选优秀奖，连云港市禁毒委员会主办的禁毒微视频比赛一等奖，微电影《陌生姐姐》获得第十届电视金猴奖金奖及第二届“中国·连云港微电影大赛”一等奖。蔡勇的诗歌《谁的天书》被《江苏诗年选》选用，《泡沫》（5首）在《雨花》2017年第10期发表，《向西，成都平原》在《散文诗》21期刊登；方明元的散文《泉韵》获得第五届全国人文地理散文大赛二等奖，散文《老子祠——道家的殿堂》获全球华语散文大赛一等奖；夏大勇组诗《孤独》被《中国诗歌》选用；书协蔡宁入展第二届“江苏书法奖”，杨晓文、陈彦如在市六届书坛新人新作展获优秀奖；区舞协创编的《淮海戏情》在《谁是舞王》的全国大赛中进入4强，在省广场舞大赛中获优秀表演奖，参加省农垦局广场舞大赛分别获得第一名和第三名，入选全国首届“美蕴秋歌——社区教育文艺成果展演”优秀作品，在国家体育总局体操中心主办的全国广场舞总决赛中获得三个一等奖及总成绩第一名。杨兵的水粉画《灰色轨迹》获市花果山文化奖美术类一等奖；仲伟的中国画《涛声伴我入梦乡》获美术类三等奖；双人舞《爱那么短，遗忘那么长》获音舞戏剧曲艺类三等奖；董自伦的快板书《一桩离婚案》获音舞戏剧曲艺类三等奖。区诗协参与编纂的《海州诗赋》一书正式发行。周永恩摄影作品《凉山长辈》《赶集路上》荣获上海第十六届国际影展优秀作品奖；卢正华作品《同床异梦》荣获全国第二十六届摄影展评委推荐奖；邓维鉴荣获全球华人摄影十杰荣誉称号。蔡宁的行书册页入展第二届“江苏省书法奖”。朱殊全的隶书条幅入展“江左风流奖”江苏省第八届青年书法篆刻展。

（撰稿：陈　敏　审稿：颜　玮）

【文艺展览活动】 杜亮作品《绿色家园》被评为“写意中国·大美辽宁—第二届中国水墨大展”入会资格作品；作品《无题》入选“庆祝中国人民解放军建军90周年全国美术作品展览暨第十三届全军美术作品展”。杨兵作品《幸福路口之二》入选2017年第十一届全国水彩、粉画展；作品《快乐周末》入选2017年首届全国美术教师美术作品展；作品《这个时代》入选2017年第三届全国粉画展；作品《大山里的故事》入选2017年第二届江苏美术奖作品展；作品《暖阳》获得2017年“第三届江苏农民画展一等奖”。崔博作品《士兵印迹》入选中国南昌军事美术作品展；作品《宁静草原》入选壮美内蒙古亮丽风景线——第十届中国西部大地情中国画、油画作品展；作品《士兵印迹》入选庆祝中国人民解放军建军90周年全国美术作品展暨第十三届全军美术作品展。徐开君作品入选《艺术博览会》；作品参加北京红博馆《非我墨属—当代名家学术邀请展》；作品入选《至道真源—中国画作品邀请展》；作品入选《第九届中国体育美术作品展》；李亚平作品入选《二十四节气》柯城全国农民画作品展。仲伟作品《大海深处有人家》在中国美术馆展出。黄海作品入选《张大千诞生百年展》。蔡宁书法作品获邀参加由“北美中国书法协会”“江苏省书法创作研究中心”“哥伦比亚大学东亚图书馆”“纽约亚洲文化中心”“哥伦比亚大学龙峰文化”联合主办第二届纽约中国书法国际大展。由江苏、山东摄影家主办的区影协主席周永恩的摄影作品全国巡回展在山东潍坊进行，“信仰境感——周永恩摄影作品展”在市博物馆成功举办。书法家协会、美术家协会组织20余名书法骨干创作一批精品力作参加“大美海州·诗画锦屏”首届诗书画艺术节书画展，在孔望山景区游客中心展出《春满孔望——海州名家画展》，于海州白虎山庙会期间在海州鼓楼艺术展示厅展出《大美海州诗画锦屏》书画作品选展。

（撰稿：陈　敏　审稿：颜　玮）

【文艺演出】 开展“伟大时代　风采海州”基层文化巡演、第三届农民艺术节海州专场、海州区首届国粹京剧艺术节等艺术展演活动45场次。举办“喜迎元旦　海州欢歌”歌咏大赛、“千年古城庆新春”大年初一千人民俗踩街、“传承经典”戏曲大联欢、“欢歌笑语大家唱”“浓情元宵　大美海州”元宵晚会等大中型文艺活动12场次。

【文艺获奖作品】 2017年，海州区创作舞蹈作品《爱那么短　遗忘那么长》在江苏省文化厅主办的第二届江苏省少数民族优秀舞蹈展演中获得优秀表演奖，同时获得市第一届“花果山文化奖”音舞戏剧曲艺类三等奖。舞蹈作品《江南雨》在2017年连云港市活动评比中获得优秀节目奖；组织创作10件作品参加市第三届农民艺术节，舞蹈《山海情》、时装秀《金色田园》分获一二等奖，女声独唱《我爱你中国》、男声独唱《最美的歌唱给妈妈》获得三等奖，海州区文体局获得优秀组织奖；组织选取20件文艺作品参加连云港市第十一届文艺作品征稿活动，诗歌《人生这个舞台》《傍晚，我在湖边垂钓》分获二、三等奖，区文体局获优秀组织奖；组织20余件摄影作品参加农民工摄影作品展，两件作品入展。征集近30件美术、书法作品参加基层文化工作者的书画展览；舞蹈《茉莉花开》参加市群众文艺团队优秀节目展演评比获一等奖、模特走秀《魅力年华》获三等奖。

（撰稿：全　兵　审稿：张　敏）

海州古城“佳节送吉祥 古城谱新篇”千人民俗风情踩街活动

志鉴编纂

【年鉴编纂】 2017年1月20日，中共海州区委办公室、海州区政府办公室发出《关于征集〈海州年鉴（2017）〉稿件的通知》，要求全区各供稿单位联系工作实际，在全面回顾总结2016年度工作的基础上，认真撰写好2017年年鉴稿，以保证年鉴当年出版发行。经全区采编人员共同努力，《海州年鉴》（2017）于12月底在区内发行。

【乡土志编修】 协助区委宣传部编纂的海州文化丛书《海州名人》于4月由中国文史出版社出版发行；《锦屏山志》在2016年底通过评审的基础上，年内继续修改和补充部分资料；《连云港市海州地名志》送市志办审阅、评审。

【镇、街道志编修】 根据市通知精神，海州辖区内“十三五”期间应完成修志任务的有浦南、锦屏、板浦、新坝4个镇，云台、新南、朐阳、新浦、浦西、路南、宁海、新海、幸福路、海州、洪门、花果山、新东、南城14个街道和海州经济开发区、南云台林场共20个单位。至2017年初，全区镇街志编修进展快慢不一，镇街志编修工作发展不平衡。浦南镇、锦屏镇、板浦镇、新坝镇进度较快，北片六七个街道、南片海州经济开发区、朐阳街道等进度迟缓，有的甚至连编修班子都未组建。开始编修的浦南、锦屏、板浦、新坝镇和海州、洪门街道编修工作扎实开展，正在逐步扩大战果。

【名镇、村志编修】《江苏名镇志》编修，海州区上报了浦南和板浦两个镇，通过市、区志办专家辅导，编修工作有序推进，年内两家名镇志均拿出初稿。

2017年5月，全市乡镇志、部门志编纂工作推进会在浦南镇江浦村召开，参加会议的有市志办、市各部委办局、各县区志办以及有关村分管志书编修工作领导共60余人。与会人员参观了浦南现代农业园、江浦村史馆后，进行会议交流，修志工作进展较快的浦南镇、江浦村领导分别介绍了镇、村志编修工作情况。江浦村志是区内第一家村志，年内完成初稿，送区志办审阅。

（撰稿：区地方志办公室）

档　案

【概　况】 2017年，海州区档案局（馆）（以下简称区档案局），围绕全区工作大局和区委中心工作，努力将规划目标与年度任务紧密结合，坚持以业务建设为主线，科学谋划，扎实工作，认真履行档案行政管理和保管利用两项基本职能，主动为全区经济社会发展大局服务。区档案局根据档案工作统一部署，结合工作实际，提出加强档案收集利用、加强档案规范化管理，服务机关企事业单位、服务广大群众工作重点，进一步明确工作方向，为推动全区档案事业发展打下良好基础。

【档案资料管理利用】 区档案局组织全局人员学习档案工作各项规定，制定年度工作计划，下发收集档案资料的通知；对辖区内形成的档案资料进行收集、分类、整理、装订、入库；指导基层档案馆（室）做好档案收集、整理工作。年内，区档案局继续做好档案查阅接待工作。全年接待查阅1020人次，提卷2062卷次，有效为社会各界及区各单位提供服务。为建设爱国主义教育基地收集相关图片，接收全区报送的现行文件，并负责保管、利用。

【档案业务指导】 区档案局加大对各单位档案业务指导力度，加强对重点建设项目档案的指导，收集全区多家重点企业档案管理情况，引导全区重点建设项目档案管理逐步走向规范化；区档案局对全区27家乡镇企业馆外情况进行调查，抢救性保护乡镇企业档案资源；2017年底，在区档案局监督指导下，海州公安分局新海派出所升级为四星级档案目标管理单位，区司法局、公安分局锦屏派出所升级为三星级档案目标管理单位，超额完成市档案局年初下达的目标任务。

【档案法制宣传】 为纪念“国际档案日”，以“档案——我们共同的记忆”为主题，区档案局与市档案局联合开展一系列主题鲜明、内容丰富、形式多样的宣传活动。6月9日上午，在区行政中心大厅开启“6·9国际档案日”宣传周暨档案馆馆藏老照片巡回展启动仪式，此后一周，分别在淮海工学院、有关社区等多处巡回展出，并在社区巡展时推出"建立家庭档案，守护家的记忆"倡议活动，号召公民携手做家庭档案的记录者、家庭记忆的保护者、家庭历史的探寻者、家庭文化的传承者。

【应进馆档案征集】 年初，区档案局制定2017年全区档案业务指导计划，要求各单位对当年应进馆档案进行梳理，确保按时进馆，至年底，馆藏量达144906件、27092卷。区档案局在文书档案征集的同时还首创乡镇企业名人口述记忆档案征集，对板浦汪恕有滴醋厂厂长汪宗遂进行采访，并对此口述档案作详细整理。

【档案年检考核】 10–11月，区档案局与区法制办联合对全区63家单位开展档案年度检查及档案、安全执法检查，对照档案工作年检考核标准，全区档案工作获得优秀等次4家、良好等次31家、合格等次28家，无不合格单位。并对档案检查情况进行通报，对好的单位进行表扬，对存在问题的单位要求限期改正，全区档案管理水平逐年提升。

（撰稿：王尉蔚　审稿：王　涛）

体　育

【社会体育】 印发《海州区全民健身实施计划（2016–2020年）》。成功举办2017“南京银行杯”喜庆十九大万人健步走活动、2017年连云港马拉松自行车210公里骑行暨第11届全国马自骑资格赛连云港站比赛启动仪式、2017年连云港市暨海州区老年人体育节开幕式等3场市级体育比赛。举办海州区“三八”趣味健身运动会、海州区百城千村健身气功交流展示系列活动、海州老年人体育节启动仪式及系列活动、全区太极拳（械）交流展示活动、“健康海州　健身有我”全民健身大舞台系列活动、2017年海州区全民健身优秀项目展示活动、2017年夏季（冬季）全区中小学生国际象棋暨国际跳棋等级赛等20余场大型群众体育活动，倾力打造海州区群众体育新品牌。2017年，走进区有关企事业单位开展国民体质监测工作，共测试人员980人；举办三级社会体育指导员培训班3期，培训人员150人；邀请运动专家走进村（社区）开展健身健康知识讲座5次；开展2017年江苏省儿童青少年体育健身活动状况调查工作，共抽样调查4所中小学、540名学生。此外，组队参加连云港市“全民健身日”活动暨第十一届农民体育节、连云港市《国家体育锻炼标准》骨干培训班及达标赛、连云港市第五届气功站点联赛等赛事活动等，屡获佳绩。参加第六届武当演武大会荣获太极拳、剑两项第一名，参加2017年六合第三届“体彩杯”国际武术交流赛获得42式太极拳、32式太极剑第一名。

【体育设施建设】 建成海州体育馆一期，已对外开放；新建锦屏镇中山社区、浦南镇新圩村、洪门街道洪门村3处多功能场地；新建及更新新南街道新龙社区、九龙社区、云海社区，新东街道龙尾社区等25处室外健身路径；完善朐阳街道网疃村、孔望山社区、新浦街道龙苑社区等9个社区室内乒乓室设施配套建设。海州区255个晨晚练点成为全市社会体育指导员晨晚练点二维码注册系统第一批试点。2017年两次对全区各镇、街室外健身器材开展安全排查工作，共检查器材203套，其中17套超使用年限器材已全部拆除。

（撰稿：潘　莹　审稿：郑永红）

海宁体育公园建成并对外开放

【学校体育】 全区学校体育工作以落实学校体育课程计划和教学常规为抓手，加强体育教师职业技能培训，强力推进“阳光体育大课间”“校园三大球”“中小学生田径运动会”等体育活动及竞赛，促进各校结合学校体育工作实际，逐步形成学校体育工作特色。

体育教师职业技能培训 4月7—9日，为期三天的全区中小学体育教师职业技能培训先后在教师发展中心、滨河小学以及建宁小学进行，全区有172名中小学体育教师参加，体育教师参与率达95%以上。培训的目的是促进全区中小学体育教师树立科学的体育教学思想，转变体育教学观念，提升体育教学基本技能。培训由吕恒莱、樊继良、惠志东等省级特级教师及赵海龙、王志成、刘勇、高银华、李伟等连云港师范专科学校体育专业教授作为培训主讲教师；培训内容包括为小学、初中、高中阶段体育教学理论以及足球、篮球、排球、田径、队列队形、体操、才艺等7大方面的体育教学技能。

校园足球比赛 10月22日—11月12日，2017年“区长杯”校园足球联赛在海州实验小学、海庆中学、师专二附小三所学校组织实施。比赛有36所学校52支代表队参加7大赛项角逐，最终锦屏高级中学、板浦实验中学、锦屏小学、海宁小学等学校分别获得高中男子组、初中男子女子组，小学女子乙组、女子甲组等相应组别的足球的冠军。在暑假“市长杯”足球比赛中，锦屏高级中学代表队在高中男子组中获得男子组亚军，板浦高级中学获得第四名；小学女子乙组，海州区有四支代表队进入小学女子乙组前八名，其中海宁小学获得冠军；在小学男子乙组中，海宁小学等三支代表队进入前八名；在小学女子甲组中，海州区浦南小学等三支代表队进入前八名，其中浦南小学获得亚军。在小学男子组比赛中，海宁小学获得亚军，解放路小学获得第七名。在7月下旬的“省长杯”校园足球联赛中锦屏高级中学获得高中组女子第七名。

校园排球比赛 海州区学校代表队在6月举行的2017年市小学排球比赛中，建国路小学、苏光小学、宁海中心小学分获小学女子组冠亚季军；建宁小学、解放路小学分获小学男子组冠军和季军。

校园篮球比赛 5月13—14日，解放路小学举办2017年全区中小学生篮球比赛，这次比赛由区教育局体卫艺科牵头，全区有12支代表队参加比赛。新浦高中、新浦初中、解放路小学分获高中、初中、小学组冠军。7月，板浦高中、新浦高中代表队在省苏北片篮球比赛中分获亚军、季军；解放路小学篮球队在市比赛中获得第八名。

阳光体育大课间比赛 5月13—16日，2017年全区中小学阳光体育大课间评比活动在各校相继展开，全区38所学校6万余名学生参加。活动中，各校展示内容有眼保健操、广播操、啦啦操等规定活动项目，也有足球操、排球操、篮球操、跆拳道、太极操、武术、腰鼓、轮滑、绳操等特色操，以及跳绳、踢毽、趣味跑、推铁环、蹦球等传统体育游戏，最终，建宁小学，解放路小学，宁海中心小学，精勤中心小学，海宁中学，凤凰学校等分别获得小学甲组、小学乙组以及初中组第一、二名。

中小学生田径运动会 9月28—29日，2017年海州区中小学生田径运动会在板浦实验中学举行。9月28日上午，运动会开幕式在板浦实验中学运动场举行，开幕式上，有6所学校先后展示了体育特色操，其中建宁小学足球操、海宁中学排球操、板浦高级中学篮球操、精勤小学啦啦操、宁海中心小学太极操以及板浦实验中学广播操。38支代表队620余名运动员分别参加高中、初中、小学A组、小学B组等60个比赛项目的角逐。板浦高级中学、郁林中学、解放路小学、海州第二实验小学分别获得四个组别的团体总分第一名，其中有四项记录被刷新，小学A组400米、小学A组女子跳高、跳远以及小学B组400米等四项记录分别被解放路小学孙旭、徐畅和海州第二实验小学的张轩玮三名运动员打破。

（撰稿：房以冈　张廷善）

卫 生

综 述

2017年，海州区有区管医疗卫生机构468家，其中二级专科医院、疾控中心、妇幼保健所、卫生监督所各1家，政府办社区卫生服务中心6家、非政府办4家、乡镇卫生院6家、村卫生室88个、社区卫生服务站24家、民营医疗机构328家，全区有卫生技术人员2421人（包含民营），其中执业（助理）医师1064人，注册护士982人，药师120人，技师97人，村卫生室注册乡村医生187人。先后得到国家卫生计生委统计信息中心、省卫生计生委等领导肯定。海州区信息化建设、疾病预防控制、家庭医生签约服务工作进行视察调研。全国电子健康卡首发仪式在海州区举办，海州区获得国家级无偿献血促进奖。海州区卫生和计划生育局在2017年度连云港市卫计系统绩效管理考评中荣获“最佳单位”和“优秀奖”。

医政管理

【医院管理】 继续开展改善医疗服务行动计划40条和优质护理服务示范工程，不断提升医疗服务质量。海州区一级医疗机构及乡村公立医疗机构全部参加医疗责任险。连云港市眼科医院获评省级诚信计量示范单位，创成苏北地区唯一一家三级低视力康复训练中心，海州社区卫生服务中心康复医学科创成省级特色科室。

【中医药管理】 孔望山社区卫生服务中心创成省级中医药特色社区卫生服务中心，新南社区卫生服务中心、洪门社区卫生服务中心、锦屏卫生院完成省基层医疗卫生机构中医诊疗区（中医馆）服务能力建设项目，率先在浦西社区卫生服务中心建成海州区中医适宜技术推广基地，年内开展了4项适宜技术培训；实现100%的社区卫生服务中心、乡镇卫生院，90%的村卫生室和社区卫生服务站可以提供中医药服务。

【人才队伍建设】 2017年，海州区利用事业单位公开统一招聘、高层次人才引进及合同制招聘等多种形式引进人才，充实专业技术人才队伍，年内新招录专业技术人员120名；推进全科医生制度建设，完成全科医生转岗培训9人，规范化培训6人，新录用临床医师当年参培率100%。组织571人次参加基层卫生人员各级各类岗位培训，培养基层骨干44人。在连云港市基层中医药适宜技术竞赛包揽团体、个人一等奖，在连云港市基层康复技能竞赛中包揽团体一、二等奖，并代表连云港市参加江苏省基层卫生康复技能竞赛荣获团体二等奖。

疾病预防与控制

【传染病管理】 每季度对医疗机构传染病管理与网络直报情况开展督导检查，辖区各医疗机构共报告传染病报告卡5486张，及时报告率99.98%，及时审核率100%，无漏报。全年共有预警信息189条，疑似信息13条，核实处置率100%。全年报告甲乙类传染病14种1801例，同比上升19.27%，发病率100.36/10万；丙类传染病6种共2403例，同比下降44.80%。

【卫生应急】 按要求配备医护人员、急救药品和急救器械，保证应急救援启动所必需的人力、物力和经费，建成15分钟医疗救治应急圈，开展卫生应急演练2次，完成各类重大活动医疗保障5次，规范处置7起突发公共卫生事件，其中水痘3起、流感2起、流行性腮腺炎1起、诺如病毒感染1起。洪门街道通过市卫生应急示范街道验收。

【结核病防治】 规范医疗机构的结核病诊断、转诊和报告工作，DOTS覆盖率100%。发现肺结核新发病例190例，其中病原学诊断阳性结核病患者73例，病原学诊断阳性率38.42%，治疗满一年患者167例，治疗成功159例，肺结核患者治疗成功率达95.21%。新纳入2例耐多药病人，纳入率100%，治疗率100%。

【艾滋病与性病防治】 辖区内有艾滋病确诊实验室1个、筛查实验室9个，艾滋病检测点33个，全年检测19.2

万例。VCT门诊全年咨询人数701人、检测人数600人，检测率100%。完成1个国家级、2个省级艾滋病防治项目，获评省级社会组织参与艾滋病防治项目先进集体。

【寄生虫病防治】 做好疟疾消除工作，开展血检959人次，其中阳性6人，病例的网络直报率、流行病学个案调查率、血片镜检复核率、规范治疗率均为100%。开展海产品寄生虫感染情况调查，共采集5种鲜活海产品各5份，在1份大带鱼、3份狗腿鱼、4份马鲛鱼体内检测到异尖线虫，检出率32%。

【慢性病防治】 规范管理慢病患者，登记高血压患者63289人，高血压管理率97.07%，规范管理54043人，规范管理率85.39%，血压控制38748人，血压控制率61.22%；登记糖尿病患者20233人，糖尿病管理率98.70%，规范管理16651人，规范管理率82.30%，血糖控制12807人，血糖控制率为63.30%。探索慢性病患者的自我管理模式，全区共建立患者自我管理小组84个，覆盖51%的社区（村）。

【免疫规划】 提升预防接种服务水平，加强安全接种管理，全区适龄儿童疫苗接种率均达到95%以上，12家一般接种门诊、1家狂犬病暴露预防处置门诊通过市级二级门诊验收。加强“家长课堂”和“准妈妈课堂”开课质量，共举办266期，覆盖5826人。

妇幼保健

【母婴安康工程】 实施母婴安康工程，推广发放《母子健康手册》3552册，完成农村孕产妇住院分娩补助1924人，农村妇女补服叶酸1275人，农村适龄妇女“两癌”筛查8164人，均超额完成任务。全区孕产妇管理建卡率98.46%，产前检查率98.28%，产后访视率97.85%，高危孕妇管理率100%，新生儿访视率98.44%，婴儿死亡率1.97%。

【免费婚检】 实施一站式免费婚检，统一检查项目，合理安排人员，规范检查服务流程、服务内容及实施细节，开展致畸五项、甲状腺、淋球菌、梅毒螺旋体、HIV等生殖系统疾病的检测，并对检查结果实行跟踪反馈。2017年参加婚前检查人数4647对，查出疾病人数400人（其中传染病人数86人，性病25人），建议暂缓结婚400人，婚前卫生咨询人数4647对，全区婚检率为88.77%。

【托幼机构管理】 海州区加强托幼机构管理，召开海州区托幼机构卫生保健工作会议并举办卫生保健保育管理培训班，参培人数达536人次。通过培训托幼机构基本掌握常见病管理和物品消毒方法。继续做好托幼机构体检工作，主动上门为儿童进行健康体检服务，共检查20029人，体检率99.1%。

基层卫生

【分级诊疗】 糖尿病、H型高血压两个病种基层首诊全覆盖，探索试点紧密型医联体建设，通过托管或兼并等方式实现医院经营与管理权限分离、医疗资源深度整合、风险与收益共担，探索实行联合病房、信息化门诊共建、医疗团队整体下沉等多样化医联方式，如宁海卫生院与连云港市中医院打造宁海卫生院特色脑病科，海州社区卫生服务中心与连云港市第一人民医院打造信息化门诊，实现检验、病理检测资源共享和影像检查资源共享共建，与连云港市第二人民医院协作共联，启动建设板浦分院与新坝分院，推动“分级诊疗、双向转诊”制度落实。

【农村卫生】 加强农村卫生室夯实基层网底建设，投入200余万元，开展东辛村村卫生室省级标准化建设，板浦镇官庙村卫生室、海州经济开发区范庄村卫生室、宁海街道清河村卫生室、新坝镇墙匡村卫生室创建成为省级示范村卫生室。普及中医服务，实现100%的乡镇卫生院，90%的村卫生室和社区卫生服务站可以提供中医药服务。

【家庭医生】 推动家庭医生签约服务，组建48支健康管理团队，全部开展家庭医生（乡村医生）签约工作，截至目前，签约总人数22万人，签约率30.01%；其中以65岁老年人、妇女儿童、慢性病患者等医疗服务需求的人群为重点，签约12.8万人，重点人群签约率达到60.13%。联合区残联印发《家庭医生签约残疾人精准康复服务工作实施方案》，为全区12000余名残疾人开展家庭医生签约精准康复服务。

【信息化建设】 实施“三个一工程”，在孔望山社区卫生服务中心试点掌上医院，海州社区卫生服务中心投入使用健康云平台。提升医院信息化

多模式开展医联体合作

浦西社区居民电子健康卡首发式

建设规范化水平，连云港市眼科医院电子病历达到三级医院水平，完善基层医疗卫生机构信息系统，免费为辖区5万多居民建立规范的电子健康档案，普及应用居民健康卡，全区政府办基层医疗机构信息化建设覆盖率100%。

爱国卫生

【健康促进行动】 创成2家省级健康医院、3家省级健康促进医院和23家市级健康促进医院健康，新建健康主题公园1个，促进社区8个、健康促进企业2个、健康餐饮单位10家、健康菜市场1家、健康促进家庭50户，健康促进学校10所，完成1500户农村户厕改造任务。

【健康教育】 开展健康指导员培训4期，共培训骨干300余人。组织市区60余名卫生和健康专家对城区街道、社区围绕“健康社区”“健康生活”等知识讲课，区直各医疗卫生单位开展巡讲90余场（次），印发各种健康教育宣传资料20余种50余万份，受益群众20万余人，获评省级健康机关、爱国卫生先进集体和演讲竞赛优胜奖。

【病媒生物消杀】 全区布设毒饵站、防鼠网等防制设施2万余处，病媒生物防制公共环境消杀面积230余万平方米，投放鼠药1100余公斤，灭蚊缓释剂520公斤，打造利民园丁小区、艺北小区等共30个病媒生物防制标准化生活小区，“四害”密度达到国家规定标准，传染病传播途径得到有效遏制。

卫生监督

【依法行政】 推行政务公开，简化办事手续，规范行政许可行为。公共场所新发证208户，复核65户，延续181户，变更14户，注销28户，补证2户，许可资料完整，文书规范，实行一户一档，许可建档率达100%，无一例超范围许可、越权许可，及时办结率达100%，卫生许可证规范发证率100%。

【医疗市场监管】 开展医疗机构专项检查，立案查处35件，共罚款金额计16.9万元，其中取缔无证行医10户，张贴非法行医取缔公告10家，立案9户，已结案9户，罚款4.1万元，销毁300多件器械和药品，价值30多万元。非法行医投诉及时处理率100%。

【公共场所监管】 出动执法车辆182台次，执法人员546人次，检查公共场所1671户次，下达监督意见书395份，发放并张贴禁烟标志450张，禁浴标志18张。各类单位、场所卫生监督检查覆盖率100%，“四小”行业及学校卫生量化分级管理实施率100%。1915家“四小”行业单位持证率达100%，证照制度上墙率达100%。

食品药品监督管理

【食品管理】 2017年，海州区食品生产加工环节和食品流通环节监管范围是食品生产加工获证企业92家、食品流通经营企业（商场超市和个体经营户）获证9799家、获证食品生产小作坊46家、食用农产品批发和农资市场15家。监管重点内容是对海州区食品生产加工环节监管重点是高风险食品和重点食品检查。以酒类、肉制品、大米、桶装水、植物油等大众食品为重点食品，重点检查企业的原辅材料的进货、使用台账以及出厂检验、滥用食品添加剂和违法添加非食用物质等违法行为，通过检查，做到

检查月饼

安全隐患早发现、早报告、早处置，有效降低食品安全危害。对区食品流通环节监管重点是季节性、节日性食品的专项检查。以消费者申诉举报和与人民群众生活密切相关的食品品种为重点，突出抓好乳制品、肉制品、面米制品、饮料、糕点、干果、儿童食品、老年食品、膨化食品、冷冻食品等品种以及超市自制食品的专项执法检查，严厉打击销售过期霉变食品、“三无”食品等违法行为，切实解决人民群众反映强烈的问题。以商场、超市、批发市场、集贸市场和食品经营企业为重点，突出抓好市场开办者对食品安全的法定责任和义务，监督市场开办者、经营者自查和整改食品安全方面的问题，切实做到不进、不存假冒伪劣食品和不合格食品，严格规范食品经营者的经营行为。全年未发生食品安全事故。

【基本药物制度】 健全药品供应保障机制，完善短缺药品储备制度，制定药品和医用耗材采购管理制度，开展监管。海州区乡镇卫生院、社区卫生服务中心、村卫生室全部配备并零差率销售基本药物，累计销售基本药物5504.6万元，让利百姓1651.3万元，配送比94.2%，验收比93.1%。严格执行基本药物采购计划，无网下采购基本药物或二次议价现象。

【药品管理】 2017年，海州区完成年度药品不良反应报告841例、医疗器械不良事件报告418例、化妆品不良反应报告105篇，分别达到全年目标的105%、105%和131%；年内开展药店跟踪（飞行）检查221家，抽查比例47%（上级部门下达的工作重点中要求抽查20%的药店）。全年共检查药械生产企业22家次，检查批发及连锁总部35家次，检查覆盖率100%。检查三品一械经营使用单位287家次，检查覆盖率达到88.6%。全区实现药械经营企业涉及阴凉产品（0~20度、2~8度）数据实时控制。

全年组织新开办单体药店现场验收27家，新开办零售连锁门店现场验收xx家；参与三类医疗器械批发准入现场验收12家，零售准入现场验收4家。年内，对东禾二类精神药品经营状况进行3次现场检查。深入开展疫苗专项检查、城乡接合部及农村地区药店诊所集中整治、冷链医疗器械专项检查、保健食品会销专项检查、药品流通领域集中整治、含麻黄碱药品专项检查等，检查中发现各类案件线索2起，行政处罚2起。认真开展药品抽检，按时完成120批次年度抽检任务。开展保健食品快速筛查，完成三类食品快筛16批次，其中1例呈阳性状，按规定抽样送检。

【“三品一械”监管】 2017年派出人员参与省市两级食药局“三品一械”（保健品、化妆品、药品、医疗器械）飞行检查55家次，体系考核3家次。召开“三品一械”监管工作会议，与零售药店签订了《2017年度药品质量安全责任书》。对全区“三品一械”生产、批发企业检查100%覆盖，下达责令改正通知书16份，累计处罚2家医疗机构、3家药品经营企业，约谈质量管理人员28人次。

【海州社区卫生服务中心】 海州社区卫生服务中心前身为海州区人民医院，成立于1958年，位于古城海州区西南路，2000年12月被连云港市卫生局正式命名为“连云港市脑瘫医院”，于2008年转型为“海州社区卫生服务中心”。该单位占地面积5560平方米，建筑面积7820平方米，是城镇职工医保、城镇居民医保、农村合作医疗定点医院，城镇居民基本医疗保险首诊定点医疗机构，为辖区居民提供医疗、预防、保健、康复、健康教育、计划生育指导等“六位一体”的综合服务。开放床位100张，年门诊量约9万人次，住院量约1400人次，手术量600余例。服务人口4.08万，覆盖13个社区、村庄，辐射全市及苏北、鲁南周边地区。

该单位常规开设内科、外科、妇产科、康复医学科、口腔科、针灸理疗科、中医科、公共卫生科、手术室、注射室、彩超室、心电图室、检验科、放射科、CT室、药剂科、妇女保健、儿童保健、免疫接种、犬伤处理等各类科室。

有在职职工130人，其中卫技人员115人，高级职称13人，中级职称43人，本科及以上63人。该单位核定编制83人，有编制51人。

该单位是全国示范社区卫生服务中心，全国群众满意的社区卫生服务机构；江苏省省级爱婴医院、放心消费示范单位、江苏省医疗服务监督示范哨点、江苏省国家基本药物制度监测评价点、江苏省中医药特色社区卫生服务中心、江苏省优秀管理示范单位、连云港市惠民定点医院、连云港市残疾儿童康复训练定点机构、全市唯一一家“脑瘫儿童肢体残疾矫治手术定点医院”、五星级社区卫生服务中心、连云港市价格诚信单位、2011–2015年度连云港市产前筛查和新生儿疾病筛查工作先进集体。2008年被认定江苏省第一批全科医师规范化培训基地、2013年被认定全科医生培养省级示范市区实践基地。

该单位康复医学科为苏北、鲁南首家开展脑瘫手术、康复的专业医疗机构，是省级基层医疗机构特色科室。常规开展肢体矫治手术、神经外科手术、矫形器制作、假肢装配、传统中医中药、针灸推拿、物理因子、熏蒸外治、运动疗法、作业治疗、语言训练、引导式教育、感觉统合、水疗、认知、音乐心理治疗等。妇产科为重点专科，为省级爱婴医院，是连云港市基层医疗机构特色科室，助产服务质量、服务水平位居市级检查前列。中医科在继承发展传统中医的基础上，积极开展中医康复、中医治未病、中医养生保健、中医进社区等特色服务，为内、外、妇、儿、骨伤、皮肤、老年病等科疾病及功能性疾病，提供中药内服、外洗、外敷、熏蒸、牵引、水疗等全方位的特色诊疗服务。口腔科常规开展各种牙病诊断、治疗，尤其擅长中老年无牙列的全口修复术，在周边群众中享有较高知名度。

（撰稿：王　旻　张　雷
审稿：黄　庆）

责任编辑：李云高

社会事务管理

民政事务

【概况】 2017年，全区民政系统认真落实区委、区政府的各项决策部署，按照“强基固本、彰显优势、抬升标杆、争先创优”的总体要求，创新实践、奋勇拼搏，全面完成各项目标任务，被省财政厅、省民政厅评为“居家和社区养老创新示范区”，“一委三会”（党委领导、议事会协商、村居委会实施、监事会监督）工作法获得省级基层社会治理十大创新成果。

【拥军优属】 春节和建军节期间，慰问连云港警备区、区人武部等驻区部队，共商双拥大计，结合部队实际需求，支持部队建设；创新随军家属安置办法，第二次提供25个社区岗位，对驻区部队副团职以上现役军官随军未就业家属，实行“公开岗位、量化积分、个人选岗、组织决定”的安置方式，安置18名军嫂。全面落实抚恤补助标准自然增长机制和各项拥军优待政策，顺利通过省级双拥模范区初审。

【社会救助】 2017年，全区“大民政”社会救助信息平台运行顺畅，跨部门、多层次、信息共享的核对机制逐步形成，并稳定发挥作用。春节和元旦期间，筹集547.47万资金，通过“走访慰问、发放补助”等方式，广泛救助困难群众1.8万余人次。全年救助临时困难人员1250人次，发放救助金132.0708万元。救助城乡患重大疾病住院的困难群众1433人次，发放救助金187.5107万元；门诊救助14803人次，发放救助资金为21.58183万元。全区24名孤儿基本生活得到切实保障，从7月1日起每人每月孤儿生活费保障标准提高至1093元，全年基本生活费27.5万元。为全区2073名符合护理补贴发放条件的残疾人，发放两项补贴1114万元，补发两项补贴136万元。深化低保精细管理，在全区范围内对3468户7245人城乡低保家庭进行入户核查，新增118户、295人，解除468户、1206人，全年发放城乡低保金2447.87万元。

【五保及孤儿供养】 全区农村五保集中供养和分散供养标准分别增至7800元和6900元，孤儿生活费标准提高到1093元/月。

【优抚安置】 全面落实抚恤补助标准自然增长机制，按比例补助“伤残军人、三属（因公牺牲、因病牺牲、烈士）、老复员军人”等重点优抚对象医疗费用120万元。接收退役士兵283名，发放自谋职业（自主就业）经济补助金1134万元。为1042名符合条件的优抚对象办理抚恤补助证。

【社区建设】 不断赋予“一委三会”工作法新内涵。承办“连云港社会治理创新暨‘一委三会’协商善治理论研讨会”，民政部、中国社科院领导亲临会议，来自全国10余个单位的30多名专家参加研讨，海州区作为全省社会治理创新典型，积极申报“国家级社区治理创新成果”。投入近40万元编制《海州区社区建设总体布局规划》，指导各镇（街）解放发展思路、突破建设瓶颈，制定社区用房新建、改扩建提档升级计划，多方投入2000余万元支持38个城乡社区完成新建、改扩建工程，全区社区两房总面积增至10.1万平方米。

【婚姻登记】 按照四星级标准，全面加强婚姻登记处软硬件设施建设，免费婚姻登记政策落实到位，全年办理结婚登记6233对，离婚登记3045对，登记合格率100%。聘请具有婚姻家庭法律知识的专业人士，开展心理疏导、婚姻干预等服务，全年共计调解407例。

【殡葬管理】 实施墓区绿化全覆盖工程，栽植朴树、实生银杏、山茶、夹竹桃、白玉兰、栾树等40多个品种、6000多棵绿植，绿化面积达6公顷，做到边缘地块绿化全覆盖，无裸土，为扩大生态葬式覆盖面提供巨大的发展空间。落实殡葬普惠政策，为部分市民免除基本丧葬费用，最高免费1325元。同时，对苍松园三区、天慈园、长青园、小康三区等30多个老墓区进行维护，实施7处游园式景观改造工程。

【地名管理】 印发《海州区关于进一

步加强和规范地名管理工作的实施意见》，建立历史地名保护名录制度和保护名录。按程序对浦南新镇区、滨河新区相关道路进行命名。

（撰稿：陈俊贤　审稿：陈贤斌）

创业就业

【概况】 2017年，全区实现城镇新增就业14605人，城镇失业人员再就业5751人，帮扶就业困难人员再就业1502人，新增转移农村劳动力750人，分别完成目标的105%、113%、3343%和125%，城镇登记失业率控制在3%以内。支持成功自主创业2200人，扶持农村劳动力创业550人，引领大学生创业230人，开展创业培训660人，创业带动就业7000人，分别完成目标的169%、239%、153%、110%和108%。实现城乡劳动者职业技能培训2050人，城乡新成长劳动力技能培训1090人，新生代农民工技能提升培训108人，企业职工岗位技能提升培训1350人，分别完成目标任务的108%、109%、108%和110%。新增高技能人才430人，职业技能鉴定取证780人，分别完成目标任务的107%、111%。

【扩大就业】 年内，通过稳定就业岗位、充分吸纳就业、促进劳动者自主创业、加强职业技能培训、完善就业困难人员就业援助机制等政策，充分发挥促进就业的政策效应。有序推进"春风行动"，召开返乡农民工专场、妇女专场、高校毕业生专场、退伍士兵、企业招聘进社区等招聘会10场，有300余家企业进场招聘，先后提供就业岗位近4000个，达成就业意向1000余人。发放社保补贴27179457.48元，惠及全区灵活就业困难人员5914人，安排就业困难人员两节（中秋节、春节）走访慰问金70.95万元，走访就业困难人员1419人。高校毕业生实名登记893人，就业480人，升学、出国等353人，提供就业服务千余次。

【服务企业】 主动上门为企业送政策、送培训、送人才，指导企业建立和谐劳动关系和完善薪资机制。做好就业形势研判，对百人以上的100家企业进行用工动态实时监测，形成快速反应机制，及时补足企业用工缺口。年内，举办企业座谈会、政策说明会6场，开展3期企业流动招聘进乡镇活动，发布招聘信息2000多条，提供岗位4000余个，登记求职人员1000人次，为50余家企业申请稳岗补贴资金200余万元。

【大众创业】 进一步加大创业扶持力度，出台《海州区鼓励全民创业政策三十条》及其操作细则，提升平台建设水平。常态化开展各种类型的创业活动，举办大学生创业咖啡、项目路演、创业公开课等20余场创业活动，累计参加人数近600人。开发创业培训专业，创新培训模式，注重实训操作。在全市率先开展"SYB+X"的培训模式，全年开展"SYB+电商"培训200余人，"SYB+跨境电商"培训100余人。新建运营17000平方米的创业梦工场，江苏碕祥、锦阳、尚东等50多家企业入驻，注册资本总额达到1.88亿元。新建运营海州乐创青年创业基地，引入创业企业35家，带动就业200余人。组织申报市级创业示范基地2个，创业培训基地1个，省级优秀大学生创业项目4个。组织开展省级创新型街道、社区、园区建设，21家单位高标准完成创建，争取创建补贴资金97万元。评选省、市、区优秀创业项目27个，发放补贴88万元，有效发挥创业典型的示范带动效应。

海州区人社局在板浦开展"春风行动"

【优质服务平台】 2017年，区人力资源和社会保障局（以下简称区人社局）招录公益性岗位工作人员55人，充实到各级人社平台，保障各级平台的高效稳定运转。深入推进平台"P2P"工作模式，全面融入"互联网+"思维，使服务对象拥有个性化、虚拟化、实地化等不同场景的服务体验。改版升级"海州人力资源"微官网，形成完善的线上求职通道，搭建职业技能培训线上课堂和大众创业线上空间，使服务对象拥有更加优质便捷高效的服务体验。依托全区智慧社区建设，纳入就业创业、社会保险等相关模块，助推智慧社区建设。

社会保障

【城居保提标扩面征缴工作】 完成续缴保费人数3.1万人，征收保费3631.25万元，人均缴费1171元，超额完成目标任务人均缴费500元的234.2%。完成养老金持续发放率100%，按照政策规定及时为待遇领取人员增补养老金标准，完成待遇领取人员资格认证3.91万人，完成率达100%。

【机关事业养老保险】 全区有参保单位279家，单位参保率达100%；参保人员7094人，人员参保率达100%，基金收入29561.92万元（其中保费收入6897.7万元，财政补贴22636.38万元）；离退休人员4736人，支付养老金30156.17万元。养老金社会化发放率为100%；基本养老保险费征缴率100%。离退休人员认证4736人，完成全部应认证人数的100%。

【落实被征地农民社保政策】 全区涉及被征地农民2076人，社会保障资金12082.4638万元，其中参加企业职工养老保险1335人，代缴社会保障资金4678.2256万元，参加城乡居保204人，代缴社会保障资金518.08585万元，60周岁及以上537人，年内每人每月享受发放标准506元。资金结余6000余万元。依据每年民政低保生活补助标准的调整及时为被征地农民领取生活补助人员增补到位。

【全民参保推进】 按照市部署，区人社局及时成立全民参保登记工作领导小组，负责组织协调和保障任务工作。上半年，区人社局组织召开现场会并选定18家试点单位，安排入户调查人员382人。按照"统一部署、分片实施、协调推进"的原则，以镇、街道办事处为片区，逐渐在全区范围内全面启动，稳步推进实施"全民参保登记计划"，已全面完成，并实行动态实时更新全民参保情况。

劳动维权

【劳动保障监察体系】 在全区范围内统一管理标准，明确专、兼职监察员和协理员的工作职责，并将各级网格执行两网化工作标准列入目标责任状考核内容；严格规范工作流程，各级网格将工作流程图上墙公示，并严格按照流程进行操作；规范工作制度，推行首问负责制、跟踪服务制和服务联系制。

【劳动执法维权效率提高】 年内，区人社局继续加大对所有案件从投诉举报、受理、立案、查处网上跟踪运行的力度，统一信息平台为劳动者提供维权服务。截至12月底，区人社局联动平台举报投诉共录入案件512条，录入率100%，完成目标的100%。联动平台举报投诉案件按期运行率为100%，完成目标的100%。逾期案件0件，逾期率为0。流转案件第一时间处理，全年共接收各级流转案件59件，全部得到妥善处理。

【流动庭及基层调解中心建设力度加大】 加强基层巡回仲裁庭建设，建成的洪门街道巡回仲裁庭在2016年底正式投入使用后，就近处理周边洪门园区、浦南工业园区劳动争议案件的预警及审理，2017年度洪门园区巡回仲裁庭共开庭审理72次，极大缓解区本级仲裁院案件审理压力。另外，2借鉴洪门巡回仲裁庭的经验，2017年度规划新浦区街道巡回庭，着重审对受理及审理原新浦区内密集分布的服务性个业及个体工商户发生的劳动争议案件。针对基层调解中心，要求区17个街道社区成立的基层调解中心配备2名专职调解员、1名记录人员，调解案件需建卷存档，调解成功案件经本院确认下发调解协议书。2017年度，洪门园区巡回仲裁庭、朐阳街道调解中心分别被省厅评为"省级优秀巡回仲裁庭""优秀基层调解组织"。

【裁审工作模式完善】 2017年起，每季度召开2次劳动争议裁审联席会议，对仲裁、审判过程中尚需统一认定标准的业务问题进行深入探讨。在市裁审对接群的基础上建立海州区劳动争议裁决、审判对接微信群及QQ群，办案仲裁员与法官直接沟通，做到无障碍交流，对于海州区裁审统一工作起到重要作用，基于此2017年裁决文书裁审一致率达到100%。另外，邀请区法院法官参加区劳动人事争议仲裁委员会调解工作，进一步提升劳动人事争议案件调解率。严格审查一裁终局案件裁决，2017年被市中院撤销的一裁局案件数为0。2017年度全区劳动争议仲裁委员会立案501件，结案501件，结案率达100%。其中裁决案件108件，年底按期结案率100%；一裁终局裁决案件69件，被中院撤销0件；调撤结案总数323件，案件调撤率64.47%。

（撰稿：张梦杰　审稿：张　见）

人口管理

【概况】 2017年，海州区人口和计划生育工作围绕区委、区政府工作部署和创建省"十三五"人口协调发展先进区的工作要求，以"坚持计生基本国策、促进人口均衡发展"为主线，稳妥实施全面两孩政策，着力在争先创优、家庭发展、性别比治理、提升出生人口素质、流动人口管理服务等方面抓落实、补差距，各项工作均有新的进步。全区计划生育率达98%，人口自然增长率为6.91‰。

【基层基础工作】 开展生育状况抽样调查和家庭发展项目抽样调查，调查生育养育相关公共服务落实情况，为分析研究人口形势、完善全面两孩政策配套措施、深化计划生育服务管理改革提供依据和支撑。制定计生干部轮训工作计划，出台《海州区计划生育基层基础服务管理规范年活动实施方案》，对机构改革之后计划生育工作进行规范，对镇（街）计生助理开展培训3次，社区工作人员培训2次。建立计划生育业务练兵制度，每次培训之后，开展计生业务知识考试，对成绩优秀的计生专干通报表扬。4名计生专干入围区"健康卫士"评选。3名计生专干被评选为省"百佳计生专干"、市"十佳计生专干"。

【落实两孩政策】 进一步推进全面两孩政策宣传。举办各类街头宣传15场次，发放宣传品2万余份，张贴海报、悬挂横幅200多条。编排形式活泼的快板书节目《二孩政策就是好》在全区广泛宣传，二孩出生率比例上升，占出生人口45%。严格控制政策外多孩生育，实行"一票否决"制度，审核把关党员干部提拔、入党、表彰737人次，处理党员干部违法超生案件1起。

【服务计生家庭】 完善计生公益金制度，筹集公益金20万元。落实"情暖计生特困家庭"综合保险428份；城乡计生奖励扶助政策兑现率100%，将独生子女伤残、死亡父母扶助金标准分别提高到600元、700元，特扶对象428名，奖扶对象654人，一次性奖励700人，共发放奖扶特扶金550万元。无错报漏报发生，政策落实率100%。对有新诉求的手术并发症人员，按照信访条例要求给予答复，落实手术并发症人员定点医院制度，无越级信访案件发生。特扶家庭连心卡制度得到进一步落实，在区级医疗机构开设特扶家庭绿色通道，特扶家庭无障碍享受"两免三减半四优先"（免挂号费和诊疗费，住院减半收取诊疗费、床位费和治疗费，优先挂号、门诊、治疗和缴费。重点为特扶对象每年提供1次免费健康体检，建立健康档案，优先开展家庭医生签约服务，服务基础包免费，个性定制服务包在医保报销基础上再减50%。特殊家庭入住公立养老护理院床位费优惠15%）。切实做好特殊家庭的辅助工作，将特扶家庭成员纳入家庭医生签约服务的重点人群，优先开展家庭医生签约服务，基础服务包免费，个性定制服务包在医保报销基础上再减免费用50%，对行动不便的按规定提供上门服务，全年签约375人。

【出生人口性别比】 进一步推进"圆梦女孩志愿行动"和"关爱女孩"行动，完善妊娠14周以上流引产工作制度，强化对卫生计生机构工作人员的教育、培训、管理和监督。实行打击"两非"（非法鉴定胎儿性别、非法选择胎儿性别终止妊娠的规定）有奖举报制度，联合综合监督科开展打击"两非"检查工作，加强出生婴儿性别监测、统计报告制度，保持对性别比综合治理的动态化、常态化管理。开展"圆梦女孩健康志愿活动"，结合"双进双促"（进企业项目促发展、进村居户促致富）工作，将关爱女孩的宣传倡导和扶贫帮困相结合，让20名贫困女孩和志愿者结对帮扶，从物质和精神上改善贫困女孩生存状况，春节期间，为165名计划生育困难家庭女童送上价值4万元的礼品。

【出生人口素质】 加强计划生育基本服务，推进服务体系、服务资源的整合完善，积极推进出生缺陷预防干预和生殖健康促进工作，落实计划生育免费基本服务，探索建立集孕（婚）前检查、孕期检查、新生儿疾病筛查出生缺陷三级干预新模式，健全完善一站式婚检孕检服务体系，广泛开展婚前医学检查、婚前保健和咨询指导、孕前咨询和孕前孕早期医疗保健服务，全区孕产妇死亡率为零，婴儿死亡率1.72%，免费孕检率达90%以上，婚检率达85%以上。

【流动人口管理】 推进流动人口服务均等化，人均基本公共服务经费提高至 元。开展流动人口数据信息核对，发送省内协查10804条，省外协查3320条。反馈省内协查5297条，省外协查508条。完善政府部门之间信息共享机制，核查公安办理居住证人员信息42852条，流动人口信息入库率达到90%，正确率95%，协作信息按时反馈率100%，及时准确上报各类报表。及时核查妇保、疾控机构新生儿出生、0~6岁疫苗接种中流动儿童信息，通过省流动人口信息管理平台向户籍地发送核查信息1.94万条，在全区形成流动人口信息"一盘棋"局面，发放镇（街）、村（居）计生专干市级流动人口信息采集补贴奖励7.75万元。开展流动人口卫生计生动态监测，认真开展组织培训，问卷审核，数据质量在全国排名第三。流动人口健康促进和教育以创建文明城市为契机，以创建国家流动人口健康促进示范企业、示范学校和示范户为抓手，以社区新市民之家为阵地，在流动人口集中地广泛开展健康教育工作，流动人口健康促进和教育工作代表连云港市在省流动人口会议上做经验交流。流动基本公共卫生计生服务实现均等化，流动人口健康档案建档率、0~6岁儿童免费疫苗接种等各项任务指标均达到省定目标，流动人口计划生育免费技术服务5200人次，代表连云港市接受省流动人口基本公共卫生计生服务均等化验收。

（撰稿：朱冬云　审稿：黄　静）

民族宗教工作

【概况】 2017年，海州区民族宗教工作在区委、区政府的正确领导和市民宗局的有力指导下，紧紧围绕"民族团结进步、宗教和谐稳定"的目标，全面准确地贯彻党的民族宗教工作基本方针，不断完善工作机制，创新工作举措，着力夯实民族宗教工作基础。以调查研究、把握规律，创新思维、科学谋划为主线，按照年初签订的目标责任书确定总体工作思路，细化量化工作任务，狠抓工作落实，着力增强民族和睦、宗教和顺、社会和谐，各项工作取得明显成效。被评为全市民族宗教工作先进集体，市政府对区政府民宗工作考核获第一名。

【民族宗教纳入目标考核】 在区民宗局的建议下，6月9日区委办公室、区政府办公室印发2017年度镇（街）园区目标任务绩效考评办法的通知，首次将民族宗教工作内容纳入区对镇（街）园区的考核内容，占总分值的1分。

【宗教工作审议】 5月26日，海州区人大常委会审议通过全区宗教场所建设与管理情况的报告。

【政策法规宣传】 6月，开展以"国法与教规的关系"为主题的宗教政策法规学习月活动，学习宣传党的十八大及四中、五中、六中全会精神和全国、全省宗教工作会议和全市民族宗教工作会议精神。

【城市民族工作现场会】 10月20日上午，连云港市城市民族工作现场会在海州区召开。市民宗局副局长蔡骥鸣、民族处处长卢伟和各县区民族工作负责人参加此次会议。与会人员参观调研蒙古族特色餐饮"蒙古大营"、民主路老街等富有民族特色的建设基地，并就民族团结进步创建、少数民族流动人口服务管理、创新城市民族工作管理等问题进行座谈交流。

【政策法规培训】 11月1日，海州区民宗局在市基督教中心堂举办学习十九大精神暨新修订《宗教事务条例》培训班，全区统战委员及宗教活动场所负责人60余人参加。市民宗局副局长郁正言、区民宗局局长张玉梅进行专题授课。

【讲经活动】 8月11日，海州龙洞庵圣心法师在“2017年江苏省佛教讲经交流会”中荣获佛教讲经交流比赛三等奖，成为连云港市佛教界首位在省级佛教讲经比赛中获奖的佛教法师。

8月22—23日，省佛协举办的巡回讲经活动在海州区龙洞庵、碧霞寺组织，市民宗局副局长郁正言、市佛协秘书长李海祥、海州区民宗局局长张玉梅参加。

【消防安全总结表彰暨技能培训】 11月30日，连云港市宗教活动场所消防安全总结表彰暨知识技能培训会在海州基督教堂举办。海州区基督教堂、市基督教中心堂、市清真寺3家被评为“2017年度全市宗教活动场所消防安全先进集体”。省宗教局处长蒋晓兵就如何排查火灾隐患、如何加强用火、如何扑救初起火灾、如何火场逃生和如何正确报火警等问题进行培训。

12月12日，海州区民宗局在海州区碧霞寺举办“海州区宗教活动场所消防安全知识培训及应急演练”。全区宗教活动场所负责人共30多人参加培训和演练。海州区公安消防大队参谋黄能敏现场演示灭火器材的使用方法及时机，并教大家如何识别使用常见的消防器材。海州区政府副区长刘莹就提高宗教活动场所消防责任意识到位，消防设施的配备、布局、使用落实到位，消防安全工作教育宣传普及到位，各场所消防安全岗位责任制度、消防应急预案建立健全及执行到位等4个方面提出要求。

【星级宗教活动场所认定】 12月，海州基督教堂通过四星级宗教活动场所认定。

【全市少数民族运动会】 9月23日，海州区民宗局选派10名少数民族代表队参加连云港市在淮海工学院体育场举办的第四届少数民族体育运动会，并获得男子跳绳第一名、板鞋竞速第三名、步调一致第四名。

【宗教活动场所编号发证】 5月，对辖区内39个认定寺观教堂和固定处所进行了统一编号发证，建立和完善宗教场所信息资料库。

【宗教活动场所建设】 6月22日，观音庵隆重举行天王殿奠基仪式。11月14日，龙洞庵举行大殿落成庆典活动。

【宗教慈善周】 9月11日，在全区宗教界开展以“慈爱人间·五教同行”为主题的“宗教慈善周”活动。各宗教场所就近开展金秋助学、重阳敬老、助医助残、定向帮困等各类公益慈善活动。整个活动期间宗教界募捐款总额超过26万元，全年开展公益活动28场次，受益人数2600余人。

1月26日，区长单晓敏检查调研紫竹林消防安全工作

【大型宗教活动】 1月5日（农历腊月初八）区内各佛教场所纷纷举行腊八节施粥活动，庆祝佛陀成道吉祥日。

5月3日（农历四月初八）区内各佛教寺院纷纷举行“浴佛节”，庆祝佛诞节。

11月14日，海州龙洞庵举行大殿落成佛像开光暨仁奉法师升座庆典活动，省宗教局一处处长刘克元，市人大民宗侨委主任王丽，市人大民宗侨委副主任胡云红，市民宗局副局长郁正言，海州区政协主席汤成元，海州区人大常委会副主任张华陆以及各县区民宗局局长和省佛教协会副会长能修法师等省内外30余名高僧大德，以及1000余名各界人士参加庆典活动。

12月24、25日，海州区各基督教、天主教举行圣诞庆典活动。其间，副区长刘莹、民宗局局长张玉梅等在城区堂点全程跟踪督导。

【工作调研】 1月26日，区长单晓敏检查调研紫竹林消防安全工作，区民宗局局长张玉梅陪同调研。

3月16日、8月7日、11月10日，区民宗局局长张玉梅一行调研走访海州区新坝镇王付村，开展“双进双促”（走进基层、走进群众，促科学发展、促社会和谐）活动。

5月16日，盱眙县委统战部长张柏带领盱眙县民宗局、部分乡镇负责人到海州区考察调研宗教活动场所建设管理工作。海州区委政法委书记郑斌、统战部常务副部长魏苏平、民宗局局长张玉梅陪同考察。

5月22日上午，省宗教局政策法规处副处长张宇、主任科员蒋晓兵到海州区检查调研宗教活动场所安全稳定工作。市宗教局纪检组长韩玉彬、办公室主任宓万法，海州区民宗局局长张玉梅陪同调研。

8月21日，市文物局副局长毛志峰一行5人到海州区碧霞寺开展检查调研，区文体局局长刘锦州、民宗局局长张玉梅、文物局局长杨琴等相关负责人陪同调研。

10月23日，江苏省佛教协会副会长、南京市政协委员、南京鸡鸣寺方丈莲华到海州区龙洞庵检查调研殿堂落成、佛像开光暨仁奉法师升座相关准备情况，市民宗局副局长郁正言、市佛协秘书长李海祥，海州区副区长刘莹、民宗局局长张玉梅陪同调研。

（撰稿：何良勇　审稿：张玉梅）

老龄事业

【概况】 2017年，紧贴群众实际需求，制定“优先发展社会养老、创新驱动提升水平”的老龄工作方针，提出“贴需求、求实效、展优势、齐推进”的工作思路，服务对象逐步从特殊群体，拓展到全体老人普惠均等；服务内容稳步从基础项目，拓展到物质精神关爱兼顾；服务方式初步从传统模式，拓展到线上线下深度融合，获得省社区和居家养老服务建设创新示范区称号。

【尊老金发放】 全年发放尊老金930万元。其中80~89岁11262人，共发694万元，90~99岁1293人，共发174万元，100岁以上24人，共发9.8万元。全年共计办理老年卡1091张。

【居家养老服务】 根据《江苏省居家养老服务中心建设标准》，细化工作要求，求实效、保运行、促提升，投入618万元分级分类推进乐龄生活馆建设，全区乐龄生活馆总数增至116个，服务总面积增至3.5万平方米；标准化乐龄生活馆增至31个，占比增至26.7%；城市社区居家养老服务实现全覆盖，农村社区居家养老服务覆盖率增至52%。依托市级智慧养老服务平台，主动对接上海海阳养老服务公司，在全市率先试行养老服务“线上”和“线下”的衔接，在新南街道、幸福路街道试行政府购买居家养老服务工作，有近千名老人受益。

【老年人权益保障】 积极鼓励律师事务所、公证处、司法鉴定机构、基层法律服务所等法律服务机构，为经济困难的老年人提供免费或优惠服务，各基层派出所、司法所和村（社区）基层组织对涉老纠纷案件要共同参与调解，为老年人排忧解难。同时海州区法律援助中心对于老年人维权案件，开辟绿色通道，指派律师免费为其维权，有效的维护老年人的合法权益。2017年为70周岁以上老人提供免费司法援助31起。

（撰稿：陈俊贤　审稿：陈贤斌）

关心下一代工作

【概况】 2017年，海州区关心下一代工作委员会（以下简称区关工委）在区委、区政府的领导和市关工委的具体指导下，深入学习宣传贯彻习近平总书记关于做好关心下一代工作的重要指示和党的十九大精神，认真落实中央关工委、省市关工委工作要求，凝聚广大“五老”（老干部、老战士、老专家、老教师、老模范）的智慧和力量，构建“海州大关工”工作格局，不断开拓创新，推动新时代全区关工委工作再上新台阶。

【海州“大关工”工作新格局构建】 2017年，为切实加强部门协作，形成工作合力，区广告位积极研讨构建海州区“大关工”的工作格局。在区委组织部长林田海的指导下，区关工委牵头召开区文明办、民政局、司法局、妇联、团委、检察院、综治办等单位座谈会，专题研讨关心下一代工作的新思路，努力实现信息互通，资源共用，平台共建，成果共享。建立“大关工”微信群，确定具体联系人，随时保持联系和沟通。建立统一的儿童分类信息库、师资信息库。共建活动平台，并将形成的意见以文件形式下发基层，取得初步成效。基层社区、村围绕关工委“校外辅导站”、团委“青少年之家”、区民政局“农村留守儿童之家”、区妇联“家长学校”等未成年人活动阵地，积极整合资源，打造活动平台。

【学习宣传贯彻党的十九大精神】 党的十九大召开以后，区关工委按照国家、省、市关工委要求，迅速开展学习宣传党的十九大精神活动。成立十九大精神“五老”宣讲团，深入基层社区、学校开展宣讲活动。12月15日，区关工委召开十九大精神“五老”宣讲团成员专题培训会，对近40名宣讲团成员进行培训，从此，全区“五老”宣讲员深入辅导总站、中小学校、社区辅导站开展宣讲活动拉开序幕。充分利用主题教育活动宣传党的十九大精神。全区各级关工委紧密联系地区实际和青少年成长实践，把学习贯彻党的十九大精神与深化党史国史教育和社会主义核心价值观教育有机结合起来，区关工委和教

区关工委举行十九大精神“五老”宣讲团成员培训会

育局关工委精心组织中小学生参加市关工委在全市青少年中举办的“学史立志　崇德向善”电视知识竞赛，获得优秀成绩，在全区中小学掀起学习党史国史和十九大精神热潮。各级关工委积极组织开展活动。全区各镇、街道关工委和各中小学充分利用图板宣传十九大精神。新浦街道关工委主动联系建国路小学、滨河小学和民主社区校外教育辅导站等单位开展活动。新坝镇关工委在进入学校开展宣讲之前精心组织安排“五老”宣讲团成员张学中在新坝村党员干部中宣讲。新南街道关工委邀请党校老教授谭立洲到辖区的中小学给学生作报告。新浦街道“五老”志愿者张积生联系自身和孩子们的实际，向学生宣讲，通俗易懂。路南街道葵花社区校外教育辅导站站长张俊鹏，在辅导站专题制作十九大黑板报。新海街道镇海社区老党员徐云秀和孩子们为十九大绣党旗，激发学生的爱党情感，中央电视台和《关心下一代周报》等媒体都作了报道。

海州区关工委参加连云港市“学史立志、崇德向善”主题教育电视知识竞赛

【“学史立志　崇德向善”主题教育】 制定计划，全面部署。区关工委下发《关于开展“学史立志、崇德向善”主题教育活动的实施意见》，并召开基层关工委常务副主任会议进行专门部署。3月7日，在解放路小学郁州分校举行主题教育和学雷锋月启动仪式。全区各镇、街道关工委根据单位实际，制定相应的宣传方案，做到主题教育贯穿全年。抓好“三个结合”（把主题教育与学雷锋活动结合起来、与文明城市创建结合起来，与在全区中小学开展百名美德少年评比活动结合起来），全面展开。各级关工委把主题教育和学雷锋、文明城市创建结合起来，与在全区中小学开展百名美德少年评比活动结合起来，以学校和校外教育辅导站为主阵地，举办百场“学史立志”演讲活动。教育局关工委结合学校的实际情况，以各学校为单位开展“十个一”（读一本好书、写一篇征文、开一次学两史主题班会、开一次学“党史国史”主题班队会、参加一次实践活动、进行一次演讲比赛、组织一次讲“雷锋的故事”大赛、参加一次“与雷锋车同行”活动、举办一场文艺演出、开展一次评选表彰活动）活动。抓住时间节点开展活动。全区各中小学以清明节、学雷锋纪念日、儿童节等节日为契机，统一组织青少年开展主题活动。清明节，板浦高级中学、锦屏高级中学、板浦中学、朐山中学、解放路小学、海州实验小学等学校充分利用市革命纪念馆、板浦秋园、青龙山烈士纪念馆、百虎山建党亭等爱国主义教育基地，开展集中教育活动。“六一”国际儿童节，海宁小学组织全校同学学习全区百名美德少年事迹。区未成年人活动指导中心组织留守和流动儿童开展道德实践活动。新浦街道和滨河小学联合举办“欢庆六一放飞梦想”活动，雷锋的士车组和孩子们一起庆祝节日，互相交流心得。国庆节，路南街道贾圩社区组织“五老”和青少年，举办“祖国在我心中”演讲比赛。海州街道关工委将长寿宫敬老院作为青少年教育示范点，对学生进行孝文化教育。新浦中学全力组织全校学生参加全市中小学生“学史立志、崇德向善”主题教育电视知识竞赛，在电视知识竞赛的现场充分展现海州学子超群素质和良好风尚。

【校外教育辅导站创新发展】 建好辅导总站。2017年暑假，在区委组织部部长林田海的直接关心下，区关工委和教育局充分利用少年宫资源，增挂“海州区校外教育辅导总站”牌子，开展才艺学习、电脑制作、科技制作、德育教育四大类校外辅导。重点突出为困难儿童服务，先后投入16万元，用于支持辅导总站软硬件建设，当年免费安排200多人次留守儿童、进城务工子女和困难儿童进站学习，得到省、市关工委的充分肯定。为进一步拓宽思路，区关工委在市关工委的关心下，专程赴泰州靖江观摩学习，收获颇丰。镇、街道积极培育中心示范站，发挥示范带动作用。区关工委先后为新海街道富强社区辅导站、开发区许庄辅导站、西苑社区辅导站、市东社区辅导站、玉带社区辅导站争取近10多万元扶持资金。海州开发区许庄村坚持“校站结合”，不断加大投入，开办习作、美术、书法、器乐、剪贴、趣味数学、门球等活动项目，校外辅导做到常态化。新浦汽车总站配合新浦街道市东社区和解放路小学北校区创办“雷锋车”手校外教育辅导站。区关工委投资1万元配合新海街道在西苑社区校外辅导站开办电子制作兴趣班，在辅导老师陈惠铭的精心指导下，10名学生参加全国青少年南京赛区科技竞赛全部获奖。鼓励有条件的“五老”创办家庭校外教育辅导站。区关工委资助每个家庭辅导站2千~5千元，用于购买空调、电视、体育活动器材、课外阅读书籍等。板浦高级中学高级教师骆公辅

7月8日，海州区校外教育辅导站挂牌仪式在市少年宫举行

开办的家庭校外教育辅导站，将书法与德育教育融为一体。宁海街道老干部何为余自费买二胡，免费教孩子学习。朐阳街道江化社区“五老”周法华利用自家200平方米楼房，免费教邻里的孩子们学习书法和绘画。洪门街道忠盛机械厂企业家王玉忠，拿出近200平方米的门面房办校外教育辅导站。

【青少年特殊群体关爱】 营造关爱氛围。各镇、街道、开发区和关工委成员单位注重开展形式多样的宣传教育活动，推动政策进社区、进学校、进家庭，营造全社会共同关心儿童健康成长的浓厚氛围。有针对性地订制帮扶措施。各级关工委把留守学生、孤儿、单亲学生、残疾患病特困学生等特殊青少年学生分类登记造册，制定切合实际的帮扶计划和措施，增强帮扶工作的针对性和实效性。区关工委定向长期帮扶板浦中学困难学生王梦怡，安排“五老”骆公甫老师作为义务监护。军中父女王凤文和女儿王东坚持24年扶贫助学，仅2017年春季开学，就给浦南小学12名孤儿和云台中学8名特困生送去助学金7000元。加强联动协作，形成工作合力。区关工委积极联合法院、检察院、文明办、教育局、司法局、民政局、工会、团委、妇联等单位，努力形成“大关工”工作格局，共同做好关爱工作。特别注重加大留守儿童、流动儿童、病残儿童、服刑人员子女等重点人群的关爱帮扶力度，增强帮扶工作的精准度，新海街道新孔社区联合海州区红十字会对辖区困难家庭结对帮扶，为留守儿童送去了毛毯和学习用品。组织留守儿童参加公益活动，担当“小巷一日总理”，使孩子们留守的日子不孤独，寒冷的冬日有温暖。关工委、民政局、教育局、妇联、团区委联合在板浦镇高级中学开展“情系寒冬、相伴同行”关爱留守儿童活动。筹措资金4万余元，为全区235名留守儿童购买了书包、围巾、书籍等物品。

【“未成年人零犯罪社区（村）”创建】 进一步加强工作网络建设。各基层关工委本着就近就地、本人自愿的原则，采取组织发动、典型带动、活动吸引、上门聘请等多种方法，聘请161名政治责任心强、身体较好、有威望、有经验的老人担任社区矫正工作志愿者。广泛宣传，营造氛围。区法院、检察院、司法局等单位和“五老”法制宣讲员通过报告会、“以案释法”“现身说法”等形式，宣传《中华人民共和国宪法》《中华人民共和国未成年人保护法》《中华人民共和国预防未成年人犯罪法》等法律，通过宣传，使青少年知法、懂法、守法，为青少年的成长道路点亮警示灯。各基层关工委还开展以法制为内容的演讲、摄影、征文、书画、QQ交流等活动，使法制教育成为实施素质教育的一项重要内容。积极探索“未成年人零犯罪社区、村、学校”创建工作的新途径、新方法。为对失足青少年加强教育，区法院少年庭的新岸业余学校，面向被判处缓、管、免青少年，通过定期授课、开展社会公益活动等形式，使他们自觉学法、懂法、守法。区检察院在网上开辟“海州未检”微信公众号，针对青少年的特点，设立海检概况、视频专区、法律案例等形式多样、生动活泼栏目，联合关工委、团委、教育局等多家单位在海庆中学启动“护苗共成长”法治巡讲活动。洪门街道关工委与司法所密切配合，组织23名“五老”志愿者做好矫正对象转化工作。新浦街道连续16年无未成年人违法犯罪，全区无未成年人重新犯罪。

【网吧和电子游戏经营场所义务监督】 开展调查摸底工作。上半年对全区网吧分布和“五老”义务监督员配备情况进行调查摸清底数。全区现有经营性网吧66个，有“五老”网吧义务监督员146人。分片开展培训。各级关工委重点做好新监督员的业务培训，请优秀“五老”网吧义务监督员代表谭立洲、傅长江、高占生等介绍经验和体会。增加检查监督次数。采取个人走访和集体巡查相结合的方式，假期中增加监督次数，由原来的每周不少于两次，增加为每天检查监督1次。做好规范检查监督。实行持证监督，认真做好检查登记，对发现的网吧经营中的一些问题，采取多种形式做好正面宣传，加强对网吧业主的教育和沟通，从源头上有效杜绝未成年人进入网吧的现象。

【载体活动】 年初，区关工委和区农业局联合下发《关于加强老农业科技专家人才库建设的意见》，对老农业科技专家人才库进行充实调整，充实调整后的“区老农业科技专家人才库”人员共82名。通过科技讲座、入村到户现场咨询、“一对一”结对帮扶等多种形式和渠道，帮助青年农民创业致富，重点帮扶返乡打工青年农民创办各类家庭农场、专业合作社，发展适度规模经营，退休老农业科技工作者张学中，自费办科技辅导站，指导青年农民科技致富，深受干群好评。

【关工组织和“五老”队伍建设】 在区委组织部的大力支持下，以基层“社区建设年”为契机，扩大关工委工作活动场地。新浦街道市东社区、新海街道富强社区、浦西街道后河社区、路南街道葵花社区都已改造完毕，每个单位配备关心下一代工作活动场地都在200平方米以上。着重在选好、配好村、社区一级常务副主任上下功夫。全区87个社区、78个村全部配齐常务副主任。发动更多的“五老”参加关工委工作。2007年，区关工委为1500余名“五老”工作者颁发证书。7月，洪门街道成立注册全市唯一的学雷锋社团组织“连云港市梦翔学雷锋服务中心”，“五老”志愿者近千人。自加压力，传递压力，加大对镇、街道关工委主任的学习培训，加强对基层工作指导力度，对全年工作要点、主题教育、基层组织建设、校站结合、电子阅览室建设、帮扶青年农民、网吧监督、暑期活动、宣传报道、零犯罪社区创建等，不仅下发指导性文件，而且定期召开专题会议，现场指导，强力推进。

【宣传报道工作】 区关工委通过制定《关于进一步加强关心下一代宣传报道工作的意见》，召开表彰会，提高对宣传工作的认识。区政府网站、海州党建网开通海州关工栏目，区关工委全年在《薪火》等杂志、报刊发表文章、信息数10件；在市《关心下一代工作信息》用稿量遥遥领先于其他县区。新浦街道阳春三月学雷锋主题教育启动仪式，新海街道西苑社区七彩夏日等多项活动，《连云港日报》予以报道。海州开发区许庄村校外教育辅导站站长徐兴旺从事关工委工作11年，经过宣传推介，荣获连云港市第二批“岗位学雷锋标兵”荣誉称号。新浦中学、海宁中学、凤凰学校、海庆中学、解放路小学、建宁小学、大庆路小学等学校多名小记者文章在省阳光少年网、江苏少年网、《苍梧晚报》等网站和报刊上刊登。

（撰稿：徐家军 审稿：周恒泰）

扶贫开发及老区开发

【概况】 2017年，海州区扶贫开发协会、老区开发促进会（以下简称区两会）在区委、区政府领导下，依靠省、市“两会”支持，持续按照精准扶贫工作要求，依托项目，注重经济和社会效益，在产业扶贫、助学脱贫、宣传等方面取得一些新的成绩。

【调查研究】 2017年，区两会在7—8月，对全区经济薄弱村的精准扶贫工作进行中期调查，重点对18个经济薄弱村（省定5个，市级7个，区级6个）的经济状况、脱贫状况、发展情况进行全面覆盖调查，通过走访和实地查看，深入部分农户了解情况，如实反映各村开展脱贫工作情况和对口帮扶效果，摸准问题，整理出5000余字调查报告，提出中肯发展建议。报告提交区委、区政府后，区政府主要领导批示，分管副区长带领区扶贫办负责人亲自到区两会了解情况，交流工作，推进精准扶贫工作开展。

【项目扶持】 年内，跟踪结转项目。草舍西红柿协会、吕湾苗木项目于2016年底完成帮扶，没有继续使用扶持资金，区两会仍一如既往关心支持两个项目的发展，给予发展壮大项目的建议。对2016年结转的汪闵特种水产养殖项目，继续使用市老促会资金，跟踪支持项目发展，经过连续多年的投入，已将该合作社培育成为带动区域水产养殖产业发展的龙头，带动户均增收3.5万元。该村年人均增收幅度跃居全镇前列，甩掉全镇经济最薄弱村的帽子。同时，做好项目储备。按照省、市两会示范项目管理办法要求，建立拟扶持储备项目库，落实下一轮帮扶项目，新增项目4项，2项具备申报条件并按时上报省三会。此外，关注浦南、新坝新增浅水藕种植项目。适时给予资金扶持。

【智力扶贫】 年内，助学工程进展顺利。宣传扬州圆梦班、广东国华纪念中学招生工作，落实滴水·筑梦扶贫助学工程，所帮扶的10名学生考入大学。国华纪念中学招生有所突破，落实学生2名，1名参加考试。

【宣传工作】 2017年，征订《中国老区建设》和《江苏老区》，免费赠送各镇（街）扶贫工作负责人学习扶贫经验，寻求致富途径。全年扶贫系统在国家、省、市媒体发稿数市级以上刊发扶贫稿件285条，其中《连云港日报》《苍梧晚报》19条。

（撰稿：徐进冬 审稿：邵来成）

消费者权益保护

【放心消费创建活动】 2017年，区消费者协会（以下简称区消协）推进放心消费创建活动，提升诚信营商水平，申报省品牌消费集聚区1家、放心消费示范街区2家，获批市级电子商务领域放心消费企业9家、“连云港市文明诚信市场”8家；受理各类投诉举报7565件，其中职业举报事件726起。

【“3·15”国际消费者权益日活动】 3月15日上午，区市场监管局联合区消协以及市烟草局、区司法局、区旅游局、海州物价分局等部门，在陇海步行中街开展以“网络诚信、消费无忧”为主题的“3·15”国际消费权益日宣传咨询活动，现场接受群众咨询700余人次，发放宣传资料3000余份。集中销毁假冒牛栏山白酒、各类洋酒、保健食品、过期药品、食品添加剂、洗发液、卷烟等2100余件，集中送至大浦垃圾焚烧厂进行统一销毁。

（撰稿：张 雷 审稿：陈 平）

慈善事业

【概况】 2017年，在省、市慈善总会的关心支持下，在海州区委、区政府的正确领导下，海州区慈善总会（以下简称区慈善总会）着力加强慈善资源挖掘、救助项目实施、宣传工作研究、基层组织建设，在助力扶贫济困、改善民生、弘扬传统美德和社会主义核心价值观等方面取得新的成绩。全年共接收善款166.79万元，接收捐赠衣物1万余件、空调3台、大米2000斤及其他物资，折合20余万元，救助支出128.55万元，救助困难群众1万余人次。

【慈善文化宣传和传播】 2017年，区慈善总会积极协调媒体加强宣传，在各级各类媒体刊（播）发慈善稿件12篇，特别是“衣路幸福”项目，电视台《在你身边》栏目、《连云港发布》《连云港日报》《苍梧晚报》先后都进行深度报道，扩大项目公信力和影响力。重点宣传推介海州区26个慈善救助项目和慈善工作动态，普及慈善理念，传播慈善文化，凝聚慈善力量，释放慈善能量。

【募捐渠道开拓】 募集善款是慈善工作的重中之重。区慈善总会通过协议认捐、定向捐赠、“慈善一日捐”等多种形式，加强善款募集力度，夯实慈善工作基础。认真组织开展一年一度的“慈善一日捐”活动。动员党政机关、企事业单位、社会各界、爱心人士踊跃参与，奉献爱心，为扶贫济困送温暖活动打下基础。“慈善一日捐”成为海州区慈善募集的重要渠道，2017年度募集到账53万元，占年度捐款总额25.9%。同时，认真做好企业认捐兑现工作。根据认捐协议，跟踪对接各爱心企业，兑现认捐额度。此外，积极开展定向捐赠，通过大力推介慈善项目，接收社会捐赠。其中“爱心小书包”项目，接受社会捐赠51.72万元，定向扶贫捐赠9万元。

【精准救助】 加强慈善项目调研，拓宽慈善救助领域，着力项目推介工作，扎实开展各类救助，提高救助精准度，助力脱贫攻坚。年内，区慈善总会推介实施了26个慈善项目，其中：第七届“美步温暖童心，牵手留守儿童”夏令营项目，支出善款6万元，组织100余名留守儿童开展为期一周的夏令营活动。“圆梦大学”项目，为47名贫困家庭大学新生提供助学支持。“爱心小书包”项目向全区在校一年级小学生传递了爱的力量，支出51.72万元，资助5000余人。“省儿童大病救助”项目，支出费用

爱心企业积极捐款

14.75万元，资助36人次。“心悦晚霞”项目资助善款11.5万元。“医医不舍”项目资助42人次，资助资金10余万元。“爱心水站”项目正在锦屏镇试点，已建成6个站点，受益群众达6000余人。“爱满颐园”助老项目，先后开展走访慰问板浦镇敬老院、颐园老年公寓、锦屏镇敬老院、新坝镇敬老院等供养老人活动，不仅给老人送去米、面、油等生活物品，还分别为3个镇敬老院各安装1台空调。“衣路幸福”项目，年内新投放旧衣物回收箱262只，累计投放668只，回收废旧纺织品200余吨，分别于3月5日、8日、9月28日开展3次集中回馈活动，回馈各类物品折合20余万元。“慈善小屋”项目支出12万元，新建4个，较好地发挥捐赠平台作用。“情暖江苏　温馨海州”春节慰问活动，省、市、区共配套安排23万元善款，资助360户重大疾病家庭及低保户、低保边缘户。临时救助31人次，支出善款近16万元。

（撰稿：杨晓晴　审稿：颜景华）

灾害事故

【处警形势分析】 2017年，全区共发生火灾320起，直接经济损失632万元，未发生有较大影响的火灾事故；全区消防部队共接警出动1723次（含增援），出动消防车2289辆次，出动消防官兵13903人次，抢救被困人员691人，疏散人员220人，抢救财产价值608.1万元。火灾形势保持总体平稳。

【典型火灾案例】 2017年1月16日17时，支队指挥中心接到报警称，朝阳西路洪门卫生院东边一居民住宅爆炸着火，支队调集3个中队，6辆消防车，30人赶赴火灾现场救援。经过1个多小时紧张扑救，火势于18时40分被扑灭，事故未造成人员伤亡，过火面积约80平方米。2月26日15时11分，位于解放东路洁具市场着火，支队调集3个消防中队，9辆消防车，43人赶赴火灾现场救援，过火面积约180平方米，未造成人员伤亡。5月26日0时17分，位于绿园路博纳花园14号楼2单元楼道电动车着火，支队调集出动1个消防中队，2辆消防车，12名消防人员赶赴现场扑救火灾，过火面积约10平方，未造成人员伤亡，火灾系电瓶车充电故障引发。9月29日16点28分，位于新浦工业园金像印刷厂发生火灾，消防部门出动4个消防中队12车58人赶赴火灾现场救援，过火面积约1200平方米。11月29日13时32分，海州区瀛洲路农贸市场发生火灾，消防部门出动10车50人赶赴现场救援，过火面积约2400平方米，火灾未造成人员伤亡。11月29日凌晨，连云港市海州区世纪缘酒店对面盐业小区楼道内停放的电动车被烧毁，火灾原因系电动车违规充电引发火灾。

责任编辑：王恒亮

镇 街道 农林场

综 述

海州区是连云港市中心城区。东与连云区交界，南与灌云县接壤，西临东海县，北连赣榆区。秦在今海州地区建行政治所，北朝东魏武定七年（549年）始称海州，历经历史变迁，几易其名。解放后，设立海州区，2014年7月撤销新浦区、海州区组建新的海州区。新的海州区东西宽27.71千米，南北长27.2千米，面积697.09平方千米。人口238067户，779850人。区域内有江苏省云台、岗埠2个农场，浦南、新坝、锦屏、板浦4个镇及15个街道和2个林场。辖区内花果山景区由市直管。花果山街道、云台街道、南云台林场由花果山景区管理。南城街道、郁州街道由高新区管委会管理。乡镇企业年生产指标76.87亿元，耕地面积23133.33公顷，主要种植小麦、水稻、玉米、蔬菜及瓜果，农业生产指标35224.20万元，农产品出口达3322.60万元。农业生产正向着农业专业合作社和家庭农场发展，现有农业专业合作社361个，家庭农场76家。海州区旅游业非常发达，域内有花果山风景区、渔湾风景区、孔望山风景区、石棚山风景区、桃花涧风景区等景区景点，还有观光农业32家，农家乐9家。域内各类技术院校和科研单位10余家，2017年签定合作项目30余个。海州区经济发达、物产丰富、依山傍水、风景秀丽、气候宜人、交通便利，是一座适宜居住生活的好地方。

板浦镇

【概况】 板浦镇位于海州区东南部，始建于西汉初年，唐初建镇时定名“板浦”，是古海州地区政治、经济、文化重镇，距今有2000余年的历史，积淀悠久的盐文化、醋文化、镜花缘文化、美食文化、名人文化等文化元素，孕育了李汝珍、卞赓、“汪氏三杰”等一大批历史名人，曾有“淮北盐都”“小上海”等称誉，是名副其实的千年古镇、文化名镇。2009年6月板浦由灌云县划归海州区，镇域面积80.64平方千米，耕地面积5000公顷，辖有16个行政村和5个社区，党支部38个，党员1896人，全镇17578户，66612人。2017年，完成固定资产投资24.32亿元，实现工业产值2.44亿元，利用外资160万美元，完成市、区8个重点项目，新引进12个项目，新增高效农业133.33公顷，修通全镇10个行政村间的道路，新增耕地1.79公顷，解决10个村群众饮水问题。相继荣获“全国重点镇”“江苏省百家名镇”“江苏省小城镇综合改革试点镇”“连云港市最具历史文化乡镇”“连云港市经济二十强乡镇”等称号。

【经济建设】 **经济指标** 2017年，完成固定资产投资24.32亿元，其中工业投资10.14亿元；规模以上工业产值2.4476亿元；一般财政预算收入4266万元；社会消费品零售总额同比增幅54.54%；实际利用外资160万美元。

重点项目 总投资3亿元的宝铁内河码头项目开工建设，智上消防设备生产、瑞智精密机械制造、盛世豆丹养殖等8个重点项目竣工投产，小猫人童装儿童内衣、三瑞医疗活性碳纤维功能性敷料、绿邦改性塑料颗粒等项目正常推进。

招商引资 镇领导招商引资走出去13次，请进来28次，新增在谈项目12个，新签约骏耀工贸小家电项目、众犇农业新建5万吨粮食仓储、恩玉食品经营水产品加工及出口等项目5个，新增上海通铭信息科技股份有限公司板浦分公司总部经济1家。电子信息产业园板浦园区完成水电、绿化等配套设施建设，具备项目入驻条件；东港油脂公司提档升级项目顺利通过验收；盘活“僵尸企业”3家、闲置土地6公顷。

农业生产 启动新204国道Z型都市农业产业带建设，新增高效设施农业133.33公顷、高效渔业20公顷、花卉苗木46.67公顷，蔬菜种植总面积达466.67公顷；完成土地流转280公顷，新增家庭农场9个，农业专业合作社2家，农业保险参保率达85%；基本完成农村土地承包经营权确权登记颁证工作；完成建设春旺有机稻米、连丰核桃、庆成门立体种养基地等一批重点农业项目。

商贸物流服务业 完成板浦镇临港物流园区2.08平方千米规划设计；新建总投资3亿元的宝铁内河1000吨级泊位码头3个；开发尤庄柳条编织、石河玫瑰花园、板浦特色美食、洪花堰水蜜桃等特色电商平台。

【基础设施建设】 **道路修筑** 启动燕板线永平段、东北路、尤庄中心路、下庄路、泗河至东辛农场路及10个村（社区）村庄道路修建，建成道路近30千米。东周路、板新线改扩建工程全力推进；全长4千米的新奥燃气输气管道工程顺利完工。

乡村建设 完成菜园康居示范工程40套门面房及水电、绿化等配套设施建设，三期40套新农居完成交付入住；东辛大集顺利开市；启动实施大团、沙沪土地增减挂钩项目，完成浦东等村土地复垦1.13公顷；投入资金780万元，完成大团、东辛等村土地整理293.33公顷，新增耕地面积1.97公顷；完成全镇23户农村危房改造和1113个农户厕改造；绿化造林46.67公顷；全面完成夏秋两季秸秆综禁工作，秸秆还田率达99%。实施"一村一品"产业发展、水利设施提升、村庄道路改造"三项工程"。

【党组织建设】 **组织活动** 选派5名部门负责人到企业任非公企业党建工作指导员；开展党委中心组学习12次，全镇在新闻媒体发表文章110余篇。党委实施学习教育常态化制度化，利用每月10日、20日党员固定学习日时间，组织全体党员深入学习十九大精神，进一步增强干部讲政治的自觉；实施"建委三会"民主治理、"党建助推脱贫攻坚"及"领头雁培育提升"三大行动，充分彰显基层党建的政治功能，为强镇富民增动力添活力。

党风廉政建设 与镇机关各部门、各村（社区）负责人签订《党风廉政建设责任书》，成立以党委书记为组长的党风廉政建设责任制工作领导小组，制定《板浦镇党风廉政建设年度工作计划和任务分解清单》，把党风廉政建设纳入全年目标管理考核内容，与日常业务工作一同部署、一同落实、一同考核。2017年通过民主推荐、民主测评等方式调整、选拔机关、村（社区）负责人2批次13人。2017年全镇新增党务、政务公开栏34块，设立招投标、涉农资金专项公开栏，在区政府网站公开政务信息80余条，开展村务公开专项检查5次。

【社会民生】 **社会救助** 发放各类低保、优抚、残疾人补助、尊老、救济金920余万元；开展"千名机关志愿者爱心帮扶"行动，捐助困难学生9.6万元；完成创建板浦镇人大代表之家，在石河、永平等7个村（社区）设立人大代表联络站。

教育医疗体育 板浦镇中心幼儿园改扩建工程竣工并投入使用，海州区图书馆板浦分馆成功创建，新民、德芳等5个村（社区）"基层综合性文化服务中心"顺利通过验收；深化医药卫生体制改革，打造紧密型医联体1家，东辛村省级卫生服务中心投入运营；新增村（社区）室外健身路径2处；积极开发养老产业，全新打造新民社区乐龄生活馆1家。

富民增收 严格落实精准扶贫"路线图"，通过结对帮扶措施、建设东北冷库光伏发电等一批脱贫致富奔小康工程和尤庄、大团村部改扩建、新建，全镇1138户3009人低收入人口完成脱贫。

群众饮水 投入400余万元完成浦东水厂二期改扩建工程，解决了东片区10个村（社区）群众吃水难问题，区域供水管道铺设工程正式启动。

生态环境改造 组织对全镇进行检查，对违反规定的，影响环境的，进行严肃处理。依法取缔小造纸厂1家，责令砖瓦生产企业隧道窑改造1家，清理垃圾堆放处3263个，完成垃圾拆池换箱25个，完成河道、河塘疏浚整治265万立方米，处理数字化城管平台案卷43条。建立并落实镇、村两级河长制，完成25户23000平方米养殖场拆迁转产，完成拆除1383个网箱和围网26万平方米。

信访工作 强化属地管理、分级负责和领导包片制度，严格领导班子信访接待值班制度，累计接待群众来信来访86批次256人次，化解率达95%。从严从实从细开展安全生产大检查和安全生产执法检查行动，排查整改隐患116处，全镇安全生产形势总体稳定，全年未发生一起重大安全生产事故。

（撰稿：刘 威 审稿：陈守权）

板浦镇东辛村省级卫生服务中心投入运营

表29

2017年海州区板浦镇村、社区居委会情况表

村、社区名	村（居）民小组数	户籍户数	户籍人口数	面积（平方千米）	耕地面积（公顷）	办公地址
德芳居委会	7	1087	3397	0.82	0	马 巷

续表29

村、社区名	村（居）民小组数	户籍户数	户籍人口数	面积（平方千米）	耕地面积（公顷）	办公地址
南门居委会	12	1643	5370	1.22	85.9	大天池东
新民居委会	9	923	3032	0.74	0	新南村
北门居委会	9	1292	4182	1.78	122.3	祝　庄
中正居委会	13	2084	6804	6.81	410.5	中正街
尤庄村委会	5	498	2176	4.21	353.3	尤　庄
菜园村委会	6	812	3342	4.08	290.1	磕头桥
石河村委会	8	533	2258	4.18	234	孙　庄
东北村委会	6	570	2425	4.33	307.3	丁　庄
城北村委会	5	453	1936	2.86	161.5	时　庄
罗圩村委会	10	753	3143	4.99	339.3	罗　圩
官庙村委会	4	491	2023	2.87	177.3	古　庄
永平村委会	5	667	2805	4.28	263.5	西　山
小浦村委会	11	1053	4219	6.88	473	小浦庄
浦东村委会	12	861	3624	6.94	415.7	黄　庄
大团村委会	5	424	1833	2.41	173.7	小团庄
东辛村委会	8	752	3064	3.92	261.2	东辛新街
沙沪村委会	13	955	3866	4.90	299	沙沪庄
泗河村委会	10	661	2787	4.27	290	王　瓶
周圩村委会	7	522	2175	5.97	308.5	潘　圩
洪花堰村委会	5	547	2154	2.18	0	果园场部

表30

2017年海州区板浦镇主要工业企业情况表

企业名称	成立时间	年末职工数	固定资产原值（万元）	产值现价（万元）	利润（万元）	经营体制	主要产品
连云港西都生化有限公司	2002年11月	98	4441.4	11681	567.2	民营	食品添加剂
连云港大圣纺织有限公司	2015年5月	162	1465.3	11018.1	-68.5	民营	棉纱、色纺纱等
连云港板浦汪恕有滴醋有限公司	1992年7月	86	1860	1777.3	20.2	民营	滴醋
连云港惠庭实业有限公司	2004年7月	62	896.2	1866.2	16.5	民营	石膏套、医用口罩
连云港瑞辰服装有限公司	2010年10月	82	566.2	2216	26.2	民营	服装

表31

2017年海州区板浦镇住宅小区一览表

小区名称	建成时间	建筑面积（万平方米）	可入住户数	小区位置
华茂小区	2012年	1.2	155	新民路西侧，北门社区
板浦新城	2015年	4.8	251	新区大道南侧，城北社区
板浦名门	2013年	1.1	98	西大街南侧，新民社区
文昌小区	2010年	0.7	112	204国道板浦段西侧，德芳社区

新坝镇

【概况】 新坝镇位于古城海州南端，东与板浦镇接壤，南与灌云县毗邻，西邻东海县张湾乡，北连锦屏镇。新坝镇占地总面积64平方千米，其中，耕地面积4622.83公顷，水域829.78公顷。下辖16个行政村，126个自然村，7734户，32536人。2017年固定资产投资9亿元，财政收入650万元，农村流转土地133.33公顷，农民人均收入17115元，招商引资引进16个项目，利用外资51万美元，新建农桥20座，修筑村庄道路19千米，绿化造林66.67公顷。

【经济建设】 **工业经济** 全年完成社会固定资产投资9亿元，增长6%，其中工业固定资产完成7.5亿元，增长5.8%；规模以上企业工业产值3.2亿元，增长6.1%；公共财政收入650万元，农民人均纯收入达到17115元，增长9.2%；全年外资完成51万美元。推动连云港江海电力辅机、佑丰电力安装等工业企业技改工作，连云港正航电力辅机、华港电力辅机等企业年产能稳步提高，辅机产业不断提质增效。认真梳理全镇各类存量资源，加大对现有厂房车间的项目招引力度，通过吸引民资、创新发展等方式方法来整合资源、盘活存量，以特色工业的发展带动产业转型升级。

农业生产 全镇耕地3847.12公顷，新增流转土地133.33公顷。投入资金500万元，新建兴之旺家庭农场，完成游客服务中心主体及配套。投入资金2000万元，实施新坝稻米加工厂建设；投入资金1200万元，新建农桥20座，对大井、四里、陈户等村666.67公顷高标准农田设施高效整治，疏浚陈户大沟等灌溉沟渠5千米，清理土方7.2万立方米。新增各类农机200余台，发放农机补贴224万元；发放秸秆还田补贴资金308万元；高效农业参保面积400公顷，同比增长13.2%。小麦参保面积3533.33公顷，参保率达91%；水稻参保面积3800公顷，参保率达92%；组织参加市区两级农业培训180人次，新成立农业专业合作社2个，农业生产组织化程度进一步提升。

招商引资 切实提高招商引资的实效性，改进方式，优化环境，狠抓落实。强化百日攻坚招商引资专项活动，开展“走出去、请进来”招商活动5场次，在谈项目16个，签约项目3个，在建精品苗木园等项目4个，已建成徐亮超市等项目3个。

安全生产 深入开展各行业安全生产大排查、大整治活动，对辖区68家单位进行检查312次，下达责令整改23份，复查整改到位23家。建立健全安全管理档案2家。配合区工作组，依法关停加油站、小化工厂4家。

惠民工程 利用省扶贫专项资金180万元入股兴建占地1.33公顷，年产1.5万吨优质稻米的新坝稻米加工项目，该项目已产生收益，每村6万元/年；在市帮扶工作队的帮扶下，投资12万元，为四里村、魏口村新建亲亲水站；在魏口村建成32千瓦光伏发电站，年效益在1.7万元；墙匡村33.06千瓦光伏发电站建成并网发电；新坝镇115.14千瓦光伏发电项目建成并网发电；由市帮扶工作队出资新建的王付村林下养鸡项目已建成并由村发包转租，租金8万元/年；占地1.33公顷的四里温室大棚由村发包，效益在4万元/年；魏口、四里、武圩、大井四村，购买农机，成立农机合作社，机器当年已对外发包，收益都已到位。

【基础设施建设】 **村镇建设** 投入资金500余万元，对域内道路、农桥进行修整改造，新建农用桥20座，村庄道路19千米；改建二级公路12.7千米，镇外环路建成通车，板新线（墙匡段）完成扩建，小樊线、沙大线全面推进，镇前路、车环路完成路面改造及下水管道铺设。

环境整治 全镇16个村全部纳入城乡环卫一体化管理。7个经济薄弱村环境整治工作纳入镇领导工作重点，魏口、四里、王付3个村新建户厕117个，改造81个。拆除道路两旁杂乱广告牌280余块，清理乱涂乱画500余处，增设社会主义核心价值观宣传版画5000平方米。出动人工4000余人次，机械650台次，全镇环境面貌得到较大提升。

绿化 投入资金140余万元，完成镇区入口百亩绿化广场建设，种植银杏、法桐、垂柳等各类乔木1800余株，并建成5个微地形景观。全年完成成片造林66.67公顷，栽植各类苗木花卉13.33公顷，完成四沿绿化植树15万株，完善农田林网200公顷，创建墙匡村唐庄、王付村马庄两个绿化示范村。

污水管网配套建设 完成老镇区污水管网规划设计，新增污水管道5公里。全面推行“河长制”管理，“河畅、水清、岸绿、景美”的水生态环境初见成效。开展沿主干道、河堤马道危旧房改造工程，以新坝中路四里及普安为前期试点。危旧房改造试点工作正在进行，普安及四里改建户均按建设要求正在建设中。

【党组织建设】 **组织活动** 对全镇80名副村级以上干部，统一标准“一人一档”建立个人档案。建立党员发展能人库，包括致富能人、养殖大户等，库内收集68人资料，培育积极分子45人。实行干部联系基层制度，一名班子成员、一名中层干部联系一个村，全镇107名党员干部全部下沉到村，开展大走访。全镇共走访农户1290户，企业（个体户）306户。

宣传教育 组织党委中心组集中学习12次、理论下基层讲座16次。2017年1月19日 至2017年2月18日，以集中学习、分组讨论、实地考察等形式，组织全镇党员干部冬训，参训人员963人，参训率达100%。在《连云港日报》《苍梧晚报》等市级媒体发稿26篇，《新华日报》《扬子晚报》省级媒体发稿2篇，《中国县域经济报》中央级媒体发稿1篇；新华网、共产党员网、江苏文明网、中国江苏网等省级网站发稿65条；连云港党建、连云港头条、连云港零距离等市级网络媒体发稿3条；《连云港新闻》发稿9条；向区政府网站报送信息247篇，区级网站、公众号采用68条。向市、区“爱心市民”“港城叶欣仁”“好人好事”“创业富民带头人”等活动推荐道德榜样13人。圆满完成党报党刊征订工作。新成立并注册789爱心志愿者服务队。党政一把手作为“第一新闻发言人”。

党风廉政 制定《海州区新坝镇领导班子2017年党风廉政建设主体责任清单》《村级党组织落实党风廉政建设村主体责任清单》并和各党组织签订目标责任状。紧盯重要时间节点，开展20余次全方位、多频次的明察暗访，持续整治公款吃喝、公车私用、在岗不在状态等问题，以突出问题的解决推动党员干部作风建设。

党员管理 制订党员发展计划，即每村每年培养五名积极分子、确定两名发展对象、发展一名预备党员。全年新培养86名积极分子，新发展党员14名，其中机关3名，非公企业2名，消灭3年以上未发展党员“空白村”2个。

纪检工作 从镇财政设立专项资金用于维护农村基层干部警示教育基地，及时更新基地内多块图版内容，设专人负责基地软硬件设施的维护工作。对全镇调整的干部开展任职前谈话，严格执行婚丧喜庆事宜报告制度，2名班子成员和2名机关中层干部报批婚丧喜庆事宜，镇纪委对其进行谈话提醒。在全镇16个行政村设立专职村级纪检监督员，并召开专题培训会。牵头打造农村集体三资网络监管平台。全年办结案件6件，已办结2件，给予党内严重警告、开除党籍处分各1人，1件已经进入审理阶段，1件正在进行核实，在手案件线索1件。

【社会民生】 **民政工作** 完成低保、尊老金、优抚抚恤金、重残补贴资金的发放；对全镇283户农保35户城保进行核查，对农村低保户在发放过程中结合本次低保调整进行广泛公示，对不符合条件的低保户，根据家庭收入状况调整，对经济条件好转的及时校准停发，发现不再符合低保的20户及时报停，转重残救助5户；新报批农村低保16户，33户临时生活救助。

医疗卫生 新建新坝卫生院投入使用，全镇配备16个行政村标准化卫生室，健全卫生服务网络。新型农村合作医疗参合率99%以上；完成乡村医生养老保障财政配套资金补助到位率100%。对335人进行了退休认证。静脉采集300余人，人脸采集人数290余人。

劳动保障 全镇农村居民和城镇居民全部办理了社保卡，信息比对人数为14446人。新坝镇城乡居民养老保险续保人数为3328人，新增扩面人数已达198人，新增退休人员424人，新增登记低保、残疾22人，发放存折188本。举办招聘会1次，邀请康达智精密技术、苏云医疗器械有限公司、鹰游集团、启创铝制品等6家企业，为农村居民提供操作工、业务员、保洁员等多个工种40多个就业岗位。

文化工作 组织16个村的农家书屋管理员参加电子阅览电脑操作培训，为每村配备一台电子阅览专用电脑设备。健全农家书屋管理制度，提高管理员图书管理水平和服务水平，积极申报通借通还农家书屋，申报省级农家书屋提升工程先进镇。建立晨、晚锻炼点，其中8家被预选为市级晨晚练试点站点，统一挂铭牌上二维码。全镇共有社会体育指导员24名，定期组织社会体育辅导员参加培训，并为他们配备了统一训练服。成立新坝镇老年人体育协会，同时，健全村级老体协组织，积极参加市级老体协运动会开幕式。新坝镇东方银行舞蹈队在区级广场舞比赛中获得第一名。

政法综治 打造新坝镇综治网格化管理新典型——小荡村、新坝村，两村共投入4万余元。力争以点带面，逐步推开网格化管理模式在全镇16个村的全面施行，对全镇的调解网格体系进行全面的梳理和总结，明确全镇各村调解专职人员，对于区局矛盾调解中心反映的不足之处及时纠正，坚持每月一排查一分析制度，狠抓调解工作法制化、规范化工作。2017年共排查调处各类矛盾纠纷21起，成功21件，调解率100%，各村调委会全年累计调解民间纠纷312件，调解成功312件，无因调解不及时而引起的民转刑案件和群众性集体上访案件的发生。截至年底，新坝司法所帮教率为100%。安置率100%。

（撰稿：穆绪环 审稿：乌成军）

表32 **2017年海州区新坝镇、村基本情况表**

村（居）名	村民小组	户籍户数	户籍人口数	面积（平方千米）	耕地面积（公顷）	办公地址
大屯村	5	272	1217	3.8	236	大　屯
大穆村	8	497	2110	4.2	248	大　穆
魏口村	7	544	2396	4.7	306	徐　庄
樊庄村	8	520	2360	4.8	340	樊　庄
普安村	11	557	2374	4.2	270	普　安
新西村	11	874	3328	5.8	308	新　西
新坝村	12	613	3263	5.2	220	新　坝
四里村	7	340	1620	3.8	239	大顾村
陈户村	9	482	1864	3.7	225	陈　户

续表32

村(居)名	村民小组	户籍户数	户籍人口数	面积(平方千米)	耕地面积(公顷)	办公地址
武圩村	7	460	2201	4	246	武 圩
墙匡村	7	356	1594	3	155	墙 匡
沙杭村	6	382	1605	3.1	164	沙 杭
王付村	7	368	1720	4	260	王 付
小荡村	9	489	1970	4.9	270	小荡庄
朱圩村	8	380	1610	3.9	270	卞小楼
大井村	9	569	2325	5.2	387	程大井

表33 **2017年新坝镇主要工业企业情况表**

企业名称	成立时间	年末职工人数	固定资产原值(万元)	产值现价(万元)	利润(万元)	经营体制	主要产品
连云港市新海机械厂	1989年9月	143	1000	3000	480	私营	电力辅机
连云港万达电站辅机厂	1989年3月	48	120	900	80	私营	电力辅机
连云港正航电力节能技术有限公司	2002年3月	65	480	1700	90	私营	电力辅机

锦屏镇

【概况】 锦屏镇地处锦屏山南麓，南与新坝镇相邻，东与海州开发区及宁海街道接壤，西至蔷薇河。总面积52.14平方千米，其中耕地面积为1689.8公顷，下辖西山、中山、东山3个社区，刘顶、新海、李圩、酒店、岗嘴、桃花、陶湾、狮树、朐山9个村民委员会，总户数10471户，36098人，党员数1231人。2017年实现地区生产总值9.9亿元，较2016年增长9.25%；一般预算收入完成861万元；全社会固定资产投资完成22.5亿元，其中工业固定资产投资完成11.2亿元，分别较2016年增长32.4%、20.4%，实际利用外资92万美元。

【经济建设】 **工业经济** 2017年规模以上固定资产投资目标20亿元，全年完成22.5亿元，完成全年任务的112.5%。规模以上工业投资目标9.3亿元，全年完成11.2亿元，完成全年任务的120.4%。规模以上工业产值1.52亿元，同比累计增幅20.5%。直接利用外资目标350万美元，全年完成92万美元。社会消费品零售额增幅目标23%，实际完成26.3%。

农业经济 全镇农业人口22552人，耕地面积1689.8公顷，小麦种植面积1644公顷，水稻1533.13公顷，通过科学种田，实行统一管理，充分调动农机合作社和村民的积极性，产量大有提高秸，秸秆综合得到充分利用，禁止了秸秆毁烧。投资20万元对岗咀村沟塘和李圩村引水河进行整治。农田林网控制面积133.33公顷。发放2017年夏季还田补助108.6万元。农民人均纯收入18717元。

重点项目 镇承担市重点项目2个，年度计划投资7亿元，全年实际完成投资6.32亿元，占年度计划90.3%。区重点项目18个，年度计划投资11.03亿元，实际完成项目投资10亿元，占年度计划90.7%。其中，17个项目均按序时推进；1个项目推进慢，为盐河南路南延工程。

财政情况 全年完成一般预算收入861万元，占任务的105.1%，发放农业支持保护补贴300.71万元；发放秸秆还田补贴42.57万元；一事一议财政投入90万元，投入修建农桥项目94.48万元；压缩非生产性开支5万元，与2016年同期相比减少6%；全年发放国家独立工矿区、棚户区改造、204国道工程、连盐铁路、盐河南路南延等重点项目相关工程专账各类赔偿款达8296.4万元。

招商引资 全年引进项目26个。其中在谈项目4个，总投资1.3亿元，新签约项目10个，总投资3.5亿元，在谈项目12个。

安全生产 全年共对67家企业进行安全检查，查出安全隐患300条，下达整改指令书63份，聘请专家对危险化学品、非煤矿山、消防、建筑施工、特种设备、烟花爆竹、民用爆炸物品、冶金等40家企业进行安全检查，查处非法违法生产经营企业15家，没收烟花爆竹40件。联合派出所、文教卫生对辖区内4家无证幼儿园进行查处，下发整改3家，关闭1家。

【基础设施建设】 **道路修筑** 投资4655万元，建设盐河南路至岗嘴村段迎宾大道西延工程，全长1.5千米，宽40米。投资310万元扩建镇南路，全长2.1千米，路面宽7米。投资3630万元，建纵一路，全长1.8千米，宽30米。投资2880万元，建纬一路，全长1.1千米，宽22米。投资954万元，扩建酒店工业园区内锦荣路（全长500米）、锦泰路（全长500米），红线宽度15米，同步配套市政管网设施，加固锦西路生命安全防护网，全长1.3千米。

住房保障 全年新申请廉租房保障房22户，其中申请经济房16户，廉租房6户；对廉租房租赁补贴的35户进行年检，其中33户符合年检要求，2户不符合廉租房租赁补贴要求被取消补贴；发放3户农村危房改造补助资金5.2万元。其中翻建2户，修缮加固1户。

环保整治 投资440万元，建成位于锦屏路东山段南侧锦屏污水处理站。占地面积0.33公顷，日处理污水500吨/小时，已初步具备使用条件。查处理危害环竟信访案件5起，结案5起。投入20万元，整治黑臭水体3千米，清理淤泥杂物50吨。关停拆除小化工企业3家，改造燃煤锅炉11台。

绿化造林 完成造林面积67.67公顷，绿化示范村1个，李圩村普安自然庄。四旁植树8万株。绿化造林地块主要包括八一河南岸酒店和岗咀段绿化3.33公顷，蔷薇湖“科普广场”和“红色教育基地”等绿化60公顷，东山社区环山路及山坡绿化0.33公顷，通过林木采伐更新完成造林4公顷，主要涉及新海、酒店、狮树、岗咀的沟渠河堆等。

【党组织建设】 **基层组织建设** 落实党建工作责任制，建立分管领导、中层干部、工作人员三级负责制。强化农村党建整体水平，推进学习教育常态化制度化，加强组织、队伍、制度、活动、阵地、保障六个基本建设，建立村干部薪酬待遇体系，落实党建经费稳步增长机制，确保基层有钱办事、专人做事、安心干事。加强党支部对党员的管理监督，把全面从严治党要求落实到每个支部、每名党员。完善全镇党员档案管理，设立专门的党员档案管理柜，一人一档，统一编号、统一顺序摆放。组织党员干部走访居民2995户，经营场所156户，走访率100%，统计发现诉求169件，办结149件，办结率达90%。严格按照《干部条例》和有关规定选人用人，调整22名党员干部，新成立桃花涧老年公寓和非公企业银丰新型材料两个非公党支部。

宣传教育 主导创建“诗画锦屏”微信公众号，拓宽为民服务渠道。关心、参与公众号活动4400人，刊出160期，发布各类信息600多条。在中组部共产党员网、中国江苏网、江苏先锋网等中央、省级媒体发表6篇文章，登上共产党员网首页1篇，获共产党员网季度优秀作品，中国江苏网投稿14篇，江苏先锋网1篇，2篇被中组部复兴之路公众号转载，在区委组织部红韵海州投送信息30余条。建立“流动红影院”放映队党支部，全年放映数字电影196场。连云港电视台将流动红影院作为“红旗飘飘喜迎十九大”优秀团队进行全市展播。

理论教育培训 严格落实党员远程教育“固定学习日”“驻村工作日”制度，建成市区首个五星级大学生村官之家，建成李圩新农村服务中心，全年镇、村两级累计开展“旗帜鲜明讲政治”等各类专题学习活动230余次。调整党风廉政建设和反腐败工作班子成员。制定下发《锦屏镇2017年党风廉政建设实施方案》《党风廉政建设和反腐败任务分工》，把党风廉政建设工作放在与经济工作同样重要的位置，做到同研究、同部署、同落实，确保党风廉政建设各项工作有序开展。

党员队伍管理 按照新的《发展党员指导手册》，进一步规范党员发展程序，严格落实好政治审查和公示制度，提高新发展党员质量，2017年，全镇共发展党员12名，并按上级要求做好党内统计，党费收缴等工作。持续村党组织书记学习培训计划，村党组织书记参加区委组织部培训2次，参加镇党委组织集中培训4次。

纪检工作 认真落实党风廉政建设“两个责任”，狠刹乡村婚丧嫁娶不良之风，整治“舌尖上的浪费、车轮上的腐败”。2017年镇党委安排作风督查20余次，镇纪委共受理涉及党风廉政类信访件63件，已办结57件。对违法乱纪现象立案3件，结案3件，纪律处分3人。

【社会民生】 **民政救助** 锦屏镇现有低保277户、人口559人，2017年，共停发45户92人，新增5户12人，共发放低保金202万元，城乡低保实现了动态管理下的“应保尽保”。对30户困难家庭实行了临时救助，发放金额7万元。共发放尊老金63万元，办理老年安康保险1779份，保费69280元，发放一户多残补贴41.1万元，重残补贴73.5万元，残疾人护理补贴21.5万元，残疾人燃油补贴1.04万元。东山、新海两个村居乐龄生活馆建成投入使用。

劳动保障 鼓励个人创业、发展灵活多样就业方式，通过“送政策、送岗位、送培训、送服务”办法，鼓励失业人员创业，免费开展创业培训，并在税收、贷款等方面给予优惠政策，扶助创业。2017年度城镇新增就业411人；城镇失业人员再就业208人；就业困难人员再就业32人；新增转移农村劳动力228人；办理新增《就业失业登记证》243人；就业转失业120人，为178名下岗失业就业困难人员办理了社保补贴。城乡居民养老保险3765人，上缴保费396.65万元，对3819名领取城乡居民养老金的人员进行了认证。社区保障站对3408名企业离退休人员进行了资格认证。11月启动的城乡居民医疗保险，征缴15564人，征缴保费280.2万元。

文体活动 举办镇首届“诗书画”艺术节、“莫干山”杯“唱响美丽海州，共建文明古城”、社区歌手大赛锦屏地区选拔赛、“庆国庆迎中秋”文艺演出、元宵节民俗踩街等活动23场（次）。完成刘顶村、岗咀村的文化综合社区建设，活动室集图书室、棋牌室、乒乓室、健身房于一体。社区图书室和农家书屋藏书2000册以上。在市全民健身日暨第十一届农民体育节活动，取得了广场舞规定曲目二等奖，自选曲目三等奖，以及盲人摘

桃花涧一年一度桃花节

桃、2人三足跑、跳绳等多个单项奖。

计划生育 2017年度锦屏镇已婚育妇女6935人,出生人口279人,符合政策生育率100%。出生人口性别比118%。办理《生育服务登记证明》241人,办理《流动人口婚育证明》12人,对流入的成年育龄妇女建档验证。补办《独生子女父母光荣证》24户,落实各项计生奖励扶助政策,全镇符合并落实奖励扶助政策80人。其中,农村奖励扶助62人,特扶14人,并发症4人,政策落实率100%。人口计生依法行政工作达标率98%以上。

综合治理 社会治安实行网格化、信息化管理,开通镇级电脑终端4个,村(居)级手机终端36个、开通综治E通电脑账号12个。各村居均建立平安志愿者队伍,6月在全镇范围内推广平安江苏手机软件(APP)客户端应用,成功注册1318名平安志愿者。自筹2万元资金,建成镇级综治视联中心,实现综治信息系统"集成互联、广泛共享"的工作格局。开展综治和平安建设集中宣传活动,群众安全感有较大提升。

城区畜禽禁养。成立锦屏镇禁养区工作领导小组,制定工作方案,召开关闭搬迁户座谈会,对辖区内所有养殖行为开展全面整治。全镇共有养殖户70家,其中规模化养殖32家。全部签订规范养殖协议,其中20家拆除、10家转产、关停2家。

(撰稿:李金禹 审稿:姜海燕)

表34

2017年海州区锦屏镇村(社区)基本情况表

村(居)名	村民小组(个)	户数(户)	年末人口(人)	面积(平方千米)	耕地面积(公顷)	办公地址
刘 顶	10	968	3629	4.1	11.4	锦屏路38号
新 海	8	602	2667	6.4	287.9	新海新区中心路北侧
李 圩	12	663	2765	7.6	371	新坝中路向西100米
桃 花	8	766	2743	2.4	49	镇南路路南
酒 店	7	601	2165	1.63	117.2	新坝中路38号
岗 咀	9	700	2402	3.25	145.3	锦孔路岗咀段路北
陶 湾	6	593	2272	3.5	132	陶湾村中心巷南首
狮 树	12	612	2586	5.35	263	新坝东路路西
朐 山	5	603	2136	2.1	56.4	朐凤路四号
东山社区	8	897	2356	0.4		东山加油站路北1号
中山社区	6	1158	2755	0.4		锦屏镇文化宫院内
西山社区	5	616	1541	0.3		锦屏新村A12号楼门面房

表35

2017年海州区锦屏镇主要工业企业情况表

企业名称	成立时间	年末职工人数	固定资产原值(万元)	产值现价(万元)	利润(万元)	经营体制	主要产品
连云港市中通复合材料机械设备厂	2001年6月	72	1262	5560	216	私营	玻璃钢缠绕设备制造

续表35

企业名称	成立时间	年末职工人数	固定资产原值（万元）	产值现价（万元）	利润（万元）	经营体制	主要产品
连云港泓桥照明电器有限公司	2010年9月	246	1928	4695	187	私营	卤钨灯
连云港市通源生物科技有限公司	2004年3月	45	1650	5650	362	私营	双乙酸钠
连云港中鑫无纺材料有限公司	2007年11月	19	390	1856	90	私营	纺织工业整理剂
连云港融锦混凝土有限公司	2007年3月	65	2120	18200	350	私营	商品混凝土
连云港李记明章食品有限公司	2005年6月	35	950	2350	162	私营	卤制品
连云港汉武装饰材料	2006年9月	48	1120	1886	122	私营	水性涂料

表36 **2017年度海州区锦屏镇住宅小区情况表**

小区名称	建成时间	建筑面积（万平方米）	可入住户数	小区位置
锦屏新村	2013年	16.8	1626	将军崖路6号
工人新村一期	2016年	3.3	298	镇前路50号
锦顶佳苑	2010年	1.79	124	海州区锦屏镇刘顶村

浦南镇

【概况】 浦南镇位于连云港市西郊，东至月牙岛，西至东海县黄川镇，南至海州开发区新浦工业园、岗埠农场，北至赣榆区墩尚镇。风景名胜有星光湖、万亩荷塘、太平湿地、万亩采摘园等。历史名人彦涵、刘一麟、刘振殿、丁介石等。主要特产生态富硒米、鲜切花、"草舍"西红柿、泥鳅、浅水藕等。辖区总面积102平方千米。辖18个行政村，1个社区。16480户，66396人。全年工业总产值14亿元，完成财政收入4590万元，引进外资30亿元，大力发展现代农业，流转土地146.67公顷，做精做美乡村旅游品牌，重视发展乡村旅游事业，建成月牙岛公园、太平湿地、樱桃番茄采摘园等生态园和农家乐生活区。

【经济建设】 **经济指标** 2017年全镇主要经济指标稳健增长，全年完成公共财政预算收入4590万元，达目标任务的211.72%；完成规模以上工业总产值14亿元，较2016年增长9.26%；完成固定资产投资43亿元，较2016年增长7.5%；农民人均纯收入达23420元，增长10.62%。

招商项目 引进曙光装配式建材产业园等一批重点工业项目，全年签约项目总投资额达30亿元。太平工业园关停16家产能落后、污染严重的小化工企业，通过"腾笼换鸟"落户精工分布式热能源项目及润连新型建材项目，园区活力显著增强。编制完成U形物流产业带发展规划。天马网络获批省级电子商务示范企业，天马云仓二期启动建设，怡亚通供应链产业园、九州通医药物流产业园成功签约落户。

现代农业 新浦现代农业产业园区成功创成省第一批现代农业产业示范园。全年流转土地面积146.67公顷，为农业园区提升发展层级夯实基础。集瑞园"樱桃番茄""西葫芦"杨绍强家庭农场"厚皮甜瓜""西瓜"等农产品获得无公害产品称号。累计获得各类补助奖补资金1300万元。

乡村旅游业 在浦南新镇区，延伸月牙岛旅游人气，在新浦大道两侧发展浅水藕观赏养殖，配套建设生态园和农家乐项目；做精"寻找桃花源、美丽在浦南"乡村游品牌，长盛水上世界成功开业，太平湿地公园购入两艘游轮及一艘快艇，打造水上游览线路。在太平东北部，利用丰富的临洪湿地资源，建设集湿地风光、河海渔业文化、休闲度假和水上赛事运动于一体的河海湿地休闲旅游度假区；在浦南镇西片区，进一步整合特色乡村旅游资源，突出江浦农耕体验、草舍番茄采摘、新湾林果氧吧等一批特色项目。江浦村成功申报省级休闲观光农业示范村，新湾村成功申报市级休闲观光农业示范村。

月牙岛美景

【基础设施建设】 **道路桥梁修建** 投入5965万元新改建一批道路及桥梁，新改建道路总里程达40千米，朱圩大桥、唐顶幸福桥、唐顶生产桥有效改善居民生产、出行条件。累计投入1800万元新建污水管网7500米。

绿化 新补植各类景观绿植2.6万株，新增绿化面积39.13公顷。

环境整治 以城乡环境综合整治“百日攻坚”专项行动及创建省级卫生镇为契机，加强垃圾清运、店招规范、占道经营清理等工作，新改建镇区公厕13个，整治黑臭水体4条，禁养区拆除规模养殖户21户，镇区环卫设施全覆盖，镇容村貌整洁有序。

【党组织建设】 **党员学习** 始终把党建工作放在首位，依托“百人讲师团”“固定学习日”等载体，在全镇结合浦南实际，组织学习贯彻落实党的十九大会议精神等主题活动，对村级提出明确的活动目标，确保活动内容不虚，成果惠及百姓。

基层组织建设 严把党员发展入口关，注重对农村致富带头人和年轻村组干部等先进分子培养，推动党员结构年轻化、科学化。针对富安、许安、新建、浦南等相对薄弱的基层党组织，镇党委从事业单位、退休干部当中，选派基层工作经验丰富的优秀干部10人到村里担任第一书记。建立科学的考评体系，进一步加强对工作实绩的考核，变年度考核为季度考核，将禁违拆违和信访稳定工作纳入村干部考核体系。建立单位、部门季度述职制度，进一步加大督查力度，每周不定期检查机关工作纪律，坚决改变机关“慢、懒、散”的工作作风，激发全镇干部扎实干事的热情。

文化宣传 以经济建设为载体，组织开展浦南镇春季运动会、庆元旦文艺演出、广场舞大赛、趣味运动会多种形式的文艺宣传活动，元旦、春节期间举办趣味文体活动、文艺会演，参加演职人员200余人。4月底，配合浦南镇乡村游采摘节，举行乡村游摄影大赛、广场舞大赛、低碳骑行浦南游活动、千人长跑等比赛，参加比赛人员1500余人。配合创建全国文明城市，开展系列文艺宣传活动7场次，参加人员700余人，吸引观众5500余人。申报江浦村为连云港市优秀综合文化服务中心。为江浦村申报第四届“江苏最美乡村”工作。指导江浦、太平、官阳、富安四个村完成基层综合性文化服务中心建设，接受省里验收。召开《浦南镇志》终审会，邀请市、区和东海县的专家对《浦南镇志》进行终审，进入最后的修改阶段。组织江苏省名镇名村志《浦南镇（新）志》《江浦村志》编纂。

【社会民生】 **民政救助** 着力解决好人民群众关切的养老、医疗、教育等方面存在的突出问题，使群众老有所养、病有所医、学有所教，大幅提升人民群众的幸福感和归宿感。对贫困户开展精准帮扶，有针对性解决他们的就业、医疗、养老、生活等实际困难。

农民住房建设 瀛洲梧桐里、樱花小区、湖景花园等高品质住宅基本建成。农民建房审批107户，危房改造审批17户。康宁农民集中居住区以满足辖区农民刚性住宅需求、享受城市公共服务为建设目标，一期开放销售210套房源，在解决农民住房、解决征地拆迁安置方面发挥了巨大作用。

妇联活动 以关心弱势群体为主题，切实维护妇女儿童合法权益。镇妇联为方便妇女群众的来信来访，将每星期一至星期五定为信访接待日，及时解决妇女儿童生活中的实际问题。特别是在制止虐待老人、妇女、儿童等家暴力问题上，更是不遗余力。共接待妇女来信来访、处理婆媳纠纷、做好夫妻之间的调和劝解工作60余起。为加强未成年人思想道德建设，净化未成年人成长环境，镇妇联与司法部门到镇属各学校授课达10余次，发放法律、法规方面的宣传资料达1000余册。19个行政村（居委会）全部配齐配强妇代会组织。

教育事业 郁林中学教学成绩稳步前进，先后获得省“节能减排示范单位”“健康促进校银奖”“连云港市百位名师百节好课百乡行十佳组织单位”、连云港市素质教育示范校、连云港市中小学生田径运动会“道德风尚奖”、区中小学生运动会团体总分一等奖、区趣味运动会一等奖、海州区“区长杯”校园足球联赛女子一等奖、区中学生女子篮球第一名、连云港市市“素质教育实践活动先进集体”、区小合唱二等奖、区阳光体育课间二等奖等荣誉或称号。金钥匙科技竞赛省特等奖5人，省一等奖9人，省二等奖29人；七彩语文江苏省第11届中小学生书法展示赛省一等奖1人；获得省教育厅“青少年科技教育先进学校”称号；省教育厅青少年电子技师竞赛中获团体一等奖。

医疗卫生 5月与连云港市眼科医院进行整合，将海州区浦南中心卫生院与连云港市眼科医院在新院区合并办公，实行两块牌子，一套领导班子。加大设备投入，新配置16排螺旋CT一台，提高临床诊断水平，改善医院医疗条件，为病人的诊察提供了有力的保障。全年镇医院门急诊人数94402人次，较2016年上升11.5%。住院人数781人次，较2016年上升10.2%。医疗总收入1300万元，较2016年增长54.76%。2017年医疗纯收入620万元，较2016年的280万元增加了340万元，取得较好的经济效益和社会效益。年内完成村级残疾人精准康复服务站建设工作，为残疾人精准康复服务点，残疾人签约450人，低收入贫困人口签约数425人，家庭医生签约总数10877人，65周岁以上老年人免费体检3928人，为全镇3391名35~65周岁的妇女进行两癌筛查。镇村级卫生室已全面实施基本药物制度，为全镇居民提供基本医疗和基本公共卫生服务奠定坚实的基础。要实现创建一流中心卫生院的目标，一定要让村卫生室强起来。全面实施基本药物制度，让"药品零差率销售"全覆盖，特别是禁止各卫生室从医院药库之外的非正规渠道进药，切实解决农民"看病贵、看病难"的问题。净化医疗卫生市场，定期进行监督检查，杜绝非法行医。

计划生育 安排资金特扶困难对象3人，累计金额22800元；奖扶对象88人，共发放奖扶特扶金84480万元。无错报漏报发生，政策落实率100%。在全镇开展特扶家庭连心卡工作，连心卡制度得到进一步落实。优先开展家庭医生签约服务。"圆梦女孩——实现微心愿"计划生育困难家庭共统计上报14人次，争取上级的慰问资金。利用重大活动纪念日积极开展各种形式的社会关怀活动。计生协会统计并上报6例18周岁以下唇腭裂儿童，争取获得上级拨专款资金用于治疗病患。举办各类街头宣传12场次，发放宣传品2000余份，张贴海报、悬挂横幅15条。加强镇区内流动人口的协调和沟通，做好辖区内流入、流出人口的管理。

（撰稿：周　涛　审稿：万　民）

表37

2017年海州区浦南镇村（社区）居委会情况表

村、社区名	村（居）民小组数	户籍户数	户籍人口数	面积（平方千米）	耕地面积（公顷）	办公地址
汪新村	5	613	2660	6.3	387	盐店北，原水产中心
浦北村	10	986	4650	7.1	352	浦北村310国道北侧
新建村	7	765	2850	3.8	365	新建桥北包青路东
潘圩村	8	645	3106	5.3	300	进村路南
半滩村	9	790	3550	5.3	306	原半滩小学校址
下滩村	4	560	2232	5.6	193	下滩自然村
江浦村	6	985	3876	8	597	龙江组龙浦大道路北
新湾村	8	886	3542	10.6	73	吕湾庄南，吕江路东
官阳村	3	425	1638	3	195	向阳组龙浦路南
龙浦村	10	778	3500	5.3	545	龙浦路北200米
浦南村	5	450	2215	2.1	179	浦南镇农贸市场
尹巷村	6	591	2495	3.86	163.4	尹巷村204国道西
唐顶村	5	528	2046	3.6	213	吴楼庄东北方向
草舍村	6	545	2351	4.2	247	草舍村万新庄
富安村	5	552	2439	4.6	200	进村路南
许安村	6	665	2983	6.7	280	许安庄前
太平村	9	1550	6398	5	14.7	太平康居小区内
新圩村	4	425	1987	5.5	173	新圩村中心路南
康宁社区	2	1876	8770	1.5	73	浦南镇龙浦路43-7号

表38

2017年海州区浦南镇主要工业企业情况表

企业名称	成立时间	年末职工数	产值现价（万元）	利润（万元）	经营体制	主要产品
中广核太阳能连云港有限公司	2014年4月	33	15444.7	2176.3	国有独资公司	太阳能发电

续表38

企业名称	成立时间	年末职工数	产值现价（万元）	利润（万元）	经营体制	主要产品
连云港中祥新能源有限公司	2014年2月	20	13150.8	689.6	私营有限责任公司	太阳能发电
江苏东浦管桩有限公司	1993年4月	409	29139.7	1560.8	私营有限责任公司	地基与基础工程；预应力混凝土管桩
连云港东盛商品混凝土有限公司	2007年5月	98	5135.1	15.8	私营有限责任公司	混凝土
连云港花果山磨料有限公司	2007年8月	102	3944	379.6	私营有限责任公司	碳化硅磨料生产与销
江苏乐园新材料集团有限公司	2004年11月	96	2946.1	272.2	私营有限责任公司	碳化硅微粉；晶硅片切削液生产
江苏奇星流体设备有限公司	2005年8月	75	6991.6	1072	私营有限责任公司	制药设备制造；管道工程施工
连云港市东浦纸业有限公司	2007年3月	89	7442.3	411.5	私营有限责任公司	文化报刊等纸产品制造销售

海州街道

【概况】 海州街道东以甲子路、西以锦屏路、南以东风路为界与朐阳街道搭界，北以秦东门大街为界与幸福路街道为邻，总面积约1.03平方千米。下辖5个社区，6690户，19459人。2017年完成固定资产5亿元，利用外资400万美元，财政收入完成940万元。承担海州古城改造，招商引资2个项目，新增就业1050人，解决困难低保户83户143人，完成城区绿化400平方米。街道先后获得“十九大维稳先进集体”“连云港市巾帼建功先进集体”等荣誉称号。

【经济建设】 **经济指标** 2017年，海州街道完成包装项目4个，全年完成社会固定资产投资5亿元，完成全年目标任务的100%。实际利用外资全年完成400万美元。公共财政预算收入实际完成940万元，完成全年考核目标100%。

重点项目 海州街道承担海州古城改造建设，建设内容为海州孔巷文化商业街区完成主体建设。古城改造项目投资4亿元，2017年底项目主体已完工。招商引资项目2个，连云港天瑞祥新能源科技有限公司和连云港佳欧莱新能源科技有限公司，项目总投资5000万元，2个项目于2017年10月完成注册及签约。

安全生产 街道制订安全生产制度，通过检查，对存在安全问题的单位进行收理，关停拆除连云港康尔达工贸有限公司、连云港天山化工厂、连云港阿波罗化肥有限公司等3家市区督查企业。落实青龙涧河长制，配合水利部门实施雨污分流工程。全年排查企业场所122家次，餐饮场所111家，查处隐患295处，下达整改指令书4份，整改隐患295处，整改率100%。

【基础设施建设】 **环境整治** 规范主次干道非机动车辆管理，悬挂温馨提示牌500个、宣传牌30个、清理三乱小广告7万余处、粉刷面积6000平方米、清理小菜园8处96平方米、清理建筑垃圾96吨390车，清理卫生死角108处。

城区绿化 采取“见缝插绿”的办法，打造适宜古城的绿化景观。栽植美国红枫80余棵，各类苗木600余株，共计投入约60万余元，完成各类绿化面积400平方米，新运花土约100立方米，新砌花池约40平方米。

旧房改造 做好南园新村和天安公寓两个老旧小区的改造管理。积极排查危旧房屋，鉴定危房4户、240平方米。新申请廉租房共计23户，本年度参加年检72户。实行街道、社区网格化巡查违章建筑网络，消化违法建设存量，遏制新增违建，共拆除违章建筑、乱搭乱建30处10480平方米。

【党组织建设】 **党风廉政建设** 制定党风廉政建设责任制考核制度，严格执行党委领导、议事会决策、居委会执行、监事会监督的社区治理新格局。

共青团活动 开展宣传教育活动，初步形成区域化大团委结构。建立“团建工作室”“社区公益图书馆”“爱心工艺作坊”“假日法治学校”“青少年维权平台”。青年教育深入机关、学校、社区。

妇联活动 街道利用辖区内古楼广场开展宣传活动，进行文艺会演并且发放宣传手册1000余份；2017年3月14日举行维护妇女合法权益咨询活动并发放《反对家庭暴力共建幸福家园倡议书》800余份。

【社会民生】 **劳动保障** 新增城镇就业人数1050个，完成全年目标任务的103%。安排下岗失业人员实现再就业374人，完成全年目标任务的133%。援助就业困难人员实现再就业50人，完成全年目标任务的125%。社保补贴申报审核完成374人。城乡新成长劳动力技能培训人数全年目标任务100人，实际完成115人。

民政救助 全街道有低保83户143人，年内发放低保金约5万元。为困难家庭发放平价超市购物券一次性节日补助26850元，救助对象179人，临时救助困难家庭8户，约3万元。全年走访家庭户3576户，走访企业及个体工商户94户。走访发现的诉求总数84条，其他走访单位交办的诉求数66条；其中，已办结33条，积极推进未办结的诉求。开展“送政策送爱心”5次，共计发放政策宣传手册100余份，送慰问金、慰问品3万余元。

文明城市创建 成立创建全国文明城市指挥部，建立文明创建保障机制。举行社会主义核心价值观宣传演出活动20余场，开展道德讲堂宣讲活动20次。注册志愿者4386名，组织志愿者活动18次，志愿活动满意度达90%。开展未成年人活动项目19次。辖区路口设置文明劝导员。制作悬挂“图说我们的价值观”和“讲文明树新风”、关爱未成年人等公益广告宣传图板共约4500平方米。发放创文倡议书5000多份。背街小巷38条、社区5个、无物业小区2个、主次干道8条标准化建设全部达标。

综合治理 创建以网格化为依托、成立平安志愿者协会，以信息化为支撑，以社会管理服务中心为载体，创新社会管理模式，强化综合治理力度。重视平安街道创建宣传，制作主题画册800余册举办专场咨询6次。

计生生育 街道总人口21197人，人口出生数为188人（男91人，女97人），其中一孩出生105人，二孩出生83人，计划生育率为100%，自然增长率为7‰。创建健康社区1家，开展慢性病防治宣传讲座4次，各社区建立健康活动室，健康教育活动室提供5种以上可供群众取阅的健康生活方式宣传材料，有身高计/体重计、腰围尺、壁挂BMI尺、膳食宝塔挂图等设施，有控油、限盐等支持工具展示。

文体活动 海州街道围绕城市15分钟文化圈，5个社区实现家家有文化活动阵地，其中古楼、双龙、南门社区已完成示范性综合性文化服务中心建设。街道围绕十九大、创全国文明城市等主题，开展“喜迎十九大文艺汇报演出”“宣扬核心价值观文艺晚会”“端午粽香溢古城”“欢度重阳节”等35场文体活动。

（撰稿：孙笑笑　审稿：吕芳芳）

表39　**2017年海州区海州街道社区基本情况表**

村、社区名	居民小组（个）	户数（户）	年末人口（人）	成立时间	面积（平方千米）	办公地址
鼓楼社区	15	1602	5011	2001	0.25	鼓楼家园7号
双龙社区	14	1328	4352	2001	0.18	中南街65号
新建社区	18	1300	3860	2001	0.18	中大街儒学巷2号
砚池社区	14	1276	3901	2001	0.25	浴后巷15号
南门社区	30	2063	5182	2001	0.17	南园新村1号
合计	91	7569	22796		1.03	

表40　**2017年海州区海州街道主要工业企业情况表**

企业名称	成立时间	年末职工数	固定资产原值	产值现价	利润	经营体制	主要产品
连云港大开瀛洲工艺品有限公司	1999年	61	511	906	42	私营	工艺品
万泰医药材料	2002年	45	563	889	47	私营	医药材料

幸福路街道

【概况】 幸福路街道东起镇海路，西到西大岭电厂宿舍，南临秦东门大街，北至朝阳西路。辖西大岭社区、文化社区、幸南社区、幸中社区、江化社区5个社区，面积2.8平方千米。4352户，12866人。辖区内驻有新海发电有限公司、德邦化工有限公司及市第二人民医院、连云港市艺术学校、海州区第二实验小学及海州消防大队等省市属企事业单位和预备役高炮团、283部队等。全年完成规模以上工业投资3.99亿元，完成固定资产投资8.7亿元，承担白虎山批发市场、香阁里拉、日月明园3个市、区重点项目。财政收入达4675万元。对街道实行城市管理网格化，开展市容秩序整治行动，投资60万元对辖区内河汉黑臭水体进行整治。解决43户84人就业问题，为56户申请经济适用房。2017年被省人社厅评为省级创业型街道、被市委市政府评为创建国家卫生城市先进单位。

【经济建设】 **经济指标** 2017年全年完成规模以上工业投资3.99亿元，技改投资3.42亿元，实际利用外资200万美元，规模以上现价产值47亿元，完成固定资产投资8.7亿元，限上社会消费品零售额增幅31.1%，财政收入达4675万元，工业增值税增幅91.2%，净增纳税50万元以上企业数3个。

重点项目 街道承担白虎山批发市场及周边地块改造（市重点）、香阁里拉二期（区重点）、日月明园（区重点）3个市、区重点项目，2017年全年共完成投资2.95亿元。白虎山批发市场及周边地块改造项目。项目占地面积10.2公顷，总建筑面积25万平方米，总投资15亿元。幸福路街道抽调精干力量组成5个征收工作组负责52户居民房屋征收工作，历时1个月率先完成征收任务。香阁里拉二期。2017年计划投资3000万元，已完成投资3050万元。9号楼已建成，10号楼在建设中。日月明园。2017年计划投资3000万元，已完成投资3050万元。完成A1至A10号楼建设。

安全生产 按照“全覆盖、零容忍、严执法、重实效”的总体要求，对辖区企业进行安全检查，摸底排查辖区监管企业66家、街道活动场所550家。走访企业101家次，查出一般事故隐患255处，下发整改通知书13份，取缔1家非法加油站点，关闭1家非法经营烟花爆竹零售点，对查出的隐患明确整改措施、整改时间、整改责任人，事故隐患整改率达100%。

【基础设施建设】 **市容管理** 幸福路街道主动顺应城市管理重心下移新态势。整合城管、环卫、公安、市场监督、社区、义工、志愿者等综合力量，在全区首家推行“城市管理网格化”新模式，根据社区、主次干道、河流及企事业单位分布情况，将整个街道按照全覆盖、无盲区原则，划分为5个一级管理网格、11个二级管理网格。辖区范围内所有主次干道、背街小巷、居民小区、企事业单位的卫生保洁、市容秩序、公厕管养、设施维护等都能在每个网格中做到时时有人管、事事有人干，干事有标准、考核有依据。

房屋改造 街道承担新海路、铸造厂地块、白虎山批发市场项目改造拆迁任务。动员街道、社区干部群众参与3个地块的征收攻坚，连续奋战3个多月，完成89户民房及门面房、16家企事业单位共计5.3万平方米的征收任务。新海路东地块、铸造厂地块完成97.52%，超序时完成百日攻坚任务；白虎山批发市场一期地块作为要求启动征收项目，仅用29天就率先完成幸福路辖区征收任务。

环境整治 投入资金60万元对全街道市容进行专项整治，完成玉带河、德邦八一河汉黑臭水体整治。8、9、10连续三个月获得全区市容环卫长效管理月度考核第一名。

【党组织建设】 **基层党建** 建立社区党组织服务阵地，升级西大岭社区党群服务中心，建成文化社区1100平方米党员活动用房，打造幸南社区先锋驿站，建成全省首家党内法规宣传游园“法韵园”，城市基层党建融合发展，社区党委服务党员群众能力水平全面提升。

党员学习 通过线上学习与线下学习两手抓、实境课堂和教学课堂齐步走、个人自学和讲师领学相结合等方式，全面提升党员干部素质能力。盘活社会组织资源，成立街道残疾人之家党支部和西大岭社区银龄餐厅，动员社会组织、群众团体、驻区单位等多元力量对接居民需求，开展大走访活动，全力为社区居民解难题，为辖区企业促发展。

创党建特色品牌 全力打造“党旗下的蒲公英”特色党建品牌，发挥西大岭社区“为民服务平台”、文化社区“社会治理创新”、幸中社区“党风清风教育”、幸南社区“和谐邻里中心”、江化社区“志愿阳光助残”5大党建示范基地品牌示范效应，推动城市基层党建工作集群化发展。

【社会民生】 **民政救助** 全年发放21户41人低保金182986元。走访困难群众89户，发放慰问金、物品40900元，为10户大病患者和因病致困家庭发放慰问金29540元。争取民政补助资金16万元，打造文化社区、幸中社区健康小屋。稳步开展经济适用房申报工作，保障房新申请56户。认真开展残疾人工作，成立海州区乐馨残疾人托养服务中心就业创业孵化基地，开展渔网编织、手工艺品制作等6类残疾人职业技能、岗位技能培训，提升残疾人就业创业能力，帮助16名残疾人、困难群众在家门口实现就业，实现自身价值。

劳动保障 组织招聘会，为百余名下岗失业人员解决就业难题。以西大岭社区活动中心为依托，打造省级创业型社区和全市首批、全区唯一的全国充分就业示范社区。利用西大岭社区平台，打造省级关爱失独家庭连心家园项目，帮助海州区西部片区9个街道43户失独家庭成员84人走出心理阴影，积极面对人生，动员和倡导全社会关心关爱失独家庭成员，让这个弱势群体充分感受到政府和社会的关怀温暖，逐渐走出心理阴影，融入社会，重树生活信心。

社区管理 幸福路街道整合资源打造一站式政法综治中心建设，承担群众来访接待、事务代理、便民服务等相关职能，司法所实现独立办公，形成融综治、信访、调解、司法等各方资源于一体的基层维稳与为民服务相结合的工作大平台。2017年街道实现进京、赴省、到市上访零发生，全力确保辖区社会稳定。

（撰稿：王雅丽　审稿：王　帅）

表41

2017年海州区幸福路街道社区基本情况表

社区名	居民小组数	户籍户数	户籍人口数	面积（平方千米）	耕地面积（公顷）	办公地址
西大岭社区	5	1395	4015	0.137	0	西大岭路45号西大岭小区22号楼
文化社区	10	1139	3327	0.814	0	海州区秦东门大街13号

续表41

社区名	居民小组数	户籍户数	户籍人口数	面积（平方千米）	耕地面积（公顷）	办公地址
幸南社区	31	1435	4247	0.659	0	海州区江化南路1号
幸中社区	6	1296	3045	0.75	0	幸福路88号香阁里拉小区院内幸中社区
江化社区	9	832	2425	0.338	0	朝阳西路77号光明小区物业二楼

表42 **2017年海州区幸福路街道主要工业企业情况表**

企业名称	成立时间	年末职工数	固定资产原值（万元）	产值现价（万元）	利润（万元）	经营体制	主要产品
江苏新海发电有限公司	1940年10月	1530	965457	375612	28133	股份有限公司	火力发电
连云港金典纺织科技有限公司	2003年11月	220	399	31668	1399	私营有限责任公司	服装制造

表43 **2017年海州区幸福路街道住宅小区情况表**

小区名称	建成时间	建筑面积（万平方米）	可入住户数	小区位置
西大岭小区	1979年	13	1395	西大岭路45号
啤酒厂宿舍	1985年	0.534	96	海州区秦东门大街11号
新海电厂干部楼	1990年	0.2	59	海州区花园巷25号
德邦小区	1992年	2.5	408	海州区江化南路28号
双菱宿舍	2006年	1.2	76	海州区江化南路23号
金海公寓	2003年	0.4	84	海州区新建中路83号
二院宿舍	1989年	2.1	208	海州区新建中路57号
电讯宿舍103、105号楼	1993年	0.3	40	海州区新建中路103号、105号
硫酸厂宿舍	1984年	2.25	139	紧邻八一河
制碘厂宿舍	1970年	2.31	162	紧邻八一河
惠龙小区	1995年	3.31	331	玉带河以北，幸福桥东侧
上海城镇御景苑	2009年	2.35	168	幸福路108号
园丁小区	1997年	3.03	298	幸福路102号
香阁里拉小区	2011年	12.63	699	幸福路88号
新电光明小区	2002年	10	908	海州区朝阳西路77号
新北小区	1992年	3.6	811	江化社区新村路

朐阳街道

【概况】 朐阳街道东起西盐河，西到蔷薇河，南临锦屏山，北至海宁大道，辖区面积17.9平方千米，办公地点位于新海路163号。街道下辖4个村、5个社区和2个村级公司，12761户，40196人，耕地面积约113.33公顷，农村居民人均收入为20700元。全年公共财政预算收入完成0.44亿元，规模以上固定资产投资完成24亿元，其中规模以上工业投资完成3.5亿元，规模以上工业总产值完成1.28亿元，注册外资实际到账完成180万美元。街道先后荣获“江苏省安全生产监管监察系统先进集体”“江苏省法治文化建设示范点”等荣誉称号。

【经济建设】 **经济指标** 全年规模以上工业投资3.5亿元，规模以上工业总产值1.28亿元，工业应税销售收入增幅13.2%。工业增值税增幅11.5%。

农业经济 村集体经济收入超18万元，新增农村社区股份合作改革村2个。全年农民人均支配收入增幅9.2%。

重点项目 街道承担的市级重点项目11个，区级重点项目1个。其中海州体育馆一期11月建成使用。海州花鸟鱼虫市场已协调定位对外营业。锦屏里·朐山书院一期10个古建筑物建成。翻建孔望山小学已完成。海州区法院诉讼服务中心地块23户房屋征收工作当月进场、当月完成、当月拆除、当月交付。白虎山批发市场先期启动的127户征收全部完成，玉带河整治11户征收全部完成，纺织小区329户征收完成99.4%，磨盘山二期351户征收完成98.3%，很多久拖未决的征收难题得到攻破。

财政情况 全年完成财政收入4755万元，其中国税收入4077万元，地税收入500万元，财政组织收入178万元。

招商引资 领导班子成员分别赴北京、河南、成都、苏州等地考察和对接招引项目，共拜会客商20人次。全年新增签约项目5个，新增在建项目5个，新增竣工项目3个。

科技宣传 广泛开展了科普进农村、进社区、进企业等活动，全年组织集中宣传活动5次，印发各类科普宣传资料近2500份。辖区11个村、社区配备了网络科普电子屏，开机率达100%，群众可通过科普电子屏实时了解最新科普知识。

安全生产 街道班子成员、安监部门协同各行业、各部门认真落实安全生产工作责任，深入开展燃气供气企业、餐饮场所、无证幼儿园、无证养老机构、KTV网吧、老旧小区及老旧市场等各行各业专项排查、专项整治、专项整顿“三专”行动，共排查整治各类企业、商户229家，查处各类非法违法、违章违规行为为261余起，排查各类安全隐患557起，下发责令整改指令书22份，移交上级相关部门处理3起。

【基础设施建设】 **街道建设** 全年投入300万元，整治域内主次干道45条、背街小巷18条，新修乡村道路3条，道路破损修复5345平方米，背街小巷新修道路2730平方米，辖区改装22座无障碍公厕。协同区司法局投入30万元，在香江社区建成全省第一家法律援助广场；在区残联指导下，成立民办非企业机构——残疾人之家；在区住建局指导下，成立朐阳街道爱家园生活服务站。

农田水利设施建设 投入80万元的园林水库库区综合整治工程已获省财政、水利部门批准，投资54万元对双龙水库进行整修，投资70万元修建园林三八塘坝涵洞及水泥路面。在汛期，水库塘坝低水位运行。

环境整治 按照城乡环境专项整治要求，在主次道路两侧及村民居民家前屋后垃圾进行集中清理。对交通干线沿线、馨香路、易居公馆北侧规划路、中茵名都小区环境进行整治。组织集中清理活动50余次。投入11万元，在道路两侧、街巷进行绿化，新增绿化面积1600平方米，农村造林绿化共投入100万元，完成绿化造林20公顷，山体绿化3.33公顷。

旧城改造 白虎山批发市场升级改造项目已完成合作协议签订、主体单位资产收购、C地块摘牌等工作，并邀请市级安全生产专家对市场内进行现场检查，存在安全隐患的原发酵厂建筑物内所有企业及商户已被全部查封。朐海社区纺织新村危旧房改造项目、磨盘山二期地块征收改造项目在集中攻坚阶段。按照海州古城复兴计划要求，认真盘点古城周边文化历史资源，已投入20万元，启动古城周边基础设施改造和项目建设，先行打造了东风路绿色长廊。对青龙涧沟、甲子河进行综合整治，疏通雨污管道7000余米。

禁违拆违 以“早发现，早制止，早拆除”为工作目标，实施“铁腕”禁违，辖区全年共拆除违建30000多平方米，制止违法建设4000多平方米，清理建筑垃圾等杂物70余吨，从根本上扭转违建形势。

【党组织建设】 **基层党建** 落实党建责任，制定街道党工委书记、村社党组织书记党建责任清单20项，对照清单与村、社区签订党建目标责任状，全面压实党建责任。全年召开党建工作推进会4次、党工委议党建专题会议12次。实行党建特色工作下压制和加分制，成立香江社区离退休干部党支部，开展班子成员、部门负责人、村社负责人领讲领学活动，全年累计组织学习讨论20余次、党组织活动110余场次。为6个基层单位配备党建指导员，为4个基层单位配备党建专职副书记，选派4名机关后备干部到行政村任“第一书记”，全年发展党员6名，培养入党积极分子22人。

宣传教育 组织党工委中心组学习12次，组织街道党员干部外出学习2次，赴基层组织宣讲12次。加强宣传报道，上稿信息580篇，其中《连云港日报》《苍梧晚报》等120篇，《连云港新闻》《港城365》等70篇。组织“核心价值观进社区你我共创文明城”、喜迎党的十九大等大型活动12场；壮大志愿者队伍，登记人数达7800人，开展大型志愿服务活动16次；开展道德典型培树，见义勇为殷浩轩入围中国好人榜，许益宽获得市“十佳孝老敬老”提名奖。

党风廉政 将党风廉政建设纳入年度考评重要内容，增加党风廉政建设、作风建设等方面在考核分值中的比重，对违反作风建设有关规定的单位和个人，实行扣分制和“一票否决”制。全年共开展集中约谈、个别约谈20余次，约谈人数200余人次，开展廉政谈话5次，有效促进了责任落实。年内共查实办结信访件5起，办结率100%。坚持有案必查、有腐必究，严肃查处辖区党员干部违法违纪行为，运用“第一种形态”处理问题线索3起。

工会活动 帮扶特殊困难群体，陪同市、区总工会走访企业3家，走访困难职工家庭7家，发放慰问金及物品3500元。对7户符合条件的特困家庭申报特困职工帮扶，对4名大学生开展“金秋助学”帮扶成功。实施群众性安康工程，认真开展“安康杯”竞赛活动和企业职工“工资要约”行动，2017年配合市、区总工会在孔望山小学施工现场召开安全、法律宣传活动现场会，参与企业工资集体协商“要约行动”有6家。丰富职工文化生活，在世纪华联举办文艺会演，宣传美丽海州，组织街道登山运动和掼蛋比赛2次，工会工作成效明显。

共青团活动 开展爱心帮扶，组织机关人员资助贫困青少年3人，组织辖区团员慰问孤寡老人及留守儿童5次。积极参与街道工作，全年参与街道森林防火、卫生城市创建、文明城市创建等重点难点工作20余次，进一步凸显共青团作用。积极开展青年创业培训，全年开展集中培训活动4次。

妇联活动 加强文化服务，开展“三八”节及“六一”儿童节活动，开展海州区最美农户评比，启动由区妇联主办石棚山厨师学校承办的巾帼扶贫再就业面点培训班。3月，接访一家庭暴力案件，街道妇联积极参与调查，耐心调解，为女当事人申请人身保护令，保障其人身健康。关心弱势群体。认真开展贫困家庭及单亲特困母亲子女助学、留守儿童援助统计工作，组织新疆地区孤残儿童编制活动，举办单亲特困母亲心理健康讲座，开展妇联区域化建设调查摸底调查，邀请海州区卫生院及和美家妇产医院为辖区内妇女儿童开展免费体检活动。

【社会民生】**关心弱势群体** 全年发放低保金52万元，发放残疾人员补贴补助112万元，发放三无老人生活补助14万元，为15户困难家庭申请临时救助资金6万元。利用国庆、中秋等节日，通过组织、民政、工会、妇联等条线，走访困难家庭30余户，发放慰问金及慰问品价值近5万元。

医疗卫生 全年开展义诊活动6次、健康知识讲座4次、人才招聘会3次、防震减灾应急演练及宣传活动2次。组织机关女同志到石棚山洪瑞老年公寓“送祝福、送温暖”活动2次，邀请光明医院、孔望山社区卫生服务中心、海州区妇幼保健所免费为辖区近2000名居民进行体检。

劳动保障 全年城镇新增就业406人，城镇下岗失业人员再就业190人，社保补贴378人。全年完成城乡居民养老保险1929人，居民医保11286人，社会化生存认证2596人。举办创业培训1期，培训具有创业愿望的失业人员49人，举办技能培训1期，培训具有就业愿望的失业人员56人。

文体活动 结合创建国家文明城市举办5场文化进村居系列表演，全年组织演出5场。十九大召开前期，在秦东门广场精心组织了一场专题宣传文化活动，参观人数近千人，收到了良好的效果。发展壮大“网疃爱心艺术团”“蓝天艺术团”等民间团体，丰富朐阳街道文体工作平台。投入20万元，建成朐阳街道文体中心和文化大讲堂，累计组织文化活动8次，组织文艺宣传活动20场次。

综合治理、社会治安 打造香江、孔望山、朐海三个社区，开展网格化管理工作，发展红袖标义务巡防队、平安志愿者、正义联盟百余人，香江社区、孔望山社区现场会得到区领导的一致好评；开展各类法治宣传活动23次。发放各类宣传资料2500余份，解答各类法律咨询80余人次；深化多元融合调处建设，完善人民调解、司法调解、行政调解衔接配合机制，全年受理矛盾纠纷690起，调处率100%。

计划生育 为辖区内符合独生子女家庭奖扶政策申请办理奖扶、特扶21个，完成退休职工一次性奖励金登记、录入、审核152人，为村、居育龄妇女上门免费开展妇女病检查，接受服务人数近400人次，接受免费孕前筛查96人。

住房管理 加强对廉租房、公租房、人才房、经济房、两限房的申请及廉租房补贴的发放工作，完成年检住房22户，全年上报廉租房新申请1户、公租房2户、经济房13户。积极配合相关部门加强社区、各物业公司的对接、协调和督办，成立朐阳街道爱家园生活服务站，有效解决了朐阳街道辖区内老旧无物管小区的长效管理问题，为辖区小区居民提供更多更好的便民服务。

禁烧防火。一方面认真做好农民思想工作，一方面采取全程监管、秸秆回收等措施，严禁秸秆焚烧。利用现代化科技手段，通过“千里眼”视频监测系统，实现与电脑互联、与手机互联，一旦发现火情和秸秆焚烧火点，监测系统立即报警，做到紧急情况反应迅速、处置及时。

（撰稿：李玉鹏　审稿：徐其兵）

表44　**2017年海州区朐阳街道村（社区）基本情况表**

村、社区名	村（居）民小组数	户籍户数	户籍人口数	面积（平方千米）	耕地面积（公顷）	办公地址
网疃村	11	2450	5600	3.6	52	海孔路1号
园林村	11	1080	3748	1	23	西门路89号
西门村	12	1235	3854	1.2	37	锦屏路中段
孔望山村	5	652	2658	2.5	8	海孔中路
西门社区	14	735	2111	0.16	—	西门巷6号
锦化社区	10	326	786	0.15	—	海州锦屏路1号南
朐海社区	6	4794	11985	2.25	—	海州区海宁西路9号
香江社区	12	4680	16000	0.54	—	海宁西路11号茗馨花园会所
孔望山社区	10	986	3000	2	—	秦东门大街381号

表45

2017年海州区朐阳街道主要工业企业情况

企业名称	成立时间	年末职工数	固定资产原值（万元）	产值现价（万元）	利润（万元）	经营体制	主要产品
青岛啤酒（连云港）有限公司	1984年10月	354	28813	13043	-1121	内资公司	啤酒
连云港市惠康塑料制品有限公司	1998年6月	445	1317	2572	-146	私企	集装袋、塑编袋等
连云港万锦塑料制品有限公司	2006年2月	30	2000	800	100	私企	塑料瓶、塑料桶等产品包装

表46

2017年海州区朐阳街道住宅小区情况表

小区名称	建成时间	建筑面（万平方米）	可入住户数（户）	小区位置
一方山水	2012年	12.5	1057	孔望尚府小区以东，玉带河以南，盐河路以西，秦东门大街以北
悦城国际·悠然居	2012年	10.2	800	桂苑巷以东，海宁路以南，盐河路以西，玉带河以北
上海之春	2017年	30	1207	惠苑路以东，海宁路以南，桂苑巷以西，玉带河以北
孔望尚府	2017年	23	318	惠苑路以东，玉带河以南，一方山水小区以西，秦东门大街以北
易居公馆	2017年	15	1233	新孔路以东，玉带河以南，惠苑路以西，秦东门大街以北
河畔花城	2017年	20	1498	新孔路以东，中茵名都小区以南，惠苑路以西，玉带河以北
中茵名都	2012年	35	2296	新孔路以东，海宁路以南，惠苑路以西，河畔花城小区以北
茗馨花园	2014年	42.5	4285	河滨路以东，海宁路以南，新孔路以西，玉带河以北
香江花园	2010年	21	1600	振海路以东，海宁路以南，河滨路以西，玉带河以北
1980	2013年	8.28	300	振海路以东，玉带河以南，网疃四队小区以西，秦东门大街以北
山水人家	2011年	4.4	372	玉兰国际小区以东，玉带河以南，师专二附小以西，秦东门大街以北
香溢孔望	2015年	19	400	孔望山景区以南，盐河路以西，新孔南路以北
梧桐蓝山	2016年	6.9	480	网疃路以东，秦东门大街以南，磨盘山路以北
石棚名居	2015年	20	1865	甲子河以东，秦东门大街以南，还花园路以西，东风路以北
朐阳雅苑	2012年	1.8	100	园林中心路以东，东风路以南，园林小区以北
馨海名郡	2016年	18	1600	石狮口以南，锦屏路以西，西门工业园以北

洪门街道

【概况】 洪门街道地处市区西大门，陇海铁路从北部横贯东西，蔷薇河穿中心而过，新牛公路、海连西路、朝阳西路、海宁西路、幸福路、204国道从辖区经过，交通便捷。辖区总面积8.85平方千米，东与新海街道为邻，南与幸福路街道接壤，西与东海县张湾乡交界，北与浦南镇、浦西街道相连。下辖2个村、3个社区及洪门工业园区、物流园区，5526户，15427人，耕地面积120公顷。2017年洪门街道紧扣“工业转型、物流壮大、形象提升、社会创新”发展主题，围绕“生态立街、工贸兴街、依法治街”发展思维，抢抓发展机遇，固定资产投资14亿元，工业总产值17.8亿元，农业总产值400万元，承担12个重点项目，引进项目4个项目，外资到账50万美元。2017年洪门街道完成公共财政预算收入5560万元。新建农桥3座，3条农田灌溉渠。

【经济建设】 **工业经济** 洪门街道规模以上工业总产值17.8亿元，规模以上固定资产投资14亿元，规模以上工业投资7.65亿元，限上社会消费品零售额增幅23.8%。

农业经济 2017年，洪门街道农业经济总产值达到400万元，其中粮食作物产值156万元，蔬果产值206万元，畜禽养殖产值38万元。

重点项目 洪门街道共承担重点工程12个。已竣工项目2个，分别为：奥维智能仪表新建厂房项目、广益医用敷料厂房项目。在建项目9个，分别为：大学士食品生产及销售项目、如年实业环保升级改造项目、乐众文化产业孵化园项目、连盐铁路（洪门段）、嘉鸿置业悦景福邸项目、华阳塑包塑料制品项目、江天花园项目、金柱管桩新上预制方桩生产线项目、连云港牵引站变电所工程项目。未开工项目1个，为豪雅置业有限公司幸福时代广场建设项目，该项目计划投资1.1亿元，已完成投资500万元。

招商引资 注册外资实际到账50万美元，走出去招商10次。新增8个在谈项目，4个项目已签约，分别为：连云港市四季农产品批发市场投资的万联广场–四季农汇馆项目；连云港原杰环保科技有限公司投资的环保科技与新能源科技的技术研发项目；江苏石分教育科技有限公司投资的智慧校园项目；连云港市中琪文化创意有限公司投资的图文设计、制作及展览展示服务及项目。新增总部经济项目1个为海州青年创业孵化基地。

【基础设施建设】 **农田水利设施建设** 街道联合区农水局，投入资金40万元，对洪门村大圩队泵站改造和新建3条农田灌溉渠道两项重要惠农工程，两项工程均已竣工并投入使用。修建洪门街道洪门村朱沟1号、2号农桥，新庄村西北嘴农桥共3座农桥。

环境整治 拆除旱厕4座，整治脏乱差物流公司2家，清理卫生死角160处、垃圾40车；对辖区11家废品收购站进行集中整治，下达整改单和处罚单8份，2家废品收购站已确定关停搬迁（迁至浦南镇）；新建8平方米岗亭一座。

道路改造 洪门街道完成辖区内204国道修建，并对辖区内背街小巷进行修建，硬化修补张庄路、新海粮库、小海青路、果园路等道路1.3万余平米。

绿化 洪门街道累计投入资金200万元，将环境整治与春季绿化有机结合完成成片造林面积12.2公顷（其中经济林4.2公顷，用材林10公顷），四旁植树4.1万株；打造新海路西侧段和丰泰苑道路段2条绿化特色街巷，对新海路西侧500米长原有绿化带进行清理重整，回填优质培土，栽种榉树树、红叶、石楠等苗木；将丰泰苑小区380米长小菜园整理回归为绿化带。打造5000平方米景泰苑小区游园和2600平方米新电小游园，累计栽种及改良树种如意杨、栾树、苦楝树、柳树、桃树、红叶石楠等树木5.2万株。

河道生态治理 河道治理实行“河长制”，一河一策，加强巡查力度。整治河堤堤面350米，拆除违建2处，清理船屋、船只5条，清除河道垃圾16处，河堤违章种植6户，有效减少了水体污染。

【党组织建设】 **党员学习** 深入学习党的十九大精神，紧紧围绕“两学一做”学习教育、“双进双促”大走访活动，求真务实，真抓实干，用干部的辛苦指数赢得发展的成功指数和群众的幸福指数，促进街道工作提质提速提效。以硬杠杠明确各党组织书记的工作责任。严格落实党建责任清单，工作开展情况实行月报制度。加强机关效能建设，为经济健康持续发展提供有力保障。

宣传教育 深入学习宣传贯彻习近平总书记系列重要讲话精神和党的十九大会议精神。开展十九大等相关重大理论主题宣讲活动10场次。加强学习型党组织学习型领导班子建设。街道党工委中心组全年集中学习12次，积极组织开展科级领导干部专题读书调研和“理论下基层，我来讲一课”活动，认真组织参加十九大精神知识竞赛和喜迎十九大征文活动，组织开展基层党员冬训工作。向各级媒体投稿300余篇，被省级媒体采用6篇，被市级媒体采用40篇，被区级媒体采用112篇。

纪检监察工作 加强机关效能建设和党风廉政建设，在创卫、防汛、秸秆禁烧等重点敏感时期对机关工作作风开展定期与不定期监督检查，制定完善了作风纪律效能监督检查、纪检信访包案、工程项目审计等制度，激发内生活力，为经济健康持续发展提供有力保障。

工会助困 救助10名困难保洁员，24名困难职工、3名边缘特困职工，救助金额达到15200元，救助物资价值达9800元，共计25000元。继续开展“老总调解员”创新工作，建立了劳动争议调解员制度和“老总调解员长效管理机制”，全年调解各种劳动争议调解案件3件，深入企业开展调研活动，帮助企业分忧解难，受到企业老总和工人们的一致好评。

【社会民生】 **惠民工程** 精心打造景泰苑小区游园和新电小区小游园。配套完善篮球场，健康步道等健身设施，为居民提供健身休闲的新场所；加强完善洪门社区、新庄村乐龄生活馆设施，为群众提供健康、正能量的文化生活娱乐阵地。

劳动保障 采取一切措施，提升社会事业多渠道，多方式落实精准扶贫。新增就业人数608人，实现职业技能培训28人，创业培训8人，帮助新成长劳动力技能培训60人。为辖区149低收入贫困户办理社保补贴。为辖区内离退休职工办理生存认证2129人，录入率97%，为居民养老金人员办理认证录入率100%。完成高校毕业生实名制调查，登记及就业服务率均达100%。

民政救助 利用中秋、春节等重大传统节日，走访慰问贫困群众441户，发放现金、物资计14.7160万元，为39户城市低保户发放低保金2.4990万元。街道年内累计发放优抚金，低保金等之类帮扶资金20万元。

社会治安综合治理 全面推进社区网格化管理，推广“互联网+综合治理”的基层社会治理模式，推动数字化、智能化管理水平，定期组织网格平安志愿者开展群防群治的防范工作。街道辖区3个社区、2个行政村规范建立了司法行政服务站。新庄村成功申报为省级“民主法治示范村”。洪门工业园区成立“洪门工业园区法律援助（服务）中心”，惠及园区内数十家企业。

卫计工作 深入开展公共场所禁烟活动，在各小区安装毒饵盒，病媒生物消杀3万平方米。通过开设固定宣传栏、制作标语向群众宣传党和国家卫生和计划生育的新政策，新增流动人口管理信息平台，建立档案定期反馈流动人口信息，反馈及时率达100%。

（撰稿：刘宇翔 审稿：李雨轩）

表47 **2017年海州区洪门街道村（社区）基本情况表**

村、社区名	村（居）民小组数	户籍户数	户籍人口数	面积（平方千米）	耕地面积（公顷）	办公地址
洪门村	16	1126	4650	5	43.3	海州区洪营路1号（四季农产品市场南侧）
新庄村	3	256	420	1.3	0	海州区海宁西路92号
洪门社区	12	1360	3880	1.1	0	海州区海青路168号
洪新社区	10	1350	747	0.9	0	海州区海连西路88-18-8
红旗社区	6	1460	4060	1.2	0	海州区新海路182-1号红旗社区居委会

表48 **2017年海州区镇（街道）主要工业企业情况表**

企业名称	成立时间	年末职工数	固定资产原值（万元）	产值现价（万元）	利润（万元）	经营体制	主要产品
连云港景悦食品配料有限公司	2014年	40	1500	3467	800	私营	食品添加剂氯化钾
连云港万成矿产品加工有限公司	2003年	46	1400	3292	1000	私营	熔融石英粉、石英砂、硅微粉等
连云港振荣传动件有限公司	2003年	80	35200	2604	600	私营	紧定套及相关传动零部件
连云港新奥燃气有限公司	2003年	130	4951	41567	10000	私营	天然气销售及相关产业
连云港鑫柱桩基有限公司	2017年	30	5200	3005	500	私营	预应力混凝土管桩
连云港三江预应力钢棒有限公司	2003年	15	5600	8715	712	私营	预应力钢棒、管桩用端板

表49 **2017年海州区洪门街道住宅小区情况表**

小区名称	建成时间	建筑面积（万平方米）	可入住户数	小区位置
万润丰泰苑小区	2011年	12.33	1334	海州区海连西路88号
润埼苑小区	2008年	8	800	连云港市海州区新海路81号
景泰苑小区	2011年	9	880	海州区康泰路26号

新海街道

【概况】 新海街道位于海州区中部，东至西盐河南路，北至陇海西路，南至海宁西路，西部与洪门街道办事处接壤。辖区面积5.5平方千米，辖西苑、新潮、新孔、河西、镇海、富强、常乐、海连、星化、幸福10个社区。15206户，41120人。辖区主要企业有中蓝连海设计研究院、国网江苏电力公司连云港供电公司、连云港水表有限公司、连云港和美家妇产医院和连云港市保安服务公司。固定资产投资98000万元，工业总产值21382万元，承办市、区重点项目4个，新海街道突出“项目推进、社区建设、社会稳定、民生改善”4大工作重点，着力打造和谐幸福街区。居住环境舒适化。大力抓好背街小巷净化、美化、绿化，无物管小区管理、违法建设查处，打造富强路、永富路等卫生示范路，街巷基本实现路平、牙齐、灯亮、沟通，让老百姓切身感受到新海虽然地处老城区，但居住环境年年都有新改善。创建社区“乐龄生活馆”“居家养老服务站”“爱心服务站”“自强家园残疾人托养中心”“民间讲堂”“法治文化公园”等服务品牌27个。新潮社区获得全国和谐示范社区、全国防灾减灾示范社区荣誉称号，获得市级以上表彰100余项。建成15分钟文体健身圈，提档升级常乐游园，新建400平方米塑胶门球场，为居民提供多样化服务。街道先后获得省和谐示范街道、省社会治安综合治理先进集体、省科普示范街道、省民主法治示范街道、“省百强街道团组织”、省“五四红旗团委”、省充分就业街道等荣誉称号。

【经济建设】 **工业经济** 新海街道完成规模以上工业总产值21382万元，规模以上固定资产投资98000万元，协税护税3563万元。

重点项目 医养一体化项目（原养老服务中心和卫生服务中心）投资2000万元，改造养老服务中心和卫生服务中心；万象新海苑项目，计划投资70000万元，已建成1、2、3、4号楼，完成投资30500万元；辉腾新天地项目，计划投资20000万元，已建成19~26号楼外墙，综合楼正在建设中，完成投资19000万元。东堡集团B地块征收工作，共计签约209户，已达总签约户数的95%；完成黄海度假村555户征收户签约。

科技项目申报 完成专利申请120件，其中发明专利申请40件，专利授权45件，申报省级高新技术产品1项，申报市级以上科技计划项目2项。

【基础设施建设】 **社会管理网络化** 建立健全社会治安综合治理信息化网络，深入推进网格化管理，将辖区科学划分为44个片区大网格，89个基础小网格，依托网格化已处理纠纷41起，调处成功率达到98%。

环境整顿 充分利用12345数字化管理平台，梳理解决城市环境微问题，狠抓禁违拆违工作。倾力打造新潮社区、河西社区廉政文化示范点服务品牌，建设好长廊、小游园、活动室等廉政文化阵地。加大建设文明城市力度。

【党组织建设】 **党组织活动** 街道党工委辖10个社区大党委，1个机关支部，非公支部7个，共有党员2350人，其中离退休老党员占比高达70%。组织辖区广大党员订阅使用共产党员微信，运用微信平台开展学习。开展党员固定学习日、“百人讲师团，送学到基层”等活动，做到学习教育常态化、制度化。高标准完善71名社区专职工作人员档，规范社区专职工作人员管理。学习宣传贯彻落实十九大精神，邀请优秀党员干部及讲师举办十九大精神解读相关讲座12场，发放党的十九大报告辅导读本等书籍500本。充分发挥居民小组长、片区网格员、居民区热心人以及老党员、老干部等作用。

宣传教育 全年在各类新闻媒体共发表572文章，其中中央电视台、《人民日报》等中央级报刊媒体6篇，《新华日报》《江苏工人报》等省级报刊媒体9篇，《连云港日报》《苍梧晚报》等市级报刊143篇，连云港电视台213篇，海州政务网、今日海州201篇，已全部超额完成全年任务。在全区29家单位中排名第一。镇海社区徐云秀绣党旗向十九大献礼先进事迹先后在央视13套《新闻直播间》《江苏新时空》等电视台播出。

工青妇活动 在街道党工委关心指导下，工会、共青团、妇联开展“金秋助学活动”；妇联积极推进“两委”，大力建设“妇女儿童之家”，聘请100名五老志愿者，积极调动“五老”人员参与街道建设；创新志愿服务形式，提升党建工作内涵。西苑社区依托“爱心社”不断壮大志愿服务队伍，累计帮扶老弱病残居民3000余人次；星化社区依托“善行天下志愿者协会”积极探索居家健康养老服务模式，打造“公益食堂”等志愿服务特色品牌。创新提炼社区党建工作法，重点抓好星化社区、富强社区、西苑社区为民服务工作法。

【社会民生】 **民政救助** 街道打造星级乐龄生活服务体系。创建关爱失独家庭的“连心家园”。设立救助申请受理窗口，发放城市困难群众一次性节日补助2.15万元。审核上报低保户85户、160人，每月发放低保金54749元。为10名无工作困难人员，每人每月补助1190元。2017年上报118项为民服务项目，申报为民服务资金计212.31万元。

劳动保障 成立新海街道残疾人之家，重点开展残疾人辅助性就业活动，每季度为172名残疾人，发放困难残疾人生活补贴215712元。帮助15名残疾人增加收入5万元。

住房管理 完成73户廉租房、17户公共租赁住房、58户共有产权经济适用房申请户的申请、审核、报送工作。新建富强、幸福、新孔3个社区服务中心办公用房4000平方米。

环境整顿 扎实开展创卫长效管理，开展宣传活动32次，印制宣传材料15000余份，书写、绘画宣传画和宣传标语1400余处，投入资金20余万元，清理积存混合垃圾768吨、乱贴乱画1239处、乱拉乱挂12116处、乱停放车辆2164处、乱堆乱放6380处、拆除违建14处、取缔两个废品收购站。

文化生活 组织辖区文艺团队，结合假日主题，开展青少年文化活动30次，举办广场文艺会演50余场，联系体育部门为辖区增设体育休闲设施，不断满足居民文娱休闲需求。西苑社区、河西社区获得江苏省文明社区称号，星化社区、河西社区获得区文明社区称号，新潮社区获得连云港市文明社区荣誉称号。

治安治理 依托李浩工作室及正义联盟组织，各社区均成立志愿巡逻队，总人数达216人。受理并妥善化解“阳光信访”系统交办信访件41件。深入实施“七五”普法规划，强化司法行政机关组织、协调等职责，积极加强法制宣传、社区矫正等工作。

（撰稿：张正文　审稿：胡　焱）

表50

2017年新海街道社区居委会情况表

村(居)名	村民小组(个)	户数(户)	年末人口(人)	成立时间	面积(平方千米)	办公地址
河西社区	30	3563	11236	1970	1.5	新孔南路2号
镇海社区	24	2623	8650	1997.3	0.5	建设西路88号
幸福社区	10	961	2116	1999	0.5	新海路11-2
海连社区	23	2030	4723	2000	0.5	海连西路5号
星化社区	20	1492	4102	2000	0.45	朝阳西路49号
新潮社区	90	5508	12521	2000.11	0.8	盐河南路69号
富强社区	23	1460	4517	2001	0.25	大庆西路36—11号
常乐社区	21	1352	3066	2001	0.45	大庆西路大庆巷1号
新孔社区	34	1590	3230	2001.10	0.25	绣苑路9号
西苑社区	35	2480	8025	2001.11	0.48	西苑路20号

表51

2017年新海街道主要工业企业情况表

企业名称	成立时间	年末职工人数	固定资产原值(万元)	产值现价(万元)	利润(万元)	经营体制	主要产品	厂址
连云港水表有限公司	1967年2月	385	2047.8	18835.9	414.4	法人	水表制造	海连西路16号

表52

2017年新海街道住宅小区情况一览表

小区名称	建成时间	建筑面积(万平方米)	入住户数(户)	位置
通化小区	1982年	6	354	大庆西路以南，镇海北路以西
园林花园	2004年	5	160	海州区盐河北路23号
常乐雅居	2006年	0.48	54	振海路32
宝泰商住楼	2010年7月	0.4	90	朝阳西路7号
名豪天台苑	2011年	2.20	506	盐河南路69号
枫林湾	2012年	9.82	240	建设西路88号
美麟花样年华	2012年	7.80	358	大庆西路36号
幸福中央小区	2014年	7	102	新孔南路2号
盛世豪庭	2016年	11.73	335	新海路21号

新南街道

【概况】 新南街道位于连云港市主城区南部，成立于1999年6月，东临龙尾河，南至秦东门大街，西依盐河，北到朝阳路。土地面积7.49平方千米。辖13个社区。20156户，60543人。新南街道办事处办公地点位于海州区建南路6号。全年预计完成规模以上固定资产投资43亿元，超目标23%；完成一般公共预算收入1500万元，超目标20%；限上社会消费品零售额增幅25%，超目标6%；实际利用外资260万美元，超额完成全年目标任务。新南街道认真贯彻落实区委十届四次全会精神，紧紧咬住区委、区政府下达的目标任务，坚持以发展经济为中心，以改善民生为根本，以城市管理为抓手，经济建设再登新高，社会事业全面发展，承担8个重大项目，引进外资0.5亿元，完成协税护税1700万元，新申坂低保户8户，经济适用房72户，廉租房32户，办理596名困难人员就业。街道先后被评为江苏省和谐社区建设示范街道、巾帼文明岗、2017年江苏青年志愿者服务'春东行动'先进集体、创建国家卫生城市先进单位、全省基层党员冬训工作示范乡。

【经济建设】 **重大项目** 新南街道重大项目有8个超亿元项目，分别是投资6亿元的市重点项目苍梧春晓商业综合体、投资4亿元的市重点项目世纪凤凰城综合体项目、投资2亿元的市重点项目港华商住综合体项目（商业部分）、投资4.62亿元的市妇幼保健院新院区项目、投资12亿元的苍梧春晓苑项目、投资23亿元的世纪凤凰城项目、投资3亿元的港华商住综合体项目（住宅部分）、投资3亿元的瀛洲路农贸市场扩建项目，该项目于2017年8月交付使用。

招商引资 规模以上固定资产投资50亿元，引资0.5亿元的现代物流项目，利用外资130万美元，完成协税护税1700万元。

安全生产 开展"安全生产月"活动中，悬挂宣传横幅85条，利用80余户沿路、沿街商家的电子宣传屏滚动播放安全生产宣传标语，制作安全月专题图版13块下发社区、落实企业主体责任专题图版2块积极开展宣传工作。先后3次组织或邀请相关专家对13名安全生产监督员、10名行业分管负责人及5名重点防范企业负责人进行安全生产教育培训，发放40余本《身边的相册——安全隐患直击》。专门编印了《安全用电知识》《安全用气知识》《燃放烟花爆竹应注意的防火事项》等图解10余种、3000余份发放给居民。联合公安、消防等部门，开展5次大型安全宣传、教育、演练活动。组建检查组47个，出动检查人员138人次。查出各类事故隐患和问题462条，完成整改452条，按期整改率达97.8%。督促500家微小企业落实隐患排查自报，录入一般隐患4913条。关闭不符合安全条件的零售场所11家，没收非法伪劣烟花爆竹1000余件，约1吨，走访282户使用煤气罐的经营户检查餐饮企业覆盖率为100%，发现一般隐患数272条，整改率100%，联合新南市场监督管理分局对10家存在较大隐患餐饮企业的燃气罐进行质量安检，消除安全隐患。给2家网吧下达消防警告处罚书、责令2家网吧整改较大隐患；依法取缔1家在居民小区非法经营危险化学品的企业；关停2家存在较大隐患的无证养老院；对存在消防设施不到位、通道狭窄等问题的8家幼儿园责令整改；查办1起无证切割焊接废旧金属案件；取缔5家非法燃气灌装点、1家非法柴油灌装点；对2家KTV责令停业整顿。

【基础设施建设】 **环境整治** 新南街道将城乡环境综合整治作为工作重点，严格按照《城乡市容环境整治专项行动工作任务细化安排表》的要求，改进城市管理方法，加强城管队伍建设，增加协管员，增强巡逻和整治，对违建、占道经营"露头就打"，发现乱搭乱建当天拆除，乱摆摊点及时疏导，全年拆除违建65处1678平方米。持续铲除小广告、覆盖涂刷小广告900平方米，清理积存垃圾57吨，清理占道经营124起清理楼道堆积物和花园里的白色垃圾。设置70个宠物公厕。

绿化 街道对玉龙社区景山秀水小区进行绿化，共种植红枫、女贞、朴树、栾树、水杉、海棠、紫荆、石榴等大小树木580余棵，绿化面积约5000平方米。在云海社区宏荣置地小区内种植了香樟、桂花、樱花、黄杨、女贞、广玉兰等大小树木、绿植10210棵，绿化面积9000余平方米。玉带社区与祥生在苍梧春晓售楼处前的广场上种植银杏、朴树123棵，红叶石兰等绿植1500余株，绿化面积4000余平方米。共计投入资金45万余元。

禁违拆违 全年共组织38次大规模强拆行动，累计拆除违建1.8万平方米。拆违工作非常危险，存在很多不确定性，包括违建的鉴定及获取，街道协同市城管二大队、新南派出所及小区物管建立了联合工作机制，从氛围宣传、源头监控、思想工作跟进的工作流程，有力地确保了违法建筑的顺利拆除。

【党组织建设】 **理论学习** 为方便基层党员群众就近学习十九大精神，建成13个"新时代学习馆"。为党员群众提供读原文、悟原理的场所，有万名党员群众进入学习馆学习。并向全体党员手机上发送生动活泼、短小易记的视频、图文等学习资料。

党风廉政 对新任职的干部进行任职前廉政谈话9次，廉政提醒17次，纠正苗头性、倾向性问题3个，运用第一种形态处理党员干部3人次。配合区纪委相关科室查办案件2件，结案2件。处理交办信访件2件，均已办结。组织党工委班子成员、机关部门负责人、社区书记及报账员70余人参观市廉政教育基地，组织全体机关学员参观邓小平公园开展党员教育活动，全年以各种形式"走出去"开展党性锤炼活动4次；邀请有关专家学者开展预防职务犯罪教育、十九大报告精神解读等"请进来"活动3次，通过形式多样的教育形式，有效确保教育工作有针对性、有实效。畅通群众监督渠道，在街道2000多个楼栋张贴政府部门权力清单及党风政风监督热线，通过织密"监督网"，达到对权力的约束，让腐败现象无处遁形。

组织活动 投入50万元建成"新南街道社会组织孵化园"。在孵化园建设社会组织党支部，发挥党建引领作用，搭建社会组织与居民群众互动的桥梁，形成以党建带动社会组织、社区、民生建设共同发展、合作共赢的良好局面。该孵化园目前已进驻4个社会组织，骆晓红书记工作室、爱福德家庭教育支持中心、留守儿童之家、悦港社工等四个社会组织，经过初步"孵化"，这几个社会组织已经参与社区服务。新南街道搭建干群连心桥，提升为民服务水平，促进和谐社区建设。

宣传教育 新南街道先后在居

民聚集场所、主要路口设置620块"图说我们的价值观""讲文明树新风"、未成年人公益广告，面积7000多平方米，其中，其中有1块85平方米，16块是20平方米以上的，成片的公益广告35处，2处创文标志性宣传牌。街道和社区工作人员加班加点进每一个店铺、入每一户家庭，把印刷的2万份《创建全国文明城市倡议书》覆盖到每一户居民。

工会活动 2月参加寻找港城最美职工活动。3月参加月嫂培训18人；参加交友活动8人；积极参加了市总举办的好家风微电影展赛；市五一劳动奖章推荐人评选活动1人；市总组织劳模参加"防癌三早"活动17人。组织读书征文活动5篇；开展了法制宣传活动并上报有关的材料、图片。

党员志愿者活动 街道组织党员干部参加强区富民大走访活动，并从"网格内"的"五老"人员、物业人员、热心群众、楼幢楼长中遴选452名协访员，做到每户家庭、每个商铺、每家正常运营企业，一户不落、一企不漏地全部走访，共走访2576户居民和1007户商户，120余家企业部门。收集到1800余条问题意见，落实解决的达1320条，收集意见建议85条，办理60余条，享受政策优惠261人次；排查出安全隐患375个，消除305个，取缔违法经营户10家，取缔无证经营养老院2个，化解信访积案2件，使大走访成为疏通社情民意，为基层排忧解难的桥梁和纽带。4月积极组织待岗人员举办电焊技能培训；8月开展金秋助学活动10家，帮扶资金达4万元，圆了困难家庭孩子的大学之梦；对下岗工人再创业并带动下岗工人再就业进行了帮扶，使他们在困难时渡过了难关。

【社会民生】 **民政救助** 全年共走访困难家庭、残疾军人、困难老人、困难党员、残疾人等家庭共计612户，送去31万元慰问金。共查出低保户28户53人，因生活好转而取消；新进低保8户，13人；现共有低保户153户，307人，做到低保应保尽保、应退尽退。现享受残疾人两项补贴共有低保内残疾人80人，享受重残补贴88人，一户多残、依老养残5户9人，享受护理补贴44人。

劳动保障 城乡居民社会养老保险新参保人数31人，生存认证人数455人；办理社会保险补贴申报人数868人；办理城镇居民基本医疗保险人数为8892人；为114名高校毕业生进行实名登记；报送到就业处申请技能培训人数为22名；为9477名退休人员及遗属人员进行"领取养老金资格认证"工作；为43名异地退休人员办理"领取养老金资格认证"手续；为259名就业困难人员办理困难认定；为596名新成长失业人员办理就业创业证；为510名失业人员办理失业金领取手续；为242名失业人员办理新证换发工作。

文体活动 新成立5家社区综合性文化服务中心，新增图书1000册，丰富居民文化生活。对过年限2家社区体育健身器材进行及时更换。投入17万在兴业社区建成占地400平方米文化广场，筹资60万元，对玉带社区综合性文化服务中心进行改造。

综合治理 加强群防群治组织建设工作，聘用红袖标义务巡防人员650人，辖区平安志愿者队伍3427人，小区保安114名。积极开展反邪教警示教育工作，全年共组织街道党员、机关及社区工作人员参与反邪教警示教育12次。开展平安和法治建设宣传活动，在辖区悬挂条幅130余条，出宣传栏、板报等宣传内容20多期；滚动电子屏幕，24小时滚动播出平安创建、法治方面的知识，发放各类法律、法规宣传单15000余份。街道调处服务中心共调处矛盾纠纷405起，调处率、成功率均为100%。接收社区矫正对象45人，按规定解矫44名，在矫正对象45名。安置帮教工作在册两劳释放人员210名，衔接率、帮教率和安置率均达到100%。

计划生育 新南街道为辖区500名育龄群众提供免费避孕节育药具；为群众解答计生政策法规和办理计划生育相关证明469件；对5户违反计划生育行为家庭进行处罚，共计征收社会抚养费51040元；为29户家庭办理独生子女证50本；收交计划生育子女保险8750元；为2户家庭办理再生一孩子的审批；组织51名独生子女死亡、伤残家庭签约家庭医生；组织318名破产改制企业退休独生子女父母申请领取一次性奖励金，流出、流入人口的信息反馈省内906条，省外16条；办理流动人口婚育证明（蓝本）3件，办理纸质生育证明31件。

住房管理。全年申报共有产权经济适用住房72户；廉租住房32户，其中实物配租2户，领取货币补贴30户；公共租赁住房17户。

（撰稿：李泳静 审稿：李政儒）

表53

2017年海州区新南街道社区基本情况表

村、社区名	村（居）民小组数	户籍户数	户籍人口数	面积（平方千米）	耕地面积（公顷）	办公地址
九龙社区	20	1575	4210	0.2	0	通灌南路369号九龙城市乐园82号楼东侧
东望社区	31	1328	3982	4.2	0	江苏省连云港市海州区南极南路188–43号楼二楼
海宁社区	89	3389	10120	0.43	0	海宁小区建宁路66号
建康社区	15	1248	4217	0.15	0	海州区建设中路88–7号楼前
新龙社区	3	812	2841	0.17	19.4	建设中路121新龙新村门口

续表53

村、社区名	村（居）民小组数	户籍户数	户籍人口数	面积（平方千米）	耕地面积（公顷）	办公地址
玉带社区	48	2126	5226	0.19		海昌南路160号玉带新村内
玉龙社区	13	1109	3342	2.33	0.023	玉龙花园39号
兴业社区	3	1580	3896	0.17	0	南极南路138-1914
延南社区	5	1502	4680	0.22	0	福康路105号
云海社区	6	3645	10026	2	0	龙河小区光辉路16-7号楼底
紫云社区	5	1572	4716	2.17	0	南极南路129号
建南社区	5	1230	3500	0.15	0	朝阳中路78号
海南社区	12	1186	3165	0.15	0	海昌南路119号

表54

2017年海州区新南街道住宅小区情况表

小区名称	建成时间	建筑面积（万平方米）	可入住户数	小区位置
九龙城市乐园东区	2008年	4	3661	海州区通灌南路369号
九龙城市乐园西区	2008年	24	1586	海州区通灌南路369号
水墨江南	2015年	18	2109	海州区南极南路188号
海宁小区	1992年	38	1810	南到海宁大道，北到建设中路，东到通灌南路，西到海昌南路
陇园新村	1996年	4	650	建设中路50号
干休所	1995年	0.5	394	通灌南路219
金城公寓	1992年	0.2	56	通灌南路215
海宁北院	2000年	0.2	314	建设中路46
蓝苑	2001年	0.1	165	海宁小区建立12号
矿专宿舍	1985年	2.4	394	通灌南路127号
建康路（无名字）	1985年	5	654	海州区建康路
新龙新村	1994年	12	812	建设中路以北、通灌南路以东、陇西南路以西、朝阳路以南
玉带新村	2002年	22	2126	海昌南路160号玉带新村内
祥生春晓	正在施工	36	1600	通灌南路老车管所原址
景山秀水一期	2005年	8	900	郁州南路166号
景山秀水二期	2014年	10	900	郁州南路169号
半山雅苑	2007年	4	230	海宁中路8号
玉龙花园	1998年	10	400	海宁大道玉龙路
兴业小区	2000年	12.1	1164	海昌南路319-1--319-19号
海宁之都	2008年	2.845	206	海宁中路56-58号
祥瑞家园	2008年	2.7	210	海宁中路52-54号
鸿港花园	2004年	1	307	海昌南路59号

续表54

小区名称	建成时间	建筑面积（万平方米）	可入住户数	小区位置
华阳璟都	2005年	1	460	康泰南路59号
盛世金典	2012年	0.05	120	康泰南路51号
龙河小区南院	1995年	15.3	1668	光辉路16号
龙河小区北院	2003年	5.7	618	建设中路78号
皇上皇	1993年	1.9	276	光辉路4号
海洋渔业局	1993年	1.1	136	光辉路5号
大众兴	1995年	0.75	84	通灌南路120号
煤矿宿舍楼	1990年	17	188	光辉路
工程公司宿舍	1993年	0.6	72	建设东路72号、74号
淮海南大院	1989年	0.4	64	通灌南路
党校宿舍楼	1991年	0.9	108	光辉路
教师公寓	2002年	0.3	36	建设东路70号
祥和园小区	2004年	2.7	196	朝阳中路180号
人行宿舍	1994年	2.6	155	南极南路67
新世纪花园	2000年	3	258	南极南路129号
水岸新都	2010年	2	138	南极南路135号
山水湾小区	2006年	3	216	南极南路141号
房开房	2000年	0.4	40	朝阳中路180号
丰盈杰座	2005年	0.4	40	朝阳中路170号
毛巾厂宿舍	1989年	0.4	54	南极南路75号
紫云公寓	1993年	2.2	160	南极南路73号
工行宿舍	1998年	0.8	84	玉河路9号
供销小区	2001年	0.3	256	玉河路6号
煤气公司宿舍	1995年	0.6	40	南极南路133号
闸口宿舍	1991年	0.3	10	玉河路80号
航道处宿舍	1995年	0.2	30	玉河路60号
鹰游水岸	2016年	3	300	南极南路119号
南小区	1982年	1.5	1230	朝阳中路78号
海南小区	1996年	15	1186	海昌南路119号

路南街道

【概况】 路南街道位于市商业中心，办事处东起龙尾河，西止西盐河，南至朝阳中路，北以陇海商业步行街为界，辖区面积2.5平方千米，下辖9个社区，居民14230户，人口43124人。辖区有苏宁广场、苏宁易购、五星电器、苏果超市、丰联广场等大型商场5座，新海实验中学、解放路小学、海宁小学等中小学校3所，钟声幼教、民生幼教、莱恩早教等幼教机构3家，工商个体户3300户。全年固定资产投资9.6亿元，吸引外资191万美元，实现收入9938万元。承担重点项目8个，改造了域内的道路、广场、超市等设施。完成康泰北路1200平方米道路硬化。办理下岗失业人员再就丛641人，申办社保补贴546人。2017年，街道被省委组织部和宣传部评为“2016年度全省基层党员冬训工作示范街道”、被省人力资源和社会保障厅评为“创业型街道”、被市委市政府评为“创建国家卫生城市先进单位”、被市经济和信息化委员会评为“2017年度全市平安电力建设工作典型街道”，荣获全区2017年度经济建设和社会发展目标绩效考评一等奖。

【经济建设】**主要指标** 2017年引进外资191万美元，完成目标任务的95.5%。全年完成公共预算收入9938万元，完成目标任务的119%。规模以上固定资产投资完成9.6亿元，完成目标任务的120%。社会消费品零售额增幅达25%；净增限上企业2家，完成目标任务的100%，新培育特色街区通灌北路电子通讯一条街。

重点项目 承担区重点项目8个，按序时完成8个，分别为投资5800万元的苏宁云仓建设项目、800万元的银河购物中心提档升级项目、2000万元的钟声教育集团园区提档升级项目、800万元的极美苑菜市场改造项目、1000万元的世纪缘地下车库改造项目、500万元的扁担河路及北侧休闲广场提档升级项目、2亿元的联通连云港分公司基站建设项目和2000万元的江苏我家鲜生超市建设项目，各项目均已竣工。

安全生产 始终坚持“安全第一、预防为主、综合治理”的方针，成立以街道办事处主任为组长的安全生产隐患排查治理体系工作领导小组，建立健全安全生产激励约束机制，严格落实安全生产“一票否决制”，开展“安全生产行政执法强化年”活动主题，坚持落实安全生产工作措施，整治安全隐患，全年共排查企业30家次，区域内小场所703家，查处隐患720处，整改隐患720处，整改率100%，发安全生产信息30余篇。

【基础设施建设】**街区管理** 街道域内城市管理采取市容网格化管理，建立城管队伍，设城管员26名，佩戴上岗证。将辖区路段分为9个网格，在网格的分界点设置网格责任人姓名、联系方式、管理区域、投诉电话等内容的“公示牌”，最大限度提高工作效率并接受群众监督。加大沿街商户管理力度，累计签订责任状1750份；取缔的康泰北路、东大都市家园、普庆路、吉祥路等马路市场。对沿街主次干道、背街小巷不定期开展集中整治。全年累计清理占道经营4500余处、流动摊点1700个、乱堆乱放1200余处、规范店招1500余处。接投诉案件4308件。处理4670件，案件处理率97.72%。

环境治理 街道投入6万元，对整洁路进行打造，发放《致沿街商户一封信》82封，着重针对排查出的乱贴乱画、乱搭乱建、乱堆乱放、店外经营、流动摊点、非机动车停车线、垃圾桶破损、路牙石斜坡、道路破损等问题，制定详细整治计划。先后组织集中行动10次，大型专项行动4次，共出动人数400余人次。拆除沿街私搭乱建7处计310平方米，补栽苗木50余株，硬化修补路面7处，粉刷墙体、路灯杆、广告杆1200平方米，非机动车划线75处、整治店外经营50余处，清理小广告2800处，并协调交警部门将道路改设为机动车单向通行。

禁违拆违 街道严格落实新生违建露头就拆，存量违建逐步处置的禁违控违工作机制。联合城管二大队组织大小拆违行动40余次，参加行动人员达1000余人次，共拆除汇富园门前、登泰南门、新华书店、极美公寓及青年路55号等新生违建23处、1846平方米；拆除扁北巷、外贸大院、康泰北路、龙西北路、皇嘉花园等存量违建26处、7186平方米。

城市绿化 投资5万元重点打造龙西南路绿化景观带，对道路西侧外墙一线200余米范围内的绿化带精心提档升级，清理垃圾和死株近2吨，新运山土10余吨，栽植红火紫薇、丛生紫薇、法青1400株。投入资金2.2万元，对整洁路、兆隆新村、盐河小游园等10个绿化带补栽黄杨、法青、红火紫薇等三化绿植1500余株。

小街小巷改造 完成康泰北路26号小区1200平方米地面硬化、100米下水道清掏；背街小巷更换窨井盖、下水道盖板、雨水井盖933块，清掏大庆东路、小学路等地段下水道2310米，维修改造海昌南路36号、大庆东路114号、扁担巷等处道路硬化2900平方米。

【党组织建设】**组织管理** 正式党员1675人，预备党员7人。社区党委5个，社区党总支4个，党支部55个；非公企业党总支1个、党支部6个。

党员教育 建立党员教育管理制度，落实每月20日的“党员集中活动日”制度、每月10日或20日的“远程固定学习日”制度，认真组织“百人讲师团送学到基层”活动。记录党员参加组织生活、党费缴纳、履行承诺、发挥作用等情况，对党员日常表现实行过程管理。组织党员参加冬训，参加率达95%以上。

干部选拔 按照《干部选拔任用工作条例》相关要求，认真贯彻落实干部人事工作制度，严格遵循民主推荐、民主测评、公开公示、组织考察、任前谈话等程序，2017年调整任用干部涉及机关干部15人，其中股级干部12人，副股级干部3人。

宣传报道 全年共被报纸、杂志、电台、电视台等新闻媒体录用宣传报道材料348篇。其中，在中央级媒体发稿8篇，省级媒体发稿72篇，《连云港日报》用稿67篇，《苍梧晚报》用稿81篇，新媒体用稿120篇。

党风建设 纪工委按照相关党内法规要求，聚焦中心任务，明确职责定位，坚守责任担当，加强执纪问责，切实发挥好党内监督责任。协助党工委落实党风廉政建设的主体责任，党工委领导班子成员认真做好分管工作的党风廉政建设工作，抓好职责范围内的党风廉政建设和反腐败工作，切实做到管人与管事相结合、管业务与管党风廉政建设相结合。组织签订党风廉政建设目标责任书24份，完善党风廉政建设责任制会议制度、报告制度、检查制度、目标责任制度，成立目标考核工作领导小组，采取经济考核组与党群考核组合并考核的方式，落实党风廉政建设责任制情况考核，并结合平时考核、年终考核等内容进行综合评分，确保考核结果真实可靠。

妇联活动 举办“打造书香家庭”亲子读经系列活动；组织文明驿站巾帼志愿者开展“打造优美环境，营造良好秩序，共建文明城市”的志愿服务活动；举办5场次“酵妈妈送健康进社区知识讲座”、12场次暑期青少年安全知识讲座、5场次“书法颂家风”活动；组织妇女进行“地震逃生”演练。组织志愿者帮扶街道3户困难家庭，免费为11个家庭困难孩子的入学问题，开展国学公益特色课堂，举办国学知识讲座16期。

【社会民生】 **民政救助** 全年新注册登记社区社会组织1个（路南街道爱家园生活服务站）；城市低保做到应保尽保、应退尽退，并切实做到分类施保、动态管理；配合民政局对社区低保户进行全面入户核查，低保户共56户，88人。低保户100%参加居民医保，对符合条件临时救助等特殊困难家庭进行100%申报，街道成立志愿者千人助困帮扶队伍，实行结对帮扶活动。开展“情系老人幸福敲门”等项目活动；为辖区80余名困难人员体检，春节前为15户流动人口困难家庭送去毛毯、棉衣，向10户流动困难家庭送去米、面和慰问金，价值5000元。组织835名老人免费体检，年内开展各类健康讲座12场次。

卫生计生 育龄妇女10455人，已婚育龄妇女8381人，落实避孕节育措施7626人；全年出生527人，其中男孩出生262人，女孩出生265人；自然增长率控制在7.12‰，计划生育率100%；推行“全面二孩”政策，严格执行生育登记制度和再生育审批制度，全年办理生育登记服务证明508人，其中二孩登记230人；认真落实计划生育特扶、一次性奖励政策，新增特扶对象6人，确认特扶对象42人；一次性奖励166人，无错报漏报发生，政策落实率达100%。落实独生子女特别扶助家庭政策，将特扶家庭成员纳入家庭医生签约服务的重点人群，优先开展家庭医生签约服务，已签约42人，签约率达100%；按照国家、省、市家庭发展能力建设要求，开展幸福家庭创建活动，评选出“幸福家庭”27户，与民政、妇联等部门开展科学育儿、青少年健康发展、养老照护知识宣传普及工作。

劳动保障 街道配备协理员5名、社区配备协理员9名。具有协理员三级证书的5人、四级证书的3人；全年新增就业人数1803人，完成率为110%；城镇下岗失业人员再就业641人，完成率为120%；就业困难人员再就业人数146人，完成率121%；全年培训报名登记132人；参加创业培训人数32人，职业技能取证人数14人；高校离校未就业大学生实名制调查50人；为灵活就业的困难人员申办社保补贴546人；城镇居民医疗保险参保人数3544人；城镇居民养老保险新参保20人；企业退休人员生存认证6794人。公园社区被省人力资源和社会保障厅认定为“省级创业型社区”。

综合治理 以打造“社区综治中心”为核心，建立标准化社区级综治工作站，在社区建立综治工作服务站、警务室、民调会、治保会、巡逻队，设立治安员、民调员、信息员、宣传员4支队伍，落实好各项工作制度，记好3本工作台账，扎实开展矛盾纠纷排查化解、治安防范、流动人口服务和管理、法制宣传教育等工作。每季度开展治安巡逻邻里守望活动1次，严密辖区群防群治网络，动员群众使用物防设施，提高治安防范水平，在"反宣品清缴"活动中，共计清剿宣传画册16册、宣传碟8张。广泛开展平安建设宣传活动，发放1000余份宣传单，出动宣传车在各社区巡回宣传，设立的宣传点、咨询台进行集中宣传4次。

法治宣传 成立10个社区法律微信群，9个讲法说法微信群，组织签约律师进驻各社区，解决群众各类涉法问题累计200余件。更换法制宣传栏内容60余次，发放宣传材料900余份，组织法治宣传活动、广场咨询活动、律师法律咨询等活动累计30多场，悬挂横幅20余条，受教群众达2千余人次。开展创建“民主法治示范社区”活动，路南社区获得“省级民主法治示范社区”。全年调解案件472件，其中主动排查矛盾纠纷共89件，调解成功89件，公调案件80件，调处率为100%，调解成功率达100%，集中排查调处活动10余次。全年共接收社区服刑人员32人，解矫19人，安置帮教人员35人，刑释人员衔接率达到100%；服刑在教人员基本信息核实率达100%，核实成功率达100%，衔接回执录入率达100%，预释放刑释人员名单下载率达100%，其中重点人员达到100%，落实必送必接制度，重点帮教对象接送率达100%。结合重大事件和特殊时期，组织社区服刑人员集中教育11次。

住房管理 廉租房货币补贴住房困难家庭新申请35户，公共租赁租房住房困难家庭新申请26户，共有产权经济房住房困难家庭新申请37户。完成68户2013年度至2016年度已领取货币补贴家庭年检工作。定期排查危险房屋及潜在危险房屋89700平方米，解危12平方米危房1处。

物业管理 成立街道爱家园生活服务站，为辖区23个老旧小区改造后长效管理提供专业平台；规范小区物业管理，投诉件处理率100%；完成东大新村、九龙世贸城、登泰新村三个小区的业主委员会换届选举工作。定期督查小区文明创建工作，共清理垃圾1吨、小菜园3处、小广告25余处。

（撰稿：许恒彬 审稿：李兴鲁）

表55 **2017年海州区路南街道基本情况表**

社区名	居民小组数	户籍户数	户籍人口数	面积（平方千米）	办公地址
向阳社区	12	1254	3871	0.2	海连中路66号极美苑内
朝阳社区	18	2244	6563	0.5	通灌南路102号建院未来城9号楼2楼
公园社区	15	1454	4514	0.5	南极北路48号

续表55

社区名	居民小组数	户籍户数	户籍人口数	面积（平方千米）	办公地址
贾圩社区	16	1158	3520	0.5	吉祥路21号
路南社区	10	497	1523	0.1	道南巷76号（龙西北路4号楼北侧）
延东社区	13	2388	7060	0.7	南极南路46号
盐河社区	10	2627	7750	0.4	海连中路166–10号楼204室
扁担河社区	14	1268	4020	0.3	银河购物中心中门二楼
葵花社区	10	1328	3982	0.3	小学路11–1号楼车库二楼

表56

2017年海州区路南街道住宅小区情况表

小区名称	建成时间	建筑面积（万平方千米）	可入驻户数	小区位置
极美苑小区	2001年	0.05	524	海连中路66号
外贸大院小区	1980年	0.04	248	海连中路40号
华润公寓小区	2002年	0.01	99	通灌南路35号
国安小区	2000年	0.08	90	通灌南路1号
皇嘉花园	1998年	0.02	104	通灌南路66号
银城公寓	1993年	0.032	322	通建巷
盐务局宿舍	1996年	0.018	330	新建巷
自来水宿舍	1982年	0.058	460	龙西南路
干休所	1983年	0.027	73	朝阳中路7号
老干局宿舍	1990年	0.008	26	龙西南路26号
东大新村	1999年	0.033	306	通灌南路62号
登泰新村	1997年	0.044	464	扁担河路1号
建院未来城	2010年	0.07	586	通灌南路102号
公园小区	1997年	0.04	116	新生路北侧
路南小区	1986年	0.05	469	龙西北路
九龙世贸城	2004年	0.014	272	通灌北路128号
尊悦府邸	2014年	0.02	165	通灌北路58号
明珠园	1998年	0.021	104	南极南路10号
延安村	1975年	0.04	236	南极南路46号
嘉家小区	1998年	0.03	252	海昌南路43号
康泰新村	1999年	0.045	248	康泰南路39号
远方公寓	1995年	0.02	98	南极南路22号
港利绿园	1998年	0.06	239	康泰南路45号
马庄巷	1977年	0.012	46	马庄巷10号
南极南路14号	1978年	0.004	45	南极南路14号

续表56

小区名称	建成时间	建筑面积（万平方千米）	可入驻户数	小区位置
南极南路16号	1978年	0.004	14	南极南路16号
南极南路18号	1999年	0.005	30	南极南路18号
南极南路42号楼	1976年	0.006	30	南极南路42号楼
南极南路44号楼	1982年	0.004	36	南极南路44号楼
康泰南路7号楼	1986年	0.011	36	康泰南路7号楼
康泰南路13号楼	1980年	0.004	20	康泰南路13号楼
化工局宿舍	1982年	0.013	96	康泰南路32号
康泰南路31号楼	1987年	0.007	56	康泰南路31号楼
康泰南路36号楼	1992年	0.006	52	康泰南路36号楼
康泰南路49号楼	1992年	0.003	16	康泰南路49号楼
康泰南路50号楼	1984年	0.003	24	康泰南路50号楼
市政宿舍	1982年	0.015	77	海昌南路47号
禽蛋公司	1993年	0.005	40	朝阳路79号
朝阳中路83号楼	1994年	0.004	24	朝阳中路83号楼
朝阳中路85号楼	1994年	0.004	30	朝阳中路85号楼
朝阳中路87号楼	1996年	0.004	30	朝阳中路87号楼
远洋楼	1992年	0.004	30	朝阳路81号楼
融发公寓	1993年	0.014	98	海昌南路43
新浦区旧楼	1991年	0.013	82	海昌南路43-1
民生花苑	2001年	0.031	190	南极南路58号
康泰南路13号平房	1978年	0.002	4	康泰南路13号
津华苑	2009年	0.012	1059	海连中路166号
东大都是家园	2005年	0.0038	245	南极南路39号
盐河公寓	1997年	0.0008	40	南极南路41号
绿云公寓	2005年	0.0026	128	南极南路53号
海昌北路	1997年	0.029	130	海昌北路14、24#
兴诚四号公寓	1999年	0.034	230	吉祥路8-1、8-2、8-3#
兴诚三号公寓	1999年	0.034	90	整洁路12-1、12-2、12-3#
汇富园	1997年	0.029	68	整洁路1#整洁路3#
金竹苑	1998年	0.042	158户门面房202户	整洁路5、7、9、11、13、15#
青年路14	1997年	0.054	134	青年路6-1、6-2#青年路14、16、28、30、34#
整洁路	1999年	0.047	145	整洁路16-1、16-2、16-3、16-4#
青年路55号楼	1997年	0.042	146	青年路55-1、55-3、55-5、55-2、55-4、55-6#

续表56

小区名称	建成时间	建筑面积（万平方千米）	可入驻户数	小区位置
极美园	2001年	0.01	216	普庆路
极美公寓	2010年	0.004	96	小学路
飞翔公寓	2000年	0.022	132	通灌南路89–95号
向阳公寓	1998年	0.012	190	小学路16–1，16–2，16–3
兆隆新村	1998年	0.08	246	小学路14–1，14–2，14–3
兆隆城市洋房	1998年	0.029	176	小学路14–6，14–7，14–8

新浦街道

【概况】 新浦街道东起丁字路、西至南极北路、新新路、蔷薇河，南至陇海步行街、陇海东路，北至310国道，辖区面积15.6平方千米，下辖15个社区，18525户，51617人。根据区委决策部署，街道按照合并精简管理机构要求，严格落实两块牌子一套班子，将滨河新区管委会并入新浦街道合署办公，办公地址改为海州区润浦路1号（市东派出所向前100米）。2017年是新浦街道和滨河新区融合发展的首战之年，在区委、区政府的坚强领导下，围绕全委会加快发展的主旋律，以“百日攻坚”为主抓手，聚焦富民主目标，全力以赴促发展、保稳定、惠民生，加快经济社会全面发展。

新浦街道启动创建文明城市活动

2017年，新浦街道紧紧围绕年度各项目标任务，加快推进城市建设、产业发展、民生改善和社会治理，经济社会保持较快发展态势，重大事项、重点工程建设强势推进，招商引资、固定资产投资等主要指标再创历史新高，各项工作取得新的突破和进展。街道先后被省统计局授予“乡镇（街道、园区）统计规范化建设百家单位”；被市委、市政府授予“国家卫生城市创建工作先进单位”；被省人社厅授予“第一批省级创业型街道”及“2017年度示范农民工综合服务中心”等荣誉称号。

【经济建设】 **经济指标** 全年规模以上工业总产值完成实绩1.28亿元，完成年度目标的108.48%；规模以上固定资产投资完成36.5亿元，完成年度目标101.39%；财政收入完成7821万元，全年目标为6253万元，完成年度目标任务的125.08%；社会消费品零售总额同比增幅20%，全年目标为同比增幅19%；新增限额企业计划2家，完成3家；净增大个体3家，完成5家；实际利用外资完成260万美元，完成年度目标的100%。

重点工程项目 列入2017年全区重点项目12个，已建成8个，分别是星风向影城（中影星美影城）、月牙岛城郊公园、碧桂园、万山四期、长安福特4S店、奇瑞4S店、振兴钢材城、污水管网工程；结转下年在建项目4个，分别是市全民健身活动中心、恒大林溪花园、中梁郁州绿城、利玛三期。

【基础设施建设】 **办公用房建设** 街道筹措资金1000多万元，新建、改扩建社区办公、活动用房，新增社区用房5000多平方米。各社区新的社区办公用房集党建、民政、计生、治安、社会保障、环境卫生、信访调解、警务综合治理于一体。

街巷、道路建设。开通浦发路，打通润浦路与振华路的连接，对万得园、皮革厂住宅地块进行改造。振华路南商业地块对接农发集团土地转让，引进雷克萨斯等企业入驻。开发滨河商业街、社区综合服务中心。建设培智学校，围绕绿色生态建设的总体要求，对新浦磷矿塌陷区进行综合整治。启动塌陷区水体公园的规划设计，形成水体公园、月牙岛、临洪湿地区域化生态旅游区。

安全设施建设 街道始终坚持

“安全第一、预防为主、综合治理”的原则，重抓安全生产隐患排查，把问题消灭在萌芽状态。对沿街各类店铺进行地毯式排查，重点突出火灾隐患排查，对未配备灭火器的店铺进行了督促整改。在辖区96家单位进行检查，查出一般隐患128条，整改117条。

【党组织建设】 **党员教育** 街道党工委坚持每周有学习，每月有活动。先后开展健步行、读书月、知识竞赛、唱“红歌”等活动，组织50多名党员干部到赣榆西棘荡村等地参观学习，深入学习领会十九大精神。打造海州创业梦工场，建成党群服务站。指导五金机电党建工作。

宣传工作 发挥民主京剧社、机关“馨悦夕阳”诗社等宣传作用，唱响新浦“好声音”。组织开展各类演出百余场，宣传党的十九大精神。开展大走访活动，投入4万元，帮扶困难家庭140户，解决各类问题180多条。

党员队伍建设 坚持理论培训与实践锻炼并重，坚持在一线任务中锤炼党员干部，抽调机关和社区优秀党员干部在连盐铁路、民主路改造、连徐客专等重点工程项目征收和施工保障一线工作，安排优秀青年多岗锻炼。发挥大学生村官志愿服务站作用，对表现优秀、群众满意的村官进行表彰。

党风廉政建设 街道制定《新浦街道办事处工作制度》《新浦街道办事处社区财务报账制度》《新浦街道领导班子成员联系社区工作制度》等制度，每季度进行2次廉政教育学习，利用电子屏、法治文化广场等宣传党风廉政建设相关规定，通过发送廉政短信、上“廉政党课”等方式，提醒党员干部紧绷廉洁自律之弦，营造风清气正的良好环境。

党员活动基地建设 投入1000万元建成社区党建阵地，将基层党建专项经费列入财政预算，建成社区党员活动用房5000多平方米，完善党建活动室硬件设施，党员学习活动条件进一步改善。探索打造“无忧虑社区”“书香社区”“法治社区”“留守儿童图书馆”“阳光议事会”等党建品牌，深化社区“学雷锋活动室”“红旗接待室”和“夕阳红”爱心驿站等服务品牌的影响力。

群团活动 2017年，新浦街道群团工作围绕街道中心目标任务，主动服务大局，坚持党建带群建，广泛开展丰富多彩的活动，工会组织开展的下岗人员培训、安全生产和安康杯竞赛等活动；妇联的宣传教育、帮扶关爱和妇女维权工作；团工委的青少年教育、志愿服务、文娱活动等，都取得了良好成效，进一步拉近了群团组织与群众的距离，充分发挥了群团组织“先锋队”“半边天”和“生力军”的作用。

【社会民生】 **民政救助** 街道保障户数172户，保障人口331人，月发放保障金124264.5元。在年审中对不符合低保的62户停止发放，减掉160人，新增1户1人。临时救助困难人员12人，为332名城乡低保对象购买医疗保险。确保将符合条件的残疾人全部纳入救助范围，申请护理补贴129人，发放金额145440元，生活补贴201人，发放金额532860元。为81名60岁以上老人办理老年证，为98名80岁以上老人办理尊老金。

社会治安 街道领导，做到“四个到位”，合理诉求解决到位、不合理诉求要释到位、实际困难要扶到位、无理缠访要法处理到位。梳理出街道重点信访积案32项和问题楼盘4个。通过一段时间的努力，已经逐渐化解多名上访户，签订了协议，顺利解决了问题。

计划生育 新浦街道大力推行计划生育网格化服务管理，提升管理水平和服务质量。加强人口文化基地建设，打造社区“人口文化宣传墙”和“生育文化大院”，对辖区符合单独二孩政策的家庭进行摸底调查，组织形式多样的计划生育政策宣传活动，开展“婚育新风进万家”宣传和“关爱女孩行动”，普及法律法规，传播生育健康知识。全年发放宣传折页1000余份，新办《独生子女父母光荣证》460人，为流动人口办理各种证明480人次，为流出人口办理《流动人口婚育证明》20人，申请再生一孩子110户，特扶3人。

劳动保障 新浦街道以市场为导向，通过发展经济和各项社会事业，扩大就业渠道，抓好就业和再就业工作。共为189人办理了失业证，为74人更换新的就业创业证，认定就业困难人员85人。多措并举化解信访矛盾，解决了下岗职工孙某某因企业改制产生的上访问题。

治安管理 针对综治、消防、城管、公安等部门都在推行网格化管理的背景下，街道将从实际工作入手，把各部门的网格化管理要求纳入其中，建设一个集各种功能于一身、综合性的“大网格”。通过整合公安、城管、社区工作人员、社区志愿者等各类人员，以15个社区为基点划分网格，将各类人员分配到各个网格中，加强各类人员之间协同配合的力度，降低各条线职责不清的弊端，提高网格化管理的效能。通过发放信息补贴，张贴网格员责任联系表等措施，充分把网格员的积极性调动起来。利用微信群、综治信息通、平安江苏AAP等信息渠道，收集各类信息，及时发现矛盾隐患，在第一时间安排协调相关部门人员处置化解，确保不发生重大安全责任事故。结合“法润江苏春风行动”开展专项法律服务活动、组织公益服务活动16场次，协助区法援中心办理法律援助案件5起。认真落实刑释解教人员帮教措施，切实做到刑释解教人员不脱帮、不漏帮，不脱管、不漏管，目前我街道接受的44名社区服刑的人员，无重新违法犯罪情况发生。各社区还积极组织辖区居民开展群防群治工作，平安志愿者注册人数达3800余人。协调各方资源，辖区技防探头达3780个，为广大群众建起了一道道安全防线。

小区管理 争取各方资金，持续推进老旧小区整治。龙苑社区、机关社区已投入近百万元，进行道路硬化、下水道维修清掏、绿化亮化等。通过多方协调，建国社区解决了陇西路20、30号楼及新市路29号楼110户居民多年吃水难问题。重点针对无物业小区进行重点整治，发挥新浦街道“爱家园”生活服务站的服务功能，采取社区托管、业委会自治、招聘物业管理等方式，让这些无物业小区活起来，走向良性管理的道路，杜绝脏乱差现象。

文化活动 街道扎实开展“世界读书日活动”“关爱留守儿童”“七彩夏日”主题活动、广场舞大赛等各类大型文化活动60余场次。积极响应市、区创建文明城市号召，进一步把改善民生放在首要位置。街道上下制作公益广告牌758处，约10000平方米；投放滚动屏标语427处，发放宣传资料25000份。打造市东和万润两个创文示范点，开展义诊、慰问等志愿服务共计30余次，参与人数达两千人次。举办各类创文宣传、创文汇演等活动10余次，在为广大居民提供文化大餐的同时，潜移默化的提升了居民素质。

（撰稿：张景怡　审稿：卢新胜）

表57

2017年新浦街道社区居委会情况表

村（居）名	村（居）民小组数	户数（户）	年末人口（人）	成立时间	面积（平方千米）	办公地址
市东社区	6	2516	6253	2001年	0.16	解放东路139号
陇东社区	5	725	1929	1994年	0.18	市民路92号
菜市社区	10	462	1318	—	0.4	陇海步行街北街9号
机关社区	4	396	1188	2000年	0.178	海昌北路106号
建国社区	7	786	1786	2001年	0.1	民主中路21号
浦河社区	20	1921	5213	2001年	2.05	浦河东路24-1号
民主社区	17	786	2852	2003年	0.66	市化路110号
路北社区	7	639	1624	1950年	0.64	
新桥社区	17	3120	9477	1994年	2.14	机转路20号
站北社区	5	1123	3026	—	1.462	龙河北路232号
龙苑社区	26	3578	11788	2001年	480	爱家路77号
同兴社区	13	1012	2713	2001年	0.6	通灌北路139号
市化社区	6	384	1536	2001年	0.1	陇西路3—3号
万润社区	12	8268	28567	—	1.86	陇海东路77号
市民社区	6	972	2098	1978年	0.43	

表58

2017年新浦街道住宅小区情况一览表

小区名称	建成时间	建筑面积（万平方米）	入住户数（户）	位置
博威江南明珠苑	2011年1月	40	1812	解放东路139号
福园名邸	2012年1月	8.98	420	郁洲北路169号
新港国际小区	2006年	5.6	350	新新路178号
农贸市场小区	2002年	1.6	150	新新路188号
商业局宿舍	20世纪70年代	2	114	海州区市场路36、38号
南极北路108号	20世纪60年代	1.5	98	海州区南极北路108号
纺织公司宿舍	20世纪60年代	0.2	16	海昌北路99号
房产公司宿舍	20世纪60年代	0.1	15	市场路40号
警备区大小宿舍	20世纪50年代	6	80	市场路、海丰巷4号
机关小区	1993年	3.67	396	海昌北路106号
东新绿苑	2002—2006年	6	580	民主中路
报业公寓	1985—2001年	1	110	陇西路

续表58

小区名称	建成时间	建筑面积（万平方米）	入住户数（户）	位置
农行宿舍	20世纪70年代	0.31	32	解放中路65号
鸿业公寓	2000年	1.3	122	建国路162号
列奇达花园	1997年	2.13	220	市化路59号
浦西巷1号院	20世纪70年代	0.25	28	浦西巷1号
工商银行宿舍	20世纪80年代	0.24	22	市化路70号
水岸峰景.帝景阁	2006年	0.18	190	龙西北路99号
温侨绿苑	2004年	1.3	132	通灌北路138号
泰业公寓	2000年	0.15	70	海昌北路88号
民治小区	1989年	0.17	78	民治路101号
汇金公寓	2002年	0.19	64	台南巷9号
小汇金公寓	2001年	0.2	40	通灌北路168号
商务大厦	2012年	0.1	52	通灌北路87号
国库宿舍	1973年	2	172	解放东路231
陶瓷厂宿舍	1992年	4	205	解放东路249
制革厂宿舍	1997年	1.7	124	解放东路247
铁路宿舍	1996年	1	190	人民路141
苏云宿舍	1997年	0.6	96	制药巷3
机转路宿舍	1995年	0.5	66	机转路
玻璃钢厂宿舍	1989年	0.67	70	解放东路264
二玻宿舍	1990年	0.84	104	解放东路255
恒瑞宿舍	1994年	2	175	制药巷2
华特楼	1994年	0.51	50	东西路与解放路交叉口
制药巷5-20、21楼	1995年	0.78	60	制药巷5
阳光园	2000年	5	357	凌州路18
新月园	2001年	3.8	396	凌州路20
瑞祥园	2005年	2.4	220	解放东路257
泰和苑	2011年	1.9	200	解放东路259
海云湾	2010年	2.3	210	人民路129
人民家园	2011年	2.4	50	人民路139
人民医院宿舍	1996年	0.62	104	东池北巷65-69
市人防宿舍	1997年	0.31	60	东池西巷2号
木材公司宿舍	1993年	0.45	72	东池西巷4号院
东池西巷8号楼	1995年	0.42	60	东池西巷8号
东池西巷6号楼	1993年	0.31	48	东池西巷6号
燃料集团宿舍	1986年	0.26	40	龙河北路147号
区人防教师楼	2000年	0.39	60	东池巷8号

续表58

小区名称	建成时间	建筑面积（万平方米）	入住户数（户）	位置
轻工宿舍	1978年	0.25	36	龙河北路238
民主东路101	1945年	0.95	45	民主东路101
民主东路白水巷	1980年	0.65	38	民主东路白水巷
ABCD楼	1985年	0.52	84	解放东路22–25
市东小区	1995年	2.25	64	东池北巷1–64
园丁新村	1999年	2.59	216	龙尾路171号
汽车公司宿舍	1998年	0.22	48	龙尾路159号
汽车公司宿舍	1998年	0.43	36	爱家路31号
水泥厂宿舍	1998年	0.54	60	龙尾路157号
恒瑞公司宿舍	1995年	0.29	32	爱家路29号
恒瑞公司宿舍	1995年	0.29	32	爱家路30号
恒瑞公司宿舍	2001年	0.62	52	爱家路38号
新海印刷	1992年	0.43	48	爱家路32号
无名小区	1993年	0.50	56	爱家路34号
无名小区	1992年	0.28	32	爱家路33号
绝缘厂宿舍	1990年	0.14	16	河边北路71号
绝缘厂宿舍	1990年	0.14	16	河边北路72号
绝缘厂宿舍	1979年	0.14	16	河边北路74号
绝缘厂宿舍	1979年	0.65	72	河边北路75号
中金宿舍	1992年	0.97	108	龙尾路155号
公安局宿舍	1983年	1.13	126	龙尾路2号
建安宿舍	1995年	0.72	80	龙尾路4号
百货站宿舍	1996年	0.30	43	康民路5号
印铁制罐厂宿舍	1990年	0.69	77	古河路3号
人民医院宿舍	1990年	0.86	72	康民路9–1号
人民医院宿舍	1990年	0.33	28	康民路9–2号
人民医院宿舍	1983年	0.43	36	康民路9–5号
人民医院宿舍	1983年	0.48	40	康民路9–3号
人民医院宿舍	1978年	0.07	12	康民路9–21号
人民医院宿舍	1989年	0.10	17	康民路9–7号
银泰花苑	2006年	3.42	380	人民东路208号
万山花园	2002年	14.40	1240	古河路5号
泰恒华府	2009年	6.45	325	人民东路222号
三禾城中城	2006年	12.90	1110	通灌北路199号
民主中路64号居民楼	20世纪70年代	0.20	33户	民主中路64号
海昌北路158号居民楼	20世纪80年代	0.50	48户	海昌北路158号

浦西街道

【概况】 浦西街道办事处位于海州区中心城区北部，位于南至陇海路、北至蔷薇河、东至南极北路—新新路—新浦大道、西与洪门街道洪新社区接壤，辖区面积10平方千米，办公地点位于海州区解放西路29号，下辖同和、新中、西桥、通池、电台、新站、财苑、蔷薇、沈圩、后河、新西和新洪等12个社区。14385户，39740人。完成固定资产投资10亿元，利用外资300万美元，完成协税护税1280万元，承担市区重点项目12个，旧城改造项目12个，新增就业2852人，浦西街道获得全市征兵工作先进单位。

【经济建设】 **经济指标** 2017年，完成协税护税收入1280万元；直接利用外资到账300万美元；固定资产投资100000万元；全年社会消费品零售总额增幅达到18%。全年净增限上单位6家（分别为：连云港市时尚莱迪商业管理有限公司、连云港市新浦区新红水泵电机经营部、海州区临洪社区蔡伟五金机电经营部、连云港市新浦区电台社区湘连办公用品经营部、连云港市海州区新站社区荣玉烟酒店、连云港市新浦区财苑社区思语花行）。固定资产进项税额抵扣100万元，完成全年计划（100万元）；净增纳税50万元以上企业1个，完成全年计划1个。

重点项目 国大国际花园项目，2017年完成投资3000万元，14、15号楼已完工，将交付使用。万锦花园项目，全年完成投资10489万元，超额完成全年8000万元的计划任务，2栋高层住宅、沿街商业楼已经封顶。仕方国际花园项目，全年完成投资4820万元，超额完成全年1000万元的计划任务。10、11、13、14号楼全部完工交付使用。金凤小区，总投资8.8亿元，全年完成投资3000万元，超额完成全年1000万元的计划任务。占地面积5公顷，建筑面积15.3万平方米。沈圩桥铁路下穿、福利巷铁路下穿、临洪路铁路下穿三个项目，总投资12.8132亿元。全年完成投资7.1968亿元，超额完成全年23000万元的计划任务。开元·曼居酒店项目，酒店总投资20000万元，2017年全面投入营业。占地面积11330平方米，建筑面积23800平方米，集客房、餐饮、桑拿于一体的多功能酒店。万得园农贸市场总投资2000万元，2017年完成投资200万元，占地面积3150平方米。百泰购物广场总投资1.6亿元，2017年投资2000万元，占地面积1.5万平方米，2017年末已完成。南极北路金石汽贸销售广场总投资6000万元，2017年完成投资2000万元。占地面积2000平方米，2016年开工建设，2017年竣工。润邦商业一条街总投资8000万元，2017年完成投资4000万元，占地面积15000平方米。仕方国际商贸综合楼总投资1.2亿元，2017年完成投资5000万元，占地面积11337平方米，建筑面积39110.97平方米。

安全生产 街道将安全生产列在各项工作首位。从讲政治、保稳定、促发展的高度，不断提高辖区对安全生产工作重要性的认识，并采取切实有效的措施，在辖区深入广泛地开展了"事故隐患排查月""安全生产月"和"打非治违"等活动，有力确保了辖区安全生产形势的持续稳定，推动了辖区社会经济安全发展。

【基础设施建设】 **旧城改造和铁路建设拆迁** 按照市、区两级政府部署和要求，街道旧城改造总体计划拆迁27.2万平方米，共计12个项目。征收结转地块有财校A西地块、财校B地块一期、连盐铁路改建项目、东圣变压器厂地块、滨河新城规划十六路以北地块、人民西路8号地块、沈圩路、福利巷、临洪西路、江化路下穿陇海铁路及新建连盐铁路立交桥工程及周边地块旧城改造项目、共完成拆迁任务11万多平方米。拆违禁违共计2.19万平方米。结转项目连盐铁路改建项目，拆迁任务2.9万平方米，已经全部完成。沈圩路、福利巷、临洪西路、江化路下穿陇海铁路及新建连盐铁路立交桥工程，拆迁2.55万平方米。玻璃厂地块共计288户，企业1家，拆迁面积5.78万平方米，已经完成签约146户。连徐高铁，共计416户、5个企业，2个铁塔，拆迁面积约2.1万平方米。连淮扬镇铁路，共计67户，1.3万平方米，前期工作全部结束，面积已经公示。

环境整治 改造公厕26个，更换老旧小区、无物管小区及背街小巷垃圾桶200个。对拆迁地块拉设围墙2600余米，并喷涂创卫宣传标语。铁路沿线建设工地拉设工地围挡3000余米。投入240万元建成海州区第一个疏导点，总计安置陇海西路、工农路马路市场流动摊位50余个。投资200余万元建设规划六路疏导点，安置沈圩路、规划六路流动摊点100余个。投入4万元，购置毒饵站5900个，已安放到位，投入2000元购置捕蝇笼400余个，已安放各社区。各社区共清理卫生死角积存垃圾2300吨，建筑垃圾3000余吨。投入资金265万元，对沈圩桥菜市场4600平方米营业大棚、3000平方米市场广场进行了改造。使市场服务功能按创卫标准得到极大提升。停车场，电力系统，标准化下水管道建设，服务区域划行归市。服务台、休闲椅、标准化制度建设、广播、大型屏幕、分隔栏、办公区、蔬菜农检室、熟食区达到商场化要求。所有食品区建防灰透明房，添制高压水射流车，同时投入20余万元打造后河社区河边景观带和健康步道，投入10余万元对通池社区下水道进行疏通。各社区累计投入30余万元，制作宣传栏、宣传墙2000余平方米。

禁违拆违 2017年组织百人以上的大行动6次，出动铲车、挖机、执法车等各类车辆40余台次，拆除建筑面积达3500平方米以上，组织40人以上的禁违拆违活动20余次，拆除违建40余处，拆除违章建筑面积达8518平方米；南极北路3号地块一期征收500余户，拆迁面积4万平方米，于10月启动征收，至年底已完成300余户。拆除新洪新站后河堤违章建筑1000余平方米，沈圩路，规划六路违章建筑1200平方米，拆除蔷薇小区、新站花园、金桔苑小区违章建筑3000平方米，新新路、洋桥巷，工农路，民主路马路市场违建10000余平方米。数字化平台每天正常运行，案卷处置率88.00%，按期处置率67.24%，结案率88.00%，按期结案率67.24%。

【党组织工作】 **组织活动** 2017年，浦西街道党建工作以学习贯彻十九大会议精神为指导，组织党的十九大精神主题报告会，开展"党员活动日"活动，党工委全年集中学习了16次，开展了宣讲活动6场次；组织机关党员参加依法治国知识竞赛、"理想信念大家谈"等活动6次。

宣传教育 举办大型志愿服务活动10次；街道设有文化站、各社区文化中心，公共文化服务设施网络覆盖率达100%，设置设施齐全的图书室，组织开展全民阅读活动2场，每年组织5次社区宣传文化骨干为主体的集中培训；街道组织开展社科知识普及活动累计6次。2017年在《连云港日报》发稿9篇，《连云港新闻》发稿14条，《苍梧晚报》发稿37篇，连云港电台发稿44篇，向区政务网、区宣传网每月报送信息10条。

党风廉政 协助党工委制定班子成员、社区负责人、机关部门负责人三份责任清单。对接街道重点工作或专项性工作，积极主动拿出廉政风险防控方案，通过"纪律+承诺"的方式，制定《浦西街道房屋征收工作纪律》《浦西街道党工委议事规则和决策程序》《浦西街道机关工作纪律》。

【社会民生】 **民政救助** 关心弱势群体；制定落实实施方案，落实社区治理创新的措施。深入居民家中，走访慰问，办理城镇居民养老保险38人，城居保生存认证办理592人。为辖区内退休人员完成生成认证9630人。对下岗失业人员，已办理就业困难人员认定217人。已为714名就业困难人员办理社保补贴返还。按照《海州区社区乐龄生活馆等级评估标准》建设社区乐龄生活馆，建设社区乐龄生活馆。

劳动保障 城镇居民医保参保人数为5787人；新增就业人数2852人，开发就业岗位480个，实现失业人员再就业720人；其中就业困难人员再就业65人。城镇登记失业率控制在3%以内。高校毕业生登记和就业服务46人。劳动合同备案人数804人。案件仲裁调解20人。为新成长劳动力办理《就业失业登记证》364人，办理旧证换新证97人，办理就业转失业达404人。举办小型招聘会4场，达成就业意向百余人。

综合治理 做好"七五"普法宣传工作，组织普法志愿者到各社区企业等发放各类宣传资料6000余份，接待法律咨询累计1000多人，在结合开展平安宣传月活动期间，悬挂条幅标语100幅，发放常用法律知识宣传册500余册。建立综治、司法及法治工作台账。调处华夏军安建司拖欠农民工工资纠纷和天鹅星座小区业主与物业公司之间因物管费引发的矛盾纠纷，2017年共办结各类信访件25件。维护群众的合法权益，沟通民意。调处各类矛盾纠纷28件，调处率100%，调处成功率达100%。办理刑满释放人员认领27人、社区服刑人员认领29人、吸毒人员认领121人、易肇事肇祸严重精神障碍患者12人。接受入矫人员15人，解教20人，在册人数为25人。

计划生育 计划生育工作再上新台阶。到婚姻登记处进行对新婚夫妇的名单登记，发放免费优生检查服务宣传单，及时接收信息并反馈给社区，便于社区及时的登记，并积极组织符合条件的辖区居民进行孕前优生健康检查。办理独生子女证39本、流动人口婚育证10本、办理生育证明材料共计236件。

住房管理 完成辖区内104户廉租房货币补贴家庭年审工作，并对其中的60户给予了实物配租。全年新增廉租房52户，经济房75户，公租房50户，其中经济房和公租房申报家庭已完成了上房工作。配合区住建局完成辖区内新中花园等5个老旧小区的改造工作。

（撰稿：王丛洋　审稿：臧扬清）

表59

2017年浦西街道社区居委会情况表

村（居）名	村民小组（个）	户数	年末人口（人）	成立时间	面积（平方千米）	村委会地址
同和社区	18	1627	4168	2001年	0.45	国大国际花园2-5-102
新中社区	10	1021	3219	2001年	0.7	盐河北路99号
财苑社区	9	923	2387	2001年	0.5	解放西路49号
西桥社区	19	1287	3792	2001年	0.9	西池路1号
通池社区	15	902	2876	2001年	0.7	卫生巷2号
沈圩社区	20	2913	8308	2001年	1.75	福星路2-14-1
电台社区	9	1226	3356	2001年	0.4	陇海西路3号
新站社区	20	3385	10294	2001年	1.6	沈中路115号
新西社区	18	718	1857	2001年	0.9	工农路供电局宿舍巷内
后河社区	13	1725	3756	2001年	0.9	河滨路2号

续表59

村(居)名	村民小组(个)	户数	年末人口(人)	成立时间	面积(平方千米)	村委会地址
蔷薇社区	15	2715	8751	2001年	0.9	盐河北路168号
新洪社区	10	1231	3840	2001年	1.7	临洪路158号

表60　**2017年浦西街道住宅小区情况一览表**

小区名称	建成时间	建筑面积(万平方米)	入住户数	位　置
蔷薇小区	1999年	10.8	806	盐河北路181号
江南印象	2007年	8.62	620	盐河北路189号
新天地小区	2005年	6.48	408	盐河北路168号
金橘苑	2002年	2.3	132	人民东路C32-1B30-1
利马国际	2012年	11.2	1020	人民东路20号
名典公寓	2001年	3.46	246	人民东路9号
新站花园	1998年	3.21	212	人民东路33号
得升花园	2001年	0.58	48	人民东路61号
鑫园小区	2000年	0.64	54	人民东路39号
宝泰新村	2000年	2	180	民主中路431号
万得园小区	2011年03月	16.5559	1020	沈圩路168号
国大国际花园	2000年	30	900	南极北路95号
万象后街福景苑	2014年12月	12.5	593	南极北路228号
新中花园	2001年	0.3	168	连云港市海州区解放西路38号
兴城花园	2003年	0.7	480	连云港市海州区陇海西路3号
港利新城	2014年5月	4.2	269	海州区解放西路17号

新东街道

【概况】　新东街道位于海州区东南部，东至东盐河以西，西至龙尾河，南与南城街道、云台农场接壤，北至陇海东路与新浦街道为邻；面积15平方千米，办公地点海州区龙河南路一号。下辖苍梧、东风、东苑、广场、刘巅、巨龙、利民、龙尾、外仓、新城、艺北、振东、文昌等13个社区居委会，居民40001户，122926人。

2017年，新东街道实现规模以上固定资产投资19.7亿元，规模以上工业总产值1.8亿元。限上社会消费品零售额增幅为25.7%，净增限上贸易企业5家。

2017年，新东街道围绕年度各项目标任务，创新工作方法，直接利用外资80万美元，完成协税护税11691万元，超额完成区经济建设和社会发展目标考核任务，在全区经济建设和社会发展目标绩效综合考评中荣获一等奖。同时，获连云港市创建卫生城市先进单位等荣誉称号，“白日攻坚”活动突出贡献单位。2017年辖区内的广场社区获得市级“法治文化示范点”荣誉称号；刘巅社区获得江苏省标准化居民学校，市级科普文明示范社区；巨龙社区获“连云港市优秀志愿服务社区”“连云港市青年文明号”等荣誉称号；苍梧社区获得“五四红旗团支部”荣誉称号；文昌社区获得江苏省健康社区。

【经济建设】　**经济指标**　新东街道直接利用外资80万美元，规模以上固定资产19.7亿元，规模以上工业总产值1.8亿元。限上社会消费品零售实现增幅25.7%，超序时9.6个百分点。净增限上贸易企业5家。协税护税全年完成11691万元，圆满完成计划。

重点项目　街道承担区重点项目9个，分别为利群综合体、同科汇丰国际5号商业楼、连云港海川文化商务街区工程、时尚街区(振兴地块)、恒润郁洲府、瑞城嘉园、御景龙湾、同科汇丰国际、紫金公馆一期，项目的形象进度和投资均超序时完成。利群综合体项目是利群进驻江苏地区的首家大型购物中心，利群广场的开业弥补了市区东南片区无大型商业综合体的空白。新东街道辖区共有龙河大厦、振兴大厦、金海财富中心、润潮国际大厦等商务楼宇23幢，入驻企业1000多家，涵盖批发零售、住宿餐饮、文化娱乐、旅游休闲、电子信息、现代物流、商务服务业、金融业、工程咨询业、建筑装潢、房地产业等。街道投资100余万元，在润潮国际大厦13楼与区商务局共同打造600平方创梦孵化园，多举措发展特色楼宇经济。企业入驻15家，在谈5家。

安全生产 新东街道与辖区内工矿商贸等企业及各类生产经营户（网点）签订安全生产工作责任承诺书1819份，组织职工安全教育培训会4次，召开安全生产例会22次，组织安全生产检查216次，出动检查人员864人次，检查各类大小单位累计916家，排查整改各类安全隐患986处，整改率达100%。在打非治违专项工作中，出动检查人员86人次，检查整改各类违法行为68起。

【基础设施建设】 **社区建设** 街道开展创建品牌社区活动。东苑社区以深化服务为切入点，着力打造“三社联动”特色品牌，即建立健全以社区为基础、社会组织为载体、社会志愿者为骨干的工作机制，结合社区实际，充分发挥志愿者协会、平安驿站、社区科普活动中心的作用等。“文和外仓”“智慧文昌”、龙尾社区“幸福驿站”等一个个富有特色的贴心服务项目。创新社区管理工作，共排查化解居民矛盾纠纷886起、为群众解决实际困难173件、代办事务2190余件。

环境整治 街道对繁荣路、糖兴巷、东方花园、通灌大院、恒利花园等老旧小区的小街巷及非物管小区破损道路及下水道进行改造，完成道路、背街小巷地面硬化4万余平方米；疏通下水道1.7万米；修补墙面破损2.97万平方米；公共厕所改造达标12座；新设、更换垃圾桶1351只。排查并消除辖区内四害孳生地56处，包括卫生死角27处、积水死水12处、乱堆乱放17处，进行病媒消杀工作12次以上，更换破损毒饵站265个，投放鼠药26箱，悬挂捕蝇笼2000余个，建设病媒防制标准化示范小区2个，出动车辆289台次，共1960人次，垃圾清运车辆532车次，清理各类垃圾2000余吨，实施大型拆违行动45次，参与拆违工作871人次，拆除各类违法建设156处，面积1.2万平方米。数字化平台每天正常运行，案卷处置率89%，按期处置率71%，结案率89%，按期结案率71%。

旧城改造 街道承担的旧城改造攻坚克难项目2个，分别为无线电十厂地块、铁路新村地块。无线电十厂职工宿舍共73户，企业1户，已全部签约，签约率达100%；铁路新村地块居民163户，企业4家，已全部签约，签约率达100%，已全部拆除。此外，烟草巷地块居民153户，企业22家，居民已签约136户，企业已签约5家，剩余居民17户，企业17家。

【党组织建设】 **组织活动** 新东街道结合实际打造特色党建活动。狠抓党员学习教育，落实“百人讲师团，送学到基层”活动，各社区开展固定学习日24次；对89个非公有制企业和社会组织开展了一次拉网式、零遗漏的普查，对10家非公企业派出了党建指导员。

工会活动 2017年切实做好党建带工建，将“结对帮扶、专项资助、劳动保护”结合起来，形成长效关爱机制，争取上级资金8.2万余元，受助人数75人。

共青团活动 新东街道开展“暖冬行动”走访慰问特殊困境青少年9人。巨龙社区组织辖区留守儿童参加希望来吧活动12次、青少年之家活动8次；加强团建工作，开展“七彩大篷车，志愿社区行”志愿服务，苍梧社区获得“五四红旗团支部”荣誉称号。

妇联活动 利用社区“家长学校”“妇儿之家”等载体，开展各类宣传教育活动19场次，发放宣传资料5000余份；充分发挥妇联组织在妇儿维权和居调解工作中的重要作用，成功调解居民纠纷13起；开办就业技能培训班两期，帮助40名困境妇女实现再就业；帮扶特困单亲妈妈11人，发放帮扶款11000元。

宣传报道 2017年共被报纸、杂志、电台、电视台等新闻媒体录用宣传报道材料497篇，其中《连云港日报》用稿20篇，《苍梧晚报》用稿51篇，在中央级媒体发稿1篇、省级媒体发稿3篇。

【社会民生】 **民政救助** 街道开展大走访活动，将13个社区建成网格化，做好“民情日记”，发放联系卡，重点走访辖区9个重点项目，28家企业，排查出的24个问题均妥善解决。走访12623户居民，1261门面商户，排查问题493个，实际解决167个，发放帮扶资金10万元，116户困难家庭受益。

劳动保障 新东街道新增就业人数2605人，完成率106%；城镇下岗失业人员再就业人数766人，完成率113%；安置下岗人员121人，完成率425%；全年城乡劳动者职业技能培训人数49人，新成长劳动力培训人数66人，创业培训10人，职业技能鉴定人数51人。城镇居民医疗保险参保人数9003人，完成居民健康档案信息565份，城乡居民生存认证8302人，社保补贴965人。

文体活动 开展“全民阅读”“阅读在你身边”等全民阅读活动12场；加强道德讲堂建设，开展“困难群众帮扶行动”120次；修缮辖区健身路径维护8处；组织文艺宣传队伍，开展社区婆婆妈妈大舞台演出36场。

综治司法 新东街道排除不稳定因素。建立长效网格化管理模式，以13个社区为单位，划分为4大片区，13个责任区，87个基础小网格，配备87名专职网格员。与城管、市场、卫计、公安、交巡警、环保、安监、消防等单位建立联动机制，解决网格出现的突发问题，确保管理覆盖街道各个角落，不留盲区死角。2017年化解民事纠纷628件，全年新接收社区服刑人员62人，解矫42人，居住地变更转走4人，司法所在矫社区服刑人员44人，接管的社区服刑人员未出现一例漏管、脱管现象。全年安置帮教人员255名，安置率98%，帮教率100%，未发现重现犯罪的情况。法治宣传26次，发放宣传材料5万余份，悬挂横幅40条。投资4万元设立东风综合法治市场、苍梧生活法治广场。建立健全综治信息化网络系统，

推进综治全要素网格通手机终端信息收集方式，实现各社区信息互联互通。加强群防群治专门力量建设，组建30人专职保安队伍、653人平安志愿者队伍，有效维护辖区稳定。

计划生育 新东街道启动江苏省流动人口卫生计生服务管理信息系统，为流动育龄妇女提供免费健康检查48人次，接收省内流动人口协查811人，发送协查1637人。接收省外46人，发送省外协查429人。审核上报再生育一孩13户。奖扶特扶58人，开具计生婚育证明1065次，出具引流产证明208人次，悬挂宣传横幅30条，张贴宣传画180张，完成新闻稿件59篇，提供计划生育政策上千条。

（撰稿：李 蕾 审稿：夏 倩）

表61

2017年新东街道社区居委会情况表

村（居）名	居民小组（个）	户数（户）	年末人口（人）	成立时间	面积（平方千米）	办公地址
龙尾社区	36	2260	6205	1987年	0.4	龙尾南路18号
东苑社区	29	2358	7247	2006年	0.7	东盐河路9号
广场社区	33	2788	11530	2003年	3.5	邮建巷8-16号
振东社区	30	1322	3742	2001年	0.2	站南巷4-1
艺北社区	42	1902	5961	1982年	0.3	陇海东路34号
新城社区	53	5300	22300	2003年	6	朝阳东路30号
东风社区	38	1986	5230	1984年	2.6	巨龙北路16号
刘艞社区	21	1618	5799	1992年	2.9	浦河东路24-1号
巨龙社区	65	2188	7681	1987年	0.41	巨龙南路29号
利民社区	54	2081	6800	2001年	1.8	教育巷6号
外仓社区	13	1350	4238	2001年	2.6	海连东路56号
苍梧社区	48	4611	11570	2000年	0.67	苍梧小区内
文昌社区	10	1450	4500	2012年	0.32	苍梧路53号

表62

2017年新东街道住宅小区情况一览表

小区名称	建成时间	建筑面积（万平方米）	入住户数（户）	位 置
博大新城	2010年	15	366	郁州南路68号
博纳花园	1998年		592	
天顺国际花园	2010年	14.25	826	巨龙南路88号
双盛花园	2004年	10	887	巨龙南路69号
颐和花园	2004年	8.6	597	东盐河路9号
时代尚城	2013年	7	120	朝阳东路35号
刘艞小区	1980年	5.1	175	巨龙南路，昌盛路
糖兴巷	1980年	10.3	248	糖兴巷
万和园小区	2003年	0.87	96	海连东路54号
温哥华小区	2009年	10	1054	海连东路56号
盐建宿舍	1985年	0.20	35	昌盛路29号
同科汇丰国际小区	2012年	90	1009	苍梧路53号
邮建巷二层小楼	1998年	3	73	邮建巷

续表62

小区名称	建成时间	建筑面积（万平方米）	入住户数（户）	位　置
盐业设计院	1988年	0.3	72	朝阳东路7-1
东方花园	1987年	5	325	绿园南路
凹凸印刷厂	1981年	0.2	60	龙河南路48号
老干部区	1976年	2	69	兴隆路22号
邮建巷1-10号楼	1998年	3	487	邮建巷
京隆花园	1993年	0.15	24	朝阳东路
气象局宿舍	1998年	0.15	72	气象路
蜂疗小区	1989年	0.15	36	苍梧路12号
振兴公寓	1996年	2	232	龙河南路29号
金龙花园	2001年	1.5	145	郁州南路69号
振兴花园	2003年	1.8	124	朝阳东路7-5
兴隆路28（邮电宿舍）	2001年	2	124	兴隆路28
锦绣华庭	1996年	2.4	121	瀛洲路16号
中望新城	1995年	3.6	241	龙河南路
龙河南路51	1996年	1.5	48	龙河南路
龙河南路53	1996年	1.5	48	龙河南路
龙河南路41、43、47、49、55	1996年	4	314	龙河南路
振兴小区	1997年	1.2	108	气象路
众兴华庭	2000年	0.18	156	瀛洲路28号
锦华园	1996年	0.18	84	瀛洲路10号
马跳宿舍	1989年	0.18	36	兴隆路24号
润城东方小区	2008年	40	2042	海连东路127号
天晴小区	1977年	2.16	360	巨龙北路8号
农垦小区	1997年	0.87	96	巨龙北路16号
农垦小区	1993年	0.27	33	巨龙北路8-16号
金茂花园	2006年9月	4.5	252	海连东路40号
中房鑫城	2004年5月	2.5	122	苍梧路45号
万源小区	2003年10月	2	108	郁州南路12号
兴业时代	2000年4月	14.8	1026	郁州南路19号
卫校宿舍	1981年5月	0.9	87	郁州南路8号
电大宿舍（新）	1998年3月	0.88	108	苍梧路41号
电大宿舍（旧）	1990年4月	0.24	32	苍梧路37号
巨龙小区	1986年3月	12	834	巨龙南路21号
药监局宿舍	2000年5月	0.91	24	郁州南路4号
香豪小区	2008年	8.05	646	朝阳东路30号

续表62

小区名称	建成时间	建筑面积（万平方米）	入住户数（户）	位 置
盛世嘉缘	2003年	6	420	瀛洲路38号（朝阳东路2号）
振兴AB楼	2003年	1.5	160	瀛洲路46号
郁州花园	1997年	3.16	250	郁洲南路79号
平高府邸	2008年	14	670	朝阳东路28号
御景龙湾	2009年	64	2482	巨龙南路99号
香溢世纪花城	2002年	21	1500	郁洲南路88号（巨龙南路99号）
杰瑞花园	2007年	11.7287	548	东沿河路19号
鸿港公寓	2001年	1.6972	148	朝阳东路24号
华阳丽都	2003年	4.6827	375	郁洲南路99号
通院巷	1987年	7.2	325	通院巷小区
香溢江南	2010年	15.73	969	建设东路2号
振兴时代广场	2013年	4.69	104	朝阳东路1号
邮电宿舍小区	1995年	1	48	通院巷小区院内
安全局宿舍小区	1995年	1.2	64	朝阳东路12号
武警支队宿舍区	1995年	1.7	79	瀛洲路46号
边防支队宿舍区	1995年	1.7	48	朝阳东路8号
凤凰名都	2015年	26	1700	海宁东路9号
海晟新寓	2009年	1.9911	215	朝阳东路8号
紫金公馆	2016年	1.3	50	地址待定（朝阳东路）
恒利小区	1993年	24.28	1296	陇海东路34号
41-1宿舍	2000年	0.40	50	海连东路41-1
盐业宿舍	1980年	1.3	399	海连东路35号
120宿舍	1980年	0.2	37	龙河北路120号
工人新村	1986年	0.4632	176	龙河北路180号
杰瑞新村	2000年6月	3.11	216	郁州南路19号
通泰名人居	2002年	3.92	328	云华路8号
翠竹苑	2003年	2.79	216	云华路9号
兴业公寓	1993年	1.13	144	云华路4号、6号
苍梧公寓	1995年	1.04	98	云华路21、23号
农工部宿舍	1989年10月	0.11	12	云华路19号
农科院宿舍	南楼1986年，北楼1996年	0.64	76	云华路15、17号
杰瑞一村（南）	1997年	0.58	70	龙河南路3号
杰瑞一村（北）	1997年	0.51	64	龙河南路2号
瑞城嘉园	2012年	2.90	354	龙河南路1号

续表62

小区名称	建成时间	建筑面积（万平方米）	入住户数（户）	位　置
教院旧楼	1982年10月	0.18	24	龙河南路9号
农场旧楼	1983年4月	0.19	24	龙河南路11号
农场宿舍点式楼	1983年4月	0.24	44	龙河南路13号
话剧团宿舍	1980年	0.11	46	龙河南路18号
教院宿舍	1988年	0.25	56	海连东路22号
中行宿舍	1987年	0.18	24	兴隆路6号
肉联厂宿舍	1987年	0.2	30	兴隆路8号
税务局宿舍	1986年	0.68	80	兴隆路14、16、18号
苍梧小区	2001年	20.6	1240	郁州南路58号
兴业金色家园	2000年	6.5	200	苍梧路22号
君悦财富广场	2014年	14.3	790	巨龙南路66号
明珠皇冠花园	2015年	20	1300	苍梧路30号
八佰城市走廊	2013年	0.8	100	巨龙南路59号
杏坛花园	1999年	5.76	400	绿园南路29号
公园壹号	2010年	8.16	410	绿园南路99号
老市委宿舍区	1970—1980年	1.00	126	繁荣路6-1号-6-8号
爱民巷	1970—1980年	1.74	300	爱民巷2号-10号
交通局宿舍	1970—1980年	0.65	72	繁荣路4-1号、4-4号
站南巷	1970—1980年	1.27	228	站南巷4-1号、4-3号、8-1号、8-3号
站南巷	1970—1980年	0.30	54	站南巷3号、5号、7号
开发楼、兴业楼	1970—1980年	0.89	114	繁荣路8-1号、8-3号
郁香村公寓	1990年	0.99	112	繁荣路10-1号、10-2号
海军大院	1990年	0.35	36	繁荣路16号
单身公寓	1990年	0.12	96	繁荣路16号
仕园小区	1990年	0.72	184	龙河北路107号
繁荣路	1989年	3.69	308	繁荣路（利民路南侧9幢，利民路向北侧8幢）单号1至33号
利民巷	1992年	2.88	385	利民南巷7幢、北巷4幢、繁荣路35、37
建联巷	1990年	3.01	292	建联巷6、7、8号、翡翠大厦
教育巷园丁小区	1982年	2.89	297	教育巷园丁小区
新东综合楼	2000年	1.06	63	陇海东路16、18号
楼中巷	1989年	4.04	328	利民路19号、楼中巷1、2、3、4、6、8、10、12、13、陇海东路8、13

续表62

小区名称	建成时间	建筑面积（万平方米）	入住户数（户）	位 置
楼西巷	2001年	4.29	228	利民路21号、楼西巷1、2、陇海东路4号、6-1、6-2、
龙东路	1989年	0.91	90	陇海东路1、2、楼西巷32、43-1、43-2、6家平房
利民路	1986年	1.12	90	利民路8、10、12、14、16、18、20、6号
无线电十厂宿舍区	1970年	2.7	76	郁州北路10号-50号
恒润郁州府小区	2014年	11	1010	海连东路55号

宁海街道

【概况】 宁海街道东起东辛农场，西到锦屏镇，南临板浦镇，北至南城街道，宁连高速、徐连高速在辖区内交汇，204国道穿境而过，交通便利，区位优势显著。土地面积42.88平方千米，辖9村1社区，6143户，27495人，街道实现地区生产总值54826亿元、工业总产值139400千万元、利用外资426万美元、农业总产值22766千万元、地方一般预算收入11438万元，承担市重点项目3个、区重点项目14个。获得市经济发展二十强镇街、市基层党员干部冬训先进集体、区“百日攻坚”三大行动有功单位称号。

【经济建设】 **经济指标** 街道实现地区生产总值54826亿元、工业总产值139400千万元、利用外资426万美元、地方一般预算收入11438万元，实现人均纯收入18408.09元。规模以上固定资产投资额283928.5万元，同比增幅17.21%，超续时进度13.5个百分点。

重点项目 街道承担市重点项目3个、区重点项目14个。完成年度投资7.408亿元。市重点项目日出东方太阳能股份技改、富兴康渔具二期和扩建迎宾大道服务业聚集区全部竣工；区重点项目江苏向上科技改性塑料及3D打印材料研发生产、路达机动车综合性能检测线、迎彤有机水稻套养、兴东生态葡萄采摘园、林海湾主题公园全面竣工。

农业经济 农业总产值22766千万元、街道发放耕地地力保护补贴340万元，粮食适度规模经营申报面积153.33公顷，建设益农信息社10家，完成农业保险参保率达74%，秸秆还田达98%，生猪免疫1.8万头，免疫牛口蹄疫280头，羊口蹄疫800只，家禽免疫禽流感3.5万只。

招商引资 街道成立招商引资小分队外出招商。共接待重要来访客商38批次，外出招商13批次，拜访重点企业52家、参加专业展会4次，发送招商信息71条，参加招商引资专项培训交流2次，发送电子邀请函及纸质邀请函60余份。全年新增重点在谈项目18个、签约项目11个、本年新开工项目6个，其中竣工项目3个。

科技项目申报 街道专利申请量116件，其中发明专利申请量21件，专利授权总量81件，引导企业上报各项科技项目11项，获得省级高新技术产品数1件，新认定省科技型中小企业2家，新获批国家高新技术企业1家。全年举办知识产权培训3期，培训人员近100人次，发放资料200余份，同时，开展了“4·26世界知识产权日”“科普知识进社区”等工作宣传，牵线4家企业。与西安电子科技大学、扬州大学、市农科院、淮海工学院科技园等高院校所开展产学研科技合作交流。组织辖区内企业参加科技成果对接会2次，各类展会参展企业14家，境外参展对接3家企业。

安全生产 街道聘请3名安全生产专家，对家企业进行安全检查，共检查出事故隐患115条（项），没收查处2家烟花爆竹无证经营，取缔1家无证幼儿园，关闭4家非法充装液化气站点。查处7家加油点，没收和拆除1家汽油点，拆除了5台加油机。32名企业负责人参加安全生产资格复训，有16名企业负责人参加安全生产资格初次培训。

【基础设施建设】 **环境整治** 街道投入140万元对所辖204国道、宁东路、迎宾大道沿线共计12.5千米的路段进行综合治理，对镇容村貌进行全面整治。街道集中行动，共出动人员45次600余人次，清理沿线的小广告1400余条，清除乱搭乱建46处1250平方米，清理垃圾446处500吨，拆除违规店招30处600平方米，制止马路经营、店外经营摊点50余个。协调交通管理部门划出100多个机动车、非机动车停车位，并放置20处警示牌，各类车辆停放规范有序。投入资金60万元重点对丰收河黑臭水体进行彻底整治，敦促污染源企业强制搬迁，对街道烧香河、新北河、黄圩河等30千米河道进行疏浚、水草清理，水质明显改善。

农田水利 街道新建泵站11座，梯形防渗渠32千米、矩形防渗渠10千米，小沟节制闸10座、斗渠节制闸145座，涵洞35座、渡槽6座、农田围门652座，生产桥120座，放水口1000余座。疏通11条小沟、1条中沟，整治1条大沟，清除乡级河道水草40千米，完成烧香河疏浚任务，合计土方18万立方米。

乡村旅游 辖区现代休闲观光农业产业初具规模，街道主要开展城郊休闲娱乐，农耕文化，草莓、葡萄、蜜桃采摘等农业旅游项目。项目集休闲观光、娱乐攀爬、吃住一体的城市旅游综合体业，乐园北园占地24公顷，南园为占地18公顷，拥有10万株珍贵树木，有10多种户外游乐项目，是市区周围难得的天然氧吧，林海湾丛林乐园2017年度被评为省AAA级乡村游风景区。

绿化工作 街道春季绿化共投入资金200万元。绿化造林53.33公顷，其中成片造林36.67公顷。村庄绿化1个，农田林网134公顷，四旁植树90000万株，花卉苗木10公顷。

道路建设 街道对域内道路进行改造和修整，对新北河路（宁海线）加宽和黑化，全长3.5公里，铺成宽6米，沥青路面，完成道路两侧树木砍伐609棵，红线内建筑物拆除480平方米，青苗清除2.4公顷，开挖分界沟3000米。供水、电信、供电等线杆进行迁移，完成路基部分施工。魏湾村八组拖拉机路段破损路面改扩建水面路面1300平方米。街道组成禁违工作班子，制定禁违方案，严格按规章办事。全年拆除私自违法建设8处，拆除面积2560平方米，没收违建工具130余件。

【党组织建设】**组织活动** 辖区有党员836人，预备党员10人，党工委1个，村党委2个，村党总支8个，机关党支部8个，非公党支部1个。街道党工委始终坚持把抓基层打基础作为党建工作的重中之重，进一步解放思想、精心谋划，着力强化基层党组织的为民服务功能，全面夯实党的基层基础。围绕民生实事，打造杨场村支部“红星”党小组、农办支部益农党小组等服务载体，抓好村级党组织班子建设，不断优化队伍结构，提高队伍素质，提升服务功能。

宣传教育 街道认真开展基层组织宣讲活动，以习近平系列讲话中国梦为题材宣讲6场，以十九大会议精神为题材宣讲4场，以“省第十三次党代会”为题材宣讲5场，以反“邪教”警示教育为题材宣讲5场，以十八届六中全会精神为题材宣讲5场，以党的十九大精神为题材宣讲10场，共到10个村（社区）宣讲35场。街道荣获2016—2017年度全市基层党员冬训工作先进集体以及2016—2017年度海州区基层党员冬训工作先进集体。

党风廉政 认真履行监督职能，把纪律和规矩挺在前面，营造风清气正的干事创业环境。开展执纪监督，切实履行“监督监督者、检查检查者”角色，及时找出问题不足，给予诫勉谈话4人次，用好问责职能。对社会事业服务中心村务公开工作开展情况进行专项检查，对街道经费使用情况以及办公用房等开展专项检查。加强扶贫工作的跟踪督查，扎实推进阳光扶贫工作。对机关各部门廉政月例会工作开展情况进行不定期抽查。对新任9名村委会干部开展任前廉政约谈，并组织学习廉洁自律各项规定、街道各项财经纪律和作风建设等制度。

工、青、妇活动 组织职工参加“安康杯”竞赛活动，组织职工参加相亲活动。节日期间慰问困难职工、农民工、环卫工40人。留守儿童15名，帮助2名困难家庭申报青少年关爱基金，妇联组织开展老年护理员培训工作，18名妇女取得国家职业资格证书。春节期间走访慰问10名困难留守儿童，端午节组织10名巾帼志愿者到宁海五保供养中心为五保老人过节，开展“恒爱行动”，组织志愿者为新疆困难儿童织毛衣。

纪检工作。街道开展遵纪守纪谈话活动，约谈4人次，诫勉谈话4批4人次，责令书面检查2人次，通报批评2人次。受理纪检信访件6件，全部办结。立案3件，给予1人降低岗位等级处分，1人撤销党内职务处分，1人开除党籍处分。

【社会民生】**民政救助** 2017年新增低保户9户，停发3户，申报临时救助34例，共计金额6.8万元，慈善助学6例，金额1.2万元。全年发放困难残疾人生活补贴和重度残疾人护理补贴110.7万元，为两名贫困残疾人子女申请教育补贴5500元。残疾人辅具适配及家庭无障碍环境改造需求129人，发放160个辅具，家庭无障碍环境改造24户，发放肢体类无障碍改造产品24个。开展江苏省残疾人动态更新系统录入工作，录入449人。新铺设燃气管道3.8千米。

劳动保障 街道办理就业创业登记证166人，城镇新增就业人数306人，城镇失业人员再就业人数68人，新增转移农业劳动力人数230人，扶持农村劳动力自主创业人数35人，城乡劳动者就业技能培训45人，创业培训人数30人，城乡新成长劳动力技能培训65人。认证企业退休职工276人，办理新农保待遇登记、审核发放560人次。

计划生育 街道共出生290人，其中男孩149人，女孩141人。出生人口性别比106，人口出生率11.35‰，自然增长率7.96‰，出生政策符合率98%，优质服务率98%，药具使用率100%，人口信息化达标率100%，知识普及率98%，流动人口管理服务率96%，生育登记271人，一孩156人，二孩115人，信息入库率100%，群众满意率98%。

综合治理 街道实行三套班子领导接访、下访制度，工作日设一名党政领导值班接访，严格执行信访领导包案制度。街道信访案件共18件，其中到街道来访10件，化解处理10件，化解处理率100%；阳光信访交办案件8件，已回复处理8件，化解处理率100%。街道先后被市信访工作联席会议评为信访工作“四无”乡镇先进单位，被区委、区政府评为党的十九大期间信访维稳工作先进集体。

文体活动 街道积极开展丰富多彩的文体活动。重阳节期间开展“孝”文化书画展，开展海州区创建全国文明城市百场演出进社区（村）暨2017年“中国梦·港城情”广场文化系列活动，组织队伍参加海州区老年乒乓球比赛，获得集体第二名。武圩村、新圩村农家书屋实现图书通借通还，太平村、黄圩村新建篮球场。

（撰稿：董 静 审稿：黄 勇）

表63

2017年海州区宁海街道村居基本情况表

村、社区名	村(居)民小组数	户籍户数	户籍人口数	面积(平方千米)	耕地面积(公顷)	办公地址
平安居委会	6	964	3240	4	1770	宁海街道平安三组
太平村委会	7	438	2073	2.74	1710	宁海街道太平街70号
魏湾村委会	10	673	3214	5.91	2965	宁海街道魏湾四组魏湾村委会
清河村委会	8	624	2866	4.33	2060	清河村拖拉机路清河四组十字路东150米
武圩村委会	6	410	1820	5.01	1890	宁海街道武圩村宁东路16号
杨场村委会	7	379	1729	2.38	1815	宁海街道杨场村二组
新圩村委会	7	465	2275	3.87	2785	宁海街道新圩村五组
新北村委会	12	660	2882	4.22	3130	宁海街道新北村七组中心幼儿园西
海河村委会	10	693	3259	7.81	6250	宁海街道海河村管圩22号
黄圩村委会	6	318	1545	2.61	1770	宁海街道黄圩村四组黄圩村委会
	79	5624	24903	42.88	26145	

表64

2017年海州区宁海街道主要工业企业情况表

企业名称	成立时间	年末职工数	固定资产原值(万元)	产值现价(万元)	利润(万元)	经营体制	主要产品
日出东方太阳能股份有限公司	1996年	1025	73709	94777	3341	私营	太阳能制造
连云港旭日科技有限公司	2003年	71	1225	4704	209	私营	木制品生产
连云港泰广混凝土有限公司	2015年	78	2782	2196	20	私营	水泥制品制造
连云港宁海同达建材有限公司	2006年	99	4159	2298	69	私营	混凝土制造
连云港龙顺塑料有限公司	2000年	42	4524	4256	189	私营	塑料制品生产
连云港元丰机械制造有限公司	2008年	78	873	2189	19	私营	针织大圆机生产
江苏智维门窗科技有限公司	2014年	39	113	2360	30	私营	金属门窗制造
连云港金发环保科技有限公司	2015年	48	324	2500	14	私营	塑料制品生产、回收

花果山街道

【概况】 花果山街道位于连云港市高新区中心位置，境内有国家AAAAA级风景名胜区——花果山，素有“东海第一胜境”之誉。街道辖区东起花果山景区，西至陇海铁路，南至花果山大道与科苑路交汇点，北临港城大道。街道总面积40.00平方千米，8749户，27593人。下辖7个行政村、4个社区。辖区内耕地面积约253.33公顷，山场林地面积约866.67公顷，茶田约200公顷。2017年，街道完成公共财政预算收入3.82亿元，完成固定资产投资38亿元，完成外资130万美元，新增规模企业3家，注册企业15家，新增城镇就业348人，城市登记失业率控制在1.5%以内。连续9年荣获区级年度目标考核一等奖。

【经济建设】 **工业经济** 2017年花果山街道紧紧围绕“发展”这一要务，以片区开发为契机，以资源整合为优势，以特色产业为主线，抢抓机遇、主动服务、彰显特色、借力发展，街道经济迈入了跨越发展的快车道。完成固定资产投资38亿元。

农业经济 花果山街道粮食种植面积共计5338.38公顷，总产3838吨，其中，小麦种植面积280.17公顷；水稻种植面积258.15公顷。2017年农业支持保护补贴面积36.50公顷，补贴金额每亩119元，补贴金额共计65151.31元。

重点项目 2017年街道共有在库项目21个，工业技改项目4个，分别为罗盖特(中国)精细化工有限公司年产35000吨食品级改性淀粉技改项目、珩星电子（连云港）股份有限公司年产100万只电连接器项目、珩星电子（连云港）股份有限公司军用连接器项目、大陆汽车电子仓库扩建项目。新增固定资产投资2个，其中房地产项目1个为港利锦绣福园，一般固定资产项目1个为水利科技档案馆。

财政收支 2017年花果山街道完成财政总收入6.56亿元、公共财政预算收入3.2亿元，同比增长8.89%。

招商引资 2017年完成外资130万美元，完成连云港润宏安房地产开发有限公司、江苏耕金建设工程有限公司等16家注册资本500万元以上的新增注册企业。赴陕西、浙江等地开展小分队招商3次，拜访客商10余人；开展“请进来”活动3次，接待客商8人。

科技知识宣传 2017年花果山街道组织开展科普宣传活动15场次，广场科普咨询2场次，科普义诊活动3次受益人数达400余人，完成多家企业科普需求信息调查工作。

安全生产 2017年，花果山街道坚持“安全第一、预防为主、综合治理”方针，深入开展安全生产监管体系和“安全标准化”等重点工作。组织10个督查组与聘请的第三方安全机构检查企业107家，发现安全隐患450条，全部下发整改通知单。联合派出所对辖区11个村居的出租房屋和流动人口情况全面排查，走访居民9300余户，登记排查出租房屋806户，流动人口2755人。

森林防火 投入资金约350万元，新建护林房13间，祭拜台13个，新建防火通道及隔离带约10千米，安装玻璃钢蓄水箱10个。新建27个森林防火卡口语音播报及监控系统，提高对辖区火源、火情监测能力。

【基础设施建设】 **街道建设** 花果山街道2017年投入资金150万元，在辖区八个行政村安装太阳能路灯574盏，并按照市区文件要求，大力推行垃圾设施分类建设，打造昌浦社区东方之珠小区为垃圾分类设施样板小区。同时，街道积极推进城乡环卫一体化工作，将辖区行政村主干道及公共厕所全部交由花果山环卫公司，由环卫公司定人、定岗、定片区，按保洁标准进行日常长效管理和长效保洁。

环境整治 2017年花果山街道大力开展各类环境综合整治工作，并按上级文件精神及要求，开展黑臭水体整治工作。共清理转运各类垃圾3万吨，刷白粉装墙体约1.5万平米，清理三乱小广告3000处，整治乱堆乱放2000处，整治废品收购站8个，关闭其中1个。按交通干线沿线“五项行动”整治要求，流转高速沿线土地17.33公顷，清理整治大圣湖饮用水源地周边养牛户一户。

绿化 坚持用城市化标准绿化农村，重点实施山体及环山路长廊见缝插绿工程，打造城区绿肺中心。按照“彩色化、珍贵化、效益化”要求，完成中幼林抚育174.67公顷。发动群众力量，在家前屋后、荒滩山坡广植绿色，全面打造绿色生态花果山。

拆违禁违 2017年花果山街道与高新区城管大队联手拆除大小私搭乱建的违章建筑40处，拆违面积7000平方米。累计协调、解决禁违拆违实施中出现的问题和矛盾数百起，处理来信、来访及举报电话50余起，及时处理回复12345数字平台派遣的各类案卷诉求900件，全面保障禁违拆违工作顺利进行。

【党组织建设】 **组织活动** 花果山街道做好入党积极分子培育工作，参加高新区第一期入党积极分子培训班子97人，对进出的86名党员办好组织关系转接，发展15名预备党员，2名预备党员按期转正。依托“党员活动日”，组织党员开展志愿服务活动20次。

宣传教育 花果山街道积极弘扬传统美德，组织开展“好媳妇、好婆婆”“十星级文明户”等先进典型评选活动，带动乡村尊老、敬老氛围；以庆祝七一为契机，组织青年党员开展“绣党旗、颂党恩”、重温入党誓词等活动，让青年党员接受党性再教育。据统计，花果山街道在各类报刊网站上发表文章报道300余篇，其中国家级刊登6篇，省级70篇。申报港城“叶欣仁”3人，市级岗位学雷锋标兵2人，市级学雷锋示范点2个，第五届连云港网络文化季品牌项目1个，申报“最美社区工作者”1人、“江苏省优秀青年志愿者”1人、江苏“最美人物”先进典型3人，多方位申报各种典型，促本地精神文明。

理论教育培训 规范学习制度，主抓固定学习日、远程教育培训周学习；组织“两委”96人参加2017年度第一期、第二期村社培训班；组织开展“讲故事，诵经典，强党性”评选活动；97人参加高新区第一期积极分子培训；12月13日组织机关、村、社积极分子及支部委员共计246人参加花果山街道学习贯彻十九大精神宣讲会；新滩申报连云港市党员干部现代远程教育五星级示范站点。

党风廉政 花果山街道把党风廉政建设与经济社会发展和业务工作同步部署、同步推进。组织街道机关和村支两委成员参观警示教育基地和反腐倡廉警示基地120余人次，动员全体工作人员从思想上、学习上、纪律上和作风上查找和分析自身存在的问题，通过集中自我查纠和集中整改，全面提升全体工作人员的整体素质。

工会活动 街道文化中心紧紧围绕街道的中心工作，坚持寓教于文、寓教于艺、寓教于乐，积极开展多种形式的活动，丰富群众文化生活，满足人民群众日益增长的文化生活需要，提高全街道人民的道德素质和文化素质。2017年街道共组织演出二十余场，其中“迎五一庆五四”文艺汇演、“喜迎十九大”文艺汇演、第三届农民艺术节演出、“欢庆六一”文艺晚会、献礼十九大党员展风采“讲故事、颂经典、强党性”活动，吸引近万名群众观看和参与。通过搭建平台，让更多的文化精品展现在群众中，让群众欣赏到更多更优秀的文化盛宴，同时提高他们的参与度。按照区、街道“农家书屋”的相关管理要求，定期和不定期对“农家书屋”工作开展情况进行检查，积极配合做好管理指导。对全街道多个网吧进行了登记、造册，纳入正常管理，使文化市场健康发展。

共青团活动 街道团委严格按照上级团委要求，结合青少年之家平台，积极开展关爱困难青少年群体和青年志愿活动等项目。2017年度通过开展集体生日、微心愿征集、重点帮扶、爱心联系卡、麦田童话、志愿者舞蹈队教学、手工课等活动26次，让团工委的工作不仅仅提留在物质上的关心，更多的是给儿童提供多元化发展平台！花果山青少年之家平台荣获团市委2017年度“连云港市青少年之家样板店”荣誉称号。

妇联活动 2017年，花果山街道妇联创建3个农村妇女儿童事业发展基地，组织180名农村妇女劳动力转移，表彰5位“双学双比”女能手。投资30万元，在小村村、当路村建设面积320平方米的妇女儿童活动中心。积极完善和发挥妇联信访窗口作用，全年调解5起妇女家庭矛盾纠纷，举办“三八、七夕”相亲大会，切实发挥妇联职能，推动妇女事业发展。

【社会民生】 **民政救助** 花果山街道共有农村低保53户111人，城市低保10户13人。5月，按上级要求对街道所有低保进行复审，把已经脱贫的家庭清出低保保障范畴，将真正困难的农村家庭纳为低保保障对象；认真落实农村合作医疗保险工作，全街道共有12790人参保，参保率达100%，同时还对全街道特困家庭202人实行了减免。

劳动保障 新增就业人员261人；下岗失业人员再就业79人；就业困难人员再就业39人。帮助办理就失业证330多人次，办理失业保险手续169人次。发放失地农民增加新农保补贴共计800多万元，惠及2826名年满60周岁的失地农民，全面提高基础性保障水平。

文体活动 2017年街道文化中心紧紧围绕街道的中心工作，坚持寓教于文、寓教于艺、寓教于乐，积极开展多种形式的活动，丰富群众文化生活，满足人民群众日益增长的文化生活需要，提高全街道人民的道德素质和文化素质。2017年街道共组织演出二十余场，其中“迎五一庆五四”文艺汇演、“喜迎十九大”文艺汇演、第三届农民艺术节演出、“欢庆六一”文艺晚会、献礼十九大，党员展风采“讲故事、颂经典、强党性”活动、吸引了近万名群众观看和参与。通过搭建平台，让更多的文化精品展现在群众中，让群众欣赏到更多更优秀的文化盛宴，同时提高他们的参与度。按照区、街道“农家书屋”的相关管理要求，定期和不定期对“农家书屋”工作开展情况进行检查，积极配合做好管理指导。对全街道多个网吧进行了登记、造册，纳入正常管理，使文化市场健康发展。

综合治理 2017年花果山街道实行领导包案和班子成员每日接访制度，接待群众来信来访166起，其中网上阳光系统交办、自办案件29起，到办事处个访89起，120人次；集访16起，600人次；到区信访22起，160人次；到市上访8起，110人次；赴省上访2起，2人次。圆满完成十九大、省市重要活动会议期间信访应急保障任务。

住房管理 2017年花果山街道监督和指导成立旺旺家园、东方之珠物业管理委员会并协助社区、业委会解决连众滨海名都临时用电、用水问题。处理旺旺家园、千叶花园、东方之珠、兰若岭秀、连众滨海名都12345及市长信箱各类问题107件，有效回复率100%。办理廉租房、共有产权经济适用住房申请2户。完成对涉及23幢房屋（建筑面积4.9万平方米）、40户居民房屋的安全排查工作，对其中4幢疑似危房的房屋的居民进行了劝离。

（撰稿：章　婧）

表65

2017年花果山街道村（社区）基本情况表

村、社区名	村（居）民小组数	户籍户数	户籍人口数	面积（平方千米）	耕地面积（公顷）	办公地址
新滩村	7	1810	7111	2.25	15.11	茗泰花园物业办公楼
当路村	8	1023	4365	3.21	86.67	花果山南路130—5号
大村社区	7	680	2186	3.30	46.67	花果山北路65号
新村村	7	486	1742	3.00	96.33	花果山北路133号
小村村	5	953	2293	3.20	0	花果山小村村162号
前云村	8	668	2145	3.00	12.00	花果山前云路26号
飞泉村	7	421	1698	4.21	10.00	花果山郁林路98号
前进村	3	328	1188	0.19	7.00	花果山薄巷路17–3号
昌浦社区	4	352	852	2.00	800.00	昌意路1号东方之珠24号楼一楼
大浦社区	9	312	632	0.034	0	高新区科技五路3号浦润花园北
宋跳社区	0	2677	8310	4.50	0	旺旺家缘物业一楼

注：昌浦、大浦、宋跳3社区不在海州区辖区内，在连云区辖区内，昌浦社区耕地面积含宋跳农场。

表66

2017年花果山街道主要工业企业情况表

企业名称	成立时间	年末职工数	固定资产原值（万元）	产值现价（万元）	利润（万元）	经营体制	主要产品
江苏宜尔杉集团有限公司	1998年4月13日	164	2413.44	2945	650.13	民营	服装
连云港天瑞机械有限公司	2002年12月	22	1778	1500	230	外资企业	机械加工

注：辖区其他企业均为规上企业，不属于街道管辖。

表67

2017年花果山街道住宅小区情况表

小区名称	建成时间	建筑面积（万平方米）	可入住户数	小区位置
浦润花园	2010年	3.3	312	高新区科技五路3号
滨海名都一期	2010年	3.24	360	高新区振兴路24#
滨海名都二期	未验收	7.79	820	高新区振兴路24#
旺旺家园	2008年	36	2453	高新区振兴路28#
兰若岭秀一期	2013年	10.2	666	高新区振华路9#
千叶花园一、二期	2007年	15	1788	高新区振华路5#
江山花园一期	2016年	10	713	高新区科技一路18#
江山花园二期	2019年	11	620	高新区科技一路18#
东方之珠	2009年	18	2085	高新区昌意路1#
左岸小区	2014年	3.5	160	高新区浦杨路8#
塞纳豪庭	2018年	6	560	高新区浦杨路9#
碧桂园·新海云谷A区	2019—2023年	49	192	高新区浦杨路8#
碧桂园·新海云谷B区	2019年	11.3	629	高新区浦杨路9#
碧桂园·新海云谷C区	2019年	8.3	499	高新区昌意路1#
香溢·广苑	2014年	26	996	高新区晨光路1#
晨光苑	2013年	7.1	558	高新区晨光路2#
师专兴业花园	2016年	8.79	536	高新区杏坛路60#
港城一品	2016年	41	2993	高新区迎曙路88#
美麟·常青藤	2018年	20.1	1392	高新区青峰路9#
平高·书香一号	2019年	16	1622	高新区青峰路68#
四季金辉三期	2017年	34.4	2805	高新区屏竹路1#
苍梧·新华苑	2017年	34	2163	花果山大道18#
星海湖一号	2017年	17.2	1015	高新区玉兰路6#
苍梧·家苑	2021年	25	1600	花果山大道
茗泰花园	2014年	19.5	2268	苍梧东路77#
云台山第	2017年	27.4	1325	苍梧东路88#
金鹰国际	2014年	33.4	2054	花果山大道9#
恒大名都	2016年	5.6	2895	高新区凌州东路18#
香溢·馥园	2016年	18	809	高新区玉兰路9#
淮海花园	2014年	30	1363	高新区学院路6#
秀逸苏杭东苑	2018年	28.4	1830	高新区学院路8#

郁洲街道

【概况】 郁洲街道东至宁连高速公路与花果山街道接壤，南至红沙路与南城街道相连，西至东盐河，北至青峰路与猴嘴街道毗邻。区域面积7.6平方千米。人口9420户，21320人。郁洲街道对照高新区的发展定位，紧扣“创新”“服务”“管理”三大抓手，围绕信访安全，创文创卫、经济发展、民生服务、创新活动五大方面。抓工作部署、抓督查、抓推进、抓经济建设。2017年，公共预算收入14428.68万元，完成年度目标107.6%。固定资产投资完成目标的100%。

【经济发展】 **人才引进** 2017年街道引进博士、教授等高层次人才近30人，街道将建立信息完备的人才库，通过进一步完善“一对一”服务体制，及时帮助高新人才解决困难需求，使人才真正在辖区安心、安家、创业。同时，将人才精准服务落实到部门、人头。

重点项目 街道一般公共预算收入14428.68万元，完成年度目标107.6%；固定资产投资完成年度目标100%；积极推进外资工作，由香港客商投资的电子显示器设备研发项目已经达成投资共识，项目已经注册落地，超额完成全年目标任务。建设东路提档升级项目已竣工，社会固定资产已统计上报完毕。

安全生产 全年共出动检查人员69人次，检查各类商户、企业81家次，排查事故隐患101项，整改率100%。专项整改加油站1家，取缔无证经营烟花爆竹商店1家。联合消防部门多次对辖区重点区域进行检查，消除了德惠大厦等4处安全隐患。制定街道安全生产应急预案，配备专业应急器材20套，并加强夜间值班。

【基础设施建设】 **道路修建** 对破损的路牙石、陈旧的下水道、不合格的绿化等，进行彻底再排查。按照“高标准、高质量、高品位”的要求，对辖区公共设施进行全面提档升级，真正实现春有花、夏有阴、秋有果、冬有青。

环境整治 成立街道层面全市第一个志愿者联盟，联结志愿者队伍近20家，累计参加社会公益活动人数达2000余人次；规范马路车辆停放，清理卫生死角80余处，整顿六小场所30余家；广泛发动辖区群众参与创文建设；设置大型户外创文公益广告牌2个，墙面创文公益宣传画100余幅，各社区设置宣传栏25个，制作创文宣传墙体4处，设立展板168个，发放创文宣传手册3000余册，印发创文问卷8000余份，协调物业小区和辖区单位制作外墙围挡创文宣传广告200余处。

智慧社区试点 在街道的积极引导下，已有相关企业在中央华府等物业小区内先行开展工作，网络平台搭建完成，各项功能正在调试阶段；众创空间建设有序推进，街道联合淮海工学院电子工程学院共同打造高新区郁洲街道创业孵化基地，7月挂牌启用，进入深化运营阶段。

市容秩序管理 加大对马路市场、流动摊点、占道经营、乱贴乱画、乱扯乱挂、乱堆乱放、乱停乱放等影响市容市貌问题的巡查密度和整治力度。着力抓好环境卫生管理。实行定岗、定人、定责的环卫管理制度，科学合理调配环卫工人和机械，督促环卫工人加强流动保洁；完善城管、环卫考评机制，落实责任、严格奖惩。切实抓好安全生产管理。进一步完善安全生产各项制度，广泛开展安全生产教育，定期开展安全应急演练。

【党组织建设】 **作风建设** 继续健全各项规章制度，主要包括考勤、值班、财务、招投标、审计等制度，实现用制度管人，按制度办事。持续加大监督检查力度，定期对干部的行风、作风等进行监督检查，加大监督举报平台（如邮箱、电话、网站等）建设和维护，并及时收集、受理群众的举报。建立考评长效机制，将作风建设纳入绩效考核，以过堂会的形式，定期对干部行风、作风进行考评，考评结果作为选拔表彰的重要参考依据。坚持严格奖惩，对监督检查中发现的问题及群众举报已查实的问题，坚决发现一起，查处一起，决不姑息迁就。

基层党建 围绕“抓党建核心、抓基础重点、抓队伍关键、抓为民根本”的思路，不断深化和创新街道社区党群工作。邀请10名政治素质强、有发展理念的各界人员组成党课教员队伍，定期开展“党课大讲堂”活动；狠抓学、做、查、评四项措施，先后发展红星美凯龙党支部、江苏新时代党支部、成宏口腔医院党支部等三个企业支部，指导红心美凯龙、万达商业广场党支部进行企业党建升级，设置企业党建文化专栏300余平方米，组织企业党员上党课3次。

廉政建设 开展集体廉政谈话2次；带领街道上下集中系统学习新党章、十九大、十八届七中、六中全会、《中国共产党党内监督条例》《中国共产党问责条例》和中央领导一系列重要讲话精神8次；打造廉政法制小游园1处；街道主要领导为党员干部上党课4次，多次邀请市委宣传部、市党史研究会等专家来街道上党课、讲党史，受教育人数达1000余人次；对外开通党工委书记举报邮箱，接受社会各界的监督；在各社区党组织中设立纪检委员，将纪检监督触角向基层延伸；行政处理1名作风散漫的街道中层干部，对2名社区书记和1名街道中层干部进行诫勉谈话，责令4名社区书记、副主任和4名工作人员做出深刻检查。

【社会民生】 **民政救助** 街道通过信息调查，录入残疾102人，申报残疾人两项补贴7人，上报社区为民服务资金申请及社区规划调研等各项资料，整理低保台账，办结低保申请1户，办理老人优待证7人，申请尊老金5人，发放民政残联上半年资金87869元，发放少数民族清真补贴4356元。

劳动保障 办理退休认证620人；参加市里组织的劳动平台培训2次，自行组织社区社保补贴及退休认证培训2次；办理就业证110人。

民事调解 针对部分小区业主与物业之间的矛盾问题，街道协调物业、业主、法律顾问等4次召开专题会议，搭建业主与物业之间对话平台；针对个别居民因经济纠纷而引发的不稳定因素，多次登门做好解释工作，并引导其走正常的司法程序。走访居民5000余户，企业96家，排查出租屋370户，稳定信访重点案件12起，收集困难诉求、意见建议120余条共计45类，召开专题会办会8次，实际解决96条，上报24条。

文化生活 结合"我们的节日"主题活动，围绕十九大精神，每2个月分专题开展弘扬民族风范、传承特色、积极向上、爱国爱党、充满正能量的文化活动；同时，注重开展文化活动的层次性和多样性，针对辖区居民不同层次、年龄的文化需求，既要发展高雅文化，也要发展通俗文化，努力做到在学习、教育、文娱、健身、科普、艺术等领域百花齐放，不断推动社区文化繁荣发展。

司法综治 不断健全街道司法综治职能，聘请专业法律顾问进行指导，建立健全街道、社区调解委员会，制定完善各项工作制度，同时加强与开发区法院的联系，全力做好属地诉调工作，全年共调解化解了7起矛盾纠纷。多次开展文明城市大讲堂，受教育人数达1000余人次。

表68 **2017年高新区郁洲街道社区基本情况表**

社区名	村（居）民小组数	户籍户数	户籍人口数	面积（平方千米）	耕地面积（公顷）	办公地址
河滨社区	25	5896	18500	1.1	0	科苑南路98号苍梧河滨花园13号楼一楼
淮海社区	12	728	2548	0.8	0	青峰路8号锦绣江南1号楼2单员1楼
东苑高新社区	13	1711	5902	2.0	0	学院路18号水木华园物业一楼
东河社区	29	746	1296	0.8	0	屏竹路9号四季金辉小区1号楼2单元一楼
学院社区	12	1250	3750	2.5	0	凌州路8号秀逸苏杭小区32号楼1单员东面
凤梧社区	40	633	1353	0.8	0	凤凰大道9号东瑞花园西门南侧
西凤社区	12	370	1111	0.8	0	凤翔路19号凤祥铭居西侧门面房

表69 **2017年高新区郁洲街道住宅小区情况表**

小区名称	建成时间	建筑面积（万平方米）	可入住户数	小区位置
水木华园	2008年	20	1335	学院路18号
名人世家	2015年	4.7	100	学院路29号
四季金辉一期	2013年	14.36	988	屏竹路9号
四季金辉二期	2015年	27.8	1798	金辉路1号
合力铂金	2014年	10	589	凤凰大道19号
凤祥铭居	2016年	31.08	1080	凤翔路19号
东瑞花园	2011年	8.1	530	凤凰大道9号
凤凰国际城一期	2015年	9.82	669	海宁东路20号
凤凰国际城二期	2017年	9.99	608	海宁东路20号
苍梧河滨花园	2008年	14	1575	科苑路98号
中央华府	2010年	18	1750	建设东路188号
海连新天	2006年	13.7	1198	科苑路99号
金秋情缘	2008年	12	1099	学院路28号
港利・锦绣江南	2015年	21.68	1460	青峰路8号
秀逸苏杭	2016年	35.2	2261	玉兰路1号
东方瑞园	2016年	28.5	1636	凌洲东路8号

南城街道

【概况】南城街道东与云台农场接壤，南临烧香河与宁海街道相望，西与锦屏镇相连，北与花果山新滩村接壤。街道辖区面积9.8平方千米，耕地面积57.4公顷，3310户，11355人，下辖凤凰、宁海、青春、九岭4个社区，街道办事处位于新大街156号。2017年财政收入3993万元，固定资产投资5.6亿元，实际使用外资50万美元，新引进企业2家，投入25万元改造农田水利，绿化山林24.4公顷，治理烧香河、妇联河3.8千米。新增就业人员149人。

【经济工作】**农业经济** 2017年农村土地确认工作进入数据入库。粮食产量1904.6吨，主要种植水稻、小麦及蔬菜。

重点项目 完成规模以上固定资产投资5.6亿元。注册外资实际到账50万美元。凤凰·光辉岁月商务花园项目。商铺建筑已完成，进入 装修扫尾工作。匡井路改建工程。房屋征收、招投标工作已经结束，进入施工阶段。凤鸣湖公园改造工程。沿湖房屋征收全部完成，设计建筑一阁、一塔、一庙、一湖进入设计招投标阶段。西凤凰山公园一期工程。老街3个地块征收总建筑面积约8.6万平方米，征收居民574户，征收协议签订370户，完成公示总数（450户）的82%。4号地块征收居民户已全部完成。对城门广场征收已完成房屋测绘和土地确权前期工作。

招商引资 新引进5000万元以上企业1家，新注册公司1家，引进返乡科技创业带头人7名。

安全生产 街道全年进行安全生产联合执法检查6次，发现并整改事故隐患90余处。辖区范围内安全生产形势平稳，一般事故和重大事故发生率为零，无伤亡事件。

【基础设施建设】农田水利设施建设2017年投入25万元，新建小农桥闸2座。投入0.85万元。新建喷灌系统和防旱防涝防灾系统。

环境整治 对新大街沿街道路两边违章店外占道广告牌采取集中整治，安排人员清理沿街店铺外占道摆放、落地灯箱、广告牌及占道未经审批的擅自设置行为。规范新大街沿街非机动车辆秩序，整治非机动车辆乱停、乱放现象，对各沿街门店门前车辆停放秩序进行长效管理。共取缔流动摊点300余处，对辖区范围内交通干线沿线环境进行整治，共清理乱堆乱放800余处，刷白墙体面积约6800平方米。共清理河道、沟塘面积约4000平方米，清理河内浮萍、漂浮垃圾约8吨。拆除交通干线沿线违章搭建的畜禽圈约3000平方米，取缔家禽散养点17处。

绿化工作 2017年投入20万元，绿化山场面积24.4公顷，抚育中育林26.67公顷。投入8万元，对宁连高速公路两和西山进行绿化，在宁连高速九岭段两侧栽植苗木2840株，绿化面积6.67公顷。栽植雪松、广玉兰等树种2万余株。

桥梁河道治理 2017年，投入110万元，完成烧香河、妇联河河道疏浚3.8千米。投入2万元，完成排洪道、渠清理5平方千米。

禁违拆违 成主禁违控违机动队，每日负责整个街道4个社区的禁违控违日常巡查，对巡查中发现的违建现场拆除。全年拆除新增违建面积约862平方米，控违面积约4000平方米。对九岭社区高速路沿线50米范围内违建进行拆除，拆除面积约3000平方米，征收房屋30户，拆除面积共约4000平方米。

【党群工作】**组织工作** 开展扶贫攻坚活动。对四个社区实现全面走访，共走访贫困户130户，九岭农户654户。街道党员干部与建档立卡贫困农户实行一对一结对帮扶，为帮扶对象建一户一档，想办法帮他们解决困难，提高他们生活质量

宣传教育 街道利用宣传栏、QQ群、社区远程教育、投影滚动屏等形式广泛宣传十九大精神的重要意义及必要性，组织党员开展预学习和讨论，切实激发广大党员群众关心活动、参与活动的积极性和主动性，为开展活动营造良好舆论氛围。完成国家级新闻稿10篇、市级稿件6篇，区级网站38篇。

党风廉政工作 街道纪工委继续把特色廉政文化建设作为重点工作来抓，抓住党员干部家风建设这一主题，结合自身实际整合资源，深入挖掘家风家训文化内涵，将家风传承和廉政文化建设相结合，努力推进家风家训廉政文化阵地建设。占地1400平方的家风家训廉政文化主题游园、南城古镇家风长廊改造主体及绿化已全部完成，省级廉政文化示范点创建成功。

工会工作 镇工会多次慰问5个社区20多名特困职工。做好爱心金秋助学工作，帮助特困职工子女考上大学大专院校渡过难关。举办安全生产知识竞赛，学习《工会法》、《安全生产法》等法律法规。依法做好2017年工会经费的收缴工作，按时完成上缴总任务。组织部分本镇的劳模参加玄武湖工人疗养院的疗养工作，做好本镇市劳模省劳模的新情况登记上报工作。积极参加市全镇的文体活动。

纪检工作 在机关家风家训廉政文化氛围营造的基础上，重点打造特色阵地。街道共组织开展各类廉政教育学习活动190人次，切实增强了党员廉洁自律意识。

【社会事业】**民政工作** 南城街道共有城市低保87户161人，共发放低保金615064元，农村低保31户75人，共发放低保金220650元。上报临时救助2户，审批1户，救助金额2000元，中秋节慰问困难户40多户。现有优抚对象33人，共发放优抚金302730元。有城市重残36名，发放补贴金237540元，农村重残15人，发放补助金82800元，对符合条件的无固定收入重残人员100%上报救助。协调解决社区200户居民饮水困难，为其安装自来水；为改善社区居民出行难的问题修建便民路并安装路灯199盏。

医疗卫生 做好健康教育宣传工作，在南城辖区内，对破损毒饵站进行更换，共更换毒饵站900个，发

放毒饵240公斤，安置捕蝇笼50个，发放灭蟑剂60个，发放外环境消杀药品480瓶，对所有垃圾池、公厕、污水源、绿地等进行消杀，消杀面积约2平方公里。

劳动保障 2017年城镇新增就业149人，城镇登记失业率控制在2%以内。城镇失业人员再就业17人，就业困难人员灵活就业社保补贴申请82人，城乡居民养老保险新增参保人数32人；新增待遇领取人数28人，社保卡申领办理1000余人；城乡居民医保办理全面推进。

文体活动 街道组建民间社团三个，其中青春俱乐部被市老年体协指名参加了2017年北京年会。全年组织各类文、体、广、旅活动20多场次（含参加市、区活动），注重组织和参加市、区各项体育活动，为创文、创城营造了良好的宣传舆论氛围。期间，培育社会指导员66名，新设健身点（路径三处）。

综合治理、社会治安 街道开展社会矛盾纠纷情况和社会稳定、治安形势分析研判活动，组织群众学法用法，举办法律学习班。在元旦春节等节日期间、两会期间和十九大会议期间，以切实可行的预案及稳控措施，开展矛盾纠纷集中排查和调处工作。加大排查和整治力度，成立平安志愿者协会和平安志愿者工作站。

（撰稿：鲍彦然　审稿：吴　军）

表70

2017年南城街道社区居委会情况表

村（居）名	村民小组（个）	户数（户）	年末人口（人）	成立时间	面积（平方千米）
宁海社区	5	679	2324	2001	1.3
青春社区	6	875	2045	2002	1.8
凤凰社区	10	734	2549	2002	1.1
九岭社区	10	654	2513	2010	5.6

表71

2017年南城街道主要工业企业情况表

企业名称	成立时间	年末职工人数	固定资产原值（万元）	产值现价（万元）	利润（万元）	经营体制	主要产品
连云港正荣食品添加剂厂	1999年7月	20	500	3000	80	个人独资	柠檬酸钾
连云港永接五金制品有限公司	2014年3月	5	650	55	11	个人独资	空调支架

云台街道

【概况】 云台街道地处连云港市花果山南麓，东临连云区徐圩高新区，东北与市开发区接壤，南与云台农场为邻，西北与南云台林场相连。面积59.5平方千米，其中耕地面积1813公顷，山林面积1733公顷。人口7903户，32162人。辖9个行政村、1个社区。境内有众多自然景观和人文景观，有渔湾国家AAAA级景区和东磊景区。2017年街道完成财政收入1800万元，较2016年增长600万元，完成社会固定资产投资4.1万元。农民人均收入22841元。加大农村基础建设投资，流转土地50公顷，完成妇联河、烧香河修浚河道10490米。投资1.8亿元，对全街道域内道路进行修整，修建了云台山大道环岛路。

【经济建设】 **经济指标** 2017年完成公共财政预算1800万元，完成目标任务36%；完成全社会固定资产投资4.1亿元，完成目标任务的124.24%；实现农民人均纯收入22841元，比2016年增长12.09%。

农村生产建设 街道有序推进农村综合改革，完成了土地确权发证工作。抓好农村耕地补贴，确保补贴发放到农民手中。完成秸秆还田1942.13公顷，返田率达99%。流转土地50公顷，实现脱贫45户100多人。

重点项目 开发葫芦山区域项目，计划投资3.5亿元，2017年投资1.2亿元，用地8公顷，建成具有地方特色商业街区，集餐饮、住宿、休闲娱乐、旅游及养老为一体公共活动场所；上合物流园铁路专线，投资3.5亿元，用地24.67公顷；南云山环山大道，总投资3.5亿元，2017年投资1.8亿元，路基已铺设完成。部份道路通车。

【基础设施建设】 **乡村道路修整** 投资62万元，对街道130千米农村道路进行全面高标准整治，并成立了道路养护管理站。

环境整治 街道成立整治行动领导组，对村庄进行检查，清理垃圾4000吨，修剪树木2万株，拆除集装箱、围墙、猪圈、草堆等5800平方米。

河道清理 投资118万元完成妇联河及烧香河疏浚10490米，完成土方10.2万吨。修建农桥7座。

【党组织建设】 **党员教育** 全年定期不定期开展党员教育活动，街道工委对18个基层党组织1159名党员进行信息采集，录入档案。全年共开展谈话7人次，组织党员参加远程教育，邀请专家为村干部、党员讲法制课等。

党风整顿。街道党工委狠抓党风廉政工作，全年接到信访举报8起，信访7件，接待群众来访19起，办结率100%，上缴违纪现全22600元，立案6件，给予党纪处分1人。

【社会民生】 **民政救助**　2017年新增加低保户28户，74人，发放低保金额206.37万元。投资7万元成立残疾人之家，发放残疾人补贴456人，补贴107.82元，为80岁以上老人发放尊老金38.78万元。

劳动保障　街道各村都成立人力资源和社会保障站，转移劳动力322人，组织劳动力培训230人。为城乡居民缴存养老保栓228万元，发放60周岁以上老人养老金500万元。

医疗卫生　街道为60岁以上老人免费检查身体，交纳农村合作医疗保险金10.31万元，参加新型农村合作医疗23830人。参保率达99.1%。为800名学生参加城乡居民医保。

（撰稿：陈　鹏）

江苏省岗埠农场

【概况】 江苏省岗埠农场位于海州区西郊，东与海州区浦南镇、东海县张湾乡相连，南与东海县平明镇接壤，西与东海县白塔埠镇毗邻，北与东海县黄川乡、海州区浦南镇相望。是华东地区大型国有、江苏省农业产业化重点龙头企业之一。拥有国家级优质商品种子生产基地、江苏省最大鲜切花生产基地、绿色有机食品生产基地、特色水产品养殖基地。中心位置为东经119°10′，北纬34°6′，农场总面积0.9万公顷，耕地面积0.54万公顷，下设6个生产区，6366户，27444人，在册职工2439人，离退休人员5554人。

2017年，经济工作有较大的发展，全场粮食种植面积8853.33公顷，总产量7217.68万千克，农场水产养殖面积266.67公顷，销售收入500万元。绿化造林20公顷，实现林业收入107.5万元。

法制教育深入人心。2017年制订了3年普法教育计划，完善农场法制工作制度、开展普法教育，组织阳光法律援助“送法”活动。

投资300万元，创建“职工之家”，打造国家级“职工之家”，开展文化活动，农场被市政府评为“书香企业”称号，“职工书屋”被授予国家级“职工书屋示范点”称号。

维护社会稳定，加强帮扶解困工作，全年实现脱贫177户、469人。

重视农场基础建设，全年投资673万元，建成公路桥2座，绿化道路8460米，实现6个生产区道路硬化。

发展二、三产业，推进场区农贸事业的兴起，解决群众生活需求，实现农场一体化发展。全年实现国内生产总值（GDP）9.6亿元，同比增长8%；国有营业收入3400万元，较2017年增长11%。

【经济建设】 **种植业**　2017年全场粮食种植面积8853.33公顷，总产量7217.68万千克。其中，小麦种植面积4426.67公顷，产量为3157.32万千克；水稻种植面积4426.67公顷，产量为4060.36万千克；全场繁育小麦种子面积1800公顷，种子生产量1244.6万千克；水稻种子繁育面积347.33公顷，种子生产量达360.93万公斤。

林业　岗埠农场林地面积为1000公顷，林木总株数56万株。其中成片林面积为323.47公顷，成片林株数24.1万株，四旁植树31.8万株，折算面积为531.2公顷，林木覆盖率为11%。绿化苗木面积146.67公顷，绿化苗木株数32万株。农田林网56公顷，道路42.33公顷，沟河渠堤旁192.47公顷。2017年新增植树造林20公顷，苗圃育苗2.4公顷。2017年实现林业收入107.5万元，其中树塘拍卖及绿化苗木销售收入达33万元，争取国家造林、公益林、抚育林补贴金额达60万元。

养殖业　农场水产租赁面积266.67公顷，其中养殖鲤鱼106.67公顷亩；养殖台湾大泥鳅53.33公顷；福瑞鲤、水蛭、观赏鱼等其他特色水产品80公顷；苗种育苗26.67公顷。农场在盐城有外拓基地近66.67公顷，2017年共投放鲤鱼、花鲢、白鲢鱼种10万千克，套养南美白对虾0.2亿尾，实现销售收入500万元，利润30万元。全年共出栏生猪3.4万头、牛120头、羊730只、鸡27万羽、肉鸭27万羽、鹅16万羽，实现销售收入10万元。

高效农业　全场高效设施农业占地面积161.33公顷，复种面积达447.33公顷。全年生产鲜切花5880万支。轮作瓜果蔬菜种植面积达223.47公顷。蔬菜瓜果种植面积、品种、产量呈现持续、稳定、健康发展的良好态势。夏黑葡萄上市早、红瓤火龙果市场俏，市价每斤15元以上仍然紧俏畅销，供不应求。2公顷蓝莓生产基地开始供应市场。同时根据市场不断淘汰经济效益低的产品，引导种植大户根据市场变化不断引进新品种种植，2017年新引进景天科、百合科、菊科等“微型掌上花卉”艾格尼斯玫瑰、冰莓、姬星美人等几十个品种。

二三产业　农场实现全年总供电量4564万度，较2016年同比增长16%；实现供电销售收入2406万元，较2016年同比增长17%；承揽场内外电力工程30个，实现工程利润107万元。自来水厂全年总供水量46.7万吨，较去年同比增长40%；实现营业收入156.3万元，较2016年同比增长6.3%；承揽场内外自来水工程，创收20万元。

【基础设施建设】 **土地管理**　2017年完善土地利用总体规划，调整土地利用指标58.33公顷，争取农转用指标2公顷。农村道路、桥梁建设，新建农村桥梁2座，对农村道路进行改造，六个工区及场区的道路全部进行硬化，铺设为沥青路面。田间道路都铺设为砂石路面。

环境整治　全年投资673万元，对场区及六个工区环境进行整治，新建下水道4200米，设立46个垃圾集中点、投放258个垃圾桶，招募保洁员19名，清理各类垃圾5000吨。

绿化　道路绿化8460米，造林2

公顷，苗圃育苗2.25公顷、栽种树苗22万株，销售苗木0.7万株，实现林业收入107.5万元。

控违拆建工作 农场根据市、区政府严打违建行为，制订了一系列控违拆违规定，阻止违建60户，查处违建26户，拆除违建16处，1879平方米，清理非法填土1200立方米。

【党组织建设】**法制教育** 2017年农场制订三年普法教育计划，开展一系列普法教育活动，送法进工区，进农户、进农田，发放普法书籍3000册，组织法制培训，增强农工的法律意识。

党员教育 全年投资40万元，建立10个党员活动阵地，组织党员干部认真学习党章、党规、党纪，全年组织学习20次，干部党员集中学习6次，针对排查的问题，总结出16条问题。

党风整治 街道创建廉洁守纪一条街、廉洁报架和廉洁文化室，聘请各工区责任人任党风廉洁建设指导员，为农场营造党风风清气正的良好范围，全年实施党纪处分2人，通报批评6人，行政处理14人。

党的建设 农场党委重视干部培养工作，培养一批政治强、作风硬、业务精的干部队伍，调整党员干部11名，开展思想政治工作研讨活动7场次，组织文化活动9次。

【社会民生】**创建职工之家** 投资300万元，建成"职工之家"，设图书馆、文化室、健身房、羽毛球室、乒乓球室、棋牌室、瑜伽室、台球室、医疗保健室。农场被评为市级"书香企业"，"职工书室"被授予国家级"职工书室示范点"称号。

帮困扶贫 农场开展"一对一"帮扶活动，对农场332户困难户进行帮扶。实现脱贫177户、469人，脱贫率达53.3%，为职工缴纳五险一金850.5万元，发放养老金1.76亿元，发放低保尊老，优抚补贴441万元。

劳动保障 努力解决就业问题，举办各类业务培训班20期，吸收27人为农场护林员，19人为农场保洁员。居民医疗保险纳入统一管理范围。

（撰稿：魏善议 审稿：姜 超）

江苏省云台农场

【概况】江苏省云台农场是江苏省农垦集团公司直属企业，始建于1952年9月。东与连云区接壤，南与灌云县交界，西与宁海街道毗邻，北与云台街道相连，辖区面积31.3平方千米，耕地面积2866.67公顷，其中耕地面积1800公顷，1784户，5816人，平远学校等坐落境内。农场社区下辖张圩、于沈、普山和宏业等4个居委会及大岛和东山直属居民点，拥有云龙房地产、华缘生态旅游、凤凰陵园和水电中心等4家全资经营单位，2017年实现国内生产总值17736万元，营业收入6352万元，利润总额7288万元。粮食总产1536.32万公斤，着力打造现代农业、房地产和生态旅游业三大主导产业。发展现代农业，试种莲藕和养殖豆丹，实现利润20万元。开发生态旅游市场，建成云水湾景区和农家乐旅游区，投资307万元修建居民区房屋和道路。农场先后被评为"江苏省文明单位""市级守合同重信用企业""出口蔬菜质量安全示范荣誉称号。

【经济建设】**农业生产** 2017年全年实现粮食总产1536.32万千克，其中：夏粮小麦总面积902.89公顷，总产613.92万千克，平均亩产453.3千克；秋粮水稻总面积1069.45公顷，总产922.40万千克，亩产575千克。新扩莲藕集体种植3.13公顷，试验主导品种作为种苗繁育基地达到8.8公顷。销售优质莲藕种苗16万千克。豆丹养殖面积达13.33公顷，生产豆丹卵300万粒，实现利润20万元。全年新建防渗渠6200米、进排水涵87道、生产桥2座，投资新增水泥晒场5000多平方米，水泥晒场使用面积已达7万平方米。对国有农机进行大幅升级，新购置液压重耙1台、镇压器1台、撒肥机2台、钵苗摆栽机1台、8米宽幅耙、小型发电机4台、柴油发电机6台、自走式喷灌机9台、东方红1304拖拉机1台、水直播机2台，同时引进自动驾驶导航系统。收购两座私人电灌站、新建粮食仓库一座。

生态旅游业 连云港市政府与省农垦集团签订共建2020年省第11届园博园合作框架协议，把云台农场确定为园博园会址，云水湾景区纳入连云港市旅游年卡服务范围。6月，在农场云水湾景区成功举办连云港第二届荷花节、江苏省农民体育节暨采藕节，围绕莲（廉）、荷（和）主题，提升景区文化内涵，成为连云港市廉政教育基地。发展农家乐旅游项目，建成云水湾烧烤广场、码头长廊。培育千屈菜、葡萄苗10万株。

果蔬生产 农场云水湾景区生

云台农场机械化作业，粮食连年丰收

产的葡萄、桃子、桑葚成功申报无公害水果，并获国家果品达标奖补资金。完成“云台农庄”商标水果类补充注册。“国家现代农业庄园”通过初审，绿色果蔬成为云台发展的新名片，农场的公众形象和社会影响力进一步提升。

房地产业 农场出资的云龙房产公司、参股的运通房产公司、运通房产开发上市的凤凰星城三期楼盘等项目建成，进入营销。全年实现利润2.8亿元。云龙房产公司自主开发的华泰·丰泽园一期1~4号楼盘，因较好的区位优势和舒适的居住环境，第一季度即完成全年销售任务，全部售罄。云龙房地产公司全年实现营业收入3962万元，实现利润119万元。凤凰星城、华泰·丰泽园口碑和美誉度在港城得以传扬。

安全生产 农场与驻场单位、学校、幼儿园、厂矿企业39家单位签订了2017年安全生产责任书，明确各企业单位安全生产主体责任。组织5次安全生产培训、2次安全生产演练、30次安全生产检查。重点检查烟花爆竹、压力容器、特种设备、粉尘企业、建筑工地、农机电力、危桥危房、农贸市场以及人员密集场所，对每个企业存在的安全隐患能够及时掌握，立即整改。全年现场消除安全隐患219处、即时整改156处，下达整改通知书共58份。

【基础设施建设】 **道路建设** 农场投资640万元修建云东路、三机站路、沈河路、大寨桥等场内重要交通道路；投资307万元修建下水道、公厕、农机停放点、等公共设施。全年农场公路、村庄基础设施建设等社会事业项目投资达1320.92万元。

环境整治 对全场重要场所电子监控进行新增和检修，增强电子城管力度。配合地方政府加强河道管理，落实河长制。加强城管巡查，加大对违建、流动摊位、占道经营等行为的治理力度。加强对人员密集场所和出租屋安全检查，场域社会安定和谐。

电网改造 对接连云港市供电公司，落实电力改革与农网改造工作。水电中心启动电网改造工作，实现全场对供电要求，保证农田和居民用电。并对外拓展业务，全年实现工程收入195.17万元。

【社会事业】 **劳动保障** 积极构建社会保障体系，扎实推进精准帮扶工作。组织下岗职工参加免费再就业培训，创造更多就业创业机会。2017年共有20人获得高级家政、产妇护理等国家级职业技能证书。

文体活动 农场社区服务中心组建文艺宣传队伍，节日和农闲时为职工演出，丰富职工文化生活，传承文明新风。建成居民健身广场。农场社区服务中心被连云港市总工会评为“工人先锋号”。

绿化 投资61万元完成东池河两侧绿化，栽种杨树、柳树等树3万株。场区居民区绿化13.33公顷。栽植刺槐、海棠等绿化苗木近6.67公顷。

（撰稿：车 健 审稿：林 萍）

南云台林场

【概况】 南云台林场，南与南城街道相望，东与云台街道，云台农场相连，西、北依南云台山与花果山景区交界。山林面积2800公顷。531户，1403人。2017年完成经济综合收入2003万元，新增绿化造林20公顷，建成孔雀沟民宿特色旅游区，修建7.8千米宝渔路和1500米旅游步行道，建成万年山大圣蟠桃园20公顷，开辟推磨山茶园，新建森林病虫害防治中心。2017年申报的农业开发项目获省农委补助资金350万元。

【经济建设】 **经济指标** 2017年实际完成经济综合收入2003万元，完成年度目标任务100.5%；固定资产投资实际完成规模以上投资1.5亿元，完成年度目标任务100%；体制上解任务完成200万元，完成年度目标100%；向上争取资金850万元，完成年度目标任务121.4%。

绿化和森林防火 新增绿化造林面积20公顷，完成扬年度目标任务100%，其中成片造林16.67公顷；森林抚育200公顷，完成年度目标100%；新建防火道路5.5千米，完成年度目标任务275%。实现连续八年无火灾事故的目标。

孔雀沟民宿特色旅游区 根据孔雀沟独特天然氧吧特色，按景区大花果山建设的总体要求，拟定对孔雀沟现有职工老房进行征收，在原有基础上进行改造，让游客在游玩中体现民俗特色和休闲养生特色。

茶叶园项目 在林场四管区推磨山上，投入340万元兴建茶叶项目区。该工程通过3个月的紧张施工，现已完成较大水塘坝2座；完成4.5千米道路改造，已完成工程量的90%。

防治病虫害，建设生态林

【基础设施建设】 **花果山祈福大道建设** 4月启动花果山南大门祈福大道建设。建设成道路、小游园景观景区，年内完成宝渔路全长7.8千米沥青路面工程，另外从牯牛旦至东磊道路拓宽工程项目，获省农委项目补助资金350万元。

新建大圣蟠桃园 3月在万年山新建大圣蟠桃园20公顷，已栽植5个品种蟠桃，预计2~3年可挂果，届时能使游客春夏秋三季都能尝到新鲜蟠桃。集，游、玩、乐人文景观为一体，力争把蟠桃园打造成花果山大旅游的一个亮点。

兴建市级病虫害防治中心。3月林场编制新建一座病虫窖防治中心设计方案，已通过专家评审，并绘制施工图，选定建设地址，该项目已获批复。

棚户区改造 上半年已完成小区道路、水、电及绿化工程建设；对二期边坡排险复绿工程，基本竣工。

【党组织建设】 **学习教育活动** 2017年党员学习实行常态化制度化。党委进行两次大走访活动，组织党员志愿者活动组建林场青峰号党员森林防火志愿服务队和孔雀沟党员护绿卫士志愿服务队两个服务平台。并在景区网站对外发布。

宣传工作 全年上报新闻报道117篇被省、市媒体采用，40篇信息被市、区信息网站采用。林场编写的“双促双进”大走访的创新做法还被《连云港日报》和市党建网站采用。

【社会民生】 **林场改制** 2017年林场根据实际情况，考虑职工工作、生治具体现实，经上级批准，进行改制。这项工作经过努力，得到了市、区相关部门和领导的重视，特别是景区领导的关心和支持，工作正在进行中。

综合治理 林场健全治安管理制度及维稳机制，规范信访工作制度，全年没有发生一起安全事故及越级上访事件。

劳动保障。林场为职工办理退休认证、劳动技能培训，走访慰问困难职工等工作，各项工作都较好地完成上级下达的目标任务。

（撰稿：孙小丽　审稿：王三祥）

锦屏林场

【概况】 锦屏林场始建于1961年，为国有林场，负责海州区国有山林的管护。全场在职职工25人，退休职工19人，长期临时工16人（护林员），山林面积1533.33公顷，固定资产439万元。

【山林管理】 2017年林场重新制定森林防火值班制度，确保24小时通讯通畅，第一时间进入状态，及时处理所发生问题。改善林场管理条件，建有管理用房450平方米。加强林场生态保护，建博物馆1座、450平方米。

【森林防火】 锦屏林场重点加强森林消防系统建设，新建森林消防通道5千米，覆盖大虎礁周边、蜘蛛山沿线333.33公顷林地。清理重点地段和道路两边林下可燃物面积133.33公顷。做到山顶有水池，山涧有水坝，山路有水车的立体式防火水源体系。2017年无森林火灾发生。

（撰稿：韩江亭）

锦屏林场的防火蓄水池

百岁老人

张奎义　1918年1月30日生，现居住在海州区朐阳街道孔望山社区，现身体状态一般，不能自理，精神状态良好，睡眠较多，头脑清醒，语言表达正常，现和儿子儿媳照顾居住。

鄂淑华　女，汉族，1909年8月19日，现居住向阳公寓4-602。现身体情况健康良好，生活半自理，食欲良好，睡眠正常，头脑清醒，语言表达正常，失明，耳背，有一个儿子四个闺女，由四闺女陪伴生活。

孙广才　男，汉族，1913年4月29日生，现居住在新浦街道市民社区水利巷1号。现在身体健康良好，食欲较好，吃饭不挑食，头脑清醒，语言表达正常，听力有点不好，共有六个子女，三女三男，目前由最小的儿子照顾。老人家爱干净，经常晾晒衣服、被褥，冬季多晒太阳，脾气好，喜欢小朋友。

林国仪　女，汉族，1916年11月11日出生，有三儿三女，现居住在苍梧三期18-701身体健康状况良好，生活基本能自理，头脑清晰，言语表达正常。

胡秀兰　女、汉族，1917年4月24日出生，现居住海州区社会福利中心3号楼215室，目前身体情况健康良好，生活半自理，语言表达正常，有点眼花耳聋，有女儿陈桂香和护工陪伴生活。

郝宜轩　女，汉族，1918年2月27日生，现居住紫云社区新浦祥和园10号楼4单元302，户口所在路南街道路南社区。现身体状况一般，去年摔倒腿跌断了，生活无法自理，家人专门聘请护工照顾，食欲睡眠都很好，头脑清醒，语言表达正常，有点眼花耳聋。育有一儿一女，现居住在东海水晶管理站宿舍儿子家生活。

徐希善　男，汉族，1913年7月30日生，现居住在海州区葵花社区。现身体状况一般，生活自理能力较差，睡眠较多，饮食一般，头脑还算清醒，有点耳聋，生育有三儿一女，现由二儿和三儿轮流照顾生活起居。

赵加英　女，汉族，1917年11月19日，现居住在朐山村上庄四组，现身体硬朗，头脑有点退化，食欲正常，睡眠正常，语言表达有点退化，有6个孩子，现和儿子滕士考住在一起。

张秀兰　女，汉族，1918年3月5日，实际上104岁，现居住在养老院，不和子女生活，现身体硬朗，耳聪目明，头脑清醒，生活能自理，有6个孩子，去世1个。

孙礼兰　女，汉，1914年5月14日生，现居住在新浦区新海新潮社区，现身体状况健康良好，生活基本自理，食欲良好，睡眠较多，头脑清醒，语言表达能力正常，有点眼花耳聋。

席德芳　女，汉，1918年5月5日生，现居住在新海新潮社区东方领秀小区，现身体状况一般，腿不太方便，食欲良好，睡眠较多，头脑清醒，语言表达能力正常，耳朵有点聋。

国家级非物质文化遗产传承人

【海州五大宫调】**赵绍康**　代表性传承人，男，出生于1921年11月，小学文化，曾在连云港市新浦区消防所工作，1985年退休。1960年前后，他师从海州五大宫调名玩友孙汝德、徐锦凤，1963年起自学拉二胡；1970年前后学唱海海州五大宫调，擅唱【波扬】、【叠落】、【南调】等大调，专工二胡伴奏，能随乐曲情绪变化，演奏不同风格的曲牌，熟练配合玩友演唱。随着传唱的开展，他设立了赵绍康小曲堂，并被连云港市文化主管部门批准为第一批传承单位，周一、三、五，坚持"碰曲"传唱，参加者有十多人。自1960年后，他又广泛收集、整理海州五大宫调的各类曲牌、曲目，发动自己女儿帮助抄写、整理，几十年共收集曲牌25本，计200多首曲目，为海州五大宫调保留了了一批丰厚的遗产。他不仅自己学会大调、小调各类曲牌，1970年后开课授徒陈竟刚（已故）、许开达、刘笛生等，以及第二代弟子张步高，徐毓珍、张春梅、杨庆才、汪秀兰等。2008年，他被确认为第二批国家级非物质文化遗产传承人。

刘长兰 女，出生于1939年7月，小学文化，七岁时随海州五大宫调名玩友钱乐山学唱五大宫调的【叠落】、【波扬】等大调，坚持演唱至今。经过多年演唱，她能演唱的长长篇套曲《活捉张三郎》收录在《中国曲艺音乐集成·江苏卷》，擅唱“背弓”【满江红】等稀有曲牌，尤其是【波扬】，其口气、节奏尤显功底，同时，自己演唱时能自己熟练地敲打碟琴伴奏，琴点密集而娴熟，他能经常参加市里组织的各类演唱会和各类公益性演出，并传授徒弟封秀丽、徐毓芳等。2008年，被确认为第二批国家级非物质文化遗产地标性传承人。

【海州童子戏】 海州童子戏是苏北古老的地方剧种，又名“唷大嗨”或“唷嗨调”，属傩戏一支，原来多为祭祀、驱鬼而举行，后来汲取了戏曲声腔，逐步改变，原高腔系统，主要流布在连云港市。海州童子戏起源甚早，是一种驱鬼活动，与古代的巫觋活动有着密切的渊源关系。

曹艳玲 女，出生于1964年，初中文化，原籍是沭阳县西圩乡曹口村人，海州童子戏知名演员，“小观音”曹宜殿之孙女。曹艳玲出身梨园世家，自幼耳濡目染，学唱童子戏。11岁登台演戏，16岁担任主角主演《蓝继子讨饭》等童子戏传统剧目。童年开始便随其伯父曹培芝、父亲曹秀芝和母亲茆洪娥等登台演出。成年后和丈夫孙君明等20多人为骨干成立连云港市曹艳玲童子戏剧团，靠演出童子戏维持生计。曹艳玲工青衣、花旦，无论唱、做、念、打，都有过人之处，在当地颇有影响。2004年，中央电视台到连云港拍摄《走进中国·山海连云港》系列电视片，特地邀请曹艳玲童子戏剧团演出一场原汁原味的海州童子戏，并全程录像。2010年，曹艳玲被确认为连云港市首批非物质文化遗产代表性传承人。

【戴晓觉膏药】 戴晓觉膏药系纯中药制剂主治疔、疖、痈、疽、淋巴结炎、丹毒、缠腰火丹（蛇胆疮）、腮腺炎等外科疾患，有奇效。治疗过程是以中医的望、闻、问、切诊法，通过中医辨证，再根据需要外敷自制膏药，内服汤药、丸药，达到治愈目的。

戴晓觉膏药在海州、赣榆、沭阳、灌云地区，享有很高声誉。近10年来，该诊所先后诊治的病人治愈率达95%以上，多次受到市、区级卫生局的表彰，在连云港市及周边县市深得广大患者赞誉。2007年，该项目已入选连云港市首批非物质文化遗产保护名录；2011年，又入选江苏省第三批非物质文化遗产保护名录。

戴学光 代表性传承人，男，出生于1947年10月，高中文化，连云港市新浦人。他自幼随父学习中医。1975年在南京中医学院进修两年，从事医学研究。戴学光从其父手中接过戴氏膏药工艺，后经过市卫生局考核，取得了私人诊所的执照，在连云港市新浦开设“戴学光中医诊所”，按祖传技艺炼制膏药，为广大患者服务，在苏北地区较有影响。2010年，被确定为连云港市首批非物质文化遗产代表性传承人。

【汪恕有滴醋】 汪恕有滴醋是江苏省连云港市古镇板浦汪氏家族传承下来以手工酿制的烹饪佐料。这类醋的酿造工艺流布于海州区板浦镇一带，产品辐射连云港全境及江苏省各市。

汪宗遂 男，出生于1959年6月，大专文化，海州板浦镇人，现任连云港市板浦汪恕有滴醋厂厂长。汪宗遂1976年进入板浦酱醋厂，随其父汪亮祖学习滴醋酿造技艺1983年任车间主任，1986年任板浦镇副食品厂副厂长，分管生产和技术管理；1992年任新建的汪恕有滴醋厂厂长至今。他曾任连云港市第九、十、十一届人大代表，灌云县第五、六、七届政协委员。他在保持滴醋手工酿造技艺的基础上，研究开发出具有调味、保健功能的三大系列20多个品种的新产品，增强了传统品牌的竞争力和科技含量，多次获得国家、省、市质量奖。他随父亲学习酿醋技术30多年，基本掌握了汪恕有滴醋的技术精粹。汪宗遂于2010年被确定为连云港市首批非物质文化遗产代表性传承人。同年7月，被确定为第二批江苏省非物质文化遗产代表性传承人。

受国家机关表彰

表72

序号	受表彰单位与个人	表彰项目	表彰单位
1	海州区	国家级2014–2015年度无偿献血促进奖	国家卫生计生委、中国红十字总会、中央军委后勤保障部卫生局联合
2	海州区疾控中心	全国优秀健走示范区江苏赛区二等奖	国家疾控中心表彰
3	海州区商务局	第四届中国（连云港）丝绸之路国际物流博览会先进集体	中国（连云港）丝绸之路国际物流博览会组织委员会
4	连云港市解放路小学	2017年全国文明校园	中共精神文明建设指导委员会

受省级机关表彰

表 73

序号	受表彰单位与个人	表彰项目	表彰单位
1	海州区卫计局	江苏省健康机关	省爱卫会
2	海州区卫计局	获评江苏省爱国先进集体	省爱卫会
3	海州社区卫生服务中心康复医学科	创成省级特色科室	省卫计委
4	孔望山社区卫生服务中心	创成省级健康促进医院	省爱卫办
5	浦西社区卫生服务中心	创成省健康医院	省爱卫会
6	连云港市眼科医院		
7	孔望山社区卫生服务中心		
8	孔望山社区卫生服务中心	创成省中医药特色社区卫生服务中心	省卫计委
9	连云港市眼科医院	创成省级计量诚信示范单位	省质量技术监督局
10	海州区疾控中心	2015年度社会组织参与艾滋病防治项目先进集体	省预防医学会
11	板浦镇官庙村卫生室	创建成为省级示范村卫生室	省卫计委
12	海州经济开发区范庄村卫生室		
13	宁海街道清河村卫生室		
14	新坝镇墙匡村卫生室		
15	海州区卫生监督所	全省卫生计生行政处罚案卷评查三等奖。	省卫计委
16	海州区卫计局	代表连云港市参加全省基层卫生康复技能竞赛荣获团体二等奖	省卫计委
17	海州区教育局	省健康单位	江苏省爱国卫生运动委员会
18	海州区教育局	省学生资助工作绩效评价优秀奖	江苏省教育厅、江苏省财政厅
19	海州区教育局	省金钥匙比赛优秀组织奖	江苏省教育厅
20	海州区教育局	省教育综合改革试点项目单位	江苏省教育厅
21	海州区教育局	省“教海探航”征文竞赛先进集体	江苏省教海探航征文竞赛组委会
22	海州区新坝镇	江苏省“禁粘”任务达标乡镇	江苏省墙体材料改革办公室
23	海州区新坝镇	农家书屋提升工程试点工作先进地区	江苏省新闻出版广电局
24	海州区新坝镇	江苏省省级生态乡镇	江苏省环境保护厅
25	海州区新坝镇	省级反邪教警示教育示范点	江苏省委610办公室
26	洪门街道办事处	通过省标准化社区教育中心验收	江苏省教育厅
27	郁洲街道河滨社区	江苏省和谐社区建设示范区	江苏省民政厅
28	路南街道办事处	2016年度全省基层党员冬训工作示范街道	省委组织部和宣传部
29	路南街道办事处	创业型街道	省人力资源和社会保障厅

续表73

序号	受表彰单位与个人	表彰项目	表彰单位
30	朐阳街道	江苏省安全生产监管监察系统先进集体	江苏省安监局
31	朐阳街道	江苏省劳动人事争议优秀基层调解组织	江苏省人社厅
32	朐阳街道香江社区	江苏省法治文化建设示范点	江苏省司法厅
33	新浦街道	乡镇（街道、园区）统计规划建设百家单位	江苏省统计局
34	新浦街道	第一省级创业型街道	省人社厅
35	新浦街道	全省农民工综合服务中心示范单位	省人社厅
36	花果山街道财政所	省“巾帼文明岗”	省“妇女联合会”、省妇女“双学双比”“巾帼建功”活动领导小组
37	新浦街道	江苏省统计规划达标单位	江苏省统计局
38	新浦街道	江苏省第二次全国经济普查先进单位	江苏省第三次全国经济普查领导小组办公室
39	新浦街道	江苏省和谐社区建设示范街道	江苏省民政厅
40	日出东方太阳能股份有限公司	江苏省“五一劳动奖状”	江苏省总工会
41	连云港板浦汪恕有滴醋有限公司	江苏省“工人先锋号”	江苏省总工会

受市级机关表彰

表74

序号	受表彰单位与个人	表彰项目	表彰单位
1	海州区卫计局	连云港市创卫先进单位	市委、市政府表彰
2	海州区教育局	省“教海探航”论文竞赛突出贡献奖	市教育局
3	海州区教育局	市环境教育教学活动优秀组织单位	市教育局、连云港市环保局
4	海州区教育局	市中小学生环保知识大赛组织奖	市教育局、市环保局
5	海州区教育局	市中小学校舍安全工程目标考核优秀单位	市中小学校舍安全工程领导小组
6	海州区教育局	市青少年弘扬社会主义核心价值观情景剧大赛组织奖	市文明办、市教育局
7	海州区教育局	市“科技强国创新圆梦”征文活动优秀组织单位	市教育局、市科协
8	海州区教育局	市青少年防震减灾科普作文竞赛优秀组织奖	市教育局、市地震局、市科协
9	海州区教育局	市“海之声”中小学生合唱比赛优秀组织奖	市教育局
10	海州区教育局	市初中教学管理特色奖	市教育局
11	海州区教育局	市教科研工作先进集体	市教育局
12	海州区教育局	市重大调研课题先进单位	市教育局
13	海州区教育局	市教育事务管理工作绩效考核优秀单位	市教育局
14	海州区教育局	市多媒体教育软件评比优秀组织奖	市教育局

续表74

序号	受表彰单位与个人	表彰项目	表彰单位
15	海州区教育局	市招生考试工作先进集体	市教育局
16	洪门街道办事处	创建国家卫生城市先进单位	中共连云港市委、市政府
17	郁洲街道办事处	创建国家卫生城市先进单位	中共连云港市委、连云港市人民政府
18	郁洲街道办事处	市公共文化服务之星	连云港市文化广电新闻出版局
19	郁洲街道河滨社区	连云港市“十佳和谐社区”	中共连云港市委宣传部 连云港市文明办 连云港市民政局 连云港报业传媒集团
20	郁洲街道东河社区	市首届“好邻居”合唱节优秀组织奖	连云港市妇女联合会 连云港市文化广电新闻出版局 连云港市文学艺术界联合会
21	郁洲街道东苑高新社区	连云港市科普文明示范社区	中共连云港市委宣传部 连云港市精神文明建设指导委员会办公室 连云港市科学技术协会
22	郁洲街道学院社区	市级统计示范单位	连云港市统计局
23	路南街道办事处	创建国家卫生城市先进单位	市委市政府
24	朐阳街道香江社区	连云港市红十字工作先进集体	市红十字会
25	朐阳街道香江社区	连云港市文明城市创建示范社区	市精神文明建设指导委员会
26	新浦街道	国家卫生城市创建工作先进单位	市委、市政府
27	花果山街道	市“残疾人工作先进集体”	市残疾人联合会
28	花果山街道食安办	市“基层标准化食安办达标单位”	市食品安全委员会
29	宋跳社区	市“优秀综合性文化服务中心”	市文化广电新闻出版局
30	宋跳社区	市“三八红旗集体”	市妇女联合会
31	飞泉村	五四红旗团支部（总支）	共青团连云港市委员会
32	花果山青年之家	连云港市青年之家样板店	共青团连云港市委员会
33	花果山街道	市“国家卫生城市创建工作先进集体”	市委、市政府
34	花果山街道	市经济发展“二十强镇街”	市委、市政府
35	新浦街道	2017年度信访“四无”乡镇先进单位	连云港市信访联席会议
36	新浦街道	2016年度“五四红旗”	共青团连云港市委员会
37	新浦街道	“青年文明号”	共青团连云港市委员会
38	板浦镇党委	基层党员冬训先进集体	连云港市委宣传部、组织部
39	板浦镇	2016年度全市经济发展二十强镇街	连云港市委办公室、市政府办
40	板浦镇	2016年度残疾人工作先进乡镇（街道）	连云港市残疾人联合会
41	板浦镇	2016年度脱贫致富奔小康工程先进乡镇	连云港市扶贫开发工作领导小组

续表74

序号	受表彰单位与个人	表彰项目	表彰单位
42	板浦镇妇联	巾帼文明岗	连云港市妇联、市城镇妇女《巾帼建功》活动领导小组
43	连云港天常复合材料有限公司	连云港市“五一劳动奖状”	连云港市总工会
44	海州区房屋征收局	连云港市“五一劳动奖状”	连云港市总工会
45	海州区城管局环卫处	连云港市“工人先锋号”	连云港市总工会
46	连云港市安百利电力机械有限公司	连云港市“工人先锋号”	连云港市总工会
47	新南街道玉带社区	连云港市“工人先锋号”	连云港市总工会
48	连云港康达智精密技术有限公司	连云港市“工人先锋号”	连云港市总工会
49	连云港元丰机械制造有限公司	连云港市“工人先锋号”	连云港市总工会
50	海州区住建局绿化管理一处	连云港市“工人先锋号”	连云港市总工会
51	戈罕（新南街道海南社区）	连云港市“五一劳动奖章”	连云港市总工会
52	胡维平（连云港旭日科技有限公司）	连云港市“五一劳动奖章”	连云港市总工会
53	李罗华（连云港菜根香农业科技发展有限公司）	连云港市“五一劳动奖章”	连云港市总工会
54	武传诗（江苏省江天建设工程有限公司）	连云港市“五一劳动奖章”	连云港市总工会
55	徐兴军（连云港三瑞医疗机械制造有限公司）	连云港市“五一劳动奖章”	连云港市总工会
56	张华（连云港时代富华西游文化传播有限公司）	连云港市“五一劳动奖章”	连云港市总工会
57	王蕾（海州区新浦街道机关社区）	连云港市“五一劳动奖章”	连云港市总工会
58	管学刚（连云港光明医院）	连云港市“五一劳动奖章”	连云港市总工会
59	浦南镇	连云港市经济发展二十镇乡镇	市委、市政府

2017年度全区经济建设和社会发展目标绩效考评先进单位和先进个人

海委发〔2018〕7号

（2018年2月28日）

2017年，全区上下认真学习贯彻十九大精神，按照区委十届四次全会部署，高扬发展大旗，矢志跨越赶超，掀起了海州新一轮发展热潮，各项目标任务圆满完成，实现全市经济社会发展目标考核“五连冠”，领跑各县区、功能板块。为表彰先进，根据《2017年度区级机关绩效考评办法》（海委办发〔2017〕49号）、《2017年度镇街园区目标任务绩效考评办法》（海委办发〔2017〕50号）、《海州区“百日攻坚”三大行动计划方案》（海委发〔2017〕23号）等文件精神，经区委、区政府研究，决定对2017年度全区经济建设和社会发展目标绩效考评先进单位和为海州区建设作出贡献的有关单位予以表彰，对“百日攻坚”行动中涌现出的有功单位和先进个人进行嘉奖。

希望受表彰的单位和个人珍惜荣誉、再接再厉，在“三区两城”建设中，扬优展长，真抓实干，推动全区经济社会发展再上新台阶。各单位要对标先进，抢抓机遇，勇于担当，攻坚克难，在建设“强富美高”新海州中作出更大的贡献。

附件：

2017年度全区经济建设和社会发展目标绩效考评先进单位和先进个人

中共海州区委员会　海州区人民政府

2018年2月28日

一、镇街园区目标绩效考评先进单位

（一）一等奖（8家）

海州工业园、浦南镇、新坝镇、新浦街道、新东街道、路南街道、新南街道、幸福路街道

（二）二等奖（9家）

新浦工业园、锦屏镇、板浦镇、宁海街道、朐阳街道、新海街道、洪门街道、海州街道、浦西街道

二、机关绩效管理考评先进单位

（一）一等奖（25家）

组织部（两新工委、老干部局）、政法委（综治办）、纪委（监委）、宣传部（文明办、党校）、法院、统战部、检察院、信访局、总工会、教育局、财政局（金融办）、住建局（地震局）、人社局、城管局、经发局、科技局（知识产权局）、市场监督管理局、民政局、卫计局、安监局、司法局、环保局、文体局（文物局）、统计局、林业局

（二）二等奖（23家）

妇联、团区委、工商联、残联、机关工委、科协、民宗局、扶贫办、红十字会、农水局、瀛洲集团、审计局、步行街管委办、海发集团、商务局、中小企业局、农机局、农开局、旅游局、粮食局、房屋征收局、供销总社、水利局

三、驻区单位

（一）有功单位（8家）

国税三分局、地税六分局、海州国土分局、人武部、海州公安分局、海州规划分局、城管海州二大队、交巡警支队海州三大队

（二）先进单位（9家）

岗埠农场、海州物价分局、海州消防大队、海州边防大队、高新区公安分局、城管海州一大队、城管海州三大队、交巡警支队海州一大队、交巡警支队海州二大队

四、财税贡献（进步）先进单位

（一）财税贡献奖（12家）

正大天晴药业集团股份有限公司、江苏康缘医药商业有限公司、日出东方太阳能股份有限公司、连云港市自来水有限责任公司、青岛啤酒（连云港）有限公司、连云港天明装备有限公司、江苏鹰游纺机有限公司、连云港新奥燃气有限公司、连云港大吉塑业有限公司、江苏德邦兴华化工股份有限公司、江苏联瑞新材料股份有限公司、连云港之星汽车销售有限公司

（二）财税进步奖（24家）

连云港旭日科技有限公司、天田（连云港）机床有限公司、连云港

连利·福思特表业有限公司、连云港金典纺织科技有限公司、连云港爱仕沃玛技术纺织有限公司、江苏鹏程商业发展有限公司、连云港百仑生化科技有限公司、连云港泰乐化学工业有限公司、江苏天马网络科技集团有限公司、连云港振兴景观绿化工程有限公司、连云港益云金属工业有限公司、连云港奥林匹亚石材有限公司、连吉化学工业有限公司、连云港柯瑞宝石英陶瓷材料有限公司、连云港机床厂有限公司、连云港如年实业有限公司、莱绅通灵珠宝股份有限公司连云港分公司、连云港唯德复合材料设备有限公司、连云港市永昌货物运输有限公司、连云港市港圣开关制造有限公司、连云港西都生化有限公司、连云港润东天裕汽车销售服务有限公司、连云港金柱桩基工程有限公司、连云港黄海勘探技术有限公司

五、"百日攻坚"活动先进单位和先进个人

（一）突出贡献单位（6家）

朐阳街道、新浦街道、幸福路街道、新浦工业园、新东街道、海州街道

（二）有功单位（11家）

浦南镇、新海街道、海州工业园、路南街道、宁海街道、洪门街道、锦屏镇、新坝镇、浦西街道、新南街道、板浦镇

（三）优秀服务单位（12家）

区委办、政府办、纪委、组织部、宣传部、经发局、商务局、城管局、住建局、房屋征收局、信访局、安监局

（四）配合单位（24家）

人大办、政协办、政法委、教育局、民政局、司法局、财政局、环保局、农水局、文体局、卫计局、市场监督管理局、统计局、中小企业局、水利局、海州公安分局、海州国土分局、海州规划分局、岗埠农场、法院、检察院、海发集团、瀛洲集团、法制办

（五）先进个人（214人，按姓氏笔画排序）

丁　岩　卜玉霞　于　芳　于　阗
万利军　万　霆　马玉青　马宝云
马　亮　王义云　王可可　王　平
王　伟　王　军　王志强　王迎宾
王忠健　王经博　王春艳　王　轶
王俊壹　王勇飞　王根军　王爱华
王海鸥　王　翀　王绪勇　王　维
王　辉　王慧颖　王璐臻　王　瀚
卞光武　卞绍向　尹　森　尹道根
石振亚　田中丰　田作运　付　辉
包佃永　司举相　吕　远　朱冬云
朱　波　朱晓璐　朱　敏　伍安富
仲思颖　刘汉芝　刘　进　刘　波
刘宝恒　刘　健　刘高峰　刘琳琳
刘照文　闫　冬　江　波　江　惠
江舜军　汤茂峰　许铁堂　许　鹏
孙　平　孙　吉　孙传江　孙壮先
孙秀红　孙诗诗　阴　凯　纪　巍
严明清　严跃南　李玉鹏　李　宁
李吉君　李庆松　李守凯　李红明
李　青　李　杰　李　波　李政儒
李树来　李　绘　李　颖　李德波
杨二祥　杨　扬　杨守清　杨秀红
杨晓红　杨福霞　吴汇雯　何　洋
何　源　闵　浩　汪立岳　沈剑峰
宋　科　宋雪梅　张少卿　张书战
张　弘　张　华　张　宇　张来福
张连思　张建强　张建鑫　张胜利
张晓兵　张海萍　张　晨　张锦伟
张　静　张　震　陆　峰　陈大威
陈叶磊　陈秀媛　陈学宝　陈春梅
陈庭清　陈　艳　陈　娟　陈　雷
陈　曦　邵新光　武　磊　苗松骞
范明柱　林　华　林春娟　岳瑶瑶
金培发　金　嫚　周光树　周志声
周保东　周海宁　周　超　郑　扬
郑　萍　孟晓东　封红军　赵　猛
相配景　相　涛　姜　峰　姜　健
宣　静　贺　建　贺颖颖　秦昌盛
袁永杰　贾伊凡　夏兴龙　夏丽云
顾林梅　顾珂璠　钱明斌　徐士强
徐传军　徐兴祥　徐建福　徐晓斌
徐海波　徐　鼎　徐霞通　徐　鑫
殷　月　高　敏　郭泽峰　唐乐毅
唐　剑　唐　敏　陶　冶　桑爱越
黄　中　黄冬冬　黄　勇　黄能敏
黄锦荣　盛新海　崔海明　章　敏
梁文博　葛加龙　董　平　董兴国
董京京　董洪敏　董浩宇　董　瑞
韩　峰　韩　曼　嵇德文　程继岗
傅怀起　童　莉　曾朝德　谢昌领
谢瀚锋　颜　玮　潘家杰　薄一民
薄祥军　霍介涛　穆　慧　戴志刚
魏　东　魏春香

六、优秀村（社区）

（一）优秀村（8家）

太平村（浦南镇）、新坝村、浦东村、东辛村、武圩村（宁海街道）、网疃村、范庄村、夏禾村

（二）优秀社区（12家）

康宁社区、西山社区、站北社区、龙苑社区、后河社区、贾圩社区、九龙社区、外仓社区、富强社区、洪新社区、新建社区、幸南社区

学习贯彻十九大精神

【海州区学习贯彻中共十九大精神】 日前，海州区召开全区领导干部会议，迅速传达贯彻中共十九大和十九届一中全会精神。市委副书记、海州区委书记万闻华出席会议。

会议指出，中共十九大是在全面建成小康社会决胜阶段、中国特色社会主义进入新时代的关键时期召开的一次十分重要的大会，对于鼓舞和动员全党全国各族人民决胜全面建成小康社会、夺取新时代中国特色社会主义伟大胜利、实现中华民族伟大复兴的中国梦，具有划时代的重大意义。全区各级各部门要坚持全覆盖，突出系统性，迅速掀起学习热潮，要坚持干部带头学、带着问题学、联系实际学、亲自抓，要坚持多视角，凸显鼓舞性，逐级逐层宣传到位，采取群众通俗易懂、喜闻乐见的形式推动中共十九大精神进企业、进农村、进机关、进校园、进社区，确保中共十九大精神家喻户晓、深入人心。

会议要求，全区各级各部门要坚持抓落实，体现时效性，确保完成全年任务，坚持发展第一要务，坚持抓项目、抓投入、抓保障，大力实施"百日攻坚"行动计划；要坚持谋大势，增强指向性，拓展优化目标思路，进一步明确时间表和路线图，研究实施都市产业发展、城市建设、城市管理、乡村复兴、社会治理等方面的路径举措，落实推进富民增收和脱贫奔小康的节点性任务，确保小康路上一户不少、一个不落，要认真谋划明年工作，自我加压，提升标杆，为建设强富美高新海州作出新的更大贡献。

——摘自2017年10月31日《连云港日报》

【海州区举办十九大精神宣讲报告会】 日前，海州区举行学习贯彻中共十九大精神专场报告会。市十九大精神宣讲团成员，连云港广电传媒集团党委书记、董事长，市广电台台长高兰军作宣讲报告，海州区四套班子全体负责人，区法院院长，区检察院检察长，各镇、街道、开发区班子成员，区各部委办局社（公司），各群团组织，各有关单位党政主要负责人及部分班子成员等400余人参加报告会。

在宣讲报告中，高兰军从全面理解中共十九大主题及相关论断，过去五年的历史性成就和历史性变革，中国特色社会主义事业"五位二体"总体布局的战略部署，坚定不移推进全面从严治党等几个方面，对中共十九大精神进行全面系统的阐释和深入浅出的解读。宣讲报告富有感染力，既有针对性又有侧重点，理论联系实际，并结合海州区的实际情况，解说和分析了今后一段时期海州区全面深化改革中的主要矛盾和亟须解决的主要问题，为党员干部全面准确把握中共十九大精神起到重要的指导推动作用。

鲜活生动的宣讲报告，受到海州区干部群众的热烈欢迎。大家表示，要以习近平新时代中国特色社会主义思想武装头脑，指导实践，推动工作，以奋发有为的精神状态和勇往直前的奋斗姿态为建设强富美高新海州而努力奋斗。

——摘自2017年11月25日《连云港日报》

文明城市创建

【创文明城市提高幸福指数】 "全国文明城市最重要的指标是民生，最重要的标准是民意。"为了让广大市民共享文明城市创建成果，海州区新建"好人广场"17个，在民主路历史文化街区建设好人一条街和海州好人馆。与此同时，海州区加快推进教育现代化建设，满足群众对优质教育的不断需求，真正让"创文"改善民生。

"线上听民意，线下解民忧"。海州区在创建活动中，围绕服务民生主题，开通民生热线，以电话、电子邮箱和"红韵海州"微信公众号形式，搭建畅通人民群众诉求平台，及时为群众解决实际问题和困难，成为帮助市民排忧解难的重要窗口和服务平台。

此外，海州区加强教育基础设施建设，新建孔望山小学、凌洲路小学、解放路教育集团高新区校区等校舍14.6万平方米，加固校舍1.4万平方米，盘活闲置教育资产。接管一批小区配套园，加快推进教育现代化建设，满足群众对优质教育的不断需求。

以“创文”为契机，海州区深入挖掘海州古城历史文化资源，推动海州古城改造转型升级，满足群众日益增长的文化需求，启动实施花卉宠物市场、秦东门广场等一批新的改造项目，提档升级海州古城历史文化片区，增加古城文化内涵。

——摘自2017年6月1日《连云港日报》

【创文明城市打造整洁海州】“楼房变漂亮了，马路变干净了，绿地面积增加了，这样真好。”新海街道赵女士感叹道。在文明创建过程中，海州区全力打造干净、文明的城市环境，城市规划建设管理水平明显提高，城市环境明显改善，用干净整洁的环境丈量城市文明度。

为加强道路机械化作业和扬尘杨絮整治，海州区将环卫车辆作业时间增加至每日16个小时以上，实行3遍机械清扫2遍洒水。此外，对照创文实地考察要求，专项排查公厕无障碍设施情况，对现有的96座无障碍设施进行维护保养，对140座具备新增无障碍设施的公厕进行摸排并制定改造计划。

以治脏为突破口，重点开展城区卫生死角整治，对城中村、城郊接合部、易反弹回潮地段新出现的卫生死角、积存垃圾进行清理，5月份以来开展清理活动4次，出动人员320余人，清理各类垃圾240余车共430余吨。

创建活动增强市民卫生意识，看着街上零零落落的烟头，利民社区书记郑美玲看在眼里急在心里，每天早晨都早早地走到街上当起志愿者，弯腰将一颗颗烟头捡拾进垃圾袋，她常说：“今天数十次的弯腰捡烟头，便会换来明天居民的文明举止，长期坚持下去，城市终究会更加洁净。”

——摘自2017年6月1日《连云港日报》

重点项目推进

【朐山书院项目】该项目是一个集生态、自然、幽静、原始为一体的观光、休闲的复合型生态景区，并富有深厚的人文气息。范围包括蜘蛛山、锦屏山部分和白鸽涧塘坝，占地面积为55公顷，总投资约1.5亿元。已完成景观园樱桃树移栽、环路杂物清理，施工单位进场准备施工。

【全民健身中心项目】项目位于秦东门大街与孔望山路交叉口西南地块，总占地面积11.4万平方米，总投资约1.1亿元。全民健身中心以体育健身为主题，主要为居民提供体育锻炼场所，并且有机结合绿地与运动，是市民身心健康的“充电器”。包括体育场、体育馆、游泳池和健身器材等场地设施以及林下健身广场、景观亭廊等。建成后可同时容纳千余人进行文体健身活动或者开展大型文体艺术活动，将成为海州区地标性的建筑。

【城隍庙文化街区项目】项目位于海州古城中心区，北至黄巷、南至中大街、西至皇庙巷、东至孔巷，旧址为原城隍庙。该项目总占地面积6932平方米，总建筑面积2977平方米，总投资约8000万元。项目复建为三进二院格局，从南向北依次为广场，南向山门三间，门外为八字墙、戏台，正面为大殿，东西为配殿。已于2016年9月19日正式开工，2017年底项目主体基本完工。

【教育项目】古城范围内的校园建设项目是古城建设的一大看点，其中孔望山小学、车站幼儿园、孔望新城幼儿园、培智学校异地新建等项目都将于年内开工建设，并于秋季开学使用。今年海州区还将进一步优化城乡教育资源布局，完善教育教学设施，推行义务教育教师“区管校用”，深化“名师名校长”工程，确保2018年全面实现教育现代化。

——摘自2017年3月2日《连云港日报》

【海州区“百日攻坚”三大行动结束】康达智二期、海州创业梦工场、南极北路棚户区改造、医疗器械产业园、玉带河黑臭水体整治……初冬时节的海州，一片热火朝天的景象，历时三个多月的“百日攻坚”三大行动圆满收官，收获累累硕果。

今年8月3日，海州区全面启动项目建设及招商引资、城乡环境综合整治、安全稳定“百日攻坚”三大会战，剑指重点项目建设、招商引资推进、城乡环境整治、污水集中处理、旧城改造提速、信访积案化解、问题楼盘清理、安全隐患排查八项攻坚。

在宁海街道和海州工业园之间，一条投资2000余万元、长约5千米的污水管网分四个标段同时开工建设，抢在12月底前全面完工。这是为刚招引来的企业能符合环保要求成功落地。目前，这个总投资8亿元的黑硅太阳能电池片项目已提前开工，预计年产值10亿元。

在百日攻坚期间，海州区开展“百日跑百家企业”活动，利用农洽会、连博会、海洋经济专题招商推介会全力开展招商引资工作，共开展外出招商177次，新增在谈项目144个，签约项目55个。同时，33个未开工项目开工32个，27个推进慢项目达序时26个，80个未入库项目列统56个，新签约开工项目17个。一个个大体量、高质量项目快速推进：总投资20亿元的长生云港项目提前开工，总投资5亿元的康缘物流项目、总投资3亿元的天马云仓二期项目开始桩基，康达智二期、车站幼儿园、海州体育中心主体竣工……

楼宇经济在百日攻坚行动中茁壮成长，为海州现代服务业发展和税源培植孕育蓬勃动力。新浦街道的创业梦工厂，不到20天入驻企业47家，全部建成后预计年营业额30亿元、税收过亿元；洪门街道的海州青年创业孵化基地利用盘活的3000余平方米闲置房屋，入驻企业20家；新东街道的创梦孵化园，总投资1.41亿元，入驻企业8家，从毛坯到见效仅用不到15天。

问题楼盘一直困扰着部分业主，成为难以解决的历史遗留问题。今年8月18日，江天花园全面复工，这让372户在外漂泊12年的回迁户终于看到了回家的希望。为保证小区复工，海州区政府在保证资金安全情况下，筹集资金2000余万元，小区后续施工工作有条不紊开展。此外，金海公寓、玉兰国际等6个楼盘问题基本化解，万锦花园、三禾城中城等7个楼盘问题部分化解，福园名邸、馨海名郡等5个楼盘正在寻找解决的突破口。

10月12日，德邦化工正式关停，宣告这个历史悠久的老牌化工企业真正成为海州历史。百日攻坚中，全区累计完成12处安全隐患整改，第一大道淘宝街、新磷矿化“退二进三”等一批有影响的安全问题得到整治，人民群众安全感明显提升。

市容管理一直是一个老大难问题，在百日攻坚中，海州区积极探索城市治理新模式，全面启动城市网格化综合管理中心建设，将政府服务热线和数字化城管、民生服务、应急处置等统一纳入城市网格化综合管理平台，试行“四员”“四定”工作法，建立“1+18+X”联动机制，实现信息互联、工作互通、问题共解，打造文昌路等一批示范街和新南街道玉带社区等一批垃圾分类示范点。

此外，海州的农村公路建设正快速推进，泗樊线、板新线、锦屏线、锦新线、小樊线等5条21千米农村道路年底全部完工。同时，青龙涧沟、甲子河涧沟、易居公馆北侧涧沟、山水人家东侧涧沟治理工程12月底将全部完工，围绕玉带河、西盐河、龙尾河、东盐河的污水整治工作正紧锣密鼓进行。届时，玉带绕城过、龙尾城中摆的生态画面将重现港城大地。

——摘自2017年12月1日《连云港日报》

党风廉政建设

【海州城管“五严五查”治“四风”】 日前，海州区城管局党委专门成立有纪检组牵头的纠“四风”督查组，开展“五严五查”，突出检查群众身边的“四风”和腐败问题。活动收到初步成效，受到干部群众好评。督查组通过严明政治纪律，检查有令不行、有禁不止的问题；严守廉洁底线，检查工程建设、物资采购、资金管理中的违规违纪问题；严控“三公”经费，检查违规公款吃喝、违规公款赠送节礼、违规公款旅游、私设小金库等问题；严格依法履职，检查工作人员不作为、乱作为、慢作为及侵占、损害群众利益等问题；严抓作风建设，检查工作人员工作纪律执行情况，将监督检查工作形成常态化、制度化，打造一支执纪严明、作风优良、群众满意的城管队伍。

——摘自2017年3月31日《连云港日报》

【朐阳街道“五廉”确保风清气正】 今年以来，海州区朐阳街道纪委坚持“五廉”工作法开展廉政文化建设，确保机关风清气正。*文化思廉*。依托该街道廉政走廊文化教育，进一步丰富机关党员干部廉政文化生活，并要求广大党员干部定期撰写廉政动态和思廉文章，形成学廉的良好风气；*教育倡廉*。通过召开机关廉政座谈会、举办反腐倡廉党课、观看正反典型教育片、通报反面典型案、运用电子屏显示廉政格言警句，设置电脑廉政屏保等形式，加强党风廉政教育，形成崇廉的良好氛围；*短信传廉*。及时、定时地向机关党员干部发送廉政建设的新要求、新风尚短信息，认真贯彻落实上级指导精神。每逢重大节庆假日，提前发送廉政短信、警句格言，及时提醒党员干部强化作风建设，严格廉洁自律，做到警钟长鸣；*微信学廉*。充分发挥微信平台的传播优势，积极落实上级纪委下发的文件精神，按要求全面推进“掌上纪律课堂”“清风海州”微信客户端推广工作，让大家能够掌握更多党规党纪知识，规范自身行为；*制度督廉*。结合实际，制定下发《朐阳街道机关内部管理制度》手册，完善考勤值班、公务接待、车辆管理、廉洁自律、效能督查等多项工作制度，督促机关党员干部筑牢廉政思想防线。

——摘自2017年5月25日《连云港日报》

【海州纪委实施铁军工程锻造干部】 为贯彻落实省纪委“打铁还需自身硬”专项行动部署要求，海州区纪委主动作为、积极创新，在全区纪检监察系统开展“341”铁军工程，在纪检干部队伍建设方面取得显著成效。

深化体制改革，强化风险防控。明确“5+2”监督模式，覆盖全区44家单位。明确设立区委巡察工作办公室，列入区委职能部门，具体承担区委巡察工作领导小组日常工作。全面梳理各科室承担的各类职权、职权运行流程和各个环节的工作事项，研究绘制权力运行流程图。对信访举报办理、问题线索管理、执纪监督审查等关键环节风险点开展排查，排查出风险点70个，制定相关防控措施119条，编定5个单项风险点防控流程图，完善《打听说情干预监督执纪和违规接触监督执纪对象等情况登记备案暂行办法》等5项相关制度，进一步完善内控机制，推动权力规范有效运行。

加强学习培训，营造活动氛围。组织参加中央及省市纪委组织的各类业务培训，全年共有6次123人参加培训。举办集中纪检业务培训，对新任纪检干部进行知识测试，目前已有3批次14人跟班学习。打造廉洁走廊文化、办公文化，开通“清风海州”微信公众号，关注数达2.3万人，文章平均阅读数达千余次。充分利用报纸、网络等渠道宣传海州区纪检监察工作和铸铁行动，报送宣传报道稿件356篇，被中央媒体刊载12篇、省级重点媒体刊载98篇、市级重点媒体刊载135篇，全力营造活动氛围，掀起全区纪检监察机关主动学习的热潮。

打造过硬作风，塑造廉洁家风。出台“八个不准”负面行为清单，明确纪检监察干部纪律“红线”。从严从重查处纪检监察干部违纪违规行为，全年共核查纪检干部问题线索6件，其中查否3件3人、给予党政纪处分1件1人、诫勉谈话1件1人、责令书面检查1件、调离纪检岗位2人。举办家风系列教育活动，邀请73名纪检干部家属参加警示教育大会、参观廉政教育基地，聘任“廉洁家风”监督员，组织纪检监察干部家庭读书活动，以良好家风培育纪检干部好作风。

——摘自2017年10月12日《连云港日报》

“双促双进”大走访

【海州公安分局深化“大走访”活动】 日前，海州公安分局按照集中精力办大事，聚焦手段解难题的的工作理念，结合本地实际，多措并举扎实推进“大走访”集中攻坚活动深入开展，着力解决基础管控工作中存在的薄弱环节，进一步补齐短板弱项、清除隐患漏洞、化解矛盾风险，全面净化社会治安环境，有效提升公安机关维护社会稳定和驾驭治安能力水平。年内走访村（居）130个、企业166家，排查整改各类风险隐患126处。

行动中，分局领导分片包干，定指标、定任务、定时限，多次到基层一线检查督导；所领导带队下片、入户、采集，了解掌握一线状况，及时排解困难，确保攻坚活动有力有序推进。对新东繁荣路地区、浦西汽车总站周边、宝利街等重点地区，分局组织精干警力，对周边中小旅馆、足疗、美容美发等重点场所逐一开展清查，及时发现打击一批隐匿其中的违法犯罪行为。其间共清查足疗、美容美发店62家，破获各类案件37起，对其中44家安装隔断、暗门等问题当场进行拆除整改。

按照“不漏一户（屋）、不少一人、不错一项”的要求，分局各派出所以社区为单位，通过散发居民一封信、上门走访等方式，集中开展出租房和流动人员基础信息采集工作，全面摸清出租房屋、承租人员等情况。7月5日至7日，分局组织开展为期3天的出租房屋和流动人口管理攻坚第一次集中清查行动，其间共出动警力1409人次，清查废闲厂房、地下室等流动人口落脚处所4处，清查登记出租房屋2189户，通过清查抓获违法犯罪嫌疑人35名，抓获网上逃犯1名。

与此同时，分局网安大队会同各派出所对网站论坛、网购平台等开展滚动梳理排查，引导业主规范文明经营，挤压网上违法犯罪空间。治安大队结合正在开展的寄递行业安全治理“清风”行动，通过不间断滚动排查，共摸排寄递企业6家，分支机构15家、分拨中心5家，网点27家，从业人员232人。内保大队会同区教育局部署中小学幼儿园及周边安全管理工作，联合推进落实中小学幼儿园及周边治安环境整治举措，切实净化校园及周边治安环境。活动中走访排查中小学16家、幼儿园78所、儿童托管场所58处，排查治安隐患65处，其中处罚整改3家、当场整改22处、限期整改40处。

——摘自2017年8月3日《连云港日报》

【双进双促强区富民大走访结硕果】 初冬时节，海州乡村大地阡陌纵横处，一条条焕然一新的道路点燃村民心中的希望；一个个新建的鱼塘和果蔬大棚、修葺一新的灌溉水渠，令群众满意度和幸福感持续攀升。这一幅幅崭新图景的背后，正是海州区全面深入开展“双进双促”大走访，机关干部驻村结对帮扶结出的果实。

“这条路坑坑洼洼，一到雨天，鞋袜裤到处都是泥！现在可好了，再也不用担心了。”谈起家门口的路，新坝镇魏口村村民李长翔打开了话匣子，连连夸赞大走访活动走到了百姓的心坎里。“一开始以为只是走个过场，没想到我们反映的问题很快就得到解决。”和李长翔一样，板浦镇大团村村民宋光英看着家门前修建一新的水泥路乐开了花，他还和其他村民一起，自发在新修的路上洒水养护。“都说要想富先修路，往后我们出行更方便，日子会越过越好。”提及“双进双促”大走访带来的实惠，不少村民竖起大拇指赞不绝口。

年初，海州区以进企业（项目）促发展、进村（居）户促致富“双进双促”大走访活动为主线，31名区四套班子成员、57家区级机关挂钩联系106个村居，3800余名机关人员划分“网络化”走访责任区，全面联系12.8万户居民、9318个企业，并选派79名后备干部到村担任“第一书记”，推进城乡联建帮扶。共发放各类惠民政策资料4万余份，梳理并向职能部门转送各类社会稳定风险排查清单116件，推进并完成公开承诺事项424件，帮助基层落实河塘疏浚、道路修建、路灯亮化，以及特色农业、生态养殖、电商发展等系列基建改造措施和造血发展举措。

“大爷，以后家里收入变化或有新困难请跟我说一声，方便我及时上传情况，让你家里早点脱贫。”在板浦镇泗河村，海州区林业局工作人员用手机录入此次走访信息，并拍照上传。原来在活动中，为保障群众要求与建议件件得到落实，海州区开通了“海州民情速递”大走访大数据平台，实现“一网在手、全程可控”。“这个平台是党员干部收集民情、解决民困的平台，通过信息化、数据化管理，扎实推动大走访活动。”海州区委组织部部长林田海介绍。

为使帮扶结对工作有力度，海州区还广泛开展“千名机关志愿者爱心帮扶”行动，通过每月捐助济困金及提供信息、开展培训等，帮助困难家庭实现转移就业和自主创业。同时，各单位和部门还积极发挥优势，集中精力切实解决群众办不了或办不好的路、水、电、医、学以及创业就业难题。区农水局为大团村量身打造“果树强村”富民计划，向村民免费赠植大樱桃树苗，壮大村集体经济；区卫计局在东辛村建立“东辛大集”，成立农业专业合作社，预定百万农产品订单，帮助村民获利受惠；区教育局为解决樊庄村及周边学龄前儿童入园问题，帮助村舍改造升级；区文体局为新湾村建设示范性数字农家书屋；瀛洲集团为武圩村发展高效农业大棚，确保农业生产提质增效；商务局为海河村蔬菜大棚种植户联系蔬菜销路，为农民增收助一臂之力。通过“双进双促”帮扶活动，海州区收集群众诉求10917件，办结7824件，投入资金1500余万元。

——摘自2017年11月26日《连云港日报》

实力海州

【港城管桩“参建”中巴经济走廊】 2月28日，一辆辆满载着由江苏东浦管桩有限公司自行研发、具有自主知识产权的高强高耐久预应力防腐管桩的载重型卡车物流车队，正驶向上海港，并将通过海运，运往巴基斯坦瓜达尔港，用于连接该港口至中国喀什中巴经济走廊的基础设施建设。此举将填补连云港市建材管桩产品出口海外的空白，而此前连云港市在国际建筑市场以劳务输出为主。

据介绍，本次出口巴基斯坦的管桩共750根，每根管桩长度在12米至14米，总长度超过10000延米。这是东浦管桩首批运往该国的产品，未来将根据双方合同商定，分期分批陆续供应更多管桩。东浦管桩有限公司还将进一步实施“走出去”战略，有意在巴基斯坦、印尼等国建立高强高耐久预应力防腐管桩生产施工基地，将这项新产品和新技术直接打入国际市场。

东浦管桩公司是国家高新技术企业，近年来，该企业不断加大科技创新力度，重注新技术新产品研发，先后与东南大学、北京工业大学等高校和科研院所建立产学研合作，组织研发团队，成功研发出适合沿海特殊地质施工的预应力防腐管桩，有效解决了沿海地区管桩抗腐蚀这一重大难题。这种新产品广泛运用在连淮扬镇高铁、连盐高铁等国家和省市重点工程项目。该产品通过了由省经信委组织的省级新技术鉴定，达到国际先进水平，取得3项国家发明专利，8项实用新型专利，3项外观设计专利，获批1项美国专利。据介绍像东浦管桩这样的科技含量高的“硬产品”出口还是首次。

——摘自2017年3月1日《连云港日报》

【天明救援钻机参与神木矿难救援】 昨日，笔者从天明机械集团获悉，天明机械研制的高端救援钻机历时20小时贯通神木“4.19”矿难维生孔生命通道，为成功营救6名被困者赢得宝贵时间。

据了解，2017年4月19日凌晨4时40分左右，陕西省神木县大柳塔试验区板定梁塔煤矿井下发生透水，当班入井7人，除1人安全升井外，其余6人被困井下……为了抢救这6名被困人员，神华神东煤炭集团国家救援中心紧急调集天明机械集团研制的高端救援钻机赶赴现场实施救援。4月19日上午11时，天明机械高端救援钻机抵达现场后，专家和技术人员制定了从井面垂直打孔方案，以获取被困人员信息。经过20小时奋战，天明机械高端救援钻机顺利贯通维生孔。借助这个维生孔，救援人员及时确认井下6名被困矿工的具体位置，生命体征完好，并立即给他们输送了通讯、照明、给养等维生资源，为成功救援赢得宝贵时间。4月22日上午9时51分，6名被困者全部生还！

天明机械的相关负责人告诉笔者，此款钻机开发的初衷是为了满足国内煤矿救援及煤层气、石油等能源开发利用需求。因为国外进口钻机存在购置费用高、适应性差、运行维护成本高、主轴通径较小、不适于反循环钻进工艺等问题。在这样的背景下，天明机械集团消化吸收国内外同类产品先进技术，并进行大胆改进与优化，研制出完全具有自主知识产权国产的高端钻机，填补国内空白。

该型钻机主要用于煤矿井下事故抢险、营救。具体工作原理就是利用不小于21.6毫米小口径钻孔进行探索，钻探出相应的救援维生孔、通风孔、营救井。现场救援人员可以利用维生孔为受困人员注入空气或者氧气，送水和食物，并根据需要利用营救井下救生舱进行救援。天明机械相关负责人介绍，除进行救援外，该款钻机还广泛应用于煤层气开采，水文水井勘探、钻进以及浅层油井、物探孔、勘探孔钻进。至目前，该产品获国家授权专利6件，其中拥有1件整机发明专利授权，属原创技术。

目前，该型钻机已在中国神华神东煤炭集团国家级救援中心、中国华能集团、中国黄金集团等矿山抢险救援专业机构选型配用，并多次在救援抢险中发挥奇效。

——摘自2017年4月25日《连云港日报》

【鹰游首创气用双辊十槽千转烫光机】 日前，笔者从江苏鹰游纺机有限公司获悉，该公司全球首创气用双辊10槽1000转烫光机，可以提高效率80%，同时采用天然气加热方式，较传统电加热烫辊使用费用节约约60%。

烫光机是适用于人造毛皮、毛毯、呢绒、缝边绒等产品后整理表面烫光的专用设备，也是鹰游纺机的传统优势项目。从上世纪70年代开始，鹰游纺机就开始生产这种设备，到如今已经更新了十几代。“现在的10槽1000转烫光机和以前的设备相比，可以提高效率80%，经该机烫光后的毛绒面料的蓬松度、光泽度大幅度提高。”鹰游纺机副总经理、整理设备公司总经理朱国楼说。

据了解，这种烫光机采用全新的烫辊结构，通过热超导材料应用大幅度提升烫辊的热传效率，使辊面温度更均匀。多道扩幅装置使进布更平整、无打皱、无折痕，烫光无烫痕，提高成品率。采用直径488毫米的十槽“镜面”烫光辊，烫辊转速1000转，进一步增加毛面的拍打效果，便毛面更蓬松，光泽度更好，生产效率较老式6槽烫光机提升80%，更适用于涤纶高克重布料，走布更稳定，经烫光处理后的织物表面膨松柔软，绒毛顺直光亮。

除高效外，环保节能也是鹰游纺机一直追求的目标。在车间里，笔者看到，工人们正在繁忙地作业，一台台巨大的设备正在接受调试，圆柱形烫光辊躺在地上，10个凹槽均匀地分布在表面。气用双辊10槽1000转烫光机采用天然气加热方式，较传统电加热烫辊使用费用节约60%。鹰游研发团队用3个月时间，针对设备自动化、提速、减震、降噪、稳定、安全等各方面进行30余项重大更新，拥有多项自主专利。设备的燃烧系统符合国家法律规定，尾气排放达到欧洲标准。

技术创新必然会带来市场。目前，由于超柔短毛绒面料逐渐从单纯应用于服装逐渐转向家纺，市场需求巨大，国内很多厂家急需扩大产能，增加设备。而鹰游纺机此次研发出的气用双辊10槽1000转烫光机不仅生产效率高，而且能大幅降低生产成本，成为行业内的“抢手货”。“我们一季度光烫光机的订单就有1亿多，创下近几年的新高。”朱国楼自豪地说。

——摘自2017年5月28日《连云港日报》

【中复神鹰千吨级T800碳纤维生产线投产】 29日上午，中复神鹰千吨级T800碳纤维新生产线正式投产。中国建材集团有限公司董事长宋志平，连云港市委书记杨省世，市委常委、开发区党工委书记曹卫东出席投产仪式。

在投产仪式上，杨省世、宋志平分别致辞。杨省世首先对中复神鹰千吨级T800碳纤维新生产线的投产表示祝贺。他表示，中国建材集团是世界一流的综合性建材产业集团，多年来，集团发挥央企的影响力、带动力，与地方紧密合作、携手发展，先后在连云港合资设立中复连众、中复神鹰、中复碳芯等高新技术企业，为推动地方经济发展作出了重要贡献。“十三五”是连云港加快推进产业强市的关键时期，新材料产业是连云港重点发展的支柱产业，对于加快连云港市产业结构调整，打造特色创新集群，提升产业竞争力，具有重要意义。碳纤维的附加值高、应用范围广、市场前景好，是连云港市培育战略性新兴产业的重点方向。希望中复神鹰不断完善生产工艺、提高产品性能、延伸产业链条、做大市场规模，为国家新材料产业和地方经济发展作出更大贡献。期望中国建材集团一如既往地关心支持连云港的发展，持续深化与连云港的合作，不断拓展新的领域和空间。连云港也将努力为中国建材集团旗下企业在连云港的发展营造更加良好的环境，提供更加优质的服务，推动双方合作不断取得更加丰硕的成果。

宋志平在致辞中表示，中复神鹰碳化10号生产线是目前国内技术水平最为领先、单线生产效率最高、自动化程度最高、绿色环保指标最好、投资成本最低的千吨级T800碳纤维生产线。希望中复神鹰继续拼搏进取，通过专业化、规模化、集约化的发展，将中复神鹰打造成具有国际影响力的新材料领军企业。

投产仪式后，相关领导实地考察了中复神鹰公司生产车间，并就高端碳纤维产业化应用以及深化中国建材集团与连云港市的合作进行座谈交流。

——摘自2017年9月30日《连云港日报》

【天明集团荣获中国机械工业科学技术一等奖】 近日，2017年度中国机械工业科学技术奖励大会在山东济南召开，江苏天明机械集团荣获2017年度中国机械工业科学技术奖一等奖奖牌和证书。

据悉，中国机械工业科学技术奖是经国家科学技术部批准、在国家科技奖励主管部门注册的面向全国机械行业的综合性奖项，表彰在中国机械工业科技工作中做出突出贡献的单位和个人。中国机械工业科学技术奖由中国机械工程学会、中国机械工业联合会共同承办，是中国先进工业技术的集中展现，也是机械工业申报国家科技进步奖的主要渠道。

2017年度中国机械工业科学技术奖一等奖共颁发46项。天明集团与燕山大学等单位联合研发的科技成果“大型工程运输车辆机电液创新设计及工程应用”项目获得一等奖，该成果广泛应用于矿山、码头、公路等领域的运输设备，解决了多项世界性技术难题，极大地提高转场运输效率。

——摘自2017年12月17日《连云港日报》

创新发展

【科技创新促海州工业发展】 近日，海州区成功举办2017“高层次人才海州行”暨“连云港（海州）虚拟产业研究院”启动仪式活动，100余名海内外高层次人才和专家相聚海州……这是海州加快企业创新、不断引进高层次人才和高新技术的一个缩影。近年来，海州区按照建设“创新驱动发展先行区”的目标要求，大力培育创新主体，完善科技服务体系，积极营造有利于产业发展、企业成长、科技成果转化和协同创新的环境氛围，区域自主创新能力和产业支撑能力不断提升，科技创新助推海州工业高歌猛进。

科技兴区战略再深化近年来，海州区大力实施商贸立区、工业强区、产业兴区战略，着力打造商贸之城、文化之城、创业之城、宜居之城和首善之城，先后获批国家火炬连云港装备制造特色产业基地、国家知识产权县工程试点区、国家知识产权县工程示范区、国家科技领军人才创新驱动中心连云港市高端装备产业创新驱动站、省创新型试点区、省知识产权示范区。

目前，该区拥有国家高新技术企业54家，省科技型中小企业120家，省级以上创新平台87家，高新技术产业占比达60%以上，5家高新技术企业产值超10亿元，1家超过百亿元，拥有日出东方、鹰游、天明等7个国内同行单打冠军。

大中型企业研发机构全覆盖通过“科技创新券”的激励效应，引导企业与高校院所合作，激活研发机构，62家企业申请兑现“科技创新券”596.5万元，带动科技创新支出1242.4万元。加强研发机构梯队培育。加快省级以上研发机构建设进程，鼓励骨干企业建立企业研究院、重点实验室，目前，培育省级以上研发机构6家。筹建虚拟研究院，发挥海州智库作用，利用高校院所人才、技术优势，建设海州虚拟研究院，2月份赴徐州开展虚拟研究院建设专项调研，并接待北大软件信息工程有限公司江苏分公司负责人到海州商讨共建事宜，加快建设众创空间。

产学研携手共发展近年来，海州区积极搭建创新载体，先后成立江苏理工学院、扬州大学技术转移中心海州分中心与省内外53家高校院所的152个团队、1172名专家共建校企联盟400余个，引进各类高层次人才119名，获批省“双创人才”13人，“双创博士”25人，95%的企业与高校院所建立产学研合作关系，为海州高新产业持续发展注入强劲动力。

“人才是发展的第一要素，我们发挥科技镇长团的专业优势，有针对性的做好人才、技术需求征集，征集的28项需求已通过网络发往相关高校院所”。对于引进人才，海州区科技局局长谢艳特别有自己的经验和感受。目前，连鑫玻璃钢、联瑞新材料、美步家居等7家企业正在与高校对接引进高层次人才事宜，西安交通大学、苏州研究院落户海州开发区新浦工业园。

——摘自2017年5月25日《连云港日报》

【天明机械借“智”加快企业转型】 天明机械作为港城装备制造业主要龙头企业，在求变、应变、识变过程中，坚持信息化和工业化融合发展思路，不断创新制造模式，有效提升企业核心竞争力。

通过提高设备智能化率，扎实推进数字化车间改造。天明通过持续不断的技术改造投入，购置数十台套数控加工中心、机器人工作站等智能制造硬件设施，在市装备制造业中率先开展工业机器人、数字化车间建设，2013年荣获江苏省两化融合示范企业称号。通过工业机器人在关键工序、工艺环节上推广使用，有效提高生产效率、提升产品质量。2015年在赣榆区投资建设的天明特种车辆项目，打造国内首个专用车辆智能制造示范项目。在铝合金罐式特种车辆制造的关键工序、工艺上与中船重工716所合作，发展包括信息化系统、数控系统、焊接机器人等，解决铝合金材料焊接难度高、环境要求高、工艺质量要求高的行业难题，提高国产铝合金罐式特种车辆的产品质量和生产效率，降低生产成本，减少生产能耗。

围绕产品工艺流程，建设和应用信息化管理系统，实现“多品种、变批量”的柔性制造，确保产品质量的高度一致性和稳定性。天明特种车辆项目，重点围绕新型节能铝合金罐车的研发和生产，通过采用数字化设计、运动控制、自动化加工、特种焊接、在线监测、数据采集及精益生产等先进智能制造技术，逐步建成一个数字化、网络化、智能化的国际一流智能工厂。推动企业信息化系统从初级应用发展到中级应用、高级应用，使信息技术从简单应用发展到集成应用，逐步推进先进生产模式、先进制造技术互相之间深度融合，发挥信息化促进工业化发展的作用。

通过产品智能化功能的研发，公司产品核心竞争力和行业带动力显著提升。智能制造对装备制造企业来说，不仅仅是实现制造过程的智能化，所研发生产的高端装备智能化也是行业发展的必然趋势，是下游产业实现智能制造的必要条件，高端矿用装备智能化为大型煤矿生产所带来的变革，就是最好的证明。天明机械为客户提供高端智能化装备，首次应用变频一体驱动技术，实现设备自动调速、链条自动张紧、远程控制、在线诊断等智能功能，达到千万吨级矿井无人工作面综采水平，填补国内技术空白、摆脱对欧美设备的依赖，为数字矿山、无人工作面的智能化发展提供设备保障。

——摘自2017年5月27日《连云港日报》

【科技创新再上新台阶】 海州区科技创新工作以建设创新驱动发展先行区为目标，通过建立高企管理、专利推进、政策服务等三项长效机制，推动高企培育和专利工作取得新成效。目前，全区组织28家企业申报高企，其中16家企业新申报。1至8月，完成专利申请1542件，专利授权856件。获批国家知识产权强县工程示范区。

建立高企管理长效机制，促进高企提质增量。做强高企，培育一批全国“单打冠军”，形成一批细分行业“领跑者”。发挥科技孵化器、众创空间在高企孵化培育中的“摇篮”作用，引导0518等5家众创空间良性发展，确保源头培育；在120家科技型企业、103家规上企业中筛选40家企业进入高企培育库，对照高企认定标准，对入库企业实施精准培育。

建立专利推进长效机制，促进区域示范引领。以高标准建设国家知识产权强县工程示范区、江苏知识产权强省建设区域示范单位为抓手，有效提升全区知识产权创造能力。深入走访120家科技型中小企业、40家“零专利”企业，结合高企培育、项目管理等重点工作进行分类指导，挖掘专利申请潜力。扩大专利质押和“苏科贷”覆盖范围，为20家科技型中小企业争取“苏科贷”资金9880万元，一定程度缓解企业融资压力。

建立政策服务长效机制，促进创新环境优化。放大政策效应，创新服务举措，提升科技服务能力。举办高企申报、知识产权金融等5场专题培训，100余家企业300余人次参加，加深企业对创新政策的理解，增强运用能力，编辑印发1万余册《科技创新政策一本通》《专利资助政策汇编》等宣传资料。

——摘自2017年10月12日《连云港日报》

农村发展

【浦南“能人”促乡村旅游发展】 随着太空南瓜、七色西红柿等33种瓜果、蔬菜相继“落户”，连日来，中国第一单体大棚——海州区浦南镇集瑞园生态观光园陆续迎来众多游客。“多次外出培训让我学到了先进地区乡村旅游发展思路，回来便引进新品种，吸引游客的看点增加了，效益也随之增长。”昨日上午，集瑞园总经理张建平对笔者说。

近年来，浦南镇注重发挥“能人”作用，因地制宜，示范带动，有力推动乡村旅游业发展。突出乡村旅游、特色农业发展，通过个体企业主、种养大户、致富带头人建设家庭农场、民宿、投资办厂、创办合作社，吸纳农村劳动力就业，带动群众致富，促进农村经济发展。

张建平就是浦南镇“请进来，走出去”旅游人才培养战略受益人之一。浦南镇农业园区主任李罗华介绍，近年来，该镇多次组织乡村旅游带头人及从业人员赴吉林、浙江、山东等地学习先进经验，为本地乡村游开发经营管理提供借鉴。先后涌现出岁月如歌故事园、集瑞园生态观光园等优质景区，农家乐也从最初的几家发展到现在的20多家。

——摘自2017年5月26日《连云港日报》

【新坝镇万亩现代农业产业园】 新坝万亩现代农业产业园位于新坝镇东部，新坝东路沿海高速和规划建设的204国道，沿海铁路与园区擦肩而过，东、南两侧紧邻省级河道——盐河和善后河，交通便利，区位优越。园区规划面积4000公顷，其中核心区占地约666.67公顷，涵盖沙杭、王傅、墙框、小荡、朱圩、武圩等村。

近年来新坝镇紧紧围绕“一个产业，一个核心区、多个特色园”发展思路打造现代高效农业产业园。在特色产业打造上，形成品质安全为基准的精细蔬菜基地，以优质高效为亮点的草莓基地，以品牌效应为优势的优质瓜果基地，以生态休闲为特色的苗木花卉基地。在新品种引进上，积极引进高新果品“7-61油桃”、礼品西瓜“拿比特”、精细蔬菜西兰花等10余个新品种。在机制创新上，采用“公司+合作社+基地+农户”的模式，紧跟现代农业发展步伐，满足广大消费者需求，依托农业企业、家庭农场，开办集采摘、餐饮、休闲、娱乐为一体的“世外桃源”大型农家乐项目，可供400余人同时就餐。园区的发展为广大农民、中高等院校毕业生、退役士兵、科技人员、农村青年和农村能人等返乡下乡人员创业创新奠定础。

——摘自2017年7月21日《连云港日报》

【浦南镇涌现三千“双薪”农民】 31日上午，吃过早饭，收拾停当，海州区浦南镇江浦村45岁的许晓彩就骑上电瓶车上班了，儿时的梦想如今变成现实，现在家里的12亩责任田流转给集瑞园农庄，自己到集瑞园科技有限公司上班，每月有近2000元工资收入，她对今后的生活充满信心。

像许晓彩这样的农民，仅江浦村就有300多人。他们积极响应政府号召，把土地流转种植、养殖大户，彻底摆脱土地的束缚，走出家门，到企业及农业园区上班，挣钱顾家两不误，生活水平一年胜过一年。

今年以来，浦南镇按照“农民自愿、规范管理”的原则，采取培育典型引导流转、招商引资拉动流转、搭建平台支持流转、财政扶持鼓励流转等多种举措，进一步优化土地流转外部环境，土地流转步伐明显加快，农民土地向家庭农场、林果蔬菜种植、特种水产养殖等高效产业集中。今年上半年，全镇已流转土地100余公顷，转移劳动力3000人。这3000农民变为工人，实现“农转非”，成为“双薪族”，真正得到土地流转后的实惠。

——摘自2017年8月1日《连云港日报》

【特色高效农业鼓起农民钱袋子】 人间十月天，莲藕上市时。国庆节过后，笔者驱车穿行在连云港市海州区滨河新区，只见路两旁成片的莲藕塘一片繁忙景象。采藕、装箱、上车、发货……人来人往，农民们忙得不亦乐乎。

在一处占地约2公顷的藕塘前，浦南镇潘圩村农民赵四柱一边将新采摘的莲藕装箱上车，一边高兴地与笔者攀谈起来。“莲藕套龙虾，一水双用，既生态环保又鼓起‘钱袋子’，俺们真是遇上了好时代。”据介绍，去年他和村民梁家贵合伙流转了2公顷耕地种植莲藕，亩均收获莲藕1500多千克，每千克市场零售6元钱。除去成本，净赚20多万元。这还不算，去年他家莲藕塘混养小龙虾额外收入10多万元。据潘圩村种植合作社负责人兼支书李瑞芝介绍，目前该村搞藕虾混养的会员有110多人，其中养殖大户和党员种植户达20多人，种植面积超过133.33公顷，年生产莲藕300万千克，生产龙虾10万多千克，并全部供应本地及周边市场。全村400名农民每年除每亩收获土地流转费1200元外，还在家门口从事莲藕管理采摘、家庭农场管理、绿化管理，实现就近就地就业，农民人均年收人增加3万多元。

莲藕池里混养小龙虾实现一水两用，带动农民增收致富，是连云港市海州区发展高效观光农业的一个缩影。近年来，海州区围绕高效农业和美丽乡村建设，乡村旅游，沿新204国道，综合土地性质、地理位置，全力打造现代农业产业园、科技园、创业园和田园综合体。分为六大板块，具体为亲子游乐农场板块，打造田园综合体；家庭农场板块，发展农事体验项目；设施农业板块，辅以大田+创意景观种植等观光体验项目；花井种植板块，打造花卉+婚庆产业；特色花木种植板块，打造林业+游乐项目；精品果蔬种植板块，着力发展有机蔬菜标准化种植基地。围绕上述规划，今年以来，该区全面实施农业产业特色化提升工程，按照生产标准化、基地规模化、经营品牌化要求，推广先进适用技术应用，扩大种植面积，提升产业水平。在此基础上，海州区还着力打造高效观光农业品牌，以专业合作社为载体，实施基地+农业合作社+经营大户经营模式，扩大龙头企业与农户合作，形成蔬菜瓜果、水产养殖、花卉苗木等产业体系，进一步拉长农业产业链、价值链和就业链。目前，该区已建成3个省级菜篮子基地，蔬菜瓜果面积4800公顷，年产值2亿多元，淡水养殖面积2000公顷，水产品总量2.17万吨，渔业经济总产值9.8亿元，“淮河蔷薇河”淡水鱼品，“草舍”西红柿、“新坝牌”西瓜、蔬菜等10个产品先后被省、市认定为知名品牌和无公害农产品。

为实施农产品走出去战略，海州区制定印发《培育新型农业经营主体发展现代都市农业奖励扶持暂行办法》，着力培植和发展无公害、绿色、有机和細标志等优质农产品龙头企业和产业基地，引导农业经营主体，发展网络销售，加强商超对接、银企对接，推进品牌进商场、进超市、进社区，逐步构建产供销一条龙多元化农业产业发展体系，提升农民增收致富的能力和水平。

——摘自2017年10月22日《连云港日报》

特色村镇

【“月光小镇”——浦南】 日前，从国家住建部传来消息，浦南镇入选国家第四批美丽宜居小镇，全省仅5个镇入选，浦南镇是市内唯一入选者。同时，浦南镇江浦村也入选美丽宜居村庄示范，全省仅20个村庄入选。

提到浦南镇，很多人第一个想到的可能是月牙岛。月牙岛的开发让浦南镇和主城区的距离缩至10分钟车程，带动了浦南镇发展。然而，除了月牙岛，浦南镇还拥有临洪河口湿地、星光湖体育公园、江浦村精品葡萄采摘园等景观。春天去月牙岛赏花，感受水清草绿、鸟语花香的自然风光；夏天去江浦村摘葡萄，享受农家野趣；秋天去临洪河口湿地观鸟，在一片深红的海英草中和斑嘴鸭、灰鹤、苍鹭等珍稀动物近距离接触；闲时还可以去星光湖转转，在宁静的湖区中享受属于自己的一片天地。这里，正是海州区着力打造的浦南养生特色小镇。

自浦南镇成为全市首批城乡统筹试点示范镇以来，占地4平方千米的浦南新镇区建设进展迅速，“八个一”工程基本完完成，所有建筑及城市家具按照城市标准设计。郁林中学正式开学，梧桐里、湖景花园小区已经开工建设，连云港老年大学项目即将落户，绿源科技研发中心项目已经完成签约，月光颐养小镇配套服务设施不断完善。

“这边一块将打造养老产业，旁边将以科技、医疗、互联网等城市为基础，为市民提供养生空间。”顺着浦南镇党委书记薛喜东手指的方向望去，远处是新镇区，一条条水泥路遥相呼应，一排排农家院绿树掩映，“我们以养老为基础，养生为核，养心为魂，着力构建浦南养生四部谣新模式。”薛喜东所说的四部谣新模式就是此次在特色小镇建设中，以医疗一体化、文化养生、民俗养生、养老度假为四大功能分区的海州“原乡谣”。其中，乡情谣将民俗文化与养生结合，享受乡愁的味道；城文谣以科技、医疗、互联网等城市为基础，为白领养生提供空间，构建丝路西方养生区；国文谣用中国传统文化为灵魂，通过中医养心的方式，构建丝路东方养生区；享老谣根据中国银发族的特点，完善老年社区需求，并构建老年大学、老年活动中心等设施。

——摘自2017年3月31日《连云港日报》

【旅游小镇——锦屏】 5万年前，人类在这儿繁衍、生活，写下人类最初的文明；60多年前，这儿是国家级三大磷矿之一，人才荟萃，声名赫赫；5年来，国家在这儿投入数十亿进行棚户区改造、独立工矿区改造工程。知今，一个经济繁荣，活力无限、魅力无穷的“诗画锦屏”正掀开她新的篇章。作为全市大开发、大发展战略纵深发展腹地，锦屏镇区位优势十分明显。锦屏发展纳入市级规划盘子，海州城区东延南扩，以錦屏山为核心的城市辐射圈基本形成，一系列优势政策正在向锦屏倾斜，刺激锦屏商贸物流业迅速兴起，为锦屏跨越发展形成新的经济增长空间。

旅游资源化作千金方。锦屏，既是史前文明的起源地，也是连云港市文化的根基所在。这个和北京周口店齐名的小镇，5万年前就有先民在这繁衍生息，这个令人遐想的地名，留存有闻名于世的桃花涧东夷部落旧石器遗址，其中蕴藏着丰富的文化，令人叹为观止。锦屏的旅游资源和文化底蕴得天独厚，素有“苏北九寨沟之称”的桃花涧，山清水碧，谷幽涧深，三十六景遍布其间，云雾缭绕，流泉飞瀑、石壁陡峭、步移景换，沿涧茂林修竹吐翠，满山草绿花香，宛如画中仙境。旅游成为小镇经济新的增长点。以“连云港之春”特色旅游品牌为依托，以桃花涧景区为核心，蔷薇湖湿地、乡村采摘等旅游资源连点成片，每年吸引前来观光的游客逾10万人次，创造经济效益过亿元。

——摘自2017年4月21日《连云港日报》

【镜花缘小镇——板浦】 小青瓦、浅灰墙、外挑檐，这是板浦镜花缘文化产业园未来新形象。行走在正进行改造的板浦北海门广场与仿古步行街，两旁仿古改造已初具雏形，投入40万元打造的镜花缘景观标志绿化工作也已完工。这是该镇今年打造“一核四区”特色小镇的序曲，作为特色小镇建设启动年，今年该镇将把特色资源和优势转化为现实生产力，擦亮“镜花缘”文化名片。

板浦镇有着悠久的文化和历史积淀，距今已有2000余年镇史，全镇现存李汝珍纪念馆、汪家大院和秋园等历史名胜古迹。尤其是李汝珍在板浦写成的古典名著《镜花缘》，自嘉庆二十三年问世以来，一直受到国内外专家学者较高评价，《中国文学史》称该书是嘉庆道光时期最优秀的一部小说。1986年以来，市社科联先后组织召开五次全国学术研讨会，李汝珍纪念馆也吸引成千上万游客参观。据了解，该镇根据“一镇一特色，一镇一风情，一镇一产业”的新思路，着力打造“镜花缘小镇”，主要框架为“一核四区”，即围绕“镜花缘文化产业园”这一核心，建设美食文化街区、临港物流园区、乡村生态旅游区和板浦工贸园区，把板浦镇打造成为集历史文化、休闲美食、工艺购物、乡村旅游于一体的特色小镇。

据介绍，特色小城镇建设的“核心”是以东大街为基础，重点围绕李汝珍纪念馆、盐商会馆、天齐庙等历史文化遗址，以镜花缘文化为中心，融合盐文化、五大宫调文化、民间传说乡土文化、民俗方言文化等为一体的镜花缘核心区；美食文化街区，以城北河、新民路为依托，重点打造美食文化一条街；临港物流园区，依靠海河联运物流、城市仓储物流，发展与之配套的新型临港工业；乡村生态旅游区，以板浦果园、天景生态园、家庭农场和秋园红色旅游景点为主题，打造集观光、采摘、红色教育为一体的乡村旅游地；板浦工贸园区，以工业发展为目标，着力打造园区基础设施等配套工程，吸引更多企业入驻投产，为小镇发展提供财力保障。

该镇镜花缘文化产业园项目占地面积332.8公顷，计划总投资约15亿元，开发建设周期为5年，建设内容包括新镇区道路、给排水、绿化等基础工程以及卫生院、福利院、幼儿园、文体中心等民生设施。目前已投入1.7亿元完成49800平方米房屋十地征收，同时已完成盐商会馆、安置小区等建设前期工作。

——摘自2017年4月28日《连云港日报》

【生态田园小镇——新坝】 笔者从市规划局获悉，《新坝镇总体规划（2016—2030）》顺利通过市规委会第24次主任会议审议。最新规划将新坝镇定位为“高效生态园，宜养宜居宜业小镇”。未来的新坝将形成以发展生态科技农业为主导，集生态养老、生态居住、休闲旅游等功能于一体，具有苏北水乡特色的示范范生态小镇。

实现特色农业富民，是规划主要目的之一。据悉，新坝未来的发展将以生态有机农业为核心，融入多元化产业，成一二三产业联动发展，构建综合化产业体系，实现特色农业富民。其中，第一产业以有机农业为主体，发展都市农业。以有机产品为基地建设核心，通过有机认证，拓宽市场。第二产业将在电力辅机基础上适量拓展有机产品加工、空港物流。第三产业以商贸、文化创业、旅游度假、农业观光体验、餐饮、养老休闲为主，结合城镇良好的自然生态环境，适度发展居住项目。

此外规划还提出近期重点建设内容，包括镇区建设、村庄建设、基础设施和公共服务设施等多个方面。同时，有序安排村庄进行环境整治，逐步提升村容村貌，改善村民生活环境。在产业项目方面，加快加强镇域生态有机农场，以及家庭农场、开心农场等现代体验休闲农场建设，逐渐引导工业至产业园区，并坚持走绿色工业道路。

——摘自2017年11月3日《连云港日报》

【富美江浦绘就和谐新乡村】 阳春四月，春风含情。走进海州区浦南镇江浦村，一片片产业基地、一幢幢灰瓦白墙，犹如一幅美丽的画卷徐徐展开，处处感受到生机勃勃、经济发展的新农村景象。

江浦村，位于连云港市西郊，辖区面积8平方千米，人口3867人。十五年前，江浦村是全市首批城乡统筹示范村。近年来，江浦大力发展高效特色农业，启动“魅力乡村”建设，公共服务设施不断提升，乡村旅游功能日臻完善，群众物质和文化生活发生翻天覆地变化。从昔日的落后贫困村，一跃成为港城新农村建设的排头兵。

近年来，该村先后获得“江苏省文明村”“江苏省卫生村”“江苏省社会主义新农村建设先进村”等荣誉称号。作为致富“领头雁”的江浦村村党委书记李罗华也先后获得全国科普惠农致富带头人，省第四届、第五届创业之星，市优秀共产党员等称号。日前，李罗华凭借扎实苦干再次获得省五一劳动奖章。

——摘自2017年4月25日《连云港日报》

【浦南大力发展“一村一品”特色农业】 海州区浦南镇立足生态战略，大力发展“一镇一业、一村一品、一村多品”特色农业，形成了以草舍西红柿、江浦丝瓜、新建泥鳅、官阳新疆冷水鱼、龙浦珍稀苗木、新湾养鸡、汪新草莓、潘圩浅水藕等为支撑的产业格局，农民增收路径不断拓宽。

“昔日稻麦两季，如今大棚遍地。”草舍村民李书学如此向笔者描述该村变化。以前，草舍村交通不便，村民大多选择外出务工，种地的收入很低。“直到镇上发展特色产业，引进西红柿种植，我们村才变成了聚宝地！”李书学说，草舍村引进的西红柿新品种产量高、皮薄、品质好，市场售价高，每亩收益在3万元左右。浦南镇相关负责人介绍，除了西红柿，该镇还发展起蔬菜种植、泥鳅养殖、珍稀苗木培育等。目前，浦南镇已发展生态富硒稻麦200公顷、蔬菜666.67公顷、泥鳅养殖1400公顷、珍稀苗木333.33公顷、浅水藕666.67公顷。

同时，该镇实施“公司+基地+农户”的模式，让农民土地流转有收入、务工有工资。在浦南农业园区发展特色农业的业主张建平成立尧连果蔬专业合作社，业务包括蔬菜种植、育苗、销售等，由于政府提供政策、金融支持，张建平在基地建设、技术培训、产品销售等方面进展迅速，现在，他的农业合作社产销两旺，也带动在合作社打工的110名农民实现增收。

——摘自2017年8月25日《连云港日报》

绿色海州

【标本兼治让锦屏山穿红披绿】 海州区林业局标本兼治，一手做好森林防火宣传，加强保护森林资源，严厉打击盗挖盗卖珍贵树木等森林资源违法行为，一手栽植珍贵花木苗木，使锦屏山珍贵花木苗木得到有效保护和繁育，山体绿化取得明显成效，呈现鸟语花香山清水秀的怡人景色。

近年来，海州区林业局森林警察大队共查处各类涉林案件80余起，林政处罚近百人。投资300余万元栽植杜鹃、樱花、连翘、紫薇、薄壳山核桃等花木苗木40余公顷，连续3年未发生森林火灾。区林业局获得江苏省2013–2016年度全省森林防火工作先进单位称号。

——摘自2017年5月17日《连云港日报》

【百日攻坚重拳出击推进环境综合整治】 绿水青山就是金山银山，海州区百日攻坚推进环境综合整治。中共十九大报告再次提到了“绿水青山就是金山银山、要像对待生命一样对待生环境……，保护环境就是保护未来，海州区更是全力实施“263”专项行动，紧盯群众反映强烈的突出环境问题，大力整治！今年以来，海州区紧紧围绕省市生态文明建设和“263”专项行动工作部署，牢固树立“生态优先、绿色发展”理念，狠抓责任落实，着力攻坚短板，全面推进生态文明建设，取得了积极成效，并于今年9月顺利通过省级生态区考核验收。全区上下以最有力行动和举措，严格落实“263”专项行动各项任务措施，取得较好成效。

——摘自2017年11月2日《今日海州》

相关链接

“263”专项行动即“两减六治三提升”专项行动。2016年12月9日，省委、省政府召开“263”专项行动工作部署动员会，标志着该项工作正式启动。

“两减”即减少煤炭消费总量和落后化工产能；“六治”即治理太湖水环境、生活垃圾、黑臭水体、畜禽养殖污染、挥发性有机物污染和环境隐患；“三提升”即提升生态保护水平、环境经济政策调控水平、环境监管执法水平。

【德邦兴华搬迁工作正式启动】 11月8日清晨8时，江苏德邦兴华化工股份有限公司安全总监陈玉凤准时来到位于海州区江化路51号的厂区上班打卡。这样的习惯他已经保持了30年。走出办公室，屋外湛蓝的天空让陈玉凤感到非常舒朗，静悄悄的厂区让他轻松地捕捉到秋风吹过机器缝隙的声音。在纯碱市场回温的今天，德邦兴华为何如此安静？原来，今年10月12日凌晨6点，位于海州区西部的德邦兴华，这座拥有50多年历史的老厂，响应政府“退城进园”号召，正式停工准备搬离现有厂区。预计2018年年底，德邦兴华地面设备将拆除完毕，并完成厂区地块环保处理。江苏德邦兴华化工股份有限公司前身为连云港化肥厂，始建于1966年，是国内较早使用联碱法生产纯碱、氯化铵的样板企业，其母液吸氨联合制碱工艺、联碱加压碳化等技术一度国内领先。多年来，企业为全市工业经济发展和社会稳定作出了积极贡献。

“1987年，我来到德邦江化路厂区的时候，这一片是藕塘。”陈玉凤感叹地说。今天车来车往的马路已经取代了荷塘，各式各样的小区林立在德邦兴华周边。随着连云港城市化步伐加快，昔日偏居城市边缘的德邦兴华被纳入到海州城区范围。产城矛盾一直困扰着企业和周边群众。特别是随着国家对化工企业环保标准不断提高，德邦兴华“退城进园”被提上了日程。德邦兴华地处城市建成区，虽然企业多次对环保设施进行升级，但是同周边群众的希望依旧存在差距。为了保障人民群众的环境权益，实现企业可持续发展，市委、市政府鼓励德邦兴华搬离江化路厂区，另选新址进行园区建设。

“目前，纯碱市场前景很好，每吨达到2400多元。按照停工前生产能力计算，我们这个产区每天可以收入60万至80万元。”陈玉凤透露，“虽然市场前景好，但是产城矛盾让我们警醒，为了企业长远发展，工厂必须停工搬迁。”目前，德邦兴华搬迁工作正遵循“科学发展、优化结构、节约资源、保护环境、合理布局”的原则稳步推进。陈玉凤透露，“目前，工厂已经按照停车方案完成停车工作。下一步，将委托有资质的单位编写拆除方案，并报市里备案。拆除结束后，还要进行土地评估及土壤修复，保证江化路地块符合收贮要求。”2017年，德邦兴华母公司德邦集团已经在徐圩新区全面启动新厂区建设，未来那里将成为德邦化工新基地。

——摘自2017年11月9日《连云港日报》

幸福海州

【海州35条公路为农民幸福生活添砖加瓦】 “这下好了，以后到永平村的路总算是平了。”日前，家住板浦镇中正社区居民陈大爷看着自家门前即将修复一新的路，不禁发出赞叹，而就在去年，他还在为到处布满石头坑且雨天泥泞的道路而抱怨着。张大爷所说的路连接板浦镇永平村与中正社区，全长2.5千米，近年来，由于修建204国道，不少渣土车等大型车辆都从此借道，路面破损十分严重，底盘低的小型车辆及骑车的村民都绕路行走，给村民出行带来极大不便。海州区住建局在双进双促大走访中了解这一情况后，投入800万元进行修复，使原本20多分钟的车程缩短到10分钟以内。

为提升农村出行条件，消除道路安全隐患，今年以来，海州区将农村公路建设纳入46件民生实事重点工程，通过全面排查，确定优先安排四横三纵大修项目16个，建设里程58.27千米，投资约2.5亿元，计划分三年实施。目前，已完成“四镇三街两园区”县道网规划工作，建成锦屏镇镇南路、板浦镇燕板线等5条11千米，浦南镇许安线等4条道路正在实施；对宁海、新坝等18个经济薄弱村的18个农路提档升级项目，太半线（下滩村段）、东北路（东北村段）已建设完成，刘启线（唐顶村段）正在施工；此外完成郑庄西生产桥、东北乡干河桥建设，另有5座道路桥梁正在有序推进，年底全部完工。

农村公路，不仅解决了村民出行问题，也使不少村民的生活发生变化。家住新坝镇大屯村的瓜农过去前往市区贩卖瓜果，都要经过家门口的沙大线，沙大线是大屯、大穆、沙杭等村村民用于生产、生活的主要道路。由于年久失修，路面坑洼不平，道路破损严重，且每逢雨天，地面就布满了大大小小的水坑，安全隐患较大，成为村民前往市区贩卖瓜果蔬菜时迈不过去的一道坎，也限制了道路附近村庄的发展。海州区住建局了解到这一情况后，利用自身优势，主动投入100万元进行道路修整工作，修复破损道路近3000平方米，改善了路况。不仅如此，该局还积极筹措资金，修建板浦境内老204至新204国道2.5千米，朐阳境内西门路1.5千米，新坝境内小荡到樊庄4.8千米等5条道路修建扩建工作，方便群众出行。一些自然条件较好的乡镇，已初步形成了交通+乡村旅游、交通+特色产业的特色发展格局。

——摘自2017年8月16日《连云港日报》

【海州绘就幸福民生新画卷】 从棚改房里传来的阵阵欢笑，到溪沟水涧飘来的阵阵清香，从连接各村的条条坦途，再到覆盖辖区的乐龄场所……金秋十月，硕果飘香，行走在海州区城乡各地，一系列惠民举措让群众获得可触可感的生活之变，使百姓感受到实实在在的幸福。下午3点，位于新东街道新城社区的乐龄生活馆里格外热闹，打牌、理疗、阅读……上下两层近300平方米屋子里坐满了附近居民。“这里有很多活动设施，我们每天下午送小孩上学后就来这里活动。”刚退休不久的社区居民老杨自从去年乐龄生活馆正式投用后就成为这里的常客。为满足老年人多样化服务要求，近年来，海州区在城区、农村共建有114个乐龄生活馆，为老年人提供泡脚、按摩、量血压等20多项服务，覆盖辖区10多万老年人。为了让群众拥有更加舒适的生活环境，海州区还加强智慧社区建设，新增6

家以上“双二百”社区用房，并在滨河新区建成全市最大的医养一体化项目，实现医疗和养老无缝对接。

“投入3亿多元探索医养结合项目后，我们还积极加强体系建设，目前已建成国家级社区卫生服务示范中心2家、省级中医药特色社区卫生服务中心5家，投入1.8亿元进行基层硬件提档升级。”海州区卫计局局长许巍介绍，此外，该区在全市率先将村卫生室药物纳入零差率销售范围，实现基本药物制度全覆盖。坐落于孔望山脚下的海州体育馆也备受市民关注。日前笔者在秦东门大街看到，施工现场工人依旧紧张忙碌着，不少休闲活动场地已初具雏形。作为海州区首个综合性全民健身场所，总面积达11.33公顷，里面不仅有中心广场、篮球场、网球场等体育休闲活动场地，还有景观廊道，目前一期工程已全部完成，二期主馆及绿化方案完成专家评审，项目建成后，市民健身运动又多了一个理想场所。

近年来，海州区加大软硬件投入，每年拿出财政收入的70%用于改善民生。先后改扩建90多所中小学和幼儿园，新建一批优质学校，创成全国义务教育均衡区，教育现代化走在全市前列。建成文化馆、图书馆、体育馆、全民健身中心等。

就业是民生之本，海州区制定出台三十条创业政策，通过抓项目、强产业带动农村劳动力就业创业。目前全区省级“充分就业社区”比率已达到90%以上，6000多名贫困人口全部完成上一轮脱贫任务。

——摘自2017年10月26日《连云港日报》

【老旧小区改造打造安全舒适新海州】 老旧小区改造是海州重点民生工程，海州住建局紧抓群众需求热点，打造民生项目亮点。以打造安全舒适新海州为目标，加大老旧小区改造工作力度，共投入资金约5000万元，改造老旧小区141个，改造面积达460万平方米，涉及10个街道7万多户家庭近25万人。

加强老旧小区长效管理工作，建立区级、街道、社区三级物业管理体系，实行社区居委会、业主委员会、物业服务分中心“三位一体”管理模式。目前已经改造的141个老旧小区，已有18个小区引进物业企业进驻实施管理，19个小区由小区业主自治实施管理，22个小区由居民服务中心实施管理，82个小区由社区进行兜底管理。

——摘自2017年12月15日《连云港日报》

【海州城乡居民医保参保人数突破36万】 近日，笔者从海州区获悉，该区2018年度城乡居民基本医疗保险的参保缴费工作积极推进，截至2017年12月20日，实际完成参保人数突破36万，全面完成年度目标任务。

2018年，是城镇居民基本医疗保险与新型农村合作医疗保险整合并轨的开局之年。2017年10月中旬，城乡居民基本医疗保险工作动员大会召开以后，该区政府分别与街道、镇、区教育局等19家单位签订《目标责任状》。全区张贴宣传海报1000份，送发《城乡居民基本医疗保险参保缴费指南》20万份；区教育局还专门召开区属教育系统工作推进会，发放《告家长书》16万份。

整合后的城乡居民基本医疗保险政策较原城镇居民基本医疗保险和新型农村合作医疗保险政策，调整幅度较大，也存在新老政策衔接的问题。该区社保中心先后两次召集街道、镇人力资源和社会保障服务中心和岗埠农场社保科负责人开会，统一答复口径，有效杜绝可能的“各自为政”。同时，通过城乡居民医保QQ群、微信等新媒体，及时与市征缴中心等部门沟通联系，有效解决港澳台籍常住人员、因故暂时不能申报户口的婴幼儿等族群的参保问题。

——摘自2017年12月24日《连云港日报》

【新坝半年支出近200万元办160件实事】 “我家门口原来是坑洼不平的石子路，现在变成水泥路，出门方便多了。”在新坝镇大屯村，村民老开看着自家门前新修的路，乐滋滋地说。这一切都归功于镇里建的“三资”管理平台。自今年7月份新坝镇三资管理平台正式运行以来，已支出资金近200万元用于镇内民生事业发展。公开、透明的财务管理制度，让一切资金运行在阳光下，真正实现给村民一个明白，还干部一个清白。

新坝镇位于海州南端，是全市首批城乡统筹试点镇、绿色生态农业示范镇。然而，由于村级集体经济薄弱、“三资”管理漏洞较多、监管机制形同虚设等问题突出。农村集体资金、资产、资源管理涉及广大农民的根本利益，是农村工作的热点和焦点，如何把“三资”更好地利用起来为百姓服务，成为基层政府迫切需要解决的问题。为了从制度上、根源上解决问题，推动农村“三资”管理规范有序，新坝镇经管站牵头，组织财政、审计等部门成立“三资”管理平台，将全镇16个村的村级账务、工程发包审批等进行一村一柜集中管理、按需使用，真正做到取之于民、用之于民。

今年村里新添置20个垃圾箱，大伙也渐渐习惯将垃圾扔到垃圾箱里，村里比以前干净整洁多了。购置垃圾箱的费用正是从三资管理平台支取的。不同于以往下申上报的流程，“三资”管理平台中的资金支取流程更规范，步骤更透明。据新坝镇经管站副站长介绍，每一笔申报的民生事项都要经过各村召开一委三会同意，然后各村财务向“三资”平台申请费用，再由镇分管领导、镇长签字，确认无误后这笔资金才会发放到位。为防止有侵占、挪用的腐败行为，所有账目都做到零现金支付，财务无权接触现金，所有费用均由经管站直接打到对方账户。

据了解，半年来新坝镇“三资”管理平台共支出近200万元现金，用于160多件实事，包括清理路面垃圾、环境整治、购买办公用品、农田水利建设等民生事项。“有了这样一个平台，老百姓直接监督每一项资金使用情况，也不会对干部有所猜疑，干群关系明显改善，我们干起工作来也更踏实了。”大屯村村支部书记说。

——摘自2017年12月26日《连云港日报》

【市区居民将吃上深度处理的饮用水】 12月25日，海州水厂深度处理工程项目首轮调试工作结束，项目单体及联机调试运行正常，通过多项指标检测表明，由此流出的自来水水质达到了预期目标。据介绍，市供水部门还将对其进行反复联机调试，待时机成熟将正式投用全部自来水深度处理系统，届时市区饮用水水质将进一步得到改善，市区（不含赣榆）居民将全部喝上更加洁净的自来水。

笔者在调试现场看到，由沭新渠引入这里的原水被送入泵房后，历经加药、絮凝、沉淀、活性炭吸附处理及复杂的工艺，水流已变得十分清澈，未来经处理的自来水将通过管廊送入清水池再经加氯处理即可向用户供水。不过，据海州水厂厂长刘宝介绍，上述流程并非自来水深度处理的全部，近期，海州水厂深度处理系统中的重要环节、臭氧发生系统也将投入使用，待一切准备就绪，由此流出的自来水将全部经过深度处理，未来这里每天可向外供水10万吨。连同市茅口水厂、第三水厂每日20万吨的供水，新海及东部城区部分地段水压不足的状况将得到有效缓解，由此流出的自来水全部经过深度处理。

海州水厂深度处理项目占地规模1.36公顷，工程总投资约9959万元。自2014年起，该工程项目连续数年被列为全市重点民生工程。据市自来水公司副总经理王斌介绍，该工程自2016年4月开工以来，项目建设进展较为顺利。在相继完成污泥回流泵房、沉淀池、臭氧间、臭氧接触池、反冲洗泵房和炭滤池等重要构筑物设备安装后，施工人员又完成低压电气及强电工程施工，今年6月海州水厂深度处理工程主体工程全部结束。目前，除臭氧发生系统外，其余单体项目均已进入工作状态。自11月15日起，工作人员开始对水厂中置式高密度沉淀池、污泥回流及冲洗房等单体调试，并于近期进行联机调试。从此前的检测指标看，其出水已达到预期目标。

——摘自2017年12月26日《连云港日报》

社会管理创新

【朐阳信息化创新社会管理】 “我家门口的路灯两天不亮了，能让人修一下吗？”近日，家住海州区朐阳街道西门社区的赵大爷遇到正在采集信息的网格员小吴，连忙告诉他。小吴查看完现场后立即将情况上报，不一会，便有电工联系赵大爷，赵大爷家门口的路灯很快就恢复了正常。

这是朐阳街道创新社会管理方式的一个缩影。“通过网格化服务管理建设，创立‘人在格中走，事在网中办’的社会管理和政务服务新模式，网格员人手一台对讲机，发现问题及时汇报，就好比顺风耳，可以第一时间了解相关情况，并及时作出反应。”朐阳街道负责人徐兴军说。据了解，针对创卫长效管理、控违拆违、城管环卫等社会管理突出问题，朐阳街道推行网格化管理，将辖区划分为11个一级网格和27个二级网格，每个二级网格都配备网格管理员、警务员、环卫保洁员、物管员、市场监督管理员等。每个网格的醒目位置都张贴悬挂了网格牌，上面清晰地记载着网格管辖责任区域和责任人的联系方式，居民有需要随时拨打服务电话。网格员每日在责任区域内巡查，发现问题及时处理。遇到突发事件、居民特别求助、矛盾纠纷，网格员第一时间到现场。每半年网格员还对常住户走访1次以上，对困难家庭、空巢老人、留守儿童，社区矫正对象每月走访一次，将各项惠民政策送到每家每户。

有了“顺风耳”，当然还需要“千里眼”。2016年，朐阳街道投入70余万元建成“千里眼”视频监控系统，并成立街道应急指挥中心。在应急指挥中心视频监控室，笔者看到“千里眼”视频监控平台，11个高清摄像头拍摄的画面可同时在大屏幕上显示。“前几天，我们通过‘千里眼’视频监控系统发现一辆轿车停在花园路边上。因为旁边就是苗圃，开始以为是临时停车买花，但发现停了半个多小时也没有开走，影响过往车辆行驶，于是立即联系相关部门，将这辆占道违停的车辆拖走。”工作人员小郭说。

“千里眼”实现了技防与人防、物防相结合，使值班人员足不出户就可实现对辖区内防火防汛、秸秆禁烧、禁违拆违、安全生产、社会治安、城管环卫等重点难点工作进行24小时全天候、全方位、多视觉远程网上巡查检测，确保对重点难点工作做到实时监控、智能执勤、全面指挥，结合网格管理人员，解决了以往重点工作检测难、耗时长、漏洞大的难题，确保重难点工作全面掌控。

有了“千里眼”和“顺风耳”，朐阳街道成功建立五分钟快速反应机制。即确保在事件发生5分钟做出反应，人员到位，有效实现突发事件快速处理、快速反馈。通过这样的方式创新社会管理，有效提高辖区居民的幸福指数。

——摘自2017年1月16日《连云港日报》

【海州区开通“零距离民生热线”】 为扎实推动“双进双促”强区富民活动，近日，海州区开通“海州零距离民生热线”，有效解决大走访结对人群有限、接触时间有限的实际困难，辅助走访调研全覆盖、无缝隙。据了解，结合群众诉求渠道情况，海州区开通电话热线80301234、邮箱热线、微信热线三条通道，方便群众“发声”。此外，还建立“民生热线”服务中心，推行“统一受理、归口办理、推动落实、提高效率”的运行模式。全区16个镇街、开发区，57个机关部门单位全面配齐“海州零距离民生热线”联络员，对中心派发的交办单第一时间响应，兑现群众“微心愿”，实现服务群众“零距离”。

——摘自2017年3月9日《连云港日报》

【海州区稳步推进部门零基预算改革】 为进一步深化部门预算管理，构建科学合理、公开透明、绩效优先、约束有力的公共财政预算编制体系，从2017年起，海州区区级部门预算编制全面实施零基预算改革。实施项目零基预算，打破部门预算只增不减的现象，是以零为基点，根据职能工作要求和轻重缓急等情况，逐项细化编制预算，加大资金优化整合力度，加快建立“能进能出”的财政资金分配机制，切实增强财政统筹调控能力。目前，该区区级项目预算编制工作已基本完成。这是该区财政部门积极面对经济下行压力，保证预算平衡的一项重要举措，对于改进和规范预算资金分配，硬化预算约束，提高资金使用效益具有重大意义。

——摘自2017年3月9日《连云港日报》

【浦南镇双联双创结硕果】 海州区浦南镇人大主席团在开展密切联系人大代表、密切联系人民群众，创建人民满意的人大主席团机构、创建人民满意的人大代表的“双联双创”活动中从严从实、确保效果，赢得更多群众点赞。“昨天下午拨打镇人大的群众热线，反映农村公路破损问题，今天就有人来修了。”11日，海州区浦南镇康宁社区居民老张高兴地说。浦南镇把“双联双创”活动开展情况纳入综合考评体系，对优秀人大干部优先提拔使用，系列激励举措掀起争先创优冲击波。“双联”是手段，人民满意才是目的。该镇努力在转化民意上出新举措，在务求实效上下硬功夫。代表要求改变大会期间才提建议的呼声，促进《代表建议办理流程及说明》新鲜出炉，网上提交系统365天运转，使代表春夏秋冬随时将百姓所急所盼反映上去；根据村民“突出特色、一体发展”的呼声，镇人代会作出决定，出台打造特色小镇、月光小镇方案；问卷调查显示98%的群众有“环境美、风尚美、人文美、创业美”的迫切要求，镇人代会上就通过了加强乡村文明建设的决议。太平村将拟建的三项重大工程提请人代会审议，有一项工程因与大多数百姓的利益贴得不紧而被否决。

——摘自2017年1月12日《连云港日报》

法治海州

【海州警方严打侵财犯罪】 海州公安分局围绕群众最直接、最关心的热点、难点问题，以深入开展打击“盗抢骗”活动为抓手，多措并举，向多发性侵财犯罪发起凌厉攻势，取得明显成效，群众的满意度和安全感得到明显增强。截至目前，抓获犯罪嫌疑人107人，破案178起，摧毁侵财性犯罪团伙7个。行动中，分局不断加大攻坚力度，全面提升破案打处质效。通过分析研判，梳理“两盗”等多发性侵财系列案件的发案特点和规律，加强全区和高发案区域同类案件的串并工作，及时预警防范，有效追踪打击，提升打击犯罪效能。对发生的入室盗窃、盗窃“三车”案件，无论案值大小，一律严格落实现场勘查规定动作，全面搜集痕迹物证，及时采取监控措施。2月6日，新海派出所勤务指挥室精确研判抓获盗窃犯罪嫌疑人孟某查（男，35岁，徐州人）。经查，2017年2月5日，孟某查在海州区惠苑路、同河路撬砸轿车玻璃盗窃车内物品20余起。在加大打击力度的同时，分局按照“一个区域（路段）、一支队伍、一名负责人、一包到底”的工作要求，分局专门抽调刑侦、巡警、治安等部门力量成立工作组，重点围绕13个重点整治区域、8个重点发案路段，会同属地派出所责任捆绑，协同作战，持续开展巡逻盘查、蹲点守候、重点清查、技防设施安装等工作，全面挤压违法犯罪空间。目前，重点区域刑事案件发案同比下降了56.26%。

为遏制收销赃渠道，从源头上减少案件的发生，分局以收购站、车辆维修点、金银首饰加工、二手车交易等为重点，组织各派出所和治安、巡警等警力开展“拉网式”摸查，及时发现打击收销赃犯罪分子，深挖盗抢等违法犯罪分子。截至目前，全区共检查各类站点单位300余家，处罚违规经营单位23家，抓获收盗销犯罪嫌疑人4人，带破案件5起。

——摘自2017年2月16日《连云港日报》

【海州警方严打严控涉毒违法犯罪】 今年以来，海州公安分局将严打涉毒违法犯罪活动作为提升公安综合绩效水平的有力抓手，深入摸排线索，深化打防管控，严打涉毒违法犯罪活动，取得了阶段性成效。截至目前，共抓获涉毒犯罪嫌疑人79名，查处吸毒违法人员520人次，缴获毒品海洛因111.8克、冰毒1388.31克。针对涉毒人员患病等原因逃避打击处理的难题，海州警方专题研究处置对策，在全区范围内开展打击涉毒群体的“定点清除”专项行动，排好清除目标、用好医疗手段、定好强制措施，集中力量予以攻坚，关押一批“毒瘤”。行动中，分局禁毒大队充分发挥职能作用，专职负责大要案件查处，并与各基层所队捆绑办案，相关部门密切配合，按照“一盘棋、一体化”的运作模式，多警种协同作战，有力地打击毒品犯罪嚣张气焰。3月6日，禁毒大队会同分局巡特警大队、浦东派出所、新海派出所成功捣毁一吸贩毒窝点，抓获任某等吸贩毒成员5人。6月9日，新海派出所会同巡特警大队根据线索深挖经营，成功破获戚某贩卖毒品案，当场缴获毒品510.37克，毒资10万余元。同时，该局加强网络巡查工作，及时发现、梳理、处置网络吸贩毒活动线索，切实阻断犯罪分子网上交易渠道。今年以来，通过网络巡查共发现各类涉毒线索11条，查破涉毒案件2起。

海州警方还建立健全吸毒人员动态管控机制，常态化开展隐性吸毒人员排查、有吸毒史人员回访检查活动，确保及时发现吸毒人员并纳入管控，提高对吸毒人员的发现、控制和涉毒违法犯罪的打击能力。今年以来通过深入走访、摸排，全面梳理在册吸毒人员，尤其是社区戒毒人员，严格落实管控措施，定期开展毒品检测，共发现并收戒吸毒成瘾人员27人。

此外，警方对全区122家易制毒化学品企业开展风险评估，对较高风险易制毒化学品企业购销、运输、使用等各环节实行全程监管，加大见面核查与跨区域核查力度，从源头上防止易制毒化学品流入非法渠道。对全区涉易制毒化学品单位、宾馆、洗浴、KTV等公共娱乐场所以及出租房屋等复杂场所进行全面摸排清查，及时发现、打击藏匿其中的涉毒违法犯罪活动。上半年共组织开展全区集中清查5次，抓获吸贩毒违法犯罪人员60余人。

——摘自2017年7月20日《连云港日报》

【海州警方扎紧治安防控“篱笆墙”】 今年，海州警方以争创“最安全城区”为目标，以开展“春季打防攻势”“三打一整治”等专项行动为载体，持续开展打防整治行动，取得明显成效。群众安全感和满意度大幅上升。

海州公安分局在“天网”建设工程中，围绕案件高发部位和治安复杂地区，新建近2000路高清视频监控，同时整合接入步行街、市民广场等社会面监控资源494路，着力构建点、线、面结合的多层次、全方位、全覆盖的监控网络，全局通过信息化资源整体联动，初步形成“一呼百应、多警联动”的工作格局。今年2月，朝阳西路等地连续发生多起夜间轿车内物品被盗案件，新海派出所通过对社会面监控信息分析研判，最终发现并抓获作案嫌疑人刘某，成功破获30余起砸车窗盗窃案件。

为强化社会面治安防控，海州公安分局购置警车10辆、电动车30辆，配发至各派出所并抽调民警及辅警实行弹性工作制，全天候做好社会面巡防工作，较好地保障巡逻勤务高效运行。分局根据每个巡区治安状况，设置必巡点、必巡段及盘查堵控点，并依据警情变化自行调整勤务模式。通过社会面巡防，抓获各类违法犯罪嫌疑人620余名，带破各类案件200余起，查获30多辆涉案车辆及一批管制刀具等危险品。

为了更好地发挥群防群治防控网的威力，分局还大力推广“正义联盟”，以点带面、整体推进，通过实施积分奖励制度，完善组织管理体系，鼓励广大群众提供治安信息，参与维护社会治安秩序，推动和加强新形势下全区群防群治工作。至目前，治安信息员搜集和报送各类信息1100余条，民警借助信息及时化解各类矛盾纠纷200余件，登记暂住人口、出租房屋人员信息2180余条。联合社区干部开展社区网格化管理，制作发放6万余份有关防盗、禁毒、防范电信诈骗的宣传手册，利用社区服务平台向辖区群众实时推送安全防范提示、治安形势、协查通报等信息10万余条。

——摘自2017年9月7日《连云港日报》

【全市首台诉讼服务一体机在海州法院启用】 11月15日上午，海州区法院诉讼服务一体机正式启用，这也是全市基层法院投入使用的首台一体机。这台类似“ATM机”的自助服务终端集合法院信息、诉讼服务和公共信息三大板块的服务功能，可以快速帮助当事人完成自助立案。万律师第一个体验了这台诉讼服务一体机的立案功能，她在导诉法官指引下，在屏幕主控键盘下，点击诉讼服务板块下的“我要立案”按钮，系统便切换到简约的信息登记界面。在读取身份证后，万律师按照要求输入相关信息，扫描文件上传后，系统提示操作成功。随后，万律师在服务台拿到了自助立案确认表，确认立案成功。万律师赞叹，“今天本来前面还要等4个人，用这台机子自助立案只用了5分钟，节省半个小时。而且这台机子的扫描精准度出乎我的意料，不仅能识别涂改，还能验证身份证号码的准确性，效率很高。”

万律师拿到的自助立案确认表的右上方还有一个二维码，通过这个二维码可以进一步查询案件的进展、阅览卷宗。万律师在自助机上扫描纸上的二维码之后，系统便弹出了对话框，“请输入查询密码”。万律师感叹，“没想到还有密码！这样案件的信息就不会被轻易泄露，安全性得到了保障。”

海州法院此次新增的诉讼服务一体机系统除可以自助立案外，还能完成卷宗查询、诉讼引导、法律法规、诉费计算、开庭公告和失信人查询等多种功能，为当事人和律师提供一站式、集约化的诉讼服务。立案一庭的负责人介绍，“诉讼服务一体机节约了等候、输入和查询的时间，为当事人提供更加快速便捷的诉讼服务。”

——摘自2017年11月17日《连云港日报》

【海州区法律援助农民工喜领血汗钱】 “终于拿到钱了，这下放心了，感谢海州区法律援助中心。”昨日，47岁的老袁高兴地说。当日，法律援助职工讨薪案薪款发放仪式在海州区司法局举行，现场发放20余万元，其余50余万元将陆续发放到位。71名农民工在法律援助中心的帮助下，拿到了拖欠的工资。

今年7月，海州区法律援助中心接到一起劳动者集体维权案件，他们所在的工厂以停产、企业流动资金不足为由，拒绝发放生活费。对此，市区两级法律援助中心高度重视，立即受理，进行走访了解，确定维权方案，终于较好解决民工讨薪问题。

“终于把这件事情解决了，能安心地过个年了。”拿到自己工资的老顾激动地说。岁末年初，正是农民工讨薪事件的高发期，海州区切实采取有效措施化解这一社会难题，维护好农民工的合法权益。他们还将建立法律援助早期介入机制，深入农民工聚居地，努力在第一线消除潜在的劳务纠纷，畅通法律援助，努力在第一时间回应和处置农民工维权事项。在今年刚刚投入使用的海州区公共法律服务中心，笔者看到，大厅里设施齐全，电子触摸屏公布申请调解和法律援助的流程和法律从业人员的基本信息。同时，加强法律援助工作网络建设，在全区179个村（居）均设立法律援助联系点，覆盖面达100%。据了解，2017年海州区认真贯彻中央和省、市《关于完善法律援助制度的实施意见》，完善公共法律服务平台建设，法律援助服务水平和服务质量不断提升。全年公共法律服务中心共受理群众法律咨询4851件，办理法律援助案件856件，为群众挽回经济损失1000余万元。

——摘自2017年12月15日《连云港日报》

爱满海州

【海州开展“爱心市民”评选活动】 多年来，海州区先后出台多个文件，广泛开展思想道德建设活动，对于出现的好人好事、凡人义举、身边好人，努力做到随时出现、随时命名、随时表彰。成立“爱心市民”基金，每年奖励荣誉市民；建立“爱心市民”帮扶体制，对困难“爱心市民”定期给予经济和生活上的帮助；开展“爱心市民”交流互动活动，开展“文明风尚进社区”活动，多位“中国好人”、道德模范、“爱心市民”与社区居民零距离接触；组织道德道德模范等定期免费体检；免费为全区道德模范、“中国好人”“江苏好人”登记赠送连云港日报；组织全区各级文明单位对口帮扶困难“爱心市民”、道德模范。为进一步扩大爱心市民影响效应，海州推选“最美基层干部”“最美爱心市民”“最美少年”各20名，并拿出30万元作为专项奖励资金，并发放奖杯、奖牌及荣誉证书，在全社会形成“互帮互助，弘扬爱心”的新风尚。

不仅如此，海州区还在全区营造良好社会风气，大力做好先进人物宣传工作，充分发挥模范典型示范带动作用。多次举办“首善支撑·爱美海州”一万余册。通过开设“美爱海州”微信专栏和“文明海州”网站版块，对每年获评的“爱心市民”、道德模范、“中国好人”等先进事迹开展宣传报道，让先进模范成为引领社会风尚的道德标杆。

爱心相伴，善行海州。从2007年至2016年，海州区“爱心市民”评选活动已经走过10年，成为海州乃至全市精神文明建设中一张靓丽的名片。10年间，先后评出141位“爱心市民”和14个“爱心团队”，22人次入围“中国好人榜”，9位获评“中国好人”，13位获评“江苏好人”、省道德模范，16位获评市道德模范。

——摘自2017年2月21日《连云港日报》

【海州获全国无偿献血促进奖】 近日，从国家卫生计生委传来消息，国家卫生计生委与中国红十字会总会、中央军委后勤保障部卫生局联合公布了全国无偿献血表彰奖励名单，海州区荣获“全国无偿献血促进奖”。长期以来，海州区高度重视无偿献血工作，以认真贯彻实施“一法一条例”为主线，从加大宣传力度，落实责任，强化管理，全面落实无偿献血工作，有效保证临床医疗用血需要。

每年献血任务下达后，该区根据区直各单位干部职工人数和镇街人口数，结合行业特点，科学分配制定全年献血任务计划，报经区委、区政府同意后，下发当年关于做好海州区无偿献血工作的通知，将任务细化分解，下达到全区各单位、镇街。全区各单位、镇街积极组织广大干部职工参加无偿献血活动。数据显示，2014~2015年度1096人次累计无偿献血275300毫升；一次献血300毫升以上464人次，占献血人数的42%。

——摘自2017年2月25日《连云港日报》

【海州区启动留守儿童关怀关爱活动】 2017年，“同一片蓝天下”留守儿童关怀关爱活动启动仪式在海州电子信息产业园管理委员会广场举行。据悉，此次活动由海州区卫计局和宁海街道主办。今年留守儿童关怀关爱工作不同于往年，将从物质关爱进一步拓展到精神层面，宣传力度进一步加大，同时呼吁社会各界对留守儿童进行关注和帮助。近年来，海州区卫计局联合相关部门，为海州区2000余名留守儿童建立个人档案，对留守儿童生存状况、健康状况进行摸底。在“六一”儿童节、春节等重要节日开展微心愿活动，为留守儿童实现小梦想，送去学习用品和礼物，组织医务人员为孩子们进行身体发育、口腔健康等检查，累计服务留守儿童近万人次。

——摘自2017年7月20日《连云港日报》

【海州区给环卫工人“做”早餐】 每天早上6时，也许大多数人还在梦乡，也许你在给家人做着早餐。可是，有这样一群人，他们为了城市的整洁、漂亮，不仅没办法给家人做早餐，更是来不及让自己吃上一口早餐就匆匆拿上扫帚开始保洁。一份人大建议彻底改变了这样的境况。为了不再让环卫工人饿着肚子上岗，8月起，海州区给全区1300名环卫工人“做”早餐，每天让上早班的环卫工人吃完早餐再上班。热腾腾的包子、香喷喷的茶叶蛋还有杯装的八宝粥……早晨7时，环卫工人老王来到位于通灌北路的“安康驿站”，领取早餐坐在休息室吃完后，顾不上休息就匆匆到陇海路、康民路沿线进行清扫作业。“以前早上都是饿着肚子干活，等忙过去也早过饭点了，如今有‘爱心早餐’，可算是把肚子问题解决了。”老王说。采访中，笔者了解到，由于出门太早或受工作时间、清扫距离等因素影响，大多数的环卫工人和老王一样是来不及吃早饭的。他们的境况被市人大代表作为建议，提交到全市两会。这份建议得到了包括市财政局、市总工会、海州区环卫等部门的重视与采纳。市财政局将免费爱心早餐的费用列入预算，筹资240万元，以确保早餐工程顺利进行并作为一项福利一直延续下去。据海州区环卫部门负责人介绍，海州区像老王一样吃到免费“爱心早餐”的一线早班环卫工人共有1300名。其中785名环卫工人可以凭“爱心早餐卡”去各个爱心早餐点实名就餐，另外515名环卫工安排在环卫休息点定点领取“惠亿家”配餐。“按每人每餐5元的标准由供餐企业供应，一线环卫工人免费吃，而且每周都对早餐组合进行调整，同时也会根据环卫工人的反馈意见和季节变动随时调整，以确保他们营养补充到位，力争让每个环卫工人都能吃到供应品种丰富、放心可口的早餐。”浦东分公司就餐点的生产李经理说。为保证早餐的质量，环卫部门从前期供餐企业的原料购买到后期的卫生监管、早餐配送等环节，全程进行详细筹划。每天早上7点以前，供餐企业将装有早餐的保温箱配送到环卫处设置的8个“爱心早餐”就餐点。由站点负责人领取本站人员早餐，再配送到一线早班环卫工人手中。

——摘自2017年8月17日《连云港日报》

【海州274名留守儿童享受健康套餐】 笔者从海州区民政部门获悉，该区为关爱留守儿童的身心健康，特地为全区家庭较为困难的274名留守儿童量身打造专属“健康套餐”。通过为他们进行系统性健康体检，全面掌握这些孩子的身心健康状况，以便将来更加有针对性地对这些留守儿童进行帮扶。

据海州区民政部门提供的资料显示，目前，海州区共有0~16周岁留守儿童274名。其中海州区新坝镇和板浦镇分布较多，分别为182人和50人。这些留守儿童中大多数父母双方同时外出务工，还有一小部分是父母一方外出务工，另一方无监护能力。为了能全面了解全区留守儿童的健康状况，帮助他们健康、快乐地成长，充分发挥医疗机构在社会保障和救助体系中的补充作用，海州区民政部门于近期启动"留守儿童健康体检"项目，该项目主要包括身体检查和心理干预两大部分。海州区民政局相关负责人告诉笔者，此次针对留守儿童的健康体检项目，是根据留守儿童的生活状况以及身体状况"量身打造"的。根据留守儿童的特点，此次体检不仅包括身体方面的常规检查，还包括一部分留守儿童的心理疏导。接下来，他们将定期聘请心理专家对一部分特殊留守儿童进行心理辅导，并建立留守儿童健康档案，不仅要呵护孩子们的健康成长，为留守儿童创造健康成长的环境，还要解决留守儿童中普遍存在的亲情失落、学习失教、心理失衡、安全关怀缺失和意外事件多发等问题，帮助他们开阔视野、启迪心灵、感受关爱、健康成长，以便将来更好地融入社会。

——摘自2017年12月13日《连云港日报》

精准扶贫

【海州全省首创"富民1+1"信息平台】 日前，海州区举行"富民1+1"信息平台启动仪式，全省首创利用互联网信息化手段配合"双进双促"走访，助力实现今年海州区全部脱贫目标。据了解，"富民1+1"信息平台由海州区和中国移动连云港分公司合作开发，为每个企业和每个被帮扶群众按照固定的维度建立档案，将纸质台账电子化形成资料库。海州区共有5个省定经济薄弱村、215户贫困户，每户人家都有一张联系卡，上面印有姓名和二维码。党员干部手机安装相关APP软件后，可以实时查看自己一对一帮扶对象的基本情况。"我装上这个软件一个星期了，目前尤庄村贫困人口43户158人的资料已经全部输入到信息平台中，我可以随时查询他们的基本情况，十分方便。"市委驻海州区帮扶工作队成员、尤庄村"第一书记"祝秀华告诉笔者。

据介绍，在APP界面上，有走访时间、走访内容和落实记录人等选项，在走访时，党员干部通过APP软件，扫描帮扶对象的二维码标签，系统后台自动记录一次走访流水，可以按周或按季度形成通报，并实时显示走访次数排名情况。所有录入的维护日志后台均有存档，年底可以批量导出一年的维护日志，梳理一年的工作明细。除此之外，党员干部通过软件可以录入帮扶日志，日志录入完成后系统直接传递给企业或者被帮扶人所属的社区主任或者村主任，根据录入日志对应做出反馈。党员干部在接收到反馈后，根据反馈内容在下一次走访时进行确认，从而让每一次走访都能实实在在执行到位。

——摘自2017年4月6日《连云港日报》

【海州3000多名干部驻村"攀穷亲"】 年初，海州区以进企业促发展、进村社促致富"双进双促"大走访活动为主线，选派3000多名干部驻村帮扶，其中79名干部担任村支部"第一书记"，推进城乡联建帮扶。活动中，该区确定党委部门联系弱村建设先进村，经济部门联系穷村建设富裕村，涉农部门联系专业村建设产业村。8个多月来，机关干部们利用"双休"和节假日访"穷亲"，解民忧、办实事、促发展，把党和政府的温暖送到贫困群众的心坎上。

新坝镇武圩村是区瀛洲集团发展有限公司挂钩帮村帮扶对象，针对事关群众切身利益的农田水利、交通基础设施薄弱的实际情况，该公司多方筹资200多万元为其疏浚沟渠11万米，使该村3800亩水稻，4000亩农作物成为旱涝保收的高产田；新建水泥路1.2万米，解决该村群众出行难题。村民张学军家有3口人，妻子常年有病，孩子在外地上学，家里仅他一人靠种地艰难度日，了解他家情况后，公司及时将张学军列入重点帮扶对象，当得知他有种植蔬菜技术但无资金的情况，公司第一时间筹措资金5万元为其建了四个蔬菜大棚，目前，他家种植的黄瓜和辣椒已全部采摘上市，获纯利5万多元。

活动中，海州区还将援资援智并举作为推进重点。以结对联户、蹲点包户、民情通户和服务到户的工作方式，实施人力、物力、财力、智力的全方位，深层次的帮扶活动。9月25日，板浦镇魏湾村困难户居根俊家，三间新建的砖瓦房在一片"噼里啪啦"的鞭炮声中落成，看到新落成的新房子，居根俊喜极而泣，握着前来道喜的帮扶单位、陇海步行街管委会副书记姚柱的手，连连道谢。居根俊有4个孩子，大女儿因为脑炎12岁就离开了，儿子一出生就是脑瘫，仅靠低保生活。陇海步行街管委会在走访中得知情况后，立即发动街区进行捐款集资。街区爱心商户还当即决定捐资5万元帮助居根俊家新建3间房屋。

在海州，成百上千的困难户像居根俊一样受益于机关干部结对帮扶行动。近年来，该区还从全区14300余户困难家庭中筛选出200户特困家庭，按照每5个机关干部组成一个爱心帮扶小组，长期帮扶一户困难家庭的要求，机关干部们主动捐款，每月帮扶每户400元，不足部分由单位补齐，直至受助家庭子女完成学业，能够自力更生。"帮扶工作迈一步，社会和谐就快一拍。"区委组织部相关负责人的一席话道出了该区结对帮扶的初衷。

为使帮扶结对工作制度化、常态化，该区规定，一人包村，全单位参与，包村干部打头阵，派驻单位做后盾。各机关单位和部门积极发挥政策通、信息灵、资金有保障的优势，"各唱各的拿手戏，各打各的优势仗"。今年以来，该区集中精力切实解决群众办不了或办不好的路、水、电、医、学以及创业就业难题。浦南镇唐顶村是区政法委定点帮扶村。今年以来，他们始终坚持真访实帮，把解决问题，化解纠纷作为工作出发点，大力推进帮扶举措，先后筹措近百万元资金，建设唐顶大道，安装49盏路灯，栽植1500多棵花木，化解20多起邻里纠纷，使该村路通、景美、灯亮、心顺。截至目前，全区通过“双进双促”帮扶活动，共为群众办实事好事8300多件，协调帮扶资金5200多万元。

——摘自2017年10月15日《连云港日报》

【海州区6400名低收入人口脱贫】 这几天，海州区板浦镇尤庄村村民李大爷看着自家栏里的羊，高兴得合不拢嘴：“现在村里路修好了，也通上自来水了，不用再为生计而烦心了。”在市委驻海州帮扶队和宏荣置业的资助下，尤庄村开展爱心养羊项目，低收入农户每户每年饲养8只羊，收益归饲养户所有，以此解决低收入农户缺乏发展资金问题。这只是海州区实施精准扶贫的一个缩影。

2016年，海州区新农合人均筹资标准提高至545元，发放城乡居民生活最低保障金2600余万元，新申请中低收入家庭公租房80套，加固维修危旧房近4万平方米，6400名低收入人口脱贫，新坝镇王傅村实现整体脱贫。精准扶贫是一场“大合唱”，需要政府、行业和社会齐心协力唱好“协奏曲”。海州区将5名市扶贫工作队员派驻到板浦镇尤庄村、大团村，新坝镇魏口村、四里村、王傅村5个省定经济薄弱村，开展重点帮扶。此外，还与电信连云港分公司签订大数据精准扶贫协议，搭建扶贫云及社会扶贫信息服务平台，将在5个村村部建设电信农村便民服务站，培育发展农村电商。与区慈善总会联合开展“冬日阳光·送温暖”活动，协调深圳创维公司捐赠“公益万里行”惠民资助金1700万元，每户贫困户都可以领取一张500元电器购物现金卡。

——摘自2017年11月17日《连云港日报》

人文荟萃

【海州好人馆开馆揭牌仪式举行】 7月19日上午，海州好人馆在民主路开馆，该馆主要以图片、文字为载体，以画廊的展现模式，收录海州区多年来涌现的各类好人好事。市领导万闻华、滕雯出席了揭牌仪式。据悉，2017年，海州区重点加强好人文化宣传载体建设，探索将好人事迹展示变成长久性固化宣传，好人馆、好人街、好人广场、乡贤馆、善行义举等一大批形式多样的宣传载体相继建成，好人宣传真正融入群众日常生活，“好人精神”正引领更多市民加入好人的行列，推动在全社会形成“人人争做好人，好人人人崇敬”的浓厚氛围。

——摘自2017年7月20日《连云港日报》

【新海街道残联理事长索晓红】 索晓红1970年2月出生，共产党员，海州区新海街道残联理事长。从2002年起从事民政、残联工作，15年如一日。2016年11月在街道成立了残疾人之家，覆盖10个社区，开办手工制作鱼线、扣鱼钩、组装圆珠笔、插花等辅助性就业项目，为数百名残疾人士进行辅助性就业培训，成功帮助残疾人实现就业。2016年通过“千名志愿者结对帮扶行动”长期救助21名贫困家庭学生。救助低保边缘家庭中6名大学生1.2万元。积极开展“慈善周”系列活动，为社区残疾人提供就餐配餐服务300人次，提供理发服务200人次，上门护理服务46人次，并举办讲座30次、义诊32次。2017年入选连云港市扶残助残十佳爱心人士。

——摘自2017年5月22日《连云港日报》

【胡可中、颜景柱白鸽涧边救人】 今年5月2日中午，在锦屏山白鸽涧边，一对母女落水，养蜂人胡可中和年约70岁左右的颜景柱跳下水中救出母女俩。昨日，这两位救人的好人受到海州公安分局，市、区见义勇为基金会的表彰。

5月2日12时许，一名10岁女孩在白鸽涧边不小心滑进水里。她的母亲当时正在水边洗衣服，见状立即跳进水里，准备打捞孩子，结果自己脚下一滑跌进水里。危急时刻，养蜂人胡可中跳下水，随后年约七旬的颜景柱也跳下水，将落水母女俩救了上来。由于抢救及时，母女俩无生命危险。

此事经过报道后，引起多方关注，海州公安分局，市、区见义勇为基金会对此事高度重视，高度赞扬胡可中、颜景柱勇救落水母女的行为，并奖励每人4000元现金。

——摘自2017年8月15日《连云港日报》

【王芳入选8月份“中国好人榜”】 昨日上午，笔者从新疆乌鲁木齐举行的8月份“中国好人榜”发布仪式上获悉：8月“中国好人榜”全国100人上榜，其中江苏6人，锦屏镇桃花涧老年公寓负责人王芳入选孝老爱亲“中国好人榜”。

王芳2013年退休后，本可以享受舒适生活的她，因为不放心辖区内的老人，将全部300万元积蓄拿出来开办老年公寓。她把每一位入住老人都当作自己的亲人，在饮食起居、理发洗澡、康复训练等方面细致入微地照顾着老人。在王芳的影响下，她的丈夫和女儿也积极加入服务老年人的队伍。

——摘自2017年9月1日《连云港日报》

【海州区评选出十大健康卫士】 日前，海州区为大力弘扬卫生计生行业爱岗敬业、无私奉献、全心全意为人民健康服务的主旋律，激励和引导广大医疗卫生计生工作者弘扬卫生计生职业精神，更好地为人民的健康服务，为全区评选出的十大健康卫士颁奖。

今年7月，区委宣传部、区总工会、区卫计局联合在全区开展“海州区十大健康卫士”评选活动。许多优秀医护人员在自己的岗位上默默耕耘无私奉献，用“不畏艰苦、甘于奉献、救死扶伤、大爱无疆”的职业精神，守护着海州人民的健康。经过评

选，马善军、王华、类昌霞、陈艳芹、赵秋红、贝建荣、宋云云、唐志敏、万红、倪月棠获得“区十大健康卫士”荣誉称号。

——摘自2017年11月6日《连云港日报》

【市新闻媒体先进个人董洪旺】 海州区委宣传部董洪旺每年都撰写一大批要闻在国家和省市级媒体刊出，撰写多位重大典型先进材料，在《新华日报》等省级及中央媒体刊发稿件300余篇，《连云港日报》刊发重点稿件800余篇，挖掘100余个好人故事，引领社会风尚，为全区经济社会发展提供了强有力的舆论支持，展示了美丽海州新形象。获2016–2017年度全市新闻媒体先进个人。

——摘自2017年11月8日《连云港日报》

【李增亮获评2017“江苏好青年”】 近日，海州区浦南镇康宁社区支部副书记、大学生村官李增亮获评“江苏好青年”，这是全省唯一获此殊荣的大学生村官。

今年4月10日以来，共青团江苏省委、江苏省文明办等单位举办2017海选“我们身边的好青年”活动，在社会推荐、资格审查、网络投票和专家评审的基础上，李增亮在全省6900多名候选人中脱颖而出，入选2017“江苏好青年”百人榜。

担任康宁社区支部副书记以来，李增亮作经常入户走访，和居民谈心，了解社情民意，解决矛盾和困难。向养殖、种植户送技术、送政策、送信息，利用网络和现代远程教育组织居民学习惠农政策，帮助居民掌握致富信息、实用技术和法律维权知识。

——摘自2017年12月19日《连云港日报》

教　育

【海州区养老护理德育教育基地揭牌】 为弘扬敬老孝亲的中华传统美德，海州区养老护理院与郁林中学、浦南中心小学结对，建设中小学生德育教育基地和社会实践基地，2016年12月30日上午举行揭牌仪式。

院、校双方希望以共建为契机，进一步加强海州区老护理院与各中小学校之间的合作与交流，积极开展小学生进院慰问及志愿服务活动，努力丰富老年人文化生活，抚慰他们的情感世界；中小学生通过与老人互动交流，培养他们的亲情和感恩意识，长大后成为对社会有用之才。

——摘自2017年1月4日《连云港日报》

【海州区开展国家安全教育活动】 在全国第二个全民国家安全教育日到来之际，海州区举办以“国家安全，全民有责”为主题的多种形式国家安全教育活动。海州区政府设立全民国家安全教育主展区，集中介绍国家安全相关内容。工作人员还通过播放教育视频、现场解说、发放宣传画册等方式，宣传相关法律法规知识，提高机关工作人员的国家安全意识。此外，海州区各中小学还开展“国家安全教育专题班会活动”，通过动漫图片展示、生动实事讲解等方式，深入浅出地向广大师生介绍《国家安全法》和《反间谍法》等法律知识。师生们纷纷表示受益匪浅。活动期间，海州区各村、社区纷纷通过悬挂国家安全宣传标语，电子显示屏滚动播放相关法律法规，张贴反间谍、反恐怖主义教育资料，发放宣传材料等方式，广泛普及“维护国家安全、荣誉和利益是每个公民、组织应尽的义务”“切实加强国家安全工作，严厉打击危害国家安全的犯罪行为”等基本法律精神，进一步提高全民国家安全意识。

——摘自2017年4月15日《连云港日报》

【解小获省“教海探航”比赛“优秀团队奖”】 日前，解放路小学探航团参加在宝应举行的江苏省第29届“教海探航”征文颁奖大会暨全国名师课堂教学观摩研讨活动。这是解放路小学继2012年、2015年、2016年之后，第四次荣获“优秀团队奖”。解放路小学以“童乐”文化建设为发展方向，以名师指导为推力，以同伴互助为抓手，以论文参评为契机，给教师们创设各种研学机会，拓宽教师教学视野，加强理论修养，提升科研能力，让教师在专业成长中获得成就感和积极创作的动力，引领解小人迈向教科研的新高度，反哺教学实践，为“童乐”课程保驾护航。

——摘自2017年11月24日《连云港日报》

【板中快乐足球培育体育精神】 在刚刚结束的2017年连云港市青少年校园足球联赛中，板浦高中以不败战绩捧得高中组冠军。这是该校继2017年获得海州区“区长杯”足球联赛高中组冠军后夺得的又一殊荣。

板浦高中这所有着百年办学历史的省四星级高中，形成优良体育传统和鲜明的体育特色，为国家培养了一大批优秀体育人才，2015年，学校成功创建“全国校园足球特色学校”。近年来，板浦高中秉承“质量立校，特色兴校”发展思路，实施“差别式竞争，错位式发展”培育模式，学校体育特色得到充分彰显，阳光体育蓬勃开展，竞技体育屡获殊荣。“打造快乐足球，培育体育精神”，足球已成为体育课的必修项目，班级、年级建立足球兴趣小组，构建师生校园足球联赛体制，组建学校足球专业队伍，联手南京体育学院，创新足球人才培养模式。

——摘自2017年12月15日《连云港日报》

文化体育

【海州再办四季赏花系列活动】 为深入挖掘全区乡村旅游资源，推动乡村旅游市场化进程，提升全区乡村旅游发展水平，扩大乡村旅游影响力，海州区将从2017年2月至2018年2月，举办第二届“花漾海州·四季赏花”系列活动，该活动围绕四季特色花卉观赏，将开展“不负春光”“清凉一夏”“秋意正浓”“缤纷冬日”四个系列活动。

据了解，第二届“花漾海州·四季赏花”系列活动暨梅花节已于2月25日上午在苍梧绿园启动。活动向广大市民及游客、旅行社推介海州区四季赏花线路，还将开展“百人百米绘梅长卷”彩绘活动、“梅花三弄”放飞风筝大赛、“印象梅花”手机微摄影大赛、“梅花知多少”科普知识竞赛等参与性、趣味性强的主题活动。

——摘自2017年3月1日《连云港日报》

【大美海州·诗画锦屏诗书画艺术节开幕】 近日，“大美海州·诗画锦屏”诗书画艺术节在桃花涧景区开幕。市内外书画名家创作的80余件“大美海州·诗画锦屏”主题书画作品展出。陈凤桐等数十名名家学者着晋朝服装，举行曲水流觞雅集活动，以文会友，再现当年兰亭雅事。

海州历史悠久，文化底蕴深厚，孕育了五大宫调、淮海戏、海州童谣、龙舞、剪纸等一批绚丽多彩的传统文化遗产，创造了丰富灿烂的民间民俗文化，涌现出一大批优秀的名家学者，构成海州特有的文化魅力。近年来，海州致力于“人文荟萃·美丽海州”建设，大力实施海州古城复兴工程，建成双龙井游园、二营巷、海州古驿站、海州画院、大华文化交流中心等一批文化产业改造项目，启动孔巷文化商业街区、朐山书院、花卉宠物市场等改造工程，成功举办“大华文化惠民六大工程”“海州美·全国诗词楹联大赛”等文艺展演品牌活动，推动海州文化文艺事业不断繁荣发展。

当前，海州区正以创建全国文明城市为契机，进一步加强优秀传统文化保护、传承和开发，举办更多形式、更为精彩的文化文艺活动，进一步延续传承城市文脉，丰富海州文化内涵，提升海州文明水平，为建设生态宜居、人文荟萃、经济繁荣、社会文明的现代化中心城区提供更为强大的精神动力和文化支撑。

——摘自2017年4月17日《连云港日报》

【海州文体局广场舞队获“全国第四”】 4月19日至20日，“谁是舞王”全国三强争夺战在黑龙江省大庆市打响。在19日晚进行的六晋四比赛中，江苏代表队—连云港市海州区文体局广场舞队以93.00分力压宁夏队晋级。在20日晚进行的三强争夺战中，未能更进一步，最终获得“全国第四”。

据了解，江苏队抵达赛场后，参赛队员们克服水土不服、身体不适等困难，在地下车库中坚持排练，最终获得全国第四已实属不易。据悉，海州区文体局金牌广场舞队在全国顶级赛事频频折桂不仅展示海州区广场舞的最高水平，也向全国人民展示了海州区广场舞发展的深厚基础，同时也释放了广场舞走向规范化发展的信号。长期以来，海州区文化体育局围绕服务基层、服务农村这一中心，组织海州区文化馆专业舞蹈演员，分组深入各乡镇社区指导教学，培养500多名广场舞骨干成员，负责辖区各社区、农村爱好者召集和培训指导活动。

——摘自2017年4月24日《连云港日报》

【创新文体事业品牌】 海州区大力实施文化体育惠民工程，创新文化体育活动品牌，推进文化体育产业发展，丰富人民群众的文体生活。

加大文化设施建设力度 建成占地面积170亩的多功能全民健身中心。二营巷、双龙井文化园正式对外开放，盐河巷红酒公社项目正式运营。投入60万元购置数字图书馆、电子图书25万册、构建海州特色文献资源库，新增区图书馆视障阅览室、地方文献阅览区、政府信息公开查询专区、无障碍设施等功能区。

基层公共服务体系逐渐形成 开展2017年全区室外健身路径安全巡查工作，完善社区室内乒乓室设施配套建设，新建13处室外健身路径。更换农村公益电影放映设备，提高农村电影放映质量。筹备建设海州区图书馆分馆6家，新建9个图书馆外流动服务点，全区基层图书馆服务网络初现雏形。

——摘自2017年10月16日《连云港日报》

【海州体育馆一期工程对外开放】 海州区体育馆坐落于孔望山新城片区，占地面积约170亩。其中，占地约68亩的一期工程于近期和市民见面。

据了解，海州体育馆是海州区首家综合性全民健身场所，是以“休闲健康、全民健身”为主题，满足周边居民休闲娱乐、体育健身、竞技比赛等需求。一期工程投资约3100万元，目前，一期工程已基本完工。中心广场、标准足球场、篮球场、网球场已全部建设到位，钢结构大门已施工完毕，绿化铺筑和苗木种植全部完成。

项目二期工程总投资超过1个亿，计划建设占地约40亩的体育馆和足球学校、景观铺装等。项目建成后将成为集群众健身、体育竞技、展示、演艺、商业、休闲、活动宣传等于一体的体育活动场馆。

——摘自2017年11月16日《连云港日报》

责任编辑：马善臣

重要会议报告

深入贯彻十九大精神　矢志增创发展新优势 奋力谱写新时代海州转型跨越新篇章

——在区委十届五次全会上的讲话

2017年12月29日

万闻华

区委书记万闻华在会上作工作报告

同志们：

现在，我受区委常委会委托，向全会报告工作。

区委十届四次全会以来，我们高扬发展大旗，矢志跨越赶超，掀起了海州新一轮发展热潮，各项目标任务圆满完成，预计实现全市经济社会发展目标考核“五连冠”，领跑各县区、功能板块。

一年来，我们重点抓了6件大事。

一是提升政治站位，以十九大精神指引海州发展方向　我们坚持把迎接和学习贯彻十九大精神作为全年的工作主线，切实在学懂、弄通、做实上下功夫。通过中心组学习、专题轮训、理论宣讲等方式读原著、学原文、悟原理，引导推动全区各级党组织和广大党员干部全面系统学、融会贯通学、及时跟进学，深刻把握十九大精神的科学体系、精神实质、实践要求。系统化制定32项具体学习贯彻方案，从全局高度、长远角度，创造性地把十九大精神同海州实际相结合，同各项战略部署相贯通，切实增强学习贯彻的理论深度、实践力度和情感温度。通过学习贯彻十九大精神，不断汲取真理的力量、信仰的力量、奋进的力量，全区上下“四个意识”更加牢固、“四个自信”更加坚定、“四个看齐”更加自觉。

二是全力攻坚克难，以三百攻坚提升海州发展士气 我们聚焦发展中的热点、难点、焦点问题，敢啃硬骨头、敢于涉险滩，开展重点项目和招商引资、城乡环境综合整治、安全稳定“百日攻坚”三大专项行动，推动各个领域、各项工作出新、出彩、出色。经过全区广大干群105天的持续奋战，一批事关长远发展的重大项目成功突破，一批事关民生福祉的重要事项快速推进，一批事关大局稳定的矛盾问题有效化解。投资20亿元的长生云港、15亿元的医疗器械产业园全面开工，投资30亿元的城市综合体、15亿元的曙光建材成功落地。省级生态区创建、263专项整治、创卫成果巩固、旧城改造攻坚等一批重点工作长效推进，尽力描绘海州山水城林的秀美画卷。德邦化工历时7年全面关停，天然居地块历时5年全部签约，问题楼盘、信访积案等一批复杂棘手难题妥善解决，有力地保障了海州大局的和谐稳定。百日攻坚，攻出了速度，攻出了成效，攻出了激情，攻出了团结，为顺利完成全年目标打下了坚实基础。

三是布局三区两城，以新发展理念提升海州发展速度 我们深入贯彻“创新、协调、绿色、开放、共享”的新发展理念，立足中心城区实际，跳出传统思维路径，根据各镇街（板块）不同的基础条件、资源禀赋、功能定位，谋划和实施了“三区两城”的发展战略布局。“三区”，即根据城区一二三产边界清晰、功能集中的特征，分别打造集约集聚、特色鲜明、优质高效的现代工业功能区、现代服务业功能区和现代农业功能区；“两城”，即在现有滨河新城和孔望新城的基础上，向外拓展区域范围，展现生态价值，放大生态优势，打造生态文明、生活优质的现代化滨河新城和生态古城。“三区两城”战略布局为海州新一轮转型跨越发展绘出了蓝图。

四是解决重大问题，以体制创新重聚海州发展动能 我们坚持问题导向、精准施策，抓住制约海州发展中的关键环节、牵引性问题，着力深化改革、突破瓶颈，破除障碍、激发活力。整合布局“一区五园”。将宁海街道、洪门街道和智慧物流园纳入海州开发区统一管理，形成新浦工业园、海州工业园、宁海工业园、洪门工业园、智慧物流园错位发展新格局，解决产业体量小、园区布局散、土地效益低等问题。探索破题楼宇经济。打造昊海大厦、创业梦工厂、创梦孵化园等一批特色楼宇，解决街道财源小、发展载体少、楼宇长期闲置等问题。理顺规范投资机制。组建海州工业投资集团，启动海发集团、瀛洲集团国企改革，打造支撑全区发展的“三驾马车”，解决投资领域交叉、内生动力不强、市场化程度不高等问题。努力加大政策争取。积极主动对接省市部门，获批省级现代农业示范区，争取棚改、科技、商务、农业、旅游等项目资金39亿元，为全区转型升级强化了保障。通过抓改革、推改革，全区发展机制更顺、发展活力更足、发展氛围更浓。

五是围绕难点热点，以人民为中心提升海州发展温度 我们始终坚持以人为本、造福人民，抓住群众最关心最直接最现实的利益问题，进一步强弱项、补短板、做实事。新增城乡就业1.2万人，新建改建11所中小学校，省优质幼儿园占比达75%，创成省级以上特色卫生机构5家，新建10家标准化乐龄生活馆。完成旧城改造135万平方米，海州体育馆一期、朐园等一批公共设施投入使用，板新线等34条农村道路改造完成，青龙涧沟等4条污水涧沟治理提前完工。推动解决板浦镇、岗埠农场饮水安全问题，完成一批老旧小区、背街小巷、低洼片区改造，城乡路网、污水管网进一步畅达。脱贫攻坚成效明显，城市网格化综合管理中心启动建设，天网工程三期建成使用。一系列的惠民实事，彰显了海州的发展温度，提升了百姓的幸福质感。

六是全面从严治党，以党建为引领全力保障海州发展质效 我们坚持抓班子带队伍，不断提振各级干部干事创业精气神，切实为改革发展提供坚强保障。深入开展“双进双促”强区富民活动，组织红旗渠精神专题培训班，开通“海州零距离民生热线”“民情速递”大数据平台，干部为民情怀进一步增强。树立鲜明用人导向，实施优秀年轻干部“双推差选”，坚持以事择人、按岗选人，一批实干担当的干部得到提拔重用；开展高层次人才海州行，组建虚拟产业研究院，增创人才集聚新优势。突出基层基础建设，制定基层党建标准化建设项目清单，开展街道“大工委制”试点，推进社会组织服务中心建设。坚持党管意识形态，在人民日报、中央电视台等主流媒体积极发声，努力讲好海州故事。积极培育和践行社会主义核心价值观，深入开展全国文明城市创建，王芳、马善民获评“中国好人”。持续正风肃纪，严格落实中央八项规定实施细则精神，强化“两个责任”，扎实推进监察体制改革，深化巡察工作，严肃查处一批违纪案件。在全面从严的大环境下，全区各级干部作风更严更实，以优良党风带动政风民风持续向好。

一年来，区委常委会发挥总揽全局、协调各方的领导核心作用，扎实做好改革发展稳定各方面工作。与此同时，人大、政协主动担当作为，履职尽责。法检、人武、统战、群团、民族宗教、对台、外侨、档案、老干部、关心下一代等工作都取得了新的成绩。一年来，区委常委会高度重视自身建设。坚定理想信念，严守党的政治纪律和政治规矩，坚决维护党中央权威，自觉做政治上的“明白人”。认真落实党委（党组）议事制度，努力提高抓大事、谋全局的能力和水平。认真履行“一岗双责”，严格执行廉洁自律各项规定，努力保持为民务实清廉的政治本色。

以上报告的是区委常委会一年来的主要工作，这些工作的开展和各项成绩的取得，是中央和省市委正确领导的结果，是全区人民团结奋斗的结果，是全区广大党员、干部扎实工作的结果。区委全委会的同志们对常委会的工作始终给予了真诚帮助和大力支持。在此，我代表区委常委会，向在座同志和全区广大党员、干部表示衷心感谢！

同时，诚恳希望同志们对区委常委会的工作提出意见和建议。

中共十九大是在我国全面建成小康社会决胜阶段、中国特色社会主义进入新时代的关键时期召开的一次十分重要的大会，也是一次在我们党和国家发展史上具有划时代、里程碑意义的大会。中共十九大胜利闭幕后，习近平总书记亲临江苏视察工作，从坚守实体经济、坚持创新发展、深化国企改革、推动乡村振兴、修复生态环境、加强基层党建方面对江苏发展提出了明确要求。这些要求，与中共十八大以来习总书记对江苏工作提出的围绕“两个率先”光荣使命、建设“强富美高”新江苏、推动“五个迈上新台阶”等要求一脉相承、一以贯之，是我们做好当前和今后一段时期工作的根本遵循。全区各级党组织要把深入学习贯彻中共十九大精神作为当前和今后一个时期重要的政治任务，按照中央、省市委部署要求，加强组织领导，创新方式方法，加大宣传力度，不断把学习贯彻引向深入。从这个角度看，此次全会议题重大、意义重大。

下面，我代表区委常委会，讲三点意见。

一、深入学习贯彻十九大精神，牢牢把握高质量发展的时代要求，以更加开阔的视野开启新征程

学习贯彻十九大精神，关键是把握本质要求，掌握精神实质，统一思想行动，凝聚智慧力量。要全面、准确、深入、透彻地理解总书记对江苏工作的重要指示、对连云港的殷切期盼，学思践悟，推进贯彻到工作的各个方面、各个环节。省委十三届三次全会指出，推进高质量的发展，是保持经济持续健康发展的必然要求，是适应我国社会主要矛盾变化所作出的必然选择。总书记此次在我省视察，所看的点及所作的指示都紧扣高质量发展，“强富美高”内涵本身也是对发展质量的要求。区委常委会认为，落实十九大精神，落实中央、省市委的要求，就是要以高度的责任自觉和使命担当，立足新时代高起点谋划，以高质量发展，加速推进“强富美高”新海州建设，切实担负起中心城区在推动连云港实现后发先至进程中的领跑重任。

从发展理念上看，实现高质量发展，我们要思想再解放，以系统思维的科学方法来谋划。实现高质量的发展，首先要解决的是发展理念的问题。强调高质量的发展，对应是过去片面追求高速度的发展。只求速度的发展理念，不顾条件，不讲规范；只求速度的发展理念，思考不深，把握不准；只求速度的发展理念，思路不清，路径不明；只求速度的发展理念，问题丛生，矛盾难解。高质量发展是一场从理念、目标、制度到具体领域工作细节的全方位变革，省委提出的“坚持系统思维、注重系统提升”，对于海州具有很强的针对性和指导性，帮我们找到了解决问题、推动发展的“金钥匙”。要准确把握高质量发展的深刻内涵，真正搞清楚海州所处的历史方位、潜在的要素优势、发展的目标战略，顺应内在逻辑，强化系统谋划，注重速度和质量的统一，注重动力机制和反馈机制的协调，坚持以新发展理念引领高质量发展，以改革创新催动高质量发展，全力以赴完成这场事关全局的深刻革命。

从发展战略上看，实现高质量发展，我们要目光再聚焦，以重抓产业的鲜明导向来践行。发展战略是发展理念的具体化，是落实发展理念的现实路径。特别要强调的是，海州必须坚定不移地把产业强区的战略作为主导战略。城市发展的实践证明，产业是经济的命脉，是决定城市地位的关键因素，地区间经济发展水平的差距，归根到底就是产业发展程度的差距。当前，产业底色不足仍然是全区发展的“软肋”，如果这步“先手棋”走不好，就难以形成发展新动能，在新一轮竞争中海州就会陷于被动。在整个“十三五”发展过程中，海州必须坚持产业强区主导战略，必须坚定走产业强区发展道路，必须紧紧扭住产业发展这个“牛鼻子”，始终方向不变、目标不变、重点不变，改造提升传统产业，发展壮大优势产业，着力培育新兴产业，不断补齐短板、拉长长板、壮实身板。唯有如此，海州才能在新一轮的竞争中昂起头、挺起胸、走在前。

从发展布局上看，实现高质量发展，我们要布局再优化，以三区两城的崭新设计来引领。基于高质量发展要求，基于海州既有区域布局、规划定位、产业选择、生态导向、土地平衡、政策争取等多方面综合考量，区委对全区范围内的产业功能区及城市生态建设区域进行了全面系统设计，拉开了“三区两城”建设的序幕。区委常委会研究认为，“三区两城”涵盖了整个海州区域版图，是优化生产力布局、融入全省“1+3”功能区的重大发展决策，是跳出原有的区域局限、重构发展空间的现实路径，是凸显生态优势、促进生态经济化和经济生态化的战略选择。全区上下要以“三区两城”建设为牵引，思想同心、目标同向、行动同步，加快产业、城乡、区域协调发展，推动海州发展向更高质量攀升。

从发展步骤上看，实现高质量发展，我们要清晰绘蓝图，以久久为功的恒心韧劲来坚守。高质量的发展离不开对战略步骤的合理规划，必须认真研判分析“三区两城”建设开发的现状和条件，统筹确定发展战略的近期任务和远期目标，排定推进实施的具体时间表和任务图，分清轻重缓急，把握时机节奏，谋定而后动，蹄疾而步稳，才能确保避免中途放弃或翻烧饼。我们的工作，一定要是看清楚、想明白的，一定要是符合发展规律、符合市场规律的，一定要是适应政策条件、能够平衡推进的。对于“三区两城”的发展布局，我们既不能超越历史阶段，去办那些办不到、办不了的事情；也不能推卸责任，不干应该干、必须干的事情。要以“功成不必在我、建功必定有我”的境界和担当，努力干好我们应该干、必须干的事情。只有这样，才能为海州真正建成高水平的全面小康社会，实现第二个百年奋斗目标奠定更为牢靠的基础，才能对历史有交代、对人民群众有交代。

二、聚焦重点发展任务，合力谱写转型跨越的海州篇章，以更加务实的举措展现新作为

2018年是贯彻中共十九大精神的开局之年，是改革开放40周年，是决胜全面建成小康社会、实施“十三五”规划承上启下的关键一年。根据中央和省、市委相关会议精神，结合海州发展实践，明年全区工作的总的要求是：全面贯彻党的十九大精神，以习近平新时代中国特色社会主义思想为指导，按照中央经济工作会议和省委十三届三次全会、市委十二届五次全会精神部署要求，坚持稳中求进工作总基调，牢固树立新发展理念，坚持以高质量发展为引领，确保主要经济指标继续领跑全市，以“三区两城”建设为抓手，统筹经济发展、城乡建设、民生事业和党的建设，决胜全面建成小康社会，加快建设强富美高新海州，奋力谱写新时代海州转型跨越新篇章。

围绕全年目标任务，全区上下要坚定信心、真抓实干，合力抓好以下三个方面重点工作。

（一）突出高质量发展，打造都市产业高地。发展是硬道理，发展的基础在产业。产业体系的完善、产业整体实力的强劲，事关海州未来发展的持续动力。全区上下必须树立鲜明的共识，必须把发展产业作为党委和政府的中心工作，必须紧紧围绕高质量发展这个关键，把准方向抓产业，立足自身抓产业，心无旁骛抓产业，锲而不舍抓产业，着力构建具有海州特色的现代化产业体系，全面提高海州产业的发展水平和综合竞争力。

工业要集群发展 工业是海州发展的动力和引擎。要坚持工业强区不动摇，深化“一区五园”工业阵地融合，做大做强主导产业，充分发挥海州经济开发区主阵地作用，力争到2025年园区进入省级开发区第一方阵。要加快产业升级。突出龙头企业的示范引领作用，大力培育长生云港、青远智能装备等一批重点项目，打造医药健康、装备制造和新材料等百亿产业集群。引导正大天晴等“优强”企业增资扩股，支持“小巨人”企业做优做精。推进一批特、高、新企业入驻，建设产业高端、特色鲜明的都市工业。要推动节地增效。建立开发区土地利用评价体系，原则上按照亩均年产值不低于200万元，预期亩均税收不低于15万元的标准，从项目招引源头严控低效用地。有效处置“低效项目”“僵尸企业”，减少“土地指标难”和“资源闲置多”错位，逐步腾退亩均产出低于4万元的企业，力争2–3年内再盘活2000亩闲置土地，为优质项目落户园区提供空间。要深化产城融合。坚持基础设施完善和综合服务配套并举，实现园区“五通一平”向“九通一平”的跨越，推动秦东门大街、香海湖路等园区干道周边地块开发，建设一批商贸、居住等服务设施，促进产城融合、产城互动。要推动机制创新。建立投资多元化、运营市场化的园区管理机制，加快西交大连云港科技园建设，引导社会参与“园中园”的建设管理运营。

服务业要集聚发展 坚持把发展现代服务业作为繁荣城市经济的关键抓手，突出“一个商贸高地”“三个服务业基地”“七个重点产业”，加快形成以“服务经济”为主的现代产业体系。要提升服务业态。进一步完善“543”商贸体系，支持苏宁广场、中央百货等企业扩张提级，开发吾悦广场、德邦奥莱城等一批体验式城市综合体；合理分布调整区域内商住布局，构建主题商圈，引入市场主体整体设计打造民主路、盐河巷特色街区；改造提升白虎山、解放东路等专业市场群，启动宁海汽车城建设，布点培育一批新型专业市场；加快建设康缘医药智慧物流中心、怡亚通供应链物流园、临港物流园等现代物流项目，逐步升级城郊物流带体系。要优化产业质态。调整优化总部经济、税源经济优惠政策，以更大力度招引一批研发设计、科技咨询、融资租赁等生产性服务企业，打造文创中心、海州大厦等一批纳税超千万、过亿元的“空中开发区”，培育海发众创空间等一批配套设施好、产业培育强的企业孵化基地，着力形成商业商务、现代物流、金融服务、电子商务、信息服务等产业，实现在服务城市中发展城市服务产业。要做足旅游生态。以全域旅游的视野重新审视、整合旅游规划，一方面要坚持投入，提升“两城”生态核心区基础配套的水平和服务能力；另一方面要积极对接国内目前集聚资源、经验成熟的平台，开展战略合作，做好山水文化、建设运营的整体文章。

农业要集约发展 十九大报告首提乡村振兴，并提升至国家战略高度。要抓住农业发展黄金机遇，注重发挥海州近郊农业优势，坚定不移走规模化、产业化、特色化发展道路，着力提升农业发展的质量和水平，让农业真正成为有效益、有奔头的产业。要规模经营。按照“一轴三组团”布局，坚持多元复合经营、产业融合互动，大力发展绿色农业、现代农业、高效设施农业，着力提高农业全产业链收益，力争用两年时间，完成80%以上的土地流转，基本建成无粮区，推动“大田园”向“大游园”转变。坚持一二三产融合发展思路，以S型农业产业带为轴线，先期建成10个特色生态景观节点，逐步推动沿路两侧整片土地流转，将36公里的新204国道打造成为海州城郊绿色生态景观廊道。要龙头牵引。坚持把农业产业化和龙头企业发展作为提升农业效益的主导力量，狠抓农业企业招商，精心包装一批农业招商项目，引进一批国内外知名涉农企业，发展一批田园综合体等新型农业经营主体。以总投资4亿元的12个重点农业产业化项目为依托，通过强化平台支持、加大政府投入，撬动社会资本参与高效农业建设。大力发展“农业+互联网”“农业+旅游”和创意农业等新型业态，抢占新兴市场，拓展农业功能，提高综合效益。要特色打造。坚持因地制宜，推进“一镇一品、一村一品”。浦南片区要重点依托省级现代农业园区，加快园区“五个平台”和“三中心一基地”建设，在农业的品牌化和产业化上先行先试；锦屏新坝片区要立足生态本底优势，建设果蔬基地和生态基地，全力发展生态农业；宁海板浦片区要突出近郊优势，发展农业观光旅游，打造蓝莓庄园、“十里桃缘”“乡约藕遇”等农业休闲项目，实现从种粮食到“种景点”的华彩嬗变。

（二）坚持精致化建设，扮靓生态宜居家园。城市和乡村是我们共同生活的家园。要坚持城市建设和乡村振兴一起抓，促进城市和农村发展一体化。要突出海州生态优势，以“绣花功夫”提升城市品质，以“乡愁情结”打造特色田园。

做活“山”和“水”的文章，全力建好生态古城、滨河新城 要充分依托和放大海州山水绕城、生态本底好的优势，竭力打造环锦屏山、环月牙岛两大生态组团。着眼于青山入城，学习借鉴徐州贾汪等地城市转型经验，坚持算大账算长远账，强化土地先期整治建设，以设施优化、功能完善、环境改善，提升土地后期开发价值。统筹谋划锦屏磷矿塌陷区治理和刘志洲山生态修复，解决好资源枯竭片区遗留问题。集中整治环锦屏山违法建设、散葬坟墓、采石宕口、垃圾填埋场和尾矿砂堆放区，实施山体复绿增绿，积极创建国家森林小镇。在全域旅游总体规划中，有序实施海州古城的全新开发，推进古城已建节点项目的运营；加快完善孔望新城基础设施和配套建设，持续提升旅游基础配套水平和服务能力，真正实现城山相融、绿树成荫。着眼于绿水绕城，统筹月牙岛开发、新浦磷矿整治、高铁商圈打造、浦南新镇区建设，打造绿色休闲岛、城市后花园、活力未来城。推进月牙岛绿化综合提档升级工程，营造季相多变、层次分明、物种丰富的生态绿化景观。整体推进新浦磷矿塌陷区水体公园、大浦河综合治理和临洪河口湿地连片开发。集中抓好蔷薇河、鲁兰河、东站引河等河道整治，推进污水截流、河道清淤、堤岸绿化、违建拆除等工作，打造城市北部城区条条绿色“项链”，让海州因水而美、因水而活。

提高“建”和“管”的水平，全力提升城市内涵品质 围绕建设“干净、方便、顺畅”城市目标，坚持建管双向发力、同步提升，全面彰显主城之美。强化规划引领、面貌改变。坚持城市规划引领，真正促进“多规合一”，统筹空间、规模、产业三大结构，进一步优化城市空间布局、功能定位，积极推进老城改造提升，大力促进新城集约建设。实施48个地块、267万平方米旧城改造，全面完成150万平方米房屋征收任务，加快建设海州体育馆二期、社区服务中心、瀛洲公园等公共配套设施，切实改善城市功能。加快打通陇海西路、红砂路等一批城区断头路，新建大庆路跨西盐河桥、振华路跨大浦河桥，建设盐河南路南延、环山路等12条城市主次干道，完善城市交通路网。加快城乡污水管网建设，推动工业园区和建制镇镇区污水管网实现全覆盖，疏通城市的“动脉血管”。围绕“两城”建设，抓好规划范围内违章建筑拆除和零散居住区征收工作。注重常态长效、精细管理。坚持三分建七分管，扩大国家卫生城市创建成果，5个涉农镇街全部建成省级卫生乡镇。大力度推进棚户区改造、加快实施15个老旧小区和50条道路街巷整治，做到既要管好城区干道、商业街、农贸市场等“大目标”，也要管好小商户、公厕、流动摊点等“小目标”，并向背街小巷等城市的“内里”延伸，不断扩大城市管理覆盖面。抓好城市网格化管理平台建设，倒逼理顺综合执法机制，推动工作重心下移，实时监控主要路段、重点区域，及时发现和处置问题，实现信息互联、工作互通、问题共解，提升城市管理精细化和科学化水平。

统筹“城”和“乡”的资源，全力推进乡村振兴战略 落实“产业兴旺、生态宜居、乡风文明、治理有效、生活富裕”总要求，推动资本、技术、人才等各类要素向乡村流动，开创“新乡土时代”。深入开展美丽乡村建设，大力实施人居环境整治、污水集中处理、“厕所革命”等工程，扩大城乡环卫一体化成果。结合“三区两城”的战略实施，积极推进特色小镇建设，重点建设海州开发区健康益生小镇、浦南颐养小镇、锦屏旅游小镇、新坝花果香小镇，努力把绿水青山的“颜值”变成金山银山的价值。大力推进板浦古镇复兴，加快临港物流产业园建设，坚持文化引领、基础先导、产业支撑，挖掘镜花缘、淮盐等文化内涵，稳步实施古镇核心区项目开发，努力重现千年古镇历史辉煌。

（三）实施普惠性民生，顺应美好生活期盼。加快海州发展，最终是要让人民共享发展成果。要坚持以人民为中心的发展思想，始终把人民对美好生活的向往作为我们的奋斗目标。按照“坚守底线、突出重点、完善制度、引导预期”的思路，坚持向下聚焦基层基本，向上提升服务水平，既尽力而为，又量力而行，一件接着一件办，一年接着一年干，加快构建均衡优质、公平普惠的公共服务体系，不断提升人民群众的获得感、幸福感。

始终兜住底线民生 要坚决打赢脱贫攻坚战。脱贫是一个动态过程，要巩固脱贫攻坚成果，在全面完成建档立卡低收入户脱贫基础上，推进“回头看”工作，精准摸排、精准施策，做到贫困户不返贫、不新增，确保小康路上一个不少、一户不落。加大对18个经济薄弱村的扶贫力度，大力开展产业扶贫、项目扶贫、电商扶贫，拓宽低收入群众就业增收渠道，激活经济薄弱村增收“造血”功能。要筑牢保障救助底线。建立完善低收入群众、留守儿童、失独家庭、残疾人等困难群体的关爱服务体系，落实城乡低保、农村五保、城乡医疗救助、临时救助等社会救助动态调整机制，不断提高城乡最低生活保障水平。要着力解决群众反映强烈的问题。落实困难群众住房保障，完成一批城区棚户区和农村危旧房改造，积极发展租赁住房，继续攻坚化解“问题楼盘”，不断改善群众居住条件。集中攻坚农村改水工程，完成板浦镇、岗埠农场区域供水项目，彻底解决农村近15万人的饮水安全问题。大力推进“四好农村路”建设，加快农村公路提档升级，开展新一轮城乡破损道路、背街小巷和低洼片区改造整治，切实改善出行条件，解决好出行“最后一公里”问题。

强化保障基本民生 按照十九大提出的“七有”要求，以标准化、均衡化、公平化为目标，加强区级统筹规划，加大对上政策、资金争取，办好民生实事。教育方面，新改扩建向阳小学、新坝中心小学等13所学校，接管小区配套园6所，推行“区管校聘”教师管理制度，加强农村骨干教师队伍建设，合理调配城乡教育资源，促进教育事业优质均衡发展。医疗方面，要加快医疗体系和养老服务体系建设，实现医养融合发展。打造基层“15分钟健康服务圈”，推进紧密型医联体建设，建成一批区域性基层医疗卫生服务中心，新改扩建海州、新海2个社区卫生服务中心，推进基层综合性医疗服务中心全覆盖。养老方面，规范和促进民办养老机构，建成并有效运营区级智慧化养老服务平台、社区居家养老中央厨房配送中心，4个区域性老年日间照料中心和6个标准化乐龄生活馆，满足个性化的养老服务需求。

着力提高质量民生 人们对美好生活的向往，越来越多地体现为社会需要和精神需求。要加大生态环境保护。深化“环境就是民生、绿水就是美丽、蓝天也是幸福”的理念，以推进“263”专项行动为抓手，坚持全民共治、源头治理，实行最严格的生态、环保准入制度，全面实施“两城”战略，着力构建绿色产业链体系，切实强化生态基底硬约束、增强生态环境“含绿量”，打造生产生活生态联动发展、宜居宜业宜游的中心城区。要加强精神文明建设。完善基本便民服务，建设群众家门口的文体服务体系，启动建设朐阳公园等一批市民休闲设施，建成15个示范性社区文体服务中心、40个社区文化活动小广场、一批村（社区）标准化流动图书室，推动基层综合性文体服务中心全覆盖。要强化基层社会治理。构建“互联网+民生”的智慧城市管理新模式，推进教育、就业、医疗、住房、养老、交通等领域大数据普及和应用，让百姓少跑腿、数据多跑路，不断扩大公共服务覆盖面、提升公共服务质量。实施社区建设提升工程，推进“135”社区人才培养计划、社区“一居一品”建设，重点打造25个社区标准化服务中心，实现社区从“有”到“好”的升级。深化平安海州建设，推进提升群众安全感“十大工程”，严格落实安全生产工作责任制，切实保障社会公共秩序和群众生命财产安全。深入开展依法治区建设，实施“四级六网雪亮工程”，完成“天网”四期建设，构筑布局合理、覆盖严密的治安防控体系，不断增强群众安全感。

三、筑牢坚强发展保证，全面提升从严治党的质量水平，以更加严实的作风塑造新气象

坚持和加强党的领导是做好一切工作的根本保证 我们要认真落实十九大提出的新时代党的建设的总要求，不断提高党建工作质量，推动各级党组织真正成为建设“强富美高”新海州的坚强领导核心，党员干部成为实现海州高质量发展的“领头雁”。

锻造能征善战的干部队伍 “治国之道，务在举贤；致安之本，唯在得人”。干部是推进改革发展的中坚力量。当前，海州正处在爬坡过坎、转型跨越的关键时刻，迫切需要一支政治坚定、能征善战、敢打敢拼的高素质专业化干部队伍担当重任。**要讲政治**。政治素质是干部的第一位素质。要持续兴起学习贯彻十九大精神热潮，创新抓好理论学习、宣传宣讲等意识形态领域工作，扎实开展“不忘初心、牢记使命”主题教育，引导推动广大党员干部不断提高政治高度、思想纯度、执行力度，在思想和行动上始终同以习近平同志为核心的党中央保持高度一致，决不允许上有政策、下有对策，决不允许有令不行、有禁不止。**要勇担当**。干事是干部的天职，担当是干部的使命。群众痛恨目无法纪、以权谋私的贪官，同样痛恨碌碌无为、尸位素餐的庸官。习总书记说，“是否具有担当精神，是否能够忠诚履责、尽心尽责、勇于担责，是检验每一个党员干部身上是否真正体现共产党人先进性和纯洁性的重要方面”。现在我们有的干部只拣“松土”挖、不啃“硬骨头”，遇见难题绕着走，碰到矛盾就溜边儿，瞻前顾后，畏首畏尾，怕担责任，怕担风险，不求有功，但求无过，从根本上讲是“三观”发生了错位。“心底无私天地宽”，只要我们凡事公字当头、出于公心，就一定能够干成事、不出事。全区广大党员干部要牢记“为官不为平生耻”，把“敢担当、善作为”作为转变“四风”的重要着力点。全区要大力提倡“定了干，马上办，办到底”的好作风，加大力度整治“为官不为”和“庸、懒、散、浮、拖”等突出问题，推动干部能上能下，巩固风清气正、干事创业的政治生态，切实让能干实干者扬眉吐气、敢闯敢干者不挫锐气、得过且过者羞愧服气。**要强本领**。海州当前改革和发展的各项任务、面临的形势都比较严峻，基础条件都比较薄弱，困难大于从前，矛盾多于从前，走的是爬坡的路、有坎的路，十分耕耘可能才有一分收获，这就不仅需要我们的各级干部满怀激情得去攻坚克难，更需要不断地增强在攻坚克难过程当中的能力本领。高素质专业化是十九大对干部队伍建设提出的最新要求，也是解决干部“本领危机”“能力短板”的必然要求。要大力倡导做学习型干部、研究型工作，教育引导广大的干部养成学习思考自觉，主动研究破解问题，强化系统化思维、规律性把握、探索性实践，真正做到钻一行精一行，更好地适应新时代新发展的要求。

建设组织有力的战斗堡垒 治国安邦，重在基层；管党治党，重在基础。要以提升组织力为重点，突出政治功能，推动基层组织全面进步、

全面过硬。**要突出党建引领。**强化党建引领产业发展、基层治理、服务群众等重点工作。在城市,全面构建统筹协调的街道"大工委制"、社区"大党委制",推动党组织嵌入商圈楼宇、社会组织、行业协会等基层组织,切实发挥党组织政治功能;在农村,开展产业培育行动,打造"党员创业带富示范基地",逐步消灭集体经济"空壳村",充分发挥基层党组织在推动富民增收中的"主心骨"作用。**要狠抓支部建设。**坚持和回归党支部基本职能,规范"三会一课"机制,严肃党内政治生活,选优配强基层党组织带头人,持续加强软弱涣散基层党组织整顿,真正发挥党支部宣传党的主张、贯彻党的决定、领导基层治理、团结动员群众、推动改革发展的核心作用。**要完善阵地功能。**大力推进村居综合服务中心改扩建,加快建设1500平方米区级社会组织综合服务中心等社会组织党建"家园阵地",着力放大开发园区党建"海州样本",全面提升基层阵地功能实效。

保持正风肃纪的高压态势 党风廉政建设和反腐败工作永远在路上,不能有任何喘口气、歇歇脚的念头。**要压实责任育生态。**坚持把党委主体责任和纪委监督责任纳入"三区两城"的指标体系,同部署、同检查、同考核,层层传导责任压力。坚持有权必有责、有责必担当,对管党治党不严、发现问题不报、决策执行不力,工作落实不到位,甚至带头顶风违纪的领导干部,要严肃追责问责,推动政治生态持续优化。**要驰而不息纠"四风"。**十九届中央政治局制定了贯彻八项规定的《实施细则》,最近习近平总书记又就加强作风建设作出重要批示,要结合实际认真抓好贯彻执行。当前,重点要把执行八项规定精神、转作风改作风情况作为民主生活会和组织生活会对照检查的重要内容,坚持以身作则、以上率下,认真查找"四风"突出问题特别是形式主义、官僚主义的新表现,坚决防止已经遏制的问题反弹回潮,针对新问题新表现切实加以整治。**要健全体系抓监督。**即将召开的区人代会将选举产生海州区监察委员会,同区纪委合署办公,实现对所有行使公权力的公职人员监察全覆盖。要认真贯彻即将出台的国家监察法,健全领导体制和工作机制,推动巡视巡察上下联动、党内党外一体监督,凝聚监督合力,确保权力规范运行。**要严肃法纪惩腐败。**坚持无禁区、全覆盖、零容忍,坚持重遏制、强高压、长震慑,坚决整治和严肃查处侵害群众利益的行为和各类腐败问题,以反腐倡廉的实际成效取信于民、推动发展。

上下同欲者胜 区委常委会要加强自身建设,突出把方向、管大局、作决策、保落实,加强和保障党对一切工作的领导。人大和政协机关要充分调研、参政议政、强化监督,积极建言献策。民主党派、工商联、无党派、群团组织、人民武装要围绕中心、服务大局。各镇街、开发区、各部门要提升执行力,狠抓工作落实。

立足当前,经过三年融合发展,全区综合实力大幅提升,财税收入位居三县三区之首,产业结构全市最优,民营企业数量全市第一,文化底蕴最为深厚,中心城区的认同感、归属感、自豪感显著增强。放眼未来,我们拥有着多重叠加的战略机遇,海州又一次站在了发展的"风口"。随着连盐、连青、连淮扬镇、连徐客专等重大铁路干线相继建成,花果山国际机场建成投用,作为区域交通核心的海州,必将加快集聚全市最多的人流、物流、资金流、信息流。这些都将成为我们实现弯道超车、后发先至的最大资本。

同志们,中共十九大开启了中国特色社会主义新时代,踏上了实现中华民族伟大复兴的新征程,这既赋予了海州责任与使命,更提供了机遇与舞台。历史的车轮从不停滞,时代的潮流奔腾向前。在新一轮发展中,海州将聆听着高铁时代的渐行渐近,坚守着"三区两城"的战略推进,积累着产业发展的创新动能,绘就着山青水绿的主城优势,只要我们在岗在位在状态、苦干实干创新干,努力将"机遇"变"实践",就一定能够建成一个生态本底好、产业质态优、城市品质高,青山环抱、绿水绕城、宜居宜业的"强富美高"新海州,实现"旧貌"换"新颜"!让我们在习近平新时代中国特色社会主义思想指引下,在省市委坚强领导下,全力抢抓新机遇,矢志增创新优势,奋力谱写新时代海州转型跨越的崭新篇章!

相关词语解释:

1.四个意识:政治意识、大局意识、核心意识、看齐意识。

2.四个自信:道路自信、理论自信、制度自信、文化自信。

3.四个看齐:在立场态度上向中央看齐,在责任担当上向中央看齐,在方法措施上向中央看齐,在示范带动上向中央看齐。

4.一区五园:海州经济开发区的海州工业园、新浦工业园、洪门工业园、宁海工业园和智慧物流园。

5.一个商贸高地:以城区街道为主阵地,巩固并提升海州商贸高地地位。

6.三个服务业基地:城市配送基地、科技研发基地企业孵化基地。

7.七个重点发展方向:金融、物流、电子商务、旅游、健康养生、养老服务、文创产业。

8.一轴三组团:"一轴"即新204国道沿线;"三组团"即浦南组团,新坝、锦屏组团和板浦、宁海组团。

9.五个平台:数字化信息管理、农产品检测、质量追溯、人员培训、科技展示五个平台。

10.二中心一基地:果蔬工厂化育苗中心、信息管理中心、农产品质检中心和农副产品加工基地。

11.四级六网雪亮工程:建设从市级覆盖至村(社区)的"四级",集综治信息、治安监控、指挥调度、视频会议、视频接访、视频调解"六张网络"的综治视联中心。

政府工作报告

——在海州区第十八届人民代表大会第二次会议上

2018年1月3日

单晓敏

区长单晓敏作政府工作报告

各位代表：

现在，我代表区人民政府向大会作工作报告，请予审议，并请各位政协委员和列席会议的同志提出意见。

2017年工作回顾

2017年是中共十九大胜利召开之年，也是新一届政府的开局之年。一年来，我们在区委的正确领导下，在区人大、区政协的监督支持下，高扬发展大旗，矢志跨越赶超，坚定不移走"生态优先、绿色发展"之路，培强都市产业，做美城市形象，增进民生福祉，统筹做好改革发展稳定各项工作，较好完成了区十八届人大一次会议确定的各项奋斗目标，为全面建成小康社会打下坚实基础。

这一年，我们积极应对经济发展新常态，全力以赴稳增长，经济运行稳中有进，全年预计完成地区生产总值337亿元，增长8%；一般公共预算收入31.4亿元，同口径增长10.8%，税收占比达90%以上，财税收入总量和质量均居全市前列；工业应税销售收入、增值税同比增长均在20%以上，发展质态持续向好。这一年，我们创新体制机制，破解发展瓶颈，构建海州经济开发区"一区五园"融合发展新格局；实现楼宇经济破题发展；组建工业投资集团，深化海发、瀛洲集团改革，形成保障全区发展的"三驾马车"，发展动能有效激发。这一年，我们全面打响项目建设招引、城乡环境综合整治、安全稳定三大"百日攻坚战"，推进了一批项目，攻克了一批难题，办成了一批实事，特别是广受关注的德邦兴华全面关停，在全市率先启动城市网格化综合管理平台建设，5条群众反映强烈的农村公路改造一新等等，增强了群众获得感，提振了干部精气神。这一年，我们积极向上争取，敢于争先进位，获批建设省级现代农业产业示范区、省级海绵城市示范区、新一批中央财政小型农田水利重点县，获评国家知识产权强县工程示范区、全国法治区创建活动先进单位、省级生态区等荣誉称号，成功创建国家卫生城市，海州形象得到进一步提升。

一年来，我们致力产业升级，综合实力稳步提升 都市工业扩容升级。推进供给侧结构性改革，海州经济开发区盘活"僵尸企业"20家、闲置土地近2000亩，新增如年环保设备、天邦流体设备等一批增资扩股项目，园区活力明显增强。主导产业持续做大，医药健康、装备制造、新型材料主导产业总产值占比近70%；4家市级优强企业工业总产值同比增长19.5%，超过全区平均增速13个百分点，正大天晴位列全国医药工业百强榜第16位；新增规模以上工业企业11家。盛世节能、中荷花卉在"新三板"挂牌。现代服务业加快发展。利群广场、汇银乐虎·全球商品汇建成营业，白虎山批发市场改造工程有力推进。新培育新浦创业梦工厂、新东创梦孵化园、洪门青年创业孵化基地等一批楼宇经济项目。顺丰速递连云港集散中心、万发国际物流园投入运营。电子商务企业网络零售额突破26亿元，天马网络等3家企业获批省级电子商务示范企业。编制全域旅游发展规划，加快海州古城复兴、临洪河口湿地公园开发，建成浦南集瑞园二期等一批乡村旅游点。现代农业快速发展。启动新204国道S型都市农业产业带建设，新增设施农业及渔业1500亩，改善农田水利基础设施2.3万亩，新增市级农业龙头企业2家。完成农村土地承包经营权确权登记颁证工作。积极创建锦屏山国家森林小镇、海州经济开发区省级健康益生小镇、新坝省级“花果香”小镇。

一年来，我们致力有效投资，发展后劲得到增强 全力以赴引项目。出台促进招商引资激励办法，优化招商项目服务流程，成功举办海州企业家论坛等活动，累计开展招商活动400余批次，新增新浦国际智能箱包小镇、裕隆体检中心等在谈项目156个，新增秦东门大街城市综合体、德邦奥莱城等签约项目93个，形成了一批新的经济增长点。开放水平得到提高，外贸进出口三年来首次实现正增长，实际利用外资8500万美元。攻坚克难建项目。以46个市级重大项目、275个区级重点项目为主抓手，实行重点重抓，强化难题会办，年度项目投资同比增长13%。总投资20亿元的长生云港生物制药项目加快推进，总投资超15亿元的医疗器械产业园以及总投资超5亿元的中青创黑硅电池片、康缘医药智慧物流中心、宝铁内河码头等一批重点产业项目开工建设，总投资1亿美元的康达智二期项目创造了“当年签约、当年开工、当年基本建成”新速度，正大天晴新生产线、日出东方技改等125个项目竣工达效，规上固定资产投资、工业投资分别增长26%、14.5%。

一年来，我们致力城乡统筹，人居环境持续改善 旧城改造强力推进。累计实施征收项目34个，改造棚户区面积135万平方米，铁路新村、南广场等14个地块全面完成征收任务，切实解决了天然居周边、黄海度假村等一批“老大难”地块征收问题。基础设施改造提升。连盐铁路、连徐高铁等省市重点工程保障有力，打通龙西路、跨龙尾河桥等断头路9条，完成东盐河路等“黑色化”改造道路8条。落实镇村道路三年提升行动计划，完成板新线、泗樊线等农村道路改造34条，累计90公里。完成15个老旧小区、30条背街小巷改造任务，基本完成141个无物管小区“托底”管理。完成朐园、新孔路等绿化改造提升工程23个，新改建绿地面积75公顷，城市绿化色彩度明显提升。建成农村环卫管理中心，新改建城乡垃圾中转站6座，打造无障碍设施公厕264座，启动垃圾分类试点工作。城乡管理全面加强。在城区，围绕打造“干净、方便、顺畅、安全”主城区，巩固提升创卫成果，全面推行市容秩序网格化“四定”责任制，打造了一批市容管理示范路。在农村，全面启动省级卫生乡镇创建工作，打造了一批环境整治示范村。文明创建全面开展。以全国文明城市创建为契机，新建一批好人文化特色街、好人广场、好人馆，3家单位获评全国文明单位，解放路小学获评首批全国文明校园，公民文明素养进一步提升。

一年来，我们致力绿色发展，生态环境不断提升 严格淘汰落后产能。以“263”专项行动为抓手，关停城区化工企业9家，依法取缔“十小”企业30家，中央环保督察交办问题全部按时整改到位。启动“无煤区”示范区建设，拆除燃煤锅炉92台，耗煤同比下降近30%。大力整治黑臭水体。建立并落实区、镇、村三级河长制，完成龙尾河南段环境综合整治工作，着力抓好玉带河专项整治工程，完成西门涧沟、甲子河等4条涧沟支流整治，启动西盐河红旗桥周边村庄污水截污工程。全面完成畜禽禁养区136家规模养殖户整治任务。加强污水管网建设，完成东海尾水通道维修一期工程，建成宁海电子信息产业园、锦屏等地污水管网10余公里。完成沭新渠饮用水源二级保护区村庄生活污染治理工作。疏浚乡级河道11条、村庄河塘85个。加强自然生态保护。深入实施“绿润海州”工程，完成锦屏山绿化造林及林相改造1500亩，森林抚育8000亩，建成区森林防火指挥中心。国土管理不断加强，用地需求保障有力，违法用地整改有力推进，实施刘志洲山废弃宕口整治工程。

一年来，我们致力民生保障，人民生活明显改善 富民增收有序开展。出台鼓励全民创业“三十条”，新增城镇就业1.46万人、个体工商户1.25万户。投资建设板浦光伏发电、新坝稻米加工等34个富民增收项目，顺利完成年度经济薄弱村、低收入人口脱贫攻坚任务。社会事业不断进步。推动教育从基本均衡走向优质均衡，建成孔望山小学等6所学校，90%的义务教育学校达省现代化办学标准，省优质幼儿园比例达75%，获评省中小学责任督学挂牌督导创新区。切实改善群众就医条件，率先在全市打造紧密型医联体，创成了一批全国优质、省优秀社区卫生服务中心和村卫生室，获评全国无偿献血促进奖。海州体育馆一期、海州文史馆建成开放，龙洞庵完成改建，举办惠民文体活动100余场次，获评全国群众体育工作先进单位。基层建设扎实推进，社区“两房”建设基本达标，启动区级智慧养老服务平台建设，打造全新标准化乐龄生活馆10家。社会保障提标扩面。发放城乡低保、残障等各类救助金8400万元，发放廉租房租赁补贴及实物配租806户，建立统一的城乡居民基本医疗保险制度，获评省农民工工资支付监控和保障机制示范区。社会治理不断创新。依托城市网格化综合管理平台，开展“全要素网格化”社会治理试点。“一委三会”工作法参选全国十大社会治理创新奖。提升食品安全监管力度，食品抽检率提升至4批次/千人。新改建基层派出所3家，“天网3期”工程建成投用，“正义联盟”群防群治新模式在全市推广，新海派出所获评全国优秀公安基层单位。建成运行区公共法律服务中心、医患纠纷调处服务中心。社会大局和谐稳定。有效解决一批“问题楼盘”历史遗留问题。深入开展重点行业领域安全生产大排查、大整治，压实安全生产责任，新磷矿化“退二进三”加快破题，取缔一批涉及民生的无证场所，全区安全生产形势平稳有序。成功化解省市信访“三跨”案件、“骨头案”21件，为中共十九大胜利召开营造了良好社会环境。

一年来，我们致力改革创新，政府自身建设全面加强 各类改革深入推进。全面深化“放管服”改革，在农林水利领域和浦南镇分别启动综合执法试点，推进政务服务“一张网”建设，“不见面审批（服务）”事项占比达94%。深化财税体制改革，全面推行零基预算，实施新一轮区对镇街财政管理体制改革，推行镇级国库集中支付，扎实开展债务清理，政府性债务风险总体可控。深化国有企业改革，清理重组各类平台公司，加快理顺投融资体制和管理体制。配合市级规划行政审批改革，统筹做好片区规划编制、项目规划审批工作。监察体制改革、环保垂直管理改革、商务综合执法改革基本完成，审计机关人财物管理改革试点、供销合作社和国有林场、农场等改革有序推进。聚力创新加快落实。鹰游纺机、正大天晴分别入围国家科技进步一、二等奖。新增高新技术企业6家，全社会研发投入占GDP比重达2.68%。成功举办“高层次人才海州行”、海州“大院大所”国际产学研对接论坛活动，与9家高校院所共建虚拟产业研究院。新浦工业园积极创建省级高新区。政府建设切实加强。认真学习贯彻中共十九大精神，开展“双进双促”强区富民活动，以人民为中心的发展思想得到有效落实。依法行政水平得到提高，成立区政府法律顾问委员会，实现三级法律顾问配备全覆盖，在全市率先出台行政败诉案件过错责任追究办法。主动接受人大法律监督、工作监督和政协民主监督，广泛听取社会各界意见和建议。严格履行党风廉政建设“一岗双责”，政府投资工程、合同管理等工作不断规范，营造了风清气正的政务环境。

与此同时，全区粮食、物价、民防、外侨、档案、地方志、防震减灾、科协、工商联、残联、编制、人民武装等工作也都取得了新成绩。工会、青少年、妇女儿童、红十字会、慈善和关心下一代事业健康发展。

各位代表，以上成绩的取得，是区委正确领导的结果，是全区上下同心同德、艰苦奋斗的结果，是社会各界共同参与、共谋发展的结果。在此，我谨代表区政府，向在各个领域和岗位上辛勤劳动、做出贡献的全区广大干部群众，向各位人大代表、政协委员、离退休老同志，向驻区单位以及所有关心、支持我区发展的社会各界人士，致以崇高的敬意和衷心的感谢！

在肯定成绩的同时，我们也清醒地看到全区经济社会发展仍存在一些问题和不足，主要表现在：三次产业发展不充分，产业转型升级任重道远；城乡之间、东西部城区之间发展不平衡，城乡建管服务水平还需提升，旧城改造力度还需加大；城乡一体化和公共服务标准化水平不高，民生项目建设、生态环境建设与群众需求还有差距；对照政府治理要求，政府职能转变、机关效能建设、依法行政能力需进一步加强等等。对此，我们将高度重视，在今后的工作中切实加以解决。

2018年主要工作安排

今年是全面贯彻落实党的十九大精神的开局之年，是改革开放40周年，也是决胜全面建成小康社会、实施“十三五”规划承上启下的关键之年。做好今年工作，意义重大。党的十九大作出了中国特色社会主义进入了新时代、我国社会主要矛盾已经转化为人民日益增长的美好生活需要和不平衡不充分的发展之间的矛盾等重大政治论断，描绘了决胜全面建成小康社会、夺取新时代中国特色社会主义伟大胜利的宏伟蓝图，是我们开展各项工作的根本遵循和行动指南。从宏观经济形势来看，中央经济工作会议指出，我国经济发展进入了新时代，已由高速增长阶段转向高质量发展阶段。省委十三届三次全会指出，推进高质量的发展，是保持经济持续健康发展的必然要求，是适应我国社会主要矛盾变化所作出的必然选择。从区域战略看，我省顺应发展阶段的新变化，大力实施“1+3”重点功能区战略，着力优化区域发展布局；我市多重国家战略聚焦，深入推进以港兴市、产业强市、创新驱动、绿色发展、协调共进五大战略，港口、高铁、新机场等大的交通体系正在加快完善，一大批重大产业项目正在加速集聚，正在谱写港城后发先至新篇章。从海州自身来看，我区已处于工业化中期、城镇化加速期和经济发展赶超期，在刚刚召开的区委十届五次全会上，区委立足新时代高起点谋划，牢牢把握高质量发展的要求，全面部署“三区两城”建设，为海州开创了一个新的快速发展期。我们必须高举发展大旗，立足新时代，贯彻新要求，展示新作为，不断提高驾驭经济社会发展大局的水平，坚持一张蓝图绘到底，矢志不渝地推动海州转型跨越发展。

做好今年政府工作，指导思想是：全面贯彻中共十九大精神，以习近平新时代中国特色社会主义思想为指引，按照中央经济工作会议和省委十三届三次全会、市委十二届五次全会、区委十届五次全会部署要求，践行新发展理念，坚持稳中求进工作总基调，坚持以高质量发展为引领，确保主要经济指标领跑全市，以“三区两城”建设为抓手，持之以恒推进产业发展、城乡建设、民生改善和政府建设，加快建设强富美高、全面小康新海州，奋力谱写新时代海州转型跨越新篇章。

综合各方面因素，今年全区经济社会发展的主要预期目标是：经济发展质量和效益进一步提高，地区生产总值增长7.8%左右；规模以上固定资产投资增长10%，其中工业投资增长12%、高新技术产业投资增长10%；社会消费品零售总额增长10.5%；一般公共预算收入增长8%；全社会研发投入占GDP比重达2.7%以上；城乡居民收入与经济发展实现同步增长；单位GDP能耗降低、节能减排确保完成省市下达目标任务。

围绕以上目标要求，我们将重点做好以下工作：

一、突出提质增效，加快转型升级，打造产业发展新高地

产业是经济发展的主导力量，我

们将坚持产业强区不动摇，突出高质量发展，做大做强现代工业、服务业、农业三大功能区，推动现代城市经济取得新突破。

提质发展都市工业 充分发挥海州经济开发区“一区五园”发展主阵地作用，形成深度融合发展新格局，持续推动产业培育、节地提效、产城融合、改革创新，打造都市工业“升级版”。培优培强主导产业。围绕壮大医药健康、装备制造、新型材料三大百亿集群，扶持实体经济，支持骨干企业增资扩股、技改扩能、上市融资，培育一批主业突出、竞争力强、成长性高的“单打冠军”企业；抓好年度投资48亿元的23个重点工业项目建设，全力推进医疗器械产业园、中青创黑硅电池片、康达智二期等一批重大产业项目竣工达效，长生云港生物制药一期、如年实业环保设备等一批重大产业项目主体竣工，正大天晴、联瑞新材料等一批重点技改项目投产达效，加快延伸产业链，形成集群效应。切实提高“亩均效益”。坚持以亩产论英雄，建立开发区土地投资强度评价体系，清理盘活闲置用地、低效用地和批而未供用地2000亩，实施“腾笼换鸟”，招引嫁接一批优质项目。加快推进产城融合。扎实推进园区控规“全覆盖”，加快推动“多规合一”。加大秦东门大街、香海湖路等沿线地块商住开发力度，培育文创中心、昊海大厦等特色楼宇，完善生产性、生活性服务配套，促进产城融合。深化园区管理体制改革。建立健全园区科学考核评价体系，引导社会资本参与园区建设管理，探索多元化运营模式，完善园区基础设施，不断壮大园区实力。

提档发展现代服务业 抓住“服务经济”主导新趋势，提升传统业态，发展新兴业态，优化“543”商贸体系，力促服务业总量扩大、结构优化、业态创新。巩固提升商贸高地地位。优化市区商贸布局，合理布点城市综合体、特色街区等新型商贸业态，扎实推进秦东门大街城市综合体、苍梧春晓花漾街等项目建设，争取德邦奥莱城、苏宁广场二期项目早日落地；引入市场主体，整体设计提升民主路老街、盐河巷古街内涵与品位，促进老街换新貌、业态再升级；改造提升专业市场，完成白虎山批发市场改造一期主体工程，推动解放东路专业市场改造，打造城市南部宁海汽车销售专业市场，实施城市西部四季农产品批发市场提档升级工程。积极培育新兴业态。大力发展楼宇经济，抓好海发众创空间、海州大厦等商务楼宇建设，盘活闲置商业楼宇，加大政策引导和支持力度，在各街道逐步形成一批特色楼宇，提高楼宇整体利用率和税收贡献率。大力发展电子商务，快速推进天马云仓扩建工程，带动线上线下互动体验式电子商务发展。大力发展现代物流业，全面建成康缘医药智慧物流中心、板浦临港物流园一期，基本建成九州通医药物流、怡亚通供应链物流园，开工建设邮政邮区中心项目，逐步完善城郊物流配送服务体系。大力发展科技服务业，依托海州工业园香海湖周边地块开发，打造科技研发基地；依托西交大连云港科技园，打造高新企业孵化基地。积极培育健康、养老、教育、体育、居民和家庭服务等新兴生活性服务业，推动服务业转型升级。树立“大旅游”理念。按照“全域旅游”目标，全面实施旅游强区三年行动计划，加快推进“旅游+”产业发展，重点围绕“一山一水一城一岛”，加强与国内知名专业旅游策划团队合作，高起点谋划，实施环锦屏山旅游带打造、月牙岛湿地公园提档升级、海州古城复兴等一批节点项目，加快锦屏山、月牙岛游客集散中心建设，完善旅游公共服务设施，壮大旅游产业规模和效益。

提效发展现代农业 坚持质量兴农、绿色兴农，依托近郊区位优势，大力发展都市农业，带动现代农业发展提质增效。优化产业功能布局。整合镇街农业资源，合理布局农业业态，加快构建“一带三区”产业格局。在新204国道两侧，以建设绿色生态景观廊道为先导，着力招引一批各具特色的农业经营主体入驻，打造S型农业产业带；突出科技引领，在浦南片区全面创建省级现代农业产业示范区，改造提升核心区基础设施，建设多功能产业服务中心，打造农业产业化展示平台；突出生态修复，在锦屏新坝片区实施果蔬基地、设施农业基地建设，打造生态农业区；突出农旅结合，在板浦宁海片区实施蓝莓庄园、“十里桃缘”等项目建设，打造休闲观光农业区。推动适度规模经营。围绕无粮化目标，大力推进农业集约化发展，大幅度增加土地流转面积，培育新型农业经营主体120家以上。鼓励示范引领，规范发展农民合作社，培育一批示范性家庭农场，重点扶持以农产品生产、加工、流通为主业的骨干龙头企业，带动一二三产业融合发展。提升物质装备水平。新建高标准农田1.5万亩，新坝镇实现高标准农田全覆盖。改造提升农田水利基础设施3.2万亩。农机化综合水平达80%。深化农产品质量安全追溯平台建设，创建国家农产品质量安全区。实施农产品品牌三年提升计划，年增“三品一标”农产品30个。

二、突出生态宜居，加快城乡融合，建设美好生活新家园

环境就是民生，青山就是美丽，蓝天也是幸福。我们将紧紧围绕“青山入城、绿水环绕”，以全域统筹的理念谋划城乡建设管理，努力把海州建设得更加令人向往。

加快“两城”建设 打造宜居、宜业、宜游的滨河新城。以月牙岛为生态绿核，科学编制月牙岛湿地公园总体规划，布局完善旅游公共服务配套设施，实施景区提档升级工程，打造绿色休闲岛；迎接高铁时代的到来，加快实施高铁商圈及周边片区棚户区改造项目，快速提升综合客运枢纽周边城市形象；蔷薇河以东片区，启动实施塌陷区综合治理、生态修复工程，加快新磷矿化“退二进三”步伐，推动与大浦河综合治理、临洪河口湿地公园连片开发，推进生态经济化、经济生态化；浦南新镇区加快水杉路北延等基础配套建设，推动商业中心等公建项目投入运营，加快新型养老地产开发，打造颐养小镇。建设山青、水秀、人文的生态古城。完成环锦屏山片区概念性规划及城市设计编制，完善辖区单元控规修编。做好“显山露水”文章，理顺孔望山、桃花涧、石棚山景区管理体制，深入开展禁违、禁伐、禁采等“五禁”行动，集中整治违法建设、散葬坟墓和采石宕口，实现塘坝除险加固全覆盖，启动生态古城环形路网、锦屏山北步游道、山体复绿增绿、玉带河西段滨水廊道等项目建设，深度挖掘锦屏山生态旅游资源；在锦屏山北，加快古城复兴步伐，丰富孔巷文化商业街、二营巷等已建成街区经营业态，实施1934文化大院等复兴节点工程，引进国内知名旅游集团，整体策划，有序开发，提升规划、建设、运营一体化效果；孔望新城加快磨盘山周边地块开发，加快海州体育馆二期、朐阳公园、社区服务中心等公建项目建设，打造依山傍水的现代新城。在锦屏山南，以实施独立工矿区改造为抓手，提升镇区基础设施和公共服务水平，启动蔷薇湖等特色旅游资源开发，打造锦屏旅游小镇。

提升城市功能品质 深入实施“城市更新”计划。用足用好国家棚改政策资金，重点实施新磷矿化宿舍区、南极北路片区等48个旧城改造项目，完成征收面积150万平方米。启动锦屏山周边零散村庄和居住户搬迁工作，重拳出击拆除一批“两城”范围内违法建设。实施老旧小区更新改造，重点推进15个老旧小区微改造、2个小区改造示范工程。加大对物业企业运营的监管力度，完善141个老旧小区长效管理机制，改善老旧小区居住环境。加强城市精致建设。全面实施玉带河片区海绵城市项目建设，深入推进绿色建筑示范区创建。保障连徐高铁、连淮扬镇铁路无障碍施工，快速推进盐河南路南延、环山路、磨盘山路等环锦屏山道路建设，打通陇海西路、红砂路等“断头路”，建成大庆路跨西盐河桥，整治改造50条破损道路和背街小巷，提升城区的通透性和微循环能力。推进城市精细化管理。以“绣花”精神推进城市管理标准化、网格化、智慧化、精细化，建成运行城市网格化综合管理平台，建立健全“1+18+X”管理体制，对接城市服务管理诉求“一口受理、一体派单、一台运行”，构建智慧城市管理新模式，实现城市共建共治共享。巩固提升创卫成果，深入创建“生态、智慧、健康、文明”主城区，推动城市高质量发展。建立健全控制和查处违法建设长效管理体系，坚决遏制新生违建。

聚焦乡村振兴战略 围绕“农业强、农村美、农民富”目标，扎实推进特色小城镇和特色田园乡村建设，促进城乡融合发展。启动板浦振兴计划，深入挖掘镜花缘、淮盐、特色美食等文化内涵，打造镜花缘小镇核心区，重点实施道路、污水管网改造等基础配套建设，加快实施美食街区、李汝珍纪念馆改造提升等项目建设。新坝镇突出自然生态禀赋，完善新镇区基础设施建设，着力创建“花果香”小镇，启动3000亩核心区建设，重点发展农业休闲、农事体验产业。浦南镇加快完善老204国道以西片区生活服务配套，沿新沭河、鲁兰河和蔷薇河加快打造百里长堤休闲观光环线。宁海街道启动以宁海工业园为主体的产城融合核心区建设，建成职工公寓、商业街等配套项目，改造提升老204国道以东片区路网。切实把农村公路建好、管好、护好、运营好，实施镇村道路第二年提升行动计划，新改建新坝中路、板浦东周路等农村公路125公里、桥梁10座，方便群众出行。扎实完成板浦镇、岗埠农场区域供水项目，彻底解决近15万人饮水安全问题。巩固提升城乡环卫一体化工作成效，深入开展镇容镇貌和村庄环境整治、交通干线沿线环境整治等工作，实现省级卫生乡镇创建全覆盖。广泛开展垃圾分类宣教活动，新增一批垃圾分类设施，引导城乡居民养成良好卫生习惯。

提升生态文明层次 积极推动绿色发展。加大生态文明建设力度，争创省级生态文明示范区。推进规划环评、强化项目环评，实施投资项目负面清单管理，严格执行工业项目环境准入规定，严守生态环保红线。坚决打赢污染防治攻坚战。深入实施“263”专项行动，深化化工企业“四个一批”专项行动，依法关停环保、能耗、安全不达标的企业，积极跟进德邦、泰乐等城区化工企业拆除搬迁工作。实施“蓝天工程”，深入开展“无煤区”建设，实施企业废气排放、餐饮油烟污染专项整治行动，推动建筑领域绿色施工，持续做好秸秆综禁工作。实施“碧水工程”，推动“河长制”向“河长治”转变，落实最严格水资源管理，重点实施西盐河南段、大浦河、烧香河等河道综合治理工程，实施40条背街小巷污水管网改造工程、玉带河西段老旧小区截污改造工程；整治农村黑臭水体4条，疏浚县乡河道14条、河塘82个，有效控制农业面源污染；新建污水管网30公里，实现建制镇镇区、工业园区污水管网建设全覆盖。实施生态绿化工程。新增绿化造林面积1.2万亩，森林抚育5000亩，林木覆盖率达28%以上。以“两城”为重点，围绕创建国家森林城市，以锦屏山为主体，全面创建国家森林小镇，深入实施锦屏山生态复绿工程；以月牙岛、蔷薇河为主体，建设特色林业观光带二期工程。实施瀛洲公园、海州公园扩建等城市绿化工程，进一步丰富城市绿化的色彩感、季相感和层次感。

三、突出共建共享，增进民生福祉，谱写幸福和谐新篇章

民生无小事，我们将致力扩大优质公共服务供给，努力解决关系群众切身利益的热点、难点问题，进一步织密扎牢民生保障网，不断提升人民群众的获得感、安全感、幸福感。

协调发展社会事业 按照标准化、均等化要求，实施新一轮基层基本公共服务体系建设，引导社会资本更多地投入到民生领域，为人民美好生活提供更优质服务。围绕“幼有所育、学有优教”，推行教育优质均衡三年行动计划，新建加固校舍11.4万平方米，新改扩建向阳小学、新坝中心小学等13所学校，接管小区配套园6所，加强幼儿园临时看护点监管，支持发展优质民办教育，全面消除“超大班额”；与江苏师范大学合作开展卓越教师培养计划，启动薄弱学校挂牌托管，培养更多农村骨干教师；减轻中小学生课外负担，试行弹性离校，开展“十大高效课堂”评选，大力推进“一校一品”，让每个孩子享受公平而有质量的教育，都有人生出彩的机会。围绕“病有所医”，深入实施卫生强基工程，新改扩建海州、新海

社区卫生服务中心，改扩建一批标准化村卫生室，基层医疗机构与市三级以上医院全面建立紧密型医联体；建成区卫计人才实训基地，壮大全科医生队伍；深化分级诊疗制度，提高居民基层首诊比例，做实家庭医生签约服务工作，全面实施"健康宝贝"工程，打造"15分钟健康服务圈"。围绕"文化繁荣"，以全国文明城市创建为契机，广泛开展道德实践和志愿服务活动，提高公民素质和社会文明程度；推动城市社区综合性文化服务中心建设全覆盖，打造15个示范性社区文体服务中心，新建40个社区文化活动小广场，打造一批体育公园、流动图书室、健身路径、村级灯光篮球场，培养一批文化骨干人才，挖掘海州文化，讲好海州故事。

全面加强社会保障　围绕"弱有所扶"，完善"大民政"救助体系，建立健全社会保障救助标准与物价指数挂钩的动态调整机制，城乡低保月保障标准分别提高至560元、500元，不断缩小城乡差距；巩固提升扶贫成果，加快现有扶贫产业项目投产达效步伐，带动低收入户公益性就业，探索资产收益配股帮扶新模式，持续增强脱贫内生动力，确保全面小康路上不让一人掉队。围绕"老有所养"，大力推进公办养老院建设，探索"公建民营"模式；突出抓好社区居家养老服务工作，建成区级智慧养老服务平台、中央厨房配送中心，引入大型民营企业参与居家养老线上线下服务，满足群众多层次、个性化养老需求。围绕"劳有所得"，把"有更满意的收入"与"有更稳定的工作"结合起来，促进青年群体、农民工多渠道就业创业，支持大众创业、万众创新，新增私营企业3200家、个体工商户4200户以上，新增城镇就业1.1万人以上，转移农村劳动力600人。围绕"住有所居"，加快市交通局周边等棚户区改造步伐，加大城镇住房困难家庭保障力度，积极探索集体土地住房租赁模式，改造城镇危旧房2万平方米，基本完成农村危房改造任务，继续攻坚化解一批百姓关注的"问题楼盘"热点问题。

加强和创新社会治理　实施社区建设提升工程，推动社区阵地从"有"向"好"转变，建成25家社区标准化服务中心，实施"135"社区人才培养计划，加大社工师培育力度，推行"全科社工"工作模式，强化社区服务品牌效应。纵深推进"政社互动"，确保"一委三会"工作法规范化、常态化开展。构建立体化治安防控体系，启动"天网4期"监控系统工程，完善社会矛盾纠纷多元化解机制，加强社区矫正对象、易肇事肇祸精神病人等重点人群稳控，提升群众安全感。加强法律援助和司法救助，争创全国"七五"普法中期考核先进区。加强食品药品安全治理，筑牢人民群众饮食用药安全"防火墙"。以铁的决心、铁的手腕抓好安全生产工作，以最严厉措施落实企业主体责任，以最严格机制落实属地和行业监管责任，深入开展重点行业和领域隐患排查、专项整治行动，坚决消除监管盲区，坚决打赢安全生产攻坚战。畅通群众诉求渠道，高度重视初信初访，提高信访积案化解率，深入开展进京越级访专项整治，依法维护信访秩序。继续做好国防、双拥、民兵预备役、征兵工作，形成军民融合深度发展新格局。

四、深化改革开放，突出创新驱动，激发区域发展新动能

高质量发展需要在改革和创新上持续发力，我们将坚持以改革增动力、以开放促发展、以创新添动能，进一步解放和发展生产力，着力激发社会创造力和发展活力。

狠抓改革攻坚突破　深化行政审批制度改革。全面落实"不见面"审批，大力推行网上受理、并联审批，推行重大项目全程代办服务制，真正让群众和企业办事少跑腿、更省心。承接好市级下放事权，加强事中事后监管，确保各项事权接得住、管得好。深化国有企业改革。围绕管资本为主加快转变国有资产监管机构职能，充分发挥海发、瀛洲、工投三大投资集团作用，规范和加强投融资管理，提升实体化运作水平，完善现代企业制度，提高国有资本运作效率，全力保障"三区两城"建设。深化财税体制改革。开展预算绩效目标评价试点工作，加强政府性债务管理，积极向上争取政府债券，深入推进预决算公开和人大预算联网监督机制，提高财政资金使用效益和透明度。规范推进政府和社会资本合作（PPP），支持社会资本参与基础设施领域建设。深入推进农村领域改革。细化和落实承包土地"三权分置"制度，稳妥推行农民土地承包经营权资本化运作试点，构建新型农业经营体系。优化土地利用空间。强化市区经营性用地出让和储备计划管理，加大土地整理力度，盘活闲置低效土地，严控新增违法用地。强化金融服务。建立健全政银企保日常对接机制，引导金融机构加大对实体经济的支持力度。探索设立区级产业发展基金，撬动更多社会资本和金融资本服务实体经济。

提升经济开放水平　积极抢抓我市"一带一路"战略支点建设的重大机遇，坚持走出去引进来相结合，加大对外开放力度。瞄准"一带一路"沿线节点城市以及长三角、珠三角地区，围绕主导产业，聚焦国际、国内、民营500强企业及上市公司等，开展上门招商、以商引商和委托招商，加强产业链精准招商，全年力争招引超亿元产业项目25个以上，超5亿元产业项目10个以上。更加注重招商效益，建立重点招商项目预审评估机制，突出实际到资、投入强度和亩均产出。积极培育外贸新业态新模式，引导重点外贸企业开展跨境电子商务，鼓励日出东方等优强企业扩大海外投资，培育竞争新优势。高质量发展离不开项目的支撑，对67个市级重点项目、242个区级重点项目，全方位对接协调，全过程跟踪服务，力促签约项目快开工、开工项目快建设、建成项目快投产，确保年度产业有效投资超百亿元。

强化科技创新支撑　突出优势产业创新主体地位，鼓励骨干企业加大研发投入、攻关核心技术，以传统产业技改催生新动能。着力发展高新技术产业，新增高新技术企业5家、省级研发机构3家，为企业争取"苏科贷"资金1亿元，实现高新技术产业总产值占规上工业总产值比重

58%。着力提升产学研合作水平，发挥科技镇长团桥梁纽带作用，新建校企联盟20个，开展产学研合作项目20个。扎实推动国家知识产权强县工程示范区建设，争取万人有效发明专利拥有量达8件。

五、突出务实为民，加强自身建设，塑造有为政府新形象

重任千钧惟担当。走进新时代，面对工作新要求和人民对美好生活新期待，我们将更好地履行职责，干好每一天，做好每件事，对人民负责，让人民满意。

坚持系统思维，提升履职能力 加强学习型政府建设，认真学习贯彻党的十九大精神，学习贯彻习近平新时代中国特色社会主义思想，在学懂弄通做实上下功夫，增强思想自觉和行动自觉。以系统思维谋划政府工作，围绕顶层设计、坚持问题导向、注重综合平衡，从大局出发，以长远着眼，强力推进“三区两城”建设，综合施策，协调推进，保障各项工作衔接有序、相互促进。统筹抓好经济发展、城乡建设、民生事业，明确主攻方向，抓住问题关键，持之以恒落实。

坚持实干担当，提升执行能力 大力倡导“定了干、马上办、办到底”的工作作风，以实际行动推动海州高质量发展。强化担当意识，积极主动作为，营造想干事、能干事、干成事的良好氛围。完善政府工作目标责任体系，推行任务项目化、项目目标化、目标节点化、节点责任化，确保各项工作措施落地生效。完善政府跟踪问效的督查机制，建立科学有效的绩效考评体系，确保压力传递到位、责任落实到位，齐心协力抓好工作落实。

坚持依法行政，提升法治水平 将政府活动纳入法治轨道，自觉运用法治思维和法治方式推动工作，建设法治政府。完善规范性文件、政府合同和重大行政决策合法性审查机制，推进法律顾问全面融入政府工作。坚持依法行政，切实做到严格、规范、公正、文明执法，规范行政复议、行政应诉行为。加强电子政务和政府网站建设，深入推进政务公开，加大信息公开力度，保障群众的知情权、表达权和监督权。加强权力制约和监督，自觉接受人大法律监督、政协民主监督和社会舆论监督，确保权力在法治轨道上运行。

坚持清正廉洁，提升政府形象 严守政治纪律和政治规矩，严格落实中央八项规定和实施细则，认真查找“四风”突出问题特别是形式主义、官僚主义的新表现，采取过硬措施，坚决加以整改，务求取得实效。以规范权力运行为重点，以制度建设为主线，严格公共资金、公共资产、公共资源监管。构建“亲”“清”新型政商关系，打造便捷高效的政务环境。全面落实从严治党要求，深入开展党风廉政建设和反腐败斗争，严格落实“一岗双责”，始终保持清廉本色。

各位代表，发展全凭实干，奋斗铸就辉煌。让我们高举习近平新时代中国特色社会主义思想伟大旗帜，紧密团结在以习近平同志为核心的党中央周围，在区委的坚强领导下，紧紧依靠全区人民，不忘初心、牢记使命，同心同德、奋发进取，为高水平全面建成小康社会、建设强富美高新海州而努力奋斗！

重要文件目录选编

表75

2017年中共海州区委重要行文目录

文　号	文件标题	发文日期
海委发〔2017〕3号	关于加快海州古城复兴建设的实施意见	2017年2月4日
海委发〔2017〕5号	关于表彰2016年度全区经济建设和社会发展目标绩效考评先进单位的决定	2017年2月4日
海委发〔2017〕9号	关于印发《海州区“两减六治三提升”专项行动实施方案》的通知	2017年3月2日
海委发〔2017〕10号	关于深入推进农业供给侧结构性改革加快农业增效农民增收农村发展的实施意见	2017年3月6日
海委发〔2017〕11号	关于申请派驻第十批科技镇长团来海州区工作的请示	2017年3月9日
海委发〔2017〕12号	关于违规发放房屋征收绩效考核签约奖金限期退缴的决定	2017年3月10日
海委发〔2017〕18号	关于同意区政协党组给予方新年开出公职处分的批复	2017年6月20日
海委发〔2017〕19号	关于建立“阳光扶贫”监管系统推进精准扶贫精准脱贫的实施意见	2017年6月26日
海委发〔2017〕21号	关于给予赵胜开除党籍处分的批复	2017年7月10
海委发〔2017〕22号	关于调整区依法治区领导小组组成人员的通知	2017年7月24日
海委发〔2017〕23号	关于印发《海州区“百日攻坚”三大行动计划方案》的通知	201年8月2日

续表75

文 号	文件标题	发文日期
海委发〔2017〕27号	关于表彰2015年度优秀教师的决定	2017年9月7日
海委发〔2017〕28号	关于海州经济开发区亟需市级层面支持解决问题的报告	2017年9月15日
海委发〔2017〕29号	关于印发《关于推进海州区城市网格化综合管理建设的工作方案》的通知	2017年10月9日
海委发〔2017〕30号	关于加快建设创建驱动发展先行区的实施意见	2017年10月30日
海委发〔2017〕32号	关于进一步加强区委常委联系工作的意见	2017年11月7日
海委发〔2017〕33号	中共海州区委关于认真学习宣传贯彻党的十九大精神的通知	2017年11月10日
海委发〔2017〕34号	关于印发《海州经济开发区板块整合实施意见》的通知	2017年11月16日
海委发〔2017〕35号	关于成立中共连云港市海州区委教育工作委员会的通知	2017年11月24日
海委发〔2017〕36号	关于表彰十九大期间全区信访维稳工作先进集体和先进个人的决定	2017年11月30日
海委发〔2017〕37号	关于深化供销合作社综合改革的实施意见	2017年12月1日
海委发〔2017〕43号	关于同意召开海州区第十八届人民代表大会第二次会议的批复	2017年12月11日
海委发〔2017〕45号	关于表彰国家卫生城市创建工作先进集体和先进个人的决定	2017年12月22日
海委发〔2017〕46号	关于同意召开政协海州区第九届委员会第二次会议的批复	2017年12月22日
海委发〔2017〕47号	关于调整区委民族宗教工作领导小组组成人员的通知	2017年12月22日
海委发〔2017〕51号	关于给予周华明撤销党内职务处分的批复	2017年12月28日

表76

2017年海州区政府重要行文目录

文 号	文件标题	发文日期
海政发〔2017〕1号	关于印发2017年《政府工作报告》重点任务分解落实方案的通知	
海政发〔2017〕2号	《海州区政府关于白虎山小商品市场改造项目C地块土地挂牌有关问题的请示》	2017年1月11日
海政发〔2017〕3号	关于协调确认天晴路96号地块被征收房地权属相关问题的请示	2017年1月16日
海政发〔2017〕5号	关于撤销东海经济工业园名称变更及加强园区治安环境管理的批复的通知	2017年1月16日
海政发〔2017〕6号	关于表彰2016年度武装工作先进单位和个人的通报	2017年1月16日
海政发〔2017〕7号	关于追加2015年海州区义务教育公用经费省补资金的报告	2017年1月18日
海政发〔2017〕9号	海州区法院东地块棚户区改造项目房屋征收决定书	2017年1月20日
海政发〔2017〕10号	关于高新区学校建设主体相关事宜的回复意见	2017年1月24日
海政发〔2017〕11号	关于延长连云港市赛金节能砖制作有限公司“11.22”车辆伤害一般事故调查报告提交期限的批复	2017年1月25日
海政发〔2017〕12号	关于进一步完善海州区学前教育联席会议制度的通知	2017年1月26日
海政发〔2017〕13号	关于拨付凤凰新城消防站建设经费问题的回复意见	2017年1月26日
海政发〔2017〕15号	关于给予海州家具城消防隐患整治资金补助的报告	2017年2月14日
海政发〔2017〕16号	连云港市海州区人民政府铁路新村地块棚户区改造项目房屋征收决定书	2017年2月20日
海政发〔2017〕17号	关于2006年度实行最严格水资源管理制度工作的自查报告	2017年2月20日
海政发〔2017〕18号	关于同意江苏海州发展集团有限公司实施刘志洲山塌陷区地质环境治理工程建设的批复	2017年2月23日
海政发〔2017〕21号	关于对新磷矿化有限公司实施“退二进三”的请示	2017年2月23日

续表76

文　号	文件标题	发文日期
海政发〔2017〕22号	连云港市海州区人民政府同和片区六期棚户区改造项目房屋征收决定书	2017年3月1日
海政发〔2017〕23号	连云港市海州区人民政府东堡集团B地块棚户区改造项目房屋征收决定书	2017年3月6日
海政发〔2017〕24号	关于返还白虎山小商品市场LTC2016-29#地块成本及净收益的请示	2017年3月6日
海政发〔2017〕25号	关于明确温哥华国际花园项目部分未拆迁房屋征收投资主体的请示	2017年3月6日
海政发〔2017〕26号	关于审查并转报连云港市海州区土地利用总体规划（2006-2020年）调整完善方案的请示	2017年3月7日
海政发〔2017〕27号	关于《农发集团关于蔷薇湖东北侧石英厂和小钢厂等单位拆迁的请示》反馈情况	2017年3月15日
海政发〔2017〕28号	关于印发《海州区区对镇、街和工业园财政管理体制方案》的通知	2017年3月16日
海政发〔2017〕29号	关于批准《连云港市海州区占国机械厂民房建设项目“12.7”高处坠落一般事故调查报告》的批复	2017年3月22日
海政发〔2017〕30号	关于《海州区安监局2017年度安全监管执法工作计划》的批复	2017年3月28日
海政发〔2017〕31号	关于批准《连云港颢隆物流有限公司“2.15”高处坠落一般事故调查报告》的批复	2017年3月22日
海政发〔2017〕32号	关于同意选派戴舒雅等13名同志出国进修学习的批复	2017年4月13日
海政发〔2017〕35号	连云港市海州区人民政府原市纺织厂宿舍区地块棚户区改造项目房屋征收决定书	2017年4月1日
海政发〔2017〕36号	海州区政府关于举办2017年海州白虎山庙会暨第二届丝绸之路国际小商品博览会的报告	2017年4月17日
海政发〔2017〕37号	关于审批《连云港市海州区2015年度工矿废弃地复垦利用（第二批）实施方案》的请示	2017年4月18日
海政发〔2017〕43号	关于同意《连云港新磷矿化有限责任公司新浦磷矿“12.31”小型地质灾害调查报告》的批复	2017年4月24日
海政发〔2017〕44号	关于同意《连云港市赛金节能砖制造有限公司“11.22”车辆伤害一般事故调查报告》的批复	2017年4月24日
海政发〔2017〕45号	关于同意《临沂市荣丰货物托运部江苏万联物流有限公司新海建材城物流点“1.10”物体打击一般事故调查报告》的批复	2017年4月30日
海政发〔2017〕46号	关于同意《中亿丰建设集团股份有限公司连云港市妇幼保健院新建妇幼保健中心工程项目“3.5”物体打击一般事故调查报告》的批复	2017年4月30日
海政发〔2017〕47号	关于对政办〔2017〕694号办文单的回复意见	2017年5月4日
海政发〔2017〕50号	关于印发《海州区深化科技体制改革实施方案》的通知	2017年5月1日
海政发〔2017〕51号	关于同意江苏海州发展集团有限公司挂牌债权融资计划的批复	2017年5月11日
海政发〔2017〕52号	关于同意《连云港自来水有限责任公司“2.22”物体打击一般事故调查报告》的批复	2017年5月5日
海政发〔2017〕53号	关于同意《连云港云宏机械有限公司“3.5”物体打击一般事故调查报告》的批复	2017年5月15日
海政发〔2017〕54号	关于部分区政府领导班子成员工作分工的通知	2017年1月23日
海政发〔2017〕55号	关于颜珉等同志任职的通知	2017年5月31日
海政发〔2017〕56号	关于印发《海州区统筹推进城乡义务教育一体化促进优质均衡发展的实施意见》的通知	2017年5月26日
海政发〔2017〕57号	关于同意原锦屏磷矿尾矿砂处置方案的批复	2017年5月26日

续表76

文 号	文件标题	发文日期
海政发〔2017〕58号	关于同意江苏海州经济开发区基础设施PPP项目实施方案的批复	2017年5月26日
海政发〔2017〕60号	关于印发《海州区行政败诉案件过错责任追究办法（试行）》的通知	2017年6月6日
海政发〔2017〕61号	关于仲裁三禾城中城信访问题的请示	2017年6月8日
海政发〔2017〕65号	关于同意赵雪同志出过带队修学的批复	2017年6月28日
海政发〔2017〕66号	关于浦南镇太平村农村土地承办经营权登记颁证实行“确权股权不确地”的批复	2017年6月20日
海政发〔2017〕67号	关于同意汤冬梅等38名同志出国进修学习的批复	2017年6月28日
海政发〔2017〕69号	关于同意选派石国政出国进修学习的批复	2017年7月4日
海政发〔2017〕70号	海州区人民政府关于协调返还浦南镇瀛洲·梧桐里项目市政配套费用的请示	2017年7月4日
海政发〔2017〕71号	关于省集中开工项目问题整改落实情况的报告	2017年7月5日
海政发〔2017〕75号	关于同意组建连云港市海州区农村产权交易中心的批复	2017年7月25日
海政发〔2017〕76号	关于同意江苏永超建设有限公司双奥新村项目工地“6.6”高处坠落一般事故调查报告的批复	2017年7月25日
海政发〔2017〕77号	关于同意“5.24”事故调查报告的批复	2017年7月25日
海政发〔2017〕78号	关于同意连云港市孔望山新城防洪排涝规划的批复	2017年7月14日
海政发〔2017〕81号	关于同意江苏海州经济开发区管委会作为海州经济开发区基础设施PPP项目实施机构的批复	2017年8月8日
海政发〔2017〕82号	无线电十厂地块征收决定书	2017年8月8日
海政发〔2017〕84号	关于同意徐华等3名同志出国进修学习的批复	2017年9月4日
海政发〔2017〕86号	白虎山市场地块征收决定书	2017年9月18日
海政发〔2017〕87号	关于同意给予张道杨开除公职处分的批复	2017年8月28日
海政发〔2017〕89号	关于刘沫同志出国进修的批复	2017年9月19日
海政发〔2017〕92号	关于印发《海州区政府关于加强政府债务管理实施方案》的通知	2017年9月20日
海政发〔2017〕94号	关于同意对连云港登泰实业有限公司登泰大酒店及海宁市世纪华联超市连云港阳光加盟店重大火灾隐患单位实施挂牌督办的批复	2017年9月26日
海政发〔2017〕98号	关于成立海州区创建江苏省农产品质量安全线工作领导小组的通知	2017年9月20月
海政发〔2017〕99号	城隍庙广场及周边地块棚户区改造项目房屋征收决定书	2017年9月29日
海政发〔2017〕100号	老城门及周边地块棚户区改造项目房屋征收决定书	2017年9月29日
海政发〔2017〕101号	南城东大街两侧地块棚户区改造项目房屋征收决定书	2017年9月29日
海政发〔2017〕102号	关于同意确认连云港市韵达快递服务有限公司等25家寄递企业为区级治安保卫重点单位的批复	2017年9月26日
海政发〔2017〕103号	关于免去张道杨职务的通知	2017年9月14日
海政发〔2017〕105号	关于同意办理万得宝贝园等7所幼儿园校车使用许可的批复	2017年10月10日
海政发〔2017〕107号	连云港市海州区人民政府葵花街地块棚户区改造项目房屋征收决定书	2017年10月25日
海政发〔2017〕111号	关于2015-2016年度渔业捕捞和养殖业油价补贴统筹资金整合使用法人批复	2017年11月15日
海政发〔2017〕112号	关于印发关于加快海州经济开发区下属国有企业改革重组意见的通知	2017年11月17日
海政发〔2017〕114号	海州区政府合同管理暂行规定	2017年11月27日

续表76

文　号	文件标题	发文日期
海政发〔2017〕118号	关于印发《海州区卫生乡镇创建工作实施方案》的通知	2017年12月15日
海政发〔2017〕122号	关于免去王经博等同志职务的通知	2017年12月29日
海政发〔2017〕123号	关于同意海州区城镇低效用地再开发专项规划及2017年度实施计划成果的的批复	2017年12月29日
海政发〔2017〕124号	关于同意给予周华明行政撤职处分的批复	2017年12月29日

表77

2017年海州区委办公室重要行文目录

文　号	文件标题	发文日期
海委办发〔2017〕4号	关于成立刘志洲山周边复垦工作领导小组的通知	2017年1月20日
海委办发〔2017〕5号	关于成立锦屏尾矿砂清理处置工作领导小组的通知	2017年1月20日
海委办发〔2017〕6号	关于做好2017年节假日期间值班工作的通知	2017年1月20日
海委办发〔2017〕7号	关于表彰全区2016年度履行党风廉政建设主体责任监督责任先进单位的决定	2017年1月20日
海委办发〔2017〕8号	印发《关于完善矛盾纠纷多元化解机制的实施意见》的通知	2017年1月22日
海委办发〔2017〕9号	印发《关于规范约谈工作推动“两个责任”落实的实施办法》的通知	2017年2月9日
海委办发〔2017〕10号	印发《关于在全区经济薄弱村开展环境集中整治建设百日行动的实施意见》的通知	2017年2月11日
海委办发〔2017〕12号	关于成立浦南特色小镇示范区建设指挥部的通知	2017年2月15日
海委办发〔2017〕13号	关于成立锦屏独立工矿区改造搬迁工程领导小组的通知	2017年2月21日
海委办发〔2017〕14号	印发《关于在全区党员干部中深入开展“双进双促”强区富民活动的实施方案》的通知	2017年2月22日
海委办发〔2017〕17号	关于在“双进双促”强区富民活动中深入开展“千名机关志愿者爱心帮扶行动”的通知	2017年3月3日
海委办发〔2017〕18号	关于表彰2016年度农业农村工作先进单位及先进个人的决定	2017年3月7日
海委办发〔2017〕25号	印发《关于开展五类专项整治活动着力解决群众反映强烈问题的实施方案》的通知	2017年3月27日
海委办发〔2017〕38号	关于邀请参加2017年海州白虎山庙会暨第二届丝绸之路国际小商品博览会开幕式的请示	2017年4月27日
海委办发〔2017〕43号	中共海州区委办公室关于转发《中共连云港市委连云港市人民政府<关于深化行政审批制度改革加快简政放权激发市场活力的意见>》的通知	2017年5月16日
海委办发〔2017〕46号	关于成立海州区富民增收工作领导小组的通知	2017年5月23日
海委办发〔2017〕47号	关于印发《海州区全面推行河长制实施方案》的通知	
海委办发〔2017〕48号	关于印发《关于推进“两学一做”学习教育常态化制度化的实施方案》的通知	2017年6月6日
海委办发〔2017〕49号	印发《2017年度区级机关绩效考评办法》的通知	2017年6月19日
海委办发〔2017〕50号	关于印发《2017年度镇街园区目标任务绩效考评办法》的通知	2017年6月19日
海委办发〔2017〕51号	印发《关于在全区党员干部中开展“旗帜鲜明讲政治”专题学习培训的实施方案》的通知	2017年6月19日
海委办发〔2017〕52号	印发《关于实行“三单两书一函”加强纪委对同级党委监督的暂行办法》的通知	2017年6月20日

续表77

文 号	文件标题	发文日期
海委办发〔2017〕53号	关于印发《海州区"阳光扶贫"监管系统建设方案》的通知	2017年6月27日
海委办发〔2017〕54号	印发《海州区健全落实社会治安综合治理领导责任制实施细则》的通知	2017年6月28日
海委办发〔2017〕58号	《关于全面落实区纪委向区一级党和国家机关派驻纪检机构的方案》的通知	2017年8月4日
海委办发〔2017〕60号	关于成立海州区部分军队退役人员群体稳定和权益保障工作专班的通知	2017年8月29日
海委办发〔2017〕61号	关于转发《连云港市信访工作责任制实施细则》的通知	2017年8月31日
海委办发〔2017〕62号	关于印发《海州区促进招商引资激励办法》的通知	2017年8月31日
海委办发〔2017〕63号	海州区出租房屋安全隐患集中整治工作方案	2017年8月31日
海委办发〔2017〕65号	关于印发《海州区综合行政执法体制改革试点工作实施意见》的通知	2017年9月15日
海委办发〔2017〕70号	关于印发《2017年海州区生态文明建设目标任务》的通知	2017年10月19日
海委办发〔2017〕76号	关于印发《海州区关于政策兜底精准扶贫的实施方案》的通知	2017年12月18日
海委办发〔2017〕77号	印发《关于推行法律顾问制度和公职律师公司律师制度的实施意见》的通知	2017年12月22日
海委办发〔2017〕78号	关于印发《中共海州区委法律顾问工作规则(试行)的通知》	2017年12月22日
海委办发〔2017〕79号	印发《关于创新网格化社会治理机制的实施意见》的通知	2017年12月22日
海委办发〔2017〕81号	关于印发《海州区深化国家监察体制改革试点工作实施方案》的通知	2017年12月26日
海委办发〔2017〕82号	印发《关于落实网络意识形态工作责任制和政务舆情回应工作责任制实施细则》的通知	2017年12月29日
海委办发〔2017〕83号	关于印发《海州区义务教育学校教师"区管校聘"工作实施方案》的通知	2017年12月29日
海委办发〔2017〕84号	关于确定海州区电子政务内网密级的决定	2017年12月31日

表78

2017年海州区政府办公室重要行文目录

文 号	文件标题	发文日期
海政办发〔2017〕2号	关于建立粮食安全责任制考核联席会议制度的通知	2017年1月12日
海政办发〔2017〕4号	关于开展镇(街道、开发区)、村(居)法律顾问配备全覆盖情况专项督查工作的通知	2017年3月1日
海政办发〔2017〕8号	关于建立海州区社会救助联席会议制度的通知	2017年2月23日
海政办发〔2017〕10号	关于印发《海州区地质灾害防治值班值守》等十项制度的通知	2017年3月30日
海政办发〔2017〕11号	关于调整海州区实施苏北科技专项资金项目工作领导小组的通知	2017年2月16日
海政办发〔2017〕12号	关于调整孔望山新城建设指挥部成员的通知	2017年2月14日
海政办发〔2017〕13号	关于成立海州区交通干线沿线环境综合整治暨村庄环境改善提升工作领导小组的通知	2017年2月14日
海政办发〔2017〕14号	区政府办公室关于印发海州区交通干线沿线环境综合整治"五项行动"方案的通知	2017年2月14日
海政办发〔2017〕15号	区政府办公室关于印发2017年海州区村庄环境改善提升行动实施方案的通知	2017年2月14日
海政办发〔2017〕16号	关于印发《海州区人感染H7N9禽流感疫情防控工作方案》的通知	2017年3月7日
海政办发〔2017〕17号	关于印发2017年海州区绿化工作方案的通知	2017年3月7日
海政办发〔2017〕18号	区政府办公室关于印发海州区"三改一拆两清理"行动违法建设治理专项工作实施方案	2017年3月8日

续表78

文　号	文件标题	发文日期
海政办发〔2017〕20号	关于印发《第二届“花漾海州·四季赏花”系列活动方案》的通知	2017年3月3日
海政办发〔2017〕21号	关于印发《海州区畜禽养殖专项整治实施方案》的通知	2017年3月1日
海政办发〔2017〕22号	区政府办公室转发区综治办等部门关于加强肇事肇祸等严重精神障碍患者救治救助工作实施办法的通知	2017年3月28日
海政办发〔2017〕23号	关于全面治理拖欠农民工工资问题的工作方案	2017年4月6日
海政办发〔2017〕24号	关于印发海州区医疗机构设置规划（2016–2030）的通知	2017年4月7日
海政办发〔2017〕26号	关于印发《关于深入开展“小金库”专项检查工作方案》的通知	2017年4月26日
海政办发〔2017〕27号	关于印发《海州区残疾人精准康复服务行动实施方案》的通知	2017年4月20日
海政办发〔2017〕28号	关于印发《海州区安全生产大排查大整治严执法“百日专项行动”方案》的通知	2017年4月25日
海政办发〔2017〕29号	关于印发海州区危险化学品安全综合治理实施方案的通知	2017年4月25日
海政办发〔2017〕30号	关于印发白虎山庙会安保工作方案的通知	2017年4月27日
海政办发〔2017〕31号	区政府办公室关于建立全区化工企业“四个一批”专项行动联席会议制度的通知	2017年4月20日
海政办发〔2017〕32号	关于印发建立海州区社区矫正工作联席会议制度方案的通知	2017年5月9日
海政办发〔2017〕33号	关于印发《海州区村小（教学点）质量提升工程实施方（2017–2020年）》的通知	2017年5月5日
海政办发〔2017〕34号	关于成立“一带一路”连云港国际合作示范区海州合作园区管委会的通知	2017年5月17日
海政办发〔2017〕36号	区政府办公室关于成立海州区人民政府 法律顾问委员会的通知	2017年4月10日
海政办发〔2017〕37号	关于印发《海州区政务服务“一张网”上线试运行推广宣传活动方案》的通知	2017年4月5日
海政办发〔2017〕38号	关于印发海州区鼓励全民创业政策三十条的通知	2017年5月19日
海政办发〔2017〕40号	关于调整海州区政府推进职能转变协调小组的通知	2017年5月26日
海政办发〔2017〕41号	关于印发2017年度深化行政审批制度改革工作任务分工的通知	2017年5月26日
海政办发〔2017〕42号	关于印发《海州区义务教育学校标准化建设工程实施方案》的通知	2017年5月26日
海政办发〔2017〕43号	关于印发《海州区2017年秸秆机械化幻天实施办法》的通知	2017年5月26日
海政办发〔2017〕44号	关于印发《海州区2017年秸秆机械化还田第三方核查实施办法》的通知	2017年5月26日
海政办发〔2017〕48号	关于印发《海州区食品生产加工小作坊允许生产加工食品品种目录（第一批）》的通知	2017年6月7日
海政办发〔2017〕51号	关于印发《海州区“不见面审批（服务）”改革工作实施方案》的通知	2017年6月12日
海政办发〔2017〕52号	关于转发《连云港市市区食品小作坊登记管理办法的通知》的通知	2017年6月13日
海政办发〔2017〕54号	关于成立海州区推行行政审批代办制工作实施方案的通知	2017年4月7日
海政办发〔2017〕56号	关于印发海州区政府服务管理办公室主要职责内设机构和人员编制规定的通知	2017年6月16日
海政办发〔2017〕57号	关于印发江苏海州经济开发区管委会主要职责内设机构和人员编制规定的通知	2017年6月7日
海政办发〔2017〕58号	关于印发《海州区2017年度地质灾害防治方案》的通知	2017年6月20日
海政办发〔2017〕59号	关于印发《海州区禁养区内规模养殖场、养殖小区关闭拆除转产补偿方案》的通知	2017年6月21日

续表78

文　号	文件标题	发文日期
海政办发〔2017〕61号	关于印发《海州区违法用地整治集中推进月活动实施方案》的通知	2017年6月25日
海政办发〔2017〕62号	关于印发《海州区妇女发展规划（2016–2020年）》《海州区儿童发展规划（2016–2020年）》的通知	2017年6月19日
海政办发〔2017〕64号	区政府办公室关于印发《海州区旅游市场综合监管及整治方案》的通知	2017年6月28日
海政办发〔2017〕66号	关于印发2017年度城市管理工作考评细则的通知	2017年7月11日
海政办发〔2017〕68号	关于建立海州区中小学教师区管校聘管理体制改革联系会议制度的通知	2017年7月19日
海政办发〔2017〕73号	关于印发海州区众创空间管理与考核评价实行办法的通知	2017年7月28日
海政办发〔2017〕74号	关于印发海州区就业创业扶持补贴资金操作办法的通知	2017年8月1日
海政办发〔2017〕75号	关于印发海州区城区市容秩序网格化责任机制暂行管理办法的通知	2017年8月9日
海政办发〔2017〕76号	关于印发《海州区培育新型农业经营主体发展现代都市农业奖励扶持暂行办法》的通知	2017年8月15日
海政办发〔2017〕77号	关于印发《海州区乡村卫生服务一体化管理实施方案》的通知	2017年8月15日
海政办发〔2017〕79号	关于印发《关于进一步加强全区镇、街道、开发区安全生产工作意见》的通知	2017年8月2日
海政办发〔2017〕80号	关于印发《海州区信息进村入户整区推进示范工作方案》的通知	2017年8月18日
海政办发〔2017〕86号	关于调整海州区招投标工作领导小组的通知	2017年9月12日
海政办发〔2017〕87号	关于进一步明确无证幼儿园清理整顿工作责任的通知	2017年9月19日
海政办发〔2017〕88号	关于印发《海州区政府性债务风险应急处置预案》的通知	2017年9月20日
海政办发〔2017〕89号	关于印发《海州区开展非法开采矿产资源集中整治工作实施方案》的通知	2017年9月22日
海政办发〔2017〕90号	关于印发《海州区创建江苏省农产品质量安全县工作方案》的通知	2017年9月20日
海政办发〔2017〕91号	关于印发《海州区市区菜市场管理办法》的通知	2017年10月10日
海政办发〔2017〕92号	关于转发市政府办公室关于在全市机关事业单位全面开展生活垃圾分类工作的通知	2017年10月17日
海政办发〔2017〕93号	关于进一步做好镇容镇貌及村庄环境整治工作的通知	2017年10月17日
海政办发〔2017〕96号	关于印发《海州区创建省级生态区考核验收整改工作方案》的通知	2017年10月19日
海政办发〔2017〕97号	关于印发《海州区全民科学素质行动计划纲要实施方案2016–2020年》的通知	2017年7月29日
海政办发〔2017〕98号	关于印发《连云港市海州区地方债务风险评估和预警暂行办法》的通知	2017年11月10日
海政办发〔2017〕99号	关于成立海州区公共文化服务体系建设协调领导小组的通知	2017年11月10日
海政办发〔2017〕101号	关于印发海州区第十批中央财政小型农田水利重点县建设资金整合方案的通知	2017年11月14日
海政办发〔2017〕104号	关于印发海州区建设工程招标投标管理暂行办法的通知	2017年10月26日
海政办发〔2017〕105号	关于印发海州区镇村道路三年提升行动计划（2017—2019年）实施方案的通知	2017年10月20日
海政办发〔2017〕107号	关于印发《连云港市海州区镇级财政国库集中支付改革实施方案》的通知	2017年12月14日
海政办发〔2017〕108号	关于印发《海州区重污染小型企业清理整顿专项行动方案》的通知	2017年11月25日
海政办发〔2017〕110号	关于深刻吸取灌南县连云港聚鑫生物科技有限公司事故紧急通知	2017年12月22日

续表78

文　号	文件标题	发文日期
海政办发〔2017〕111号	关于做好区政府重大规范性文件提前合法性审查工作的通知	2017年12月25日
海政办发〔2017〕112号	关于废止《海州区医疗机构设置规划（2016–2030年）》的通知	2017年12月29日
海政办发〔2017〕113号	区政府办公室关于印发海州区重特大火灾事故应急预案的通知	2017年12月29日
海政办发〔2017〕114号	关于印发《海州区建设项目用地管理办法（试行）》通知	2017年12月26日
海政办发〔2017〕115号	关于印发《海州区违法用地监管责任追究办法（试行）》通知	2017年12月26日
海政办发〔2017〕117号	关于印发《海州区楼宇经济发展奖励办法（试行）》的通知	2017年12月27日

统计资料

表79

2017年海州区社会经济主要指标

代　号	指　标　名　称	单　位	海州区	代　号	指　标　名　称	单　位	海州区
			本年数				本年数
1	土地面积	平方千米	534	16	全社会用电量	亿千瓦时	16.07
2	年末常住人口	万人	69.26	17	#工业用电量	亿千瓦时	9.86
3	年末户籍人口	万人	70.72	18	固定资产投资	亿元	412
4	地区生产总值	亿元	348.21	19	#工业投资	亿元	156.65
5	#工业	亿元	76.87	20	社会消费品零售总额	亿元	281.41
6	第一产业	亿元	17.82	21	进出口总额	亿美元	9.34
7	第二产业	亿元	98.07	22	进口	亿美元	1.42
8	第三产业	亿元	232.32	23	出口	亿美元	7.92
9	人口出生率	‰	39607	24	实际使用外资	万美元	8500
10	人口自然增长率	‰	12	25	一般公共预算收入	亿元	31.41
11	粮食产量	万吨	30.96	26	一般公共预算支出	亿元	32.56
12	农林牧渔业总产值	亿元	36.75	27	居民人均可支配收入	元	30447
13	规模以上工业总产值	亿元	354.13	28	城镇	元	33629.2
14	规模以上工业增加值	亿元	131.2	29	农村	元	16442.7
15	规模以上工业利润总额	亿元	435.24				

表80

2017年海州区固定资产投资完成情况表

单位：亿元

全部投资	增长%	#项目投资	同比±%
412.04	24.9	305.37	20.0
156.65	15.2	102.17	55.5
252.71	31.9	106.67	41.5

表 81

2017年海州区个体工商业基本情况

指 标	户数（户）	从业人（人）	资金数额（万元）
合计	60430	88924	394125.68
农林牧渔业	1166	1891	35224.20
采矿业	18	20	140.00
制造业	1144	2018	7483.90
电力、燃器及水的生产和供应业	3	3	16.00
建筑业	189	343	1923.95
批发和零售业	39316	52858	218411.62
交通运输、仓储业	1487	1757	21701.11
住宿和餐饮业	8229	15769	55638.42
信息传输、计算机服务和软件业	332	457	1575.75
金融	7	8	28.50
房地产业	100	225	714.50
租赁和商务服务业	1014	1558	8162.20
科学研究、技术服务和地质勘查业	230	441	1140.72
水利、环境和公共设施管理	8	16	162.50
居民服务和其他服务业	6234	9931	34202.08
教育	251	383	1009.38
卫生、社会保障和社会福利业	271	550	1913.65
文化、体育和娱乐业	430	692	4676.20
其他	1	4	1.00

表 82

2017年海州区私营企业基本情况表

指 标	户数（户）	投资者人数（人）	雇工人数（人）	注册资本（万元）
合计	24808	33322	84281	4665801.66
农林牧渔业	290	398	901	81044.60
采矿业	3	2	6	230.00
制造业	1598	2653	10010	345431.59
电力、燃器及水的生产和供应业	14	22	185	4752.31
建筑业	3107	3936	9401	748787.60
批发和零售业	10907	14442	32767	2019376.81
交通运输、仓储和邮政业	862	1096	2819	152889.83
住宿和餐饮业	492	653	2860	59258.18
信息传输、计算机服务和软件业	942	1204	2628	166165.91
金融	12	14	45	5810.00
房地产业	692	896	4602	117744.81
租赁和商务服务业	2993	4074	8866	458230.40
科学研究和技术服务业	1414	1990	4521	310524.82

续表 82

指　标	户数（户）	投资者人数（人）	雇工人数（人）	注册资本（万元）
水利、环境和公共设施管理	64	76	402	13225.00
居民服务和其他服务业	771	1027	2445	88202.10
教育	111	131	459	14131.00
卫生、社会保障和社会福利业	18	19	55	909.00
文化、体育和娱乐业	517	688	1304	79077.70
其他	1	1	5	10.00

表 83

2017年海州区人口及其构成情况表

地　区	年　末　数				1月1日至12月31日人口变动					
	总户数	总人口			出　生			死　亡		
		合计	男	女	合计	男	女	合计	男	女
海州区合计	249802	808389	408203	400186	12207	6432	5775	10075	5696	4379
朐阳街道	12761	40196	19550	20646	830	451	379	374	191	183
浦西街道	14385	39740	19723	20017	419	221	198	889	504	385
新东街道	40001	122926	61796	61130	2483	1286	1197	703	443	260
新南街道	20156	60543	30114	30429	786	425	361	583	356	227
路南街道	14230	43124	21368	21756	529	287	242	552	343	209
新海街道	15206	41120	20332	20788	499	253	246	654	423	231
南城街道	5084	16496	8319	8177	226	126	100	252	139	113
花果山街道	8749	27593	13708	13885	652	348	304	248	147	101
新浦街道	18252	51617	25777	25840	831	421	410	666	384	282
海州街道	6690	19459	9661	9798	197	113	84	370	211	159
幸福路街道	4352	12866	6455	6411	167	90	77	243	137	106
洪门街道	5526	15427	7723	7704	119	63	56	233	144	89
宁海街道	6143	27495	14000	13495	440	243	197	435	238	197
郁洲街道	9420	21320	10766	10554	—	—	—	—	—	—
云台街道	7903	32162	16806	15356	497	267	230	510	288	222
锦屏镇	10471	36098	18199	17899	548	305	243	693	374	319
浦南镇	16480	66396	34219	32177	1032	539	493	1104	564	540
新坝镇	7734	32536	16982	15554	584	321	263	547	284	263
板浦镇	17578	66612	34700	31912	984	479	505	810	402	408
岗埠农场	6366	27444	14360	13084	384	194	190	209	124	85
南云台林场	531	1403	710	693	—	—	—	—	—	—
云台农场	1784	5816	2937	2879	—	—	—	—	—	—

责任编辑：孙寿鹏

索 引

说 明

一、本索引采用主题索引方法编制，按标引词第一个字的汉语拼音字母顺序排列（同音按音调），音调相同的按第二个字音序排列，依此类推。

二、索引标目后的数字表示内容所在页码，数字后的字母a、b、c分别表示版面的左、中、右栏。空一字起排的款目为上一主题的“附见”。

A

B

C

D

F

G

H

J

K

L

M

N

T

W

Z

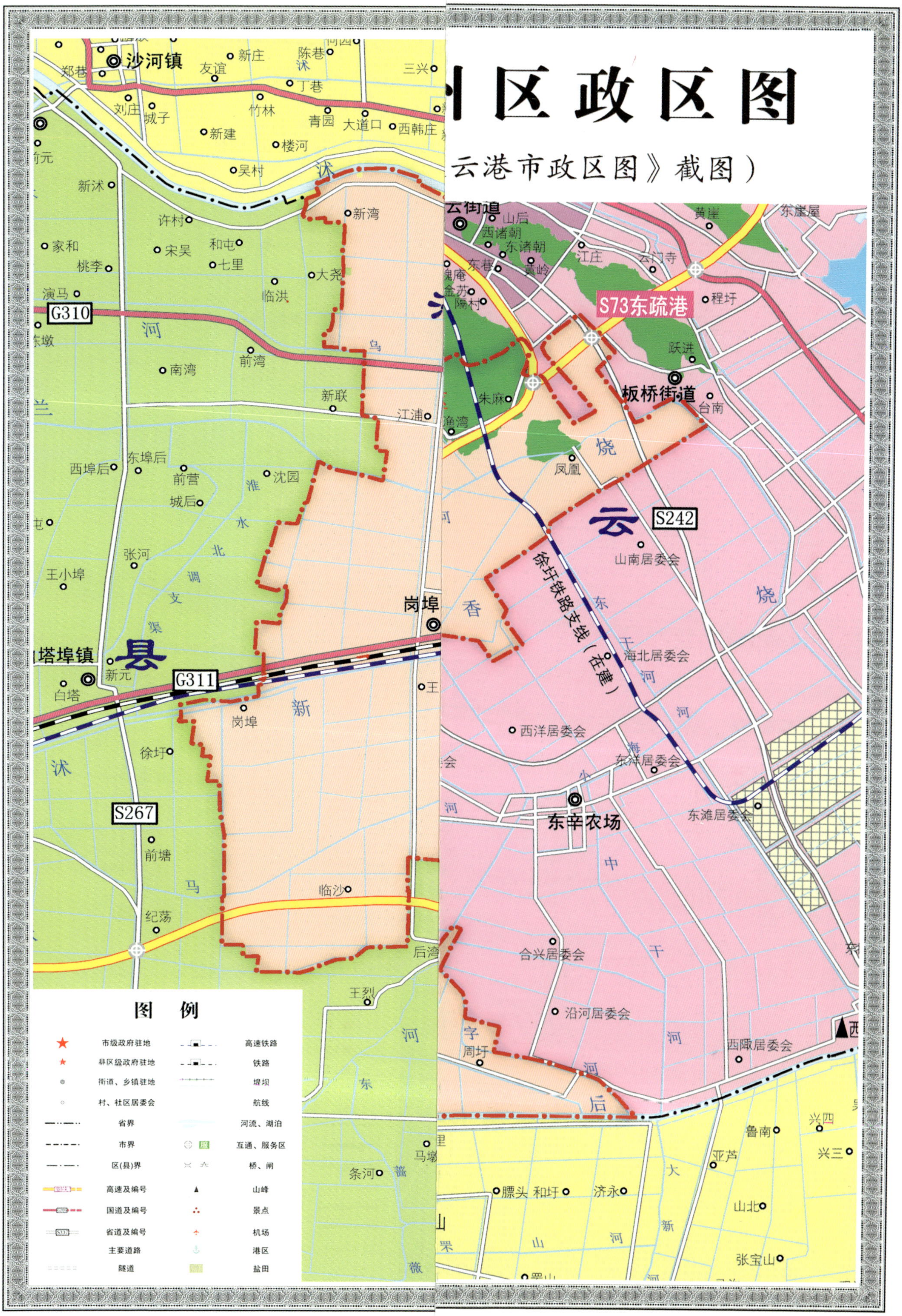

连云港市勘察测绘院有限公司 编制

审图号：连国土资审（2018）G81号